UTB 2256

UTB
FÜR WISSEN
SCHAFT

W0060334

Eine Arbeitsgemeinschaft der Verlage

Beltz Verlag Weinheim und Basel
Böhlau Verlag Köln · Weimar · Wien
Wilhelm Fink Verlag München
A. Francke Verlag Tübingen und Basel
Paul Haupt Verlag Bern · Stuttgart · Wien
Verlag Leske + Budrich Opladen
Lucius & Lucius Verlagsgesellschaft Stuttgart
Mohr Siebeck Tübingen
C. F. Müller Heidelberg
Quelle & Meyer Verlag Wiebelsheim
Ernst Reinhardt Verlag München und Basel
Ferdinand Schöningh Verlag Paderborn · München · Wien · Zürich
Eugen Ulmer Verlag Stuttgart
Vandenhoeck & Ruprecht Göttingen
WUV Wien

Michael Kunczik
Astrid Zipfel

Publizistik

Ein Studienhandbuch

2001

BÖHLAU VERLAG KÖLN WEIMAR WIEN

Die Deutsche Bibliothek – CIP-Einheitsaufnahme

Kunczik, Michael:
Publizistik: ein Studienhandbuch /
Michael Kunczik; Astrid Zipfel. –
Köln ; Weimar ; Wien : Böhlau, 2001
(UTB für Wissenschaft; 2256)
ISBN 3-8252-2256-X (UTB)
ISBN 3-412-11899-0 (Böhlau)

© 2001 by Böhlau Verlag GmbH & Cie, Köln
Ursulaplatz 1, D-50668 Köln
Tel. (0221) 91 39 00, Fax (0221) 91 39 011
vertrieb@boehlau.de
Alle Rechte vorbehalten
Einbandgestaltung: Atelier Reichert, Stuttgart
Druck und Bindung: KRIPS b.v., NL – Meppel
Gedruckt auf chlor- und säurefreiem Papier
Printed in the Netherlands
ISBN 3-8252-2256-X (UTB-Bestellnummer)

Inhalt

TEIL V – WIRKUNGSFORSCHUNG

Verzeichnis der Abbildungen und Tabellen

Abkürzungsverzeichnis

ACTA	Allensbacher Computer- und Telekommunikations-Analyse
AP	Associated Press
APTV	Associated Press TV
BCCI	Bank of Credit and Commerce International
BDZV	Bundesverband Deutscher Zeitungsverleger
CPJ	Committee to Protect Journalists
DFG	Deutsche Forschungsgemeinschaft
dmmv	Deutscher Multimedia-Verband
DJV	Deutscher Journalisten-Verband
ELM	Elaboration-Likelihood-Model
FCC	Federal Communications Commission
FIJ	Fédération Internationale des Journalistes
FLN	Front de Libération Nationale
FSF	Freiwillige Selbstkontrolle der Filmwirtschaft
FSK	Freiwillige Selbstkontrolle Fernsehen
FSM	Freiwillige Selbstkontrolle Multimedia-Diensteanbieter
FTP	File Transfer Protocol
HSM	Heuristic-Systematic Model
IGA	Industriegemeinschaft Aerosole e.V.
IMF	International Monetary Fund
IPG	Interpublic Group of Companies
IPI	International Press Institute
IPS	Inter Press Service
IRC	Internet Relay Chat
JWT	J. Walter Thompson Group
NGO	Non-Governmental Organization
OECD	Organization for Economic Cooperation and Development
PCC	Press Complaints Commission
PDR	Personal Digital Recorder
PR	Public Relations
RSF	Reporters Sans Frontières
UNO	United Nations Organization
UNESCO	United Nations Educational, Scientific, and Cultural Organization
UPI	United Press International
VDZ	Verband Deutscher Zeitschriftenverleger
WPP	Wire and Plastic Products
WTN	World Television News
WTO	World Trade Organization
WWF	World Wide Fund for Nature
WWW	World Wide Web

Vorwort

Das Studienhandbuch „Publizistik" ist nicht nur als Einführung in diese interdisziplinäre Wissenschaft konzipiert, sondern versucht darüber hinaus, den „State of the Art" zusammenzufassen und zu reflektieren. Es ist daher nicht nur für Studienanfänger gedacht, die sich einen ersten Einstieg in den Gegenstand des Fachs verschaffen wollen, sondern soll auch ein kompaktes Nachschlagewerk für Fortgeschrittene und ein Repetitorium für Examenskandidaten sein. Die Autoren haben großen Wert auf eine umfassende und aktuelle Literaturauswahl gelegt, die auch ein eigenes, in Spezialbereiche vordringendes Weiterstudium ermöglicht.

Das Buch will zentrale Gegenstände des Faches vermitteln. Dabei werden zunächst Grundprobleme wie z.B. die Beschreibung des Forschungsgegenstandes und Fragen der Begriffsklärung behandelt. Danach werden Teilbereiche der Forschung wie das Verhältnis von Massenmedien und Gesellschaft, der Beruf des Journalisten, Mechanismen der Nachrichtenauswahl, Theorien und Ergebnisse der Wirkungsforschung sowie Probleme der Internationalen Kommunikation dargestellt und diskutiert.

Hierbei finden die neuesten Ansätze und Forschungsergebnisse Berücksichtigung, und es wird aktuellen Entwicklungen Rechnung getragen, die das Fach vor neue Herausforderungen stellen, wie z.B. die Globalisierung im Medienbereich oder die Auswirkungen der Neuen Medien.

Das Buch ist nicht nur für Studierende der Publizistik-, Kommunikations- und Medienwissenschaft bzw. der Journalistik, sondern auch für Studierende anderer Sozialwissenschaften gedacht. Die Verfasser haben großen Wert darauf gelegt, auch praxisrelevante Fragestellungen (z.B. Probleme der journalistischen Ethik) zu berücksichtigen, so daß sich das Buch auch an Berufspraktiker (v.a. im Bereich Journalismus und Public Relations) wendet.

Die Autoren danken Anneke Jankus, Christiane Laudon, Sebastian Nix und Eva Schweitzer für unermüdlichen Einsatz bei der Recherche, beim Korrekturlesen und der Erstellung des Indexes sowie zahlreiche nützliche und kritische Anregungen inhaltlicher Art. Für Rat und Tat bei der Erstellung der Grafiken und der Lösung technischer Probleme danken die Verfasser Carsten Breinker M.A., der auch am Kapitel „Multimedia/Neue Medien" mitgewirkt hat. Am Kapitel „Agenda-Setting" war Sebastian Nix beteiligt.

Mainz, im Januar 2001   Michael Kunczik und Astrid Zipfel

Teil I – Einführung und Begriffsklärung

1. Zum Gegenstandsbereich des Fachs

Für das Fach, mit dessen Inhalt sich das vorliegende Studienbuch befaßt, sind an unterschiedlichen deutschsprachigen Universitäten verschiedene Bezeichnungen gebräuchlich. Dazu gehören u.a. „Publizistikwissenschaft", „Kommunikationswissenschaft", „Zeitungswissenschaft", „Medienwissenschaft" oder „Journalistik". Obwohl alle diese Begriffe eine etwas andere Schwerpunktsetzung nahelegen und dies von den jeweiligen Fachvertretern z.T. auch für sich reklamiert wird, spiegelt die Namensgebung zumeist eher die geschichtliche Tradition wider. So bedeutet z.b. die Tatsache, daß das Münchner Institut das Wort „Zeitungswissenschaft" noch im Namen führt, nicht, daß hier ein besonderer Schwerpunkt auf dem Pressewesen liegt, sondern stellt eher eine Reminiszenz an die Ursprünge des Instituts dar. Selbst die Trennung nach verwendeten Forschungsmethoden in die historisch-hermeneutisch arbeitenden Medienwissenschaftler und die empirisch-sozialwissenschaftlich orientierten Kommunikationswissenschaftler[1] greift nicht mehr. Auch wenn es innerhalb der Disziplin immer wieder Namensdiskussionen und Abgrenzungsbemühungen gibt, wird hier davon ausgegangen, daß sich hinter allen genannten Bezeichnungen ein Fach verbirgt, das sich in erster Linie mit dem Kommunikationsprozeß befaßt, der sich in der Öffentlichkeit vollzieht.[2]

Diesen Prozeß hat Harold D. Lasswell (1948, 37) in der berühmt gewordenen „Lasswell-Formel" zu beschreiben versucht: „Who says what in which channel to whom with what effect?" Zu kritisieren ist an dieser Formel die Tatsache, daß die wechselseitige Abhängigkeit zwischen den einzelnen Elementen nicht deutlich wird. Auch wurde die Frage nach dem „Why", d.h. nach der Intention des Kommunikators, sowie nach den räumlichen und zeitlichen Bedingungen der Kommunikation nicht gestellt. Dabei sind diese Aspekte z.T. bereits Bestandteil der zahlreichen Vorläufer der Lasswell-Formel gewesen. Aristoteles beispielsweise sah die Beantwortung der vier Fragen: „was?", „wie?", „bei wem?" und „warum?" als ausreichend

---

[1] „Hermeneutik" bezeichnet eine verstehend-interpretative Erkenntnismethode, „Empirie" dagegen eine auf der Beobachtung beruhende (vgl. Kapitel I.2.).

[2] Vgl. auch das Selbstverständnispapier der Deutschen Gesellschaft für Publizistik- und Kommunikationswissenschaft (DGPuK 1999, 2), in dem es heißt: „Im Zentrum des Fachs steht die indirekte, durch Massenmedien vermittelte, öffentliche Kommunikation." Zur Berücksichtigung interpersonaler Kommunikationsprozesse vgl. Kapitel I.4.3.

für die Analyse von Kommunikationssituationen an. Der römischen
Redner und Redelehrer Quintilian (ca. 30–96 n.Chr.) und Victorinus (ca.
280–365 n. Chr.) nannten die Faktoren „persona", „locus", „tempus",
„occasio" und „factum" bzw. die Fragen „ubi?", „quando?", „cur?",
„quid?", „quem ad modum?" (Merten 1977, 15). Mittelalterliche Gelehrte
benutzten die sieben Fragen: „quis?", „quid?", „quibus?", „ubi?", „cur?",
„quomodo?" und „quando?" (McGuire 1969, 172f.). Douglas Waples (1942,
907) schlug Anfang der 40er Jahre folgende Fragestellung vor: „Who com-
municates what to whom by what medium, under what conditions, and
with what effects?" Diese umfassendere Fragestellung hat sich in der Literatur jedoch ebenso wenig durchgesetzt wie die von Richard Braddock (1958,
88, Hervorhebung im Original) vorgenommene Erweiterung der Lasswell-
Formel: „WHO says WHAT to WHOM under WHAT CIRCUM-
STANCES through WHAT MEDIUM for WHAT PURPOSE with
WHAT EFFECT."[3] Trotz der erwähnten Kritik eignet sich die Lasswell-
Formel, um die Hauptforschungsfelder des Faches zu systematisieren (dazu
auch Pürer 1998, 31–67):[4]

- Die *Kommunikatorforschung* („Who?") befaßt sich mit den Personen und
  Organisationen, die an der Entstehung und Verbreitung von Medieninhalten beteiligt sind. Sie fragt z.B. nach deren Ausbildung, Arbeitsweise, Merkmalen und Einstellungen und weiteren Einflußfaktoren auf
  ihre Tätigkeit.
- Die *Aussagenforschung* („What?") hat die Inhalte der Medien zum Gegenstand und analysiert formale Merkmale, Gestaltungsformen und
  deren medienspezifische Besonderheiten.
- Die *Medienforschung* („In Which Channel?") befaßt sich mit den einzelnen Massenmedien, d.h. mit ihren Organisationsformen (z.B. öffentlich-
  rechtlich vs. privat), politischen und wirtschaftlichen Bedingungen,
  Strukturen, Eigengesetzlichkeiten, den ihnen zugrunde liegenden Technologien und deren Auswirkungen.

---

[3] Daß sich die Lasswell-Formel durchgesetzt hat, obwohl Lasswell selbst dieses Wort-
     modell nie besonders in den Mittelpunkt stellte, begründet Klaus Merten (1974,
     164f.) folgendermaßen: „Für diese Tatsache [...] läßt sich ein Zusammenspiel von
     Faktoren ausmachen, das deutlich ideologisch überschattet ist. Prominenz des Au-
     tors, die auf seine Aussagen abfärbt, reimhafter Aufbau der Aussage, Stand der
     Kommunikationswissenschaft [...] und schließlich die arglose aber begierige Adap-
     tion amerikanischer Kommunikationsforschung sind solche Faktoren." Vgl. dazu
     auch Kapitel II.1.
[4] Zwischen diesen Forschungsbereichen existieren allerdings Überschneidungen. So
     sind z.B. die Rezipienten- und die Wirkungsforschung nicht immer sauber voneinan-
     der zu trennen.

- Die *Rezipientenforschung* („Whom?") hat das Publikum als Untersuchungsfeld und fragt nach Art und Ausmaß der Mediennutzung, deren Ablauf und Bedingungen, Funktionen und Motiven der Rezipienten.
- Die *Wirkungsforschung* („What Effect?") schließlich betrachtet direkte und indirekte Folgen und Effekte der unterschiedlichen Medien auf die Bereiche Wissen, Denken, Meinungen, Einstellungen, Gefühle sowie das Verhalten sowohl auf individueller als auch auf gesellschaftlicher Ebene.

Wie diese Aufstellung zeigt, ist die Publizistikwissenschaft eine *Sozialwissenschaft*[5], die sich v.a. mit Fragen des menschlichen Handelns und der daraus resultierenden sozialen Wirklichkeit befaßt. Unter „sozialer Wirklichkeit" werden dabei „all jene Elemente der dem Menschen gleichwie zugänglichen Wirklichkeit" verstanden, „die als Verhaltensweisen, Handlungsmuster, Rollen, Rollengefüge, Organisationen und Institutionen beliebiger Komplexität durch menschliches Mit-, Für- und Gegeneinander entstehen." (Patzelt 1986, 9). Mit der sozialen Wirklichkeit verändert sich auch der Forschungsgegenstand des Fachs. Ursprünglich hatte die Publizistikwissenschaft beispielsweise v.a. die Massenkommunikation zum Gegenstand. Aufgrund neuer technischer Entwicklungen (z.B. Internet) werden andere Formen der Kommunikation (z.B. „On-Demand-Kommunikation") immer wichtiger (vgl. Kapitel I.4.2., I.4.3., I.4.5.).[6]

---

[5]   Klassischerweise wird das Wissenschaftssystem in *Naturwissenschaften* (Gegenstand: Beschaffenheit der belebten und unbelebten Natur), *Geisteswissenschaften* (Gegenstand: Hervorbringungen des menschlichen Geistes) und *Sozialwissenschaften* (Gegenstand: Abläufe und Ergebnisse menschlichen Handelns) unterteilt, wobei zahlreiche Überschneidungen und Wechselwirkungen zwischen den Wissenschaften bestehen. Bis zur Zeit um die Jahrhundertwende wurde nur zwischen Natur- und Geisteswissenschaften unterschieden. Erst im 20. Jahrhundert lösten sich die Sozialwissenschaften aus dem Bereich der Geisteswissenschaften heraus, wobei eines der Motive in einer Abkehr von den historisch-hermeneutischen, geisteswissenschaftlichen Methoden hin zu den empirischen, naturwissenschaftlichen Methoden bestand (vgl. dazu Maletzke 1980, 13f.; 1998, 16f.; Patzelt 1986, 7).

[6]   Die publizistikwissenschaftliche Forschung und Theoriebildung ist dabei kaum in der Lage, mit der Geschwindigkeit der technologischen Entwicklung Schritt zu halten. Es liegt eine Situation vor, die William F. Ogburn (1964) mit *„cultural lag"* bezeichnet hat. In komplexen Gesellschaften wandeln sich demnach verschiedene Lebensbereiche (z.B. Familie, Recht, Erziehung) in verschiedenen Rhythmen; die einen schneller, die anderen langsamer. Der wichtigste Sektor, in dem Beschleunigung generell am größten ausfällt, ist nach Ogburn der technisch-wirtschaftliche Sektor. Die Technik entwickelt sich immer weiter, und der Rest der Kultur, einschließlich der Publizistikwissenschaft, hinkt hinterher. Diesen Umstand haben bereits 1989 die Herausgeber des „Fischer Lexikons Publizistik" folgendermaßen kommentiert (Noelle-Neumann/Schulz/Wilke 1989, 10): „Durch den Umbruch im Mediensystem treten in kürzester Zeit so rasche Veränderungen ein, daß ein Manuskript oft schon veraltet ist, wenn der Autor die letzte Zeile geschrieben hat."

Zu den zentralen Charakteristika der Publizistikwissenschaft gehört zudem die Tatsache, daß es sich um eine *„Integrationswissenschaft"* handelt, die Berührungspunkte zu diversen anderen Fächern aufweist.[7] Dementsprechend heißt es auch im Selbstverständnispapier der Deutschen Gesellschaft für Publizistik- und Kommunikationswissenschaft (DGPuK 1999, 4, Hervorhebungen im Original), das Fach verstehe sich *„im Kern* als *eine theoretisch und empirisch arbeitende Sozialwissenschaft* mit interdisziplinären Bezügen."[8] Solche fachübergreifenden Bezüge bestehen v.a. zu folgenden Disziplinen (dazu auch Pürer 1998, 27/29):

- *Wirtschaftswissenschaften*: Wirtschaftliche Rahmenbedingungen der Medien (z.B. Konzentrationsprozesse, Bedeutung der Werbung usw.);
- *Jura*: Rechtliche Rahmenbedingungen der Medien (z.B. nationale und internationale Rechtsquellen und darin fixierte Rechte und Pflichten der Medien wie z.B. Pressefreiheit bzw. der gesellschaftliche Auftrag der Fernsehanstalten);
- *Politikwissenschaft*: Politische Rahmenbedingungen der Medien (z.B. Entscheidungen über die Ordnung des Mediensystems wie z.B. privatwirtschaftliche vs. öffentlich-rechtliche Organisation, Bedeutung der Medien für die politische Willensbildung und das politische System insgesamt);
- *Geschichtswissenschaft*: Historische Entwicklung(sbedingungen) der Medien und der mit diesen verbundenen Berufe wie z.B. Journalisten, Öffentlichkeitsarbeiter usw.;
- *Soziologie*: Gesellschaftliche Rahmenbedingungen und Auswirkungen der Medien (z.B. ihre Bedeutung bei Integrations- und Sozialisationsprozessen oder Fragen der Manipulation durch Medien);

---

[7]   „Für die Interdisziplinarität in der Forschung und für die Überwindung von Fachgrenzen, die häufig mehr in der historisch zufälligen Entwicklung von Fächern als in der Sache selbst begründet sind", plädieren z.B. Max Kaase und Winfried Schulz (1989, 25). Die Vorstellung, eine Wissenschaft weise sich jeweils durch ihren spezifischen Gegenstand und ihre jeweils spezifische Methode als eigene Disziplin aus, wird der Situation der Publizistikwissenschaft nicht gerecht. Für den Historiker Wolfram Fischer (1972, 133) ist es sogar fraglich, „ob man heute überhaupt noch von wissenschaftlichen Disziplinen reden könnte, denn es dürfte keine geben, die diesen Ausschließlichkeitsanspruch sowohl in bezug auf Gegenstände wie auf Methode erheben könnte, ohne sich dem Protest benachbarter Fächer auszusetzen."

[8]   Neben empirischen Methoden kommen aber auch historische (z.B. Medien- und Kommunikationsgeschichtsschreibung), hermeneutisch-interpretative (z.B. kulturwissenschaftlich orientierte Ansätze wie Film- und Fernsehanalysen) und strukturelle (z.B. Kybernetik, Systemtheorie; vgl. Kapitel II.2.) Methoden zur Anwendung (DGPuK 1999, 4).

- *Psychologie*: Auswirkungen der Medien auf das Individuum (z.B. Wahrnehmungsvorgänge, emotionale und verhaltensmäßige Reaktionen);
- *Pädagogik*: Einsatz der Medien bei Bildung und Erziehung, aber auch im Sinne einer Erziehung zum richtigen Umgang mit den Medien;
- *Linguistik*: Fragen der Sprache in den Medien;
- *Philosophie/Anthropologie*: Fragen der Medienethik, Kommunikation als menschliches Grundbedürfnis;
- *Technische Disziplinen*: Funktionsweise, Entwicklung, Bedeutung und Folgen neuer Medientechnologien.

Neben der Interdisziplinarität wird in der Definition der Deutschen Gesellschaft für Publizistik- und Kommunikationswissenschaft auch die theoretische und empirische Arbeitsweise des Fachs hervorgehoben. Diese beiden Arten des Herangehens an ein Forschungsproblem sowie das Verhältnis zwischen Theorie und Empirie sind Gegenstand des folgenden Kapitels.

2. Theorie und Empirie

Ein Praktiker (z.B. ein Journalist) mag sich fragen, ob publizistikwissenschaftliche Theorien für ihn überhaupt Relevanz besitzen. An dieser Stelle wird von der Annahme ausgegangen, daß zwischen theoretischem und praktischem Wissen enge Wechselbeziehungen bestehen. Theorie wird nicht als abstrakte, praxisferne Angelegenheit gesehen, sondern als Möglichkeit, den Ablauf von Vorgängen in der Wirklichkeit zu erklären. Kurt Lewin (1943) wird der Satz zugeschrieben, daß nichts so praktisch sei, wie eine gute Theorie.[9]

Der *Theoriebegriff* wird in der Literatur oft sehr unscharf gebraucht; über Definition und Verwendung herrscht keine Einigkeit. Paul F. Lazarsfeld (1973, 63) zählt z.B. folgende Beispiele für „soziale Theorien" auf: „Sorgfältige Klassifikationsschemata; komplexe Begriffe, die den Beobachter zu interessanten Fakten führen; die Formulierung von Forschungsproblemen hoher sozialer Signifikanz; allgemeine Ideen über den Weg, auf dem sozialer Wandel stattfindet oder herbeigeführt werden könnte; Erwartungen von empirischen Ergebnissen, die noch nicht bestätigt worden sind (Hypothesen); die Verbindung von empirischen Ergebnissen mit anderen, entweder bestätigten oder hypothetischen (Interpretation)."[10] *Hypothesen* können als Annahmen über die Beziehungen zwischen Ereignis und Ursa-

---

9   Nach eigener Auskunft hat Lewin diesen Satz von einem Geschäftsmann gehört (Lewin 1943).
10   Angesichts dieser begrifflichen Unklarheit schlägt Lazarsfeld vor, statt von „Theorie" von „analytischer Reflexion" zu sprechen.

che(n) angesehen werden. Theorien sind dann nach Hans Albert (1973, 74) durch Prüfung (noch) nicht verworfene Hypothesensysteme, „die die Erklärung größerer Komplexe sozialer Tatbestände ermöglichen." Anders formuliert ist eine Theorie eine Gesamtheit logisch zusammenhängender Urteile über Teile der Realität. Eine Theorie kann dreierlei leisten. Sie besitzt:

1. eine *Darstellungsfunktion*, d.h. sie beschreibt den Forschungsgegenstand;
2. eine *Erklärungsfunktion*, d.h. sie beantwortet die Frage nach den Ursachen oder Bedingungen dafür, daß Ereignisse eintreten;
3. eine *Prognosefunktion*, d.h. sie erlaubt auf der Basis bekannter Bedingungen Vorhersagen über künftiges Geschehen.

Hypothesen und Theorien setzen *Begriffsdefinitionen*[11] voraus, um Klarheit über den Forschungsgegenstand zu schaffen und Kommunikation darüber zu ermöglichen. Dies ist in den Sozialwissenschaften besonders wichtig, da hier häufig Begriffe der Umgangssprache entnommen, in der Wissenschaftssprache jedoch in einem anderen Sinn verwendet oder zumindest präzisiert werden. In den Sozialwissenschaften werden allerdings häufig auch rein definitorische Systeme, die lediglich eine Beschreibung sozialer Phänomene ermöglichen, nicht aber deren Erklärung gestatten, als „Theorie" bezeichnet. So unbefriedigend dies ist, so problematisch ist auch das andere Extrem, nämlich die Tendenz, durch eine Theorie alles erklären und damit zu umfassende Aussagen machen zu wollen. Diese Gefahr sah bereits Friedrich Engels, der 1878 im „Anti-Dühring" (1960, 107) schrieb: „Wer [...] auf endgültige Wahrheiten letzter Instanz, auf echte, überhaupt nicht wandelbare Wahrheiten Jagd macht, wird wenig heimtragen, es sei denn Plattheiten und Gemeinplätze der ärgsten Art."[12]

---

[11] Dabei kann zwischen „nominalen" und „realen" Definitionen unterschieden werden. Eine *„Nominaldefinition"* legt „die Bedeutung fest, die einem bestimmten Terminus – dem Definiendum – von jetzt an zukommen soll, d.h. sie sagt aus, mit welchem Wort wir einen Gegenstand bezeichnen wollen, der die im Definiens genannten Eigenschaften hat." (Mayntz/Holm/Hübner 1978, 16). Bei dem „Definiendum" handelt es sich um den zu bestimmenden Begriff, beim „Definiens" um die Elemente des Vorstellungsinhalts dieses Begriffs (Mayntz/Holm/Hübner 1978, 14). Eine Nominaldefinition kann niemals richtig oder falsch sein, da sie eine Konvention darstellt. Allerdings kann sie brauchbar oder unbrauchbar sein. Eine *„Realdefinition"* soll eine Aussage über das Wesen einer Sache treffen, d.h. sie ist empirisch überprüfbar und an dem Kriterium „richtig/falsch" meßbar. Das Problem liegt allerdings darin, daß nicht eindeutig feststellbar ist, worin eigentlich das Wesen einer Sache oder eines Vorgangs besteht.

[12] Beispiele für solche allumfassenden Aussagen sind etwa in dem Buch „Gesellschaften" von Talcott Parsons, einem der einflußreichsten amerikanischen Soziologen der Nachkriegszeit, zu finden. Parsons (1975, 36, Hervorhebung im Original) schreibt zur Wirkung der Medien: „Der Input einer Botschaft kann einen Output stimulieren, der

Theorien müssen an der Realität geprüft werden, da sie ansonsten ein Schreibtischprodukt bleiben. Diese Überprüfung an der Realität geschieht durch empirische Forschung, wobei *„empirisch"* soviel bedeutet wie auf Erfahrung bzw. Beobachtung beruhend. Um in der Realität Informationen (Daten) einzuholen, die Aussagen darüber erlauben, ob theoretisch angenommene Sachverhalte und Zusammenhänge tatsächlich zutreffen, bedient sich die empirische Wissenschaft bestimmter Beobachtungs- und Meßverfahren (empirischer Forschungsmethoden, z.B. Umfrage, Experiment, Inhaltsanalyse). Damit über den isolierten Einzelfall hinausgehend verallgemeinernde Aussagen über Gesetzmäßigkeiten und Einflußfaktoren getroffen werden können, müssen diese Methoden so beschaffen sein, daß die Ergebnisse miteinander vergleichbar sind. Zudem müssen sich die Befunde bei einer erneuten Durchführung der Untersuchung unter identischen Bedingungen durch denselben oder einen anderen Forscher wiederholen lassen. Ist dies gegeben, spricht man davon, daß *„intersubjektive Nachprüfbarkeit"* vorliegt bzw. daß das Forschungsinstrument *„reliabel"*, d.h. „zuverlässig" ist.

Empirie und Theorie sind keine Gegensätze: Empirie ist ohne theoretische Analyse sinnlos und umgekehrt. Theorie und Empirie sind vielmehr verschiedene Stadien eines Forschungsprozesses, die sich im Idealfall in dauernder Wechselwirkung befinden (z.B. Scheuch 1967, 203). Theorien liefern den Rahmen für die empirische Untersuchung, deren Ergebnisse wiederum die Theorie modifizieren und weiterentwickeln. Für die empirische Forschung genügt es nicht, daß die zentralen Begriffe definiert sind, sondern es müssen präzise Anweisungen für Forschungsoperationen vorliegen, mit deren Hilfe entschieden werden kann, ob ein mit dem betreffenden Begriff bezeichnetes Phänomen vorliegt oder nicht. Die „Übersetzung" theoretischer Begriffe und Annahmen in der Beobachtung zugängliche und als Indikatoren fungierende Sachverhalte und in ein konkretes empirisches Untersuchungsdesign wird als *„Operationalisierung"* bezeichnet. Die Zuordnung von Indikatoren bzw. Forschungsoperationen zu einem Begriff oder Sachverhalt wird auch *„operationelle Definition"* genannt (Mayntz/Holm/Hübner 1978, 18–22). Wenn aufgrund der operationellen Definition wirklich das gemessen wird, was gemessen werden soll, und wenn die Wirkung (abhängige Variable) tatsächlich eindeutig auf eine bestimmte Ursache (unabhängige Variable) zurückgeführt werden kann, ist *„interne Validität"* (d.h. „Gültigkeit") des Forschungsinstruments gegeben. Ist die empirische

---

in gewissem Sinne eine Antwort ist. Es besteht jedoch auch die Alternative, daß keine Antwort erfolgt, besonders wenn Botschaften *publiziert* (z.B. in einer Zeitung gedruckt) werden, so daß jedermann sie zur Kenntnis nehmen kann oder nicht und darauf antworten kann oder nicht." Derartige inhaltsleere, empirisch nicht widerlegbare Aussagen bringen keinerlei Erkenntnisfortschritt.

Untersuchung so beschaffen, daß die dort erzielten Ergebnisse verallgemeinerbar sind und über die Versuchsobjekte hinaus Aussagen gestatten, spricht man von „*externer Validität*". Ein Dilemma für die Forschung besteht allerdings darin, daß eine Optimierung der internen Validität durch Ausschluß bzw. Kontrolle anderer Ursachen als der jeweils untersuchten leicht zu einer so künstlichen bzw. unrealistischen Situation der Versuchspersonen führt, daß die Verallgemeinerbarkeit (d.h. die externe Validität) darunter leidet. Dieses Problem trifft v.a. auf sogenannte *Laborstudien* zu, die in einem speziellen Versuchsraum durchgeführt werden. Ist dagegen eine hohe externe Validität gewährleistet, wie bei *Feldstudien*, bei denen die Versuchspersonen in ihrer natürlichen, alltäglichen Umgebung untersucht werden und sich z.T. der Versuchssituation gar nicht bewußt sind, können Kausalzusammenhänge aufgrund der vielen möglichen Einflußfaktoren kaum eindeutig identifiziert werden.

Die Forderung, daß Theorien empirisch überprüfbar sein müssen, ist ein Hauptpostulat des v.a. auf Karl R. Popper (1935) zurückgehenden „*Kritischen Rationalismus*". Dieser Ansatz sieht das Ziel der Wissenschaft darin, Sätze zu formulieren, die eine allgemeine Gültigkeit für sich beanspruchen. Zugleich wird unterstellt, daß solche Sätze aber nicht endgültig bestätigt, d.h. verifiziert werden können. Die Aussage „Alle Schwäne sind weiß" wäre z.B. niemals wirklich verifizierbar, da nicht sämtliche existierende Schwäne in Vergangenheit, Gegenwart und Zukunft auf ihre Farbe untersucht werden können. Für eine Falsifikation (Widerlegung) dagegen genügt die Beobachtung eines einzigen nicht-weißen (z.B. schwarzen) Schwans. Popper postuliert daher, daß alle empirisch-wissenschaftlichen Aussagen so formuliert sein müssen, daß sie an der Erfahrung scheitern können.[13] Das *Falsifikationsprinzip* ist für Popper ein Abgrenzungskriterium zwischen empirisch-wissenschaftlichen und vorwissenschaftlichen bzw. metaphysischen Aussagen oder Theorien.

Je mehr eine Theorie über die Realität aussagt und über je mehr potentielle Falsifikatoren sie Aussagen trifft, desto größer ist nach Popper ihr Informationsgehalt bzw. ihr empirischer Gehalt. Der Bewährungsgrad einer Theorie erhöht sich mit der Häufigkeit der mit positiven Resultaten verbundenen empirischen Überprüfungen. Dabei kann nach Popper allerdings die bloße Tatsache, daß eine Theorie nicht falsifiziert wurde, nicht als eine positive Bewährung gewertet werden. Die Wissenschaft kann demzufolge keine endgültige Gewißheit über die Wahrheit erlangen, sondern nur Fort-

---

[13]   Das setzt voraus, daß solche Aussagen keine der Erfahrung unzugänglichen Begriffe oder Sachverhalte (z.B. Hölle oder Engel, Leben nach dem Tod) enthalten und nicht als Existenzsätze („Es gibt schwarze Schwäne"), in Form von Tautologien („Weiße Schwäne sind nicht schwarz") oder normativ („Schwarze Schwäne sind schöner als weiße Schwäne") formuliert sind.

schritte auf dem Weg dorthin liefern bzw. in Theorien enthaltene „Un-
wahrheiten" aufdecken. Skeptizismus bzw. kritisches Denken wird als Charakteristikum von Wissenschaft angesehen: Die Suche nach Widerspruch
führt zu Erkenntnisfortschritt. Der Zweifel ist der Antrieb für wissenschaftliches Arbeiten. Grundsätzlich arbeitet der Falsifikationismus mit vier
Regeln (Ultee 1980, 22f.):

1. Ein Widerspruch zwischen Theorie und empirischem Ergebnis ist immer
   der Theorie zuzuschreiben.
2. Theorien, die im Widerspruch zu Ergebnissen stehen, werden sofort entfernt.
3. Danach wird eine neue Theorie aufgestellt, die weniger unsicher ist und
   nicht im Widerspruch zu den Ergebnissen steht.
4. Es wird nur mit einer Theorie zur gleichen Zeit gearbeitet.

In der Realität allerdings funktioniert der Wissenschaftsbetrieb häufig anders. Zwar verlangt das Ethos der Wissenschaft, wie es von Robert K.
Merton (1973, 269) ausformuliert wurde, daß eine kontinuierliche Kritik
das Merkmal der Wissenschaft ist und anhand von der einzelnen Person
unabhängiger Kriterien über die Wahrheit wissenschaftlicher Aussagen entschieden wird. In der Praxis werden jedoch die Resultate empirischer Studien zumeist ohne Kritik übernommen und ungeprüft weiter zitiert (Meinefeld 1985). Dies kann zu einer Fehler-Fortpflanzung in sogenannten
„Zitationskartellen" führen.[14] In „Betrayers of Truth" (1982) zeichnen
William Broad und Nicholas Wade ein Bild der Wissenschaft, wonach bei
der Suche nach neuem Wissen Momente wie Rhetorik, Propaganda, persönliche Vorurteile, Eifersucht und Machtstreben oft eine entscheidende
Rolle spielen.[15] Selbst Popper meinte in einem Interview mit der „Welt"
(23.2.1990, 6), Wissenschaftler seien bestechlich, und zwar nicht nur durch
Geld, sondern auch durch Macht, Ansehen, Einfluß usw.: „Das ist leider so
[...]. Sie machen aus Theorien Ideologien. Selbst in der Physik und in der
Biologie gibt es leider viele Ideologien [...]. Die Intellektuellen sind unkri-

---

[14] Besonders deutlich ist dies bei der Medien-und-Gewalt-Forschung hinsichtlich der
      Behauptungen über die angeblichen Wirkungen von Gewaltdarstellungen der Fall
      gewesen (Kunczik 1998, 250–256).
[15] Wissenschaftler sind nicht allein dem rationalen Denken verpflichtet, und sie haben
      auch kein Monopol darauf. Broad und Wade (1982, 9) argumentieren: „Science
      should not be considered the guardian of rationality in society, but merely one major
      form of its cultural expression." Die Autoren (1982, 223) resümieren: „It [science] is
      not an idealized interrogation of nature by dedicated servants of truth, but a human
      process governed by hymned virtues attributed to men of science. But the step from
      greed to fraud is small in science as in other walks of life". Zur Fälschung von For-
      schungsergebnissen in der deutschen Wissenschaft vgl. Finetti/Himmelrath (1999).

tisch und gehen mit den Moden. Es gibt intellektuelle Moden, und es gibt
einen starken Druck. Das heißt: wer nicht mit der Mode geht, der steht bald
außerhalb des Kreises derer, die ernstgenommen werden. [...]. Wer eine vorherrschende Methode angreift, ist ‚draußen‘ und erhält – vielleicht – kein
Geld mehr. Das ist alles sehr traurig. Ja, die Wissenschaft ist leider gefährdet – ihre ursprüngliche Reinheit ist, leider, nicht mehr selbstverständlich.“
Wer nicht der „richtigen“ Schule angehört, also nicht dem vorherrschenden
Paradigma[16] anhängt, ist oft chancenlos bzw. benachteiligt.

Auf den Tatbestand, daß auch im Wissenschaftsbetrieb die von der
„Scientific Community“ als wahr anerkannten Thesen für lange Zeit gegenüber Kritik immunisiert sein können, verweist Max Planck (1967, 22) in seiner Autobiographie: „Eine neue wissenschaftliche Wahrheit pflegt sich
nicht in der Weise durchzusetzen, daß ihre Gegner überzeugt werden und
sich als belehrt erklären, sondern vielmehr dadurch, daß die Gegner allmählich aussterben und daß die heranwachsende Generation von vornherein mit der Wahrheit vertraut gemacht ist.“ Die Akzeptanz bzw. Ablehnung
von Theorien in der Wissenschaft erfolgt nicht (nur) nach rationalen Kriterien; auch Vorurteile spielen eine entscheidende Rolle.[17]

3. Kommunikation

3.1. Kommunikation und Interaktion

Der Begriff *„Kommunikation“* wird in der Literatur in einer verwirrenden
Vielfalt von Definitionen verwandt, die sich z.T. auch mit anderen Termini
wie z.B. „Reaktion“, „Interaktion“ oder „Verhalten“ überschneiden.[18] Der
Hauptgrund für die begriffliche Variationsbreite liegt darin, daß für die
Kommunikation über Kommunikation, also die „Metakommunikation“,
kein separates Symbolsystem vorliegt. Paul Watzlawick, Janet H. Beavin
und Don D. Jackson (1974, 38) haben darauf verwiesen, daß es zwei vollkommen verschiedene Dinge sind, eine Sprache zu beherrschen und etwas
über diese Sprache zu wissen: „Wir sind wie eingesponnen in Kommunika-

---

[16] Thomas Kuhn (1970, 175) definiert „Paradigma“ als „the entire constellation of
      beliefs, values, techniques and so on shared by the members of a given community.“
      Zu den „Paradigmenwechseln“ in der Publizistikwissenschaft vgl. Kapitel V.2.

[17] Auch hier läßt sich das Beispiel der Medien-und-Gewalt-Forschung anführen. Auto-
      ren, die aufgrund ihrer Forschungen zu dem Schluß kamen, daß Gewalt ungefährlich
      sei, waren regelrechten Attacken durch die wissenschaftlichen Gegner ausgesetzt
      (Kunczik 1998, 183–186, 250–256).

[18] Merten (1977, 29) hat schon Ende der 70er Jahre 160 verschiedene Begriffsbestim-
      mungen gezählt.

tion und sind doch – oder gerade deshalb – fast unfähig, über Kommunikation zu kommunizieren." Weitgehende Einigkeit besteht aber darüber, daß Kommunikation als „Conditio sine qua non menschlichen Lebens und gesellschaftlicher Ordnung" (Watzlawick/Beavin/Jackson 1974, 13) angesehen werden kann. Viele Autoren (z.B. Parsons 1966b, 33ff.; Luhmann 1972, 190; 1975b, 16) betrachten Kommunikation als funktional notwendige Voraussetzung für jegliche Gesellschaft und als *den* sozialen Basisprozeß an sich. Soziale Systeme können sich nur dann bilden und erhalten, wenn die teilnehmenden Personen miteinander durch Kommunikation verbunden sind, denn jedes gemeinsame Handeln von Individuen basiert auf geteilten, durch Kommunikation übermittelten Bedeutungen („communicatio" heißt nicht nur „Mitteilung", sondern auch „Gemeinschaft", „Teilnahme"). Der Kommunikationsbegriff geht in den der „Organisation" über, da ohne Kommunikation organisiertes Handeln nicht möglich ist (z.B. Cherry 1967, 15).

Eine Kategorie von Definitionen beschränkt Kommunikation auf den *Informationstransfer.* Kommunikation ist dann der Prozeß, durch den eine Information oder Nachricht von einem Sender zu einem Empfänger übermittelt wird (z.B. Coenenberg 1966, 36). Andere Begriffsbestimmungen betrachten den *(korrekten) Empfang* einer Botschaft als konstitutive Bedingung für Kommunikation (z.B. Larsen 1964, 349). Allerdings ist es schwierig zu bestimmen, wann Informationen tatsächlich „fehlerfrei" übertragen worden sind. Für viele Autoren ist Absicht, d.h. die *Intentionalität* der Informationsweitergabe, entscheidend. So schreiben Günter Bentele und Klaus Beck (1994, 20): „Wir wollen als Kommunikation erst die intentionale Informationsabgabe verstehen, d.h. ein Signal muß zum Zweck der Mitteilung oder Verständigung absichtlich produziert und ‚gesendet' werden. Nicht das gesamte Verhalten, sondern nur der Mitteilungsaspekt ist Gegenstand der Kommunikationswissenschaft." Roland Burkart (1998, 25–29) teilt diese Position, wenn er Verständigung (in dem Sinne, daß Sender und Empfänger einer Botschaft die Bedeutung einer Aussage teilen, d.h. in gleicher Weise verstehen) zwischen den Kommunikationspartnern als „konstantes Ziel" jeder kommunikativen Handlung bezeichnet. Neben dieser „allgemeinen Intention" besitze jeder kommunikativ Handelnde die „spezielle Intention" der Realisierung bestimmter inhalts- und/oder situationsbezogener Interessen, „die den eigentlichen Anlaß unserer kommunikativen Aktivitäten darstellen und diese überhaupt erst hervorbringen". In ähnlicher Weise definiert Winfried Schulz (1994, 140): „Als Kommunikation bezeichnet man einen Vorgang, der auf bestimmten Gemeinsamkeiten zwischen verschiedenen Subjekten beruht. [...]. Gemeinsam haben Kommunizierende: erstens eine materielle oder energetische Verbindung zur Übertragung von Signalen; zweitens eine durch Erwartungen gekennzeichnete Beziehung, aus der Information entsteht; drittens bestimmte übereinstimmende Kognitionen, d.h. Wissen, Erfahrungen, Bewertungen usw., aus denen sich die Erwartungen ableiten und die den Signalen Bedeutung verleihen; und viertens bestimmte Absichten oder Folgen in bezug auf ihren Zustand oder ihr Verhalten." Auch in dieser Begriffsbestimmung wird auf die Bedeutung von Intention und Wirkung verwiesen. Noch deutlicher ist dies bei Helmut Schoeck (1969, 194) der Fall, der Kommunikation sogar als Vorgang versteht, „durch den eine Nachricht als Zeichen oder Symbol von einem Organismus zu einem anderen gelangt und dessen Verhalten verändert." Bei einer solchen Definition besteht die Gefahr, die Phänomene aus dem Kommunikationsbegriff auszuklammern, die keine *„Verhaltensänderung"* bewirken, wie das „normale" belanglose Gespräch, ein philosophischer Disput, eine langweilige Schulstunde oder eine schlechte Vorlesung usw. Auch Massenkommunikation wäre dann im Regelfall keine Kommunikation, weil sie zumeist keine direkte Verhaltensänderung nach sich zieht.

Begriffliche Überschneidungen liegen insbesondere zwischen *„Interaktion"* und „Kommunikation" vor. Einige Autoren (z.B. Hockett 1958, 573; Kluckhohn 1961, 895) verwenden beide Termini synonym. Andere Autoren (z.B. Blau/Scott 1963, 116) argumentieren, Interaktion und Kommunikation bezögen sich auf unterschiedliche Aspekte identischer sozialer Prozesse, wobei „Interaktion" die formalen Merkmale (Häufigkeit, Initiative, Unter- bzw. Überordnung, Reziprozität) und „Kommunikation" die inhaltlichen Bedeutungsaspekte bezeichneten. Michael Schenk (1994a, 173) schreibt: „Während Kommunikation allgemeine Voraussetzung für soziales Handeln, für die wechselseitige Beeinflussung und reziproke Verhaltensorientierung von Individuen ist, werden durch die Interaktion die Formen und der Ablauf kommunikativer Handlungen angezeigt, d.h. Kommunikation und Interaktion bedingen sich gegenseitig." In ähnlicher Weise verstehen Watzlawick, Beavin und Jackson (1974, 50f.) unter „Interaktion" einen wechselseitigen Ablauf von Mitteilungen zwischen zwei oder mehr Personen, wobei die einzelne Mitteilung als Kommunikation bezeichnet wird. Wieder eine andere Gruppe von Autoren (z.B. Graumann 1972, 1110) betrachtet Interaktion als übergeordneten und Kommunikation als untergeordneten Begriff. Kommunikation ist danach eine besondere Form sozialer Interaktion.

Mit derartigen definitorischen Problemen lassen sich dicke Bücher füllen. Hier soll pragmatisch vorgegangen und ein Kommunikationsbegriff verwendet werden, der sich an die von Max Weber (1972, 1, Hervorhebungen im Original) vorgenommene Unterscheidung zweier Arten menschlichen Verhaltens anlehnt: „‚Handeln' soll [...] ein menschliches Verhalten (einerlei ob äußeres oder innerliches Tun, Unterlassen oder Dulden) heißen, wenn und insofern als der oder die Handelnden mit ihm einen subjektiven

Sinn verbinden. ‚Soziales' Handeln aber soll ein solches Handeln heißen, welches seinem von dem oder den Handelnden gemeinten Sinn nach auf das Verhalten *anderer* bezogen wird und daran in seinem Ablauf orientiert ist." Nicht jedes Verhalten – wie etwa Schlafwandeln, unwillkürliches Mitschießen beim Beobachten eines Fußballspiels oder unter Hypnose ausgeübte Aktivität – ist damit ein Handeln, da der subjektive Sinn fehlt. Nicht jedes Handeln – wie das gleichzeitige Aufspannen von Regenschirmen bei einem Regenschauer – ist soziales Handeln, sofern es nicht auf andere bezogen ist. Interaktion und Kommunikation werden hier als Arten sozialen Handelns definiert. „Interaktion", der umfassendere der beiden Begriffe, wird als Synonym für soziales Handeln benutzt und „Kommunikation" als Interaktion (soziales Handeln) mittels Symbolen definiert. Mit einer solchen Begriffsbestimmung wird auch das Scheinproblem umgangen, ob nun Interaktion Kommunikation voraussetzt oder umgekehrt.

Das Wechselspiel der Übermittlung von Bedeutungen zwischen Kommunikationspartnern heißt *„Kommunikationsprozeß"*. Kommunikation ist also zunächst einmal ein Verhalten, das aus der Sichtweise des Kommunikators ein Übertragen von Botschaften mittels Symbolen an eine oder mehrere andere Personen zum Ziel hat.[19] Folgende drei Merkmale des so definierten Kommunikationsbegriffs sind hervorzuheben:

1. Zumindest ein Individuum muß versuchen, mit einem anderen Individuum zu kommunizieren. Der Grenzfall wäre ein reines Aussenden von Informationen („Emission"), bei der der Partner nicht erreicht wird. Auch diese Emission jedoch ist Kommunikation, solange sie aus der Sicht des Kommunikators auf einen anderen bezogen ist.
2. Intrapersonale „Kommunikation" (z.B. Selbstgespräch, Meditation) stellt keine Kommunikation dar, da kein soziales Handeln vorliegt.[20]
3. Der „korrekte" Empfang der Botschaft durch den oder die Rezipienten ist für das Vorliegen von Kommunikation nicht entscheidend.

---

[19] Die hier unterstellte Intention bedeutet allerdings eine gewisse Gefahr, denn die Absicht, etwas mitzuteilen, ist eine Voraussetzung kommunikativen Verhaltens, die aus eben diesem Verhalten erst erschlossen werden muß. Bei einer zielgerichteten Handlung wird das Ziel sowohl als „Reiz", auf den die Handlung hinzielt, als auch als „Motivationsquelle" für die Handlung angesehen. Da Motive sowohl vom zielgerichteten Verhalten abgeleitet, als auch zur Erklärung zielgerichteten Verhaltens verwandt werden, besteht die Gefahr eines Zirkelschlusses. Insbesondere wird eine derartige Definition dann zur Leerformel, wenn ohne Angabe operationaler Kriterien auch „unbewußte Absichten" berücksichtigt werden sollen.

[20] Dies wird von einigen Autoren (z.B. Reimann 1968) anders gesehen, die argumentieren, der Mensch sei auch zur Kommunikation mit sich selbst befähigt (z.B. in Form von Nachdenken, Selbstgesprächen usw.).

Die an die Konzeption des sozialen Handelns angelehnte Definition von Kommunikation bedarf aber noch einer Ergänzung, wenn nicht ein wichtiger Aspekt menschlicher Kommunikation ausgeklammert werden soll: Da jedes Verhalten eines Menschen für einen Beobachter Bedeutung haben kann, ist auch die *unbeabsichtigte Informationsweitergabe* (z.B. im Bereich der nonverbalen Kommunikation durch Stottern, Erröten, Körperhaltung, Mimik, Gestik usw.) als Kommunikation anzusehen. Damit wird dem *„metakommunikativen Axiom"* von Watzlawick, Beavin und Jackson (1974, 53) Rechnung getragen, das besagt: „Man kann nicht nicht kommunizieren." Gleichgültig was man tut oder unterläßt, immer kann ein Verhalten (auch Nichthandeln oder Schweigen) für einen Rezipienten, der dieses Verhalten sinngebend decodiert bzw. interpretiert, informativ sein. Diese Dimension von Kommunikation fällt nicht unter den Begriff des „sozialen Handelns", der ja auf den subjektiven Sinn des Handelns abstellt. Kommunikation im hier definierten Sinn umfaßt also Interaktion mittels Symbolen *und* die von einem Beobachter als informativ interpretierte unbeabsichtigte Informationsweitergabe.

3.2. Verbale Kommunikation

3.2.1. Funktionen und Dimensionen

Das wichtigste und differenzierteste Symbolsystem, das menschliche Kommunikation ermöglicht, ist die *Sprache*. In Anlehnung an Charles F. Hockett (1958) wird unter Sprache ein Zeichensystem verstanden, das es aufgrund seiner Vielzahl an Kombinationsmöglichkeiten einem Wesen mit begrenzter Unterscheidungsfähigkeit und begrenztem Erinnerungsvermögen gestattet, eine unendliche Anzahl von Botschaften zu übermitteln und zu verstehen. Das Wesen des *Zeichens* liegt darin, daß es für etwas steht, etwas symbolisiert, d.h. Zeichen beruhen auf einer zur Konvention gewordenen Verbindung von Form (z.B. Laut, Ausdruck, Schrift) und Inhalt. Ein Zeichen ist eine Einheit, die aus einem Signal und einer an das Signal geknüpften Information besteht, wobei *Signale* als Vehikel verstanden werden können, mit denen der Informationstransport vom Sender zum Empfänger erfolgt. Das Zeicheninventar eines Kommunikationssystems, verbunden mit den für diese Zeichen bestehenden Verknüpfungsvorschriften, wird *„Code"* dieses Systems genannt. Das Umsetzen von Absichten, Gedanken usw. in den Code einer Sprache, um dadurch etwas mitzuteilen, wird als „codieren" bzw. als „encodieren", der Prozeß der Rückübersetzung als „decodieren" bezeichnet.

Um den Unterschied zwischen einem Gegenstand und dessen verbaler Repräsentation deutlich zu machen, unterscheidet der Linguist Ferdinand De Saussure (1967) zwischen dem *„Bezeichneten"* („Signifié") und der *„Bezeichnung"* („Signifiant"). Die Beziehung zwischen beiden wird als Konvention verstanden. Bei Kindern und gelegentlich bei Erwachsenen wird diese Unterscheidung nicht erkannt und die Bezeichnung als wesentliches Attribut (wie z.b. Größe, Farbe oder Form) des Bezeichneten angesehen. Ein Beispiel hierfür hat der russische Psychologe Lev Semonovich Vigotsky (1939) gegeben: Ein Bauer hörte zu, wie sich zwei Astronomen über Sterne unterhielten. Schließlich sagte der Bauer: „Ich sehe ja ein, daß es mit Hilfe der Instrumente möglich ist, die Entfernung zwischen der Erde und dem entferntesten Stern zu messen und deren Position und Bewegung zu bestimmen. Was mich aber verwirrt: Wie, zum Teufel noch mal, habt ihr die Namen der Sterne herausbekommen?" Die Unfähigkeit, zwischen dem Sein und dem Namen zu unterscheiden, bezeichnet der Psychologe Jean Piaget (1978, 65) als „Realismus der Namen". Ein Beispiel hierfür ist die von Piaget zitierte Folgerung eines neunjährigen Mädchens, das seinen Vater fragt, ob es Gott gebe. Der Vater antwortet, daß er nicht ganz sicher sei, woraufhin die Tochter entgegnet: „Es muß ihn doch geben, denn er hat einen Namen."

Verständigung setzt voraus, daß bei den Kommunikationspartnern ein gemeinsamer Code existiert. Bezogen auf die Sprache bedeutet dies, daß die Symbole in Form von Zeichen(folgen) bzw. Worten, aus denen sich Sprache zusammensetzt, in gleicher Weise verwendet und interpretiert werden müssen. Hierbei sind drei Dimensionen entscheidend:

1. Die *syntaktische* Dimension (Beziehung der Zeichen untereinander, Grammatik);
2. die *semantische* Dimension (Bedeutung von Zeichen und Zeichenfolgen, d.h. die Beziehung zwischen Zeichen und Gegenstand, über den kommuniziert wird);
3. die *pragmatische* Dimension (Verwendung der Zeichen, Beziehung zwischen Zeichen und dem Benutzer bzw. Interpreten der Zeichen).[21]

Nur wenn in syntaktischer, semantischer und pragmatischer Hinsicht Übereinstimmung besteht, ist fehlerfreie Verständigung zwischen den Kommunikationspartnern möglich.

Wenn es darum geht, sich durch Sprache zu verständigen oder durch Sprache zu überzeugen, müssen auch situative Bedingungen berücksichtigt werden. Bereits Aristoteles (1999) hat in seiner „Rhetorik" darauf hinge-

---

[21] Syntax, Semantik und Pragmatik sind Teilbereiche der „Semiotik" (Allgemeine Zeichenlehre). Vgl. dazu Morris 1955.

wiesen, daß Überzeugung nicht allein durch von der „Ratio" beherrschte Kommunikation zu bewirken ist, die mit Beweisen arbeitet und die Vernunft anspricht, sondern daß Menschen durch Leidenschaften gegenüber logischen Argumenten immun sein können. Für Aristoteles ist „Rhetorik" die Fähigkeit zu unterscheiden, mit welchen Methoden im Einzelfall und unter den jeweiligen Umständen Überzeugungswirkungen hervorgerufen werden können. Dabei differenziert Aristoteles zwischen „Ethos", „Logos" und „Pathos". Mit „Ethos" meint er persuasive Appelle, die sich mehr auf die Kommunikationsquelle konzentrieren als auf den Inhalt selbst. „Logos" überzeugt den Rezipienten entweder durch Deduktion der vertretenen Meinung aus generell gültigen Prinzipien oder durch Induktion aus empirischen Beobachtungen mit Hilfe logischer Argumentationsketten. „Pathos" dagegen ist die Schaffung angemessener Gemütsstimmungen im Rezipienten, indem an Gefühle, Werte und Emotionen appelliert wird.

Im Hinblick auf die Funktionen von Sprache sind die folgenden drei Hauptfunktionen zu nennen, die Karl Bühler (1965, 24–33) 1934 in seinem *„Organon-Modell"*[22] darstellt:

1. Ausdrucksfunktion (Äußern von Gedanken und Gefühlen)
2. Darstellungsfunktion (Beschreibung von Dingen und Sachverhalten)
3. Appellfunktion (Beeinflussung des Verhaltens anderer)

3.2.2. Äsopische Kommunikation

Die Bedeutung eines Satzes ist nicht einfach mit der Summe der Wortbedeutungen gleichzusetzen; die Beziehung zwischen den Worten eines Satzes ist interaktiv und vom jeweiligen situativen Kontext abhängig. So kann ein bestimmter Satz (z.B. „Die Regierung ist schlecht und sollte abgesetzt werden") in einer Demokratie mit Meinungsfreiheit eine Selbstverständlichkeit darstellen, in einer Diktatur dagegen lebensgefährlich sein. Gerade in totalitären Staaten kommt der Sprache in Andeutungen, Fabeln oder Analogien, der *„äsopischen Kommunikation"*[23] eine besondere Bedeutung

---

[22] Bühler (1965, 24) bezieht sich bei der Wahl dieses Namens auf Platon, der Sprache im „Kratylos" als „Werkzeug" (griech. „organon") bezeichnet, „um einer dem anderen etwas mitzuteilen über die Dinge". Andere Ansätze betonen die Entlastungsfunktion der Sprache, durch die komplexe Phänomene reduziert und dadurch vereinfacht werden oder weisen auf die Bedeutung der Sprache für die soziale Integration sowie für die Entstehung von Kultur und deren Übertragung hin (vgl. hierzu auch Kapitel I.3.2.3; II.2.2.).

[23] So genannt nach Äsop, dem Mitte des 6. Jahrhunderts v. Chr. lebenden, legendären griechischen Fabeldichter.

zu. Mit dem Begriff „äsopische Kommunikation" werden zwei unterschiedliche Kommunikationsweisen umschrieben: Zum einen handelt es sich um ein Verfahren von Regierungen, um Informationen gezielt an einen Kreis von „Eingeweihten" zu verbreiten. So hat in der früheren DDR der stellvertretende Chefredakteur des „Neuen Deutschland", des Zentralorgans der SED, während einer Diskussion in West-Berlin folgendes ausgeführt (zit. nach Meyn 1987, 9): „Das Blatt ist nicht für Leser im Westen gemacht, nicht einmal für jeden DDR-Bürger. Das Parteiorgan richtet sich ausschließlich an Funktionäre und aktive Parteimitglieder, die auch zwischen den Zeilen lesen können. Das SED-Zentralorgan ist etwa mit den Börsennachrichten zu vergleichen, und die verstehen hier auch nur bestimmte Leute zu lesen." Auch die Lektüre der „Prawda" war zur Zeit der Sowjetunion eine regelrechte Kunst. Man mußte wissen, was welche Information in welcher Form und an welcher Stelle bedeutete.

Zum anderen kann äsopische Kommunikation als Technik von Journalisten eingesetzt werden, um offizielle Sprachregelungen, Verbote, Zensur usw. zu umgehen. Diese Art der „Kommunikation in Andeutungen" hat eine lange Tradition. Die Diskussion tabuisierter Themen in Form von Umschreibungen erfolgte oft in Gestalt historischer Analogien. So war vor der Französischen Revolution Kritik am Königshof als Diskussion über den chinesischen Kaiser getarnt. (Griffith 1973). Eine ähnliche Strategie kam auch im deutschen Widerstand gegen Hitler zur Anwendung. Rudolf Pechel (1947, 287), der Herausgeber der „Deutschen Rundschau", schrieb zu den Wegen, durch eine Zeitschrift Widerstand zu leisten: „Der erste forderte, daß man die deutsche Wirklichkeit ständig mit Zuständen konfrontierte, die eine von den Grundsätzen des Rechts und der Sittlichkeit beherrschte Welt zeigten [...]. Dem Leser konnte die Folgerung dann nicht schwer fallen, daß die deutsche Realität solchen Forderungen nicht entsprach. Der zweite Weg folgte den Spuren Montesquieus[24] [...] und Jonathan Swifts [...]. Man wählte zeitlich und örtlich entfernte Gestalten der Geschichte. Man übte Kritik an Gewaltherrschern und begangenem Unrecht aus allen Zeiten der Geschichte, demonstriert an Figuren wie den Tyrannen des Altertums, römischen Kaisern der Spätzeit, Dschingis-Khan, Tamerlan, Napoleon und anderen, um wiederum dem Leser die daraus zu ziehenden Schlüsse zu überlassen."

Auch die „Frankfurter Zeitung" widersetzte sich in ähnlicher Weise der Presselenkung (Diel 1960; Gillessen 1986) und nutzte die *„Swiftsche Methode"*, d.h. sie übte Kritik, indem Beispiele aus fernen Orten und Zeiten

---

[24]   Charles Baron de Montesquieu (1689–1755) schilderte in den „Lettres Persanes", die 1721 anonym in Amsterdam erschienen, in 160 Briefen die Erfahrungen zweier Perser, die zwischen 1711 und 1720 Frankreich bereisten, und hielt damit den Zeitgenossen ein kritisches Bild der Zustände in Frankreich vor.

benutzt wurden.[25] Günther Gillessen (1986, 346) kommentiert: „Das Feuilleton war der vorzügliche Platz in der Zeitung, an der Zensur vorbei verschlüsselte Kritik an der Tyrannis vorzutragen. Historische Betrachtungen, Berichte aus fernen Weltgegenden, aus dem Lande Utopia, Märchen, Geschichten, in denen Tiere mit Menschenzungen sprechen, sind von alters her Formen der Rede, um den Mitmenschen einen Spiegel vorzuhalten." Die „Frankfurter Zeitung" benutzte auch den Handelsteil, um die Nationalsozialisten lächerlich zu machen. Man führte parteioffiziöse Phrasen ad absurdum; so wurde nach Hans Rothfels (1958, 42) berichtet, „daß die Japaner ‚gelbe Arier‘ oder daß die Tomaten die ‚nordische‘ Frucht des Südens seien." Berühmt geworden ist ein Artikel von Dolf Sternberger (1987) über die „Figuren der Fabel", der Weihnachten 1941 in der „Frankfurter Zeitung" erschien (wieder abgedruckt in Frankfurter Allgemeine Zeitung, 13.6.1987). In diesem Beitrag wies der Autor anhand der Fabel vom Wolf und dem Lamm auf politische Mißstände hin und kritisierte besonders die Verfolgung der Juden. Zugleich diskutierte Sternberger das Wesen der Fabel, die als parteilos und frei von Interessen charakterisiert wird: „Den Lauf der Welt zeigt [...] die Fabel, das ist ihre erste und allgemeine Lehre." Weiter schreibt Sternberger: „Die Fabeln bilden einen Vorrat möglicher Macht- und Rechtsverhältnisse, einen Katalog von Charakteren oder Rollen, die wir in der menschlichen Gesellschaft spielen können. Wir selber, wir Individuen, sind bald Wolf, bald Schaf, bald Löwe, bald Fuchs und bald Esel. Je nachdem."[26]

Eine andere Möglichkeit, die Zensur bzw. Konfiszierung zu umgehen, stellt die Veröffentlichung in Form eines Dementis dar. Diese Strategie beschrieb der „rasende Reporter" und Schriftsteller Egon Erwin Kisch im Zusammenhang mit der Enthüllung des Spionagefalls „Oberst Redl". 1913 entdeckte das Militär in Österreich, daß der Generalstabschef von Prag, Oberst Redl, für die Russen spionierte. Man bot ihm den ehrenvollen Selbstmord an, den Redl auch verübte. Der Generalität war an absoluter Geheimhaltung und Vertuschung der peinlichen und schwerwiegenden Affäre gelegen, selbst der Thronfolger Österreichs sollte davon nicht unterrichtet werden. Durch Zufall erfuhr Kisch von dieser Geschichte. Sein Problem bestand darin, ob und vor allem wie diese Meldung in der Zeitung zu bringen sei, denn eine sofortige Beschlagnahme des Blattes schien sicher.

---

25   Jonathan Swifts „Gullivers Reisen" sind eine Kritik an den Sitten in England und Kontinentaleuropa, gesehen aus großer Entfernung. Die Zwergenwelt der Liliputaner z.B. spiegelt das Elend der Hofintrigen und die Undankbarkeit der Fürsten wider (z.B. Servier 1971, 168ff.).

26   Dieser Artikel ließ an Deutlichkeit nichts zu wünschen übrig, so daß laut „Frankfurter Allgemeiner Zeitung" vom 13.6.1987 Joseph Goebbels gegenüber einem Vertreter der Redaktion bemerkte: „Die Herren in Frankfurt wittern wohl Morgenluft."

Kisch (1975, 79) veröffentlichte die Nachricht in der Zeitung „Bohemian" in Form eines fettgedruckten Dementis auf der Titelseite: „Von hoher Stelle [gemeint ist das Militär] werden wir um Widerlegung der speziell in Militärkreisen aufgetauchten Gerüchte ersucht, daß der Generalstabschef des Prager Korps, Oberst Alfred Redl, der vorgestern in Wien Selbstmord verübte, einen Verrat militärischer Geheimnisse begangen und für Rußland Spionage getrieben habe. Die aus Wien nach Prag entsandte Kommission, die, geleitet von einem Obersten, am gestrigen Sonntagnachmittag in Gegenwart des Korpskommandanten Baron Giesl die Dienstwohnung des Oberst Redl, die Schränke und Schubfächer aufbrechen ließ und eine dreistündige Durchsuchung vornahm, hatte nach Verfehlungen ganz anderer Art zu forschen [...]". „Solche Dementis versteht der Leser," schrieb Kisch, „es ist so, wie wenn man sagt: Der X ist kein Falschspieler. Aber konfiszieren ließ sich ein solches Dementi schwer. Der Presse-Staatsanwalt mußte annehmen, es stamme vom Korpskommando oder aus Wien, von einem Ministerium." Tatsächlich wurde die Zeitung nicht konfisziert, und der ganze Vorfall kam durch die von Kisch verfaßte Meldung an die Öffentlichkeit.

3.2.3. Zur Problematik der interkulturellen Kommunikation: Die These der linguistischen Relativität

In den bisherigen Ausführungen zur verbalen Kommunikation wurde davon ausgegangen, daß Sprache in erster Linie ein Beschreibungs- und Ausdrucksmittel ist. Die zu beschreibende Realität bzw. Gedanken und Gefühle stellen somit die unabhängige Variable und die Sprache die abhängige Variable dar. Es gibt allerdings auch Autoren, die einer umgekehrten Betrachtungsweise anhängen. Bereits Wilhelm von Humboldt vertrat die These, daß das Denken sprachlichen Regeln unterworfen ist, d.h. daß Sprache nicht nur einen rein instrumentell-kommunikativen Charakter besitzt, sondern auch zugleich das kategoriale Schema darstellt, in dem gedacht wird. Humboldt (1968a, 21) schrieb 1820: „Das Denken ist aber nicht bloss abhängig von der Sprache überhaupt, sondern, bis auf einen gewissen Grad, auch von jeder einzelnen bestimmten." In der Abhandlung „Über die Verschiedenheit des menschlichen Sprachbaues und ihren Einfluß auf die geistige Entwicklung des Menschengeschlechts" zum 1. Band der Arbeit „Über die Kawi-Sprache auf der Insel Java" wird Humboldts Position eines kulturellen Relativismus besonders deutlich (Humboldt 1968b, 60): „Die Erlernung einer fremden Sprache sollte [...] die Gewinnung eines neuen Standpunktes in der bisherigen Weltansicht seyn und ist es in der That bis auf einen gewissen Grad, da jede Sprache das ganze Gewebe der Begriffe und die Vorstellungsweise eines Theils der Menschheit enthält. Nur weil man in eine fremde Sprache immer, mehr oder weniger, seine eigene Welt-, ja seine eigne Sprachansicht hinüberträgt, so wird dieser Erfolg nicht rein und vollständig empfunden." Die Sprache ist für von Humboldt also nicht nur ein Werkzeug zum Ausdrücken geistiger Gehalte („Ergon"), die unabhängig von ihr konzipiert sind, sondern auch eine eigenständig wirkende geistige Realität („Energeia").

Die Überlegungen Humboldts finden sich in mehr oder minder radikaler Ausformulierung bei verschiedenen Autoren wieder (z.B. Boas 1911). Für Edward Sapir (1966, 112) legen Sprachformen von vornherein die Art und Weise fest, wie bestimmte Dinge gesehen und gedeutet werden und determinieren damit Situationsdefinitionen. Sprache und Erfahrungen durchdringen sich gegenseitig, wobei gelten soll (Sapir 1949, 162): „No two languages are ever sufficiently similar to be considered to represent the same social reality." Benjamin Lee Whorf (1963, 20) argumentierte, daß Menschen, die Sprachen mit sehr verschiedenen Grammatiken benutzten, durch diese Grammatiken zu verschiedenen Beobachtungen und verschiedenen Bewertungen äußerlich ähnlicher Sachverhalte geführt würden. Im Kontext dieser „Sapir-Whorf-Hypothese der linguistischen Relativität" wird Sprache als objektive Realität betrachtet, mit deren Hilfe Menschen die Welt strukturieren. Das linguistische System (die Grammatik) sei nicht nur ein rein reproduktives Instrument zum Ausdruck von Gedanken, sondern forme selbst die Gedanken, sei Schema und Anleitung für die geistige Aktivität des Individuums. Whorf (1963, 12) charakterisiert das linguistische Relativitätsprinzip dadurch, „daß nicht alle Beobachter durch die gleichen physikalischen Sachverhalte zu einem gleichen Weltbild geführt werden, es sei denn, ihre linguistischen Hintergründe sind ähnlich oder können in irgendeiner Weise auf einen gemeinsamen Nenner gebracht werden."[27] Nach dem linguistischen Relativitätsprinzip beinhalten unterschiedliche Sprachen[28] unterschiedliche Denkschemata und stellen damit Kommunikationsbarrie-

---

[27]   Allerdings analysierte Whorf nur linguistisches Material, nicht aber die kognitiven Prozesse bei denjenigen, die eine Sprache benutzen. Die logische Struktur des Vorgehens von Whorf besteht im Grunde darin, daß zur Beweisführung mit herangezogen wird, was erst bewiesen werden soll. Charles E. Osgood (1963, 249ff.) wirft Whorf vor, sein „Beweismaterial" besitze lediglich anekdotischen Charakter, nicht aber wissenschaftliche Beweiskraft. Die angeführten Beispiele seien von der wortgetreuen Übersetzung aus den zumeist indianischen Sprachen abhängig. Dieses Verfahren bedeute etwa, daß ein hypothetischer Hopi-Linguist „breakfast" wörtlich als „termination of a period of religious abstinence" übersetzen und folgern könnte, für die Anglo-Amerikaner stelle der Nachtschlaf ein religiöses Erlebnis dar, da jedes Frühstück den Zweck habe, eine Fastenzeit zu unterbrechen.

[28]   Hier bleibt jedoch unklar, wie etwa Dialekte von eigenständigen Sprachen unterschieden werden können.

ren dar. Eine fehlerfreie Kommunikation zwischen verschiedenen Sprach-
gemeinschaften wäre damit nahezu unmöglich. Das linguistische
Relativitätsprinzip besteht aus zwei separaten Hypothesen, nämlich der
„intersprachlichen Relativität" sowie dem „intrasprachlichen linguistischen
Determinismus", wonach die Sprache das Denken bestimmt. Das linguistische Relativitätsprinzip behauptet letztlich, daß Logik immer relativ zu
einem bestimmten linguistischen Hintergrund ist. In diesem Kontext wird
auch die Abneigung einiger Autoren gegen eine „Weltsprache" verständlich,
da diese nur zu einer Verengung bzw. Verarmung der Denkschemata führen
würde. Dieses Argument findet sich z.b. bei Claude Levi-Strauss (1983), der
schon in den 80er Jahren aufgrund der durch die Massenmedien
erfolgenden kulturellen Homogenisierung eine weltweit eintretende Er-
schlaffung der Kulturen erwartete. Im folgenden wird von einer abge-
schwächten Variante der Sapir-Whorf-Hypothese ausgegangen, wonach
aufgrund von Sprachunterschieden eine interkulturell verzerrungsfreie
Kommunikation nur sehr schwer möglich ist, da jeder kognitive Prozeß
zumindest indirekt über den linguistischen Code beeinflußt wird.

3.3. Nonverbale Kommunikation

Interpersonale Kommunikation ist ein Prozeß, der gleichzeitig über verschiedene Kanäle erfolgt. Hierbei wird auf der Rezipientenseite in Abhängigkeit vom jeweiligen situativen Kontext über bestimmte Kanäle erhaltenen Botschaften besondere Bedeutung zugebilligt. So wird bei der Beurteilung des emotionalen Zustandes einer Person dem Gesichtsausdruck mehr
Gewicht beigemessen als verbalen Äußerungen. Kommunikationskanäle
können in Anlehnung an Klaus Scherer (1974, 68) anhand der Sinne, mit
denen der Empfänger Informationen aufnimmt, unterschieden werden in:

1. den *auditiven* oder *vokalen* Kanal (neben der gesprochene Sprache auch
   nonverbale Elemente wie paralinguistische Kommunikation, worunter
   alles das in einer Sprache verstanden wird, was nicht durch die Grammatik determiniert ist, d.h. zwar vokal, aber nicht verbal geäußert wird
   wie z.B. Räuspern, Lautstärke, Tempo, Intonation usw.);
2. den *visuellen* Kanal (Gesichtsausdruck (Mimik), Körperbewegung
   (Gestik), Habitus, interpersonale Distanz bzw. Ausnutzung des
   Raumes);[29]

---

[29] Die Wissenschaft von der Körpersprache (Mimik und Gestik) wird auch als
   „Kinesik" (z.B. Birdwhistell (1952; 1968b), die von der Raumausnutzung als
   „Proxemik" (z.B. Hall 1963) bezeichnet. In bezug auf die Raumausnutzung kann die
   interpersonale Distanz sowohl als abhängige Variable (z.B. je positiver die Beziehung

3. den *taktilen* Kanal (z.B. Körperberührung, Streicheln);
4. den *olfaktorischen* Kanal (Riechen von Körpergeruch);
5. den *thermalen* Kanal (Spüren von Körperwärme);
6. den *gustatorischen* Kanal (Geschmacksempfindung).

Die Sprache ist zweifellos das wichtigste, aber nicht das einzige Vehikel menschlicher Kommunikation. Wie die Aufzählung der Kommunikationskanäle zeigt, gibt es darüber hinaus diverse *nonverbale* Ausdrucksmöglichkeiten. George Herbert Mead (1975), ein Theoretiker des „Symbolischen Interaktionismus"[30] nimmt an, daß nonverbale Kommunikation („primitive soziale Interaktion") eine Voraussetzung für das Erlernen (und das Entstehen) menschlicher Sprache darstellt. Wenn also ein Kind nicht gelernt hätte, durch Gesten mit einer Bezugsperson zu kommunizieren, wäre sprachliche Kommunikation nicht möglich.

Nach Ray L. Birdwhistell (1968a, 27) sind die Bedeutungen der Körpersprache genauso durch Konventionen festgelegt wie die der gesprochenen Sprache, d.h. sie müssen erlernt werden und können von Gesellschaft zu Gesellschaft variieren.[31] Derartigen Überlegungen widersprechen jedoch Verhaltensforscher wie Irenäus Eibl-Eibesfeldt (1972), der auf angeborene Signale (Augengruß, Lächeln usw.) hinweist, für die ein angeborenes Signalverständnis existiere. Die Interpretation nonverbaler Kommunikation beruht auf eigenen Erfahrungen (z.B. hinsichtlich der Absichten bzw. des emotionalen Zustands, den man selbst mit einem nonverbalen Signal verbindet), die auf andere zurückprojiziert werden. Nonverbale Kommunikation ist um so eher fehlerfrei, je mehr gemeinsame Erfahrungen die Kommunikationspartner teilen, d.h. je größer die Übereinstimmung im verwandten Codesystem ist. Allen Formen nonverbaler Kommunikation kommt beim „Impression Management" (Goffman 1959), dem Versuch,

---

zwischen Individuen, desto geringer die Distanz) als auch als unabhängige Variable (z.B. je nach Entfernung können unterschiedliche Kommunikationskanäle eingesetzt werden oder innerhalb eines Kanals kann die Nutzung variieren, indem z.B. laut oder leise gesprochen wird) im Kommunikationsprozeß betrachtet werden.

[30] Zum „Symbolischen Interaktionismus" vgl. z.B. Rose (1967). Die Grundannahme des Symbolischen Interaktionismus lautet, daß der Mensch nicht nur in einer natürlichen, sondern auch in einer symbolischen Umwelt lebe, wobei Symbole als gemeinsame, mit anderen geteilte Bedeutungen und Werte betrachtet werden. Durch die Kommunikation von Symbolen könne der Mensch eine Vielzahl von Bedeutungen und Werten und damit auch Verhaltensweisen anderer lernen. Das Handeln zu verstehen, ist das gemeinsame Ziel der Theoretiker des Symbolischen Interaktionismus.

[31] Der Anthropologe Weston la Barre (1966, 271) führt hierfür diverse Beispiele an. So ist das Herausstrecken der Zunge unter Europäern ein beleidigender Akt der Provokation und höhnischen Verachtung für den anderen. Bei den Maya-Götterbildern dürfte die herausgestreckte Zunge andere Bedeutung besessen haben. Bei der bengalischen Göttin Kali drückt diese Geste rasenden Zorn und großes Entsetzen aus.

eine interpersonale Situation im eigenen Sinne günstig zu strukturieren, neben der verbalen Kommunikation entscheidende Bedeutung zu.

Die nonverbalen Aspekte der Kommunikation sind inzwischen unter dem Stichwort „Darstellungseffekte" zu einem separaten Forschungsfeld der Publizistikwissenschaft geworden, das insbesondere Hans Mathias Kepplinger (1987) bearbeitet hat. Unter Darstellungseffekten werden nach Kepplinger (1994a, 337) „alle Wirkungen von Fernsehbeiträgen, Hörfunk-beiträgen und Pressephotos" verstanden, „die auf der nonverbalen und paraverbalen Selbstdarstellung von Personen sowie auf ihrer visuellen und akustischen Darstellung durch Fotographen, Kameraleute, Beleuchter, Tontechniker, Cutter und Journalisten beruhen." Die Auswahl entspre-chender Bilder ermöglicht es, z.B. ein positives oder negatives Image aufzu-bauen. Untersucht wird etwa, wie die Darstellung unterschiedlicher Spit-zenpolitiker im Fernsehen erfolgt (z.B. Wahl der Einstellungsgröße, Art der Beleuchtung, Art des Kameraeinsatzes, Wirkung von Editionstechniken). Identische nonverbale Verhaltensweisen besitzen in unterschiedlichen situa-tiven Kontexten verschiedene Wirkungen (z.B. in Abhängigkeit von Ge-sprächspartner, Interviewer). Die Forschung steht hier jedoch noch weit-gehend am Anfang. Elisabeth Noelle-Neumann (1970, 90), die die Metapher des „getarnten Elefanten" benutzte, um die Wirkung der Fernsehbilder auf die Zuschauer zu beschreiben, verwies schon 1970 auf die Bedeutung der nonverbalen Kommunikation und konstatierte knapp 20 Jahre später in der „Enquête der Deutschen Forschungsgemeinschaft zum Stand der Medien-wirkungsforschung" (1986, 141), daß „der gesamte Bereich der Medien-wirkung durch nonverbale Kommunikation praktisch unerforscht" sei.

Zu Beginn der 80er Jahre ist allerdings mit dem sogenannten *„Berner System"* ein „Alphabet der Körpersprache", d.h. ein Instrumentarium für die Analyse natürlicher menschlicher Bewegungen entwickelt worden (Frey 1984; 1999). Dabei werden 104 Bewegungsdimensionen unterschieden,[32] die folgende Körperteile betreffen: Kopf, Gesicht, Schultern, Rumpf, Ober-arme, Hände, Becken, Oberschenkel und Füße. Das Berner System ist ein nonsemantisches Kodierungsverfahren, das es nach Siegfried Frey (1999, 70) ermöglicht, „das natürliche menschliche Bewegungsverhalten in seinem ganzen Detailreichtum in Form von Positionszeitreihen gewissermaßen zu buchstabieren." Damit ist es zu einer Neuorientierung der Wirkungsfor-schung gekommen, die nicht länger allein auf die verbalen Aspekte ausge-richtet ist. Es gelang die Ermittlung der Strukturmerkmale von „Schlüssel-reizen", die bei anderen Menschen unwillkürliche Verhaltensreaktionen auslösen. Dabei wurde davon ausgegangen, daß das nonverbale Verhalten

---

[32] Die Lautsprache läßt sich nach Frey dagegen mit nur neun phonetischen Dimensio-nen erfassen.

tiefer wirkt als verbale Äußerungen. Aus den während eines Gesprächs ein-
genommenen Körperhaltungen werden Schlüsse gezogen, die die Interpretation der verbalen Äußerungen entscheidend beeinflussen. Mit Hilfe der
sogenannten „Skriptanimation" gelang es, am Computer natürliche
menschliche Bewegungsabläufe an einer Puppe exakt nachzubilden. Damit
war es nach Frey (1999, 92) möglich, „die perzeptiven Wirkungen dingfest
zu machen, die von den statischen und dynamischen Aspekten des menschlichen Erscheinungsbildes ausgehen."

Mit Hilfe dieses Verfahrens wurden insbesondere die durch das Fernsehen vermittelten Personendarstellungen von Politikern analysiert (Frey
1999, 110–130). Die Rezeptionsuntersuchungen zeigten, daß von der medienvermittelten nonverbalen Kommunikation starke Wirkungen ausgingen, wobei die Bewegtbildpräsentationen auf einem semantischen Differential bzw. Polaritätsprofil eingeordnet wurden.[33] Frey (1999, 114) resümiert:
„Die Analyse der in den USA, Frankreich und Deutschland erhobenen
Daten zeigt, daß visuelle Zitate in ganz erheblichem Maße zur Imagebildung
beitragen können." So bewirkten deutsche Politiker bei amerikanischen
Versuchspersonen aufgrund ihres nonverbalen Verhaltens stark unterschiedliche Eindrücke. Der frühere Bundesminister Norbert Blüm wurde
als „competent", „sympathetic", „self-confident", „fair", „compassionate"
und „dynamic" eingestuft. Der frühere SPD-Spitzenpolitiker Oskar Lafontaine dagegen wurde u.a. als „incompetent", „unsympathetic", „boring",
„unintelligent", „dishonest", „arrogant", „unfair", „cold" und „threatening" beurteilt (Frey 1999, 119). Frey (1999, 120) kommentiert: „Da die
amerikanischen Betrachter weder die Person noch die politische Haltung
Lafontaines kannten, kommt man wohl nicht umhin, festzustellen, daß dessen nonverbales Verhalten Elemente enthält, die ihm sein Leben als Politiker zumindest nicht erleichtern." Dabei erbrachte die Studie auch Indizien
dafür, „daß die unbewußten Schlüsse, die die Betrachter aus dem nonverbalen Verhalten ziehen, keineswegs von Person zu Person stark differie-
ren." (Frey 1999, 121).

In einer weiteren Studie wurde herausgefunden, daß offensichtlich das
Bewegungsverhalten einer Person in weitaus stärkerem Maße als das stati-
sche physiognomische Aussehen den Prozeß der Eigenschaftszuschreibung
steuert. Frey hat das Bewegungsverhalten von Politikern durch computer-

---

[33] Bei einem „semantischen Differential" ordnen die Befragten einen Begriff auf mehrstufigen Skalen zwischen zwei Gegensatzpaaren ein. Hier handelte es sich um die
Skalen: „kompetent vs. inkompetent", „sympathisch vs. unsympathisch", „langweilig
vs. interessant", „intelligent vs. unintelligent", „unbedeutend vs. mächtig", „unehr-
lich vs. ehrlich", „arrogant vs. bescheiden", „entspannt vs. verkrampft", „schüchtern
vs. selbstsicher", „fair vs. unfair", „kalt vs. mitfühlend", „häßlich vs. attraktiv", „dynamisch vs. schwerfällig", „beruhigend vs. beängstigend", „gutgelaunt vs. verärgert".

animierte Puppen imitieren lassen. Ein Vergleich der Persönlichkeitsprofile von Politikern und Puppen ergab bei der Beurteilung durch die Betrachter praktisch dasselbe Ergebnis (Frey 1999, 136ff.). Obwohl derartige Untersuchungen noch am Anfang stehen, lassen sie doch bereits darauf schließen, daß sich hier ein lohnendes und wichtiges Forschungsfeld eröffnet, dessen Resultate auch für die Imageberatung von Bedeutung sind.

3.4. Modelle interpersonaler Kommunikation

Ein *„Modell"* kann definiert werden als „vereinfachte, abstrahierende Repräsentation eines Realitätsbereiches mit dem Ziel, die unter einer bestimmten Problemstellung relevanten Aspekte herauszuheben und überschaubar zu machen." (Maletzke 1998, 56). Dabei erfüllt ein Modell zwei Funktionen: Es integriert Einzelaspekte in einen Gesamtzusammenhang (Organisationsfunktion) mit dem Ziel, so zu neuen Einsichten zu gelangen (heuristische Funktion) (Burkart/Hömberg 1997, 71).[34]

Ein erstes, relativ einfaches Kommunikationsmodell (bei dessen Entwicklung zwar nicht der hier verwandte Kommunikationsbegriff zugrunde lag, das aber doch mit diesem vereinbar ist) stammt von den Mathematikern Claude E. Shannon und Warren Weaver (1949) (Abb. 1), die beide im „Bell Telephone Laboratory" beschäftigt waren. Den Ausgangsüberlegung von Shannon und Weaver zufolge müßte es möglich sein, den Informationsgehalt einer Nachricht zu quantifizieren, wenn es gelänge, das Ausmaß der Ungewißheit zu messen. Die Autoren gehen bei der Aufstellung eines mathematischen Maßes für Information von einer diskreten Quelle (dem Sender) mit den Elementen z (i = 1, 2, [...], n) und deren Wahrscheinlichkeiten p (i = 1, 2, [...], n) aus. Als Nachricht wird die zeitliche Folge der Elemente z definiert, die vom Sender nach dem Zufallsprinzip gesendet werden („Gleichwahrscheinlichkeit"). Es geht also auch um den Zusammenhang zwischen Information und Ordnung. Ein Sender, der alle Zeichen mit der gleichen Wahrscheinlichkeit aussendet, ist absolut ungeordnet. Eine Prognose über das Aussenden eines bestimmten Elements ist dann nicht möglich. Zu beachten ist dabei, daß sich der Informationsbegriff hier auf einen ganz speziellen Aspekt beschränkt, der für die technische Übertragung und

---

34   Wenn hier von „Modell" die Rede ist, entspricht der Begriff nicht dem nach Mayntz (1967, 13) zweckmäßigsten Modellbegriff, wonach „beschreibende Begriffe durch abstrakte Symbole ersetzt und die logische Struktur der Sätze [...] explizit gemacht" werden. Nach Hans Zetterberg (1973, 104ff.) zeichnet sich ein Modell dadurch aus, daß es 1. einen Teil der Wirklichkeit abstrahiert, 2. in selektiver Weise Elemente in diesem Wirklichkeitsbereich isoliert und 3. möglichst (aber nicht notwendig) empirische Annahmen über die Beziehungen zwischen ihnen macht.

Speicherung von Information Bedeutung hat, aber die Tatsache, ob eine Information sinnvoll, verständlich, richtig usw. ist, vollkommen unberücksichtigt läßt. Werner Gitt (1989, 4) schreibt: „Die Shannonsche Informationsdefinition beschränkt sich auf nur einen Aspekt der Information, nämlich daß durch sie etwas Neues ausgedrückt wird: Informationsgehalt ist der Gehalt an Neuem. Neues meint dabei nicht eine neue Idee, einen neuen Gedanken oder eine neue Nachricht – das wäre bereits ein Bedeutungsaspekt – sondern lediglich den größeren Überraschungseffekt, der durch ein selteneres Zeichen bewirkt wird. Information wird somit zum Maß für Unwahrscheinlichkeit eines Ereignisses." Die Grundsituation, von der Shannon und Weaver ausgingen, beschreibt Schulz (1994, 149) folgendermaßen: „ [...] der Kommunikator braucht für ein Minimum an Variation wenigstens zwei Alternativen und entsprechend zwei Signalzustände, zwischen denen er auswählen kann; und für den Rezipienten ist es zunächst einmal das Einfachste, anzunehmen, daß jede Enkodierungsvariante gleichwahrscheinlich ist." Die Variationsmöglichkeit mit zwei gleichwahrscheinlichen Alternativen definiert die Maßeinheit für Information.[35]

Abbildung 1: Das Kommunikationsmodell von Shannon und Weaver

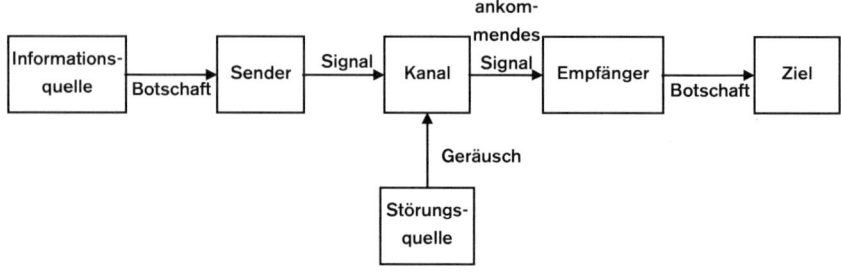

Quelle: Shannon/Weaver 1949, 7

---

[35] In der charakterisierten Grundsituation ist die Übertragung von einem Bit Information möglich. „Bit" ist abgeleitet aus „Binary Digit" (Binärziffer, d.h. Zahl im Zweiersystem). Im Binärsystem sind die Stufenzahlen Potenzen von zwei. Information einer Nachricht ist definiert als die Minimalzahl der zur Codierung ihrer Zeichen erforderlichen Dualschritte. Nachrichten müssen also zunächst in einen Binär-Code übersetzt, d.h. in eine Folge von symbolisch mit „1" oder „0" benannten Dualzahlen umgewandelt werden. Aus der Technik sind derartige Übersetzungen in Binär-Codes bekannt, z.B. Schalter aus: „0" und Schalter ein: „1" usw.

Wie Abb. 1 verdeutlicht, wird Kommunikation bei Shannon und Weaver rein technisch und als lineare *Einwegkommunikation* verstanden. Im Falle eines Telefongesprächs wäre die gerade sprechende Person (der Kommunikator) die Informationsquelle, die eine Botschaft über einen Sender (das Telefon) in Signale (elektrische Impulse) umwandelt und durch einen störungsanfälligen Kanal an einen Empfänger (wiederum das Telefon) transportiert, der die Signale erneut umwandelt und die Botschaft dem Gesprächspartner (Ziel) in einer diesem verständlichen Form weiterleitet. Im Falle eines Gesprächs wäre das Gehirn des Sprechenden die Informationsquelle und das Gehirn des Hörenden das Ziel der Kommunikation. Der Sprechapparat wäre der Sender, das Gehör der Empfänger, die Luft mit Schwingungen der Kanal. Der Grundgedanke des Modells ist, daß jede Informationsquelle einen Sender benötigt, der zur Neuorganisation (Encodierung) einer Botschaft dient, um diese dem zur Verfügung stehenden Kanal anzupassen. Der Empfänger muß diese Botschaft in eine dem Ziel verständliche Form rückwandeln (decodieren), wobei ein gemeinsames Codesystem von Informationsquelle und Ziel vorausgesetzt wird.

Unter „Geräusch" (Lärm, Rauschen, Störung) wird jede Störung verstanden, die im Kanal eines Kommunikationssystems den Empfang von Signalen beeinträchtigt. Allerdings beeinträchtigt nicht jede Störung die Decodierung, da in einem Informationssystem wie der menschlichen Sprache Informationsüberfluß (Redundanz) enthalten ist. Redundanz innerhalb von Sprache, Codes und Zeichensystemen beruht auf einem Zuviel an Regeln und bewirkt, daß Kommunikation auch bei erschwerten Umständen möglich ist (Cherry 1967, 35). So besteht im allgemeinen keine Schwierigkeit, folgende verstümmelte Botschaften zu ergänzen: Li_b_ Mutt__ al__s Gut_ zu_ Gebu_tsta_.

Das Modell von Shannon und Weaver beachtet den reziproken Charakter von Kommunikation nicht, d.h. es wird der Eindruck erweckt, als ob Kommunikation an einem bestimmten Punkt beginne und an einem bestimmten Punkt ende. Bei interpersonaler Kommunikation aber werden die Rollen zwischen Sender und Empfänger kontinuierlich getauscht. Die soziale und situative Einbettung der Interaktionspartner wird von Shannon und Weaver nicht berücksichtigt. Die Beschränkung auf dyadische Situationen (d.h. Situationen, in denen nur ein „isolierter" Sender und ein „isolierter" Empfänger miteinander kommunizieren) bedeutet eine erhebliche Einschränkung der Analyse von interpersonaler Kommunikation, da durch das Hinzutreten Dritter der jeweilige situative Kontext erheblich modifiziert werden kann. Auch ist die Störung nicht nur auf Geräusche im Kanal beschränkt, d.h. Aspekte wie fehlerhafte Formulierung der Botschaft durch den Sender oder selektive, verzerrte Wahrnehmung durch den Empfänger werden ausgeklammert. Allerdings war die Berücksichtigung dieser Aspekte von Shannon und Weaver nicht beabsichtigt. Zu Recht verweist daher auch Klaus Merten (2000, 6) darauf, daß sich „jede nicht-technische Interpretation dieser Theorie von selbst" verbietet.

Ein einfaches Modell, das berücksichtigt, daß zwischen Sender und Empfänger ein Rollentausch stattfinden kann und daß Kommunikation ein *reziproker Prozeß* ist, stammt Charles E. Osgood (Abb. 2).

Abbildung 2: Das Kommunikationsmodell von Osgood

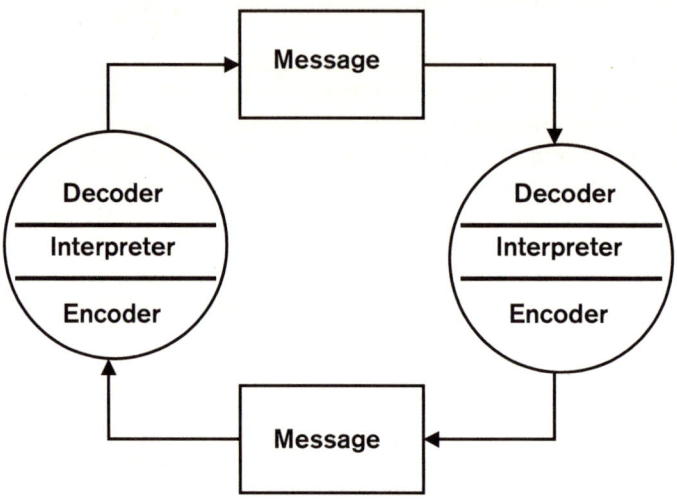

Quelle: Schramm 1954, 8

Eine komplexere und differenziertere Darstellung bietet das folgende Modell der interpersonalen Kommunikation (Abb. 3):

Abbildung 3: Modell der interpersonalen Kommunikation

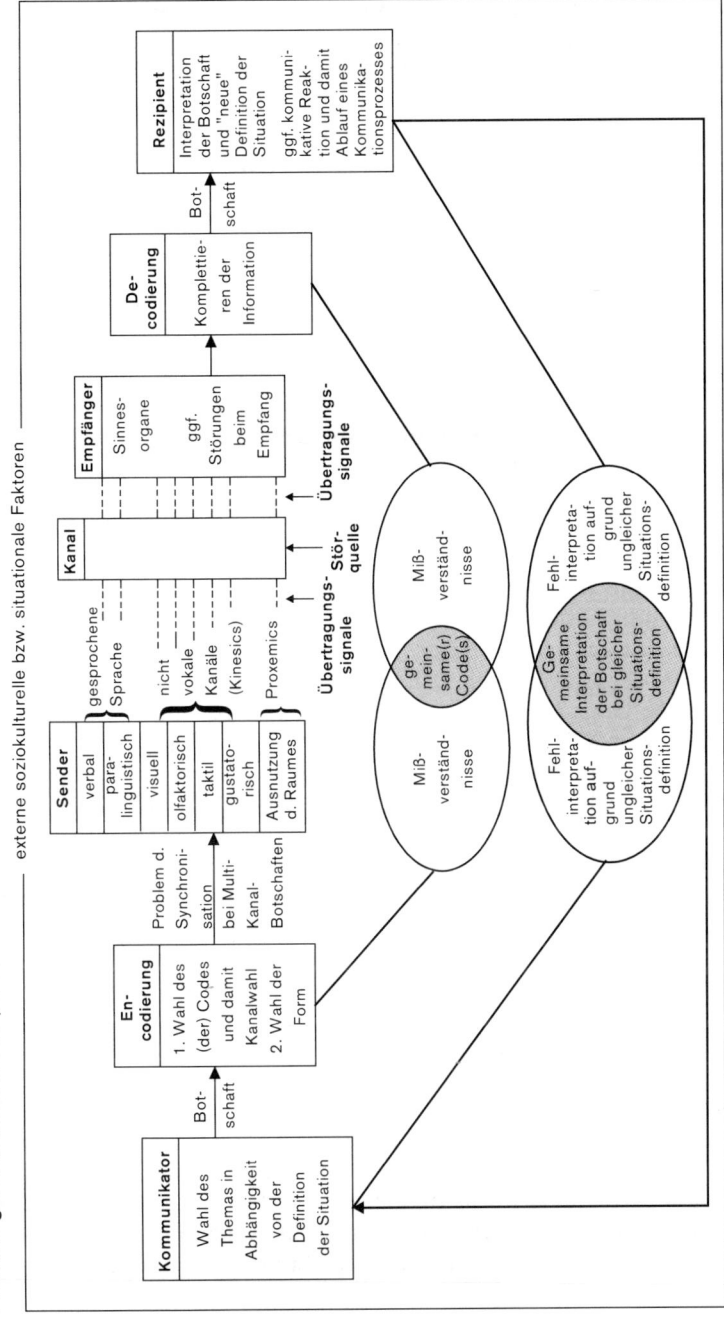

Quelle: Eigene Erstellung

Bei diesem Modell wird davon ausgegangen, daß eine soziale Situation dann vorliegt, wenn sich ein Individuum oder mehrere Individuen in Gegenwart anderer Individuen befinden und ein Akteur Gegenstand visueller und kognitiver Aufmerksamkeit eines anderen Akteurs wird und umgekehrt. Der Gebrauch von Sprache und nonverbalen Formen der Kommunikation wird vom jeweiligen situativen Kontext determiniert. Die Fähigkeit, sich dem situativen Kontext durch rollenadäquates, d.h. den Erwartungen der anderen entsprechendes Kommunikationsverhalten anzupassen, wird als „kommunikative Kompetenz" bezeichnet. Dabei ist die Beherrschung der Sprache allein nicht ausreichend, um in einer Situation und evtl. auch in einer anderen Kultur Botschaften angemessen formulieren zu können. Vielmehr muß bekannt sein, welche Codes, Kanäle und Ausdrücke in welchen Situationen gegenüber welchen Personen benutzt werden können (man muß z.B. auch wissen, wann geschwiegen wird, denn Schweigen bedeutet nicht, daß nicht intentional Informationen übermittelt werden). Man muß, um den Titel eines Aufsatzes von Charles O. Frake (1964) zu zitieren, wissen, „How to Ask for a Drink in Subanum".

In dem in Abbildung 3 dargestellten Modell interpersonaler Kommunikation werden die externen *soziokulturellen* bzw. *situationalen* Faktoren berücksichtigt, die für die Wahl der jeweiligen Kommunikationsform entscheidend sind. Zu den situationalen Faktoren gehören z.b. die Bedeutung des sozialen Status (z.b. gleicher Status vs. hierarchische Beziehung), des Geschlechts, der Anwesenheit Dritter bzw. eines größeren Publikums sowie des jeweiligen Ortes (z.b. Fahrstuhl, eigenes Arbeitszimmer, Arbeitszimmer des Vorgesetzten, öffentlicher Platz, eigene Wohnung) usw.

Ein Kommunikator wählt in Abhängigkeit von seiner Definition der Situation und seinen Intentionen ein Thema (Botschaft), das kommuniziert werden soll. Die Encodierung erfordert die Wahl des (der) Codes und damit die Wahl des (der) Kanals (Kanäle), in der (denen) die Botschaft übermittelt werden soll (verbal und/oder nonverbal). Bei der Benutzung mehrerer Kanäle können Probleme der Synchronisation auftreten, wenn in verschiedenen Kanälen unterschiedliche, ggf. nicht miteinander vereinbare Informationen übermittelt werden sollen bzw. unbeabsichtigt weitergegeben werden. Ersteres ist etwa der Fall, wenn ein Akteur Rollendistanz signalisieren möchte, d.h. darauf hinweisen will, daß er sich mit der von ihm auszufüllenden Rolle nicht identifiziert (z.B. Augenblinzeln bei der Weitergabe einer als unsinnig empfundenen Arbeitsanweisung). Letzteres wäre etwa der Fall, wenn in einer Prüfungssituation ein käsebleicher Kandidat zähneklappernd mitteilt, er sei ganz ruhig. Ferner ist bei der Encodierung von Botschaften eine situationsadäquate Form zu wählen, d.h. kommunikative Kompetenz muß vorhanden sein (im verbalen Bereich geht es hier z.B. um die Entscheidung zwischen Hochsprache und Dialekt, Sprache in Andeutungen usw.).

Hinzu kommt, daß in interpersonalen Situationen immer auch unbeabsichtigt Informationen weitergegeben werden bzw. die jeweiligen Interaktions-
partner das Verhalten des Kommunikators als informativ interpretieren.
Dies ist insbesondere bei der nonverbalen Kommunikation der Fall (z.B.
Erröten, Erbleichen, Schweißausbruch usw.). Die encodierte Botschaft wird
durch den (die) jeweiligen Kanal (Kanäle) gesendet und dabei u.U. gestört.
Die Empfangssignale werden von den Sinnesorganen des Rezipienten aufgenommen. Hierbei besteht die Möglichkeit der Verzerrung durch selektive
Wahrnehmung oder selektive Aufmerksamkeit gegenüber bestimmten
Aspekten der Botschaft (vgl. Kapitel V.4.). Auch können ggf. aufgrund von
„Defekten" die in einem Kanal übermittelten Informationen nicht oder nur
verzerrt erfaßt werden (z.B. aufgrund von Schwerhörigkeit). Ferner können
die im Kanal aufgetretenen Störungen so stark sein, daß eine Decodierung
nicht mehr möglich ist. Voraussetzung einer adäquaten Decodierung ist neben dem korrekten Empfang der Signale (d.h. die Komplettierung der Botschaft muß möglich sein) eine Übereinstimmung der benutzten (verbalen
und/oder nonverbalen) Codes. Mead (1975, 94) schreibt dazu: „Soll Kommunikation möglich sein, so muß das Symbol für alle betroffenen Personen
das gleiche bedeuten." Sind diese Voraussetzungen gegeben, können trotz-
dem noch Mißverständnisse auftreten, wenn der Rezipient die decodierte
Botschaft von einer anderen Situationsdefinition ausgehend interpretiert. In
einem Kommunikationsprozeß treten um so weniger Verzerrungen auf, je
mehr gemeinsame Erfahrungen die Kommunikationspartner besitzen, d.h.
um so eher sie den (die) gleichen Code(s) verwenden und Situationen in
gleicher Weise definieren.[36]

4. Massenkommunikation

4.1. Masse und Massengesellschaft

Die Kommunikationswissenschaft war in ihren Anfängen unlösbar mit dem
Massenbegriff verbunden, der seinerseits mit ausgesprochen negativen
sozial- und kulturkritischen Assoziationen einherging. Der zu Beginn des
20. Jahrhunderts dominierenden Massenpsychologie lag ein individual-
psychologischer Ansatz zugrunde, der auf dem Schema von Suggestion und
Nachahmung basierte. Man glaubte, daß im Verlaufe der Industrialisierung

---

36 Auf das Problem der „Pseudokommunikation", einen Kommunikationsprozeß bei
dem die Partner trotz der in unterschiedlichen Codes begründet liegenden Fehlinter-
pretation glauben, miteinander „korrekt" kommuniziert zu haben, wird hier nicht
eingegangen.

und der damit verbundenen Urbanisierung die Primärgruppenbindungen weitestgehend zusammengebrochen seien. Da ihnen der soziale Rückhalt fehle, seien die sozial isolierten Menschen charismatischen Massenführern (bzw. den modernen Massenmedien) wehrlos ausgeliefert.

Der französische Arzt und Soziologe Gustave Le Bon (1964) prognostizierte 1895, daß das kommende Zeitalter das „Zeitalter der Massen" sein werde. Die Stimme des Volkes habe das Übergewicht erlangt. Allerdings sieht Le Bon darin nichts Positives, denn je weniger die Masse vernünftiger Überlegungen fähig sei, desto mehr sei sie zur Tat geneigt. In der Anonymität der Masse schwinde die bewußte Persönlichkeit. An die Stelle persönlicher Verantwortung trete Gefühlsbestimmtheit, und es erfolge ein Rückfall in einen Zustand „atavistischer Suggestibilität" (d.h. Beeinflußbarkeit, die einem früheren Entwicklungsstadium der Menschheit entspricht). Die Masse wurde als einziges, dem „Gesetz der seelischen Einheit der Masse" unterliegendes Wesen verstanden, deren Mitglieder nur noch ideomotorisch, also ohne Mitwirkung des Willens, handeln können. Die Masse wurde als Herde betrachtet, die sich ohne Hirten nicht zu helfen wisse. Dabei steht das Verhältnis von Führer und Masse im Zentrum der Analyse von Le Bon. Eine starke Persönlichkeit zwinge der nach Führung dürstenden Masse ihren Willen auf.

Le Bon stand mit seinen Thesen keineswegs alleine. So sah der italienische Kriminalanthropologe Scipio Sighele (1897, 79) in der Masse einen Nährboden, „ auf dem sich der Bacillus des Bösen sehr leicht entwickelt und in dem der des Guten fast immer zugrunde geht, weil er darin nicht seine Lebensbedingungen findet." Der spanische Philosoph José Ortega y Gasset (1967, 86) schrieb: „Wenn die Masse selbständig handelt, tut sie es nur auf eine Art: sie lyncht." Der Sozialpsychologe Peter Hofstätter (1957, 7) faßte die Gedanken der Massenpsychologen folgendermaßen zusammen: „Vergewaltigt zu werden, von Führern, Reklamechefs, Propagandisten und Scharlatanen, – so scheint es –, ist das Hauptanliegen ‚der Masse'; und wo sie nicht vergewaltigt wird, möchte sie doch mit dem Angebot wertlosen Tands und banaler Oberflächlichkeit in einen apathischen Schlummer gewiegt werden."

Die Vorstellung über den Charakter der Massenmedien wurden durch derartiges kulturpessimistisches Gedankengut entscheidend geprägt. Insbesondere unter dem Einfluß der im Ersten Weltkrieg massiv einsetzenden Propaganda, der in den USA erfolgreichen massenmedialen Werbung sowie des geschickten Einsatzes von Propagandatechniken durch totalitäre Bewegungen in Europa (Bolschewisten in der UdSSR, Faschisten in Italien, Nationalsozialisten in Deutschland) wurde den Massenmedien ein nahezu unbegrenztes Wirkungspotential zugeschrieben (vgl. Kapitel V.2.). Auf diese Weise gelangte eine zusätzliche Komponente in die (amerikanische)

Medienforschung: Es ging darum, Wirkungsmechanismen der Medien aufzudecken, um in der Lage zu sein, die Demokratie gegen die mögliche Über-
rumpelung durch totalitäre Kräfte zu schützen. Das Erkennen und Verstehen der Propagandatechniken sollte dazu befähigen, sich gegen solche
Kräfte zu wehren. Lazarsfeld und Merton (1948) vermuteten, daß allein die
Allgegenwart der Medien viele Menschen zu einem nahezu magischen
Glauben an die Allmacht der Medien verführe. Neben den Kulturpessimi-
sten gab es auch fortschrittsgläubige Autoren, die – ebenfalls in Überschät-
zung des Wirkungspotentials – die Möglichkeiten der Massenmedien als
Bildungs- und Aufklärungsinstrument betonten und in ihnen sogar ein Instrumentarium zur Wiederherstellung von Gemeinschaft sahen. Charles
Horton Cooley (1909) verglich die „neuen Medien" mit dem Morgenlicht,
das sich über die Welt verbreite, aufweckend, erleuchtend und den Horizont
erweiternd. Das Interesse am Mitmenschen werde wieder geweckt, denn
wenn das Elend, in dem etwa Italiener und Juden in New York und
Chicago lebten, lediglich in Statistiken wiedergegeben werde, kümmere sich
niemand darum. Werde aber ihr Leben durch persönlichen Kontakt, Bilder
oder phantasievolle Beschreibungen nahegebracht, dann werde man sich
kümmern.[37]
    Im Zusammenhang mit dem Begriff „Massenkommunikation" bezeich-
net *Masse* (dazu ausführlich Lamp 1999) im folgenden eine Vielzahl von
Rezipienten in ihren sozialen Bindungen.[38] Auf keinen Fall ist damit, wie in
den geschilderten, frühen massenpsychologischen Ansätzen, eine größere
Anzahl von Menschen gemeint, die unter bestimmten situativen Bedingungen gefühlsmäßig zu einer Einheit zusammengeschlossen sind und zu reinen
Affekthandlungen verleitet werden können.

4.2. Der Begriff der Massenkommunikation

Die in der deutschsprachigen Literatur am weitesten verbreitete Definition
von *„Massenkommunikation"* wurde von Gerhard Maletzke (1963, 32) formuliert. Er versteht darunter „jene Form der Kommunikation, bei der Aussagen öffentlich (also ohne begrenzte und personell definierte Empfänger-
schaft) durch technische Verbreitungsmittel (Medien) indirekt (also bei
räumlicher oder zeitlicher oder raumzeitlicher Distanz zwischen den Kom-

---

[37] Ähnlich schrieb Béla Balàzs (1930, 216): „Man kann etwa beim Frühstück vom
     ‚Heldentod' Tausender lesen, ohne den Appetit zu verlieren. Ziffern haben kein
     Gesicht. Worte haben keinen Schaum vor dem Mund. Aber brechende Augen in
     Großaufnahme, eine Tonnahaufnahme des Röchelns, verdirbt den Appetit."
[38] Der Massenbegriff ist von Konzepten wie „soziales Aggregat", „Kollektiv",
     „Menge", „Publikum" usw. nicht eindeutig abgegrenzt.

munikationspartnern) und einseitig (also ohne Rollenwechsel zwischen Aussagendem und Aufnehmendem) an ein disperses Publikum vermittelt werden." Der Begriff „disperses Publikum" meint dabei eine „verstreute" Vielzahl von Rezipienten, die nicht gemeinsam, sondern unter jeweils verschiedenen Bedingungen, Medieninhalte konsumieren. Eine Erweiterung dieser Definition von Maletzke stellt folgende Begriffsbestimmung dar:

Im Massenkommunikationsprozeß werden

1. Inhalte, die im überwiegenden Maße für den kurzfristigen Verbrauch bestimmt sind (z.b. Nachrichten, Unterhaltung),
2. in formalen Organisationen mittels hochentwickelter Technologien hergestellt und
3. mit Hilfe verschiedener Techniken (Medien)
4. zumindest potentiell gleichzeitig einer Vielzahl von Menschen (disperses Publikum), die für den Kommunikator anonym sind,
5. öffentlich, d.h. ohne Zugangsbegrenzung,
6. in einseitiger (Kommunikator und Rezipient können die Positionen nicht tauschen, die Beziehung zwischen ihnen ist asymmetrisch zugunsten des Kommunikators) und
7. indirekter Weise (ohne direkte Rückkoppelung)
8. mit einer gewissen Periodizität der Erzeugung
9. kontinuierlich angeboten.

Diese Kriterien eignen sich zur Beschreibung der Massenkommunikation durch Medien wie Presse, Radio und Fernsehen. Für die sogenannten „Neuen Medien" (vgl. Kapitel I.4.5.) ist diese Definition allerdings nicht mehr adäquat, da v.a. interaktive Dienste auch Komponenten interpersonaler Kommunikation aufweisen. Die Rollenfestschreibung von Sender und Empfänger, d.h. das Kriterium der „Einseitigkeit" wird aufgeweicht, und die Grenzen zwischen massenmedialen Vorgaben eines bestimmten Inhaltes und individueller Gestaltung durch Rezipienten (z.B. durch die Wahl verschiedener Handlungsszenarien oder Kameraperspektiven beim digitalen Fernsehen) verschwimmen. Auch die Gleichzeitigkeit der Distribution standardisierter Inhalte ist nicht mehr gegeben.

Unter *„Massenkommunikationsmitteln" (Medien)* werden aufgrund dieser Entwicklung im folgenden technische Mittel verstanden, die zur Verbreitung von Inhalten an ein Publikum dienen. Mit Absicht wird nicht von einer massenhaften Verbreitung an ein disperses Publikum gesprochen, denn die Entwicklung geht unter dem Einfluß der Neuen Medien hin zu einer „On-Demand-Kommunikation"; einer „Kommunikation auf Wunsch".

„Medium" wird hier im Sinne eines technischen Mediums (d.h. z.B. Sende-
und Empfangseinrichtungen) verstanden. Da der Begriff „Medium" sehr
vieldeutig ist, sei hier auf eine von Bentele und Beck (1994, 40) vorgenommene weitere Differenzierung dieses Terminus verwiesen. Danach kann unterschieden werden zwischen *materiellen* Medien, wie Ton, Licht, Luft,
Papier, Zelluloid usw.; *kommunikativen* Medien bzw. Zeichensystemen, wie
Sprache, Bilder, Töne sowie den Medien als *Institution*, d.h. Medienbetrieben wie bestimmten Zeitungen oder Fernsehanstalten oder Film, Hörfunk,
Fernsehen, Presse usw. insgesamt.

4.3. Massenkommunikation und interpersonale Kommunikation

Massenkommunikation und interpersonale Kommunikation weisen zwar
Gemeinsamkeiten auf (Sender, Botschaft; Empfänger sind vorhanden), zwi-
schen beiden bestehen jedoch auch erhebliche Unterschiede.[39] Während
interpersonale Kommunikation in sozialen Situationen erfolgt, kann die
Beziehung zwischen Kommunikator und Rezipient bei der Massenkommu-
nikation üblicherweise allenfalls „parasozial"[40] sein. Bei der interpersonalen
Kommunikation kann der Kommunikator flexibel reagieren, d.h. die
potentielle Wirkung einer Botschaft nachprüfen (direkte Rückkopplung).
Ferner können mehrere (auch nonverbale) Kanäle eingesetzt werden. Im
Massenkommunikationsprozeß dagegen ist die aktive Teilnahme des Rezipienten vergleichsweise gering (dies ist aber abhängig von Inhalt, situativem
Kontext und Rezipientenpersönlichkeit), da anders als bei der interperso-
nalen Kommunikation keine Reaktionen auf die Kommunikationsinhalte

---

[39] Die Kommunikation zwischen zwei Personen und Massenkommunikation können
      als die beiden Endpunkte eines Kontinuums von Kommunikationssituationen ange-
      sehen werden. Dazwischen liegt die *„Gruppenkommunikation"* sowie die *„kategoriale
      Kommunikation"* im Sinne von Kurt Koszyk und Karl H. Pruys (1976, 165ff.), bei
      der einander weitgehend unbekannte Rezipienten einem (oder wenigen) Kommuni-
      kator(en) gegenüberstehen, wie etwa beim Taxenfunk oder Hintergrundinformati-
      onsdiensten. Bei diesen im Bereich zwischen privat und öffentlich angesiedelten
      Kommunikationssystemen ist ein Wechsel der Kommunikator- und Rezipientenposi-
      tion nur bedingt möglich. Die Bezeichnung „kategorial" verweist darauf, daß die
      Rezipienten eine zumindest kurzfristig gleiche Interessenlage besitzen. Koszyk und
      Pruys trennen noch „kategoriale Massenkommunikation" von „Massenkommunika-
      tion". Bei ersterer wird einem kategorial definierbaren Publikum ein spezielles
      Informationsangebot (z.B. Fachzeitschriften) mittels Massenmedien unterbreitet.
[40] D.h. unter bestimmten Bedingungen (wenn sich z.B. im Fernsehen Personen „direkt"
      an die Zuschauer wenden, kann sich eine einseitige, von Rezipienten jederzeit zu un-
      terbrechende „parasoziale" Beziehung aufbauen, die ggf. fehlende soziale Kontakte
      ersetzen kann (Horton/Wohl 1956). Zu parasozialen Beziehungen durch Massen-
      medien vgl. z.B. auch Vorderer (1996a) und Gleich (1997).

erwartet werden. Der Vorteil der Massenkommunikation besteht in der
größeren Reichweite, die aber dadurch beschränkt wird, daß sich der
Kommunikator an eine unüberschaubare Vielzahl von Menschen wendet,
ohne den jeweils verschiedenen Situationen der Individuen Rechnung tragen zu können. Außerdem sind massenkommunikative Inhalte aufgrund
der großen auf diesem Wege übermittelten Informationsmenge stärkeren
Selektionsprozessen der Rezipienten ausgesetzt.

Von einigen Autoren wurden Massenkommunikation und interpersonale Kommunikation als identische Prozesse betrachtet. Wilbur Schramm
(1963, 299) behauptete unter Verweis auf die gemeinsamen Elemente
(Sender, Botschaft, Empfänger), Massenkommunikation sei zwar etwas
komplizierter, aber im Prinzip das gleiche wie interpersonale Kommunikation. Auch Henk Prakke (1968, 58f) setzte im Rahmen seiner „funktionalen
Publizistik" Massenkommunikation und interpersonale Kommunikation
gleich und beschrieb das Verhältnis von Publizist und Publikum in realitäts-
fremder Weise als „Dialog zwischen gleichberechtigten Partnern, die sich
auf einer horizontalen Ebene im gesellschaftlichen Zwiegespräch begegnen".
Prakke (1960) behauptete gar: „Alle Publizistik ist Zwiegespräch." Die Vorstellung einer symmetrischen Relation zwischen Massenkommunikator und
Rezipient liegt auch dem „Transaktionsmodell" von Raymond A. Bauer
(1973) zugrunde, wobei „Transaktion" den Austausch von Werten zwischen
zwei oder mehr Parteien bezeichnet. Massenkommunikation sei ein Prozeß
gegenseitiger Einflußnahme von Kommunikator und Publikum, bei dem
das Publikum zwar aus dem Kommunikationsangebot wählen müsse, aber
sich das Angebot bereits nach dem Publikum richte. Mit anderen Worten
hat das Publikum angeblich Einfluß auf das, was der Kommunikator anbietet. Nähere Angaben darüber, auf welche Weise das Publikum diesen Einfluß ausübt, fehlen. Auch wird das asymmetrische Verhältnis zwischen
Kommunikator und Rezipient ignoriert.

Interpersonale Kommunikation ist im Gegensatz zur Massenkommunikation nicht der eigentliche Gegenstand der Publizistikwissenschaft. Wie es
im Selbstverständnispapier der Deutschen Gesellschaft für Publizistik- und
Kommunikationswissenschaft (DGPuK 1999) heißt, wird der interpersonalen Kommunikation jedoch „als Basisphänomen und insoweit Beachtung
geschenkt, als diese an öffentliche Kommunikationsprozesse gebunden ist.
Es werden also keine individuellen Gesprächsverläufe analysiert, wohl aber
interpersonale Kommunikation bei der Rezeption von Fernsehsendungen
oder bei der Online-Kommunikation beachtet." Gerade der Bereich der
Neuen Medien kann mit den Begriffen und Modellen der Massenkommunikation nicht angemessen erfaßt werden. Hier kommen vielmehr Charakteristika der interpersonalen Kommunikation zum Tragen (vgl. Kapitel
I.4.1., I.4.4., I.4.5.).

4.4. Modelle der Massenkommunikation

Zur Darstellung des Massenkommunikationsprozesses existieren diverse
Modelle, von denen hier nur das Modell von John W. Riley und Matilda
W. Riley (1959; Abb. 4) und das von Maletzke (1963; Abb. 5) entwickelte
„Feldschema der Massenkommunikation" vorgestellt werden sollen.

Riley und Riley (Abb. 4) betrachten die Akteure des Kommunikationsprozesses, d.h. Kommunikator und Rezipient, nicht als isoliert und autonom, sondern als Bestandteile einer größeren Sozialstruktur. Diese Sozialstruktur, insbesondere die primären Bezugsgruppen, üben Einfluß auf
Kommunikatoren und Rezipienten aus. Auf diese Weise wird z.B. die
Nachrichtenselektion und die Berichterstattung der Kommunikatoren bzw.
die Auswahlentscheidung, die Wahrnehmung und die Reaktion auf
Medieninhalte seitens der Rezipienten durch die sozialen Gruppen, denen
sie angehören oder die ihnen als Bezugsgruppen dienen, mitbestimmt. Auf
diese Weise schlagen sich die innerhalb der Sozialstruktur herrschenden
Werte, Regeln, Konventionen usw. auf das Verhalten der Akteure im
Kommunikationsprozeß nieder. Das Modell betont die *soziologische Perspektive* des Kommunikationsprozesses und macht deutlich, daß Massenkommunikation stets als Bestandteil des gesamten Sozialsystems zu sehen
ist, das sie beeinflußt und von dem sie beeinflußt wird. Die Medien sind
folglich als nur eine von vielen Einflußgrößen auf menschliches Verhalten
zu betrachten. Allerdings impliziert das Modell die Fiktion einer symmetrischen bzw. machtgleichen Beziehung zwischen Kommunikatoren und Rezipienten, die so in der Realität nicht gegeben ist.

Abbildung 4: Das Modell der Massenkommunikation von Riley und Riley

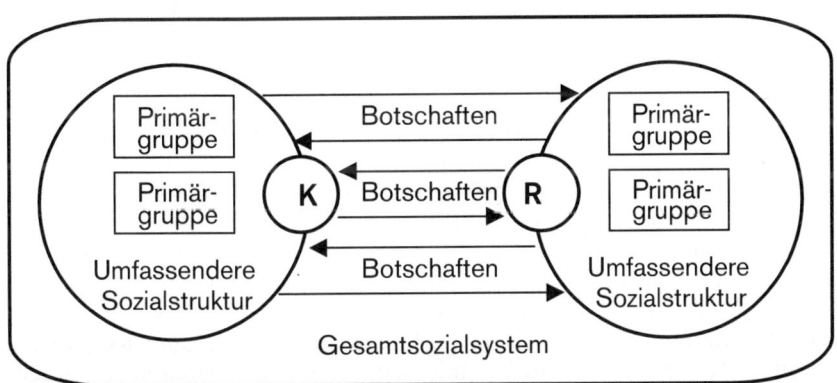

Quelle: Riley/Riley 1959, 577

Wichtigste Bestandteile des „Feldschemas der Massenkommunikation" von Gerhard Maletzke (Abb. 5) sind die vier Elemente „Kommunikator", „Aussage", „Medium" und „Rezipient".

Abbildung 5: Das Feldschema der Massenkommunikation von Maletzke

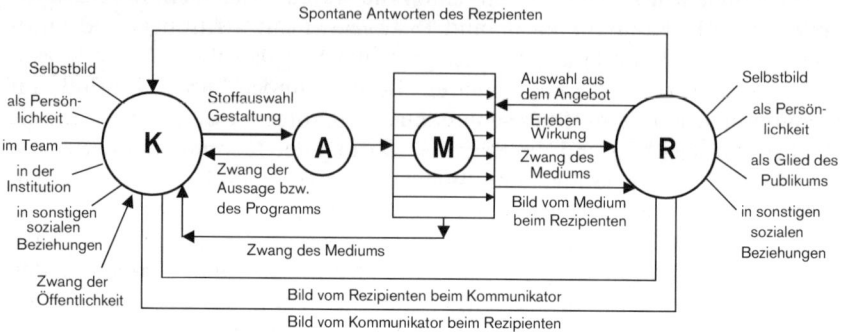

Quelle: Maletzke 1963, 41

Unter einem *Kommunikator* versteht Maletzke (1963, 43) „ jede Person oder Personengruppe, die an der Produktion von öffentlichen, für die Verbreitung durch ein Massenmedium bestimmten Aussagen beteiligt ist, sei es schöpferisch-gestaltend oder kontrollierend." Der Kommunikator wird nicht als isoliert betrachtet, sondern ist verschiedenen Einflüssen ausgesetzt, die sich aus seinen sozialen Beziehungen, den Strukturen und Bedingungen der Institution, in der er tätig ist, aus Persönlichkeitsfaktoren, der Öffentlichkeit sowie aus seinem Selbst- und seinem Publikumsbild ergeben. Beeinflußt durch diese Faktoren nimmt der Kommunikator die Auswahl des Materials und dessen Gestaltung vor und produziert *Aussagen*. Diese definiert Maletzke (1963, 53) als „symbolhafte Objektivationen, die ein Mensch (als Kommunikator) aus sich herausgestellt hat, so daß sie bei einem anderen Menschen (als Rezipient) psychische Prozesse verursachen, anregen oder modifizieren können, und zwar Prozesse, die in einem sinnvollen Zusammenhang mit der Bedeutung des Ausgesagten stehen." Diese Aussagen werden durch ein Medium den Rezipienten übermittelt. Als *Medien* der Massenkommunikation bezeichnet Maletzke (1963, 76) „die technischen Instrumente oder Apparaturen, mit denen Aussagen öffentlich, indirekt und einseitig einem dispersen Publikum vermittelt werden". Dabei wird die Tätigkeit des Kommunikators von den Eigenschaften und Bedingungen des jeweiligen Mediums sowie denen der einzelnen Aussage beeinflußt. Der *Rezipient*, definiert als „jede Person, die eine durch ein Massenmedium vermittelte Aussage soweit ‚entschlüsselt‘, daß der Sinn der Aussage dieser Person – zum mindesten in groben Zügen – zugänglich wird" (Maletzke 1963, 77), wählt aus dem Medienangebot bestimmte Aussagen aus, die auf ihn eine bestimmte Wirkung ausüben. Auswahl und Wirkung sind von der Persönlichkeit des Rezipienten, seinen sozialen Beziehungen, seinem Bewußtsein, Bestandteil eines dispersen Publikums zu sein, seinem Selbstbild, von seinem Bild vom Kommunikator und von den Eigenarten des Mediums abhängig. Zudem ist der Rezipient ggf. in der Lage, ein Feedback auf den Kommunikator auszuüben (z.b. durch Leserbriefe).

Roland Burkart und Walter Hömberg (1997) haben Maletzkes Feldschema auf die Bedingungen der Neuen Medien übertragen (Abb. 6).

Abbildung 6: Das „Modell elektronisch mediatisierter Gemeinschaftskommunikation" von Burkart und Hömberg

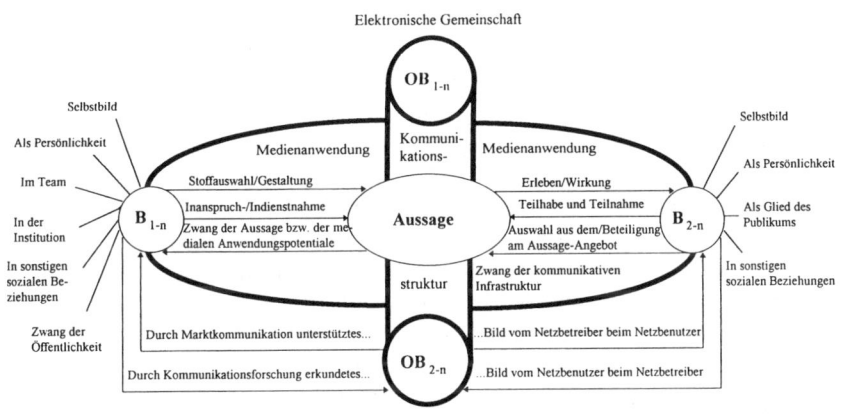

Quelle: Burkart/Hömberg 1997, 84

Sie nehmen an, daß sich durch die neuen Kommunikationstechnologien die Unterschiede zwischen Kommunikator- und Rezipientenrolle tendenziell einebnen, wenn auch nicht völlig auflösen werden. Burkart und Hömberg unterscheiden daher zwei Gruppen von „Beteiligten", von denen die eine „Rollenmacht über Inanspruch- und Indienstnahme von Kommunikationsmitteln besitzt" und dem ursprünglichen Kommunikator ähnelt, während die andere v.a. von den Möglichkeiten der Teilhabe und Teilnahme Gebrauch macht und dem ursprünglichen Rezipienten entspricht. Auswahl und Gestaltung von Aussagen auf der einen bzw. Wahrnehmung und Wirkung von Aussagen auf der anderen Seite sind von der vorhandenen Kommunikationsstruktur und den jeweils genutzten Medienanwendungen abhängig. Die technische Kommunikationsstruktur wird von sogenannten „organisierten Beteiligten" (OB) bereitgestellt (z.b. von Internet-Providern, Rundfunkanstalten, Post, Telekom, Mailbox-Betreiber usw.). Diese organisierten Beteiligten wirken nach Burkart und Hömberg durch verschiedene Formen der Public Relations auf die Beteiligten ein, um Kunden zu halten. Wie bei Maletzke werden auch in diesem Modell psychische und soziale Faktoren, Zwänge wie ethische und rechtliche Normen sowie sozioökonomische und soziokulturelle Rahmenbedingungen einbezogen.

4.5. Multimedia/Neue Medien[41]

Die Entwicklung Neuer Medien und die zunehmende Verschmelzung von Medien miteinander wirft für die Publizistikwissenschaft neue Fragestellungen auf und erfordert z.t. die Modifikation bestehender Ansätze. Dies gilt, wie bereits angedeutet, für Begriff und Modelle der Massenkommunikation. Es ergeben sich jedoch noch zahlreiche weitere Fragestellungen, bei denen mit Heinz Bonfadelli (2000, 193–195) drei Analyseebenen unterschieden werden können.

- Auf der *Makroebene* (Strukturen und Prozesse des Mediensystems und seine Wechselbeziehungen zu anderen Gesellschaftsbereichen, wie z.b. Wirtschaft, Politik, Kultur) geht es um den Wandel des Mediensystems unter dem Einfluß der Neuen Medien und deren gesellschaftliche Auswirkungen (z.b. Konzentrationsprozesse, Zukunft und evtl. Funktionsverlagerung der „traditionellen" Medien usw.).
- Auf der *Mesoebene* (Organisationen und Institutionen im Medienbereich und in der Gesellschaft) wird z.b. nach Veränderungsprozessen in den einzelnen Medienorganisationen und im Journalismus gefragt.
- Auf der *Mirkoebene* (einzelne Personen und ihre Mediennutzung) stellen der Umgang der Menschen mit den Neuen Medien (z.b. Nutzungsverhalten und -Motive, Auswirkungen auf die Nutzung der „klassischen" Medien) sowie deren Effekte (z.b. im Hinblick Wissenserwerb, politische Informiertheit und Partizipation, interpersonales Kommunikationsverhalten, Freizeitgestaltung usw.) wichtige Untersuchungsgegenstände dar.

---

[41]   Unter Mitarbeit von Carsten Breinker.

Solche Aspekte werden an entsprechender Stelle in diesem Buch Berücksichtigung finden. Da „Multimedia" und „Neue Medien" in aller Munde
sind, die Begriffe jedoch meist sehr unscharf verwendet werden, erfolgt an
dieser Stelle jedoch zunächst eine genauere Bestimmung des Begriffs
„Multimedia" und einiger Eigenschaften und Entwicklungen der sogenannten „Neuen Medien".

Der Terminus „Multimedia" nimmt etwa seit Beginn der achtziger Jahre
eine prominente Stellung bei der Beschreibung neuer Medientechnologien
ein. Seitdem verspricht dieses „Etikett" dem Verbraucher einen universellen
„Mehrwert", wobei nur in den seltensten Fällen transparent ist, worin
dieser Mehrwert eigentlich tatsächlich besteht. Können TV-Geräte auch
Signale vom Computer darstellen, womöglich sogar selbst ins Internet, sind
sie „multimedia-tauglich"; verfügen PCs über CD-ROM-Laufwerke, mit
denen man auch Musik-CDs abspielen kann, sind es „Multimedia-PCs".
Transferiert man traditionell in Buchform publizierte Nachschlagewerke
auf CD-ROM und ergänzt sie durch Animationen und Tondokumenten,
erhält man „Multimedia"-Lexika.

Offensichtlich ist der Begriff „Multimedia" sehr unspezifisch. Je nach
Bedarfsfall werden darunter Multimedia-Endgeräte, -Anwendungen oder
-Dienste gefaßt. Im Laufe der Jahre haben sich aber einige Definitionen gebildet, die als Arbeitsgrundlage zum Verständnis von „Multimedia" zweck-
dienlich sind. Der Deutsche Multimedia-Verband (dmmv; http://www.
dmmv.de/uber/uber.htm#Definition, 31.1.2001) definiert „Multimedia" als
„alle computergestützten, interaktiven Online-, Offline-Medien und Kom-
munikationsprodukte, die mindestens drei Darstellungsformen (z.B. Text,
Bild, Bewegtbild und Ton) beinhalten." Die u.a. auf den Bereich „Informa-
tionstechnologie" spezialisierte Unternehmensberatung Booz Allen &
Hamilton (1995, 27) legt dagegen bei ihrer Definition die auf dem Markt
vorhandenen Anwendungen zugrunde. So ergänzt sie die Verwendung verschiedener Darstellungsformen um zwei weitere Anforderungen, nämlich
die Interaktivität und die digitale Speicherung der Daten:

„Multimedia wird vor allem als Oberbegriff für eine Vielzahl von neuartigen
Produkten und Diensten aus dem Computer- und Telekommunikations-
und Medienbereich verwendet. Diese Produkte und Dienstleistungen haben
im wesentlichen drei gemeinsame Merkmale:

- Die Möglichkeit der interaktiven Nutzung, d.h. der Nutzer ist nicht nur
  ausschließlich Empfänger, sondern kann selbst durch die Verwendung
  entsprechender Rückkanäle Inhalte verändern bzw. Aktionen auslösen,

- die integrative Verwendung verschiedener Medientypen, d.h. dynami-sche (Video- und Audiosequenzen) werden mit statischen (z.B. Text und Daten) Medien kombiniert,
- sowie als Basis der Anwendungen die digitale Technik, die sowohl die Speicherung als auch die spätere Bearbeitung der Daten, die den ver-schiedenen Medien zugrunde liegen, zum Teil auch durch den Einsatz von Kompressionsverfahren entscheidend vereinfacht bzw. überhaupt erst ermöglicht."

Tatsächlich ist die *Interaktivität* ein herausragendes Merkmal zahlreicher Multimedia-Anwendungen, bei denen der Nutzer über vielfältige Eingriffs-möglichkeiten verfügt, und so die Inhalte erst auf seine Spezifikation hin in einer bestimmten Form dargestellt oder generiert werden. Damit geht auch ein elementarer Wandel im Verständnis von Massenmedien einher. Betrach-tet man die klassischen Massenmedien Print, TV und Hörfunk, so verfügen sie entweder über einen bestimmten Aktualisierungsrhythmus (Print), oder eine zeitnahe Verbindung zu den Nutzern (TV, Hörfunk). Letztlich erreicht aber eine bestimmte Auflage der Tageszeitung genauso wie die Tagesschau jeden ihre Nutzer in identischer Form.

Anders ist dies etwa beim „World Wide Web" (WWW)[42]: Zwar ist es auch hier möglich, allen Nutzern stunden- oder tagelang dieselben Informa-tionen mit geringer Verzögerung zur Verfügung zu stellen, doch dies ist ein zunehmend an Bedeutung verlierender, eher durch traditionelle Denk-muster der Inhalts-Lieferanten geprägter Anwendungsfall. Stärker nutzt die Möglichkeiten dieses Mediums aus, wer aus einem breiten und tiefen

---

[42] Das „World Wide Web" (WWW) ist wohl aus kommunikationswissenschaftlicher Sicht die bedeutendste Anwendung im Internet. Neben dem WWW wird das Internet von zahlreichen anderen Diensten verwandt, wie etwa für „File-Transfer" (FTP), „Chat" (IRC) oder „E-Mail". Der Grundstein des Internets wurde bereits im Herbst 1969 gelegt, als vier Rechner von Forschungseinrichtungen in Los Angeles, Salt Lake City, Santa Barbara und Stanford vernetzt wurden, um den Informationsaustausch für Projekte der militärischen Grundlagenforschung zu vereinfachen (Borchers/ Benning/Turi 1999). Im Laufe der Zeit wurden immer neue Dienste entwickelt, die von der steigenden Anzahl an Verbindungsrechnern, sogenannten „Hosts", im Inter-net unterstützt wurden. Die Idee zum World Wide Web entstand erst im Jahr 1989 am Genfer Kernfoschungszentrum CERN, um Forschern im Bereich der Hoch-energiephysik den Informationsaustausch zu erleichtern. 1991 stellte das CERN erstmals eine Software zur Verfügung, mit der sich verteilt gespeicherte Infor-mationen auf bequeme Art abrufen ließen (vgl. http://public.web.cern.ch/Public/ ACHIEVEMENTS/WEB/history.html, 31.1.2001). Eines der Schlüsselmerkmale des WWW ist der „Link", d.h. die Verknüpfung von Inhalten, die sich an beliebigen Speicherorten innerhalb des Internets befinden können. Aus heutiger Sicht war das WWW die Anwendung, die dem Internet erst zum Boom außerhalb der Wissen-schaftsgemeinde verholfen hat.

Informationsangebot nur diejenigen Elemente zur Verfügung stellt, für die sich der einzelne Nutzer auch tatsächlich interessiert. Beispiele hierfür sind etwa die zahlreichen „Portalsites" im WWW, bei denen sich der Nutzer etwa die Begrüßungsseite seines „Internet-Browsers" (Suchmaschine) aus den für ihn relevanten Informationen zusammenstellen kann – dies können prinzipiell beliebige Inhalte, wie Nachrichten, Wetterberichte, Börsenkurse oder auch die Neuheitenlisten von Versandhändlern sein. Anstelle permanent notwendiger Auswahlprozesse des Benutzers, wie sie die frühen Multimedia-Anwendungen auf CD-ROM oder Video-CD oft verlangten, wird hier durch eine einmalige Angabe von Präferenzen der Nutzer von einem großen Teil der Selektionsarbeit entlastet. Die einzelnen Elemente können dabei gewissermaßen permanent aktualisiert werden, ohne daß der Nutzer auf eine neue Ausgabe warten müßte: Auf den Printsektor übertragen bedeutet dies, daß der Nutzer um 14:15 Uhr nicht mehr die Morgenausgabe seiner Tageszeitung erhält, sondern die gerade aktuelle Variante. So wird aufgrund der Kombination von automatischer Selektion und kontinuierlicher Aktualisierung die persönliche Tageszeitung möglich.

Aber auch für die klassischen elektronischen Massenmedien ergeben sich neue Herausforderungen: Neben der Verschmelzung von Internet- und Rundfunkdiensten ist eine Entwicklung vom „Broadcasting" zum „Narrowcasting", also der zielgruppen- oder personenspezifischen Aufbereitung von Inhalten zu verzeichnen. Einerseits bietet dies mehr Komfort für den Nutzer, der exakt die Inhalte erhält, für die er sich interessiert. Andererseits wird für die Werbungtreibenden neben der Anzahl auch die Qualität der Kontakte zunehmend wichtiger. Für den breiten Auftritt einer Marke bleibt der 30-Sekunden-Spot im Spielfilm am Sonntagabend unverzichtbar, aber für zielgruppengenaue Werbung sind die von den Nutzern nach ihren Präferenzen zusammengestellten Dienste interessant.

Ein Beispiel für die kommenden Veränderungen im Markt der elektronischen Medien sind die „Personal Digital Recorder" (PDR). Nur auf den ersten Blick handelt es sich dabei um die Umsetzung des analogen Videorecorders auf einer digitalen Plattform. Kaufte man mit dem Videorecorder noch ein Gerät, das der Aufzeichnung oder Wiedergabe von Programmen diente, wird man schon bald mit dem PDR eine komplette Unterhaltungs- und Informationslösung erwerben können. Der PDR verbindet praktisch alle derzeit vorhandenen elektronischen Informationswege und -Medien und kann damit als Prototyp für das zukünftige Verständnis von Multimedia dienen. Zahlreiche Hardware- und Softwareanbieter sowie Inhalteanbieter, wie etwa Fernsehveranstalter und Filmstudios, arbeiten seit Herbst 1999 im „TV-Anytime-Forum" (http://www.tv-anytime.org) an einer internationalen Harmonisierung dieses Konzepts.

Der PDR basiert auf einer Aufzeichnungseinheit, die digitale Inhalte jed-
weden Ursprungs, also Bewegtbild, Musik, Bilder und Grafiken aus einem
digitalen Datenstrom aufzeichnen kann. Das Konzept sieht vor, daß
Inhalte- oder Serviceprovider die einzelnen Elemente mit Informationen
zum Ursprung, Copyright, vorgesehenen Verwendungszweck, Altersfrei-
gabe und Inhalt versehen. Der PDR des Nutzers erarbeitet daraus ein
Medienangebot nach Wunsch: Der Besitzer des PDR könnte etwa angeben,
daß er sich für eine bestimmte Fernsehserie interessiert und jede Folge
davon aufzeichnen möchte. Zusätzlich könnte er angeben, daß er über
neueste Fanseiten im Internet zu diesem Thema informiert werden will.
Zwei TV-Nachrichtenformate sollen auch aufgezeichnet werden, aber nur
die jeweils aktuellen Ausstrahlungen. Ruft der Nutzer die aktuelle Sendung
morgens ab, möchte er das Wetter am Anfang sehen, allerdings zusätzlich
mit einer regionalen Wetterkarte aus dem WWW. Kulturnachrichten
möchte er nur abends konsumieren, den Speicherplatz für Sport kann sich
das Gerät sparen. Alternativ zu diesen vom Nutzer festgelegten Präferenzen
soll der PDR auch in der Lage sein, selbst aus dem Nutzungsverhalten des
Zuschauers zu „lernen" und stets neue Ausgaben der zuletzt abgerufenen
Inhalte und artverwandtes Material bereit zu halten. Dieses Beispiel macht
deutlich, daß „Multimedia" weit mehr ist als die Summe seiner Einzelteile
und daß ein „Mehrwert" für den Nutzer erst aus der sinnvollen Kombination dieser Einzelteile entsteht. Allerdings setzt dies stets auch eine Anpassung der klassischen Inhalte an die neuen Anwendungen voraus.

Aufgrund der rasanten Entwicklung der Datenübertragungstechnik
scheint die Trennung der elektronischen Medien nach Übertragungs- oder
Transportwegen (zum Beispiel beim Rundfunk analog terrestrisch, analog
oder digital über Satellit oder Breitbandkabel, aber auch über das Internet)
in der Praxis an Bedeutung zu verlieren. Auch eine Differenzierung in klassische und Multimedia-Anwendungen hilft nicht wirklich weiter, da der
Großteil der Mediennutzung der Zukunft in irgendeiner Weise multimedial
sein wird. Hilfreicher dürfte daher eine Unterscheidung nach dem Grad des
Konsumenteneingriffs sein: Nach vom Nutzer aktiv ausgewählten, linear
ausgestrahlten Medien (etwa die klassischen „One-to-Many-Verfahren TV
und Hörfunk), vom Nutzer aktiv konfigurierbaren Mediendiensten und
schließlich Systemen, die durch das Nutzerverhalten und -präferenzen selbständig Inhalte selektieren.

Teil II – Massenmedien und Gesellschaft

1. Publizistikwissenschaft und Gesellschaft

Robert S. Lynd (1939, IX) verwies in seiner Studie „Knowledge for What?" als einer der ersten darauf, daß die Sozialwissenschaften keine Geheimwissenschaften von Gelehrten darstellen, sondern einen integralen Teil der Gesellschaft bilden, der Menschen hilft, ihre Kultur zu verstehen und verändern. Der Charakter einer Kultur und die in ihr enthaltenen Probleme bestimmen auch publizistikwissenschaftlicher Fragestellungen. Zur gesellschaftlichen Einbindung der Sozialwissenschaften bemerkte Gunnar Myrdal (1971, 51) in seiner Studie über „Objektivität in der Sozialforschung": „Wie wenig die Sozialforschung von den gängigen Anschauungen und Wertungen der sie umgebenden Gesellschaft unabhängig ist, wird einem dramatisch klar, wenn man sich vor Augen führt, daß sie kaum je neue Perspektiven eröffnet. Politische Interessengruppen, die ja in unserer Gesellschaft eine beherrschende Rolle spielen, haben gewöhnlich den Anstoß für die dauernde Neuorientierung unserer Arbeit gegeben." Auch nach Ulrich Saxer (1995, 40) gilt international, „daß die Entwicklung der Publizistikwissenschaft in starker Abhängigkeit von derjenigen des Gegenstandes selbst erfolgt, der wiederum vom Zustand des Wirtschafts-, Politik- und Kultursystems der Gesellschaft determiniert ist, die die Medien institutionalisiert."

Die Wurzeln der amerikanischen Kommunikationswissenschaft liegen in der Lösung praktischer Probleme, so z.B. in der wirtschaftlichen, militärischen und politischen Nutzung der Medien für Werbung und Propaganda. Der Auftragscharakter der Massenkommunikationsforschung führte dazu, daß diese gegen Ende der 30er Jahre in den USA das Ausmaß einer Industrie erreichte (Lazarsfeld 1968, 87). In enger Verbindung mit dem Auftragscharakter stand die einseitige Ausrichtung der Forschung auf die (kurzfristigen und individuellen) Wirkungen der Massenmedien.[1] Auch eine Integration der Vielzahl von Einzelbefunden wurde auf diese Weise nicht gefördert. Das Fehlen eines theoretischen Bezugsrahmens, der eine Ordnung der kaum mehr überschaubaren Zahl von Einzelstudien ermöglichen könnte, wurde schon von Carl I. Hovland (1954, 1090) in einem berühmt gewordenen Beitrag im „Handbook of Social Psychology" beklagt, und Joseph T. Klapper (1960, X) meinte sechs Jahre später, eine vollständige

---

[1] Vgl. dazu z.B. Elihu Katz und Paul F. Lazarsfeld (1962), die die These vertraten, daß im Grunde jede Kommunikationsforschung auf eine Untersuchung der Wirkungen hinauslaufe.

Sichtung der für die sozialen und psychischen Wirkungen der Massenmedien relevanten Literatur würde ein interdisziplinäres Team über eine
Dekade hinweg beschäftigen und ein astronomisches Budget voraussetzen.
    Auch die deutsche Publizistikwissenschaft hat Mitte der 60er Jahre unter
dem Einfluß der amerikanischen Medienwirkungs- und Wahlforschung
einen „Paradigmenwechsel" vollzogen (vgl. Kapitel V.2.), wobei dies nach
Manfred Rühl (1985, 236) zur Folge hatte, daß man nunmehr mit den
Werkzeugen der empirischen Sozialforschung nach datensicheren Erkenntnissen suchte, während in „begriffstheoretische Denkzeuge" vergleichsweise
wenig investiert werde. Gleichzeitig wurde der Hermeneutik, die bis dahin
der methodische Leitfaden der Zeitungs- und Publizistikwissenschaft gewesen war, der Rücken gekehrt. Rühl (1985, 238) diagnostizierte: „So stellt die
empirische Kommunikationsforschung in ihrer gegenwärtigen Verfassung
eine theoretisch ziemlich verarmte Monokultur dar." Die einseitige Ausrichtung der deutschen Publizistikwissenschaft am US-amerikanischen Vorbild
in der Zeit nach dem Zweiten Weltkrieg hat nach Jeremy Tunstall (1977,
215) dazu geführt, daß nur noch amerikanische Modelle und For-
schungstraditionen übernommen und die eigenen Wurzeln vergessen wurden (dazu auch Wagner 1993). Inzwischen ist es wieder zu einer Gegen-
bewegung gekommen, und von einer „Monokultur" kann keine Rede mehr
sein; es sei nur auf die Bereiche Medienwirtschaft oder Mediengeschichte
verwiesen.
    Die wesentlichen Gründe für den Mangel an Theorie hat Robert K.
Merton (1957, 439–455) in einem Vergleich zwischen der europäischen
Wissenssoziologie und der amerikanischen Kommunikationswissenschaft
herausgearbeitet (dazu auch Wolff 1968, 162–167). Entscheidend sei die
Position der Forscher: Wissenssoziologen werden demzufolge als „frei-
schwebende Intelligenz" gesehen, die am Rande mehrerer sozialer Systeme
stehen und unterschiedliche geistige Perspektiven verschiedener sozialer
Gruppierungen wahrnehmen. Demgegenüber wird der Kommunikationswissenschaftler als innerhalb eines wirtschaftlichen oder sozialen Systems
mobil charakterisiert. Er sammele Fakten, die von denjenigen benötigt werden, die Organisationen leiten, Märkte suchen und Menschen kontrollieren.
Die Kommunikationswissenschaft betreibe das schnelle und billige Sammeln von kurzfristig für Entscheidungen verwendbaren Tatsachen, ohne
nach dem „Warum" zu fragen. Dies habe zur Anhäufung empirischer Ein-
zelbefunde geführt. Die Existenz eines relativ ausgefeilten sozialwissenschaftlichen Forschungsinstrumentariums habe also nicht zwangsläufig die
Entwicklung einer umfassenden Theorie zur Folge; vielmehr könne sie eine
derartige Entwicklung behindern, wenn die Verfeinerung der Techniken
zum Selbstzweck werde. Eine Fülle von nicht mehr überschaubaren For-
schungsberichten, die zum Teil eher triviale Ergebnisse enthielten, werde

kumuliert, wobei das Wissen fragmentarisch bleibe. Methodisch seien die Einzelstudien zumeist unanfechtbar, da der Zuverlässigkeit der erhaltenen Befunde ein besonderes Gewicht beigemessen werde. Insgesamt stellt Merton drei Hauptunterschiede zwischen Wissenssoziologie und (amerikanischer) Massenkommunikationsforschung heraus:

1. Die Massenkommunikationsforschung nimmt, was vorgefunden wird, wie es ist; sie ist zeitgenössisch-kurzfristig und unsystematisch. Die Wissenssoziologie untersucht auf philosophisch-anthropologischer und geschichtlicher Basis das geistige Leben im Ganzen.
2. Die Massenkommunikationsforschung sucht den „Meinungspuls" mit wissenschaftlich unanfechtbaren Methoden festzustellen. Die Wissenssoziologie hat Interesse an der Geschichte, an existentieller Wahrheit, der Natur des Wissens und Intersubjektivität.
3. Forschungstechnik und -gang haben im Rahmen der Massenkommunikationsforschung die Tendenz, sich zu verselbständigen. Für die Wissenssoziologie ist diese Problematik von sekundärer Bedeutung.

Merton (1957, 451ff.) verweist darauf, daß Kategorien wie „falsches Bewußtsein", die unmittelbar nicht viel mit kommerziellen Interessen zu tun haben, bei der Beschreibung bzw. Analyse des Publikums im Rahmen der amerikanischen Massenkommunikationsforschung praktisch keine bzw. nur geringe Bedeutung besitzen, da die Erforschung der Geltung von Ideen und nicht die Frage nach dem Ursprung der Ideen dominiere. Merton wirft die wissenssoziologisch interessante Frage auf, ob es der Massenkommunikationsforschung jemals gelingen könne, von ihren Ursprüngen unabhängig zu werden.

Ein Grund für den Mangel an Theorie liegt auch darin, daß durch die quantitative Zunahme von Universitätsabsolventen der Zwang des „Publish or Perish" („publiziere oder stirb") verstärkt wurde. Eine derartige Situation begünstigt die Durchführung von Miniatur-Umfragen oder kleinen Experimenten, die schnell und routinemäßig auszuwerten und zu veröffentlichen sind und zu einer quantitativen Vergrößerung der Publikationslisten führen. Zugleich ist zu vermuten, daß eine derartige Sozialisation der Wissenschaftler eine „atomistische", d.h. gesamtgesellschaftliche Zusammenhänge vernachlässigende Sichtweise begünstigt. Dies mag einer der Gründe dafür sein, daß die Mehrzahl der bis Mitte der 70er Jahre durchgeführten Untersuchungen als individualistisch bzw. allenfalls mikrosoziologisch einzustufen ist. Die Reaktionen von Individuen bzw. Gruppen auf Kommunikationsinhalte wurden untersucht, gesamtgesellschaftliche Implikationen blieben jedoch zumeist unbeachtet. Allerdings haben Ralf Hohenfeld und Christoph Neuberger (1998, 330) im Rahmen einer Inhaltsanalyse

deutscher Fachzeitschriften[2] über drei Jahrzehnte von 1966 bis 1995 festgestellt, daß 55% der Beiträge einen Hinweis auf ein gesellschaftliches Problem enthielten. Mit der gesellschaftlichen Verwertbarkeit ihrer Ergebnisse
befaßten sich 45% der Aufsätze. Die Autoren schließen hieraus, daß durchaus eine Gesellschaftsorientierung der Forschung erfolge.

Das Ungleichgewicht zwischen Mikro- und Makroperspektive führt
Saxer (1994, 334). auf die Dominanz der Lasswell-Formel (vgl. Kapitel I.1.)
und der mit ihr verbundenen Sichtweise von Kommunikation zurück. Diese
Formel habe den Blick nicht auf gesamtgesellschaftliche Interdependenzen
und Implikationen von Massenkommunikation gelenkt. Auch nach Win-
fried Schulz (1971, 94f.) besitzt die Lasswell-Formel nicht nur deskriptive
Aspekte, sondern hat auch normative Auswirkungen, d.h. legt Ansatz-
punkte für weitere Forschungsarbeiten nahe und kann Forschungsrichtungen beeinflussen: „Da die Modelle jeweils unterschiedliche Aspekte des
Kommunikationsvorganges herausstellen, können sie nicht nur einzelne
Forschungsergebnisse unterschiedlich gut integrieren, sondern auch die
Ableitung bestimmter Hypothesen fördern und anderer verhindern."

Unabhängig von der Berechtigung dieses Vorwurfs gilt, daß Theorien
die Wahrnehmung strukturieren und sich darauf auswirken, welche Forschungsfragen gestellt werden. Sie können mit Scheuklappen verglichen
werden, die die Wahrnehmung nur auf bestimmte Aspekte eines Phäno-
mens richten. Daß Theorien Wahrnehmung beeinflussen können und nicht
umgekehrt die Tatsachen darüber entscheiden, was wir wahrnehmen, hat
Albert Einstein in einem Gespräch mit Werner Heisenberg 1926 mit den
Worten formuliert: „Erst die Theorie entscheidet darüber, was man beobachten kann." (Heisenberg 1973, 80). Das bedeutet, daß die Art und Weise,
ein Phänomen (wie etwa den Kommunikationsprozeß) zu betrachten,
gleichzeitig impliziert, andere Aspekte desselben Gegenstandes auszuklammern. Kenneth Burke (1935, 70) drückte dies folgendermaßen aus: „A way
of seeing is also a way of not seeing – a focus upon object A involves a
neglect of object B." Walter Lippmann (1922, 81) brachte es mit der Formulierung auf den Punkt: „For the most part we do not first see, and then
define, we define first and then see."

Ein weiterer Kritikpunkt betrifft den heterogenen Charakter der Publizistikwissenschaft, in der sehr unterschiedliche Konzepte aus verschiedenen
Disziplinen zusammenfließen. Saxer (1995, 43f.) beanstandet dabei, daß dies
zu wahllos bzw. ohne „Befolgung konsentierter wissenschaftstheoretischer
Normen" geschehe. Der Zustand der Publizistikwissenschaft läßt sich nach
Saxer (1997, 18) daher als ein „Nebeneinander von bloß punktuell koordi-
nierten Teildisziplinen" beschreiben. Auch eine Analyse der Autoren- und

---

2   Analysiert wurden „Publizistik", „Rundfunk und Fernsehen", „Media Perspektiven"
     sowie ausgewählte Fachzeitschriften der Soziologie und Politologie.

Themenstruktur der deutschen Fachzeitschriften „Publizistik" und „Rundfunk und Fernsehen" zwischen 1983 und 1992 durch Hans-Bernd Brosius (1994b) verdeutlicht, daß die Publizistikwissenschaft ein Integrationsfach ist. Allerdings betont Brosius (1994b, 88), daß einzelne Institute (z.B. das Institut für Publizistik der Universität Mainz) einen hohen Anteil an den Publikationen besitzen, was auf einen kleinen „harten Kern" mit dem Charakter eines „Einheitsfachs" hindeute.[3] Für den Zeitraum 1993–1997 konstatiert Brosius (1998) eine weitere Veränderung in Richtung eines Einheitsfachs, es ist jedoch nach wie vor eine große Breite theoretischer, methodischer und institutioneller Zugänge zum Forschungsgegenstand erkennbar.

Auch heute noch gilt das Urteil der „Senatskommission für Medienwirkungsforschung" der Deutschen Forschungsgemeinschaft (DFG 1986, 1), nach dem wir über den Zusammenhang zwischen Massenkommunikation und Gesellschaft sowie über die Wirkungsgesetze der Medien noch immer zu wenig wissen. Die vorliegenden Forschungsarbeiten seien zwar thematisch vielfältig, aber zugleich auch disparat. Oft existiere zu einem bestimmten Problem nur eine einzige Studie. Anschlußuntersuchungen, Replikationen oder Falsifikationsversuche seien die Ausnahme. Dadurch entstehe der Eindruck von bruchstückhaften und z.T. sogar widersprüchlichen Befunden. Bei einer solchen Datensituation sei an eine theoretische Integration der vielen Einzelergebnisse noch nicht zu denken. Bei aller Kritik an der heterogenen Forschungslage ist aber zu berücksichtigen, daß sich die Publizistikwissenschaft als Sozialwissenschaft mit einem sehr komplexen Untersuchungsgegenstand befaßt, der selten Aussagen in Gestalt einfacher Gesetzmäßigkeiten zuläßt. Auch die DFG-Kommission kommt zu dem Schluß, daß die Forderung nach der *einen* Theorie der Medienwirkung nicht erfüllbar ist, weil die Medien und ihre Inhalte viel zu verschieden sind. Auch seien die Randbedingungen, unter denen die Medien wirken, viel zu komplex, als daß es möglich wäre, sie in einem konsistenten Satz von Hypothesen zusammenzufassen. Von der Kommission werden deshalb Bemühungen um Theorien geringer oder mittlerer Reichweite gefordert (DFG 1986, 4–6). Theorien mittlerer Reichweite wurden schon von Merton als Bausteine zur Erstellung umfassenderer Theorien verstanden.[4] Allerdings gibt es keine

---

[3]   Die Publizistik als „Integrationsfach" zeichnet sich nach Brosius (1994b, 74) dadurch aus, daß Autoren mit unterschiedlicher Vorbildung, verschiedenen methodischen Standards und verschiedener theoretischer Ausrichtung auf einem Gebiet aktiv sind. Für ein „Einheitsfach" seien eine ähnliche Ausbildung der Forscher, ein bestimmter Fächerkanon, Konsens über methodische Standards und ein abgesteckter Rahmen theoretischer Ansätze charakteristisch.

[4]   Merton (1957, 39) charakterisiert diese Theorien als „theories that lie between the minor but necessary working hypotheses that evolve in abundance during day-to-day research and the all-inclusive systematic efforts to develop a unified theory that will

logischen Regeln dafür, wie die umfassendere Theorie erstellt werden soll, d.h. man strebt Zwischenziele an, ohne zu wissen, wie es nach deren Erreichung weitergehen soll.

2. Grundzüge der Systemtheorie

2.1. Struktur-funktionale Analyse

Einen theoretischen Rahmen für die Analyse der gesellschaftlichen Bedingungen und Auswirkungen der Massenmedien stellt die struktur-funktionale Systemtheorie dar. Unter diesem Begriff werden zahlreiche, z.T. sehr unterschiedliche Theorien zusammengefaßt. *Die* funktionale Analyse gibt es nicht. Kingsley Davis (1956, 758, Hervorhebungen im Original) extrahiert aus der Vielzahl der als funktionalistisch bezeichneten Theorien folgende charakteristische Vorgehensweise: „[...] to relate the parts of society to the whole and to relate one part to another. Almost as common is the specification of *how* it does this relating – namely, by seeing one part as *performing a function for* or *meeting a need or requirement of* the whole society or some part of it." Merton (1957, 19) argumentiert, die zentrale Orientierung des Funktionalismus bestehe in der „practice of interpreting data by establishing their consequences for larger structures in which they are implicated."

Talcott Parsons und Edward A. Shils (1961, 197), zwei der einflußreichsten Funktionalisten, verstehen unter einem *„sozialen System"* ein System der Handlungen von Individuen, dessen grundlegende Einheiten Rollen und Rollenkonstellationen sind. *„Handeln"* ist definiert als in konkreten Situationen zielgerichtetes und durch normativ gesteuerten Energieaufwand (Motivation) ausgelöstes Verhalten (Parsons/Shils 1961, 53). Ein „soziales System" ist ein System differenzierter Aktionen, die in einem System differenzierter Rollen organisiert sind. Da interne Differenzierung eine grundlegende Eigenschaft sozialer Systeme darstellt, ist *„Integration"* erforderlich. Die differenzierten Rollen müssen koordiniert werden. Grundsätzlich wird die Integration der Wertorientierungen der verschiedenen Akteure eines sozialen Systems als eine der wichtigsten funktionalen Voraussetzungen für die Systemerhaltung angesehen (Parsons u.a. 1961, 24). Im einzelnen unterscheidet Parsons (1966a) in seinem *„AGIL-Schema"* vier Grundfunktionen, die in einem sozialen System erfüllt werden müssen:

---

explain all the observed uniformities of social behavior, social organization, and social change."

1. „Adaptive Function" (Anpassungsfunktion; Mittel),
2. „Goal Attainment" (Ziel-Funktion; Werte),
3. „Integrative Function" (Integrationsfunktion; Normen),
4. „Latent Pattern-Maintenance and Tension-Management Function" (Funktion der latenten Normerhaltung und Spannungsbewältigung; Rollen).

Jede dieser Funktionen wird in komplexen Sozialsystemen einem bestimmten Subsystem zugeschrieben; z.B. der Wirtschaft die Lösung adaptiver Probleme oder dem Rechtssystem die normative Steuerung.[5] Ein spezielles Subsystem „Massenkommunikation" gibt es im Rahmen dieser Analyse von Parsons und Shils nicht, d.h. es ist unklar, welches funktionale Primat Massenkommunikation zugeschrieben wird. Im Rahmen eines derartigen Analyseansatzes wäre z.B. zu fragen, inwieweit Massenkommunikation als Annex des Subsystems Wirtschaft („Adaptive Function"; z.B. Nachfragestabilisierung durch Werbung), Politik („Goal Attainment"; z.B. Mobilisierung politischer Unterstützung oder Herrschaftsstabilisierung durch Manipulation), des integrativen Subsystems (z.B. die Schaffung einheitlicher Wertvorstellungen) oder des Subsystems „Latency" (z.B. Spannungslösung durch die Ermöglichung von Wirklichkeitsflucht) anzusehen ist.

Saxer (1998b, 42–46) hat das AGIL-Schema herangezogen, um den Beitrag der Medien zur Bewältigung von Grundproblemen des politischen Systems zu analysieren. Zunächst müsse das politische System ständig *Anpassungsleistungen* erbringen (A). Dies gelte bezüglich der nationalen Umwelt (d.h. Aufgreifen und Erfüllen von Entscheidungsbedarf bei sozialen, wirtschaftlichen und kulturellen Sachverhalten), der internationalen Umwelt (Entwicklung von Einstellungen, die das Einzelne, d.h. Nationale, dem Ganzen, d.h. dem Internationalen unterordnen) sowie bezüglich der eigenen Bürger (Ermöglichung einer rationalen Anpassung an veränderliche politische Konstellationen durch Medienberichterstattung).[6] Die Medien leisteten weiterhin einen Beitrag zur *Zielverwirklichung* (G) des politischen Systems, d.h. bei der Hervorbringung allgemein verbindlicher Entscheidungen. Hierfür müßten allerdings Glaubwürdigkeit, politischer Pluralismus und ausreichende Differenziertheit des Mediensystems gegeben sein, was

---

[5]   Weiterhin werden sechs Austauschprozesse zwischen den vier Subsystemen unterschieden, die sich mit Hilfe generalisierter symbolischer Medien („Commitment", „Influence", „Power", „Money") vollziehen.

[6]   Hier sieht Saxer (1998b, 43) jedoch das Problem, daß aufgrund schichtspezifischer Nutzung des Medienangebots kein allgemeiner Grad an politischer Informiertheit zu vermitteln sei, bzw. daß ein zu hohes Maß an Anpassungsbereitschaft zur „Preisgabe essenzieller demokratischer Prinzipien und damit zum Verlust der strukurellen Identität der politischen Kultur führt."

Saxer in der Realität nicht unbedingt gewährleistet sieht. Gleiches gilt auch für den Beitrag der Medien zur *Integration* (I), d.h. zur Schaffung einer „nationale[n] politische[n] Gesamtöffentlichkeit", der z.B. durch sozial-strukturelle Unterschiede beim Publikum, vermehrte Zielgruppensegmentie-rung und zunehmende Entfremdung der Bürger von der Politik Grenzen ge-setzt seien. Der Beitrag der Medien zur *Strukturerhaltung* (L) schließlich bestehe in der politischen Sozialisation der Bürger. Hier sieht Saxer eben-falls Defizite.

Im folgenden wird das Ziel struktur-funktionaler Analyse darin gesehen, aufzuzeigen, inwieweit die Teile *(„Subsysteme")* eines Systems zum Funk-tionieren des Gesamtsystems beitragen bzw. nicht beitragen. Damit rückt der Systemgedanke in den Mittelpunkt theoretischer Analyse. Zugleich wird der Schluß der Kausalanalyse umgekehrt. Es wird nicht versucht, ein sozia-les Phänomen aus bestimmten Ursachen herzuleiten, sondern gefragt, wel-che Funktionen erfüllt werden müssen, um die Erhaltung des Systems zu garantieren. Funktionale Analyse zielt nicht auf die Aufdeckung der Ursa-chen sozialen Handelns, sondern beabsichtigt die Bestimmung der Bedeu-tung des Handelns für die Systemerhaltung. Die Auswirkungen, nicht die Ursachen des Handelns werden analysiert bzw. im Hinblick auf den Beitrag zur Systemstabilität interpretiert. Sechs Grundannahmen struktur-funktionaler Analyse können herausgestellt werden (Hagedorn/Labowitz 1973, 38ff.):

1. Es existiert ein soziales System, das aus sich wechselseitig beeinflussen-den Subsystemen besteht.
2. Dieses System besitzt eine bestimmte Anzahl von Grundbedürfnissen, die erfüllt werden müssen, damit das System nicht zusammenbricht.
3. Zur Erhaltung des Systemgleichgewichts müssen die Bedürfnisse der Subsysteme erfüllt werden.
4. Die Subsysteme (Systemteile) können für die Stabilität des Gesamt-systems *funktional* (zur Stabilität beitragend), *dysfunktional* (der Stabili-tät abträglich) oder *irrelevant* sein.
5. Ein bestimmtes Bedürfnis des Systems kann auf unterschiedliche Art und Weise befriedigt werden *(„funktionale Äquivalente")*[7].
6. Nur institutionalisierte (regelmäßig wiederkehrende) Verhaltensmuster sind einer funktionalen Analyse adäquat.

---

[7] Unter einem „funktionalen Äquivalent" kann ein Element verstanden werden, „das im Wirkungszusammenhang eines sozialen Systems die Leistungen eines anderen Elements im Hinblick auf die Erreichung eines bestimmten Systemzustandes in glei-cher Weise erbringen und dieses daher ersetzen kann." (Reimann 1994, 21).

Struktur-funktionale Analyse setzt gegenwärtiges, variables Verhalten (*„Funktionen"*) zu einem stabilen, durch bestimmte Bedürfnisse und Mechanismen ausgezeichneten System (*„Struktur"*) in Beziehung. „Funktionen" sind schnell ablaufende, kurzlebige Prozesse; „Strukturen" sind demgegenüber stabile, langlebige Abläufe. Die Voraussetzung struktur-funktionaler Analyse ist, dies sei nochmals betont, die Annahme der Existenz eines systemimmanenten Bedürfnisses nach *Selbsterhaltung*, also nach Integration und Kontinuität, das für die Herausbildung sich wiederholender Methoden der Anpassung verantwortlich zeichnet. Alltägliche Aktivitäten werden interpretiert, indem nach ihrem Beitrag zur Systemstabilität gefragt wird. Unter *manifesten* Funktionen werden die beabsichtigten, unter *latenten* Funktionen die unbeabsichtigten Konsequenzen von Verhaltensweisen verstanden. Hierbei besteht allerdings die Neigung, das Konzept „latente Funktion" als Erklärungsinstrument zu nutzen, wodurch irrationalen Verhaltensweisen (z.B. Gebete, es solle regnen) eine aus der Perspektive des Systems rationale Basis (z.B. Stärkung der sozialen Solidarität) zuteil wird.

Die Schwäche struktur-funktionaler Analyse liegt im Fehlen eindeutiger Kriterien zur Beantwortung der Frage, was funktional ist und was nicht. Es besteht immer die Gefahr, daß letztlich die Wertvorstellungen des jeweiligen Forschers darüber den Ausschlag geben. Dies ist etwa in der Public-Relations-Theorie von Franz Ronneberger der Fall. Ronneberger behauptet, PR-Treibende müßten nicht an die Konsequenzen ihres Handelns denken, würden aber gleichwohl zur Stabilität des Systems beitragen.[8] Die genannte Unklarheit führt auch dazu, daß Leerformeln angeboten werden,

---

[8]   Ronneberger (1977, 21f.) schreibt: „Wenn also PR-Aktivitäten intentional auf die Geltendmachung der eigenen Interessen gerichtet sind und diese eine möglichst große Resonanz erstreben, so bedeutet dies funktional für das demokratische System, daß die Denkgewohnheiten, sozialen und kulturellen Normen einer Gesellschaft in ihren Teilöffentlichkeiten ständig geprüft, durch Prüfung bestätigt oder gewandelt, jedenfalls ständig in Erinnerung gebracht werden. Das alles geschieht im durchaus partikularen Interesse. Doch in dem Maße, wie um Verständnis geworben wird, wirken die Verhältnisse der Öffentlichkeit auf die partikularen Interessen im Wege der Rückkopplung, des Feedbacks, zurück und beeinflussen die Zielsetzung. Auch dieses gehört zum funktionellen Beitrag von PR unter den Bedingungen des Pluralismus. Selbst wenn der PR-Treibende überhaupt nicht an die Konsequenzen seines Handelns denkt, was durchaus die Regel sein dürfte, unterliegt er den Gesetzen des Öffentlichkeitsprozesses. Er muß sich so äußern, daß er von möglichst vielen verstanden wird, und daß seine Äußerungen gebilligt werden können. Dabei muß er sich an vorhandenen Meinungen, Strukturen, Einstellungen, Rollen und vor allem sozialen und kulturellen Normen orientieren. Und dadurch entsteht jener Kreislauf, jene Selbstkorrektur des Interesses, auf die ein pluralistisches System angewiesen ist, will es nicht degenerieren [...]". Zur Kritik an Ronneberger vgl. ausführlich Kunczik (1996, 128–133).

wie die folgende, ebenfalls von Ronneberger (1971a, 29) stammende Aussage: „Eindeutig sind Dysfunktionen dann, wenn sie funktionale Wirkung ausschalten oder doch wenigstens übertreffen." Zugleich impliziert die Betonung des Systemgleichgewichts die Gefahr, daß struktur-funktionale Analyse eine den jeweiligen Status quo rechtfertigende Perspektive in sich trägt. Wird ein bestimmtes soziales System, egal welches Ausmaß an sozialen Ungerechtigkeiten in ihm enthalten ist, als im Gleichgewicht befindlich angesehen, dann können Unruhen, Rebellionen und Revolutionen als das Gleichgewicht störend und mithin dysfunktional eingestuft werden, obwohl durch sie bewirkte Veränderungen womöglich langfristig erst das Überleben des Systems ermöglichen.

Ein zentrales Problem systemtheoretischer bzw. struktur-funktionaler Analyse ist das Verhältnis eines Systems zu seiner Umwelt. Dabei kann zwischen *„offenen"* und *„geschlossenen"* Systemen unterschieden werden, je nach Vorhandensein bzw. der Qualität und/oder Quantität von Austauschbeziehungen des Systems mit der Umwelt. „Offenheit" bezieht sich auf das Ausmaß des über die Systemgrenzen hinweg mit der Umwelt erfolgenden Austauschs, d.h. auf das Ausmaß, in dem ein System diverse „Inputs" aufnimmt und „Outputs" abgibt.[9] Die Gesamtheit derjenigen Umweltelemente eines (offenen) Systems, die in einer Wirkungsbeziehung zu den Randelementen des Systems stehen, wird als *„relevante Umwelt"* bezeichnet, die wiederum aus Systemen besteht. Bei der *„irrelevanten Umwelt"* handelt es sich dementsprechend um diejenigen Elemente bzw. Systeme, die (unter einer bestimmten Forschungsfrage) nicht mit dem jeweils betrachteten System in Beziehung stehen (Abb. 1). Für ein System kommt es darauf an, unter Wahrung der eigenen Autonomie und Verhinderung von externen Interferenzen für das System vorteilhafte Beziehungen mit der Umwelt zu unterhalten und sie zum eigenen Nutzen zu kontrollieren.

Massenkommunikation als soziales Subsystem innerhalb einer bestimmten als soziales System verstandenen Gesellschaft umfaßt alle Massenkommunikation produzierenden Organisationen, wobei insbesondere die Reaktionen (Feedback) der relevanten Umwelt auf den von diesen Organisationen produzierten Output (massenmediale Inhalte) von Bedeutung sind.

---

[9] Inputs aus der Umwelt in das System werden innerhalb des Systems verarbeitet und transformiert und als Outputs wieder an die Umwelt abgegeben, von wo sie in Form von Wirkungen über einen Rückkoppelungsprozeß als Inputs wieder in das System zurückfließen. Kontroll- und Feedback-Mechanismen sowie das Prinzip der Selbstregulierung von Systemen stehen v.a. bei kybernetischen Modellen im Mittelpunkt.

Abbildung 1: Struktur-funktionales Systemmodell

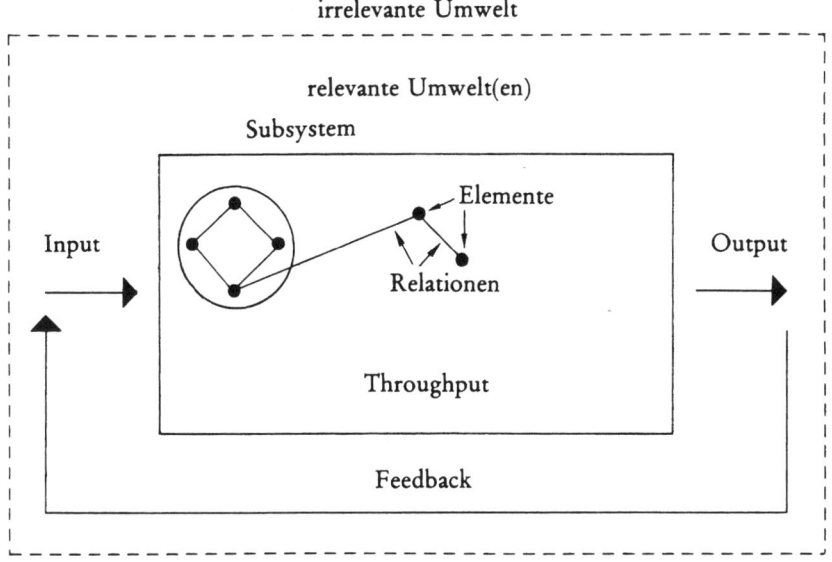

Quelle: Kunczik 1984, 204

2.2. Funktionen der Massenmedien

Funktionalistische Ansätze zur Erklärung der Beziehungen von Massenmedien und Gesellschaft versuchen, den Beitrag des Subsystems „Massenkommunikation" zum Funktionieren des Gesamtsystems zu erfassen. Ein
früher Ansatz dieser Art stammt von Paul F. Lazarsfeld und Robert K.
Merton (1948), die folgende Funktionen der Massenmedien anführen:
1. Die Medien erhöhen das Prestige und die Autorität von Individuen oder
Gruppen, indem sie deren Status legitimieren (*„Status Conferral Function"*),
2. sie verstärken soziale Normen *(„Ethicizing Function")* und wirken u.U.
insofern dysfunktional, als sie 3. Teilnahmslosigkeit und Untätigkeit verursachen können (*„Narcotization"*). Ebenfalls 1948 stellte Harold Lasswell
einen anderen Funktionskatalog vor. Er betonte die systemstabilisierende
Funktion von Kommunikation, die dominante Wertstrukturen stütze. Als
Funktionen der Massenkommunikation unterschied Lasswell 1. die Beobachtung und Kontrolle der Umwelt (*„Surveillance of the Environment"*),

2. Die Herstellung von Beziehungen zwischen Teilen der Gesellschaft zur Reaktion auf Umweltanforderungen („*Correlation*") und 3. die Übertragung des sozialen und kulturellen Erbes auf die nächste Generation („*Transmission*") unterschieden. Dieser Funktionsliste fügt Charles R. Wright (1960, 610) noch die *Unterhaltungsfunktion* hinzu und formuliert die „klassische" Fragestellung funktionalistischer Massenkommunikationsforschung: „What are the 1) manifest and 2) latent 3) functions and 4) dysfunctions of mass communicated 5) surveillance (news), 6) correlation (editorial activity), 7) cultural transmission, 8) entertainment for the 9) society, 10) subgroups, 11) individual, 12) cultural system?"[10] Denis McQuail (2000, 79f.) ergänzt den Katalog von Wright um die *Mobilisierungsfunktion*, d.h. die Rolle im Rahmen von Kampagnen im Bereich der Politik, bei der Kriegsführung, in der wirtschaftlichen Entwicklung, in der Arbeitswelt und auch für Religionen. Insgesamt sind in der Literatur eine Vielzahl von (häufig sehr normativen) Funktionslisten der Massenkommunikation vorzufinden.[11] Zu den am häufigsten genannten gesellschaftlichen Funktionen zählen dabei die folgenden:

• Informationsfunktion
• Herstellung von Öffentlichkeit
• Artikulationsfunktion
• Vermittlerfunktion
• Kompensationsfunktion[12]
• Reduktion von Komplexität
• Thematisierungs-/Selektions-/Strukturierungsfunktion
• Kritik- und Kontrollfunktion[13]
• Sozialisationsfunktion
• Bildungs- und Erziehungsfunktion
• Integrationsfunktion
• Rekreationsfunktion bzw. Gratifikationsfunktion (Unterhaltung)
• Ankurbelung der Wirtschaft durch Werbung

---

[10] Auf Wright trifft der häufig gegen funktionalistische Ansätze erhobene Konservativismusvorwurf zu. Die konservative Ausrichtung der Wrightschen Analyse äußert sich u.a. darin, daß der Beitrag der Medien zur Herrschaftsstabilisierung als funktional eingestuft wird, als dysfunktional werden hingegen stabilitätsbedrohende Nachrichten über bessere Gesellschaften bezeichnet.

[11] Für einen Überblick vgl. z.B. Wildenmann/Kaltefleiter (1965); Saxer (1974a); Stuiber (1978); Jarren (1988); Burkart (1998, 368–400).

[12] D.h. die Medien sollen v.a. den Interessen Gehör verschaffen, die in den bestehenden Kräftekonstellationen benachteiligt sind (Geißler 1979, 178; Kapitel III.5.2.).

[13] In diesem Zusammenhang sind Peter Glotz und Wolfgang Langenbucher (1969, 28–34) der Meinung, Journalisten sollten Kritik nicht als Privileg der Medien betrachten, sondern vielmehr dem Staatsbürger ein *Forum* für seine Kritik bieten.

Bei der Bestimmung der Medienfunktionen ist allerdings das gesellschaftliche bzw. politische System zu berücksichtigen, in das die Medien eingebettet sind. Frederick S. Siebert, Wilbur Schramm und Theodore Peterson entwickelten in dem 1956 erschienenen, sehr einflußreichen Buch „Four Theories of the Press" normative Vorstellungen darüber, wie die Massenmedien in unterschiedlichen Typen von Gesellschaft funktionieren.[14] Die Autoren gehen von der These aus, daß die Massenmedien[15] immer die Form und das Kolorit der jeweiligen sozialen und politischen Strukturen annehmen.

Als älteste, bis ins 16. Jahrhundert zurückreichende Theorie betrachten die Autoren die *„autoritäre Pressetheorie"*, die aus der Staatsphilosophie des Absolutismus abgeleitet wurde. Die Erkenntnis der „Wahrheit" wurde nur einigen wenigen „Weisen" zugebilligt, die in der Lage sein sollten, Führungsfunktionen auszuüben. Die Presse hatte die Politik der Regierung zu unterstützten und dem Staat zu dienen. Herausgeber wurden durch Lizenzvergabe und Zensur kontrolliert.

In Verbindung mit der Aufklärung und den damit einhergehenden wachsenden politischen, religiösen und wirtschaftlichen Freiheiten kam auch die Forderung nach einem neuen Selbstverständnis der Presse auf. Es entstand die *„liberale Theorie der Presse"*, die ihre Blütezeit im 19. Jahrhundert erlebte. Menschen wurden als rationale Wesen angesehen, die in der Lage seien, Wahrheit von Unwahrheit zu unterscheiden. Bei der Suche nach Wahrheit sollte die Presse als Diskussionspartner, aber nicht als Beeinflussungsinstrument der Regierung fungieren. Die Forderung an die Presse, die Regierung zu kontrollieren, entstand im Kontext dieser Theorie. Die Bezeichnung der Presse als „Vierte Gewalt" (neben der legislativen, exekutiven und judikativen Gewalt) wurde gebräuchlich. Die Presse sollte frei von Regierungseinflüssen und -kontrollen sein. Um die Wahrheit zu finden, sollten alle Ideen die Chance haben, Gehör zu finden. Diese Pressetheorie ist mit am deutlichsten im „Amendment I" der US-Verfassung formuliert (vgl. Kapitel III.2.1.).

Die beiden weiteren Theorien der Presse, die der „sozialen Verantwortung" und die „sowjetisch-kommunistische Pressetheorie", werden als Weiterentwicklungen und Modifikationen der bisher angeführten zwei Theorien

---

[14] Wie McQuail (2000, 154) herausstellt, ist die Entstehung des Buches in den Kontext des Kalten Krieges und das Bemühen der USA einzuordnen, ihre Idee des Liberalismus und des freien Unternehmertums sowie der Pressefreiheit weltweit zu verbreiten.

[15] Der ursprüngliche Ansatz bezog sich auf die Presse. McQuail (1983, 85; 1987, 111), der die vier Theorien um zwei weitere ergänzte (s.u.), versuchte auch eine Übertragung auf aktuellere Bedingungen und andere Medien.

angesehen. Die *Theorie der sozialen Verantwortung*[16] wurde aufgrund der Erkenntnis entwickelt, daß die Annahmen der liberalen Theorie zu einfach waren. Probleme der „Inneren Pressefreiheit" (vgl. Kapitel III.5.3.) waren im Kontext der liberalen Theorie ebensowenig gesehen worden wie Prozesse der Pressekonzentration. Die Theorie der sozialen Verantwortung stellte eine Reaktion darauf dar, daß man vergebens auf Selbstregulation und Selbstkontrolle des Medienmarktes gehofft hatte. Die privatwirtschaftlich organisierten Massenmedien waren ihrer doppelten Aufgabe – zum einen Gewinne für die Eigentümer zu erzielen und zum anderen als „Vierte Gewalt" der Öffentlichkeit zu dienen – nicht gerecht geworden. Die Eigentümer waren gegenüber der Öffentlichkeit in der eindeutig stärkeren Position. Die Theorie der sozialen Verantwortung basiert auf der Idee einer freien Presse. Pressefreiheit ist immer mit bestimmten Verpflichtungen der Gesellschaft gegenüber verbunden. Im einzelnen wurden sechs Funktionen unterschieden: 1. Dem politischen System dienen, indem Informationen, Diskussionen und Erörterungen zu öffentlichen Angelegenheiten allgemein zugänglich gemacht werden. 2. Die Öffentlichkeit aufklären, um sie zu selbstbestimmtem Handeln zu befähigen. 3. Die Rechte des Individuums schützen, indem die Massenmedien als „Wächter der Demokratie" gegenüber der Regierung auftreten. 4. Dem wirtschaftlichen System dienen, indem z.B. durch Werbung Käufer und Verkäufer zusammengebracht werden. 5. Unterhaltung liefern (womit nur „gute" Unterhaltung gemeint ist – was immer dies auch sein mag). 6. Für die Erhaltung der finanziellen Autonomie sorgen, um nicht von speziellen Interessen und Einflüssen einzelner Geldgeber abhängig zu sein.

Die *sowjetische Theorie der Presse* hat nach Siebert, Schramm und Peterson ihre Wurzeln in der autoritären Pressetheorie. Hauptaufgabe der Massenmedien ist es nach dieser Theorie, zur Erhaltung und zum Fortschreiten des sozialistischen Systems und seiner Partei beizutragen. Die Medien werden durch den Staat kontrolliert und als direkter Arm des Staates definiert. Hauptunterschiede zu anderen Pressetheorien sind: 1. Die Beseitigung des Profitmotivs (bzw. des Kostendeckungsprinzips) der Medien. 2. Die Zweitrangigkeit der Aktualität bei der Nachrichtenpräsentation. 3. Während die autoritäre Pressetheorie am Status quo orientiert war, hatte die sowjetische Theorie der Presse Entwicklung und Wandel der Gesellschaft (Erreichung des kommunistischen Stadiums) zum Programm.

Denis McQuail (1983, 94–98) fügte diesen vier Theorien noch zwei weitere hinzu: Die *„Development Media Theory"* (zum „Development Journalism" vgl. auch Kapitel III.5.2.) bezieht sich speziell auf Länder der Dritten Welt,

---

[16]   Zur Theorie der sozialen Verantwortung und Kritik daran vgl. auch Gunaratne (1998, 302–306, 312f.) sowie Kapitel III.5.2. zum „Civic Journalism".

denen u.a. folgende Merkmale eines entwickelten Kommunikationssystems fehlten: Eine Kommunikationsinfrastruktur, professionelle journalistische Fertigkeiten, Ressourcen zur Produktion (McQuail konstatiert in ethnozentrischer Arroganz gar ein Fehlen kultureller Ressourcen) und ein Massenpublikum. In Staaten mit derartig unterentwickelten Kommunikationssystemen werde Entwicklung als primäres Ziel angesehen, wobei sich die Politiker verschiedener Länder allmählich ihrer gemeinsamen Lage bewußt würden. Das wesentliche normative Element einer sich herausbildenden Theorie sei, daß die Medien in Übereinstimmung mit der Politik zur Förderung der nationalen Entwicklung und für die Autonomie und kulturelle Identität der einzelnen Länder genutzt werden sollten. Der nationalen Kultur und Sprache soll Vorrang eingeräumt werden. Die Medien sollen besonders Informationen aus und über andere Entwicklungsländer beachten. McQuail geht sogar so weit, dem Staat im Interesse der Erreichung von Entwicklungszielen explizit das Recht zur Zensur der Medien zuzubilligen.

Als sechste Theorie schlägt McQuail eine *„demokratisch-partizipative"* *Medientheorie* vor. Diese werde sich in entwickelten, liberalen Gesellschaften herauskristallisieren. Sie sei eine Reaktion auf die Kommerzialisierung und Monopolisierung privatwirtschaftlich organisierter Medien und auf den Zentralismus und die Bürokratisierung der öffentlich-rechtlichen Rundfunk- und Fernsehanstalten, die nach den Normen der sozialen Verantwortung eingerichtet worden seien. Diese Anstalten werden als zu paternalistisch, zu elitär, zu eng dem Establishment verbunden, als zu leicht politischem und ökonomischem Druck nachgebend, als zu monolithisch und überprofessionalisiert betrachtet. Die demokratisch-partizipative Theorie reflektiert laut McQuail die Enttäuschung über die etablierten politischen Parteien und ein parlamentarisches System, das die Verbindung zur Basis verloren habe. Die Bedürfnisse, Interessen und Ziele der Rezipienten in einer politisierten Gesellschaft werden als zentrale Elemente der neuen Medientheorie gesehen. Vielfalt, Kleinheit, Lokalität und Austausch von Kommunikator- und Rezipientenrolle werden ebenso betont wie die Vorstellung horizontaler Kommunikationsverbindungen. Damit stellt die demokratisch-partizipative Theorie eine Art Wiederbelebung der von Bertolt Brecht (1972) 1932 formulierten utopischen „Radiotheorie" dar. Brecht forderte eine Umfunktionierung des Rundfunks von einem „Distributionsapparat" zu einen „Kommunikationsapparat", d.h. die Zuhörer sollten nicht länger nur „hören", sondern auch „sprechen". Der Rundfunk sollte die Hörer nicht isolieren, sondern „als Lieferanten organisieren".

McQuail (1994, 132–135; 2000, 153–156) betrachtet diese Theorien inzwischen mit Distanz und weist darauf hin, daß sich die Theorien auf die Presse als Lieferant von Nachrichten und Informationen bezogen und z.B. Unterhaltungsinhalten nicht gerecht würden. Zudem seien sie (mit Ausnahme der sowjetischen Medientheorie) nicht auf ein aktuell existierendes Mediensystem bezogen gewesen. In der Realität seien die nationalen Mediensysteme nicht einheitlich und stellten Mischungen aus den verschiedenen Typen dar. Auch Entwicklungen wie die Vermehrung der Medienangebote, die Konvergenz verschiedener Medien, die Bildung transnationaler Konzerne und von Multimedia-Unternehmen würden dazu beitragen, daß diese Theorien nur noch begrenzte Gültigkeit beanspruchen könnten. Insgesamt meint McQuail (2000, 155): „[...] the attempt to formulate consistent and coherent ‚theories of the press' in this way is bound to break down sooner or later" (zur Kritik an den „Four Theories of the Press" vgl. auch Nerone 1995).

2.3. Kommerzielle Massenmedien und Systemstabilität: Das Modell von De Fleur und die Manipulationstheoretiker der Frankfurter Schule

Melvin L. De Fleur (1970, 155–172) hat auf struktur-funktionalistischer Basis ein Modell entwickelt (Abb. 2), das beansprucht, einen theoretischen Bezugsrahmen für die Analyse der Verflechtungen zwischen Massenkommunikation und Gesamtgesellschaft zu bieten. Die Aussagen von De Fleur sind dabei auf das privatwirtschaftlich organisierte und in eine kapitalistische Wirtschaftsordnung eingebettete Medium Fernsehen beschränkt und speziell auf die Verhältnisse in den USA bezogen.

De Fleur betrachtet die Medien in erster Linie als *Werbeträger*, d.h. sie sind vom Subsystem Wirtschaft abhängig. Die zum Erhalt des Subsystems „Massenkommunikation" notwendigen Mittel werden dem Modell zufolge ausschließlich über Werbeeinnahmen sichergestellt. De Fleur mißt der Werbung eine entscheidende Bedeutung für das Funktionieren des amerikanischen Wirtschaftssystems bei. Zur Sicherstellung der Stabilität des Gesamtsystems müssen nach De Fleur die Kaufentscheidungen der Konsumenten beeinflußt werden.[17] Zu diesem Zweck sei es notwendig, die Aufmerksamkeit der Zuschauer zu gewinnen, was über die Gestaltung entsprechender

---

[17] De Fleur greift damit eine These auf, die John Kenneth Galbraith (1970) in „Die moderne Industriegesellschaft" entwickelt hat. Die Massenmedien werden darin als die wichtigsten Instrumente zur Manipulation der Verbrauchernachfrage angesehen. Die durch Werbung bewirkte Konstanz der Nachfrage ist Grundlage für rationale Planung im ökonomischen Sektor. Dieser sei durch den technologisch hochentwickelten, auf konstanten Absatz angewiesenen „gereiften Industriebetrieb" charakterisiert. Galbraith (1970, 195) schrieb: „Das Industriesystem ist zutiefst abhängig vom Werbefernsehen und könnte ohne Werbung in ihrer heutigen Form nicht existieren."

Medieninhalte geschehe. Da das Ziel kommerziellen Fernsehens Gewinn-maximierung sei, komme es für die miteinander konkurrierenden Fernseh-anstalten darauf an, mit minimalem Kostenaufwand bei der Produktion der Sendungen die Werbebotschaft einem möglichst breiten Publikum zugäng-lich zu machen. Für De Fleur steht das kulturelle Niveau eines massenme-dialen Inhalts in umgekehrter Relation zur Popularität. Das bedeutet, daß sich „Low-Taste Content", d.h. v.a. anspruchslose Unterhaltung, am besten eignet, um die quantitativ größte, durch ein niedriges Bildungsniveau ge-kennzeichnete Konsumentenkategorie zu erreichen. De Fleur (1970, 170) argumentiert: „The manufacturer of razor blades who sells millions of his product per day to American men does not care at all if his customer has a college degree or is nearly illiterate. If he shaves and can be persuaded to buy the manufacturer's blades via mass communicated advertisements, this is all the manufacturer requires. If it takes a western melodrama filled with blood and thunder to attract the consuming unit's attention to the adver-tisement, so be it. If that small segment of the population who are highly educated or who have refined tastes do not find the end result culturally uplifting, that is just too bad. If they want culture let them go to the opera." „Low-Taste Content" erfüllt also eine Doppelfunktion: Derartige Inhalte gewährleisteten die größtmögliche Konsumentennachfrage und gleichzeitig eine Gewinnmaximierung beim Verkauf von Werbezeiten. Insofern seien kulturell anspruchslose Programme für die Stabilität des Subsystems Mas-senkommunikation und des Gesamtsystems von zentraler Bedeutung. Den idealen systemstabilisierenden massenmedialen Inhalt beschreibt De Fleur (1970, 169) dahingehend, daß er die Aufmerksamkeit des Publikums wecke und erhalte sowie nicht gegen gängige Normen verstoße, was Eingriffe von außen provozieren könne (z.B. bei der Darstellung sexueller Inhalte). Dabei werde „Low-Taste Content" nicht als Folge eines bewußten Manipula-tionsversuchs durch die Mitglieder einer Machtelite produziert, sondern stelle das Ergebnis eines „unpersönlichen" Marktmechanismus dar. Es er-folgt eine „Manipulation ohne Manipulateure".

De Fleur hat deutlich gemacht, wie sehr die kommerziell organisierten Massenmedien selbst Wirtschaftsunternehmen darstellen und daher nicht als autonom betrachtet werden können. Hierbei handelt es sich im Grunde um eine Selbstverständlichkeit, die jedoch in der normativ geführten Dis-kussion über die Funktionen der Medien oft vernachlässigt wird. Die darin formulierten Leistungserwartungen richten sich an Unternehmen bzw. Pro-dukte, die überwiegend nach marktwirtschaftlichen Mechanismen funktio-nieren und sich daher in einem Spannungsfeld zwischen den Ansprüchen an ihre *gesellschaftlichen Funktionen* und an *ökonomische Ziele* bewegen. Diese sind oft nicht miteinander vereinbar. Klaus-Dieter Altmeppen (1996, 252) schreibt dazu: „Ökonomische Gewinn- und publizistische Leistungserwartungen richten sich an ein- und dasselbe Produkt. Es ist also eine Frage der Perspektive, der ökonomischen oder der publizistischen, welche Erwartungen an Medienangebote formuliert werden."[18]

Abbildung 2:   Massenmedien als soziales System:
               Vereinfachte Darstellung des Modells von De Fleur

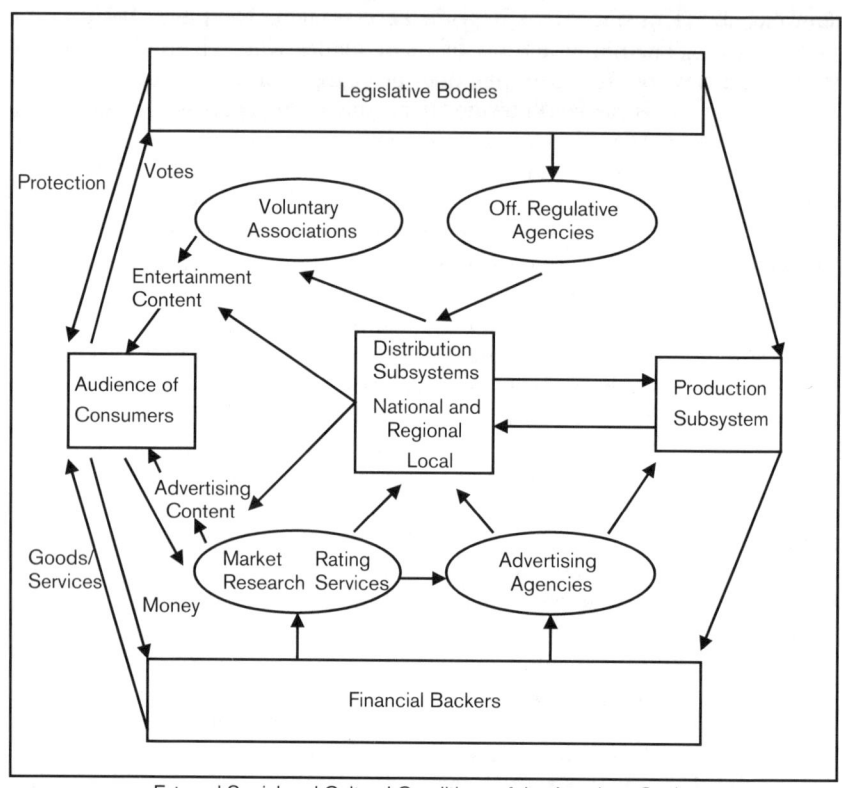

External Social and Cultural Conditions of the American Society

Quelle: Fauconnier 1975, 110 (nach De Fleur 1970, 166)

---

[18]   Altmeppen (1996, 254) schreibt auch: „Ausgangspunkt aller Ansätze sind die publizistischen Funktionen des Journalismus, nicht die ökonomische Fundierung der Medien. Probleme offenbaren sich immer dann, wenn versucht wird, die Verquickung von ökonomischer Profitorientierung der Medienunternehmen und gesellschaftlichem Auftrag der Medienkommunikation zu klären."

Ein wichtiger Kritikpunkt an dem Modell von De Fleur besteht im Widerspruch zwischen der Behauptung, das Fernsehen trage lediglich zur Systemstabilität bei, und der These, durch die stabilitätsnotwendigen Werbebotschaften könnten neue Bedürfnisse geschaffen bzw. vorhandene beeinflußt werden. Durch Fernsehsendungen können neue Bedürfnisse geweckt werden, ohne daß zugleich die Mittel zur Verfügung gestellt werden, diese Ziele auf sozial gebilligte Weise zu erreichen. Die Existenz dieses zentralen Widerspruchs zwischen Sozialstruktur und Wertstruktur, d.h. das Auseinanderfallen von als legitim angesehenen Zielen und den zu ihrer Erreichung notwendigen institutionalisierten Zugangsmöglichkeiten, wird von Merton (1957, 292) als *„Anomie"* bezeichnet. Die Tatsache, daß das Fernsehen wegen der Überbetonung des Wohlstandsziels als Frustrationsquelle wirken und damit auch zu gesteigerter Kriminalität führen kann, ist mit dem Modell von De Fleur unvereinbar. De Fleurs „Modellmenschen" zeigen selbst dann konformes Verhalten, wenn sie eine Diskrepanz zwischen den vorhandenen, gesellschaftlich legitimierten Bedürfnissen und den Möglichkeiten zu ihrer Befriedigung wahrnehmen.

Die Argumentationskette von De Fleur findet sich in vergleichbarer Gestalt bereits 1930 bei Siegfried Kracauer. Kracauer (1959, 93) bemerkt zur Filmproduktion, „daß sämtliche von der Industrie gelieferten Erzeugnisse das Bestehende rechtfertigen, indem sie seine Auswüchse sowohl wie seine Fundamente dem Blick entziehen." Kracauer (1963) meint, daß der unter privatwirtschaflichen Gesichtspunkten produzierte Film niemals das Fundament der Gesellschaft angreifen würde, da er damit seine eigene Existenz gefährde. Dabei wird angenommen, daß der Zwang, Gewinne zu erzielen, dazu führt, daß der Publikumsgeschmack getroffen wird. Durch eine „Abstimmung an der Kasse" werde Geschmacksänderungen so weit wie möglich Rechnung getragen. Die These, daß kommerziell organisierte Medien zur Stabilisierung des Status quo beitragen, vertreten auch Lazarsfeld und Merton (1973, 459): „Die Wirtschaft finanziert die Produktion und Distribution der Massenmedien. Und, bei aller guten Absicht, wer die Musik bezahlt, bestimmt gewöhnlich auch die Noten." Da die kommerziell organisierten Massenmedien eine größtenteils unbewußte Zustimmung gegenüber dem amerikanischen Gesellschaftssystem förderten, könne man ihnen nicht zutrauen, Veränderungen zu bewirken. Zudem werde Medienkonsum mit realem Handeln verwechselt und ersetze die tatsächliche aktive Teilnahme am öffentlichen Leben. Lazarsfeld und Merton (1973, 458) sprechen in diesem Zusammenhang von der *„narkotisierenden Dysfunktion"* der Medien (vgl. auch Kapitel II.2.2.; V.6.1.): „Der interessierte und informierte Bürger kann sich selbst beglückwünschen zu seinem hohen Interessens- und Informationsstand und dabei ganz übersehen, daß er Entscheidungen ausweicht und Aktionen meidet."

Rainer Geißler (1973, 93) vertritt eine ähnliche Position und führt die systemstabilisierende Wirkung der Medien (speziell des Fernsehens) auf die „Entpolitisierung" der Inhalte zurück, die erfolge, um den Bedürfnissen eines vielschichtigen Publikums gerecht werden zu können. Diese Entpolitisierung geschehe über zwei, nicht als Gegensätze zu verstehende Typen von Manipulation: a) bestimmte Eliten (bzw. eine Klasse) okkupieren die Massenmedien, b) durch marktwirtschaftliche Mechanismen (Rezipientenmaximierung) wird unpolitische Massenkultur produziert. Geißler (1973, 92ff.) unterscheidet fünf Typen manipulativer Inhalte: 1. integrative Inhalte ohne Kritik an den bestehenden sozialen und politischen Zuständen; 2. die Einbettung der Individualschicksale in einen gesellschaftlichen Rahmen unterbleibt; 3. politisch relevante Information ist quantitativ unbedeutend gegenüber Unterhaltung; 4. die Grenzen zwischen Information und Unterhaltung sind verwischt; 5. qualitative Entpolitisierung durch zusammenhanglose Detailinformation. Nach Geißler nehmen Primärgruppendiskussionen über Politik ab, Desinteresse an politischen Fragen entsteht, die Fähigkeit zu kritischer Reflexion verkümmert, es erfolgt eine Anpassung an bestehende Verhältnisse, und aufklärerische Tendenzen sind gegenüber der Masse an Unterhaltung, Werbung und „entpolitisierter Politik" chancenlos.

Im Grunde argumentiert De Fleur wie die Manipulationstheoretiker der Frankfurter Schule (z.B. Theodor W. Adorno (1903–1969); Max Horkheimer (1895–1973); Herbert Marcuse (1898–1979) und Jürgen Habermas (*1929)). Diese vertreten die Ansicht, daß durch die Übertragung des Profitmotivs auf die kulturelle Produktion Kultur mit Reklame (Werbung) verschmelze. Massenkultur heißt mit Habermas (1968, 182) „Anpassung an die Entspannungs- und Unterhaltungsbedürfnisse von Verbrauchergruppen mit relativ niedrigem Bildungsstandard." Zugleich aber betreibt die Kulturindustrie nach Horkheimer und Adorno (1971, 5) eine Apologie der Gesellschaft, eine „Vergötzung des Daseienden und der Macht". Obwohl De Fleur diesen Gedanken nicht explizit ausführt, gilt auch bei ihm, daß das System nur so lange stabil bleibt, wie die Mehrzahl der Systemmitglieder die eigene soziale Lage nicht reflektiert. De Fleur impliziert, was Adorno (1967, 64) wie folgt ausformulierte: „[...] daß steter Tropfen den Stein höhlt, da das System der Kulturindustrie die Massen umstellt, kaum ein Ausweichen duldet und unablässig das gleiche Verhaltensschema einübt."

Auch Marcuse (1969, 32) verweist auf die zentrale Bedeutung der Massenmedien für die Bedürfnismanipulation. Er argumentiert, den Medieninhalten komme eine entscheidende Bedeutung bei der Formung des „eindimensionalen Menschen" zu (Marcuse 1970). Die Massenmedien paßten den Menschen unmerklich an die Forderungen des existierenden Systems an, indem sie kritisches individuelles Denken unterdrückten und Gegensätze integrierendes „eindimensionales Denken" förderten: „Das Klasseninteresse gebraucht die Massenmedien zur Werbung für Gewalt und Dummheit, zur Bestrickung der Zuhörer." (Marcuse 1969, 28).[19] Die Medien lenkten ab von der abstumpfenden Arbeit und leiteten an zur Entspannung, zum Vergnügen und zum Verbrauch und würden dabei „falsche Bedürfnisse" schaffen. Nur so könne das bestehende System existieren, bzw. umgekehrt formuliert: „Das Nichtfunktionieren des Fernsehens und verwandter Medien", schreibt Marcuse (1970, 257), „könnte [...] erreichen, was die immanenten Widersprüche des Systems nicht erreichen – den Zerfall des Systems."

2.4. Funktional-strukturelle Analyse (Äquivalenzfunktionalismus)

Im Rahmen der funktional-strukturellen Systemtheorie von Niklas Luhmann gilt Kommunikation als fundamentaler sozialer Prozeß. Luhmann (1975a, 15) argumentiert, „daß soziale Systeme sich überhaupt erst durch Kommunikation bilden, also immer schon voraussetzen, daß mehrfache Selektionsprozesse einander aktiv und reaktiv bestimmen." Die funktional-strukturelle Theorie soll das Primat des Strukturbegriffs brechen. An die Stelle des Problems des Bestanderhalts, das im Zentrum des Struktur-Funktionalismus steht, soll das „Problemlösungsaxiom" treten. Seine Theorie sei in der Lage, so Luhmann (1970, 114), „nach der Funktion von Systemstrukturen zu fragen, ohne dabei eine umfassende Systemstruktur als Bezugspunkt der Frage voraussetzen zu müssen." Die Basis der Methode sei die vergleichende Analyse; Äquivalenzfunktionalismus bedeute den rationalen Vergleich unterschiedlicher Leistungen. Grundbegriff ist der „*Sinn*", denn erst Sinnbildung erlaube Komplexitätsreduktion. Luhmann (1971a, 11f., Hervorhebung im Original) schreibt: „Soziale Systeme sind *sinnhaft* identifizierte Systeme. Ihre Grenzen sind nicht physischer Natur [...], sondern

---

[19] Marcuse, einer der einflußreichsten marxistischen Denker des 20. Jahrhunderts und Mentor der Studentenrevolution der 60er Jahre, war im übrigen selbst begeisterter Konsument von Massenkultur. Zwischen den theoretischen Überlegungen über das Fernsehen als Instrument kapitalistischer Herrschaft und dem eigenen Fernsehverhalten ist ein nicht unerhebliches Theorie-Praxis-Defizit festzustellen: In seinen Erinnerungen berichtet der Schriftsteller Günter Kunert (1997, 338ff.), wie er 1972 in San Diego mit seiner Frau bei Marcuse zum Essen eingeladen war, an dessen Ende der Gastgeber auf seine Uhr schaute und sich mit der Begründung hastig erhob: „Ick muß jetz' Cannon sehn', sprach's und nahm vor dem Fernseher platz, auf dessen Mattscheibe der dicke TV-Detektiv gerade keuchend einen Verbrecher hetzte." (Kunert 1997, S. 343).

Grenzen dessen, was in Sinnzusammenhängen relevant sein kann." Sinn vermittele zwischen System und Umwelt. Sinn sei „Selektion aus anderen Möglichkeiten und damit zugleich Verweisung auf andere Möglichkeiten" (Luhmann 1970, 116). Sinnhafte Erlebnisverarbeitung leistet nach Luhmann (1970, 152, Hervorhebungen im Original) *„Reduktion und Erhaltung von Komplexität* dadurch, daß sie das unmittelbar gegebene, evidente Erleben durchsetzt mit *Verweisungen auf andere Möglichkeiten* und mit *reflexiven und generalisierenden Negationspotentialen* und es dadurch für *riskante Selektivität* ausrüstet."

Luhmanns Theorie ist empirisch nicht überprüfbar, beansprucht aber gleichwohl, alles erklären zu können. Supertheorien sind nach Luhmann „Theorien mit universalistischen (und das heißt auch: sich selbst und ihre Gegner einbeziehenden) Ansprüchen." Luhmann (1984, 19) behauptet: „Systemtheorie ist eine besonders eindrucksvolle Supertheorie." Nach Karl Otto Hondrich (1972, 1f.) beruhen „Appeal und Aporien des Luhmannschen Denkens darauf, daß es ein philosophisches Problem mit sozialwissenschaftlichen Mitteln zu lösen versucht" – womit aber das sozialwissenschaftliche Instrumentarium und damit die empirische Forschung überfordert ist. Das philosophische Problem, um das es Luhmann geht, ist die uralte Frage nach der sinnhaften Orientierung des Lebens in der Welt. Während die frühere Philosophie die Frage nach dem Sinn des Lebens noch substantiell zu beantworten vermochte, indem auf das Gute und Wahre, die Liebe usw. Bezug genommen wurde, ist in der modernen, komplexen Gesellschaft eine derartige Antwort wegen der enormen Fülle an Möglichkeiten nicht länger angemessen. Sinnstiftung ist dabei nur noch durch Ordnung möglich, Ordnung aber nur durch eine die Komplexität reduzierende Systembildung. Diese Systeme wenden in der Formulierung Hondrichs (1972, 2) „den Druck der ständig zunehmenden Möglichkeiten von der beschränkt belastbaren Erlebnisfähigkeit des Menschen ab." Hondrich (1972, 4) resümiert: „Der logische und methodologische Status seines Äquivalenzfunktionalismus bleibt im Unklaren, Luhmanns Verhältnis zur empirischen Forschung ambivalent."

Wesentliches Merkmal der Luhmannschen Systemtheorie ist die Verwendung tautologischer und nicht operationalisierbarer Begriffe.[20] Der zentrale Begriff *„Autopoiesis"* ist eine Leerformel, Teil eines Sprachspiels, das keinen Bezug zur Realität hat, wie Luhmanns (1984, 475) Ausführungen eindrucksvoll belegen: „Autopoiesis ist also die Bedingung dafür, daß eine Struktur sich ändern oder nicht ändern kann. Durch Autopoiesis wird der Tatsache Rechnung getragen, daß kein Objekt seine Position in der Zeit ändern (sondern eben nur: sich selbst oder anderes ändern) kann. Dem Lauf

---

[20] Vgl. zum Folgenden in bezug auf die Analyse von Kommunikation auch Kunczik (1984, 82–102).

der Zeit bleibt es mit oder ohne Änderung ausgeliefert, und deshalb muß es sich von bestimmten Komplexitätsgraden ab durch Autopoiesis erhalten." Selbst der Sinnbegriff ist eine Leerformel, denn Sinn erlaube erst Komplexitätsreduktion, und soziale Systeme seien definiert als sinnhaft identifizierte Systeme, deren Grenzen das seien, was in Sinnzusammenhängen relevant sein könne (Luhmann 1971a, 11f.). Luhmann kann, wie Heinrich Bußhoff (1974, 58) aufzeigt, „die Entstehung von Sinn nur [...] tautologisch bestimmen, indem der Sinnbildung durch Systembildung sich vollziehen läßt." Zugleich aber werden soziale Systeme als Sinnzusammenhänge von Handlungen verstanden. Sinn, als bestimmte Strategie selektiven Verhaltens bzw. Ordnungsform des Erlebens unter Bedingungen hoher Komplexität, steht in höchst eigenartiger Relation zum *Kommunikationsbegriff*, denn Kommunikation ist nicht gleichbedeutend mit Sinnübertragung, sondern nach Luhmann (1971b, 42) „gemeinsame Aktualisierung von Sinn, die mindestens einen der Teilnehmer informiert." Kommunikation kommt nach der Vorstellung von Luhmann (1975a, 5) mithin nur zustande, „wenn man die Selektivität einer Mitteilung verstehen und das heißt: zur Selektion eines eigenen Systemzustandes verwenden kann." Kommunikation heißt mithin nicht Faktenübertragung oder Informationsübermittlung, sondern Selektion. Kommunikation setzt Sinn voraus. Auf die unbequeme Frage nach der historischen Entstehung von Sinn geht Luhmann (1971b, 43) nicht ein, denn „sie steht auf einem anderen Blatt." Die logische Inkonsistenz des Kommunikationsbegriffs wird darin deutlich, daß Kommunikation als „Dosierung von Überraschungen" bezeichnet wird. Dabei fungiert für Luhmann (1971b 43) als Identisches in der Kommunikation „nicht eine übertragene, sondern eine gemeinsam zugrunde gelegte Sinnstruktur, die eine Regulierung der wechselseitigen Überraschungen erlaubt." Nur vor dieser Begrifflichkeit ist folgende Behauptung zu verstehen: „Durch Wiederholung verliert eine Nachricht nicht ihren Sinn, wohl aber ihren Informationswert." Damit zeigt sich deutlich die Schwäche des Luhmannschen Begriffsapparates, denn auch eine wiederholte Nachricht besitzt allein schon deshalb einen Informationswert, weil es ja auch eine andere Nachricht hätte geben können. Auch hier erfolgt eine „Dosierung von Überraschungen"; nur besteht die Überraschung eben darin, daß nicht überrascht wird.

Ähnlich vage benutzt Luhmann (1971a, 18) den zentralen Begriff „*Grenze*", denn es gelte: „Je komplexer ein System werden soll, desto abstrakter müssen seine Grenzen definiert werden." Die Grenzdefinition erfolgt aufgrund der Strukturen eines Systems: „Die Elemente dieser Strukturierung finden wir jedoch nicht auf der Ebene von Handlungen, sondern von Verhaltenserwartungen." (Rühl 1969, 196). „*Komplexität*" wiederum ist ein Begriff, dem es an jedweder Präzision mangelt (Kunczik 1984, 90f).

Komplexität meint keinen Seinszustand, sondern eine Relation zwischen System und Umwelt. In der „Soziologischen Aufklärung" (Luhmann 1970, 115) bedeutet Komplexität „sowohl ein Feld logisch denkbarer Möglichkeiten als auch die Zahl derjenigen Entscheidungs- bzw. Handlungsalternativen, über die ein System faktisch verfügen kann." Komplexität heißt mit anderen Worten, „daß es stets mehr Möglichkeiten des Erlebens und Handelns gibt, als aktualisiert werden können." (Luhmann 1971b, 32). Die logische Begründung der Umweltbewältigung durch gesteigerte Eigenkomplexität ist ebenfalls nicht zwingend. Nach der Identifikation irgendeines sozialen Systems wird argumentiert, dieses habe im Vergleich zu anderen Systemen, die nicht überlebten, die Fähigkeit besessen, durch interne Differenzierung die Eigenkomplexität in umweltadäquater Weise zu steigern. Der das Überleben ermöglichende Mechanismus, also die Fähigkeit zur Steigerung der Eigenkomplexität, wird mithin aus dem Überleben eines Systems erschlossen.

Die Luhmannsche Systemtheorie will nach Walter L. Bühl (1987, 229), „zweitausend Jahre Theorieentwicklung in sich schließen und alle bisherigen Widersprüche und Einseitigkeiten mit einem Schlag auflösen [...]". Sie stellt eine empirisch nicht prüfbare Begriffskombinatorik dar. In diesem Sinne bemerkt Dirk Käsler (1984, 188f.) zur „Supertheorie" von Luhmann, daß „hinter der Fassade ungeheurer Schwierigkeit und einem komplizierten Räderwerk artistischer Begrifflichkeit lediglich eine Handvoll simpler Sätze [steckt]: Die Welt ist kompliziert, alles ist mit allem verbunden, der Mensch erträgt nur ein begrenztes Maß an Kompliziertheit. Die Suggestion absoluter Originalität wird verstärkt durch die Schaffung einer Theoriesprache, die nur den Eingeweihten zugänglich ist." Diese Theorie widerspricht dem hier vertretenen Wissenschaftsverständnis, das davon ausgeht, daß Theorien prüfbar sein müssen (vgl. Kapitel I.2.).

3. Medien und Politik

3.1. Ansätze zum Verhältnis von Medien und Politik

Betrachtet man das Verhältnis von Medien und Politik aus systemtheoretischer Perspektive, so kann das *politische System* definiert werden als „jener gesellschaftliche Handlungszusammenhang [...], der die allgemeinverbindlichen Entscheidungen hervorbringt", wohingegen das *publizistische System* als „das Insgesamt der um die publizistischen Medien ablaufenden Prozesse" (Saxer 1981, 501) gilt, dessen Grundfunktion darin besteht, Personen und Sachverhalten Publizität zu verleihen, d.h. sie öffentlich zu machen. In ähnlicher Weise unterscheidet Hans Mathias Kepplinger (1985b, 247f.) das

„System der politischen Herrschaft" und das „System der politischen Willensbildung".[21]

Zum Verhältnis von Mediensystem und politischem System gibt es unterschiedliche Ansätze, die sich den im folgenden dargestellten Paradigmen zuordnen lassen (überblicksartig z.b. Jarren 1988; Sarcinelli 1994, 38–40; Schulz 1997, 24–27). Das Spektrum reicht dabei von der Vorstellung zweier voneinander unabhängiger Systeme („Gewaltenteilungsparadigma") über die Annahme einer Grenzverschiebung des einen Systems auf Kosten des anderen („Instrumentalisierungs"- bzw. „Dependenzparadigma") bis hin zu der Ansicht, es existiere eine Interdependenz („Symbioseparadigma") beider Systeme, bzw. es komme sogar zu deren Verschmelzung („Supersystem").

Das *Gewaltenteilungsparadigma* (dazu z.b. Sarcinelli 1994, 38) geht davon aus, daß den Medien in der Demokratie eine Kritik- und Kontrollfunktion zukommt. Die Medien werden in diesem Zusammenhang als „Vierte Gewalt" verstanden, die ein Gegengewicht bzw. eine Überwachungsinstanz gegenüber den anderen drei Gewalten (Legislative, Exekutive, Judikative) darstelle. Die Medien müßten vom politischen System völlig unabhängig sein, um diese Aufgabe erfüllen zu können. Die Unabhängigkeit der Medien könne als funktional für das politische System betrachtet werden, da nur ein von der Politik durch klare Grenzen getrenntes Mediensystem in der Lage sei, auf glaubwürdige Art und Weise Legitimationsleistungen für das politische System zu erbringen (Saxer 1981, 507f.; Stöckler 1992, 10f.). Kritiker des Gewaltenteilungsparadigmas (z.B. Ronneberger 1983a, 269f.; Boventer 1993, 139) verweisen darauf, daß die Medien nicht als eigenständige Gewalt neben oder über die Organe des Verfassungsstaates gestellt werden könnten. Sie ersetzten staatliche Herrschaft nicht und verfügten auch nicht über das gleiche Macht- und Sanktionspotential wie die politischen Institutionen. Zudem muß die Vorstellung von der völligen Autonomie der Medien aufgrund ihrer vielfältigen ökonomischen und politischen Abhängigkeiten als unrealistisch betrachtet werden.

Die Vertreter des *„Instrumentalisierungsansatzes"* gehen davon aus, daß die Bedeutung der Medien für das politische System zwar gewachsen, diese Entwicklung aber mit einem Autonomieverlust des Mediensystems einhergegangen sei. Die Medien seien von der Politik abhängig geworden. Diese

---

21 Zum System der politischen Herrschaft werden „alle Gestaltungs- und Vollzugsentscheidungen" gerechnet, „die das individuelle Verhalten allgemeinverbindlich festlegen und Alternativen dadurch ausschließen. Definiert wird dieses System durch die Funktion der *Entscheidung*. Zum System der politischen Willensbildung zählt Kepplinger (1985b, 248) „alle Werturteile und Tatsachenbehauptungen, die die Beliebigkeit politischer Entscheidungen strukturieren und somit auf faktisch mögliche Alternativen eingrenzen." Dieses System werde durch die Funktion der *Kommunikation* definiert.

Position wird u.a. von Heribert Schatz (1978; 1982; Schatz u.a. 1981) vertreten, der seinen Ansatz als „steuerungstheoretisches" Modell bezeichnet, da die Politik die Medien und ihre gesellschaftlichen Funktionen zu ihren eigenen Gunsten zu steuern versuche. Das zunehmende Interesse des politischen Systems an den Medien (v.a. am Fernsehen) und ihrer Berichterstattung beruhe auf gestiegenen Anforderungen und Problemen des politischen Systems bei gleichzeitiger Knappheit der Ressourcen (v.a. finanzieller Mittel) zu ihrer Erfüllung bzw. Lösung. Statt Loyalität und Systemvertrauen der Bürger durch kaum noch realisierbare materielle Leistungen zu sichern, setze die Politik auf immaterielle und symbolträchtige Handlungen, d.h. Strategien politischer Public Relations, die den Eindruck kompetenter Problemlösung erweckten. Die Medien bieten nach Schatz in dieser Hinsicht für das politische System ein erhebliches Steuerungspotential.[22] Die Instrumentalisierungsstrategien des politisch-administrativen Systems erstreckten sich auf kommunikations- und medienpolitische Aktivitäten (Ordnungs-, Programm- und Finanzpolitik), den Parteieneinfluß in den Aufsichtsgremien des öffentlich-rechtlichen Rundfunks, die Förderung einer anwendungsbezogenen Medienwirkungsforschung sowie Strategien der Öffentlichkeitsarbeit im Sinne einer Inszenierung und mediengerechten Vermarktung von Ereignissen und Personen.

Wolfgang Langenbucher (1983, 38) hat schon Anfang der 80er Jahre darauf aufmerksam gemacht, daß eine wachsende „Kommunifizierung" der Politik eintrete. In den Parteien seien ganze Berufsfelder politischer Kommunikatoren entstanden (z.B. Wahlkampfstrategen, Redenschreiber, Medienreferenten, Thematisierungsplaner, Semantikspezialisten – heute müßte man „Spin-Doctors" ergänzen), die ein „differenziertes Kommunikationsmarketing" im Sinne von Public Relations betrieben. Peter Radunski (1980, 9), der langjährige Wahlkampfleiter der CDU, argumentierte in seiner Studie über „Wahlkampfführung als politische Kommunikation": „Formulierung und Kommunikation der Politik sind zwei Seiten einer Medaille, die der moderne Politiker nicht voneinander trennen darf. Politisch handeln heißt für ihn auch, politische Kommunikation planen und

---

[22]   Bereits der italienische Soziologe Vilfredo Pareto (1848–1923) (Eisermann 1962) vertrat die These, daß die Entwicklung zur Demokratie mit einer Abnahme der manifesten Gewaltanwendung und der gleichzeitig erfolgenden immer intensiveren Nutzung manipulativer Herrschaftstechniken verbunden sei. In der Terminologie des italienischen Politologen Gaetano Mosca (1858–1941) (1950) benötigt jede politische Elite eine „politische Formel", eine Ideologie, um die Herrschaft zu legitimieren. Politische Entscheidungen sollten nicht aus Furcht vor negativen Sanktionen befolgt werden, sondern aus der Überzeugung heraus, sie seien „richtig". Da Massenmedien einer der wichtigsten „Ideologieproduzenten" moderner Gesellschaften seien, komme ihnen in diesem Kontext vorrangige Bedeutung bei der Verbreitung systemstabilisierender Informationen zu.

entwerfen, heißt nicht nur an die Inhalte, sondern auch an die öffentliche Umsetzung der Politik denken. Politische Strategien ohne Kommunikationsstrategien sind in der modernen Demokratie undenkbar. Wer eine Politik entwirft, muß auch ihre Kommunikation miteinbeziehen." Dieser Trend hat sich inzwischen noch deutlich verstärkt.

Die dahinterstehende Entwicklung wird als „Mediatisierung der Politik" bezeichnet und von den Vertretern des *Dependenzansatzes* dahingehend interpretiert, daß sich das Machtverhältnis von Politik und Medien zugunsten der Medien verschoben habe und die politischen Institutionen von den Medien abhängig geworden seien.[23] Nach Heinrich Oberreuter (1989, 36) bedeutet Mediatisierung der Politik, „daß die Medien, das Fernsehen voran, die Politik weithin ihren Eigengesetzlichkeiten unterworfen haben." Dramaturgische Notwendigkeiten gehen dabei nach Oberreuter auf Kosten der politischen Substanz – nicht nur in der medialen Darstellung, sondern auch in der Realität, da sich die Politik den Medienzwängen anpasse. Oberreuter (1989, 40f.) meint, daß „die medienbedingten Formen der Politikdarstellung Rückwirkungen auf die Inhalte und Formen der Politikführung selbst besitzen". Er kommt zu dem Schluß: „Mediatisierte Politik heißt also Unterwerfung und Instrumentalisierung: Politik und Medien machen sich gegenseitig zu Opfern." In bezug auf die Mediatisierung der Außenpolitik hat Patricia Karl (1982, 155) in ähnlicher Weise formuliert: „In an age of media diplomacy, statecraft may have become the hostage – if not the victim – of stagecraft. Only the media have a first-strike capability on both national and international levels."[24]

Zu den Vertretern des Dependenzansatzes gehört auch Kepplinger (1983a, 54; 1985b, 261), der meint, das System der Massenkommunikation sei z.T. zur „funktionalen Voraussetzung" für andere Systeme geworden. Dies gelte sowohl für die Innen- als auch für die Außenpolitik (Kepplinger 1983a, 57–61). Für Kepplinger besitzen politische Institutionen und Akteure nur noch sehr beschränkte Möglichkeiten, sich direkt an die Bevölkerung zu wenden. Ihr Zugang zur Öffentlichkeit sei in erheblichem Maße von den Massenmedien abhängig geworden. Den Medien komme eine Schlüsselstellung im politischen Prozeß zu, da sie politische Entscheidungen nicht nur kommentierten und kritisierten, sondern sie durch ihre

---

23 Dies wird insbesondere deshalb als problematisch betrachtet, da die Medien im Gegensatz zu den politischen Institutionen nicht demokratisch (d.h. durch Wahlen) legitimiert sind.

24 In eine ähnliche Richtung zielt die Argumentation von Helmut Schelsky (1983), der meint, durch die Medien hätten sich die Handlungsformen der Politiker in aller Welt verändert. Es gebe eine getauschte Reihenfolge der Herrschaftsausübung (Schelsky 1983, 53): „Die ältere Form hat die Reihenfolge: ‚Absicht – Handlung – Wirkung – Medien'. Die neuere Form hat die Reihenfolge: ‚Absicht – Medien – Wirkung – Handlung'".

Berichterstattung auch vorbereiteten. Sie definierten den Rahmen, in dem diese Entscheidungen als akzeptabel und konsensfähig angesehen werden, d.h. die Medien hätten einen erheblichen Einfluß auf die Legitimität und Durchsetzbarkeit politischer Entscheidungen gewonnen. Kepplinger (1983a, 61) gelangt zu dem Schluß, daß die ursprünglich außerhalb des politischen Systems angesiedelten Massenmedien einen Platz innerhalb des politischen Systems übernommen haben: „Sie sind zu einer politischen Macht geworden, die nicht mehr nur reagiert, sondern wesentlich agiert und – indem sie als eigenständige Kraft den Spielraum des politisch Möglichen definiert – indirekt mitregiert." Die Medien sind nach Kepplinger (1983a, 59f.) auch in der Lage, durch ihr Selektionsverhalten bzw. das Aufgreifen bestimmter Themen (z.B. Umweltschutz) die Voraussetzungen für die Etablierung neuer politischer Gruppierungen (z.B. den „Grünen") zu schaffen. Dies geschehe um so mehr, je weniger sich diese Gruppierungen an die politischen Spielregeln hielten, da abweichendes Verhalten einen hohen Nachrichtenwert besitze. Auch werde die parteiinterne Willensbildung modifiziert, da die führenden Politiker etablierter Parteien die Medien ebenfalls für sich nutzten und die Parteibasis über die Medien neu gesetzte Themen nur noch ex post facto legitimieren könne. Die „Grenz- und Funktionsverschiebung" zugunsten der Medien begründet Kepplinger (1985b, 258–260) damit, daß die Medien stets voll arbeitsfähig seien; sie stellten einen Teil eines internationalen Informationsnetzes dar, verfügten über erhebliche finanzielle Mittel, deren Verwendung keiner Kontrolle durch andere Institutionen unterworfen sei und genössen rechtliche Privilegien bei der Informationsbeschaffung. Zudem seien sie bei der Personalrekrutierung (etwa im Hinblick auf die politischen Einstellungen der potentiellen Mitarbeiter) flexibler als z.B. die Parteien. Sie könnten im Gegensatz zu politischen Akteuren Themen nicht nur in die öffentliche Diskussion bringen, sondern sie auch aus ihr fernhalten und sich zudem nach rein journalistischen Gesichtspunkten auf bestimmte Themen und Fälle konzentrieren und damit andere vernachlässigen. Außerdem erwarte das Publikum von den Medien nicht, daß ein einmal geäußertes Urteil beibehalten oder eine Urteilsänderung begründet werde. Schließlich seien die Medien in den Augen der Bevölkerung von moralischer Verantwortung für negative Entwicklungen befreit bzw. werde eine Mitschuld der Medien naturgemäß kaum thematisiert. Aus diesen Gründen seien die Medien im Gegensatz zu anderen Institutionen keinem Legitimationsschwund ausgesetzt.

Vertreter des *Interdependenzansatzes* schließlich stellen die wechselseitige Abhängigkeit von Politik und Medien in den Mittelpunkt ihrer Überlegungen. Max Kaase (1986, 370) spricht in diesem Zusammenhang auch von „reflexiver Verschränkung." Ronneberger (1983b, 505) gebraucht „das Bild einer Spirale, die beide Systeme in der Suche und in der Herstellung jenes gesellschaftlichen Grundkonsenses miteinander verbindet, ohne den gerade die pluralistischen Systeme nicht zu überleben vermögen." Saxer (1981, 502) spricht von „Interdependenzen" zwischen Mediensystem und politischem System: „Politik und Publizistik stehen mit anderen Worten in einem gegenseitigen Problemlösungs- freilich auch -schaffungszusammenhang." Diesen gegenseitigen Funktionszusammenhang verdeutlicht Saxer (1981) mit einem Input-Output-Modells, das das mehrfache Eingreifen der Medien in den politischen Prozeß aufzeigt: Politische Ereignisse bildeten zum einen wichtige Medieninhalte; zum anderen sei das politische System für die Hervorbringung legitimierter und allgemeinverbindlicher Entscheidungen auf externe Forderungen sowie auf Unterstützung von außen angewiesen. Der Politiker als Person stelle auf der einen Seite für die Medien einen interessanten Interviewpartner dar, auf der anderen Seite sei er selbst an medieninduzierter öffentlicher Aufmerksamkeit interessiert (*Inputphase*). Weiterhin seien die Medien in der Lage, die politische Arbeit, d.h. die Hervorbringung allgemeinverbindlicher Entscheidungen durch die Berichterstattung voranzutreiben oder auch zu behindern. Das politische System seinerseits versuche, die Berichterstattung so zu beeinflussen (z.B. in Form einer Mediatisierung der Politik), daß das Informations- und Meinungsspektrum für die beabsichtigten politischen Entscheidungen „vorkanalisiert" werden (*Transformationsphase*). Seien die politischen Entscheidungen gefallen, stellten diese wiederum einen wichtigen Inhalt für die Medien dar. Das Mediensystem seinerseits helfe dabei, daß politische Resultate bekannt, verstanden und akzeptiert würden (*Outputphase*). Die Berichterstattung bzw. die Reaktionen darauf wirkten in Gestalt eines *Feedbacks* wiederum als neuer Input auf das politische System zurück.

Saxer (1998a, 64f.) argumentiert, daß die Interdependenzen zwischen Medien und politischem System immer dichter würden. Er spricht von einer „fragwürdigen Symbiose", die immer häufiger auftrete und drohe, „fast unmerklich ein konstitutives Prinzip der Demokratie aus den Angeln" zu heben, „dasjenige der Gewaltenteilung nämlich." Die Entstehung einer *„Symbiose"* sieht auch Ulrich Sarcinelli (1987, 218, Hervorhebungen im Original), für den die Beziehung zwischen Politik und Massenmedien durch „ein für beide Seiten existentielles Tauschverhältnis" gekennzeichnet ist: *„Publizität* wird gegen *Information* getauscht." Journalisten würden zu einem „integralen Bestandteil in einem interdependenten Prozeß, in dem zwischen Politikgenerierung und Politikvermittlung nicht mehr klar zu unterscheiden ist" (Sarcinelli 1992, 47). Fritz Plasser (1985, 16) meint, daß das politische System auf diese Weise immer medialer und das Mediensystem immer politischer agiere. Am Ende dieser Entwicklung würden beide Systeme zu einem *„Supersystem"* verschmelzen. Dieses Supersystem werde zudem immer introvertierter, d.h. es entferne sich immer weiter vom Bürger und seinen Bedürfnissen und Interessen (Plasser 1985, 16). Die Gefahr der Entwicklung hin zu einem Supersystem sieht auch Saxer (1998a, 65), weist jedoch einschränkend darauf hin, daß solche Annahmen noch durch empirische Untersuchungen geprüft und differenziert werden müßten.

Abgesehen von dem Gewaltenteilungsparadigma gehen alle hier genannten Erklärungsansätze von einer wie auch immer gearteten Grenzverschiebung oder -verwischung zwischen Mediensystem und politischem System aus. In diesem Kontext wird die wachsende Bedeutung öffentlichkeitswirksamer Formen der politischen Selbstdarstellung thematisiert. Das Problem der steigenden Bedeutung äußerer Aufmachung steht im Zentrum der „Dialektik der Kommunikationsgesellschaft" von Richard Münch (1991; 1992). Münch vertritt die These, wir lebten in einer Welt, in der Kommunikation zum totalen Zwang geworden sei. Kommunikation entscheide über den Erfolg oder Mißerfolg von Individuen, Organisationen, gesellschaftlichen Gruppen und ganzen Gesellschaften. Wer sich nicht durch geschickte kommunikative Techniken im Kampf gegen die Konkurrenten Aufmerksamkeit verschaffe, verliere das Spiel. Es komme einerseits zu einer immer stärkeren Dramatisierung von Ereignissen, um beim Publikum die gewünschten Reaktionen zu erzeugen. Andererseits erfolge eine Abstumpfung der Öffentlichkeit durch übersteigerte Kommunikationsinhalte. Die Konsequenz dieser „galoppierenden Inflation der Worte" sei der schwindende Glaube der Öffentlichkeit, daß sich hinter den Worten etwas Echtes verberge. Mißtrauen sei die Folge dieses Kommunikationsmanagements.[25]

Die Konsequenzen dieser Entwicklung für das politische System und seine Unterstützung durch die Bürger werden intensiv diskutiert. Sarcinelli (1994, 36) schreibt dazu, entsprechende Positionen referierend: „Zwischen der Herstellung von Politik im Entscheidungsprozeß und der Politikdarstellung im Vermittlungsprozeß bestehe eine immer größer werdende Kluft, öffne sich eine Schere, die für das demokratische System eine Art Legitimationsfalle darstellt. [...]. In eine Legitimationsfalle gerate die Demokratie vor allem dadurch, daß dem Publikum ein unzutreffendes Politikbild vermittelt werde, auf dessen Basis Erwartungen geweckt werden, die die Politik nicht einlösen könne." In ähnlicher Weise äußert sich Oberreuter

---

[25] Eine ähnliche Auffassung vertrat bereits 1927 Werner Sombart in bezug auf die „Reklame". Sombart (1927, 560 f.) schrieb: „Da dasselbe von einer immer wachsenden Schar von Konkurrenten versucht wird, so folgt daraus die Notwendigkeit, immer stärkere Reizmittel anzuwenden, um überhaupt erst einmal beachtet zu werden. [...]. Wohl aber trägt sie [die Reklame, d. V.] in sich selber eine gewisse Tendenz zur Auflösung, sofern bei immer stärkeren Reizmitteln diese schließlich ihre Wirkung versagen. Wenn alle laut schreien, hört man keinen mehr. Und es scheint, als ob wirklich hier und da auf diesem Wege über die Übersteigerung die Reklame sich selber überwunden habe."

(1989, 40), der meint, Politiker müßten im *Entscheidungsprozeß* Substanz und Kompetenz freisetzen, im *Legitimationsprozeß* dagegen Showtalente. Dies wirke abstoßend „auf eine potentiell aktive politische Öffentlichkeit". Die medienbedingten Formen der Politikdarstellung hätten auch Folgen für die Politik selbst: „Theater, Themenverschleiß und Diskontinuität sind längst nicht mehr nur Inszenierungen für die Medien oder Konzessionen an ihre Vermittlungstechniken. Sie sind zunehmend auch Politikrealität geworden." Hiermit ist ein Mechanismus beschrieben, der zu einer wachsenden Entfremdung der Bürger von der Politik führen kann.

3.2. Politikverdrossenheit/Videomalaise

„Politikverdrossenheit" ist Anfang der 90er Jahre in Deutschland zu einem öffentlich viel diskutierten Thema geworden. 1992 wurde der Begriff sogar zum „Wort des Jahres" gekürt. Das Phänomen als solches ist allerdings schon erheblich länger bekannt. In Deutschland z.B. ist eine langsam anwachsende Politikverdrossenheit bereits seit Ende der 60er Jahre nachweisbar (Kepplinger 1998a, 15–33).[26] Hinter dem unpräzise gebrauchten Terminus „Politikverdrossenheit" verbergen sich mehrere verschiedene Aspekte, die von Manfred Küchler (1982, 40, Hervorhebungen im Original) folgendermaßen differenziert werden: „Unter *Staatsverdrossenheit* wollen wir verstehen eine Unzufriedenheit mit der Staats*form*, also der repräsentativen parlamentarischen Demokratie; unter *Parteienverdrossenheit* eine Unzufriedenheit mit dem Spektrum der etablierten Parteien; und unter *Politikverdrossenheit* schließlich eine Unzufriedenheit mit der konkreten Art und Weise, wie Politik gemacht wird." Andere Abgrenzungsversuche ergänzen die *politischen Institutionen* als weiteren Gegenstand von Verdrossenheit (Pickel/Walz 1997, 31) oder unterscheiden „Staats"- und „System"- bzw. „Demokratieverdrossenheit" (Riehl-Heyse 1993). Diese verschiedenen Formen hängen eng miteinander zusammen, können ineinander übergehen und bedingen sich z.T. gegenseitig.[27] Im folgenden soll der Terminus „Poli-

---

[26] Bereits in den Jahren 1948–1951 stellte das Institut für Demoskopie Allensbach in Umfragen eine Unzufriedenheit mit der politischen und wirtschaftlichen Entwicklung sowie eine wachsende Parteimüdigkeit in der Bevölkerung fest. Diese und weitere Ergebnisse bildeten den Ausgangspunkt für die 1952 erfolgte Gründung der Organisation „Die Waage. Gemeinschaft zur Förderung des sozialen Ausgleichs", durch deren Aktionen Wirtschaftsunternehmen die Bevölkerung von den Vorteilen der Sozialen Marktwirtschaft überzeugen sowie Harmonie zwischen Arbeitnehmern und Arbeitgebern fördern wollten (Kunczik/Schüfer 1993).

[27] So wird z.B. angenommen, daß sich aus Unzufriedenheit mit Politikern und Parteien mit der Zeit Staats- und Demokratieverdrossenheit entwickeln kann. Zu einem Überblick über die Begrifflichkeit vgl. Wolling (1999, 9–11) und Maurer (1997, 4f.).

tikverdrossenheit" als Oberbegriff beibehalten werden und alle im vorigen Abschnitt erwähnten Aspekte umfassen.[28] Zieht man Umfragedaten (dazu z.b. ausführlich Pöttker 1996, 60f.; Schulz 1997, 149f.; Kepplinger 1998a, 22–31) zur Beurteilung der Politikverdrossenheit heran, so zeigt sich, daß in Deutschland bei wachsendem bzw. zumindest gleichbleibendem politischem Interesse und politischem Wissen eine Verdrossenheit sowohl gegenüber der politischen Führungselite als auch gegenüber politischen Institutionen besteht, die sich allerdings noch nicht unbedingt auf das politische System als solches erstreckt. Horst Pöttker (1996, 61, Hervorhebungen im Original) kommt dementsprechend zu dem Schluß, in Deutschland sei eine Politikverdrossenheit erkennbar, „wenn man darunter ein *wachsendes Mißfallen an dem konkreten, öffentlich sichtbaren Vollzug von Politik durch die Parteien* und ihre typischen Vertreter sowie an dem als zu gering eingeschätzten Einfluß der Bürger auf diese Praxis versteht, *nicht* eine generelle Unzufriedenheit mit den Ideen der Demokratie und ihrer parlamentarisch-repräsentativen Grundordnung."

In der Forschung werden verschiedene Ursachen für die Entstehung von Politikverdrossenheit diskutiert, die sich nach Jens Wolling (1999, 37–56) den vier Kategorien „Bürger", „Politik", „gesellschaftliche Rahmenbedingungen" und „Medien" zuordnen lassen.[29] Im Hinblick auf die Medien, insbesondere das Fernsehen, werden zahlreiche Defizite der Politikberichterstattung problematisiert. Häufig genannt wird in diesem Zusammenhang die Konzentration auf vordergründige Ereignisse und der geringe Anteil von Hintergrundinformationen, die Bevorzugung des gut mit Bildern Darstellbaren gegenüber dem politisch Substantiellen, die Dominanz von Negativismus und Konfliktbetonung sowie eine verstärkte Berichterstattung über Skandale[30]. Auch Medienunterhaltung wird für die Entstehung von Politikverdrossenheit verantwortlich gemacht, u.a. weil die Zunahme unterhaltender Inhalte es ermögliche, Informationsbeiträge völlig zu vermeiden (z.B. Pöttker 1991). Pöttker (1996, 64) argumentiert hinsichtlich der unterhaltsamen Präsentation von Politik, daß Politik auf diese Weise als belanglos dargestellt und daher auch für belanglos gehalten werde.

---

[28]   Zu den einstellungs- und verhaltensbezogenen Indikatoren für Politikverdrossenheit (z.b. politische Entfremdung, Mißtrauen in politische Akteure, Institutionen oder das politische System, Einschätzung der eigenen Einflußmöglichkeiten, Wahlbeteiligung usw.) vgl. ausführlich Wolling (1999, 11–36).

[29]   Zur Kategorie „Bürger" gehören z.b. ein wachsendes Anspruchsdenken, zur Kategorie „Politik" moralische Defizite der handelnden Personen sowie Leistungsdefizite und zu den „gesellschaftlichen Rahmenbedingungen" eine Diskrepanz zwischen wachsenden Aufgaben und schrumpfendem Handlungsspielraum.

[30]   Speziell zum Zusammenhang von Skandalberichterstattung und Politikverdrossenheit vgl. Kepplinger (1996) und Friedrichsen (1996).

1966/67 führte das Institut für Demoskopie Allensbach (1968; auch Noelle-Neumann 1982) ein Feldexperiment durch, in dem untersucht wurde, was sich verändert, wenn Menschen ihr erstes Fernsehgerät anschaffen. Die Untersuchung zeigte, daß das Fernsehen das politische Interesse steigerte, erbrachte aber u.a. auch folgendes Ergebnis (Institut für Demoskopie Allensbach 1968, 56, 58): „Bei den schwachen Lesern ruft das Fernsehen den Einruck hervor, daß Politik doch eine recht unterhaltsame Sache sei und außerdem leichter als gedacht. Es gehe sehr aktiv zu, und es kommt viel Streit vor. Der Eindruck, Politik sei weitblickend, wird durch das Fernsehen eher abgeschwächt. Für den schwachen Leser sind die Vorgänge auf dem Bildschirm von der Ästhetik des Kasperletheaters nicht sehr weit entfernt. Es geht dort sehr lebendig, unterhaltsam zu, die Leute dreschen aufeinander ein, was auch den Eindruck des Mutes begünstigt, aber das Verständnis des Sinnzusammenhangs bleibt schwach. [...]. Ohne Kontakt mit Gedrucktem fördern die Darbietungen des Fernsehens ein falsches Bild von Politik."

Die Vorstellung, daß vor allem das Fernsehen Politikverdrossenheit hervorruft, wurde Mitte der 70er Jahre durch Michael J. Robinson (1976) unter der Bezeichnung „*Videomalaise-Hypothese*" populär gemacht. Robinson ist der Ansicht, daß das Fernsehen bei den Rezipienten, die ihre politischen Informationen ausschließlich oder überwiegend aus diesem Medium beziehen, politische Malaise bewirkt bzw. verstärkt.[31] Hierfür nennt er drei Ursachen (Robinson 1976, 426–430):

1. Charakteristika des *Publikums* (hoher Anteil von Personen mit niedrigem sozioökonomischem Status und geringer Bildung, die sich nicht für Politik interessieren und mit politischen Themen ausschließlich über das Fernsehen in Berührung kommen);
2. Eigenschaften des *Mediums* (hohe Glaubwürdigkeit des Fernsehens);
3. Merkmale des *Programms* (v.a. hoher Anteil von Negativität und Konflikt).

Das Wirkungspotential des Fernsehens ergibt sich nach Robinson daraus, daß negative Informationen über Politik mit hoher Glaubwürdigkeit einem Publikum vermittelt würden, das aufgrund seiner geringen politischen Informiertheit besonders leicht zu beeinflussen sei. Robinson versuchte zwar eine empirische Prüfung seiner Hypothese (überblicksartig Holtz-Bacha 1990a, 12f.), aufgrund methodischer Mängel[32] können seine Ergeb-

---

31 1977 hat Robinson seine These auch auf die Printmedien ausgeweitet, da diese sich dem Fernsehen immer mehr anglichen.
32 Robinson hat z.B. nur nach dem wichtigsten Medium für die politische Information gefragt und nicht danach, ob überhaupt politische Inhalte genutzt bzw. ob mehrere Medien herangezogen werden. Außerdem verwendet Robinson keine multivariaten

nisse jedoch nicht als Bestätigung für die Videomalaise-Hypothese gewertet werden. Betrachtet man den heutigen Forschungsstand insgesamt, so sprechen die Befunde eher gegen als für seinen Ansatz.[33]

Dies bedeutet jedoch keineswegs, daß die Medien ohne Einfluß auf die Entstehung von Politikverdrossenheit wären. Christina Holtz-Bacha hat zwar einen *negativen* Zusammenhang zwischen der Nutzung *politischer* Fernseh- und auch Printmedien-Berichterstattung und politischer Malaise festgestellt, gleichzeitig jedoch einen *positiven* Zusammenhang zwischen dem Konsum *unterhaltender* Medieninhalte (sowohl Fernsehen als auch Printmedien) und politischer Entfremdung sowie geringer (konventioneller) politischer Partizipationsbereitschaft konstatiert. Dieser Zusammenhang bleibt auch erhalten, wenn Variablen wie Geschlecht, Bildungsniveau und politisches Interesse, die sich sowohl auf die Mediennutzung als auch auf die politischen Orientierungen auswirken, kontrolliert werden (Holtz-Bacha 1990a, 110–150; 1994a, 126f.).[34] Diesen Ergebnissen zufolge haben Personen mit einem unterhaltungsorientierten Medienkonsum eher eine negative Einstellung zur Politik als Menschen mit Informationsorientierung. Holtz-Bacha (1994b, 190) schlägt daher vor, statt von einer „Videomalaise" von einer *„Unterhaltungsmalaise"* zu sprechen: „Die Vorliebe für unterhaltende Medienangebote steht im Zusammenhang mit bestimmten soziodemographischen Faktoren (Bildung, politisches Interesse) und verbindet sich mit einer Abkehr von der Politik. Oder noch einfacher: je mehr Unterhaltung genutzt wird, je unterhaltsamer die Politik präsentiert wird, desto größer ist die Chance zu einer Abkehr von der Politik." Aufgrund dieser Ergebnisse kann allerdings nichts über die Richtung des Kausalzusammenhangs ausgesagt werden. Es wäre nach Holtz-Bacha ebenfalls denkbar, daß sich bereits politikverdrossene Rezipienten verstärkt unterhaltenden Medieninhalten zuwenden. Da diese Politikverdrossenheit jedoch eine Ursache haben muß und die Bürger mit Politik fast ausschließlich über die Medien in Kontakt kommen, liegt es der Autorin zufolge nahe, dennoch von einer Beteiligung der Medien an der Entstehung von Politikverdrossenheit auszugehen, etwa im Sinne eines wechselseitigen Zusammenhangs zwischen Verdruß an der Politik und Zuwendung zu unterhaltenden Medieninhalten (Holtz-Bacha 1990a, 152–157; 1994a, 184f.).

Verfahren, die eine gleichzeitige Berücksichtigung verschiedener Einflußfaktoren erlauben würden. Vgl. zur Kritik z.B. Holtz-Bacha (1989, 239/242; 1990a, 14, 52f.; 1990b, 74).

[33]   Zu einem ausführlichen Forschungsüberblick Holtz-Bacha (1990a 38–72) und Wolling (1999, 60–89). Dabei ist anzumerken, daß ein Vergleich der Untersuchungen durch große Unterschiede in Begriffsverständnis und Operationalisierung sehr erschwert wird. Vgl. z.B. Holtz-Bacha (1990a, 53; 1994a, 123f.).

[34]   Zu ähnlichen Ergebnissen vgl. Schulz (1995b) und Brettschneider/Vetter (1998).

Hinweise darauf, daß weder die These von der Videomalaise noch die von der Unterhaltungsmalaise zutreffen,[35] ergeben sich aus einer Untersuchung von Wolling (1999, 187, 226). Wolling wertete Fernsehnachrichten und Tageszeitungen inhaltsanalytisch aus und verknüpfte die Eigenschaften der Berichterstattung auf Individualdatenebene mit Umfragedaten. Sowohl die Dauer der Fernsehnutzung allgemein als auch die Präferenz für bestimmte Sender oder Inhalte erwies sich als unbedeutender Einflußfaktor auf die Einstellungen zur Politik. Die Rezeption unterhaltender Fernseh- und Zeitungsinhalte hing eher mit einem positiveren Bild von der Politik zusammen. Allerdings stellte sich die Negativität der Berichterstattung als wichtige Ursache von Politikverdrossenheit heraus. Dies galt insbesondere für Aussagen über wirtschaftliche Fragen. Personalisierung und Konflikthaltigkeit hatten jedoch entgegen gängigen Annahmen keine negativen Wirkungen auf die Einstellung zur Politik. Ein deutlicher Einfluß auf die Politikverdrossenheit ging von negativen eigenen Erfahrungen mit den Leistungen des politischen Systems (z.B. Arbeitslosigkeit) sowie von der (negativen) Wahrnehmung der allgemeinen Wirtschaftslage aus. Im Gegensatz zu Robinsons Annahme hatten negative Tendenzen in der Berichterstattung bei politisch interessierten Rezipienten stärkere Effekte als bei weniger interessierten. Bestätigt hat sich hingegen die Annahme, daß glaubwürdigere Medien eine größere Wirkung auf die Einstellungen ausüben als weniger glaubwürdige (zur Glaubwürdigkeit vgl. auch Kapitel V.3.1.).

Insgesamt besteht bezüglich des Zusammenhangs zwischen Medien und Politikverdrossenheit noch erheblicher Forschungsbedarf. Die bisherigen Studien weisen zahlreiche Mängel auf,[36] was Kepplinger (1998a, 31f.) zu der Einschätzung veranlaßt: „Die Vorhaben [zur Erklärung von Politikverdrossenheit] gleichen vielfach dem Versuch, die Dynamik einer Welle zu erklären, indem man daraus einen Eimer Wasser analysiert." Die bisherigen For-

---

[35] Eine alternative Hypothese formulieren auch Lawrence Bowen, Keith Stamm und Fiona Clark (2000), die feststellten, daß Wähler, die ihre Informationen v.a. aus dem Fernsehen bezogen, nicht politikverdrossener waren als diejenigen, die weder Zeitung noch Fernsehen nutzten, um sich über den Wahlkampf zu informieren. Personen, die beide Medien nutzten, wiesen eine ähnlich geringe Politikverdrossenheit auf wie die Zeitungsleser. Die Autoren folgern daraus, daß möglicherweise weniger von einer Förderung der Politikverdrossenheit durch das Fernsehen als von einer Abschwächung dieser Haltung durch Zeitungen ausgegangen werden müsse.

[36] Zu den Kritikpunkten zählt, daß die meisten Studien zu kurzfristig angelegt sind, die Berichterstattung der Massenmedien vernachlässigt wird, Nutzung und Inhalte selten in Beziehung gesetzt werden, usw. (Kepplinger 1998a, 21, 31f.). Marcus Maurer (1997, 130f.) weist darauf hin, daß nicht objektive Medieninhalte, sondern die subjektive Wahrnehmung dieser Inhalte Gegenstand der Untersuchung sein müßten, daß weitere Drittvariablen wie insbesondere die Parteiidentifikation zu berücksichtigen seien und zudem Zeitreihenanalysen zu erfolgen hätten, um das Kausalitätsproblem zu lösen.

schungsergebnisse seien insbesondere nicht in der Lage, die langfristige Entwicklung der Politikverdrossenheit zu erklären, die schon in den 60er Jahren einsetzte, seitdem an Bedeutung gewann und sich von einem Unterschichtphänomen, das auf gesellschaftlicher Benachteiligung beruhte, zu einem Mittel- und Oberschichtphänomen wandelte, das auch Personen mit höherer Bildung und politischem Interesse erfaßte (Kepplinger 1998a, 20). Gestützt auf Daten zur Entwicklung der Politikberichterstattung dreier führender Tageszeitungen („Frankfurter Allgemeine Zeitung", „Süddeutsche Zeitung", Die Welt"), Statistiken zur Veränderung der berichteten Sachverhalte in der Realität sowie der Politikwahrnehmung der Bevölkerung in den Jahren 1951–1995 hat Kepplinger (1998a, 220–226) ein theoretisches Modell zur Erklärung dieser langfristigen Entwicklung entworfen (Abb. 3). Kepplinger (1998a, 220) schreibt dazu: „Der Wandel der Darstellung, Wahrnehmung und Beurteilung von Politik ist das Ergebnis eines mehrstufigen Prozesses, der von außen angestoßen wurde, dann jedoch eine immer stärkere Eigendynamik entwickelte".

Abbildung 3: Die Entwicklung von Politikverdrossenheit nach Kepplinger

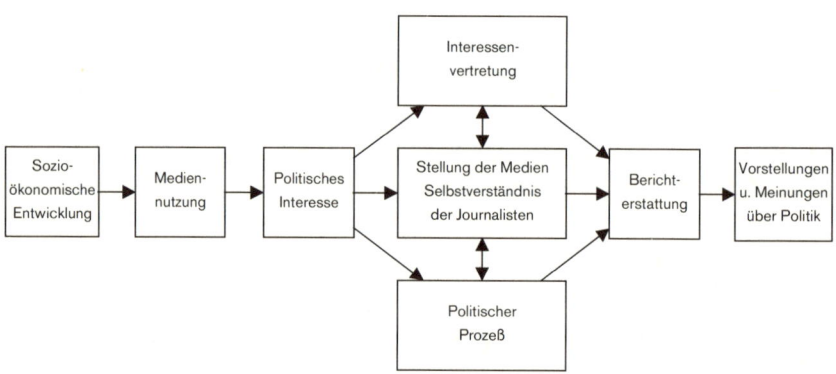

Quelle: Kepplinger 1998a, 224

Den äußeren Anstoß für die Entwicklung der Politikverdrossenheit sieht Kepplinger in der sozioökonomischen Entwicklung der Gesellschaft (z.B. Verringerung der Arbeitszeit, Erhöhung der Einkommen, besserer (politischer) Bildungsstand). Dies habe die Reichweiten der Medien, insbesondere des Fernsehens, erhöht und auch dazu geführt, daß sich mehr Menschen zumindest oberflächlich für Politik interessierten. Auf diese Weise sei es zu einem Bedeutungszuwachs der Medien gekommen, die nun von der Peripherie ins Zentrum des Geschehens gerückt seien. Gleichzeitig habe sich das Selbstverständnis der Journalisten von einer eher passiven zu einer eher aktiven Rolle verändert. Dadurch hätten sich die Art der Anspruchsartikulation durch die Interessenvertreter und das Verhalten der Politiker gegenüber der Öffentlichkeit verändert. Durch die Notwendigkeit, Medienaufmerksamkeit zu erzielen, sei es zu einer Mediatisierung der Politik, zu einer Stigmatisierung und Moralisierung von Mißständen und einer Trivialisierung des Politischen gekommen. Diese Entwicklung habe sich wiederum in der Berichterstattung niedergeschlagen (z.b. Häufung von Beiträgen über Mißstände durch das Handeln von Staat und Politik, Politisierung unpolitischer Gegenstände, gegenseitige Angriffe von Politikern usw.). Hinzugekommen sei eine Veränderung im Journalismus, der sich durch eine pessimistischere, konfliktorientiertere, skandalierendere und gegenüber den Politikern kritisierendere Darstellung ausgezeichnet habe. Diese wiederum habe sich langsam auf die Politikvorstellung immer weiterer Bevölkerungsteile niedergeschlagen, insbesondere auf die mittleren und oberen Bildungsschichten, die die Berichterstattung aufgrund ihres politischen Interesses aufmerksam verfolgten. Wachsende Zweifel an der Wahrhaftigkeit und Problemlösungsfähigkeit der Politiker sowie an der Leistungsfähigkeit von Staat und Politik seien die Folge gewesen. Für eine empirische Überprüfung ist ein solches Modell, wie der Verfasser (1998a, 33) selber urteilt, allerdings zu komplex.

3.3. Politik und Internet

Das Internet hat hinsichtlich seiner Auswirkungen auf die Politik vielfach große Hoffnungen geweckt, die nicht selten utopische Züge tragen.[37] Dabei werden Visionen von einer „elektronischen Demokratie" bzw. „Cyberdemokratie" entwickelt. Kritiker des Repräsentationsprinzips erhoffen sich einen Durchbruch der direkten Demokratie bis hin zur Abschaffung von Parteien und Verbänden oder sogar des Parlaments. Aufgrund der Menge an verfügbaren, nicht durch die Zwischenstation der auswählenden und bearbeitenden Journalisten verzerrten Informationen komme es zu einer weitreichenden Transparenz des politischen Prozesses, und das Ideal des umfassend informierten und an den politischen Prozessen beteiligten Bürgers werde Realität. Die interaktiven Möglichkeiten gestatteten es dem Bürger,

---

[37] Vertreter solcher Positionen sind z.B. Nicholas Negroponte sowie Alvin und Heidi Toffler (vgl. dazu auch Gellner 1998, 18). Zu einem Überblick über diese Positionen vgl. z.B. Sarcinelli/Wissel (1996); Marschall (1997); Zittel (1997); Jarren (1998); Scherer (1998); Zipfel (1998, 41f.).

seine Meinung in den politischen Prozeß einzubringen. Dabei herrsche Chancengleichheit in der Interessenartikulation, da sich aufgrund der geringen Kosten eines Internet-Auftritts auch ressourcenschwache Gruppen Gehör verschaffen könnten. Auch ein verstärktes Gemeinschaftsgefühl und ein besserer Zusammenhalt der Bürger werden erwartet. Nicht zuletzt wird auch die Hoffnung geäußert, daß das Internet aufgrund seiner dezentralen Struktur und seiner mangelnden Kontrollierbarkeit ein geeignetes Instrument für Bürgerrechtsbewegungen und Dissidenten in autoritären Staaten darstelle und das Ende des Totalitarismus einläuten könnte.[38] Diese Vorstellungen beschreiben allerdings bestenfalls das Potential des Internets. Dessen Realisierung hängt von der Fähigkeit und Bereitschaft der politischen Akteure und der Bürger ab, die entsprechenden Möglichkeiten auch zu nutzen. Es ist jedoch höchst fraglich, ob diese Vision tatsächlich eintritt. Zweifel sind v.a. hinsichtlich der angeblichen Verbesserung der Informiertheit und der Erhöhung der Partizipationsbereitschaft angebracht.

Was den Aspekt der *Informationsverbesserung* betrifft, ist zunächst anzumerken, daß eine Zunahme des Informationsangebots keineswegs automatisch mit mehr tatsächlicher Informiertheit gleichzusetzen ist (Schulz 1987, 130). Im Gegensatz dazu gehen manche Autoren davon aus, daß es zu einer Informationsüberflutung komme, die die Verarbeitungskapazitäten der Rezipienten überfordere (Jäckel 1994). Erschwerend trete die gerade im politischen Bereich hohe Komplexität von Informationen hinzu. Die Bürger seien angesichts dieser Situation nicht mehr in der Lage, zwischen relevanten und irrelevanten Mitteilungen zu unterscheiden, was Resignation zur Folge haben könne (Zipfel 1998, 43). Die Vorstellung von Bürgern, die selbst eine aktive Informationssuche und -auswahl betreiben, um sich die Grundlage für ihre Meinungsbildung zu schaffen, muß abgesehen von den kognitiven Problemen auch angesichts eines beschränkten Zeit- und Finanzbudgets als Fiktion betrachtet werden (z.B. Downs 1968). Wahrscheinlicher ist es, daß sich Rezipienten auch im Internet auf die Arbeit professioneller „Gatekeeper" (vgl. Kapitel IV.1.) verlassen. Dies zeichnet sich bereits jetzt ab, wenn man die verhältnismäßig intensive Nutzung der Online-Angebote klassischer Printmedien betrachtet (Hagen/Mayer 1998). Damit wird jedoch wieder auf vermittelte Kommunikation zurückgegriffen, und der vermeintliche Vorteil des neuen Mediums kommt nicht zum Tragen (Jarren 1998, 31f.; Scherer 1998, 180).

Dem politisch interessierten Bürger bietet das Internet die Möglichkeit zu einer eigenständigen und gezielten Recherche nach benötigten Informationen und zum schnellen Zugriff auf authentisches Material (z.B. Parteiprogramme, Gesetzesentwürfe usw.). Fraglich ist allerdings, wieviele Rezi-

---

[38]   Zu Kontrollmaßnahmen von Regierungen, die diese Möglichkeiten begrenzen, vgl. Kapitel III.2.2.

pienten das politische Interesse für eine intensive und aktive Nutzung des vermehrten Informationspotentials aufbringen. Sarcinelli (1997, 330–339) ist beispielsweise der Ansicht, daß die meisten Menschen keine „Mediencitoyens" seien, die sich mit starker Informationsorientierung den Medien zuwendeten, sondern daß eher der Typ des unterhaltungsorientierten „Medienbourgeois" dominiere. Dies werde sich auch durch das Internet nicht ändern.

Aufgrund der vorhandenen Informationsmenge und -vielfalt bietet sich den Rezipienten zudem die Chance, ihre ganz spezifischen Informationsinteressen zu befriedigen bzw. bestimmten Medieninhalten, z.B. politischen Informationen, auch fast völlig auszuweichen. Geht man davon aus, daß diese Möglichkeiten tatsächlich genutzt werden, so ist nach Ansicht mancher Autoren eine immer geringere Reichweite der einzelnen Angebote und eine *Fragmentierung*, d.h. Zersplitterung des Publikums in viele Teilpublika mit polarisierten Nutzungsgewohnheiten die Folge.[39] Für die „traditionellen" Medien, v.a. für das Fernsehen, sind entsprechende Tendenzen bereits zu konstatieren (Holtz-Bacha 1997, 13–15). Durch das Internet, dessen Nutzung in besonderem Maße individuelle Auswahlentscheidungen erfordert, wird eine Verstärkung dieser Entwicklung erwartet – insbesondere dann, wenn die Internet-Nutzung den Konsum weniger fragmentierend wirkender Medien verdrängen sollte.[40] Befürchtet wird in diesem Zusammenhang eine nachlassende Integrationsfunktion der Medien und ein wachsender Werte- und Normenpluralismus, der den Zusammenhalt der Gesellschaft gefährde und die Unterstützung für das politische System verringere

---

[39] Gesellschaftliche Heterogenität ist dabei zugleich Ursache und Folge der Fragmentierung (Holtz-Bacha 1998, 224). Zur Fragmentierung des Publikums vgl. auch McQuail (2000, 360ff.).

[40] Lutz M. Hagen (1998b; 1999) stellte bei Fernsehen und Tageszeitungen (v.a. regionale Abonnementzeitungen) tendenziell *Substitutionsprozesse* durch das Internet, bei Hörfunk und Zeitschriften dagegen eher *Komplementärbeziehungen* mit der Internetnutzung fest, wobei die Effekte insgesamt eher moderat ausfielen (zu Ergebnissen in bezug auf die USA vgl. Stipp 1998). Den ARD/ZDF-Online-Studien zufolge gibt seit 1997 jeweils ca. nur ein Drittel der Befragten an, aufgrund der Internetnutzung weniger fernzusehen. Weniger Zeitungen und Zeitschriften zu lesen, meinten 2000 21%, weniger Radio zu hören 15%. Die Daten zur Fernsehdauer von Erwachsenen zeigen allerdings zwischen 1997 und 2000 trotz zunehmender Dauer der Internetnutzung keinen Rückgang. Birgit van Eimeren und Heinz Gerhard (2000, 346) schlußfolgern: „In der direkten Konkurrenz zueinander scheinen Internet und Fernsehen unterschiedliche Bedürfnisse zu befriedigen." Ekkehardt Oehmichen und Christian Schröter (2000, 367) kommen auf Basis der ARD/ZDF-Online-Studien zu dem Ergebnis, daß Substitutionseffekte aus heutiger Sicht am ehesten im Ratgeber- und Servicebereich zu erwarten sind, das Fernsehen aber auch bei Online-Nutzern seinen hohen Stellenwert als Unterhaltungsmedium und Medium zur allgemeinen, aktuellen Information behalten werde.

(Holtz-Bacha 1997; 1998; Kleinsteuber/Thomaß 1998, 225–227).[41] Ob solche negativen Effekte tatsächlich eintreten, ist jedoch bislang empirisch kaum untersucht. In einer Studie zu den Folgen einer Fragmentierung der Fernsehnutzung konnten Christina Holtz-Bacha und Wolfram Peiser (1999) keine Hinweise dafür finden, daß ein fragmentierter Rezeptionsstil (operationalisiert durch die Zahl der genutzten Kanäle) die Wahrnehmung des Fernsehens als kommunikationsfördernden, integrativen Faktor sowie die interpersonale Kommunikation über Politik (v.a. über Fernsehinhalte) beeinträchtigt und so den gesellschaftlichen Zusammenhalt gefährdet.

Eine Fragmentierung anderer Art wird im Kontext der „Wissenskluft-Hypothese" (vgl. Kapitel V.9.) befürchtet. Deren Vertreter sind der Ansicht, daß nicht jeder Bürger mit dem vermehrten Informationsangebot gleich viel anfangen könne. Abgesehen von den ungleichen Zugangschancen aufgrund der finanziellen Aspekte der Onlinenutzung würden höher Gebildete vom Informationsangebot des Internets überproportional profitierten. Auf diese Weise verschärften die neuen Informationstechnologien die schon bestehende Kluft zwischen den aufgrund ihres sozioökonomischen Status ohnehin privilegierten „Information Rich" und den „Information Poor".

Den optimistischen Erwartungen in die politische Informationsfunktion des Internets ist weiterhin entgegenzuhalten, daß die Transparenz des politischen Prozesses weniger durch Informations*quantität* als durch Informations*qualität*, d.h. Informationen, die das Verständnis der politischen Zusammenhänge ermöglichen, gewährleistet wird. Ob das Internet solche Inhalte eher als die anderen Medien bereitstellt, ist zu bezweifeln (z.B. Marschall 1997, 316). Politische Informationen werden oftmals in Gestalt der Selbstdarstellung politischer Akteure angeboten, und das Netz zeichnet sich in der Formulierung von Ulrich Sarcinelli und Manfred Wissel (1996, 37) durch „kommunikative Unverbindlichkeit" aus, d.h. Informationen sind kurzlebig, ihre Herkunft und Glaubwürdigkeit oft nicht überprüfbar, und Relevantes von Irrelevantem schwer zu unterscheiden. Für die Bereitstellung von Informationen, die es ermöglichen, dem Ideal des mündigen Bürgers näherzukommen, bedarf es, wie Theodor Zipfel (1998, 43) herausstellt, „nicht unbedingt neuer Medien, sondern eines anderen Verständnisses der politischen Akteure gegenüber der politischen Kommunikation mit der Öffentlichkeit."[42]

---

41 Holtz-Bacha (1997, 18) meint, daß das politische System auf diese Situation mit einem verstärkten Kommunikationsmanagement reagieren werde. Dies bringe wiederum die Gefahr mit sich, daß die Politikverdrossenheit der Bürger aufgrund der wahrgenommenen Diskrepanz zwischen öffentlichkeitswirksamer Verpackung und politischer Substanz zunehme.

42 Da Information auch ein Machtfaktor sei, werden sich nach Ansicht von Ulrich Sarcinelli und Manfred Wissel (1998, 423) auch im Internet keine „herrschaftsrele-

Nicht nur in bezug auf eine bessere Informiertheit, sondern auch hinsichtlich intensiverer *Partizipation* der Bürger am politischen Prozeß sind
Zweifel an den ins Internet gesetzten Hoffnungen angebracht. Autoren, die
sich vom Internet eine Verstärkung plebiszitärer Elemente erhoffen (überblicksartig Zittel 1997, 25), verkennen, daß Online-Medien hierbei zwar in
technischer und organisatorischer Hinsicht nützlich sein können, andere
Probleme direkt-demokratischer Elemente (z.b. schneller Überdruß bei zu
häufiger Aufforderung zur Stimmabgabe, zu geringe Informiertheit der
Bürger in Sachfragen, Verlangsamung des politischen Entscheidungsprozes-
ses, Manipulationsgefahr uninformierter Bürger usw.) damit aber nicht gelöst werden (Mertes 1998, 63–66; Zipfel 1998, 47f.).[43]
    Was die direkte Kommunikation zwischen Bürgern und politischen
Akteuren betrifft,[44] so sind die meisten Internet-Angebote politischer
Instanzen hierfür nicht konzipiert (Sarcinelli/Wissel 1996, 40). Zwar sind
immer mehr Abgeordnete per E-Mail erreichbar, es fragt sich jedoch, ob
hierdurch tatsächlich, wie von manchen erhofft, die Responsivität der Par-
lamentsvertreter steigt, d.h. Abgeordnete aufgrund besserer Informationen
über die Interessen der Bürger stärker auf deren Bedürfnisse eingehen.
Wenn es tatsächlich zu der hierfür notwendigen umfangreichen Nutzung
von E-Mail-Kontakten kommt, ist zu befürchten, daß die Abgeordneten
mit der Verarbeitung der Masse eingehender Informationen überfordert
sind (Clemens 1998, 152f.; Scherer 1998, 182).[45] Zudem stellt sich die Frage,
wie repräsentativ die auf diesem Weg vermittelten Äußerungen sind, zumal
das Kommunikationsmittel E-Mail auch gezielt in den Dienst des Lobby-
ismus gestellt werden kann, wie es v.a. in den USA bereits der Fall ist (Marschall 1997, 318; Bimber 1998).

---

vanten Nachrichten" finden: „Die Vorstellung, mit der technischen Realisierung
eines fast unbegrenzt datenverarbeitenden Mediums und mit dem theoretisch ebenso
unbegrenzten Zugriff ständen jedem grundsätzlich alle politisch entscheidungsrele-
vanten Informationen zur Verfügung, man müsse sie bloß noch finden, verkennt den
Zusammenhang von Herrschaft und Wissen auch in einer offenen Gesellschaft."

[43] Zu z.B. in den USA erprobten sogenannten „Televoten", bei denen ein repräsentativer Bevölkerungsquerschnitt gebeten wird, in einem Prozeß gründlicher Information
und Diskussion zu einem bestimmten Thema Stellung zu nehmen, vgl. z.B. Slaton
(1998).

[44] Die Hoffnungen reichen hier bis hin zu einem „virtuellen Parlament", das die Abgeordneten zeitlich entlaste und ihnen so die Möglichkeit gebe, sich stärker ihrem
Wahlkreis zu widmen (Zittel 1997, 25).

[45] Wie Thomas Zittel (1997, 27f.) für die USA beobachtet hat, werden dort E-Mails oft
auf dem konventionellen Postweg beantwortet, und die Bearbeitung nimmt nicht selten bis zu zwei Wochen in Anspruch. Einige Kongreßabgeordnete blockierten inzwischen E-Mails, die nicht aus ihrem Wahlkreis kommen, da sie die Zahl der Zuschrif-
ten sonst nicht bewältigen könnten (Eisel 1998, 14).

Die besten Chancen für eine stärkere Partizipation der Bürger über das Internet werden auf kommunaler Ebene gesehen (Klingler 1998; Korff 1998). Inwieweit eine Mitwirkung der Bürger in stärkerem Maße realisiert wird, hängt jedoch auch hier davon ab, ob der politische Wille dazu vorhanden ist und die Möglichkeiten und notwendigen internen Strukturen für mehr Bürgerbeteiligung und die Verwertung eingehender Anregungen geschaffen werden (Jarren 1998, 39). Bisher wird das Internet im kommunalen Bereich v.a. zur Verbesserung des Services für den Bürger genutzt, in Form von Bürgerinformationssystemen, „virtuellen Rathäusern" usw., die die Online-Abwicklung bestimmter administrativer Vorgänge (z.B. Einwohnermeldeangelegenheiten) ermöglichen (Leggewie 1998, 29).

Von Skeptikern wird die Frage gestellt, inwieweit die Nutzung der Partizipationsmöglichkeiten über das Internet reale Partizipation zur Folge hat oder eher unverbindlich bleibt (Marschall 1997, 318; Sarcinelli/Wissel 1998, 421f.; Scherer 1998, 184).[46] Auch wird bezweifelt, daß die Möglichkeiten der Internet-Kommunikation tatsächlich die Bildung von Interessengruppen fördert. Gleichgesinnte finden sich zwar auf kommunikativer Ebene leichter zusammen, ob daraus jedoch auch eine reale Organisation resultiert, die zum wirklichen Eingreifen in das politische Geschehen notwendig ist und auch die Aufmerksamkeit einer breiteren Öffentlichkeit weckt, d.h. ob in der Formulierung von Otfried Jarren (1998, 45) der „Sprung aus den Netz" gelingt, bleibt fragwürdig. Es besteht allerdings die Möglichkeit, daß bereits existierende Organisationen ihre Aktionen besser abstimmen können und in ihrer Binnenkommunikation insgesamt durch das Internet profitieren, indem z.B. in einer Partei der Austausch zwischen den verschiedenen Unterorganisationen gefördert wird.[47] Auch die Aktionsfähigkeit kleiner und ressourcenschwacher Vereinigungen könnte sich verbessern und eine bessere Chancengleichheit verschiedener Interessengruppen sowie großer und kleiner Parteien gewährleisten (z.B. Bimber 1998, 25; Jarren 1998, 45).[48]

---

[46] Sarcinelli und Wissel (1998, 422) schreiben: „Solange es möglich ist, partizipatorisches Verlangen aus dem privaten Raum in die virtuelle Sphäre zu tragen, ohne die eigene Anonymität zu verlassen, kann dieses die skurrilsten und grellsten Formen annehmen. Daher ist Skepsis gegenüber weittragenden Hoffnungen auf eine Cyberdemokratisierung geboten." Es ist auch anzunehmen, daß z.B. die Möglichkeit der E-Mail-Kommunikation mit Politikern zwar für weniger politisch Engagierte die Hemmschwelle einer Kontaktaufnahme senkt, dadurch aber auch die Menge wenig ernsthafter und unverbindlicher Äußerungen steigt; vgl. z.B. Bimber (1999).

[47] Nach Ergebnissen aus Großbritannien wird das Internet allerdings bislang eher zur Information von oben als zur Förderung innerparteilicher Diskussion eingesetzt (Gibson/Ward 1998).

[48] Wie Detlev Clemens (1998, 169) feststellt, spiegeln sich jedoch zumindest in bezug auf Parteien bisher die etablierten Machtverhältnisse auch im Internet wider. Zur Situation in Großbritannien und den USA vgl. auch Margolis/Resnick/Wolfe (1999).

Was die Steigerung der Partizipationsmöglichkeiten der Bürger durch das Internet betrifft, ist insgesamt fraglich, ob überhaupt ein *Bedürfnis* nach stärkerer Beteiligung besteht. Ansätze, die die größeren Partizipationschancen durch das Internet betonen, gehen zumeist implizit davon aus, daß hieran ein großes Interesse bestehe und nur das richtige Kommunikationsmittel zur Realisierung fehle. Dies kann jedoch keineswegs vorausgesetzt werden, zumal das Internet als solches keinerlei zusätzliche Motivation für eine Beteiligung bietet, da positive Folgen eines Engagements hier auch nicht stärker zu erkennen sind als bei den schon länger bestehenden Partizipationsformen (Marschall 1997, 321; Bimber 1998, 23f.; Leib 1998, 92f.). Entsprechend gering fällt bislang auch das Interesse der Online-Nutzer an Internet-Debatten mit Politikern aus (z.B. Zittel 1997; Scherer 1998, 180f.).

Betrachtet man die Vorteile des Internets aus dem Blickwinkel der *politischen Akteure*, so sind v.a. die Möglichkeiten der Public Relations zu nennen (Zipfel 1998, 34–37).[49] Über das Internet können Presseinformationen Journalisten schnell und umfassend zur Verfügung gestellt werden. Es kann aber auch eine Selbstdarstellung erfolgen, die von der Vermittlung zwischengeschalteter professioneller Kommunikatoren, d.h. Journalisten, unabhängig ist. Die eigene Botschaft erreicht den Rezipienten auf diese Weise ungefiltert und unverändert (Sarcinelli/Wissel 1996, 39; Clemens 1998, 152). Ohne die Vermittlungsleistung der Journalisten ist jedoch auch die Gefahr größer, daß Mitteilungen in der Informationsmenge des Internets untergehen und keine Aufmerksamkeit bei den Rezipienten finden. Das Interesse des breiten und heterogenen Publikums auf direktem Wege zu wecken, dürfte schwieriger sein, als bei der Formulierung einer Pressemitteilung die Auswahlkriterien der Journalisten einzukalkulieren, deren Berichterstattung einer Meldung eine gewisse Aufmerksamkeit garantiert (Jarren 1998, 49; Zipfel 1998, 36f.). Allerdings ist ein Internet-Auftritt für politische Akteure als Zeichen von Modernität mittlerweile ein wichtiges Element der Selbstdarstellung. Dies gilt insbesondere für Wahlkämpfe, in denen das Internet eine wachsende Rolle spielt und insbesondere im Bereich der Binnenkommunikation (Intranet) seinen Nutzen bereits erwiesen hat.[50]

---

[49] Zur Nutzung des Internets durch die Parteien vgl. z.B. Christian Müller (1998), der für 1997/98 bei deutschen, britischen und US-amerikanischen Parteien feststellte, daß das Potential des Internets noch nicht ausgeschöpft wird. Dies galt sowohl für die Formen der Information als auch der Partizipationsmöglichkeiten.

[50] Dies ist v.a. seit dem US-amerikanischen Präsidentschaftswahlkampf 1996 der Fall (Kleinsteuber 1996a; Clemens 1998; Leggewie 1998, 32f.). Zur Nutzung US-amerikanischer und britischer Erfahrungen im Bundestagswahlkampf 1998, v.a. durch die SPD, vgl. z.B. Bieber (1999, 136–165) und Webel (1999). Im Bundestagswahlkampf 1998 setzten SPD und CDU jeweils ein Intranet ein, um auf diesem Wege den Wahlkampf besser zu koordinieren und zu rationalisieren. Über das Intranet wurden die

Zusammenfassend läßt sich feststellen, daß das Internet zwar in mancher Hinsicht das Potential für eine Verbesserung der politischen Information und Partizipation bietet, jedoch abzuwarten ist, in welchem Ausmaß diese Möglichkeiten sowohl von Seiten der politischen Akteure als auch von Seiten der Bürger tatsächlich genutzt werden. Einiges spricht dafür, daß sich eher die bestehenden Verhältnisse im Internet widerspiegeln werden, als daß der demokratische Prozeß eine wirklich umwälzende Veränderung erfährt.

4. Massenmedien und sozialer Wandel

4.1. Theoretischer Hintergrund

„Sozialer Wandel" kann nach Wilbert E. Moore (1968, 366) definiert werden als „the significant alteration of social structures (that is, of patterns of social action and interaction), including consequences and manifestations of such structures embodied in norms (rules of conduct), values, and cultural products and symbols".[51] Der Begriff des „sozialen Wandels" wurde 1922 durch William F. Ogburn geprägt, auch wenn das entsprechende Phänomen die Soziologie bereits seit ihren Anfängen beschäftigt. Die Rolle der Massenmedien in diesem Prozeß wurde allerdings überraschenderweise lange außer acht gelassen (Wilke 1986, 4f.; Blumler 1997, 16). Auch die Publizistikwissenschaft beschäftigte sich lange Zeit kaum mit dieser Fragestellung, was Jürgen Wilke (1986, 6–8) auf die Dominanz der „Verstärker-Hypothese" (seit ca. 1940, vgl. Kapitel V.2.) zurückführt. Wenn die Medien vorhandene Einstellungen nicht verändern, sondern nur verstärken, gibt es keinen Anlaß, ihren Beitrag zum sozialen Wandel zu untersuchen. Eine Ausnahme bildete die Analyse der Massenmedien als Träger sozialen Wandels in Entwicklungsländern seit Beginn der 50er Jahre (vgl. Kapitel II.4.2.). Hier dominierte bereits die Vorstellung von wirkungsstarken Medien, die

---

Kandidaten vor Ort mit Informationen für die Wahlkampfführung ausgestattet (Redeversatzstücke, organisatorische und finanzielle Tips, Gegenanalyse, aktuelle Meldungen und Termine usw.). Das Internet bietet aufgrund seines interaktiven Potentials auch die bisher allerdings noch kaum genutzte Möglichkeit, im Wahlkampf Besucher einer Website der Parteien oder Kandidaten z.B. zielgruppenspezifisch anzusprechen oder bereits existierende virtuelle Wählergemeinschaften für bestimmte Kandidaten oder Parteien für die eigene Seite zu mobilisieren und mit Informationen und organisatorischer Hilfe zu unterstützen (Clemens 1998, 150f.).

[51] Nach Wolfgang Zapf (1979, 11) bedeutet „sozialer Wandel" „die Veränderung ,sozialer Strukturen' [...], die Abweichung von relativ stabilen Zuständen, deren Stabilitätsbedingungen wir kennen müssen, um Wandlungspotentiale und Entwicklungsrichtung analysieren und erklären zu können."

sich in der Publizistikwissenschaft nach Meinung vieler Autoren erst ab
Mitte der 60er/Anfang der 70er Jahre wieder durchsetzte (vgl. Kapitel V.2.)
und das Thema „Medien und sozialer Wandel" nun auch in bezug auf
Industrienationen interessant werden ließ.[52]
     Das Einflußpotential der Massenmedien auf soziale Veränderungs-
prozesse läßt sich z.B. für Deutschland nach Wilke mit einem gewandelten
Berufsrollenverständnis der Journalisten begründen: Ein erheblicher Anteil
der Journalisten betrachtet es als seine Aufgabe, Vermittler neuer Ideen zu
sein.[53] Was Wilke (1986) mit Befragungsdaten von 1980 belegt, gilt in den
90er Jahren sogar noch in verstärktem Maße. Stimmten 1980 72% dieser
Rollenbeschreibung zu, waren es 1992 sogar 87%. „Aktualität", „Neuig-
keit" (dies umfaßt auch Veränderung des Bestehenden) und „Konflikt"
stellen zudem zentrale Selektionskriterien der Journalisten dar. Diese Nachrichtenfaktoren (vgl. Kapitel IV.2.) prägen das von den Medien vermittelte
Wirklichkeitsbild, wodurch die Gesellschaft nach Wilke (1986, 9f.) „einem
permanenten Wandlungs- und Anpassungsdruck" ausgesetzt wird. Otto B.
Roegele (1979), der in diesem Zusammenhang von einer „Neophilie" des
Mediensystems spricht, vertritt die These, die Rezipienten bekämen durch
die Hervorhebung des Neuen die Vorstellung, alte Werte und Normen seien
zur Ausnahme geworden. Daher erfolge eine Übernahme der neuen Botschaften.
     Bei der Betrachtung des Verhältnisses von Massenmedien und sozialem
Wandel stellt sich nicht nur die Frage, ob die Medien in der Lage sind,
sozialen Wandel in der Gesellschaft herbeizuführen, sondern auch, ob sie
außerdem oder statt dessen das Ergebnis gesellschaftlicher Veränderungs-
prozesse sind. Zur Klassifikation der zu dieser Problematik existierenden,
unterschiedlichen Positionen findet in der Literatur (z.B. Servaes 1999, 4f.;
McQuail 2000, 61–63) eine von Karl Erik Rosengren (1981) entwickelte
Typologie der Beziehungen zwischen Kultur und Sozialstruktur Verwendung (Abb. 4). „Kultur" wird dabei mit „Massenkommunikation" und
„Sozialstruktur" mit „sozialem Wandel" bzw. „Entwicklung" gleichgesetzt.
Nach diesem Schema lassen sich folgende vier Kategorien unterscheiden: 1.
„Autonomie": Massenmedien und sozialer Wandel sind voneinander unab-
hängig; 2. „Idealismus": Die Medien beeinflussen den sozialem Wandel; 3.

---

52 Franz Ronneberger (1971b, 53) wies der Massenkommunikation aus systemtheoreti-
    scher Perspektive z.B. eine ganz zentrale Position im Prozeß des gesellschaftlichen
    Wandels zu: „Soweit sozialer Wandel als Wechselwirkungsprozeß zwischen sozialen
    Systemen und ihren jeweiligen Umwelten (zu denen auch andere Systeme gehören)
    definiert werden kann, ist es in erster Linie das Massenkommunikationssystem, das
    diesen Prozeß ständig in Gang hält, fördert und steuert."
53 Vgl. Schneider/Schönbach/Stürzebecher (1993, 23) sowie Kapitel III.5.2. Nach dem
    Aufgabenverständnis „Kritiker an Mißständen" (95%) und „neutraler Berichterstat-
    ter" (89%) liegt diese Berufsauffassung damit auf dem dritten Rang (von 10).

„Materialismus": Sozialer Wandel bestimmt die Medien und 4. „Interdependenz": Massenmedien und sozialer Wandel sind wechselseitig voneinander abhängig.

Abbildung 4: Vier Typen der Beziehung zwischen Kultur und Gesellschaft

Die Sozialstruktur beeinflußt
die Kultur

		Ja	Nein
Die Kultur beeinflußt	Ja	Interdependenz	Idealismus
die Sozialstruktur	Nein	Materialismus	Autonomie

Quelle: McQuail 2000, 62 (in Anlehnung an Rosengren 1981)

Für die hier diskutierte Problematik lassen sich auch drei im Rahmen der Kunst- und Literatursoziologie entwickelte Ansätze heranziehen. Die *„Reflexionsthese"* besagt, daß sich in einer bestimmten Gesellschaft die dominanten Wertvorstellungen oder Leitmotive in den Medieninhalten bzw. den kulturellen Produkten niederschlagen. So sah Johan Huizinga (1924, 344) in der Literatur des ausgehenden Mittelalters das ganze Leben dieser Zeit widergespiegelt, und Jacob Burkhardt (1947, 288) meinte 1860, die Gedanken und Empfindungen des italienischen Renaissancemenschen im Sonett kondensiert zu finden. Andere Autoren (z.B. Powdermaker 1950) interpretieren Filme als moderne Substitute für Mythen und Märchen. Kracauer (1958) hat 1947 in seinem Buch „Von Caligari bis Hitler" Filme zur Aufdeckung der seelischen Anlagen eines Volkes zu einem bestimmten Zeitpunkt seiner Geschichte herangezogen. Filme ermöglichen nach Kracauer die Aufdeckung jener Tiefenschichten einer Kollektivgesinnung, die mehr oder minder unterhalb der Bewußtseinsschwelle liegen. René König (1965, 550f.) schreibt: „Eine Sammlung von Filmen einer Zeit gibt uns ein komplettes Bild über die feinsten Schwankungen in den Gefühlen und der Alltagsmoral dieser Epoche." Allerdings ziehen die Reflexionstheoretiker nicht die Möglichkeit in Betracht, daß der Publikumsgeschmack erst durch das Angebot geprägt wird. Die große Gefahr reflexionstheoretischer Argumente liegt in deren logischer Struktur, denn oft wird zur Beweisführung das herangezogen, was erst bewiesen werden soll. Der Geist des Faschismus etwa wird erst aus dem Film abgelesen und dann im Film wiedergefunden.

Die Gegenthese zum Reflexionsansatz stellt die *„Kontrollthese"* dar.[54] Sie besagt, daß massenmediale Inhalte kulturelle Trends prägen. In bezug auf die Gewaltthematik wird etwa behauptet, durch violente Medieninhalte werde eine gewalttätige Gesellschaft geformt. Allerdings sind derart simple Thesen, die vom Inhalt direkt auf die Wirkung schließen und nicht berücksichtigen, daß verschiedene Menschen identische Inhalte unterschiedlich nutzen, wahrnehmen und verarbeiten, schon lange aufgegeben worden.

Dem dritten Ansatz, der *„These der sozialen Kontrolle"*, zufolge liefern massenkulturelle Produkte einen Beitrag zur Systemstabilisierung. Hier sind die bereits dargelegten Argumente von De Fleur und von Vertretern der Frankfurter Schule einzuordnen. (vgl. Kapitel II.2.3.)

Einen ganz anderen, rein auf das Medium als solches beschränkten Ansatz zur Erklärung von sozialem Wandel vertreten schließlich die Anhänger eines *„medientechnologischen Determinismus"*. Diese oft sehr populärwissenschaftlich und kurzschlußartig argumentierenden Autoren sind der Ansicht, daß Medien durch ihre bloße Existenz bzw. technologische Eigenart unabhängig von den durch sie verbreiteten Inhalten gesellschaftliche Wirkungen erzeugen können. Zu den Vertretern einer solchen Argumentation gehört der Kanadier Harold A. Innis (1950; 1951). Nach Innis sind Raum und Zeit die wichtigsten Dimensionen eines Imperiums. Ihnen entsprächen spezifische Kommunikationsmedien. In Abhängigkeit von den jeweiligen Medien könnten Imperien entweder über eine lange Zeitspanne hinweg bestehen oder einen großen Raum umfassen. Pergament, Ton und Stein seien dauerhaft und schwer zu transportieren gewesen. Damit hätten sie sich für eine langfristige Kontrolle, nicht aber für die Kontrolle großer Räume geeignet. Papier sei demgegenüber zwar relativ kurzlebig, aber leicht zu transportieren, d.h. es gestatte die Administration großer geographischer Räume und begünstige die Ausdehnung von Imperien. Raumbegünstigende Kommunikationsmittel sind nach Innis gegenwarts- und zukunftsorientiert, wohingegen zeitbegünstigende Kommunikationsmittel mit stabilen, hierarchischen sozialen Ordnungen verbunden seien. Der Aufbau des römischen Reiches sei durch eine Schriftkultur gefördert worden, welche die Schaffung bürokratischer Institutionen erlaube und damit die Verwaltung und Kontrolle weit entfernter Gebiete ermöglicht habe.[55] Die Erfindung des Buchdrucks

---

54   Zu den wenigen, der Kontrollhypothese zuzuordnenden Studien gehört z.B. die Arbeit von Ralph H. Ojemann u.a. (1948), die behaupten, das Verhalten gegenüber Kindern werde durch entsprechende Zeitungs- und Zeitschriftenartikel geformt, oder die Untersuchung von Alphons Silbermann (1959), die zeigt, daß Rundfunksendungen musikalische Präferenzen beeinflussen können.

55   Das Auftreten von Schrift stellt zweifellos einen entscheidenden Einschnitt in der Entwicklung menschlicher Gesellschaften dar. Parsons (1966b, 46ff.) etwa sieht das Vorhandensein von Schrift als entscheidendes Kriterium für den Übergang von primitiven zu anderen „intermediären" Gesellschaftsformen an. In schriftlosen Gesell-

gefährdete nach Innis' gewagter These diese bürokratische Herrschaft und begünstigte das Entstehen von Nationalismus und Individualismus.

Elizabeth Eisenstein (1979) hat sich mit den Wechselwirkung zwischen der Erfindung des Buchdrucks und der intellektuellen Revolution der Renaissance sowie der Reformation befaßt. Ihre zentrale These lautet, daß die entscheidenden Effekte bei der Erfindung des Buchdrucks nicht in einer neuen Form des Informationstransfers lagen (z.B. Erreichung eines neuen, breiten Publikums), sondern in der Art und Weise wie Tradition fixiert und gesichert wird. Der Buchdruck habe die Elite von dem Zwang, die Tradition ständig physisch replizieren zu müssen befreit (das Abschreiben eines Buches war fast ein Lebenswerk). Statt dessen sei es nunmehr möglich gewesen, über zentrale kulturelle Werte kritisch zu reflektieren und diese ggf. auch wirksam zu manipulieren. Der Buchdruck habe die Renaissance zum europäischen Ereignis gemacht. Dabei sei ein drastischer Wandel des intellektuellen Lebens erfolgt. Es sei zu einer ersten Informationsexplosion gekommen.

Einer der einflußreichste Autoren der jüngeren Zeit, der einen medientechnologischen Determinismus vertritt, ist Innis' ˙ Schüler Marshall McLuhan. McLuhan behauptet, Gesellschaften würden stärker durch die Natur der Kommunikationsmedien als durch die Qualität ihrer Inhalte beeinflußt. McLuhan meint, man habe bisher den Inhalten zu viel Beachtung geschenkt und dabei das Wesentliche übersehen: „Das Medium ist die Botschaft" (McLuhan 1968b, 13; McLuhan/Fiore 1969).[56] Jedes neue Medium bzw. jede neue Technik schafft nach McLuhan eine neue Umwelt. „Sobald die Technik einen unserer Sinne erweitert", schreibt er (1968a, 20), „wird die Kultur in dem Maße umgeformt, in dem die neue Technik einbezogen wird." Unter dem Zwang des Mediums komme es zu einer konvergenten Entwicklung auch von politisch ggf. vollkommen unterschiedlich strukturierten Gesellschaften.

McLuhan (1968b, 29) unterscheidet „heiße" und „kalte" Medien: „Ein ‚heißes' Medium ist eines, das nur einen der Sinne allein erweitert, und zwar bis etwas detailreich ist." „Heiße" Medien forderten vom Publikum nur eine geringe persönliche Beteiligung oder Vervollständigung; sie seien durch semantische Redundanz gekennzeichnet. „Kühle" Medien verlangten demgegenüber hohe Beteiligung des Empfängers; „kalt" bedeute Lücken in der Informationsstruktur, die eine Interpretationsleistung des Empfängers not-

---

schaften fehle die Trennung von Mythos und Geschichte; die Vergangenheit werde von der Gegenwart aufgesogen. In schriftlosen Gesellschaften spiegelten die Vergangenheit betreffende Ideen und Wertvorstellungen aktuelle Probleme wider.

56 Die Argumente von McLuhan weisen hier eine gewisse Ähnlichkeit zur „Sapir-Whorf-Hypothese der linguistischen Relativität" auf (vgl. Kapitel I.3.3.): An die Stelle der Sprache werden die Medien gesetzt.

wendig machten. Objektive Unterscheidungskriterien gibt es allerdings
nicht.[57]

Nach McLuhan (1968a, 5) gibt es drei durch unterschiedliche Formen
der Informationsvermittlung geprägte Zeitalter: 1. das analphabetische
tribale Zeitalter, 2. das typographische und mechanische individualistische
Gutenberg-Zeitalter sowie 3. das elektronische Zeitalter. Durch die Erfindung des phonetischen Alphabets sei der Mensch aus der magischen Welt
des Ohres in die neutrale visuelle Welt geführt worden (McLuhan 1968a,
28). Denk- und Wahrnehmungsstrukturen seien umgeformt worden; die
formale Logik habe sich als Konsequenz der Neigung zum linearen Denken
entwickelt. Die Schrift sei keine Wiedergabe der gesprochenen Sprache,
sondern stelle eine neue, analytisches Denken begünstigende Sprache dar.
Mit der Erfindung des Buchdrucks sei die Umformung komplett geworden
und der Individualismus entstanden. Mit der Elektrotechnik schuf sich der
Mensch nach McLuhan (1968b, 52) ein naturgetreues Modell seines Zen-
tralnervensystems, das er erweiterte und nach außen verlegte. Es erfolgte
eine totale Umwälzung des menschlichen Empfindungsvermögens. Nach
der dreitausendjährigen Explosion der Technik des Zerlegens soll im Zeitalter der Elektrizität eine Implosion (d.h. Zusammenziehung der Welt) erfolgen (McLuhan 1968b, 9, 44). Die Menschheit lebe in einem durch elektronische Interdependenz geschaffenen „globalen Dorf", da die elektronischen Medien alle gesellschaftlichen Einrichtungen in gegenseitige Abhängigkeit gebracht hätten (McLuhan 1968b, 228). Dadurch werde die Stam-
mesgesellschaft restauriert. McLuhan (1968a, 47) meint, daß wir in einem
einzigen komprimierten Raum lebten, „der von Urwaldtrommeln wider-
hallt." Die räumliche Dimension werde aufgehoben, die Welt auf das Format des Dorfes zusammengezogen: „Everything happens to everyone at the
same time." (Carpenter/McLuhan 1967, XI).

Einige Gedanken von McLuhan wurden von Neil Postman (1983; 1985)
aufgegriffen. Postman versucht sowohl die Menschheitsgeschichte als auch
die Entwicklung des Individuums durch die Dominanz bestimmter Medien
zu erklären. Seiner Auffassung nach bestand ursprünglich keine Trennung
zwischen Kinder- und Erwachsenenwelt, denn solange mündliche Kommunikationsformen vorherrschten, seien mit der Beherrschung der Sprache die
meisten Wissensbereiche allgemein zugänglich gewesen; es habe keine Ex-
klusivität gegeben. Dies änderte sich nach Postman im Zeitalter des Buchdrucks, in dem eine Informationsbarriere und damit auch eine eigentliche
Kindheitsphase entstanden sei. Durch die elektronischen Medien, insbesondere das Fernsehen und seine einfache und unterhaltende Form der Infor-

---

57 „Heiße" Medien sind nach McLuhan z.B. Fotografie, Radio, Film, Buchdruck und
    Zeitung, „kalte" Medien dagegen Handschrift, das Fernsehen und die Sprache, aber
    auch das Paperback – die „kühle" Ausführung des Buches.

mationsvermittlung, seien die Zugangsschranken wieder gefallen, so daß es nun zu einem „Verschwinden der Kindheit" (Postman 1983) komme. Ähnlich wie McLuhan meint Postman, daß jedes Medium eine bestimmte Anwendungsform intellektueller Fähigkeiten mit sich bringe. In oralen Kulturen sei dies das Erinnerungsvermögen gewesen, im Zeitalter des Buchdrucks die Erörterung; darauf sei das „Zeitalter des Showbusiness" gefolgt. Die Dominanz von Bildmedien habe eine oberflächliche und unzusammenhängende Informationswahrnehmung hervorgebracht.

Das Interessante an den hier beschriebenen Theorien eines medientechnologischen Determinismus sind weniger deren oft abenteuerliche Spekulationen als der Tatbestand, daß diese trotz oder gerade wegen ihres kaum als wissenschaftlich zu bezeichnenden Charakters und einer oft essayistischen und kurzschlußartigen Darstellungsweise so viele Anhänger und so viel Beachtung fanden und finden (zur Kritik z.B. Kunczik 1977, 65–71; Sturm 1990; Jäckel 1999, 249–268).

4.2. Massenmedien und sozialer Wandel in Entwicklungsländern

Der Forschungsbereich „Communication and Development" erlebte bald nach der Begründung des Zweiges der internationalen Kommunikationsforschung Anfang der 50er Jahre einen großen Aufschwung.[58] Dies hing mit den Bedingungen des Ost-West-Konflikts zusammen, unter denen Entwicklungshilfe von den USA als präventive Maßnahme gegen eine Ausbreitung des Kommunismus und als Investition in den Weltfrieden verstanden wurde. Man fühlte sich verpflichtet, die amerikanischen Ideale von Freiheit und Demokratie in aller Welt zu verbreiten. Wilhelm Emil Mühlmann (1964, 353) charakterisierte die hinter den vom Fortschrittsglauben geprägten amerikanischen Hilfsprogrammen für unterentwickelte Länder stehenden Ideen dementsprechend als Verbindung von zivilisatorisch säkularisiertem Missionseifer mit weltwirtschaftlichen und weltpolitischen Interessen.[59] Die Logik der amerikanischen Entwicklungspolitik (Abb. 5) beruhte auf dem Glauben, durch die Einführung modernisierender Institutionen (z.B.

---

[58] Die Ursprünge dieses Forschungszweiges liegen im vierten Heft der Zeitschrift „Public Opinion Quaterly" 1952/53, zu dem renommierte Wissenschaftler wie Joseph T. Klapper, Harold D. Lasswell, Paul F. Lazarsfeld und Leo Löwenthal beitrugen.

[59] Das Motiv der Angleichung der übrigen Welt an den eigenen nationalen Standard zeigt sich besonders deutlich in Punkt 4 von Präsident Harry S. Trumans „Point Four Program" aus dem Jahr 1948: „Fourth. We must embark on a bold new program for making the benefits of our scientific advances and industrial progress available for the improvement and growth of underdeveloped areas." (zit. nach Donovan 1982, 29).

Schulen und Massenmedien) moderne Persönlichkeiten herausbilden zu können, die in der Lage sein würden, in modernen Institutionen (z.B. Fabriken) zu arbeiten. Dies sollte zu wirtschaftlichem Wachstum beitragen, von dem man sich wiederum eine größere politische Stabilität und eine Entwicklung hin zur Demokratie erhoffte. In diesem Zusammenhang wurde den Medien als Förderer sozialen Fortschritts eine wichtige Rolle zugemessen.[60] Die amerikanischen Vorstellungen waren von einem „ökonomischen Determinismus" geprägt, denn man glaubte, letztlich werde die Industrialisierung unabhängig vom jeweiligen soziokulturellen Kontext immer und überall die gleichen Auswirkungen haben („Konvergenzthese").

Abbildung 5: Die Logik der Entwicklungspolitik

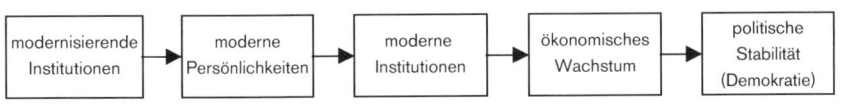

Quelle: Kunczik 1985, 11 (Erweiterung einer Darstellung von Delacroix/Ragin 1978, 125)

Diese Konzeption der Entwicklungspolitik erwies sich angesichts steigender Ungleichheit und zunehmender Durchsetzung von Militärdiktaturen trotz wirtschaftlichen Wachstums Ende der 60er Jahre als unzutreffend. Die Publikationswelle zu der bis dahin vorherrschenden „Modernisierungstheorie" ebbte ab. Statt dessen gewann in der Literatur die „Dependenztheorie" an Bedeutung, in deren Mittelpunkt eine kapitalismuskritische und vorwiegend ideologische Argumentation stand. Jan Servaes (1999, 5f., 88–93; auch Jacobson/Servaes 1999) stellt ein drittes Paradigma für die Erklärung der Beziehung Kommunikation und Entwicklung heraus, das „Multiplicity-Paradigma". Die zentrale Idee besteht dabei darin, daß Entwicklung als ein integraler, multidimensionaler und dialektischer Prozeß zu verstehen sei, der von Land zu Land unterschiedlich verlaufe. Die Partizipation der Betroffe-

---

60 Zu den Schwachstellen in dieser Argumentationskette gehört die Annahme, daß die Herausbildung moderner Persönlichkeiten positive Effekte auf das ökonomische Wachstum in Entwicklungsländern hat. Genauso wahrscheinlich ist, daß moderne Persönlichkeiten auswandern. Auch die These, ökonomisches Wachstum bewirke größere politische Stabilität in Entwicklungsländern, ist zu simpel. Wenn keine gerechte Verteilung erfolgt, kann Wirtschaftswachstum zu größerer Instabilität führen. Zudem gibt es durchaus Beispiele dafür, daß ein modernes Wirtschaftssystem auch mit anderen als europäisch-nordamerikanischen Wert- und Sozialstrukturen vereinbar ist (z.B. Japan).

nen sei im Rahmen von Entwicklungshilfemaßnahmen von entscheidender Bedeutung.[61]

Zu den Vertretern der *Modernisierungstheorie* gehört David McClelland mit seinem Buch „Die Leistungsgesellschaft" (1961). McClelland ist der Ansicht, daß für wirtschaftliches Wachstum die Entwicklung bestimmter Persönlichkeitsmerkmale und Einstellungen in der Bevölkerung wichtiger sei als materielle Faktoren. Eine zentrale Rolle spiele in diesem Zusammenhang die planmäßige Verbreitung von *„Leistungsmotivation".*[62] Hiermit ist die Motivation gemeint, für sich selbst relativ anspruchsvolle Maßstäbe zu setzen und sich nach diesen auch zu richten. Leistungsmotivation wird als Konsequenz der Kindererziehung verstanden, in deren Verlauf Selbstsicherheit, Unabhängigkeit und eigenständiges Leistungsvermögen betont werden – allerdings nur in moderater Form, denn zu hohe Ansprüche an das Kind führten zu Abhängigkeit und Ängstlichkeit. Als Erwachsener werde ein Kind, das einen entsprechenden Erziehungsprozeß durchlaufen habe, in der Lage sein, unternehmerische Rollen zu übernehmen, die mit Verantwortung und Risikobereitschaft verbunden sind. Für McClelland ist das, was der Mensch aus seiner Umwelt macht, das reale Kapital. Es komme daher nicht primär darauf an, traditionelle Sozialstrukturen zu verändern, sondern Personen zu formen und sie planmäßig mit dem „Virus der Leistungsmotivation" zu infizieren. Den ersten Schritt stelle dabei die Erkenntnis dar, daß traditionelle Normen durch neue ersetzt werden müßten. Sei die Notwendigkeit einer Orientierungsänderung erst einmal akzeptiert worden, so ließen sich nach McClelland auch Mittel zur Verwirklichung der neuen Ziele finden.

Neben Leistungsmotivation stellt für McClelland *„Außenlenkung"* ein weiteres wichtiges Merkmal von Ländern mit einer hohen Wachstumsrate dar.[63] Außenlenkung bestehe bei Individuen, die nach Anerkennung durch andere strebten und Konformität zeigten. Der außengeleitete Charakter-

---

[61] Als Vertreter dieses Ansatzes nennt Jan Servaes v.a. den brasilianischen „Befreiungspädagogen" Paulo Freire.

[62] Leistungsmotivation ist für McClelland das wichtigste, aber nur *ein* Persönlichkeitsmerkmal, das die wirtschaftliche Entwicklung beeinflußt. Dazu gehören z.B. auch Risikobereitschaft, Zukunftsorientierung oder die Bereitschaft, Bedürfnisbefriedigung aufzuschieben.

[63] McClelland ging von einer Reflexionsthese (vgl. Kapitel II.4.1.) aus, wonach sich die zu einem bestimmten Zeitpunkt in einer Gesellschaft dominanten Wertstrukturen auch in kulturellen Produkten niederschlagen. Er führte eine Inhaltsanalyse solcher Produkte (z.B. Volksmärchen, Kinderlesebücher) durch, um Merkmale verschiedener Gesellschaften zu identifizieren. Er stellte fest, daß Länder, in denen sowohl Leistungsmotivation als auch Außenlenkung betont wurden, eine dreimal so große Wachstumsrate besaßen wie Länder, in denen beide Eigenschaften als niedrig eingestuft wurden.

typus zeichne sich dadurch aus, daß das Verhalten des einzelnen weniger durch Traditionen und institutionelle Normen als durch die öffentliche Meinung bzw. die Massenmedien gesteuert werde, wobei auch diese Steuerungsquellen verinnerlicht seien, da das Abhängigkeitsgefühl in der Kindheit aufgebaut werde. Von der Tradition vorgegebene Normen könnten durch Normen ersetzt werden, die von anderen Personen bzw. den Medien vermittelt würden (McClelland 1961, 192f.).

Voraussetzung für den Entwicklungsprozeß ist nach McClelland eine verstärkte Kommunikation, womit neben Straßen, billigen Beförderungsmitteln und Elektrizität auch Radio, Telefon, Zeitung, Fernsehen und öffentliche Rede gemeint sind. Die Massenmedien müßten genutzt werden, um den Wandel vorzubereiten und um im Rahmen einer ideologischen Kampagne Widerstände in der Bevölkerung zu überwinden. Traditionen aufzugeben, müsse zu gesellschaftlichem Chaos führen, wenn deren Autorität nicht durch eine neue ersetzt werde. Eine solche neue Autorität stellten die Massenmedien dar. McClelland (1961, 193) schreibt: „The value of using the mass media for educational purposes lies precisely in the fact that they come to represent a new ‚voice of authority' replacing the authority of tradition. [...]. Our data suggest that the more successful societies are those which have prevented [...] disorder by switching loyalties most effectively from tradition to organized public opinion as represented in the mass media." Konkret empfiehlt McClelland (1961, 399–401) folgende Methoden:

1. Es müsse eine *unterrichtete öffentliche Meinung* geschaffen werden. Hierzu sei eine freie Presse nötig, die neue Normen vermitteln sowie willens und in der Lage sein solle, Betrug und Korruption vollständig und ungestraft aufzudecken. Die Presse habe die Aufgabe der Bestrafung durch Veröffentlichung und sei eine Art „Erfüllungsgehilfe" der Justiz. Durch solche Demonstrationseffekte soll ein Klima entstehen, in dem jeder um die sichere Bestrafung krimineller Handlungen weiß. So entstehe auch eine gewisse Sicherheit und Vertrauen im Geschäftsverkehr.
2. Als weiteren wichtigen Schritt auf dem Weg der Modernisierung betrachtet McClelland die *Emanzipation der Frauen*. Da sie es seien, die die nächste Generation aufzögen, müßten sie durch die Massenmedien so beeinflußt werden, daß sie die neuen Normen und Werte übernehmen.
3. Lehrer sollten so geschult werden, daß ihnen die Bedeutung von *Gruppenaktivitäten* im Erziehungsprozeß bewußt werde. Durch das Erlernen von Gruppenverhalten schon im Kindesalter solle die „Außenlenkung" gefördert werden, die nach McClelland wiederum eine größere Akzeptanz von Neuerungen nach sich zieht, auch wenn diese von Fremden eingeführt werden.

Der einflußreichste Modernisierungstheoretiker ist Daniel Lerner, dessen Studie „The Passing of Traditional Society" (1958) lange Zeit als das Standardwerk zur Thematik „Massenmedien und Entwicklung" galt und die internationale Medienpolitik, z.B. der UNESCO, bis Mitte der 80er Jahre entscheidend beeinflußt hat. Die Studie wurde ab September 1950 im Nahen und Mittleren Osten (Türkei, Libanon, Syrien, Ägypten, Jordanien und Iran) durchgeführt (Lerner 1958, 79–107). Sie war Teil eines groß angelegten Hörerforschungsprogamms, das vom „Bureau of Applied Social Research" für die „Voice of America" durchgeführt wurde und dem globalen Kampf gegen die Ausbreitung des Kommunismus diente (Servaes 1999, 18).

Lerner sieht lokale oder nationale Kulturen als Hindernisse an, die auf dem Weg zur modernen Gesellschaft überwunden werden müssen. Auf der Ebene des Individuums sei dies mit einem Wandel der Persönlichkeitsstruktur verbunden. Dieser Wandel vollziehe sich über den Mechanismus der *„Empathie"*, d.h. der Fähigkeit, sich selbst in die Position eines anderen bzw. eine neue Situation hineinzuversetzen. Empathie ist nach Lerner (1958, 47–52) Voraussetzung für die Übernahme neuer Rollen sowie die Anpassung an neue Verhältnisse. Die Herausbildung empathischer Persönlichkeiten werde in traditionalen Gesellschaften durch die Einführung der Massenkommunikation begünstigt, die den Horizont der Menschen über die lokalen Angelegenheiten hinaus erweiterten und durch das Zeigen attraktiver Alternativen zum bisherigen Zustand den Wunsch nach Veränderung hervorriefen. Auf diese Weise komme es zunächst zu einer „mobile sensibility", d.h. einer „psychischen Mobilität" bzw. der Bereitschaft, einen neuen Lebensstil auszuprobieren. Die Massenmedien würden so zum *Mobilitätsmultiplikator* (Lerner 1958, 52–54).[64] Neben Empathie betont Lerner (1958, 48f.) die Bedeutung von *Rationalität*. Der traditionell orientierte Mensch zeichne sich durch die Meinung aus, daß man gegen sein Schicksal nichts unternehmen könne. Der moderne, rationale Mensch dagegen halte die Welt für gestaltbar und glaube, daß die Zukunft durch eigene Leistung zu beeinflussen sei.

Lerner versteht Modernisierung primär als *Kommunikationsprozeß* und geht davon aus, daß Kommunikationssysteme sowohl Indikator als auch Träger sozialen Wandels sind. Der Wandel vollziehe sich vom mündlichen (oralen) zum medialen Kommunikationssystem, wobei das orale System traditionalen und das mediale System modernen Gesellschaften adäquat sei.

---

[64] Die Messung von Empathie wirft allerdings einige Probleme auf. Die in modernen westlichen Gesellschaften anwendbaren projektiven Fragen (nach dem Muster: „What would you do if you were ...?") stellten sich als ungeeignet heraus, da sie in einem anderen soziokulturellen Kontext als verwirrend oder sogar respektlos empfunden wurden (dazu ausführlicher Kunczik 1985, 78f.).

Die beiden Typen von Kommunikationssystemen stellt Lerner idealtypisch folgendermaßen gegenüber (Abb. 6):

Abbildung 6: Charakteristika des oralen und des medialen Kommunikationssystems

	orale Systeme	**mediale Systeme**
Kanal	mündlich (von Angesicht zu Angesicht)	Medien (Rundfunk)
Publikum	homogene Primärgruppe	heterogene Masse
Quelle	höherrangige Personen (Statushierarchie)	„professionelle" Kommuni- katoren (Fachwissen)
Inhalt	präskriptiv (verpflichtende Regeln)	deskriptiv (beschreibende Nachrichten)

Quelle: Lerner 1957, 132; 1958, 55, 57

Der Übergangsprozeß von oraler zu medialer Kommunikation geht nach Lerner mit einem Wandel in anderen Schlüsselbereichen einher (Abb. 7):

Abbildung 7: Wandel im sozioökonomischen, politischen und kulturellen Bereich beim Übergang vom oralen zum medialen Kommunikationssystem

Sektor	**orale Systeme**	**mediale Systeme**
sozioöko- nomisch	ländlich	urban
politisch	Ernennungssystem (nicht repräsentativ)	Wahlsystem (repräsentativ)
kulturell	analphabetisch	„Elementarbildung" (nicht analphabetisch)

Quelle: Lerner 1957, 132; 1958, 55, 57

Die zentralen Variablen des Modernisierungsprozesses sind für Lerner (1958, 57) folglich *Urbanisierung* (Anteil der Bevölkerung in Städten mit über 50.000 Einwohnern); Anstieg des *Bildungsniveaus* (Anteil der Bevölkerung, der eine Sprache lesen kann), Anstieg des *Medienkonsums* (Tageszeitungszirkulation, Anzahl von Radiogeräten, Anzahl der Kinositze) und Anstieg der *Partizipation*, aufgeteilt in wirtschaftliche (indiziert durch

Urbanisierung und Pro-Kopf-Einkommen) und politische Partizipation (Wahlbeteiligung). Für den Zusammenhang dieser Faktoren bzw. für deren Reihenfolge im Entwicklungsprozeß sieht Lerner (1958, 46) zwei Möglichkeiten (Abb. 8):

1. Urbanisierung führt überall zu einer Verringerung des Analphabetentums. Dies bewirkt einen höheren Medienkonsum, und dieser ist mit größerer ökonomischer und politischer Partizipation verbunden.
2. Es besteht eine Wechselbeziehung zwischen Medienkonsum und Bildung sowie eine Abhängigkeit der Partizipation von diesen beiden Variablen.

Abbildung 8: Zwei Varianten des Entwicklungsprozesses nach Lerner

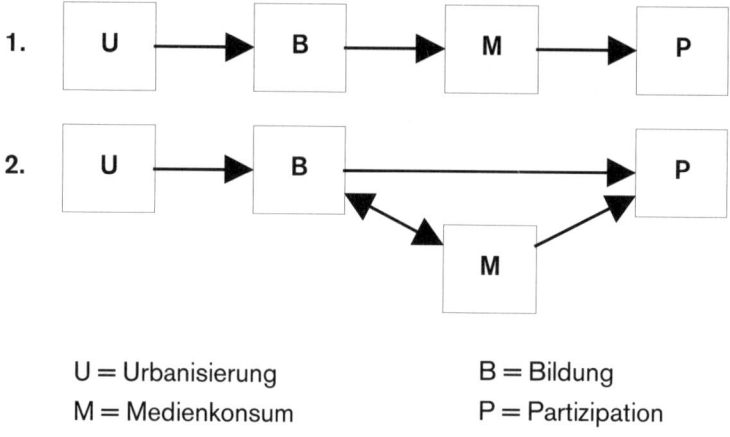

U = Urbanisierung   B = Bildung
M = Medienkonsum   P = Partizipation

Quelle: Frey 1973, 400

Empirische Überprüfungen stützen die Vorstellungen von Lerner allerdings nicht (Kunczik 1991, 112–120), was u.a. auf den zu globalen Anspruch, die begriffliche Unklarheit einiger Konzepte sowie Probleme bei der Operationalisierung der Variablen zurückzuführen ist.[65] Statt dessen müßten Lang-

---

[65] Die Operationalisierung der einzelnen Variablen birgt z.B. folgende Probleme: Die ökonomische Partizipation wurde mittels des Pro-Kopf-Einkommens bestimmt, ohne den Aspekt der Einkommensdistribution zu berücksichtigen. Die Verwendung der Wahlbeteiligung als Index politischer Partizipation setzte reine Akklamationen in totalitären Staaten mit demokratischen Wahlen gleich. Was die Operationalisierung der Urbanisierung betrifft, argumentierte Lerner (1958, 46), der Übergang von der

zeitstudien durchgeführt werden, die von weniger umfassenden Thesen ausgehen und Variablen berücksichtigen, die Lerner ausklammert, z.B. Qualität der Medieninhalte, politisches System und systemexterne Faktoren.

Im Auftrag der UNESCO hat sich Wilbur Schramm 1964 in „Mass Media
and National Development. The Role of Information in the Developing
Countries" mit der Umsetzung modernisierungstheoretischer Modelle in ein
konkretes Entwicklungsprogramm befaßt und dabei die Rolle der Medien
in den Mittelpunkt gestellt. Trotz einer sehr optimistischen Einschätzung
ihres Wirkungspotentials warnt Schramm aber vor einer unüberlegten Verwendung der Medien. Sie seien ineffektiv, wenn sie ohne angemessene
Kenntnis der lokalen Kulturen eingesetzt würden (Schramm 1964, 122f.).
Bei richtigem Einsatz könne jedoch durch einen verbesserten Informationsfluß das für die nationale Entwicklung nötige „Klima" geschaffen werden.
Schramm (1964, IX) ging dabei von der generellen Wünschbarkeit eines
freien Informationsflusses aus und betonte die Bedeutung der Medien für
die Mobilisierung menschlicher Ressourcen. Hilfreich könnten die Medien
nach Schramm (1964, 127–144) in folgender Hinsicht sein:

1. Horizonterweiterung;
2. Aufmerksamkeitsfokussierung (z.B. auf Entwicklungsprozesse);
3. Anhebung des Anspruchsniveaus;
4. Lieferung eines (jedoch lediglich indirekten) Beitrags zum Wandel fest
   verankerter Attitüden und Handlungsdispositionen;
5. Speisung interpersonaler Kommunikationskanäle mit Informationen;
6. Verleihen von Status;
7. Erweiterung des politischen Dialogs;
8. Durchsetzung sozialer Normen;
9. Formung neuer geschmacklicher Präferenzen;
10. Veränderung nur leicht verankerter Attitüden und leichte Modifikation
    stärker verankerter Einstellungen;
11. substantieller Beitrag in allen Bereichen der Ausbildung und Erziehung.

---

ruralen zur urbanen Gesellschaftsform führe unabhängig vom jeweiligen soziokulturellen Kontext zu einer Abnahme des Analphabetentums. Diese These besitzt zwar
für den okzidentalen Kulturkreis Gültigkeit, nicht aber für hydraulische Gesellschaften, deren Städte „durchweg den Charakter von Verwaltungs- und Garnisons-
städten tragen" (Wittfogel 1962, 85), wodurch etwa in China nach Hellmut Wilhelm
(1960, 38) „einer bürgerlichen Emanzipation [...] ein unüberwindliches Hindernis in
den Weg gelegt [war]." Allerdings muß festgehalten werden, daß Lerner in seinen
späteren Publikationen (z.B. Lerner 1968) auf das Problem der Über-Urbanisierung
verwies und argumentierte, die großen Städte in Entwicklungsländern seien keine
produktiven Zentren der Modernisierung, sondern massive Hindernisse für plan-
mäßigen sozialen Wandel.

Die Punkte 1–3 werden von Schramm (1964, 126) unter der „Watchman"-Funktion, die Punkte 4–10 unter der „Policy"-Funktion und Punkt 11 unter der „Teaching"-Funktion der Medien subsumiert.

Ein Entwicklungsland (und die, die es unterstützen) sollten den Ratschlägen Schramms zufolge nicht zögern, ein wohlüberlegtes Programm zur Förderung der Massenmedien durchzuführen. Auch sollten modernste technische Entwicklungen berücksichtigt werden, sofern diese den jeweiligen Bedürfnissen und Fähigkeiten entsprächen. Der Nachteil einer solchen Empfehlung aber ist, daß die Entscheidung, ob ein bestimmtes Vorgehen wohlüberlegt und bedürfnisadäquat war, immer nur ex post facto gefällt werden kann. Die medienpolitischen Ratschläge sind insgesamt zu allgemein gehalten, um als Handlungsanweisungen in konkreten Situationen dienen zu können. Dennoch folgten internationale Organisationen wie die UNESCO der Linie der Modernisierungstheoretiker und realisierten umfangreiche Programme zur Förderung der technischen Infrastruktur und der Alphabetisierung sowie Informationskampagnen, die auf die Multiplikatorwirkung der Medien setzten.

Der in den modernisierungstheoretischen Konzeptionen geäußerte Optimismus hinsichtlich der Rolle der Medien im Entwicklungsprozeß muß insofern relativiert werden, als die Medien durchaus auch dysfunktionale Konsequenzen nach sich ziehen können. In vielen Ländern werden durch Massenmedien Inhalte verbreitet, die aus Industriestaaten stammen und über das dortige Leben berichten, bevor das Produktionspotential und die Infrastruktur der Empfänger-Länder dem Niveau der Industrienationen auch nur annähernd entspricht. Wenn das medienvermittelte Muster des westlichen Wohlstandes zum Modell der eigenen Ansprüche wird, kann es in der Terminologie von Merton (1957, 113ff.; vgl. auch Kapitel II.3.2.) zu einer potentiell anomischen Situation kommen. „Anomie" bedeutet die Existenz eines Widerspruchs zwischen Wertstruktur und Sozialstruktur; ein Auseinanderfallen von als legitim angesehenen Zielen und Bedürfnissen (Wohlstand und Konsum) und den Möglichkeiten, diese Ziele zu erreichen. In diesem Sinne liegt die Wirkung des Fernsehens in der Änderung des Anspruchsniveaus der Rezipienten bei gleichbleibenden gesellschaftlichen, wirtschaftlichen und politischen Zuständen. Dadurch wird das Fernsehen zur Frustrationsquelle. Es kann ein Zustand „relativer Deprivation" geschaffen werden, in dem bestehende Herrschaftsverhältnisse und damit die Stabilität in Frage gestellt werden, weil Ziele wie Wohlstand z.B. in Fernsehsendungen als erreichbar dargestellt werden, es in der Realität jedoch nicht sind. Im Gegensatz zu „absoluter Deprivation" (d.h. an objektiven Maßstäben gemessener Benachteiligung) besagt das sozialpsychologische Prinzip der „relativen Deprivation", daß die Einschätzung der eigenen sozialen Lage in relativen Maßstäben erfolgt, also im Vergleich etwa zu Einkommen,

Wohlstand, Privilegien usw. bestimmter anderer Bezugspersonen bzw. Bezugsgruppen. Zum Prinzip der relativen Deprivation ist die von Samuel A. Stouffer u.a. (1965, Bd. 1, 250ff.) während des Zweiter Weltkrieges durchgeführte „American-Soldier-Studie" von Bedeutung. Dabei wurde festgestellt, daß Soldaten der Luftwaffe, die extrem gute Beförderungschancen besaßen (56% wurden zum Unteroffizier befördert), der Beförderungspraxis erheblich kritischer gegenüberstanden als die Angehörigen der Militärpolizei, deren Aufstiegsmöglichkeiten deutlich schlechter waren (Beförderungschance von 34%). Diese Tatsache ist damit zu erklären, daß die Soldaten ihre eigene Beförderung bzw. Nichtbeförderung in Relation zu der Situation ihrer gesamten Bezugsgruppe sahen. Die subjektive Unzufriedenheit und Frustration der nicht beförderten Soldaten der Luftwaffe war deshalb größer, weil sie zu einer Minderheit gehörten, während sich die nicht beförderten Soldaten der Militärpolizei mit zwei Dritteln ihrer Kameraden „in einem Boot" befanden.

Wilhelm Emil Mühlmann (1964, 366) argumentiert, je mehr sich die Klassen innerhalb einer Gesellschaft anglichen, desto stärker werde die Ungleichheit wahrgenommen. Es sei die soziale Minimaldifferenz und nicht die Maximaldifferenz, die zu Revolutionen führe. Relative Deprivation kann auch im Verhältnis zwischen Staaten vorliegen. So verweist Mühlmann darauf, daß Entwicklungshilfe bei den Empfängern kaum dankbar gewürdigt, sondern bestenfalls als eine Art Abzahlung auf einen unendlich größeren, berechtigten Anspruch hingenommen werde.

Durch die weltweite Verbreitung moderner Massenmedien kann es zu einer globalen Transformation von absoluter in relative Deprivation kommen, weil sich Unterprivilegierte ihrer Benachteiligung erst durch Medieninhalte bewußt werden. Der indonesische Präsident Achmed Sukarno etwa hat in den 50er Jahren während eines Besuchs in Hollywood die Film-Mogule als „unwissentliche Revolutionäre" charakterisiert, weil in fast allen Filmen Kühlschränke gezeigt würden. Damit sei der Bedarf nach Kühlschränken geweckt worden (Kunczik 1985, 124).

Auch Lerner (1968, 391) hat später anerkannt, daß der Kontakt einer weniger entwickelten Gesellschaft mit einer Industriegesellschaft bei ersterer zu Spannungen führen kann. Als entscheidend für Fehlentwicklungen betrachtete Lerner (1976, 292) nun, daß durch die Massenmedien (Film und Fernsehen) nicht produktivitätsorientierte Werte (z.B. positive Einschätzung von Unternehmertum, Investitionen, Sparen usw.) vermittelt, sondern statt dessen konsumeristische Orientierungen gefördert wurden. In Anlehnung an William James verwendet Lerner (1968, 392) folgende Formel:

$$\text{Frustration} = \frac{\text{Want}}{\text{Get}}$$

Während in traditionalen Gesellschaften „Want" ursprünglich konstant
geblieben sei, werde diese Variable durch den Kontakt mit neuen Lebens-
weisen dramatisch erhöht. Lerner (1974) argumentiert, die *„Revolution der
gestiegenen Erwartungen"* (Abb. 9) habe populistische Bewegungen in Ländern der Dritten Welt inspiriert. Es seien große Hoffnungen geweckt, aber
nicht eingelöst worden. Dadurch hätten sich die Erwartungen bei der nach
Verbesserung strebenden Bevölkerungsmehrheit in Frustration verwandelt.
Diese Frustration könne zur Regression führen, d.h. zur Abkehr von den
neuen Erwartungen, zu Apathie und noch häufiger zu systemgefährdender
Aggression. Lerner (1976, 291) unterscheidet drei Phasen: 1. gestiegene Erwartungen, 2. gestiegene Frustrationen, 3. Machtübernahme durch das
Militär.

Abbildung 9: Die Herausbildung einer revolutionären Situation

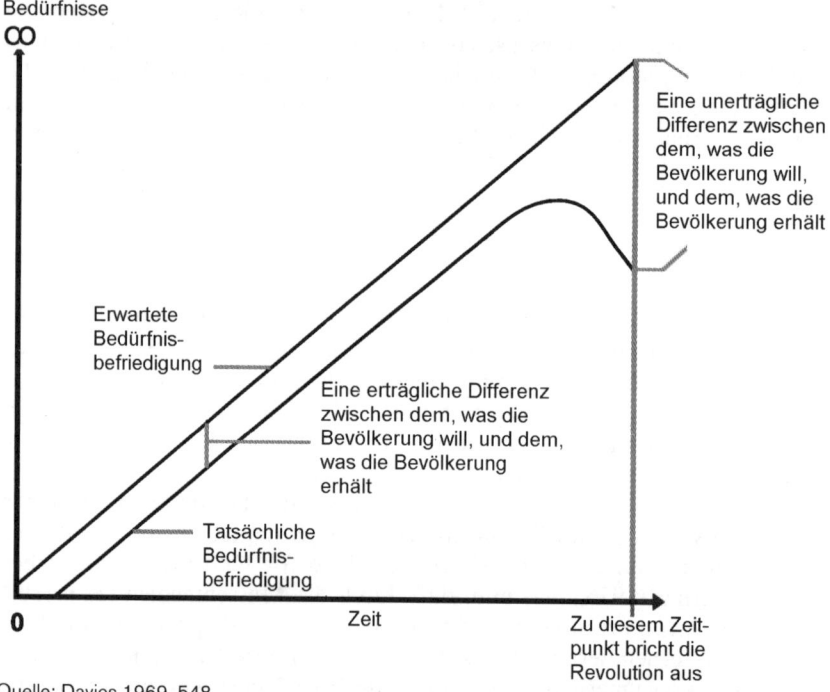

Quelle: Davies 1969, 548

Da die Wirkungen der Massenmedien auf Rezipienten in Entwicklungsländern noch sehr ungenügend erforscht sind, ist allerdings hinsichtlich des
Geltungsbereichs solcher Hypothesen Vorsicht angebracht. Es ist z.B. mög-

lich, daß eine massenmedial bewirkte Erhöhung des Anspruchsniveaus nur bei städtischen Eliten erfolgt und nicht bei der breiten Masse der Bevölkerung im Agrarsektor bzw. in den Slums. Die These von der Revolution der medienbewirkten gestiegenen Erwartungen bzw. der Revolution der gestiegenen Frustrationen ist mehr Vermutung denn empirisch belegter Tatbestand (z.B. Frey 1973, 387). Als Resümee der Diskussion bleibt festzuhalten, daß die Stimulation realisierbarer Hoffnungen zu einer Unterstützung von Entwicklungsprojekten beitragen dürfte, wohingegen die Erweckung übertriebener, nicht zu realisierender Erwartungen zu Frustration, ausbleibender Unterstützung für Entwicklungsprogramme und Radikalisierung führen kann. Allerdings muß es nicht automatisch zu einer tatsächlichen Rebellion kommen, da die Benachteiligten nicht unbedingt die Macht bzw. Organisationsfähigkeit für ein solches Unterfangen besitzen.

Ein Aspekt, den die geschilderten Zusammenbruchstheorien der Modernisierung nicht in Betracht ziehen, ist zudem die Möglichkeit, daß die Massenmedien ggf. gar nicht zu einer Erhöhung des Anspruchsniveaus führen, sondern statt dessen Wirklichkeitsflucht ermöglichen, d.h. eine Abkehr von den Existenzsorgen und Zwängen des Alltags gestatten. Hierfür wird der Begriff *„eskapistischer Mediengebrauch"* (vgl. auch Kapitel V.6.1.; V.10.4.) verwendet. Darunter ist eine kompensatorische Mediennutzung als Folge persönlichkeits- und/oder sozialstrukturell bedingter relativer Deprivation bzw. Frustration zu verstehen. Die Medien tragen zwar zur Beseitigung zeitweiliger Depressionen bei, verhindern aber die Lösung der den eskapistischen Mediengebrauch erst auslösenden realen Probleme.

Allerdings gibt es auch durchaus erfolgreiche Ansätze, gerade die Medieninhalte, die üblicherweise für Eskapismus verantwortlich gemacht werden (v.a. Unterhaltung), in geschickter Weise für die Vermittlung entwicklungspolitisch relevanter Botschaften zu verwenden. So lassen sich zahlreiche Beispiele dafür nennen, wie Seifenopern im Radio und im Fernsehen oder Musikvideos dem Transport erwünschter Werte oder der Unterstützung von Aufklärungskampagnen dienen können (Brown/Singhal 1999; Singhal/Rogers 1999). Ein frühes Beispiel hierfür ist die erstmals 1951 von der BBC ausgestrahlte Radio-Soap „The Archers: An Everyday Story of Country Folk", die Innovationen in der Landwirtschaft unter britischen Bauern verbreiten und das Verständnis der Städter für die Probleme auf dem Land verbessern sollte (Singhal/Rogers 1999, 122–125). Die „Archers" laufen noch heute und sind damit die weltweit langlebigste Seifenoper. Das Erziehungskonzept wurde dabei den Zeitumständen angepaßt und das Themenspektrum erweitert. Eine adaptierte Radio- und Fernsehversion der „Archers" ist in Nigeria erfolgreich ausgestrahlt worden. Zu den bekanntesten zu Erziehungszwecken eingesetzten Fernsehserien zählt die erstmals 1969 ausgestrahlte peruanische Telenovela „Simplemente María". Sie handelte von einem einfachen Hausmädchen, dem durch seine Fertigkeiten im Nähen und durch den Besuch einer Abendschule der soziale Aufstieg gelingt. In allen lateinamerikanischen Staaten, in denen diese Telenovela gesendet wurde, stieg das Interesse junger Frauen am Nähen und an Abendkursen für Erwachsene (Rogers/Antola 1985; Singhal/Obregon/ Rogers 1994; Singhal/Rogers 1999, 24–46). Miguel Sabido, seit 1974 Vizepräsident für Forschung bei dem mexikanischen Medienkonzern „Televisa", entwickelte aufgrund dieses Erfolges eine spezielle Form der Telenovela mit erzieherischem Charakter, die von „Televisa" von 1975–1982 mit großem Erfolg ausgestrahlt wurde. Themen waren Erwachsenenbildung, Familienplanung, Gleichberechtigung von Frauen und Kindererziehung.[66] Nach dem Vorbild dieser Erfolge wurde für Indien die 1984/85 ausgestrahlte Seifenoper „Hum Log" entwickelt, die das Leben einer Mittelklasse-Familie zum Gegenstand hatte und u.a. Botschaften zur Verbesserung der Stellung der Frau, zur Familienplanung, zur nationalen Integration, zur Aufrechterhaltung der traditionellen Kultur sowie zu Problemen des urbanen Lebens und zum Alkoholismus behandelte. Am Ende jeder Episode faßte ein populärer Schauspieler die Handlung zusammen und gab Ratschläge für richtiges Verhalten (Singhal/Rogers 1988; 1989; 1999, 73–104).[67] Auch in zahlreichen anderen Ländern sind ähnliche Format eingesetzt worden und haben z.T. erhebliche Popularität erlangt (Brown/Singhal 1999, 269f.). Zudem sind in Lateinamerika, auf den Philippinen und in Nigeria auch Musikvideos verwendet worden, um v.a. Jugendliche über Fragen sexueller Verantwortung aufzuklären.[68]

---

[66] „Ven Conmigo", die die Erwachsenenbildung im Rahmen einer staatlichen Alphabetisierungskampagne fördern sollte, soll die Zahl der Anmeldungen für entsprechende Kurse um 63% gesteigert haben. „Acompaname", eine Telenovela zur Familienplanung, soll den Verkauf von Verhütungsmitteln um 23% erhöht haben (Kausalzusammenhänge sind hier allerdings schwer zweifelsfrei festzustellen). Auch wirtschaftlich stellten die Telenovelas einen Erfolg dar, weil sie aufgrund ihrer hohen Einschaltquoten für Werbetreibende interessant waren (Schleicher 1994, 190f.). Zu Sabido und seinem Konzept vgl. Singhal/Rogers (1999, 47–72). 1997 wurde von „Televisa" in Mexiko erneut eine Seifenoper von Sabido ausgestrahlt, die sich mit dem Problem der Straßenkinder befaßt (Singhal/Rogers 1999, 52f.).

[67] Gesponsert wurde dieses Programm von der Firma Nestlé (Maggi), die so „Maggi 2 Minute Noodles", die zuvor völlig unbekannt waren, im indischen Markt durchsetzte und eine Ära kommerziell gesponserter Programme im indischen Fernsehens (Doordarshan) einleitete (Singhal/Rogers 1988; 1989; 1999, 100f.). Zu den schwer meßbaren erzieherischen Effekten vgl. Singhal/Rogers (1999, 96–100); Brown (1990).

[68] Diese Aktivitäten waren meist Bestandteil einer größeren Kampagne und wurden z.B. durch Telefon-Hotlines oder Diskussionen in Schulen usw. begleitet (Singhal/ Rogers 1999, 105–119).

Während die Modernisierungstheorien die Ursache für Unterentwicklung in endogenen Faktoren (z.b. soziokulturelle Merkmale wie Traditionalismus oder systemimmanente Fehlentwicklungen wie Bevölkerungsexplosion) sehen, machen die Vertreter der *Dependenztheorien* dafür die weltweiten Wirtschaftsverflechtungen und die damit verbundenen Abhängigkeiten[69] verantwortlich. Johan Galtung (1971) unterteilt die Welt in *Zentren* (Industrienationen) und von diesen abhängige *Peripherien* (Entwicklungsländer) (Abb. 10). Diese Abhängigkeiten seien früher das Resultat eines direkten Kolonialismus gewesen, heute würden sie durch indirekte neo-koloniale Mechanismen (wie ungerechte Handelsbedingungen und Kreditvergaben) aufrechterhalten. Zu diesen Mechanismen gehöre auch die Entwicklungshilfe, die die Unterschiede zwischen den reichsten und den ärmsten Nationen sowie die sozialen Differenzen innerhalb der Entwicklungsländer nur noch verschärft habe. Die Vergrößerung wirtschaftlicher und sozialer Unterschiede ist nach Immanuel Wallerstein (1974, 86) der weltwirtschaftlichen Entwicklung inhärent, da Zentren sich nur auf Kosten der Peripherie zu entwickeln vermöchten.[70]

Die Dependenztheorien, bei denen es sich um ein Bündel sozioökonomischer Ansätze handelt, können in Anlehnung an Christopher Chase-Dunn (1975) in drei Varianten klassifiziert werden: 1. Ausbeutung der Peripherie durch das Zentrum, 2. strukturelle Verzerrung der Ökonomie in der Peripherie (durch erzwungene Konzentration auf Export von Rohmaterialien und Import von Fertigprodukten) sowie 3. Unterdrückung autonomer Politik in der Peripherie (durch Eliten innerhalb der Entwicklungsländer, deren Interessen mit denen des Zentrums identisch sind, da sie von den bestehen-

---

[69] Dependenztheorien sehen wirtschaftliche Entwicklung und wirtschaftliche Unterentwicklung als zwei Seiten einer Medaille. Theotonio dos Santos (1973, 243) definiert aus dependenztheoretischer Sicht: „Unter Abhängigkeit verstehen wir eine Situation, in der die Wirtschaft bestimmter Länder bedingt ist durch die Entwicklung und Expansion der Wirtschaft eines anderen Landes, der sie unterworfen ist. Das Verhältnis der Interdependenz zwischen zwei oder mehr Volkswirtschaften sowie zwischen diesen und dem Welthandel nimmt die Form der Abhängigkeit an, wenn einige Länder (die beherrschenden) in der Lage sind, zu expandieren und sich aus eigener Kraft kontinuierlich zu entwickeln, während andere (die abhängigen) das nur als Reflex dieser Expansion tun können, was entweder positive oder negative Auswirkungen auf die unmittelbare Entwicklung letzterer haben kann."

[70] Immanuel Wallerstein (1974; 1980) entwickelt in seiner „World System Theory" eine Variante der Dependenztheorie, die letztlich darauf hinausläuft, daß arme, schwache Länder als „peripher" und reiche, starke Staaten als „zentral" bezeichnet werden. Daneben gibt es noch „semi-periphere" Staaten (vgl. ausführlich Kunczik 1985, 146ff.). Auf der „World System Theory" basierende Untersuchungen z.B. zum internationalen Telefonnetzwerk und monetären Netzwerken (operationalisiert als internationale Transaktionen eines in den USA ansässigen Kreditkartenunternehmens) haben in letzter Zeit George A. Barnett u.a. (1996; 1999) durchgeführt.

den Strukturen profitieren und politische Maßnahmen zu einem Ausgleich von Ungerechtigkeiten verhindern).

Im Rahmen der Dependenztheorien nimmt der Aspekt der Kommunikation einen eher unbedeutenden Stellenwert ein. Eine Ausnahme stellt allerdings die *„Theorie des strukturellen Imperialismus"* und die damit verbundene *„Brückenkopfthese"* von Johan Galtung (1971) dar, die auch in anderer Hinsicht über die Beschränkung auf ökonomische Faktoren der „klassischen" Dependenztheorien hinausgeht. Galtung ist der Ansicht, daß die Zentren untereinander in einer „Vollstruktur" verknüpft sind, d.h. allen Positionen das gleiche Maß an „Zentralität" zukommt. Den einzelnen Zentren sind die als peripher bezeichneten Nationen angeschlossen. Es findet eine vertikale Interaktion zwischen Zentrum und Peripherie statt, aber nicht zwischen den Peripherien.

Abbildung 10: Feudale Zentrum-Peripherie-Struktur nach Galtung

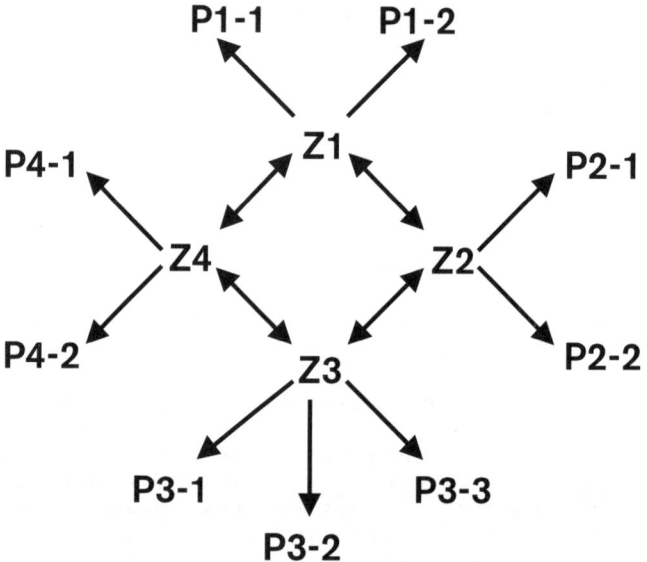

Quelle: Galtung 1973, 51

Das Verhältnis der Zentren gegenüber der Peripherie ist nach Galtung durch eine Dominanz-Dependenz-Relation gekennzeichnet, die er als *„strukturellen Imperialismus"* bezeichnet. Dieser kann sich in fünf Formen (Abb. 11) manifestieren (ökonomischer, politischer, militärischer, kultureller und kommunikativer Imperialismus), die in unterschiedlichen Kombinationen auftreten und sich gegenseitig verstärken können.

Abbildung 11: Fünf Typen von Imperialismus nach Galtung

	ökonomischer Imperialismus	politischer Imperialismus	militärischer Imperialismus	Kommunika-tions-imperialismus	kultureller Imperialismus
Die Zentral-nation bietet	industrielle Produktion, Produktions-mittel	Entschei-dungen, Modelle (Vorbilder)	Schutz, Zerstörungs-mittel	Kommunika-tionsmittel, Nachrichten	Lehrer, Kreativität, Autonomie
Die Peripherie-nation bietet	Rohstoffe, Märkte	Gehorsam, Nachahmung	Disziplin, traditionelle Hardware	Passagiere, Güter, Ereignisse	Lernende, Bestätigung, Abhängigkeit

Quelle: Galtung 1973, 57

„Kommunikationsimperialismus" bezieht sich dabei auf die *Mittel* bzw. die *Infrastruktur* der Kommunikation, *„kultureller Imperialismus"* dagegen auf Kommunikations*inhalte*. Galtung geht von der inzwischen empirisch widerlegten (vgl. Kapitel VI.3.) Annahme aus, daß der internationale Nachrichtenfluß entsprechend seines strukturellen Modells einseitig vom Zentrum in die Peripherie verlaufe. Damit verbunden ist auch die Vorstellung, daß öffentliche Meinung im internationalen Bereich von den großen Agenturen und aus Sicht der Zentrumsnationen geprägt werde. Außerdem würden Journalisten in Entwicklungsländern durch Trainingskurse in der Peripherie oder Ausbildung in den Zentrumsnationen die Arbeitsweise und das Rollenverständnis ihrer Kollegen in den Industrienationen übernehmen. Auf diese Weise seien sie Teil der sogenannten „Brückenköpfe", die Zentrumsnationen in peripheren Nationen unterhielten, und die dort in ihrem Interesse wirkten (Abb. 12).

Abbildung 12: Die Struktur des Imperialismus nach Galtung

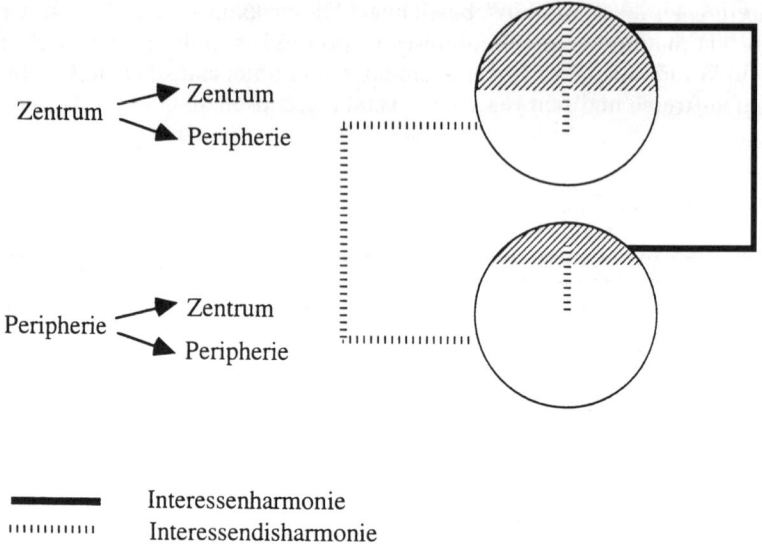

        ▬▬▬▬▬   Interessenharmonie
        ⅠⅠⅠⅠⅠⅠⅠⅠⅠⅠⅠ   Interessendisharmonie

Quelle: Galtung 1973, 36 (entnommen aus Rullmann 1996, 34)

Die Konsequenz besteht nach Galtung darin, daß auch in den Entwick-
lungsländern westliche Unterhaltung dominiere und für die Auswahl von
Nachrichten in den Industriestaaten geltende Kriterien maßgeblich seien.
Für Entwicklungsländer relevante Informationen würden deshalb nicht zu
Nachrichten. Dieser Zustand werde noch dadurch begünstigt, daß Journali-
sten in Entwicklungsländern oft für eine westlich orientierte Elite schrieben.
    An der Theorie von Galtung ist zu kritisieren, daß die Dichotomie
Zentrum-Peripherie eine zu starke Vereinfachung darstellt. Es ist unberech-
tigt, von einer grundsätzlichen Interessenharmonie unter den Zentrums-
nationen und einer grundsätzlichen Disharmonie der Interessen zwischen
Zentrum und Peripherie auszugehen.

Insgesamt führte die Erkenntnis, daß weder die Erklärungskraft der
Modernisierungstheorien noch die der Dependenztheorien befriedigend ist,
Mitte der 80er Jahre zu einer „Theoriekrise". Mangels besserer Alternativen
erfolgt allerdings noch immer ein „Recycling" dieser alten Ansätze (Boeckh
1992, 110; Rullmann 1996, 20). Dabei sind allerdings die „neuen" Kommunikationstechnologien und die Auswirkungen der Informationsgesellschaft

vielfach in den Mittelpunkt der Überlegungen gerückt. Anhänger der Dependenztheorie sehen in den neuen Kommunikationstechnologien eine Reproduktion alter Abhängigkeitsmuster, da die Macht über Infrastruktur und Inhalte dieser Medien in der Hand westlicher Unternehmen liege. Durch Kommerzialisierung und Konzentrationsprozesse werde der Zugang zu Informationen beschränkt und ihre Vielfältigkeit und Qualität in Mitleidenschaft gezogen. In diesem Sinne würden die neuen Medien zu neuen Vehikeln des Kulturimperialismus (Nulens/Audenhove 1999, 455f.).

Optimistische Modernisierungstheoretiker betrachten die Telekommunikation und die neuen Medien als großes Potential für die soziale, kulturelle und wirtschaftliche Entwicklung in der Dritten Welt. Aufgrund technologischer Innovationen und sinkender Preise wird es sogar für möglich gehalten, daß solche Staaten einige Entwicklungsstadien überspringen ("Leapfrogging") und zügig an der globalen Informationsgesellschaft teilhaben können (Nulens/Audenhove 1999, 451). Gegenüber allzu erwartungsvollen Einschätzungen der neuen Medien weisen Skeptiker allerdings darauf hin, daß der Zugang zu neuen Technologien von Bildung (d.h. auch Kenntnis der englischen Sprache), Einkommen und Verteilung des Wohlstandes abhängig ist und daher wachsende Umverteilung hinsichtlich Wissen und Einkommen die Folge sein könnte. Abgesehen davon, sind viele Möglichkeiten des Internets für Entwicklungsländer auch erst dann von Nutzen, wenn wesentlich grundlegendere Probleme gelöst sind. So kann die Telemedizin z.B. für die Versorgung von Patienten in ländlichen Gebieten hilfreich sein, das Problem mangelnder Hygiene als Ursache einer großen Zahl von Erkrankungen wird dadurch jedoch nicht gelöst.[71] Auch der Einsatz des Internets zur Verbesserung der Bildung wird sehr eingeschränkt bleiben, solange in vielen Ländern kein funktionierendes Schulsystem existiert (Grote 2000). Hinzu kommt, daß oft auch im Hinblick auf Technik und Infrastruktur Grundvoraussetzungen für den Einsatz neuer Technologien (z.B. stabile Elektrizitätsversorgung, Telefonleitungen usw.) noch nicht vorhanden sind (Brüne 1999; Everard 2000, 27–43).[72] Stefan Brüne (1999)

---

[71] Der gezielte Einsatz von Kommunikationsmitteln in Kombination mit interpersonaler Kommunikation kann jedoch auch zur Lösung solcher Probleme beitragen. So wurden in Tansania 1973–1975 bei „Health Campaigns" Gruppen organisiert, die gemeinsam Radioprogramme hörten, deren Inhalte diskutierten und nachfolgende Aktivitäten planten. In der Kampagne „Man is Health" wurden so über 700.000 Latrinen gebaut (Solomon 1982; vgl. zu derartigen Kampagnen auch Kapitel V.5.3.).

[72] So gibt es z.B. in Manhattan derzeit etwa so viele Telefonanschlüsse wie im ganzen südlichen Afrika (Brüne 1999, 211). 1995 betrugen die Wartezeiten auf einen Telefonanschluß bis zu 15 Jahre, nur ein Fünftel der vermittelten Auslandsgespräche konnte störungsfrei beendet werden. Der Durchschnitts-Afrikaner telefonierte weniger als eine Minute im Jahr. Heute haben 70–80% der afrikanischen Bevölkerung nicht einmal theoretisch die Möglichkeit eines Internetzugangs (Brüne 1999, 217).

weist darauf hin, daß z.B. für Afrika in technischer Hinsicht Großprojekte im Gange sind, um Staaten ans Internet anzuschließen, daß aber die Ausbreitung der neuen Technik durch Faktoren wie eine unsystematische Kommunikationspolitik, lukrative Staatsmonopole im Telekommunikationsbereich, die Furcht vor einem „Techno-Imperialismus" der Industrienationen im Falle einer Liberalisierung und Privatisierung, die Angst vor den innenpolitischen und ggf. destabilisierenden Auswirkungen unzensierter Informationen usw. behindert wird (vgl. auch Kapitel III.2.2.). Brüne (1999, 224) plädiert daher für eine nüchterne Einschätzung des Potentials der neuen Informationstechnologien: „Sie sind weder per se ausreichend, Afrika aus seiner ökonomischen Misere, technologischen Schwäche und blockierten Demokratisierung zu befreien, noch sollten sie ausschließlich als Luxus und Ablenkung von den ‚wahren' Problemen abgetan werden." Chancen für eine erfolgversprechende Anwendung sieht Brüne insbesondere im Bereich der Bildung (z.B. durch Videokonferenzen und Online-Universitäten, wie sie z.B. die Weltbank fördert). Auch NGO-Netzwerke[73] (zwischen Nord und Süd und innerhalb des Südens), einzelne geschäftliche Interessenten und Journalisten hätten den Nutzen der Neuen Medien für sich erkannt.

In jedem Fall ist es wichtig, westliche Befunde und Vorgehensweisen nicht eins zu eins auf Entwicklungsländer zu übertragen. Dies zeigen Studien, die sich mit soziokulturellen Faktoren bei der Einführung Neuer Medien in der Dritten Welt befassen. So wird beispielsweise vermutet, daß sich in einer in Afrika weit verbreiteten oralen Kultur auf geschriebenen Worten basierende Kommunikationsmittel, wie z.B. E-Mail, schwer durchsetzen. An Harmonie und Konfliktvermeidung orientierte Gesellschaftsstrukturen wirken sich auch im Arbeitsleben aus und können zu einer schnellen Akzeptanz neuer Technologien führen. Die Dominanz hierarchischer Strukturen dagegen trägt dazu bei, daß der Zugang zu Neuen Medien leicht zum Status-Symbol wird und daher auf wenige beschränkt zu bleiben droht (dazu in bezug auf Kenia Ryckeghem 1995; Nulens/Audenhove 1999, 466). Das Wissen um derartige Bedingungen ist wichtig, um sich diese zunutze zu machen bzw. Probleme zu vermeiden und nicht in einen technologischen Determinismus zu verfallen, wie er internationalen Hilfsorganisationen z.T. vorgeworfen wird (Nulens/Audenhove 1999, 466). Paula Uimonen (zit. nach Grote 2000, 99) vom „United Nations Research Institute" bringt das Problem mit den Worten auf den Punkt: „Technologie ist nie das Bestimmende, sondern nur eine Erleichterung [...]. Wie mit jeder anderen Technologie ist es der soziale Kontext, der vorgibt, wie die neue Technologie eingeführt und benutzt wird und wie sie sich letztlich auswirken wird."

---

[73] NGO steht für „Non-Governmental Organizations".

Teil III – Journalismus

1. Journalisten und ihr Berufsfeld

1.1. Definition von Journalismus

Der Begriff „Journalist" (das Wort stammt vom französischen „le jour" = „der Tag") wird in der Literatur nicht immer einheitlich verwendet und erfährt auch aufgrund von Veränderungen des Berufsfeldes im Zeitverlauf immer wieder Modifikationen. Die Veränderungen im Journalismus und im journalistischen Selbstverständnis spiegeln sich in den über die Jahre abgewandelten Formulierungen des vom Deutschen Journalisten-Verband (DJV) erarbeiteten „Berufsbildes" wider. Wie Wolfgang Donsbach (1999, 489f.) herausstellt, ist dabei neben der Einbeziehung des Bereichs Öffentlichkeitsarbeit und der Anpassung an technische und wirtschaftliche Veränderungen der Medienwelt ein Wandel der Vorstellung vom Begabungsberuf zum Ausbildungs- und Qualifikationsberuf zu beobachten. Im aktuellen „Berufsbild Journalistin/Journalist" des DJV von 1996 (DJV 1999, 64f.) heißt es: „Journalistin/Journalist ist, wer nach folgenden Kriterien hauptberuflich an der Erarbeitung bzw. Verbreitung von Informationen, Meinungen und Unterhaltung durch Medien mittels Wort, Bild, Ton oder Kombinationen dieser Darstellungsmittel beteiligt ist: 1. Journalistinnen und Journalisten sind fest angestellt oder freiberuflich tätig für Printmedien (Zeitungen, Zeitschriften, Anzeigenblätter oder aktuelle Verlagsproduktionen), Rundfunksender (Hörfunk und Fernsehen) und andere elektronische Medien (On- und Offline-Medien, soweit sie an publizistischen Ansprüchen orientierte Angebote und Dienstleistungen schaffen), Nachrichtenagenturen, Pressedienste, in Wirtschaft, Verwaltung und Organisationen (Öffentlichkeitsarbeit und innerbetriebliche Kommunikation) sowie in der medienbezogenen Bildungsarbeit und Beratung. 2. Zu journalistischen Leistungen gehören vornehmlich die Erarbeitung von Wort- und Bildinformationen durch Recherchieren (Sammeln und Prüfen) sowie Auswählen und Bearbeiten der Informationsinhalte, deren eigenschöpferische medienspezifische Aufbereitung (Berichterstattung und Kommentierung), Gestaltung und Vermittlung, ferner disponierende Tätigkeiten im Bereich von Organisation, Technik und Personal. 3. Journalistinnen und Journalisten üben ihren Beruf aus als freiberuflich Tätige oder als Angestellte eines Medienunternehmens bzw. im Bereich der Öffentlichkeitsarbeit eines Wirtschaftsunternehmens, einer Verwaltung oder einer Organisation."

Problematisch ist an dieser Definition die Einbeziehung des Berufsfeldes
Öffentlichkeitsarbeit in den Journalismus. Zwar besteht sicherlich eine enge
Beziehung zwischen beiden Seiten (Tausch von Publizität gegen Information, vgl. Kapitel II.3.1., III.5.4.2.), aber während es sich bei Öffentlichkeitsarbeit um eine „Selbstdarstellung partikularer Interessen" (Baerns
1985, 16) handelt, liegt die Aufgabe des Journalismus in der „Fremd-
darstellung" (Baerns 1985, 16) und, zumindest im Idealfall, in einer kritischen Haltung gegenüber staatlichen bzw. gesellschaftlichen Kräften und in
der Erfüllung einer Funktion für das Gesamtinteresse.

Auch schränkt das Kriterium der Hauptberuflichkeit im Berufsbild des
DJV den Kreis der Journalisten sehr stark ein. Dabei ist darauf hinzuweisen, daß in vielen Ländern ein zweiter Beruf für Journalisten aus wirtschaftlichen Gründen eine Notwendigkeit darstellt. In Deutschland sind
nebenberufliche freie Journalisten insbesondere für die Lokalpresse unverzichtbar, da diese aufgrund der begrenzten personellen und finanziellen
Ausstattung sonst oft nicht in der Lage wäre, den unterschiedlichen
Leserinteressen gerecht zu werden.

Nebenberufliche Journalisten sind nicht mit *freien* Journalisten gleichzusetzen. Freie Journalisten zeichnen sich dadurch aus, daß sie über keinen
festen Arbeitsvertrag und kein festes Gehalt verfügen, sondern auf
Honorarbasis tätig sind. Dabei reicht das Spektrum der sogenannten
„Freien" von hauptberuflichen freien Journalisten bis zu Gelegenheits-
journalisten. Außerdem gibt es die sogenannten *„Pauschalisten"* (im Printbereich) bzw. *„Festen Freien"* (bei Hörfunk und Fernsehen), die für ihre
Arbeit ein garantiertes Pauschalhonorar erhalten und meist zu bestimmten
Arbeitszeiten und kontinuierlich in den gleichen Arbeitsbereichen tätig sind
(Mast 1999, 105).[1] Die freien Journalisten sind nicht nur für die Gestaltung
von Zeitungen und Zeitschriften von entscheidender Bedeutung, sondern
auch für die Produktion von Rundfunk- und Fernsehprogrammen vielfach
unentbehrlich. In Deutschland beispielsweise beträgt allein der Anteil der
hauptberuflich tätigen freien Journalisten an der Gesamtzahl der Journalisten je nach Quelle zwischen einem Drittel und einem Viertel (vgl. Kapitel
III.2.). Dadurch, daß viele Medienunternehmen „Outsourcing" betreiben,
d.h. Tätigkeiten auslagern und je nach Bedarf hinzukaufen, nimmt die Zahl

---

[1] Der DJV (1999, 65) definiert in seinem „Berufsbild" (hauptberufliche) freie Journali-
    sten folgendermaßen: „Freie Journalistinnen und Journalisten sind tätig: – regelmä-
    ßig für ein oder mehrere Auftraggeber auf der Grundlage individueller Vereinbarun-
    gen oder tariflicher Verträge, – für ein oder mehrere Unternehmen auf der Grundlage
    von Vereinbarungen im Einzelfall oder ohne Auftrag, indem sie journalistische
    Beiträge erarbeiten und den Medien anbieten. Freie Journalistin/Freier Journalist ist
    auch, wer Inhaber oder Anteilseigner eines Medienbüros mit oder im Zusammen-
    schluß mit anderen Freien Journalistinnen oder Journalisten (z.B. Pressebüro) arbei-
    tet, sofern die journalistische Tätigkeit dabei im Vordergrund steht."

der freien Journalisten zu. Oft sind freie Journalisten daher auch für Journalisten- und Medienbüros sowie für spezielle Agenturen tätig (Mast 1999, 107). Besonders im Bereich „Multimedia" wird stark auf externe Zulieferungen gesetzt (Mast/Popp/Theilmann 1997, 163, 173; Altmeppen 1998, 212; 1999, 70, 76, 80).

Unter der Berufsbezeichnung „Journalist" kann man eine Vielzahl von Einzelberufen mit unterschiedlichen Tätigkeitsmerkmalen aufzählen. Es macht einen großen Unterschied, ob man z.b. Chefredakteur, Redakteur, Reporter, Korrespondent, Agenturjournalist, Bildjournalist oder ein für die Öffentlichkeitsarbeit zuständiger Mitarbeiter der Pressestelle einer Organisation ist. Ein Chefredakteur beispielsweise beschäftigt sich ist v.a. mit administrativen Aufgaben (Organisation, Kontrolle, Zuteilung von Arbeit), entscheidet z.B. bei einer Zeitung über Plazierungen und Überschriften und vertritt die Redaktion nach außen. Demgegenüber befassen sich Reporter mit der Recherche und verfassen Artikel, d.h. sie können viel stärker selbst gestalterisch tätig sein. Je nach Position in einer bestimmten Medienorganisation, je nach der Art des Mediums (Tageszeitung, Wochenzeitung, Rundfunk, Fernsehen, Online-Medien usw.) und auch je nach Ressort variieren die Aufgaben und auch die Einstellungen der Journalisten z.T. erheblich.

1.2. Anzahl und Soziodemographie der Journalisten in Deutschland

Aufgrund der je nach Datenerheber unterschiedlichen Berechnungsgrundlagen und Berufsbezeichnungen ist es problematisch, die Zahl der Journalisten statistisch zu erfassen. Aus der amtlichen Berufsstatistik läßt sich nur die Anzahl der Publizisten in Deutschland ermitteln, die nach dem Mikrozensus (Statistisches Bundesamt) vom April 1999 121.000 beträgt. Unter die Berufsordnung „Publizisten/Publizistinnen (821)" fallen jedoch neben der Berufsklasse der „Journalist(en/innen)" auch „Schriftsteller/innen", „Dramaturg(en/innen)", „Lektor(en/innen)", „Redakteur(e/innen)", „Rundfunk- und Fernsehsprecher/innen" und „andere Publizist(en/innen)" (Medienberater, Pressesprecher, Showmaster usw.). Für diese einzelnen Berufsklassen werden keine Zahlen ausgewiesen. Zudem spiegelt die Klassifikation die Berufsrealität nicht wider, was sich in der sachlich nicht zwingenden Unterscheidung von Redakteuren und Journalisten zeigt.[2]

---

[2]   Es handelt sich hierbei um eine Sortierung der Selbstangaben zum Beruf. Zudem werden Fotoreporter, Pressefotografen, Bildberichterstatter und Fotojournalisten einer anderen Berufsordnung zugerechnet, Bildjournalisten dagegen fallen unter Publizisten.

Die Studie „Journalismus in Deutschland" (Weischenberg/Löffelholz/ Scholl 1993, 26; 1994; 1998; Scholl/Weischenberg 1998)[3] ermittelte 1992/93 die Zahl von ca. 54.000 Journalisten, von denen 18.000 als hauptberufliche Freie arbeiteten. 46,5% der Journalisten waren nach den Ergebnissen dieser Untersuchung bei Zeitungen tätig, knapp 11% bei Anzeigenblättern, 7,6% bei Agenturen und Diensten, 15% bei Zeitschriften und 20% im Rundfunk. In der etwa gleichzeitig mit dieser Studie durchgeführten „Sozialenquête" (Schönbach 1992; Schneider/Schönbach 1993; Schneider/Schönbach/Stürzebecher 1993a; 1993b; 1994; Schönbach/Stürzebecher/Schneider 1998)[4] wurden freie Journalisten aufgrund methodischer Probleme und Abgrenzungsschwierigkeiten ebenso ausgeklammert wie Journalisten von Fachzeitschriften, Anzeigenblättern und Stadtmagazinen und von meist themenspezifischen Mediendiensten.[5] Diese Forschungsgruppe ermittelte eine niedrigere Gesamtzahl von ca. 30.000 festangestellten Journalisten, wobei sich Abweichungen gegenüber der Studie „Journalismus in Deutschland" v.a. für die neuen Bundesländer ergaben.[6] Von den festangestellten Journalisten waren knapp 52% bei Zeitungen, knapp 17% bei Zeitschriften, 3,6% bei Nachrichtenagenturen und 28% in Hörfunk und Fernsehen tätig.

Der DJV nannte 1999 die Zahl von 61.500 Journalisten. Von den festangestellten Journalisten arbeiten ca. 14.000 (23%) bei Tageszeitungen, ca. 9.000 (15%) bei Zeitschriften und Anzeigenblättern, ca. 11.000 (18%) beim

---

[3]   Es erfolgte eine persönliche Befragung von 1498 west- und ostdeutschen, festangestellten und freiberuflichen Journalisten bei Tages-, Sonntags- und Wochenzeitungen, Anzeigenblättern, Nachrichtenagenturen und Mediendiensten, öffentlich-rechtlichen und privaten Rundfunkanstalten sowie Publikums-, „Special-Interest"- und Fachzeitschriften. Die Verfasser nahmen keine getrennte Auswertung für west- und ostdeutsche Journalisten vor. Die im folgenden genannten Ergebnisse beziehen sich auf Gesamtdeutschland.

[4]   Es erfolgte eine telefonische Befragung von 983 westdeutschen und 585 ostdeutschen festangestellten Journalisten aus Zeitungs-, Zeitschriften, Nachrichtenagentur- und Rundfunkredaktionen. Die Autoren werteten ihre Ergebnisse getrennt für West- und Ostdeutschland aus. Die Befragung der ostdeutschen Journalisten war Teil der vom Presse- und Informationsamt der Bundesregierung in Auftrag gegebenen „Sozialenquête über die Journalisten in den neuen Ländern der Bundesrepublik Deutschland" und wurde durch eine zeitgleiche Befragung westdeutscher Journalisten ergänzt. Zu den Ergebnissen der anderen, hier nicht weiter behandelten Teiluntersuchungen der „Sozialenquête" vgl. Böckelmann/Mast/Schneider 1994.

[5]   Aufgrund der unterschiedlichen Methodik (siehe oben) sind die Ergebnisse der „Sozialenquête" und der Studie „Journalismus in Deutschland" nur sehr eingeschränkt vergleichbar.

[6]   Für die neuen Bundesländer wurden in der „Sozialenquête" 4.777, für die alten 25.506 Redakteure und Volontäre ermittelt (Schneider/Schönbach/Stürzebecher 1993a, 355). In der Studie „Journalismus in Deutschland" (Weischenberg/Löffelholz/ Scholl 1993, 26) waren es 32.500 im Westen und 3.599 im Osten (zuzüglich insgesamt ca. 20.000 freier Journalisten in West- und Ostdeutschland).

Rundfunk, ca. 7.000 in Pressestellen (11%), ca. 2.000 (3%) in Agenturen und Pressebüros und ca. 700 (1%) im Bereich Online/Multimedia. Hinzu kommen ca. 2.800 Volontäre (4%) sowie ca. 15.000 (25%) hauptberuflich tätige freie Journalisten, wobei gerade die Zahl der Freien schwer zu schätzen ist und vermutlich über dem hier angeführten Wert liegt (DJV 1999, 45).

Was die soziodemographische Struktur westdeutscher Journalisten betrifft, ist der „Sozialenquête" (Schneider/Schönbach/Stürzebecher 1993a, 359–361; 1993b, 10f.; 1994, 172–176) zufolge die Mehrheit der Journalisten männlich.[7] In Ostdeutschland[8] lag der Anteil der Frauen Anfang der 90er Jahre mit 36% etwas höher als in Westdeutschland (25%). Hinsichtlich des Frauenanteils gab es Unterschiede zwischen den einzelnen Mediengattungen. In West- und Ostdeutschland waren überdurchschnittlich viele Journalistinnen bei Zeitschriften beschäftigt (Frauenanteil 35% bzw. 49%), bei Nachrichtenagenturen arbeiteten in Westdeutschland die wenigsten Frauen (19% Frauenanteil), im Osten dagegen war der Frauenanteil dort nach den Zeitschriften am höchsten (43%). Sehr gering ist nach den Ergebnissen einer Befragung von 1997 der Frauenanteil unter den deutschen Online-Journalisten, die zudem ein besonders niedriges Durchschnittsalter aufweisen (Mehlen 1999, 97–99).

Im Journalismus sind vor allem relativ junge Personen tätig. Das Durchschnittsalter lag Anfang der 90er Jahre in Westdeutschland bei 38,5 Jahren, in Ostdeutschland bei 37,2 Jahren. Die Altersstruktur erwies sich allerdings als höchst heterogen. In Westdeutschland waren 1992 über 60% der Journalisten unter 40 Jahren alt. Die weitaus größte Gruppe bilden die 30- bis 39jährigen. Ein Fünftel der west- und ein Viertel der ostdeutschen Journalisten war jünger als 30 Jahre. Dafür waren im Osten die über 50jährigen mit 10% schwächer vertreten als im Westen (17%). Journalistinnen waren 1992 im Westen mit einem Durchschnittsalter von 34,4 Jahren wesentlich jünger als Journalisten (39,8 Jahre). In Ostdeutschland gab in dieser Hinsicht kaum einen Unterschied zu konstatieren (Schneider/Schönbach/Stürzebecher 1993a, 361f.; 1993b, 11–13; 1994, 176–178).

---

[7] Zu den Ergebnissen der Studie „Journalismus in Deutschland" vgl. Weischenberg/ Löffelholz/Scholl 1993, 27.

[8] Die Daten für Ostdeutschland beziehen sich, wenn nicht anders angegeben, auch im folgenden stets auf Journalisten mit Wohnsitz vor 1989 in der DDR.

1.3. Journalismus und Neue Medien

Nicht zuletzt durch die Entwicklung neuer Technologien ist das Berufsfeld der Journalisten immer wieder Veränderungen unterworfen (für einen Überblick zum Online-Journalismus Altmeppen/Bucher/Löffelholz 2000). Im Hinblick auf Multimedia bzw. Internet können mit Klaus-Dieter Altmeppen (1998, 206) drei Auswirkungen unterschieden werden: Die Neuen Medien werden zu einem neuen *Arbeitsmittel* (z.b. Online-Recherche), sie stellen einen neuen *Gegenstand der Berichterstattung* dar (d.h. neue Rubriken, Fachzeitschriften usw. entstehen) und führen zu neuen (journalistischen) *Produkten* (WWW-Angebote, Online-Zeitungen usw.). Allerdings wird v.a. in bezug auf das Internet auch die Frage aufgeworfen, ob Journalisten in Zukunft überhaupt noch notwendig sind, da sich die Nutzer Informationen selbst suchen oder sogar automatisch zusammenstellen lassen könnten. Die monopolartige Stellung der Journalisten als Informationsanbieter und als „Gatekeeper" geht durch das Internet verloren (Mast/Popp/Theilmann 1997, 174f.; Neuberger 2000b, 39; Wirth 2000, 175). Allerdings kommt Journalisten angesichts der für den einzelnen kaum noch zu bewältigenden Datenflut die wichtige Aufgabe zu, diese Informationsmenge durch professionelle und nutzerfreundliche Aufbereitung und durch Selektion handhabbar zu machen. Auch die Metapher von „Pfadfindern", „Navigatoren" oder „Lotsen", die die Rezipienten durch den Informationswust führen und ihnen Orientierung ermöglichen, wird in diesem Zusammenhang gerne verwendet (Dernbach 1998, 56). Donsbach (1999, 507) konstatiert: „Bei allen Veränderungen der Tätigkeitsmerkmale des Journalisten durch die neuen Informations- und Telekommunikationstechnologien läßt sich feststellen: Die funktionale Rolle des Journalismus im engeren Sinne wird erhalten bleiben. Sie befriedigt ein dauerhaftes Interesse der Menschen, dessen Bedeutung in der Informationsflut noch zunehmen wird: Wichtiges von Unwichtigem zu unterscheiden und in knapper und rezipientenfreundlicher Form deren Bedürfnis der Kontrolle über ihre Umwelt zu stillen." Angesichts der Tatsache, daß Quelle und Verläßlichkeit von Informationen im Netz häufig nicht nachprüfbar bzw. sichergestellt sind, werden Journalisten zudem als Garanten für die Glaubwürdigkeit und die Relevanz von Informationen benötigt (z.B. Kleinsteuber/Thomaß 1998, 223; Sarcinelli/Wissel 1998, 423; Belz/Haller/Sellheim 1999, 19; Mast 1999, 96). Erforderlich ist jedoch eine Anpassung an die neuen Gegebenheiten[9]

---

9   Höbermann (1998, 305f.) unterscheidet drei Kompetenzbereiche, in denen Veränderungen erforderlich seien: Es sei eine verstärkte *Fachkompetenz* bezüglich der Erfüllung journalistischer Standards (z.B. Richtigkeit, Genauigkeit, Trennung von redaktionellem Inhalt und Werbung) gefragt, um sich von der Vielzahl der (z.T. auch unseriösen) Angebote abzuheben. *Sachkompetenz* in Spezialbereichen werde immer

und die Nutzung der Möglichkeiten, die das neue Medium bietet, z.B. indem Zusatzinformationen, Links und multimediale Ergänzungen (z.B. Ton und Film) zu Zeitungsartikeln im Internet angeboten werden. Neben neuen Anforderungen im Hinblick auf technische Kenntnisse und die Aufbereitung und Gestaltung von Informationen[10] dürfte z.B. für die Online-Angebote von Zeitungen ein verstärkter Aktualitäts- und Zeitdruck die journalistische Arbeit verändern, da die Inhalte ständig auf den neuesten Stand der Ereignislage gebracht werden können und das Prinzip der Periodizität damit potentiell entfällt. Arbeitsabläufe müssen unter diesen Bedingungen anders organisiert werden (z.B. Wegfall eines Redaktionsschlusses) (Tonnemacher 1998, 177f.; Wilke 1998a, 184f.). Allerdings ist in diesem Zusammenhang anzumerken, daß die meisten Internet-Angebote traditioneller Medien die Möglichkeiten des neuen Mediums bisher keineswegs ausschöpfen (z.B. Wagner 1998; Wilke 1998a, 187; Mehlen 1999, 105–114; Neuberger 2000b, 30–33). Oft werden bestehende redaktionelle Inhalte (z.B. Zeitungsartikel) unverändert übernommen, so daß noch eher von „Nachrichtenrecycling" als von echtem „Online-Journalismus" gesprochen werden muß (Neuberger 1999).[11] Ausnahmen stellen einige Neugründungen wie z.B. die „Financial Times Deutschland" oder der TV-Nachrichtensender NTV dar, die von vornherein als „Crossmedia-Projekte" angelegt wurden (Neuberger 2000a, 106f.).

Ein festes Qualifikationsprofil für Online-Journalisten existiert noch nicht. Es ist jedoch abzusehen, daß sich dies mit zunehmender Bedeutung der Neuen Medien sowie der wachsenden Berücksichtigung entsprechender Kenntnisse im Rahmen der journalistischen Ausbildung ändern wird. Durch die parallele Verwendung von Bild-, Ton-, Text- und Filmelementen in Online-Angeboten verschwimmen die Grenzen zwischen Online-Zeitungen, Online-Hörfunk und Online-Fernsehen, und es dürften zunehmend

---

wichtiger, um in der Konkurrenz der Informationsanbieter bestehen zu können und sich von den zahlreichen „dilettantischen" Quellen abzuheben. Schließlich sei eine verbesserte *Vermittlungskompetenz* notwendig, zum einen bezüglich der (zumindest potentiell) verstärkten Interaktion mit dem Publikum (E-Mail-Anfragen an den Verfasser eines Beitrags, Moderation von Leserforen usw.) und zum anderen bezüglich der erweiterten Darstellungs- und Gestaltungsmöglichkeiten im Netz.

10 Hier ist v.a. zu erwähnen, daß die Platzbegrenzung der traditionellen Medien (Seitenzahl, Sendezeit usw.) entfällt und Informationen in einer anderen Struktur, nämlich nicht mehr in linearer Abfolge, sondern in Gestalt des sog. „Hypertexts" (Querverweise im Text („Hyperlinks") führen zu weiteren Dokumenten), d.h. einer „Tiefenstruktur" angeordnet werden (Tonnemacher 1998, 178; Wilke 1998a, 184f.).

11 Christoph Neuberger (2000a, 106, 108; 2000b, 18) erklärt dies auch damit, daß spezielle redaktionelle Leistungen im Internet bisher nur schwer direkt zu vermarkten und damit nicht refinanzierbar sind. Allerdings vermutet Neuberger (2000b, 33) einen allmählichen Prozeß der „Abnabelung" von den „Mutter-Medien" und einen steigenden Anteil von Exklusivbeiträgen.

medienübergreifende Erfahrungen gefragt sein (Mast/Popp/Theilmann 1997, 100, 147, 172f.). Es bilden sich neue Berufsprofile heraus, die zwar auf der einen Seite eine Spezialisierung bedeuten, bei denen aber auf der anderen Seite vorher weitgehend getrennte Bereiche zunehmend ineinander fließen (so z.b. die Bereiche Gestaltung und Technik bei Computer-Animations-Designern, Business und Technik bei Info-Brokern oder Text und Technik bei Online-Redakteuren) (Altmeppen, 1998, 211; Donsbach 1999, 507). Auch die „klassischen" journalistischen Berufsfelder sind durch die Neuen Medien Veränderungen unterworfen, so z.b. was die Erweiterung der Recherchemöglichkeiten betrifft.[12]

Obwohl weitgehend Übereinstimmung darin besteht, daß der Beruf des Journalisten durch die Neuen Medien nicht abgeschafft wird, sondern andere Tätigkeitsschwerpunkte entwickelt und neue Qualifikationen erfordert, herrscht kaum Einigkeit darüber, was Journalismus im Onlinebereich eigentlich ist. So stieß z.b. Christoph Neuberger (2000a; auch 2000b, 30) bei seiner Analyse journalistischer Online-Auftritte auf die Schwierigkeit, abzugrenzen, welche Angebote, die nicht Ableger traditioneller Medien sind, als journalistisch bezeichnet werden können.[13] Auch Jochen Wegner (2000, 44f.) schreibt: „[...] heute steht für die Medienbranche die Frage an, was eigentlich „Online-Journalismus" ist [...]. Denn erst in den letzten Jahren gewinnt im deutschen Netz jener neue Aggregatzustand von Information an Gewicht, der zwar an Journalismus erinnert, aber ganz ohne die katalysierende Wirkung klassischer journalistischer Mutter-Medien entsteht [...]. Der Übergang zwischen journalistischen Beiträgen, Werbebotschaften und persönlichen Bekenntnissen ist im Netz seit jeher fließend. Letztendlich kondensiert überall ein bisschen Journalismus [...]".[14]

---

[12] Quellen für Journalisten sind z.b. die Internet-Präsenz von Akteuren etwa aus dem politischen Bereich, Online-Dienste, Online- und Offline-Datenbanken sowie die Angebote anderer Online-Medien. Nützlich ist das Internet außerdem bei der Recherche und der Suche nach Experten und Interview-Partnern (Blittkowsky 1997; Wilke 1998a, 180–183; Wegner 1998). Zu den Vor- und Nachteilen der Internet-Recherche (z.B. der Versuchung, Fakten nicht mehr vor Ort nachzuprüfen) vgl. z.B. Schulz/Leidner 1998; Sonnleitner/Stadthaus/Weichert 1998; Wilke 1998a, 182f.; Zehnder 1998, 183).

[13] Angelegt wurden schließlich „klassische" Maßstäbe wie die Vermittlung aktueller Information (mindestens zweimal wöchentliche Aktualisierung), Abdeckung mindestens eines klassischen Tageszeitungs-Ressorts oder der Interessen einer breiten Zielgruppe sowie redaktionelle Autonomie.

[14] Was das in der Praxis bedeutet, zeigt das Beispiel der Computermesse CeBIT, die Redakteuren großer Online-Medien die Akkreditierung mit der Begründung verweigerte, Bewerber müßten bei einer Institution angestellt sein, die „den journalistischen/ethischen Kriterien" verpflichtet sei, wovon man üblicherweise bei gegen Geld verkauften Printmedien oder elektronischen Medien mit fester Erscheinungsfrequenz ausgehen könne (Wegner 2000, 44).

Aufgrund der geringen Zahl empirischer Arbeiten zum Journalismus im Onlinebereich (zu einem Überblick Mehlen 1999, 90; Neuberger 2000b) und der Unsicherheiten über die weitere Entwicklung können über die Veränderung des Berufsfeldes aber zum gegenwärtigen Zeitpunkt nur spekulative Aussagen getroffen werden.

2. Historische Aspekte

2.1. Kurze Geschichte des Journalismus: Von den Anfängen bis zum Hauptberuf

Den Forschungsstand zur Berufsgeschichte des Journalismus charakterisierte Walter Hömberg (1987, 621) Ende der 80er Jahre mit den Worten: „Es gibt eine Geschichte des Tabaks und der elektrischen Beleuchtung, eine Geschichte der deutschen Treppe und der Technischen Überwachungs-Vereine, eine Geschichte der Armenfürsorge und der Bienenzucht [...], eine Geschichte der franziskanischen Laienbewegung und eine Geschichte der französischen Arbeiterbewegung [...], eine Geschichte des Staatsvertrags und eine Geschichte des Stadtgrüns, eine Geschichte des Stalinismus und eine Geschichte des Streichtrios [...]. Es gibt die Geschichte vieler Berufe: der Richter und Rechtsgelehrten, der Kaufleute und Handelsherren, der Ärzte und Lehrer, der Prostituierten und Privatdozenten. Es gibt keine Berufsgeschichte der Journalisten." Diese Situationsdiagnose, vorgenommen auf dem Symposium „Wege zur Kommunikationsgeschichte" in Wien 1986, ist allerdings insofern zu modifizieren, als inzwischen zumindest für den Journalismus im 19. Jahrhundert eine umfangreichere Darstellung vorliegt (Requate 1995).

Die Geschichte des Journalismus in Deutschland läßt sich nach einer Systematik von Dieter Paul Baumert (1928) in vier Phasen unterteilen: Die *präjournalistische* Phase (ab ca. 1500), die Phase des *korrespondierenden* Journalismus (16. Jahrhundert bis Mitte des 18. Jahrhunderts), die Phase des *schriftstellerischen* Journalismus (Mitte des 18. bis Mitte des 19. Jahrhunderts) und die Phase des *redaktionellen* Journalismus (seit Mitte des 19. Jahrhunderts).[15]

---

[15]   Heinz Pürer und Johannes Raabe (1996, 37f.) haben das Schema von Baumert um eine fünfte Phase, nämlich die des *redaktionstechnischen* Journalismus ergänzt, die durch die Einführung elektronischer, computergesteuerter Texterfassungs- und Textbearbeitungssysteme in den Zeitungsredaktionen seit ca. 1975 gekennzeichnet ist. Mittlerweile könnte man als eine weitere Phase die der *Neuen Medien* ergänzen.

Die Vorfahren der heutigen Journalisten im Europa des Mittelalters waren fahrende Sänger, die auf Jahrmärkten, Messen und an Fürstenhöfen auch über aktuelle Ereignisse berichteten bzw. diese kommentierten, sowie Sendboten und Stadtschreiber. Zu den nebenberuflichen Vorläufern der Journalisten zählten auch Buchdrucker, Postmeister, Kaufleute, Diplomaten und andere Personen, die leichten Zugang zu Informationen besaßen. Die ersten schreibenden Journalisten waren die Korrespondenten der Fürsten, Reichsstädte, Stadtrepubliken und der großen Handelshäuser. Donsbach (1994, 66) verortet die erste berufs- und gewerbsmäßige Sammlung und Verbreitung von Nachrichten für die Öffentlichkeit im Venedig des 16. Jahrhunderts, wo „Scrittori d'Avvisi" Informationen aller Art sammelten, abschrieben und verkauften. In Deutschland sind z.B. die handgeschriebenen „Fugger-Zeitungen" (16. bis Anfang des 17. Jahrhunderts) zu erwähnen. Hierbei handelte es sich um Briefe[16], die an das Augsburger Handelshaus gerichtet waren und wirtschaftliche Bedeutung besaßen bzw. auch Schilderungen politischer und kultureller Ereignisse enthielten. Diese Briefe wurden in Augsburg abgeschrieben und gesammelt (Wilke 2000, 19). Die „Fugger-Zeitungen" waren allerdings zunächst nicht für die öffentliche Verbreitung bestimmt. Auch andere reiche Handelshäuser unterhielten Büros zur Nachrichtensammlung und -distribution. Die Grenzen zwischen privater, brieflicher und zur öffentlichen Verbreitung bestimmter Korrespondenz waren fließend. Die handgeschriebenen Zeitungen wurden keineswegs sofort durch die Erfindung des Buchdrucks mit beweglichen Lettern vom Markt verdrängt. Die handgeschriebenen Zeitungen konnten sich besser der Zensur entziehen sowie exklusiver, schneller und vertraulicher informieren. Bis die vier Merkmale einer modernen Zeitung – 1. *Publizität* (Öffentlichkeit), 2. *Aktualität* (die Information ist auf die Gegenwart bezogen und kann diese beeinflussen), 3. *Universalität* (kein Thema ist ausgeklammert) und 4. *Periodizität* (das Erscheinen in regelmäßigen Abständen) – erfüllt waren, verging noch eine lange Zeit.

Zwischen Ende des 15. und Anfang des 17. Jahrhunderts entstanden nichtperiodische Druckgattungen wie die *Einblattdrucke* (verschiedene Mitteilungen auf einem Blatt*), Neue Zeitungen* (ein- oder mehrseitige, oft großformatige Drucke, die ein kurz zuvor stattgefundenes Ereignis ausführlich behandelten oder mehrere Berichte über verschiedene Vorkommnisse zusammenfaßten), *Flugblätter* (Beiträge zur Meinungsbildung, wie Polemiken, Aufrufe, Stellungnahmen usw.) und *Flugschriften* (mehrseitige

---

16   Briefe konnten auch einen Teil mit allgemein interessierenden Neuigkeiten enthalten. Diese Teile wurden immer umfangreicher, erhielten z.T. eigene Überschriften, verselbständigten sich zunehmend und wurden schließlich auch weitergegeben und kommerziell genutzt (Wilke 2000, 18).

Drucke zur propagandistisch-agitatorischen Meinungsbildung) (Wilke/ Noelle-Neumann 1994, 420). Schon im 16. und 17. Jahrhundert standen, wie Jürgen Wilke (1984a, 34ff.) anmerkt, „wunderbare" und „erschröckliche" Geschichten im Vordergrund des Interesses. Bereits die ältere deutsche Pressegeschichtsschreibung hat auf die publizistische Bedeutung von Nachrichten verwiesen, in denen von Mord, Greueltaten, Brutalitäten, Hinrichtungen, Katastrophen und Mißgeburten die Rede ist (Wilke 1984a, 244, Hervorhebungen im Original): „Als *erschreckliche* Beispiele dienten dabei vor allem die *Neuen Zeitungen* (*Newen Zeytungen*) der zweiten Hälfte des 16. Jahrhunderts. Nicht wenige davon waren illustriert, und sie verblüffen noch den heutigen Betrachter durch ihre z.t. minutiöse, in der Szenenabfolge geradezu *filmischen* Wiedergabe von Gewalttaten und Grausamkeiten."[17]

Die ersten regelmäßig erscheinenden Zeitungen wurden im Jahre 1609 in Deutschland publiziert: „Aviso" in Wolfenbüttel und „Relation" in Straßburg. Wenig später erschienen Zeitungen in Holland (1618), Frankreich (1620), England (1620) und Italien (1636). Die erste täglich publizierte Zeitung war die Leipziger „Einkommende Zeitung" (1650). Die Auflagen der einzelnen Zeitungen im 17. Jahrhundert werden auf 100 bis 200 Exemplare geschätzt. Das „Frankfurter Journal" erreichte allerdings schon 1680 eine Auflage von 1.500.

Immer bedeutsamer wurden im Laufe der Zeit die *Anzeigen* für die Presse. Bedingt durch stärkere Arbeitsteilung und immer größere Märkte wurde es zur Notwendigkeit, Waren öffentlich anzuzeigen. Insbesondere in Paris und in London entstand in der Mitte des 17. Jahrhunderts die sogenannte *„Intelligenz-Presse"* (von lat. „intellegere" = „Einsicht nehmen"), d.h. spezielle Anzeigenblätter, denen ein redaktioneller Teil beigefügt wurde. In Preußen bestand gar bis 1850 ein Intelligenz-Zwang, d.h. Anzeigen mußten zunächst in einem staatlich konzessionierten Blatt erscheinen (z.B. Bücher 1926, 83ff.).

Der Journalismus Ende des 18. Jahrhunderts war stark von den Gedanken der Aufklärung und der Französischen Revolution geprägt. Neben den bisherigen Journalismus trat eine neue Form, die sich kritisch-räsonierenden Abhandlungen über historische, literarische, philosophische, religiöse oder politische Themen widmete. Es kam zur Gründung gelehrter Zeitschriften, die häufig von Schriftstellern herausgegeben wurden.

Die Aufhebung des staatlichen Anzeigenmonopols in der Mitte des 19. Jahrhunderts brachte eine an der Auflage orientierte und daher relativ unpolitische Pressegattung (*„Generalanzeiger-Presse"*) hervor (Requate 1995, 358–391; Stöber 2000, 231–237; Wilke 2000, 266–269). Wilke (2000, 267)

---

[17] Zu einer Inhaltsanalyse der „Neuen Zeitungen" unter besonderer Berücksichtigung des Gewaltaspekts vgl. Pfarr (1994).

betont, daß die Finanzierung durch Anzeigen konstitutiv für die Generalanzeiger wurde. Es waren „die Mittel aus dem Anzeigenwesen [...], welche der Presse den Ausbau ihrer Leistungen ermöglichten und sie unabhängig machten von politischem Einfluss, ja selbst von dem einzelner Inserenten, je höher das Anzeigenaufkommen stieg." Marktwirtschaftliche Prinzipien verdrängten aber anders als z.B. in den USA oder Großbritannien in Deutschland nicht die nach der Einführung der Pressefreiheit ebenfalls in der Mitte des 19. Jahrhunderts aufblühende Partei- und Meinungspresse.[18]

Wie Rolf Engelsing (1976, 406) in „Der literarische Arbeiter" herausstellte, verstanden sich die Journalisten der bedeutenden Zeitungen im 19. Jahrhundert „dank ihrer Ausbildung und der dadurch begründeten Maßstäbe und Ziele, dank ihrer Selbsteinschätzung und dank der Zusammensetzung und der Ansprüche ihrer Auftraggeber und Leser [...] auch in ihrem politischen Beruf vorwiegend als Gelehrte. Sie neigten dazu, eine wissenschaftliche Auffassung und Methode auch in der journalistischen und redaktionellen Arbeit zur Geltung zu bringen. Noch in den achtziger Jahren des 19. Jahrhunderts gebrauchte man in Deutschland die Bezeichnung Zeitungsschreiber und Doktor als Synonyme." Der hohe Akademikeranteil im Journalismus ging zwar in den späteren Jahrzehnten des 19. Jahrhunderts etwas zurück, von einem sozialen Abstieg des Journalistenberufes, wie ihn noch Engelsing konstatierte, wird aufgrund neuerer Forschungsergebnisse (Requate 1995) heute jedoch nicht mehr ausgegangen.

In der zeitgenössischen Literatur finden sich viele Klagen über eine schlechte Bezahlung der journalistischen Tätigkeit (überblicksartig Requate 1995, 209–211). Paul Stoklossa (1911, 303) z.B. schilderte die Situation des deutschen Journalismus zu Beginn des 20. Jahrhunderts folgendermaßen: „Unermeßlich ist schon jetzt das Reservoir des gebildeten Proletariats, bei der von Tag zu Tag schärfer werdenden Konkurrenz sind Preisunterbietungen an der Tagesordnung. Billige Handlanger ohne Bildung und Wissen werden engagiert und, wenn sie sich und den Stand genügend geschädigt haben, wieder auf die Straße geworfen. Diese Stellenlosen sind dann als Preisdrücker die schwerste und dringendste Gefahr des ganzen journalistischen Standes." Wie Jörg Requate (1995, 209–219) zeigt, reichte allerdings im 19. Jahrhundert bei den fest angestellten Redakteuren das Einkommen durchaus an das in etablierten bürgerlichen Berufen heran.

Im 19. Jahrhundert kam es mit dem Anwachsen des Nachrichtenstoffes und der Expansion des Pressewesens zu einer *Professionalisierung* des Journalismus (Requate 1995; Stöber 2000, 195–199; Wilke 2000, 291–302). Die journalistische Tätigkeit entwickelte sich zum Hauptberuf. Die Zahl der

---

[18]   Auch einige Generalanzeiger wurden im Laufe der Zeit politisiert, was Jörg Requate (1995, 366–382; auch Wilke 2000, 269) auf den Einfluß von politischen Redakteuren zurückführt, die daran gewöhnt waren, für bestimmte Gesinnungen einzutreten.

Journalisten stieg von ca. 400 in der ersten Jahrhunderthälfte auf ca. 2500 Ende des 19. Jahrhunderts an (Requate 1995, 138; Wilke 2000, 292). Mit dem Zuwachs an Personal bildeten sich auch redaktionelle Strukturen bei den Zeitungen heraus (Wilke 2000, 292). Der Anteil der Journalisten, die ihrem Beruf treu blieben und nicht in eine andere Tätigkeit wechselten, erhöhte sich von knapp der Hälfte bis 1848 auf gut 70% nach 1890. Auch ging der Anteil derjenigen zurück, die vor ihrer journalistischen Tätigkeit in einem anderen Beruf gearbeitet hatten (Requate 1995, 163–165, 178). 1895 mündeten die schon länger andauernden Bemühungen zur Gründung eines Berufsverbandes in der Etablierung des „Verbandes deutscher Journalistenvereine".[19]

Anfang des 20. Jahrhunderts setzte das *wissenschaftliche Interesse* am Journalismus und seiner Bedeutung für die Gesellschaft ein. So forderte Max Weber (1911, 42ff.) schon 1910 auf dem Ersten Deutschen Soziologentag eine „Soziologie des Zeitungswesens", die die Wirkungen der Zeitungen auf die moderne Gesellschaft analysieren sollte. Weber wollte insbesondere die folgenden Fragen untersuchen: „[...], wie beschafft sich die Presse überhaupt das Material, das sie dem Publikum bietet? [...] wer sind denn nun eigentlich letztlich die Quellen dieser Nachrichten? [...] welche ist die Herkunft, der Bildungsgang und was sind die Anforderungen an einen modernen Journalisten in beruflicher Sicht? [...] welches ist das innerberufliche Schicksal des deutschen und im Vergleich mit ihm des ausländischen Journalisten? [...] welches endlich sind seine – möglicherweise außerberuflichen – Lebenschancen überhaupt heute bei uns und anderwärts?" Weber erkannte auch die besondere Stellung des Presseunternehmens als kapitalistisches, privates Geschäftsunternehmen, das mit Käufern und Inserenten zwei verschiedene Arten von Kunden besitzt. Ähnlich betrachtete Karl Bücher (1922), der 1916 in Leipzig das „Institut für Zeitungskunde" gründete, die Zeitung als aus einem öffentlichen und einem privaten Teil bestehend. Bücher vermutete, daß der redaktionelle Teil dem Ziel der Gewinnerzielung untergeordnet sei, und er wies auf den illusionären Charakter der noch heute weit verbreiteten Vorstellung hin, Journalismus sei ein „freier" Beruf.

Bereits Max Weber betonte das Problem der durch wachsenden Kapitalbedarf verursachten Pressekonzentration. Im einzelnen stellte er (1911, 46f.) vier noch heute aktuelle Fragen:

1. Welche Konsequenzen hat das mit der privatwirtschaftlichen Organisationsform verbundene Gewinnstreben?
2. Führt wachsender Kapitalbedarf zu einer Monopolisierung?

---

[19] Schon 1842 wurde in Leipzig ein Literatenverein gegründet, 1864 fand in Eisenach der erste allgemeine „Deutsche Journalistentag" statt (Requate 1995, 222–236; Stöber 2000, 200; Wilke 2000, 295f.).

3. Folgt daraus eine Vertrustung des Zeitungswesens?
4. Bedeutet dies auch eine steigende Macht, die öffentliche Meinung nach eigenem Ermessen zu beeinflussen?

Zur Klärung der aufgeworfenen Fragen konzipierte Weber eine „Enquête", die verschiedene Methoden (schriftliche und mündliche Befragung, Beobachtung, Inhaltsanalyse) miteinander kombinieren sollte (dazu auch Kutsch 1988). Aufgegriffen wurde die Idee von Alfred Scheel im „Reichsverband der deutschen Presse". Im Mittelpunkt stand dabei jedoch der verbandspolitische Nutzen einer Erhebung zur wirtschaftlichen und sozialen Lage deutscher Redakteure für künftige Reformen. Das Projekt scheiterte am Ausbruch des Ersten Weltkrieges.[20]

2.2. Kurze Geschichte der Pressefreiheit

In Westeuropa und Nordamerika war die Geschichte der Presse eine Geschichte des Kampfes um die *Pressefreiheit* (dazu insgesamt Schneider 1966; Wilke/Noelle-Neumann 1994; Stöber 2000, 95–109, 129–145; Wilke 2000, 35–37, 127–137, 166–169, 183–188, 216–223, 252–259, 320–322, 341–345). Schon bald nach der Erfindung der Druckerpresse durch Johannes Gutenberg wurden Zensurmaßnahmen institutionalisiert. Die Maßnahmen zur Kontrolle des Druckwesens vollzogen sich in drei Stufen (Schneider 1966, 16ff.; Wilke 2000, 36): Zunächst bestand eine rein kirchliche Aufsicht, die dann langsam auch von weltlichen Instanzen übernommen wurde. Schließlich dominierte die staatliche Zensur.

1487 verordnete Papst Innozenz VIII., keiner dürfe etwas drucken, das nicht zuvor der römischen Kurie oder deren Stellvertretern vorgelegen habe (Präventivzensur). 1530 wurde in Deutschland auf dem Reichstag zu Augsburg das „Impressum" – also die Angabe von Drucker und Druckort – zur Pflicht gemacht. 1559 erschien der erste päpstliche „Index", in dem nicht nur die Herstellung, sondern auch die Lektüre bestimmter Schriften – insbesondere der Reformatoren Martin Luther und Thomas Müntzer – untersagt wurde (bereits 1521 hatte das Edikt des Wormser Reichstags die Schriften Luthers und anderer nicht mit der katholischen Lehrmeinung übereinstimmender Autoren verboten). Auf dem Reichstag zu Speyer im Jahre 1570 schließlich wurde festgelegt, den Buchdruck nur noch in wenigen Reichsstädten zu erlauben.

---

[20] Die zu Beginn des 20. Jahrhunderts durchgeführten empirischen Studien zum Journalismus befaßten sich v.a. mit Vorbildung und beruflicher Herkunft, Einkommensverhältnissen und Arbeitsbedingungen (Böckelmann 1993, 32–36). Zur weiteren Entwicklung der Journalismusforschung vgl. z.B. Böckelmann (1993); Pürer (1997).

Die Legitimität der Zensur von Zeitungen wurde bis ins 18. Jahrhundert hinein prinzipiell nicht in Frage gestellt. Zensur wurde vielmehr von den Theoretikern des absolutistischen Staates mit der Staatsräson begründet. Die Folge der Zensur war beispielsweise in Deutschland, daß innenpolitische Nachrichten verboten waren bzw. nur stark eingeschränkt verbreitet werden konnten.[21] Friedrich II. (der Große), König von Preußen, war der Ansicht: „Eine Privatperson ist nicht berechtigt, über Handlungen, das Verfahren, die Gesetze, Maßregeln und Anordnungen der Souveräne und Höfe, ihrer Staatsbediensteten, Kollegien und Gerichtshöfe öffentliche, sogar tadelnde Urteile zu fällen oder davon Nachrichten, die ihr zukommen, bekanntzumachen oder durch den Druck zu verbreiten. Eine Privatperson ist auch zu deren Beurteilung gar nicht fähig, da es ihr an der vollständigen Kenntnis der Umstände und Motive fehlt." (zit. nach Habermas 1968, 36). In einem Brief an seinen Vater schrieb denn auch Gotthold Ephraim Lessing im Jahre 1751: „ [...] wegen der scharfen Censur (sind die Berliner politischen Zeitungen) größtentheils so unfruchtbar und trocken, daß ein Neugieriger wenig Vergnügen darinnen finden kann." (zit. nach Waßer 1975, 41).

Der Kampf um die *äußere Pressefreiheit*[22], also die Freiheit von staatlicher Einflußnahme, begann in England. Dort wurde im Jahr 1649 in einer Eingabe an das Parlament durch die „Leveller-Partei" argumentiert: „Wenn eine Regierung gerecht und in Übereinstimmung mit den verfassungsmäßigen Grundsätzen handeln will, dann wird es für sie notwendig sein, alle Stimmen und alle Ansichten zu hören. Aber das ist nur möglich, wenn sie Pressefreiheit gewährt." (abgedruckt in Wilke 1984b, 114ff.). Zur gleichen Zeit, als Thomas Hobbes die vorgebliche Notwendigkeit der Zensur begründete,[23] wurden die wichtigsten Argumente für die Pressefreiheit herausgearbeitet (Wilke 1983; 1984b). Herausragend war in diesem Kontext das Traktat „Areopagitica" (1644) von John Milton (1608–1674), in dessen Mittelpunkt die Freiheit der Presse stand (abgedruckt bei Wilke 1984b, 57ff.). Milton stellte u.a. die Unmöglichkeit einer lückenlosen Zensur heraus, die, von subalternen Geistern ausgeübt, lediglich zur Unterdrückung der Wahrheit führen könne. Die Zensur würde Wahrheitsfindung durch

---

21 So konnte Wilke (1984a, 147ff.) in seiner Inhaltsanalyse belegen, daß in deutschen Zeitungen Lokalberichterstattung erst vergleichsweise spät vorherrschend wurde.

22 Zum Begriff der *inneren Pressefreiheit* vgl. Kapitel III.5.3.

23 Thomas Hobbes (1588–1679) ging im „Leviathan" davon aus, daß sich die Menschheit zunächst in einem Zustand des Krieges aller gegen alle befunden habe. Machtstreben stelle das grundlegende Motiv des Menschen dar. Weil der Mensch der Wolf des Menschen sei („homo homini lupus est"), werde die Macht an den „Leviathan" abgetreten. Der Staat habe die Ordnung zu sichern, da auch der Schwächste noch den Stärksten töten könne. Der Staat solle ohne Rücksicht auf irgendwelche moralischen Prinzipien nicht die Freiheit, sondern die Sicherheit der Menschen garantieren.

öffentliche Argumentation unmöglich machen, denn die freie öffentliche Debatte diene im Endeffekt dem Gemeinwohl. Wahrheit könne nur gefunden werden, wenn man die Möglichkeit in Betracht ziehe, daß auch die anderen recht haben könnten. In Rede und Gegenrede, so glaubte er, werde sich die Wahrheit ermitteln lassen. Allerdings plädierte Milton, der im Jahre 1651 selbst als Zensor tätig gewesen war, lediglich für Freiheit im Rahmen des herrschenden Systems – und diese Freiheit sollte nur einer besonders verantwortungsbewußten Elite gewährt werden (Koszyk 1972, 28f.).

Ab 1688 war das englische Parlament die oberste Kontrollinstanz für die Presse, und 1695 wurde die Zensur in England durch den Verzicht auf die Erneuerung des sogenannten „Licensing Act" beseitigt. Ab 1771 war auch die Berichterstattung über das Parlament frei. Die amerikanische und die französische Menschenrechtserklärung proklamierten die Pressefreiheit 1776 bzw. 1789. 1791 wurde sie als erster Zusatzartikel in die Verfassung der USA aufgenommen. Das „Amendment I" der US-amerikanischen Verfassung lautet: „Congress shall make no law respecting an establishment of religion, or prohibiting the free exercise therof; or abridging the freedom of speech, or of the press; or the right of the people peaceably to assemble, and to petition the Government for a redress of grievances."

In Deutschland war der Weg zur Pressefreiheit langwieriger und schwieriger. Insbesondere die Befreiungskriege, d.h. der Kampf gegen Napoleon, waren auch mit einem Kampf um die Freiheit der Presse verbunden. Die *Karlsbader Beschlüsse* von 1819 führten die Vorzensur wieder ein, die erst im Revolutionsjahr 1848 erneut aufgehoben wurde. § 143 der *Verfassung des Deutschen Reiches* vom 28. März 1849 lautete: „Jeder Deutsche hat das Recht, durch Wort, Schrift, Druck und bildliche Darstellung seine Meinung frei zu äußern. Die Preßfreiheit darf unter keinen Umständen und in keiner Weise durch vorbeugende Maßregeln, namentlich Censur, Concessionen, Sicherheitsbestellungen, Staatsauflagen, Beschränkungen der Drucke oder des Buchhandels, Postverbote oder andere Hemmungen des freien Verkehrs beschränkt; suspendiert oder aufgehoben werden."

Interessant ist in diesem Kontext die Kritik, die Karl Marx und Friedrich Engels Mitte des 19. Jahrhunderts an der Pressezensur übten. Karl Marx (Marx/Engels 1959ff., Bd. 1, 63) schrieb am 15.5.1842 über die negativen Folgen der Pressezensur: „Die Regierung hört nur ihre eigene Stimme, sie weiß, daß sie nur ihre eigene Stimme hört und fixiert sich dennoch in der Täuschung, die Volksstimme zu hören und verlangt ebenso vom Volke, daß es sich diese Täuschung fixiere. Das Volk scinerseits versinkt daher in politischen Aberglauben, teils in politischen Unglauben, oder, ganz vom Staatsleben abgewendet, wird es Privatpöbel [...]. Indem das Volk freie Schriften als gesetzlos betrachten muß, so gewöhnt es sich, das Gesetzlose als frei, die Freiheit als gesetzlos und das Gesetzliche als das unfreie zu betrachten. So tötet die Zensur den Staatsgeist". In einem Brief an August Bebel vom 19.11.1882 wandte sich Engels (Marx/Engels 1959ff., Bd. 38, 517) mit Vehemenz gegen eine Beschränkung der Pressefreiheit innerhalb der Arbeiterpartei: „Ihr müßt absolut eine Presse in der Partei haben, die vom Vorstand und selbst Parteitag nicht direkt abhängig ist, d.h. die in der Lage ist, innerhalb des Programms und der angenommenen Taktik gegen einzelne Parteischritte ungeniert Opposition zu machen und innerhalb der Grenzen des Parteianstandes auch Programm und Taktik frei der Kritik zu unterwerfen. Eine solche Presse solltet Ihr als Parteivorstand begünstigen, ja hervorrufen, dann habt Ihr immer noch mehr moralischen Einfluß auf sie, als wenn sie halb gegen Euren Willen entsteht [...]." Für Marx und Engels hatte der Journalismus also neben der Funktion des Kritikers auf gesamtgesellschaftlicher Ebene und der Vertretung der Interessen des Volkes gegenüber der Regierung auch die Funktion der innerparteilichen Kritik.

Das *Reichspressegesetz* von 1874 hob die Behinderung der Presse durch den Staat lediglich formal auf, denn der Reichstag machte von der Möglichkeit, mit einfacher Mehrheit die Pressefreiheit einzuschränken bzw. aufzuheben, reichlich Gebrauch. So war während des Kulturkampfes (d.h. im Konflikt zwischen dem preußischen Staat und der katholischen Kirche) die Pressefreiheit praktisch aufgehoben, und auch die sozialdemokratische Presse wurde mit Hilfe der Sozialistengesetze streng kontrolliert. Das laut Pressegesetz geltende Verbot von Zensur – und anderen Präventivmaßnahmen konnte die permanente Zensur nicht verhindern.[24]

In der Reichsverfassung der *Weimarer Republik* wurde die Meinungsäußerungsfreiheit zu den Grundrechten gezählt. Artikel 118 besagte: „Jeder Deutsche hat das Recht, innerhalb der Schranken der allgemeinen Gesetze seine Meinung durch Wort, Druck, Bild oder in sonstiger Weise frei zu äußern. An diesem Recht darf ihn kein Arbeits- oder Angestelltenverhältnis hindern, und niemand darf ihn benachteiligen, wenn er von diesem Recht Gebrauch macht. Eine Zensur findet nicht statt." Allerdings wurde durchaus die Möglichkeit genutzt, die Pressefreiheit durch allgemeine Gesetze einzuschränken.[25]

---

24 §11 des „Gesetzes gegen die gemeingefährlichen Bestrebungen der Sozialdemokratie" vom 28.10.1878 lautete: „Druckschriften, in welchen sozialdemokratische, sozialistische, oder kommunistische, auf den Umsturz der bestehenden Staatsordnung gerichtete Bestrebungen in einer den öffentlichen Frieden, insbesondere die Eintracht der Bevölkerungsklassen gefährdenden Weise zutage treten, sind zu verbieten. Bei periodischen Druckschriften kann das Verbot sich auch auf das fernere Erscheinen erstrecken, sobald auf Grund dieses Gesetzes das Verbot einer einzelnen Nummer erfolgt."

25 So z.B. durch die Gesetze zum Schutz der Republik von 1922 und 1930 sowie die 1931 erlassene Notverordnung (Meyn 1999, 42).

In der Zeit der *nationalsozialistischen Herrschaft* waren Presse und Rundfunk gleichgeschaltet und wurden durch das Reichsministerium für Volksaufklärung und Propaganda gelenkt. In dem im Februar 1920 in München formulierten Programm der NSDAP wurde explizit auf die Presse eingegangen: „23. Wir fordern den gesetzlichen Kampf gegen die bewußte politische Lüge und ihre Verbreitung durch die Presse. Um die Schaffung einer deutschen Presse zu ermöglichen, fordern wir, daß: a) sämtliche Schriftleiter und Mitarbeiter von Zeitungen, die in deutscher Sprache erscheinen, Volksgenossen sein müssen, [...] c) jede finanzielle Beteiligung an deutschen Zeitungen oder deren Beeinflussung durch Nicht-Deutsche gesetzlich verboten wird. [...]. Zeitungen, die gegen das Gemeinwohl verstoßen, sind zu verbieten. Wir fordern den gesetzlichen Kampf gegen eine Kunst- und Literaturrichtung, die einen zersetzenden Einfluß auf unser Volksleben ausübt [...].“ (zit. nach Hofer 1957, 30). Presse und Rundfunk wurden durch das *Reichsschriftleitergesetz* vom 4.10.1933 einer strengen staatlichen Kontrolle unterworfen. Die Aufgabe der Journalisten ist direkt ableitbar aus Hitlers Vorstellung über die Erziehung: „Meine Pädagogik ist hart. Das Schwache muß weggehämmert werden [...] Ich will keine intellektuelle Erziehung. Mit Wissen verderbe ich mir die Jugend.“ (zit. nach Hofer 1957, 88).

Im *Grundgesetz der Bundesrepublik Deutschland* wird in Artikel 5 explizit die Pressefreiheit garantiert. Absatz 1 lautet: „Jeder hat das Recht, seine Meinung in Wort, Schrift und Bild frei zu äußern und zu verbreiten und sich aus allgemein zugänglichen Quellen ungehindert zu unterrichten. Die Pressefreiheit und die Freiheit der Berichterstattung durch Rundfunk und Film werden gewährleistet. Eine Zensur findet nicht statt.“ Die verfassungsmäßigen Vorstellungen von Pressefreiheit verdeutlicht ein Urteil des Bundesverfassungsgerichts vom 5.8.1966, das sogenannte „Spiegel-Urteil“ (BverfGE 20, 174), in dem es heißt: „Eine freie, nicht von der öffentlichen Gewalt gelenkte, keiner Zensur unterworfene Presse ist ein Wesenselement des freiheitlichen Staates, insbesondere ist eine freie, regelmäßig erscheinende Presse für die moderne Demokratie unentbehrlich.“

Damit die Medien ihre Aufgaben erfüllen können, genießen sie gesetzlich verankerte Privilegien (Löffler/Ricker 2000, 63f.; Paschke 2000, 117–140). Hierzu gehört, daß es weder Standeszwang noch Standesgerichtsbarkeit gibt und daß die Zulassungsfreiheit, die freie Gründung von Presseunternehmen und der freie Berufszugang garantiert sind. Ein wichtiges Privileg ist zudem das *Zeugnisverweigerungsrecht* (Löffler/Ricker 2000, 206–223; Paschke 2000, 133f., 433–438), das Journalisten erlaubt, vor Gericht die Aussage über ihre Informationsquelle zu verweigern. Hierdurch wird das Vertrauensverhältnis zwischen Informant und Journalist geschützt, was eine wichtige Voraussetzung für die Informationsbeschaffung und damit für die Erfüllung der öffentlichen Aufgabe der Medien darstellt.[26] Damit sich die Strafverfolgungsbehörden die entsprechenden Informationen nicht auf anderem Wege beschaffen können, gilt zudem ein Beschlagnahme- und Durchsuchungsverbot (Löffler/Ricker 2000, 219–238; Paschke 2000, 134f.). Weiterhin genießen die Medien ein *Informationsprivileg.* Danach sind Behörden verpflichtet, Medienvertretern die zur Erfüllung ihrer öffentlichen Aufgabe nötigen Auskünfte zu erteilen (Löffler/Ricker 2000, 146–164; Paschke 2000, 118–124).[27] Schließlich enthält auch das Datenschutzrecht ein Medienprivileg, demzufolge personenbezogene Daten, die von Medienbetrieben oder ihren Hilfsunternehmen „ausschließlich zu eigenen journalistisch-redaktionellen Zwecken verarbeitet oder genutzt werden" (§41 Abs. 1 Bundesdatenschutzgesetz), den sonst üblichen Bestimmungen nur eingeschränkt unterliegen (Löffler/Ricker 2000, 349–351; Paschke, 139f.).[28]

Weltweit gesehen, ist die Pressefreiheit in vielen Ländern noch nicht realisiert. Artikel 19 der von den Vereinten Nationen 1948 verabschiedeten „Allgemeinen Erklärung der Menschenrechte", wonach jeder das Recht der freien Meinungsäußerung hat, gilt in sehr vielen Ländern noch immer nicht.

---

[26] Das Zeugnisverweigerungsrecht steht sämtlichen Mitarbeitern der Massenmedien zu, auch dem technischen und kaufmännischen Personal. Es bezieht sich sowohl auf die Person des Informanten als auch auf den Inhalt von dessen Mitteilung.

[27] Dieser Anspruch besteht nicht, wenn „die sachgemäße Durchführung eines schwebenden Verfahrens gefährdet werden könnte, Geheimhaltungsvorschriften entgegenstehen, die die Durchführung eines schwebenden Verfahrens gefährden, überwiegende öffentliche oder schutzwürdige private Interessen verletzt würden oder der Umfang der Auskunft das zumutbare Maß überschreitet." (Paschke 2000, 120f.).

[28] Als weitere Regelungen treten hinzu: Das Privileg der kurzen Verjährung bei Presseverstößen sowie der „Tendenzschutz", der die Mitwirkung des Betriebsrates zugunsten der publizistischen Unabhängigkeit (auch bei der Festlegung der redaktionellen Linie) beschränkt (Löffler/Ricker 2000, 429–431, 276–292; Paschke 2000, 137f., 389, 373–376). Diesen Rechten stehen auch Einschränkungen gegenüber (Löffler/Ricker 2000, 70–86; Paschke 2000, 100–107). In Art. 5 Abs. 2 GG heißt es: „Diese Rechte finden ihre Schranken in den Vorschriften der allgemeinen Gesetze, den gesetzlichen Bestimmungen zum Schutze der Jugend und in dem Recht der persönlichen Ehre." Die „allgemeinen Gesetze" beziehen sich auf solche Gesetzesbestimmungen, „die sich nicht speziell gegen die Presse, insbesondere nicht gegen die Beschaffung einer Information oder die Äußerung einer Meinung als solche richten, sondern die dem Schutze eines anderen Rechtsguts dienen [...]". (Löffler/Ricker 2000, 73). Solche Rechtsgüter sind z.B. das allgemeine Persönlichkeitsrecht, der Schutz des inneren Friedens und der äußeren Sicherheit des Staates, d.h. Verrat von Staatsgeheimnissen oder Propaganda für verfassungswidrige Organisationen sind nicht durch die Pressefreiheit gedeckt.

Wie „Reporters Sans Frontières" (RSF)[29] (2000) in ihrem Bericht für das Jahr 1999 herausstellte, existiert in ca. 20 Ländern keine Pressefreiheit, und in ca. 70 Ländern ist sie einer erheblichen Unsicherheit unterworfen. Im April 2000 befanden sich die Medien nach Angaben der RSF nur in 95 der 188 UNO-Länder in einer Situation, die als „korrekt" bezeichnet werden kann. In 65 Ländern ist die Lage „schwierig" und in 28 „sehr schlecht". Über die Hälfte der Weltbevölkerung genießt nach den Angaben der RSF keine Pressefreiheit. Die Organisation „Freedom House"[30] kommt in ihrem im Jahr 2000 herausgegebenen Bericht sogar zu dem Ergebnis, daß die Pressefreiheit in zwei Dritteln der Staaten, d.h. für 80% der Weltbevölkerung, eingeschränkt sei. Frei sind die Medien nach dem Bericht des „Freedom House" in 69 Ländern (37%), teilweise frei in 51 Ländern (27%) und nicht frei in 66 Ländern (36%).[31] Dies ist zwar eine leichte Verbesserung gegenüber 1998, jedoch eine Verschlechterung verglichen mit der Lage Mitte der 90er Jahre. Was Übergriffe gegen einzelne Journalisten betrifft, nennt der Bericht der RSF (2000) für das Jahr 1999 die Zahl von 36 Journalisten, die in Ausübung ihrer Tätigkeit oder aufgrund ihrer Meinungen ums Leben kamen (28 von ihnen starben in Kriegsgebieten, wo sie z.T. bewußt zur Zielscheibe wurden, um unbequeme Berichterstattung zu unterbinden). Zudem habe es 446 Fälle von Verhaftungen und 653 Fälle von Angriffen oder Bedrohungen gegeben. 357 Medien seien zu Opfern von Verboten und Suspendierungen geworden. Nach Angaben des „International Press Institute" (IPI)[32] (2000) betrug die Zahl der Todesfälle 1999 sogar 87 (v.a. auf dem Balkan, in Rußland, Sierra Leone und Kolumbien). Das „Freedom House" (2000) nennt für 1999 insgesamt 1651 Übergriffe. Das „Committee To Protect Journalists" (CPJ)[33] hat zwischen 1995 und 1998 über 3000 Fälle von Angriffen, Verhaftungen, Kidnapping, Zensur und anderen Verletzungen des Rechts auf Meinungsfreiheit gezählt. Davon entfielen ca. 30% auf

---

[29] 1985 in Frankreich gegründete Menschenrechtsorganisation zur Verteidigung der Pressefreiheit (http://www.rog.at; http://www.rsf.fr).

[30] 1941 von Eleanor Roosevelt, Wendell Willkie und einer Gruppe von Geschäftsleuten, Gewerkschaftsvertretern, Schriftstellern, Journalisten und ehemaligen Regierungsbeamten gegründete Institution, deren Ziel die weltweite Förderung von Freiheit und Demokratie ist (http://www.freedomhouse.org).

[31] Als Beurteilungskriterien zieht die Organisation legale und administrative Faktoren, den Grad des politischen und ökonomischen Einflusses auf Medieninhalte und Fälle der Verletzung von Pressefreiheit heran (Freedom House 2000, 9).

[32] 1950 von Zeitungsherausgebern aus 15 Ländern gegründetes Netzwerk aus Vertretern verschiedener Medienorganisationen in über 100 Ländern, dessen Ziel in der Verteidigung der Pressefreiheit besteht und das sich auch mit der Ausbildung von Journalisten in Entwicklungsländern befaßt (http://www.freemedia.at).

[33] 1981 von US-Journalisten gegründete Organisation zur Förderung der weltweiten Pressefreiheit und zur Beobachtung von Verstößen gegen die Pressefreiheit (http://www.cpj.org).

Afrika, 22% auf Europa (incl. Osteuropa), 18% auf Asien, 16% auf den Mittleren Osten und 14% auf Nord- und Südamerika.[34]

Verstöße gegen die Pressefreiheit vollziehen sich nicht immer in Form direkter Angriffe oder Verhaftungen, sondern oft auch sehr subtil, z.B. durch eine Beschränkung der Medien aufgrund von Steuergesetzen oder der Verwehrung des Zugangs zu staatlich kontrollierten Druckereien. Hinzu kommen staatlich gesteuerte Diffamierungskampagnen gegen unbequeme Medien, wie sie v.a. aus Lateinamerika berichtet werden (CPJ 2000). Auch Strafen für den Verstoß gegen willkürlich gehandhabte Regeln (z.B. Beleidigung der Regierung, moralische Werte usw.) sind zu nennen.

Beschränkungen der Pressefreiheit beziehen sich inzwischen auch auf das Internet. Nach Angaben der RSF (2000) haben 1999 45 Staaten versucht, den Zugang ihrer Bürger zum Internet einzuschränken. Der Bericht des „Freedom House" (2000) nennt vier konkrete Maßnahmen, mit denen von staatlicher Seite eine Internet-Zensur ausgeübt wird: 1. Lizenzierung und Regulierung des Internet-Zugangs, 2. Anwendung restriktiver Mediengesetze (Presse und Rundfunk) auf das Internet, 3. Filterung der Internet-Inhalte durch Kontrolle der Server, z.B. durch Beschränkung des Verkehrs auf Regierungs-Server und 4. Zensur als inakzeptabel eingestufter Inhalte. Nutzer, die versuchen, solche Hindernisse zu umgehen, müssen mit harten Strafen rechnen.

3. Zum Sozialprestige der Journalisten

Negative Bemerkungen über den Journalismus bzw. über das soziale Ansehen von Journalisten besitzen eine lange Tradition.[35] So schrieb z.B. Leo Wörl im Jahr 1881 (zit. nach Stoklossa 1911, 294): „[...] die Publizistik werde zu den unehrlichen Gewerben gezählt, d.h. zu denen, die sich außerhalb des sozialen Organismus bewegen, wie ehedem Schäfer, Kesselflicker, Zahnärzte, Zigeuner und Schauspieler!" Dr. Eduard Reich argumentierte 1838 (zit. nach vom Bruch/Roegele 1986, 2f.): „Die Zeitungsschreiberei, welche der edelste und heiligste Beruf und hochgeachtet sein sollte, ist durch das Drängen erwerbsüchtiger Geschäftsleute und die Jämmerlichkeit der Scribenten zu dem profansten Berufe geworden, dessen gewöhnliche handwerksmäßige Ausübung das Volk auf das Empfindlichste in seiner ganzen leiblichen und sittlichen Gesundheit schädigt." In ähnlicher Weise äußerte sich der sozialistische Politiker Ferdinand Lassalle 1863 (1919, 364f.) in

---

34 Angaben der UNESCO, beruhend auf den Daten des CPJ (http://www.unesco.org/webworld/com_media/wpfd/back_glance.html, 31.1.2001).

35 Zum negativen Image von Journalisten vgl. auch Pöttker (1997, 81–85); speziell zum Image der Journalisten im 19. Jahrhundert vgl. auch Requate (1995, 237–242).

einer Rede vor dem „Allgemeinen Deutschen Arbeiterverein": „Ihr, Proletarier, verkauft euch doch nur zu einem Geschäft, das ihr kennt und versteht, jene aber, die geistigen Proletarier, müssen täglich lange Spalten füllen
über tausend Dinge, über Politik, Recht, Ökonomie, Wissenschaft, über alle
Fächer der Gesetzgebung, über diplomatische und geschichtliche Verhältnisse aller Völker. Ob man das Hinreichende, ob man das Geringste
davon verstehe oder nicht – die Sache muß behandelt, die Zeitung gefüllt
sein, das Geschäft bringt es so mit sich! Dazu der Mangel an Zeit, die Dinge
näher zu studieren, in Quellen und Büchern nachzuforschen, ja selbst nur
sich einigermaßen zu sammeln und nachzudenken. Der Artikel muß fertig
sein, das Geschäft bringt es so mit sich! Alle Unwissenheit, alle Unbekannt-
schaft mit den Dingen, alles, alles muß möglichst versteckt werden unter der
abgefeimten routinierten Phrase. Daher kommt es, daß, wer heute mit einer
halben Bildung in die Zeitungsschreiberkarriere eintritt, in zwei oder drei
Jahren auch das wenige noch verlernt hat, was er wußte, sich geistig und
sittlich zugrunde gerichtet hat und zu einem blasierten, ernstlosen, an nichts
Großes mehr glaubenden, noch erstrebenden und nur auf die Macht der
Clique schwörenden Menschen geworden ist! Aus all diesen Ursachen ist es
gekommen, daß sich alle tüchtigen Elemente, die sich früher an der Presse
beteiligt haben, allmählich von derselben bis auf sehr vereinzelte Ausnahmen zurückgezogen haben und die Presse zu einem Sammelplatz aller Mit-
telmäßigkeiten, aller ruinierten Existenzen, aller Arbeitsscheuen und
Nichtswisser geworden ist, die zu keiner reellen Arbeit tüchtig, in der Presse
immer noch eine mühelosere und auskömmlichere Existenz finden als ir-
gend sonst."

Mit derartigen Äußerungen könnte man beliebig fortfahren. Insgesamt
ist festzustellen, daß das Prestige des Journalisten auch von dem in Literatur, Theater, Film und Massenmedien selbst oftmals verbreiteten Bild vom
journalistischen Beruf abhängt.[36] Stuart H. Schwartz (1977 in einem
Tagungspapier, zit. nach Donsbach 1982, 230) argumentierte: „According
to the popular literature and films, the professional journalist is a cynic, a
low-life. His social standing is as low as the alcoholic content of his blood is
high."

Aufschluß über das Berufsprestige der Journalisten in der Bevölkerung
geben Umfragen zum Ansehen verschiedener Berufe. Wie die Allensbacher
Berufsprestigeskala 1999 ausweist, nannten 14% der Bevölkerung den Journalisten als einen der fünf Berufe, die sie am höchsten schätzten und vor

---

[36] Zum Journalismus im Film und in Romanen vgl. z.B. Weischenberg (1996). Zu einer
      Analyse des Journalistenbildes in Literatur, Theater, Film und Hörspiel über einen
      Zeitraum von 200 Jahren vgl. von Studnitz (1983); zum Journalistenbild im Film vgl.
      Behnert (1992); Seidl (1995, 143); Ness (1997) und in Bühnenstücken vgl. Kramper
      (1996).

denen sie die meiste Achtung hätten. Damit lag der Journalist von 18 Berufen auf dem 13. Platz.[37] Angeführt wurde die Skala mit weitem Abstand vom Beruf des Arztes (75%). Es folgten Pfarrer/Geistliche mit 40%. Im Mittelfeld rangierte der Journalist nach einer Mitte der 90er Jahre im Auftrag des „Spiegel" durchgeführten Untersuchung: Von 18 Berufen belegte er hier Rang 11, mit einer Bewertung von 4,5 (auf einer Skala von 1 bis 7).[38] Bei der Beurteilung dieser Umfrage-Ergebnisse ist allerdings zu berücksichtigen, daß die Resultate sehr stark von den zur Auswahl stehenden Berufen abhängen (im Falle der Allensbacher Skala ausnahmslos relativ angesehene Berufe). Zudem dürfte auch der Befragungszeitpunkt stets eine Rolle spielen, d.h. es ist zu erwarten, daß das Berufsprestige etwa nach der öffentlichkeitswirksamen Aufdeckung eines Skandals durch Journalisten höher eingeschätzt wird als nach Vorfällen, die die journalistische Arbeitsweise ins Zwielicht rücken.

Daß der Berufsstand der Journalisten v.a. nach den „schwarzen Schafen" beurteilt wird, vermutete bereits Max Weber (1958, 513f., Hervorhebungen im Original) 1919 in „Politik als Beruf": „Der Journalist teilt mit allen Demagogen und übrigens [...] auch mit dem Advokaten (und dem Künstler) das Schicksal: der festen sozialen Klassifikation zu entbehren. Er gehört zu einer Art Pariakaste, die in der ‚Gesellschaft' stets nach ihren ethisch tiefstehenden Repräsentanten sozial eingeschätzt wird. Die seltsamsten Vorstellungen über die Journalisten und ihre Arbeit sind daher landläufig. Daß eine wirklich *gute* journalistische Leistung mindestens soviel ‚Geist' beansprucht wie irgendeine Gelehrtenleistung – vor allem infolge der Notwendigkeit, sofort, auf Kommando, hervorgebracht zu werden und: sofort *wirken* zu sollen, bei freilich ganz anderen Bedingungen der Schöpfung –, ist nicht jedermann gegenwärtig. Daß die Verantwortung eine weit größere ist, und daß auch das Verantwortungs*gefühl* jedes ehrenhaften Journalisten im Durchschnitt nicht im mindesten tiefer steht als das des Gelehrten [...] wird fast nie gewürdigt, weil naturgemäß gerade die verantwortungs*losen* journalistischen Leistungen, ihrer oft furchtbaren Wirkungen wegen, im Gedächtnis haften. Daß vollends die Diskretion der irgendwie tüchtigen Journalisten durchschnittlich höher steht als die anderer Leute, glaubt niemand. Und doch ist es so."

---

[37] Damit rangierte der Journalist nach Arzt, Geistlichem, Rechtsanwalt, Hochschulprofessor, Botschafter/Diplomat, Unternehmer, Apotheker, Direktor einer großen Firma, Atomphysiker, Schriftsteller, Ingenieur und Grundschullehrer, gleichauf mit dem Studienrat und vor Politiker, Offizier, Gewerkschaftsführer und Buchhändler (Umfrage 6072, Januar 1999, Allensbacher Berichte 1999, Nr. 4).

[38] Die höchsten Werte erzielten hier wiederum Ärzte (5,9), die niedrigsten Versicherungsvertreter (3,0) (Spiegel special, Nr. 1, 1995: Die Journalisten, 166).

4. Journalismus als Profession

Unter *„Beruf"* wird ein Komplex spezifischer Tätigkeiten verstanden, der überwiegend bis zum Ende des Erwerbslebens ausgeübt wird, und für den spezifische Ausbildungen und Vorbildungen erforderlich sind (allerdings wechseln viele Menschen, insbesondere in Industriestaaten, im Laufe ihres Lebens ein- oder mehrmals den Beruf – zumeist aber in Berufe mit relativ ähnlichen Tätigkeitsmerkmalen). Der Begriff *„Job"* dagegen bezeichnet eher eine primär unter Profitgesichtspunkten betriebene, wechselnde Tätigkeit. Berufe unterscheiden sich von Jobs nach dieser Vorstellung dadurch, daß sie nicht nur als Mittel zum Geldverdienen angesehen werden, sondern eine oftmals lebenslange, die Persönlichkeit prägende Tätigkeit darstellen. Von einer *„Profession"* wird dann gesprochen, wenn ein Beruf 1. ein hochgradig spezialisiertes Wissen erfordert, das in einer theoretisch fundierten, langdauernden Berufsausbildung erworben wird, 2. der Zugang zum Beruf einer Kontrolle unterliegt, wobei die Berufsangehörigen im beruflichen Umgang an bestimmte Verhaltensregeln gebunden sind, und 3. eine formale Berufsorganisation besteht, die die Interessen der Standesgenossenschaft nach außen vertritt und es als eine ihrer Hauptaufgaben ansieht, auf die Wichtigkeit hinzuweisen, die gerade dieser Beruf besitzt. Die Übergänge zwischen Job und Beruf einerseits sowie Beruf und Profession andererseits sind dabei fließend. So werden zur Trennung von Professionen und Nicht-Professionen die Kriterien „Expertentum", „Verantwortung gegenüber einer Klientel" sowie „Autonomie" herangezogen. Die klassische Vorstellung von einer Profession kann dahingehend charakterisiert werden, daß sie ein hohes Prestige und relative Autonomie besitzt, d.h. sich weitgehend selbst reguliert, und dabei frei von hierarchischen Formen der Kontrolle ist.

Für den Journalismus gilt allerdings, daß ein hohes Berufsprestige (vgl. Kapitel III.3.) nicht und Autonomie sowie Freiheit von hierarchischer Kontrolle (vgl. Kapitel III.5.3.) nur eingeschränkt vorhanden sind. Eliot Freidson hat bereits 1984 die Ansicht vertreten, daß sich auch die Vorstellung, Professionen seien weitgehend frei von hierarchischer Kontrolle, weit von der Realität entfernt habe. Es sei eine Fiktion zu unterstellen, die Mitglieder einer Profession zeichneten sich durch gleiche Kompetenz und Autorität aus und würden eine grundlegend gleiche Interessenlage besitzen. Kompetenz und auch Verantwortung werden den Journalisten von Joseph A. Schumpeter (1950, 237) generell abgesprochen. Für Schumpeter sind Intellektuelle, deren Prototyp die Journalisten darstellten, Menschen, „[...] die die Macht des gesprochenen und geschriebenen Wortes handhaben, und eine Eigentümlichkeit, die sie von anderen Leuten, die das gleiche tun, unterscheidet, ist das Fehlen einer direkten Verantwortlichkeit für praktische Dinge." Charakteristisch für Intellektuelle sei, daß sie über Gegenstände sprächen oder schrieben, die außerhalb ihrer beruflichen Zuständigkeit lägen. Dies sei auch der Grund für ihre „Verantwortungslosigkeit", denn das praktische Handeln falle anderen Berufen zu. Hinzu komme „das Fehlen jener Kenntnisse aus erster Hand, wie sie nur die tatsächliche Erfahrung geben kann." Die kritische Haltung des Intellektuellen entsteht nach Schumpeter weniger aus seiner Position als bloßer Zuschauer als aus der Tatsache, „daß seine größten Erfolgsaussichten in seinem tatsächlichen oder möglichen Wert als Störungsfaktor liegen."

Kritik wird, wie M. Rainer Lepsius (1964) in Anlehnung an Schumpeter formuliert, zum Beruf, aber diese Kritik unterscheide sich grundlegend von der Kritik innerhalb von Berufen: Sie sei inkompetent bzw. allenfalls „quasikompetent". Innerhalb von Professionen werde Kritik, soweit sie sich an die jeweiligen professionellen Normen halte, geschützt, d.h. der Kritiker sei vor Sanktionen durch Kollegen und Laien sicher. Demgegenüber genössen Journalisten, die häufig keine spezifische Kompetenz für die Sachbereiche besäßen, über die sie berichteten, keinen eigenen journalistischen Kompetenzschutz. Journalisten seien im Gegenteil der *Laienkontrolle* besonders ausgesetzt, was Bemühungen begünstige, sich durch sekundäre Mechanismen Immunität zu verschaffen. Dies erfolge dadurch, daß sie sich entweder an die Kompetenz von traditionellen Professionen (Experten) anhängten oder auf höhere und allgemeine kulturelle Werte beriefen. Lepsius (1964, 86) schreibt: „Genau dies geschieht, wenn die Journalisten über die speziellen Normen der ‚wahrheitsgetreuen Berichterstattung' hinaus für sich allgemeine Werte, z.B. der Menschenwürde und der politischen Freiheit, beanspruchen und ihre Tätigkeit dementsprechend als ‚im Dienste der demokratischen Grundordnung' stehend interpretieren."

Wie Ulrich Saxer (1974/75) zu Recht herausstellt, dürfen allerdings die klassischen Professionen nicht der Orientierungsmaßstab für den Journalismus sein. Dies führe zu einer Fehlklassifikation des Journalismus, „der mit Berufsgattungen parallelisiert wird, die akademische Dienstleistungen für Klienten erbringen, statt mit Öffentlichkeitsberufen, die Publika versorgen. Der Expertenstatus des Professional, den die Professionalisierungsthese dem Journalisten zuhalten will, gründet aber maßgeblich in dieser Beziehung zum Klientenlaien, während der Journalist seinerseits sich ja selber dauernd an Experten wendet, deren Wissen er für seine Popularisierung von Sachverhalten zuhanden eines breiten Publikums benötigt." (Saxer 1974/75, 282) Professionelles Verhalten ist nach Hans Mathias Kepplinger (1982, 151) eine sachgerechte Anwendung systematisch erlernter Kenntnisse und Fertigkeiten zur Lösung bestimmter Probleme. Allerdings gebe es keine spezifisch journalistische Kompetenz, denn die Techniken des Recherchierens, Schreibens und Redigierens würden nach mehr oder weniger langer Übungszeit auch von begabten Laien beherrscht. Kepplinger (1982, 154) sieht nur *eine* spezifisch journalistische Kompetenz, nämlich „die Selektion und Präsentation von Informationen unter dem Gesichtspunkt ihrer Wirkung auf ein disperses Publikum". Der Stand der Wirkungsforschung ist jedoch, abgesehen von einigen eng umrissenen Teilbereichen, nicht weit genug fortgeschritten, um in dieser Hinsicht professionelles Handeln zu ermöglichen (vgl. auch Kapitel III.6.7.). Es ist allerdings auch fraglich, ob eine durch Forschungsergebnisse abgesicherte Entscheidungsgrundlage als Voraussetzung für zweckrationales und verantwortungsethisches Verhalten wünschenswert wäre.[39] Kepplinger (1982, 155) argumentiert, daß es unter Berufung auf die Wirkungsforschung leicht zur Legitimation von Informationsunterdrückung bzw. Zensur bestimmter Inhalte kommen könnte. Wäre die Wirkungsforschung so weit entwickelt, daß es möglich wäre, die jeweils zu erwartenden Wirkungen exakt zu prognostizieren, dann würde der Druck auf die Journalisten durch die Politik extrem stark. „Professionelles Verhalten" hätte zur Folge, daß es statt zu einer größeren professionellen Autonomie zu weiteren Abhängigkeiten käme. Auch hier zeigt sich, daß Journalismus nicht an den gängigen Vorstellungen von Professionen gemessen werden kann.

Kepplinger (1982, 147f.) verweist jedoch darauf, daß der Journalismus in Deutschland durchaus ein für Professionen charakteristisches Berufsbild und damit verbundene Verhaltensweisen besitze. So teilten Journalisten ein Gefühl gemeinsamer beruflicher Identität, sie hätten gemeinsame berufliche Wertvorstellungen, und es herrsche Übereinstimmung über die Rollendefinition gegenüber Kollegen und Berufslaien.[40] Im Bereich des beruflichen Handelns werde zudem eine gemeinsame Sprache gesprochen, die Laien nur teilweise zugänglich ist. Die Berufsgruppe kontrolliere das berufliche Handeln ihrer Mitglieder, bzw. sie bemühe sich darum (vgl. auch Kapitel III.6.4.); sie sei deutlich erkennbar von ihrer sozialen Umwelt abgegrenzt, und sie steuere die Selektion und berufliche Sozialisation der Berufsanwärter. Aufgrund des relativ hohen Organisationsgrades deutscher Journalisten[41] kann auch das Kriterium der Standesorganisation als zutreffend betrachtet werden.

In Anlehnung an Harold L. Wilensky (1964, 142–145) lassen sich bei der Professionalisierung eines Berufes fünf Phasen unterschieden. Zunächst wird eine Tätigkeit zum *Ganztagesberuf*. In der nächsten Phase beginnt

---

[39]   Zu den Begriffen der „Zweckrationalität" und der „Verantwortungsethik" vgl. Kapitel III.6.5.2.

[40]   Diese Annahme wird durch die Journalistenbefragung von Beate Schneider, Klaus Schönbach und Dieter Stürzebecher (1993a; 1993b; 1994) gestützt.

[41]   Nach der Studie von Schneider, Schönbach und Stürzebecher (1993a, 366; 1994, 189f.) waren Anfang der 90er Jahre im Westen 56%, im Osten sogar 70% der Journalisten Gewerkschaftsmitglieder.

man, sich um die *Ausbildung* zu kümmern und Schulen einzurichten, die schließlich akademischen Status erreichen. In der dritten Phase werden lokale und nationale *Berufsverbände* gegründet. Die Lizenzierung des *Berufsmonopols* durch den Staat bildet die vorletzte und die Ausformulierung einer *Berufsethik* die fünfte und letzte Phase des Professionalisierungsprozesses. Die Phasen eins, zwei und fünf hat der Journalismus nach Hans Mathias Kepplinger und Inge Vohl (1976, 310) in den westlichen Industrienationen durchlaufen. Bewußt nicht erfolgt ist jedoch eine staatliche Lizenzierung des Berufsmonopols bzw. eine Kontrolle des Berufszugangs (vgl. auch Kapitel III.2.2.). Die Berufsbezeichnung „Journalist" ist in Deutschland und vielen anderen Ländern nicht geschützt, d.h. jeder darf sich „Journalist" nennen. In der Bundesrepublik beruht diese Tatsache auf Art. 5 GG, wonach „jeder [...] das Recht [hat], seine Meinung in Wort, Schrift und Bild frei zu äußern und zu verbreiten". Hieraus wird auch abgeleitet, daß der Berufszugang nicht an bestimmte Voraussetzungen, wie den Abschluß einer speziellen Ausbildung, gebunden sein darf.

Auch für die Journalisten selbst war lange Zeit die Ablehnung eines reglementierten Berufszugangs und einer formalisierten Ausbildung kennzeichnend. Zur Berufsausübung wurde spezifisches Fachwissen überwiegend als nicht erforderlich angesehen. Als wichtig galt eine breite Bildung als Ausgangsbasis zum Verständnis komplexer Zusammenhänge. Es herrschte die Vorstellung vom „geborenen Journalisten", dessen nicht erlernbare Qualitäten erst in der praktischen Arbeit zutage treten würden. Wilmont Haacke (1970, 415) brachte diese Auffassung mit den Worten auf den Punkt: „Publizist ist kein Beruf im üblichen Sinne. Publizist wird, wer Berufung in sich spürt." Die Ablehnung einer professionellen Berufsausbildung reflektierte zumindest teilweise den Bildungsgang vieler Journalisten. Eine abgebrochene Ausbildung, v.a. ein abgebrochenes Hochschulstudium, war lange Zeit ein für Journalisten geradezu berufstypisches Charakteristikum (Donsbach 1999, 502). Nach Wolfgang Langenbucher und Otto B. Roegele (1978, 32) hatten z.B. in den 70er Jahren 52% der Journalisten, die ein Studium angefangen hatten, dieses wieder aufgegeben. Dieser „Knick in der Biographie" wurde unter Berufung auf angeblich angeborene spezifisch journalistische Qualitäten rationalisiert (z.B. Langenbucher/Mahle 1974, 73). Zudem wurde bei einer systematisierten Ausbildung eine wachsende Distanz der Journalisten zum Publikum sowie eine Homogenisierung des Einstellungs- und Meinungsspektrums bei den Medienmitarbeitern und in der Folge auch in der Gesellschaft befürchtet, das den demokratischen Prinzipien der Meinungsfreiheit und des Meinungspluralismus zuwiderlaufe.[42]

---

[42] Zur entsprechenden Diskussion vgl. z.B. Stalmann (1974); Aufermann/Elitz (1975) und Hömberg (1978).

Angesichts steigender fachlicher Anforderungen an die Journalisten setzte gegen Ende der 60er Jahre eine allgemeine Diskussion um die notwendige Qualifikation und Ausbildung ein, und Forderungen nach einer „Professionalisierung" des Berufs, „d.h. einer Anpassung der Qualifikations- und Berufsstrukturen an klassische Professionen wie Ärzte und Anwälte" (Donsbach 1994, 71), wurden laut. Es erfolgte ein Wandel von der Vorstellung eines reinen Begabungsberufes hin zu der eines Begabungs- und Bildungsberufes. Diese Veränderung des beruflichen Selbstverständnisses schlug sich auch im „Berufsbild" der Journalistenverbände nieder. So ging der DJV noch 1966 (DJV 1966, 3) von folgender Annahme aus: „Der Journalistenberuf ist ein freier Beruf, für den zwingend Ausbildungsweg und Berufsweg nicht vorgeschrieben sind; doch werden bestimmte persönliche und sachliche Berufsvoraussetzungen gefordert. Entscheidend für den Beruf ist die spezifisch journalistische Begabung." Im Jahre 1978 (DJV 1978, 2) dagegen hieß es: „Die Eignung zum Journalistenberuf wird durch erlernbare Fähigkeiten und persönliche Eigenschaften bestimmt". Im „Berufsbild" von 1996 (DJV 1999, 65f.) wurden als Anforderungen für den Journalismus genannt: Persönliche Eigenschaften (z.B. Verantwortungsbewußtsein, logisches und analytisches Denken, Kontaktfähigkeit usw.), eine allgemeine Vorbildung (Abitur, Studium, abgeschlossene Berufsausbildung), Fachwissen und Vermittlungskompetenz (vermittelt durch eine journalistische Ausbildung) sowie systematische Weiterbildung.

Eine Konsequenz dieser gewandelten Auffassung bestand darin, daß die Zeiten, in denen potentiell jeder mit journalistischen Ambitionen ohne größere Schwierigkeiten Journalist werden konnte, langsam zu Ende gingen. Eine zunehmende Professionalisierung im Journalismus läßt sich auch daran festmachen, daß es immer weniger Seiteneinsteiger gibt, die ohne Ausbildung zum Journalismus kommen. Während 1980/81 noch mehr als jeder sechste Befragte angab, eigentlich keine besondere Ausbildung zu besitzen (Köcher 1985, 38f.), waren es Anfang der 90er Jahre in Westdeutschland nur noch unter 5% (Schneider/Schönbach/Stürzebecher 1993b, 15).[43] In Online-Redaktionen sind noch einige Quereinsteiger (mit technischen Kenntnissen) anzutreffen, allerdings ist auch hier die journalistische Vorbildung inzwischen relativ hoch (Mehlen 1999, 99f.) und wird zumeist vorausgesetzt (Mast/Popp/Theilmann 1997, 70f.; Höbermann 1998, 301).

Als Hauptwege in den Journalismus sind heute das Volontariat, Journalistenschulen und ein Hochschulstudium (v.a. kombiniert mit Praktika und Hospitanz) zu nennen. Beim *Volontariat* handelt es sich um eine in der Regel zweijährige praktische Ausbildung in einer Redaktion. Die wichtigste

---

[43]   In Ostdeutschland betrug die Zahl 3%. 9% der westdeutschen und 31% der ostdeutschen Befragten gaben an, eine andere als die formal vorgegebene journalistische Ausbildung zu besitzen (Schneider/Schönbach/Stürzebecher 1993a, 363f.; 1994, 180).

Rolle spielen dabei mit ca. 1.700 Volontärsplätzen die Tageszeitungen, gefolgt von Zeitschriften (ca. 700), den Fernsehanstalten (ca. 230) und den Hörfunkstationen (ca. 200) (DJV 1999, 15). Während bis in die 70er Jahre ein Volontariat oft direkt im Anschluß an das Abitur absolviert wurde, führt der Weg zum Volontariat heute v.a. über freie Mitarbeit und/oder Studium. Drei Viertel der Volontäre verfügen nach Angaben des DJV (1999, 15) über Hochschulerfahrung, mehr als zwei Drittel über einen Studienabschluß. Ein Volontariat scheint zur Berufsvorbereitung in Deutschland fast obligatorisch zu sein, denn Anfang der 90er Jahre hatten es fast drei Viertel aller westdeutschen Journalisten und knapp die Hälfte der ostdeutschen Journalisten absolviert (Schneider/Schönbach/Stürzebecher 1993a, 362f.; 1993b, 14f.; 1994, 179–185).

Journalistenschulen besitzen in Deutschland eine lange Tradition. Die erste private Journalistenschule wurde im Jahr 1899 in Berlin eingerichtet. Bereits damals sollte das Problem des Prestigeverlustes und der beruflichen Qualifikation der Journalisten bewältigt werden. Auch das *Hochschulstudium* findet nach anfänglicher Skepsis in den Medienorganisationen als Ausbildungsweg inzwischen hohe Akzeptanz. Die Studiengänge an den verschiedenen Hochschulen sind vielfältig und unterschiedlich stark praxisorientiert. Anfang der 90er Jahre verfügten 45% der westdeutschen Journalisten über einen Hochschulabschluß (Schneider/Schönbach/Stürzebecher 1993b, 14).[44] Zu Beginn der 80er Jahre waren es nur 34%. Ein besonders hoher Anteil von Journalisten mit Hochschulabschluß arbeitete Anfang der 90r Jahre im Bereich Hörfunk und Fernsehen (56%), ein vergleichsweise geringer bei der Presse (40%). Die meisten formal hoch gebildeten Journalisten (d.h. Hochschulausbildung mit oder ohne Abschluß) waren bei den Nachrichtenagenturen tätig.[45] Sehr gering fiel der Anteil von Redakteuren, die ein Hochschulstudium speziell der Journalistik (3%) bzw. eine Journalistenschule (4%) absolviert haben, aus. Dies ist mit den geringen Kapazitäten dieser Ausbildungseinrichtungen zu erklären. Zählt man die westdeutschen Journalisten zusammen, die Kommunikationswissenschaft oder Journalistik studiert haben, so machte deren Anteil nur 10% aus. Anders stellte sich die Situation in Ostdeutschland dar, wo 1992 aufgrund der vereinheitlichten Ausbildung in der DDR knapp 60% über ein Journalistikstudium in Leipzig oder eine Ausbildung an der dortigen Fachschule verfügten (Schneider/Schönbach/Stürzebecher 1993a, 362f.; 1994, 179f.).

Was die Journalistenausbildung in anderen europäischen Staaten betrifft, läßt sich mit Romy Fröhlich und Christina Holtz-Bacha (1997) eine

---

[44]   Zu den Ergebnissen der Studie „Journalismus in Deutschland" vgl. Weischenberg/
       Löffelholz/Scholl (1994, 155).
[45]   Der genaue Anteil bei den Nachrichtenagenturen wird von den Verfassern nicht an-
       gegeben.

Unterscheidung in vier Gruppen vornehmen: 1. Länder, in denen großes Gewicht auf eine akademische Journalistenausbildung gelegt wird (Schweden und Finnland); 2. Länder, in denen die Journalistenausbildung v.a. in der Hand außeruniversitärer Journalistenschulen liegt (Italien, Niederlande, Norwegen, Dänemark); 3. Länder, in denen akademische Ausbildung und Journalistenschulen relativ gleichberechtigt sind (Frankreich, Irland, Portugal) sowie 4. Länder, in denen sich die Journalistenausbildung vorwiegend als „Training on the Job" in Medienbetrieben vollzieht (Großbritannien, Österreich). Deutschland und die Schweiz bilden aufgrund der Vielfalt der journalistischen Ausbildungswege nach dieser Systematisierung eine Sonderkategorie. Die Autorinnen konstatierten in ihrer 1993 durchgeführten Untersuchung, daß von einem einheitlichen Trend zu einer Akademisierung der Ausbildung trotz des Anstiegs entsprechender Studiengänge nicht die Rede sein könne. Gesellschaftswissenschaftliche, philosophische, historische und politische Theorievermittlung spiele eine eher geringe Rolle. Die Ausrichtung der Ausbildung an den Bedürfnissen des Arbeitsmarktes nehme zu. Allerdings sei eine eindeutige Entwicklung hin zu einer Systematisierung und Formalisierung der Ausbildung zu erkennen. Die Autorinnen folgerten (1997, 179): „Offensichtlich bewerten die europäischen Nationen den Journalismus als einen Beruf, den man nicht mehr dem freien Spiel des unsystematischen Berufszugangs überlassen kann. In diesem Sinne [...] erfährt der Journalismus und das Journalismusbild in Westeuropa eindeutig eine Aufwertung durch Professionalisierung."

Eine Zunahme der formalen Bildung der Journalisten ist auch in den USA zu konstatieren, wo sich der „Bachelor" als Mindestqualifikation für den Journalistenberuf durchgesetzt hat und die Zahl derer, die über einen Abschluß speziell im Bereich Journalismus/Kommunikation verfügen bzw. auf dem College zumindest journalistische Kurse besucht haben, deutlich angestiegen ist (von 40% 1982/83 auf 62% 1992; Weaver/Wilhoit 1996, 29–47; 1998, 402).

Insgesamt ist die Frage, ob Journalismus eine Profession ist oder nicht, aufgrund der mit dem Begriff verbundenen Unklarheiten sowie einiger Besonderheiten des Journalismus (z.B. Berufszugang) nicht eindeutig zu beantworten. Professionalisierungstendenzen sind durchaus festzustellen. In der Diskussion um den professionellen Status des Journalismus ist zudem zu berücksichtigen, daß „Professionalität" keineswegs ein Gütesiegel sein muß. Gemessen an vielen der hier diskutierten Kriterien kann z.B. der in autoritären Systemen anzutreffende Journalismus als professioneller eingestuft werden als derjenige, der in Demokratien vorherrscht.

5. Einflußfaktoren im Journalismus

5.1. Systematik

Viele Menschen, die den Beruf des Journalisten ergreifen, glauben, sie würden einen „freien Beruf" wählen – „frei" in dem Sinne, daß die berufliche Tätigkeit weitgehend selbstbestimmt ist. Diese Freiheit betrachten auch viele im Journalismus bereits Tätige als besonders anziehend an ihrer Tätigkeit (Schneider/Schönbach/Stürzebecher 1993a, 366–370; 1993b, 19–23; 1994, 204–207).[46] Auch die Journalisten in Frankreich (74%; McMane 1998, 198), Großbritannien (47%; Henningham/Delano 1998, 155) und in den USA (51%; Weaver/Wilhoit 1996, 101; 1998, 406) sehen Autonomie als sehr wichtigen Faktor ihres Berufes an.[47] Dies darf allerdings nicht darüber hinwegtäuschen, daß diverse Einflüsse und Zwänge die Arbeit von Journalisten beeinflussen.

Zur Systematisierung der verschiedenen Faktoren, die einen Einfluß auf Journalisten und damit auch auf die Medieninhalte ausüben können, hat Donsbach (1987a, 111–139) ein Modell entwickelt, das vier Sphären unterscheidet:[48] die „Subjekt-Sphäre", die „Professions-Sphäre", die „Institutions-Sphäre" und die „Gesellschafts-Sphäre". Der *Subjekt-Sphäre* ordnet Donsbach Faktoren zu, die Merkmale der Journalisten als Individuen betreffen, wie z.B. demographische Merkmale, Werte und Einstellungen, Aufgabenverständnis, Berufsmotive und Publikumsbild. Zur *Professions-Sphäre* gehören Merkmale der Journalisten als sozialer Gruppe, wie z.B. Ausbildung, ethische Prinzipien, Berufsnormen (z.B. Objektivität), Kriterien der Nachrichtenselektion, Standards der Informationsbeschaffung und

---

[46] 68% der westdeutschen und 85% der ostdeutschen Journalisten bezeichneten die „berufliche Freiheit, daß man die Aufgaben und Themen selbst bestimmen kann" als Anziehungspunkt für ihren Beruf.

[47] Allerdings betrachten die Befragten ihre Autonomie durchaus als gefährdet. Auf die Frage, wie Journalisten mit dem Druck politischer Parteien, der Mächtigen oder mit Geldangeboten umgingen, gaben 33% der französischen Befragten an, daß Journalisten dem nachgeben würden; 37% meinten, sie würden dem widerstehen (McMane, 1998, 198). Als wichtigste externe Faktoren, die die Autonomie begrenzen, nannten 58% der US-amerikanischen Journalisten Widerstand von offizieller Seite und Geheimhaltung der Regierung, 34% Zurückhaltung bzw. Feindseligkeit der Öffentlichkeit und 8% Druck von Werbekunden. Während nur 34% sagten, externe Hindernisse beeinflußten die Autonomie, nannten 52% interne Faktoren (Weaver/Wilhoit 1996, 65–70).

[48] Donsbach (1987a, 114) gebraucht dieses Modell zur Strukturierung der Forschungsergebnisse und weist darauf hin, daß er keine Vollständigkeit beansprucht und auch Interdependenzen zwischen den verschiedenen Faktoren unberücksichtigt gelassen hat.

Kollegen-Orientierung[49]. Merkmale der Medienbetriebe, in denen Journalisten tätig sind, bilden die *Institutions-Sphäre*. Dazu gehören Aspekte wie technische Arbeitsbedingungen, innere Pressefreiheit (vgl. Kapitel III.5.3.), Verfolgung bestimmter Zwecke durch die Institution, redaktionelle Linie und Arbeitszufriedenheit. Der *Gesellschafts-Sphäre* sind schließlich Faktoren zuzurechnen, die das gesellschaftliche Umfeld der Journalisten betreffen, wie z.B. soziale Beziehungen (auch zu Informanten), die öffentliche Meinung sowie historische, rechtliche und politische Rahmenbedingungen, zu denen auch die Pressefreiheit zählt.

Ein ähnliches Modell wie Donsbach hat Siegfried Weischenberg (1990, 53; 1998, 67–71) entwickelt. Statt von „Sphären" spricht Weischenberg von verschiedenen „Kreisen", die den Journalisten als Akteur unterschiedlich nah umgeben. In diesem Zusammenhang vergleicht Weischenberg das journalistische System auch mit einer Zwiebel und die Einflußsphären mit deren einzelnen Schichten. Den innersten Kreis (die innerste Schicht) bilden die „Medienakteure" in ihrem „*Rollenkontext*". Um diesen Kreis herum befindet sich der Kreis der „Medienaussagen" bzw. der „*Funktionskontext*", d.h. Leistungen und Wirkungen des Systems Journalismus. Den nächsten Kreis bilden die „Medieninstitutionen" bzw. der „*Strukturkontext*", d.h. Bedingungen und Zwänge der Institution, in der der Journalist tätig ist. Der äußerste Kreis schließlich ist das „Mediensystem" bzw. der „*Normenkontext*". Zwar ordnen Donsbach und Weischenberg die einzelnen Faktoren etwas unterschiedlich zu, im wesentlichen aber sind Subjekt-Sphäre und Rollenkontext, Professions-Sphäre und Funktionskontext, Institutions-Sphäre und Strukturkontext sowie Gesellschafts-Sphäre und Normenkontext miteinander vergleichbar.[50]

Eine Weiterentwicklung dieser Modelle stellt Frank Esser (1998, 25–28) vor, der zwischen *Subjekt-Sphäre* (Individualebene), *Institutions-Sphäre* (Organisationsebene), *Medienstruktur-Sphäre* (rechtlich-normative und ökonomische Ebene) sowie *Gesellschafts-Sphäre* (historisch-kulturelle Rahmenebene) unterscheidet (Abb. 1).

---

[49] Hierzu rechnet Donsbach (1987a, 131f.) verschiedene Formen wie die Nachwuchsrekrutierung und Sozialisation der Berufsanfänger gemäß bei den Kollegen vorherrschenden Werten, Kollegenorientierung durch die Beobachtung von Meinungsführermedien, Gegenlesen von Kollegen sowie soziale Kontakte mit Kollegen außerhalb des Berufs.

[50] Unterschiede bestehen z.T. darin, daß Weischenberg „Professionalisierung und Sozialisation" dem Rollenkontext zuordnet, Donsbach dagegen der Professions-Sphäre. Weischenberg verortet professionelle und ethische Standards im Normenkontext, Donsbach siedelt sie ebenfalls in der Professions-Sphäre an.

Abbildung 1: Einflußfaktoren im Journalismus

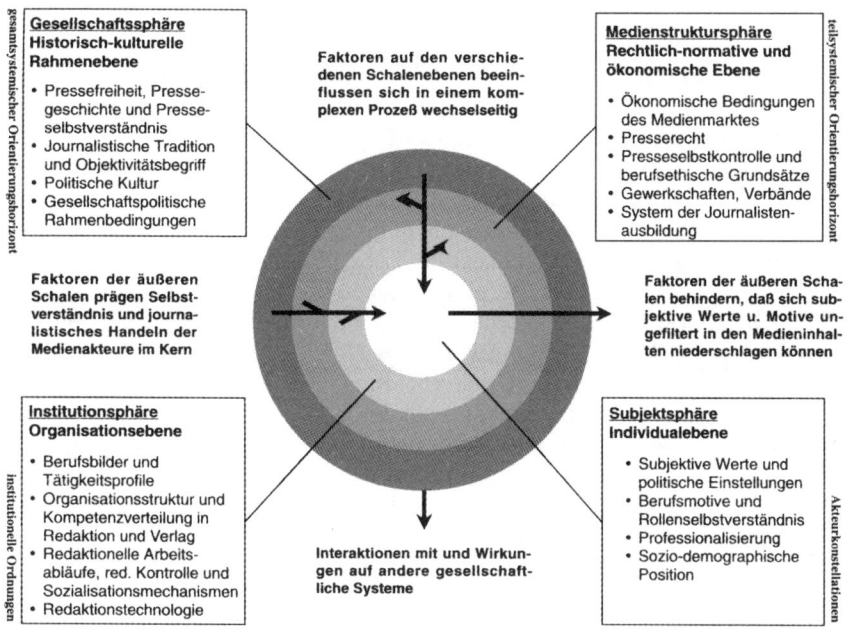

Gesellschaftssphäre
Historisch-kulturelle
Rahmenebene

• Pressefreiheit, Presse-
geschichte und Presse-
selbstverständnis
• Journalistische Tradition
und Objektivitätsbegriff
• Politische Kultur
• Gesellschaftspolitische
Rahmenbedingungen

Faktoren auf den verschie-
denen Schalenebenen beein-
flussen sich in einem kom-
plexen Prozeß wechselseitig

Medienstruktursphäre
Rechtlich-normative und
ökonomische Ebene

• Ökonomische Bedingungen
des Medienmarktes
• Presserecht
• Presseselbstkontrolle und
berufsethische Grundsätze
• Gewerkschaften, Verbände
• System der Journalisten-
ausbildung

Faktoren der äußeren
Schalen prägen Selbst-
verständnis und journa-
listisches Handeln der
Medienakteure im Kern

Faktoren der äußeren Scha-
len behindern, daß sich sub-
jektive Werte u. Motive un-
gefiltert in den Medieninhal-
ten niederschlagen können

Institutionsphäre
Organisationsebene

• Berufsbilder und
Tätigkeitsprofile
• Organisationsstruktur und
Kompetenzverteilung in
Redaktion und Verlag
• Redaktionelle Arbeits-
abläufe, red. Kontrolle und
Sozialisationsmechanismen
• Redaktionstechnologie

Interaktionen mit und Wirkun-
gen auf andere gesellschaft-
liche Systeme

Subjektsphäre
Individualebene

• Subjektive Werte und
politische Einstellungen
• Berufsmotive und
Rollenselbstverständnis
• Professionalisierung
• Sozio-demographische
Position

gesamtsystemischer Orientierungshorizont — *teilsystemischer Orientierungshorizont*

institutionelle Ordnungen — *Akteurskonstellationen*

Quelle: Esser 1998, 27

In seinem Modell berücksichtigt Esser die Tatsache, daß sich die verschiedenen Faktoren in den unterschiedlichen Ebenen wechselseitig beeinflussen.
Esser (1998, 26) schreibt: „Die Einflußfaktoren der äußeren Schalen prägen
einerseits das Selbstverständnis und konkrete Handeln der Akteure im
Innern, behindern andererseits die Möglichkeiten, daß sich die subjektiven
Überzeugungen der Akteure ungefiltert in den Medieninhalten niederschlagen können. Weiterhin sind Einzel- und Kollektivakteure in der Lage, die
äußeren Bedingungsfaktoren zu beeinflussen. Die verschiedenen Ebenen
stehen in einem engen Interaktionsverhältnis, sie beeinflussen sich gegenseitig, kein Einzelfaktor wirkt isoliert, sondern entwickelt seinen Einfluß erst
im Verbund mit anderen Kräften." Dies ist auch bei der folgenden Betrachtung ausgewählter Faktoren aus den einzelnen Sphären zu berücksichtigen.
Zudem ist eine eindeutige Einordnung der Faktoren nicht immer möglich.
Dies zeigt sich besonders deutlich bei der Ethik, die auf allen vier Ebenen

verortet werden kann,[51] und der daher ein eigenes Kapitel außerhalb der
hier angewandten Systematik gewidmet wird.

5.2. Einflüsse der Subjekt-Sphäre: Konzepte der Berufsrolle

In der Literatur werden verschiedene Typen von Berufsrollen bzw. von
Erwartungen an das journalistische Selbstverständnis aufgeführt (z.B.
Donsbach 1982, 40–67; Haas/Pürer 1991).[52] Unter dem Rollen- oder Aufgabenverständnis versteht Donsbach (1993a, 291) „die von den Berufsangehörigen als legitim angesehenen und von ihnen selbst akzeptierten Verhaltenserwartungen an den Beruf und deren Folgen für die Gesellschaft.
Man geht davon aus, daß solche normativen Vorstellungen einen Einfluß
auf die konkrete Nachrichtenauswahl haben."
    Am häufigsten ist die Unterscheidung des Gegensatzpaares eines
neutral-objektiven, den Ereignissen passiv-distanziert gegenüberstehenden
Rollenverständnisses einerseits und eines aktiven, partizipativen, *sozial
engagierten*, anwaltschaftlichen Journalismus andererseits. Ebenfalls gängig
ist die Unterscheidung zwischen dem auf die neutrale Vermittlung konzentrierten *Informationsjournalismus* und dem kritisierenden, kontrollierenden
und bewertenden *Meinungsjournalismus*. Diese beiden normativen Vorstellungen schließen einander in der Realität keineswegs aus. Ein Journalist
kann sich gleichzeitig sowohl einer neutral-objektiven Berichterstattung als
auch einem sozial engagierten Journalismus verpflichtet fühlen.
    Die Vorstellung vom Journalisten als *neutralem Vermittler* geht von der
Annahme aus, daß es objektive Informationen bzw. Nachrichten gibt. Der
Journalist sieht sich als unparteiische und distanzierte Transmissionsstelle.
Einem solchen Journalismusverständnis wird von Kritikern vorgeworfen,
daß die bestehende Ordnung unhinterfragt als gegeben hingenommen und
die Übernahme politischer Verantwortung vermieden werde. Statt kritische
Fragen zur gesellschaftlichen Realität zu stellen, dienten Journalisten auf
diese Weise den etablierten Interessen als Sprachrohr und betrieben angeblich „objektive" Hofberichterstattung. Allerdings ist dieser Kritik entgegenzuhalten, daß auch „Verlautbarungsjournalismus" in einer Demokratie
wichtige Aufgaben erfüllen kann, denn ohne neutral vermittelte Kenntnis
der von Exekutive, Legislative und Judikative gefällten Entscheidungen
kann demokratische Willensbildung nicht erfolgen (Dorsch 1982).

---

[51] Vgl. dazu die Unterscheidung zwischen „Individualethik", „Institutionsethik", „Pro-
    fessionsethik" und „Publikumsethik" in Kapitel III.6.2.
[52] Dabei ist zu beachten, daß Journalisten selten ausschließlich einem dieser Verhal-
    tensmuster folgen, sondern meistens je nach Situation zwischen verschiedenen Rollen
    wechseln.

Im Gegensatz zum neutralen Vermittler versteht sich der *„Anwalt"* als Repräsentant bestimmter sozial benachteiligter Gruppen, die ihre Interessen allein nicht vertreten können (Haas/Pürer 1991, 74). Der Journalist sieht sich als „Vierte Gewalt", die Machtmißbrauch unterbindet. Der anwaltschaftliche Journalismus fühlt sich nicht dem Prinzip der Wertneutralität verpflichtet, sondern identifiziert sich mit den Wertvorstellungen der Öffentlichkeit bzw. bestimmter Teilöffentlichkeiten. Er setzt sich dezisionistisch, d.h. ohne Anspruch auf den Besitz von absoluter Wahrheit, für die Verbreitung bestimmter Ideen oder Fakten ein. Allerdings impliziert dieses journalistische Selbstverständnis auch die Möglichkeit der Legitimation von Informationsunterdrückung, wenn bestimmte Informationen als für die Bevölkerung oder bestimmte Gruppen nachteilig angesehen werden. Der Journalismustyp des Anwalts steht in der Tradition der *„Muckraker"* (d.h. „Schmutzwühler"; die bekanntesten waren Joseph Pulitzer, Lincoln Steffens, Ida Tarbell, Upton Sinclair und Ray Stannard Baker). Zu Beginn des 20. Jahrhunderts waren in den USA alle großen Zeitungen sensationsorientiert aufgemacht: Enthüllung von schmutzigen Geschäften in Politik, Wirtschaft, Verwaltung und Finanzwelt sicherten den Zeitungen ihren Gewinn. Korruption und Kriminalität waren die großen Themen. Soziale Mißstände wurden aufgezeigt und Maßnahmen zu deren Behebung gefordert. In der ersten Ausgabe der „New York World" vom 11. Mai 1883 machte Joseph Pulitzer, der seine Aufgabe darin sah, gegen die Mächtigen anzukämpfen, seine Position deutlich: „There is room in this great and growing city for a journal that is not only cheap but bright, not only bright but large, not only large but truly Democratic – dedicated to the cause of the people rather than that of the purse-potentates – devoted more to the news of the New than the Old World – that will expose all fraud and sham, fight all public evils and abuses – that will serve and battle for the people with earnest sincerity."[53]

Der *investigative Journalismus* will „der Öffentlichkeit vorenthaltene oder verschwiegene, gesellschaftlich aber als relevant angesehene Informationen bekannt machen. Er möchte entweder offiziell gedeckte oder tatsächlich (noch) nicht bekannte Mißstände in Politik, Wirtschaft, Kultur und Gesellschaft ans Licht der Öffentlichkeit bringen." (Haas/Pürer 1991, 74).

Ebenfalls an die Konzeption vom anwaltschaftlichen Journalismus knüpft der in letzter Zeit in den USA aufgekommene *„Civic Journalism"* (auch „Public Journalism" oder „Community Journalism") an (Journal of Mass Media Ethics, Heft 3, 1996; Eksterowicz/Roberts/Clark 1998; Gunaratne 1998; Schudson 1998; Glasser 1999; Lünenborg 2000; McQuail 2000,

---

[53] Zur Rolle Pulitzers im Spanisch-Amerikanischen Krieg 1898 vgl. Kapitel III.6.6.

159f.). Nach dieser Vorstellung von der Rolle der Journalisten soll die Orientierung an den traditionellen Kriterien der Nachrichtenauswahl und Berichterstattung sowie das Ideal von Objektivität und Distanz zum Gegenstand ersetzt werden durch eine Arbeitsweise, die sich auf die Bedürfnisse und Probleme der Bürger konzentriert und die Bevölkerung zur aktiven Teilhabe am öffentlichen Leben ermuntert. Diesem v.a. in Lokal- und Regionalmedien anzutreffenden bürgernahen Journalismuskonzept zufolge sollen Reporter Probleme (v.a. Alltagsprobleme vor Ort) nicht nur aufspüren und langfristig intensiv darüber berichten, sondern auch selbst an deren Lösung arbeiten. Journalismus soll „Menschen dazu befähigen, ihre Aufgabe als Bürgerinnen und Bürger aktiv wahrzunehmen" (Lünenborg 2000, 70). Aufgabe der Journalisten ist es nach diesem Rollenverständnis nicht, selbst Partei zu ergreifen, sondern die öffentliche Auseinandersetzung anzuregen und Instrumente zur Problemlösung an die Hand zu geben. In der Praxis realisieren die „Civic Journalism"-Projekte diese Kommunikation durch Einbindung der Rezipienten in Foren und Diskussionszirkel (z.B. in Form von Chatrooms, E-Mail oder Gesprächsrunden), in denen sich Journalisten von den die Bürger beschäftigenden Themen ein Bild machen und, oft in Zusammenarbeit mit den entsprechenden sozialen Institutionen und Experten, z.b. Strategien gegen Armut in der Gemeinde entwickelt werden.[54]

Das Konzept des „Civic Journalism" weist eine nahe Verwandtschaft zu dem des *„Development Journalism"* auf (z.B. Sussmann 1978; Ogan 1982; Domatob/Hall 1983; Kunczik 1986). Hierunter ist ein Journalismus in Entwicklungsländern zu verstehen, der das Publikum nicht nur informiert und die Fakten interpretiert, sondern den Rezipienten deren Bedeutung für Entwicklungsprobleme nahebringt. Journalisten sollen aktiv am sozialen Wandel mitarbeiten. Ihre Rolle entspricht einer Kombination aus pädagogisch orientiertem und politisch-sozialkritisch engagiertem Journalismus.

Wolfgang Langenbucher (1974, 23; auch Glotz/Langenbucher 1969) sieht die Hauptaufgabe der Journalisten in einer demokratischen Gesellschaft darin, als *Mediator* zu fungieren, d.h. Kommunikation zwischen den unterschiedlichen gesellschaftlichen Gruppen zu ermöglichen. Den Massenmedien wird dabei primär die Funktion zugeschrieben, die Kommunikation der am politischen Willensbildungsprozeß beteiligten Gruppierungen zu fördern und damit eine fokussierte öffentliche Meinung zu schaffen. Ein Journalist, der sich als Mediator versteht, darf nach Langenbucher auf keinen Fall in erster Linie am Bedürfnis der subjektiven Selbstdarstellung und eigenen Machtrepräsentation ausgerichtet sein. Auch dürften „pseudokritische Einwände" gegen solche Begriffe wie Objektivität, Neutralität und

---

[54] Zur Diskussion über die Bedeutung des Internets bei der Entwicklung eines „Civic Journalism" vgl. z.B. Neuberger (2000b, 39).

Ausgewogenheit nicht zur Aufgabe beruflicher Standards führen. Subjektivität und gewissenhafte Berichterstattung stellten keine Gegensätze dar. „Objektivität" solle nichts anderes heißen als auf bewußte Faktenverdrehung und -unterdrückung zu verzichten. Schließlich müsse das kommunikative System so strukturiert werden, daß der einzelne Bürger einen leichteren Zugang zu den Massenmedien habe. Nach Langenbucher sollen Journalisten nicht manipulieren und gängeln, sondern ein Gespräch über die verschiedenen Meinungen, Schichten und Lager hinweg ermöglichen sowie für die breite Masse und nicht für ihresgleichen schreiben.

Der Ausgangspunkt eines Aufgabenverständnisses des Journalisten als *Pädagoge* ist nach Donsbach (1982, 59) „die Annahme, daß Journalisten über mehr Informationen verfügen und zu politisch rationaleren Einsichten gelangen können als die Mehrheit der übrigen Bürger. Diese Prämisse ergibt sich zwangsläufig, weil die Wahrnehmung von Erziehungsfunktionen einen Bildungsvorsprung voraussetzt." Als zweite Prämisse dieses Journalismustypus wird das Vorhandensein eines klar umrissenen Bildungszieles angeführt, was aber in der Praxis zumeist nur vage, leerformelhafte Formulierungen sind, aus denen keine konkreten Handlungsanweisungen für den journalistischen Alltag abgeleitet werden können.

Eine weitere journalistische Berufsrolle ist die des *Pfadfinders* für neue Ideen oder Themen. Dieser Typus ist deutlich vom Journalisten als Erzieher abzugrenzen, denn die Funktion der Erziehung impliziert die Orientierung an vorgegebenen, nicht weiter hinterfragten Wertmustern, die den Blick auf das Neue gerade verhindern. Der Journalist als Pädagoge, wie er in totalitären Staaten aufzufinden ist bzw. war, hat – so Elisabeth Noelle-Neumann (1979a, 279f.) – nur das Feststehende, das Anerkannte zu vermitteln; demgegenüber wird den Journalisten in einer sich wandelnden Gesellschaft eine zweifache Aufgabe zugeschrieben, nämlich „die Bevölkerung urteilsfähig und die Bevölkerung hellhörig für das Neue zu machen."

Als weitere Variante der journalistischen Berufsrolle ist der *Präzisionsjournalismus* zu nennen. Mit „Precision Journalism" (Meyer 1973) ist gemeint, daß die Journalisten sich bei der Recherche von aktuellen Themen der Methoden der empirischen Sozialforschung bedienen sollen, um zu wissenschaftlich abgesicherten Aussagen über soziale Sachverhalte in der Lage zu sein und „objektiv" berichten zu können. Philip Meyer (1991, 6) versteht Präzisionsjournalismus als wissenschaftlichen Journalismus: „It means treating journalism as if it were a science, adapting scientific method, scientific objectivity, and scientific ideals to the entire process of mass communication." Meyer (1973, 15) betrachtet den Journalisten als eine Art „fire-engine researcher", der immer dort auftaucht, wo es brennt. Meyer (1973, 14) meint gar: „journalism must become a social science in a hurry". Das Resultat solcher „rasenden Sozialwissenschaft" kann aber wohl nur von wissenschaftlich höchst bedenklicher Qualität sein. Im Mittelpunkt der Nachrichten sollen diesem Rollenverständnis nach vor allem gesellschaftliche Themen stehen, um dem Publikum einen grundlegenden Einblick in den Aufbau und das Funktionieren komplexer sozialer Systeme wie etwa eines modernen Staates zu geben. Maxwell E. McCombs u.a. (1981, 24) definieren: „In short, what has come to be called precision journalism is the adaptation of social science observation techniques – survey research, content analysis, participant observation, field experiments – to news gathering." Grundsätzlich wird die Übernahme dieser Techniken in den journalistischen Alltag für möglich gehalten. Umfragen, vor allem vor Wahlen, haben eine lange Tradition, v.a. in den USA. Die teilnehmende Beobachtung ist ohnehin eine genuin journalistische Arbeitsmethode. Allerdings erhalten Journalisten im Gegensatz zu Wissenschaftlern ihre Ergebnisse nicht systematisch und nach Forschungsplan. Präzisionsjournalismus würde für die Ausbildung eine intensive Schulung in den Techniken der empirischen Sozialwissenschaften – also der Datenerhebung, Datenanalyse und Dateninterpretation – voraussetzen. Dies hätte nach der Intention der Anhänger dieser Journalismuskonzeption zur Folge, daß objektive Berichterstattung nicht länger eine unzusammenhängende Darstellung von Fakten wäre, sondern eine Einbettung der Informationen in einen theoretischen Zusammenhang, der Hintergründe und mögliche Ursachen von Ereignissen aufdeckt, bedeuten würde. Jürgen Zeh (1987, 166) verweist jedoch darauf, daß auch von einem Präzisionsjournalismus keine wissenschaftliche Arbeitsleistung erwartet werden könne, lediglich der richtige Umgang mit sozialwissenschaftlichen Daten werde gefordert. In Deutschland hat Noelle-Neumann (1980a) den Begriff des „Precision Journalism" aufgegriffen und ihn mit *„Daten-Präzisionsjournalismus"* übersetzt. Allerdings verlegt sie den Schwerpunkt darauf, den Journalisten sozialwissenschaftliche Daten näherzubringen. Noelle-Neumann sieht eine große Gefahr, daß Journalisten durch Fehlinterpretationen von Daten Falschinformationen produzierten, da die Denk- und Arbeitsstilen von Journalisten und Sozialwissenschaftlern sehr unterschiedlich seien.[55]

Daß der Journalismus bei der Darstellung gesellschaftlicher Probleme sozialwissenschaftlichen Kriterien häufig nicht genügt, zeigen beispielsweise die Ergebnisse einer Untersuchung von Hans-Bernd Brosius, Carsten Breinker und Frank Esser (1991). Die Autoren stellten fest, daß Journalisten, um Sachverhalte besonders bedeutsam erscheinen zu lassen, häufig die Phrase *„immer mehr"* verwenden (z.B. „immer mehr Kriminalität"). Die

---

[55] Sibylle Hardmeier (2000) bestätigt in einer Inhaltsanalyse von Schweizer Zeitungen die in anderen Ländern erzielten Befunde, daß bei der Berichterstattung über Befragungen zentrale Angaben fehlen und daher nicht von einem Präzisionsjournalismus gesprochen werden kann.

Autoren weisen darauf hin, daß als Beleg für „Immer-mehr"-Aussagen
Zeitreihendaten zu mindestens drei Meßzeitpunkten („viel", „mehr",
„immer mehr") vorliegen müßten. In einer Inhaltsanalyse der Berichterstattung der „Frankfurter Rundschau", der „Frankfurter Allgemeinen Zeitung", von „Bild" und der „Allgemeinen Zeitung" in Mainz in vier Mona-
ten 1990/91 stellten die Verfasser fest, daß nur 13% der Beiträge mit
„Immer-mehr"-Aussagen entsprechende Angaben enthielten. Da das Stilmittel des „Immermehrismus" meist (in 61% der Fälle) auf negative Sachverhalte angewendet wird, bauen die Journalisten häufig ein in der Realität
nicht gegebenes und auch durch die Informationen in ihrem Beitrag meist
nicht gedecktes Bedrohungspotential auf.[56]
    Aus der Diskussion um den Präzisionsjournalismus können zwei Kon-
sequenzen gezogen werden: 1. Sozialwissenschaftliche Forschung kann
nicht die Aufgabe des Journalismus sein. 2. Die sozialwissenschaftlichen
Grundlagenkenntnisse der Journalisten müssen verbessert werden. Wenn
sich Präzisionsjournalisten auch als Wächter bzw. Anwalt verstehen, heißt
dies, daß bei der Analyse sozialer Probleme Fragen „richtig" gestellt werden
müssen und man sich nicht nur auf die Wiedergabe von „Oberflächen-
erscheinungen" beschränken kann.
    In deutlichem Gegensatz zum Präzisionsjournalismus steht schließlich
der sogenannte *„New Journalism"* (z.B. Haas/Wallisch 1991), der an den
literarischen Journalismus des 19. Jahrhunderts anknüpft und die subjektiven Eindrücke des Verfassers in den Mittelpunkt stellt. Durch eine
Mischung mit fiktiven Elementen und literarischen Darstellungstechniken
(z.B. Dialoge, innere Monologe usw.) sollen „Fakten" besser vermittelt
werden. Damit befindet sich der „New Journalism" schon an der Grenze zu
einem weiteren Berufsverständnis, nämlich dem des *Unterhaltungsjourna-
lismus.*
    Als spezielle „Berufsrolle" soll zuletzt das Journalismusverständnis im
Sozialismus behandelt werden.[57] Während Marx und Engels in ihrem Journalismusverständnis die Pressefreiheit betonten (vgl. Kapitel III.2.2.), ver-
deutlichte Lenin in einem im Mai 1901 erstmals in der Parteizeitschrift
„Iskra" („Der Funke") erschienenen Artikel mit dem Titel „Womit beginnen" (auch in: Lenin 1958, 11) seine Vorstellungen von den Aufgaben der
Presse folgendermaßen: „Die Zeitung ist nicht nur ein kollektiver Propagandist und kollektiver Agitator, sondern auch ein kollektiver Organisator.

---

[56] Wie in einem Experiment festgestellt wurde, werden Themen durch „Immer-mehr"-
     Überschriften von den Rezipienten zudem als bedeutsamer wahrgenommen.
[57] Zum sowjetischen Journalismusverständnis und zur sowjetischen Medienpolitik vgl.
     mit einer Zusammenstellung relevanter Textstellen Roth (1980; 1982); vgl. auch
     Révész (1974). Zum Journalismus in der DDR vgl. z.B. Holzweißig (1989; 1997;
     1999); Wilke (1994); vgl. auch Budzislawski (1966).

In dieser Beziehung kann sie mit einem Gerüst verglichen werden, das um
ein im Bau befindliches Gebäude errichtet wird; es zeigt die Umrisse des
Gebäudes an, erleichtert den Verkehr zwischen den einzelnen Bauarbeitern,
hilft ihnen, die Arbeit zu verteilen und die durch die organisierte Arbeit erzielten gemeinsamen Resultate zu überblicken." Diese drei Funktionen[58]
wurden später auf alle sowjetischen Massenmedien übertragen. Die Medien
wurden dem Prinzip des demokratischen Sozialismus untergeordnet (d.h.
alle von der Parteispitze gefaßten Beschlüsse sind für die untergeordneten
Stufen bindend; Diskussionen sind nur vor Beschlußfassung über ein
Thema möglich; strikte Parteidisziplin muß gewahrt werden, wenn Beschlüsse einmal gefaßt worden sind). Die Aufgabe des Journalisten im
Sozialismus bestand darin, Fakten vor dem gesellschaftlichen Kontext zu
interpretieren, d.h. die vom Willen des Menschen unabhängigen, objektiven
Gesetze der gesellschaftlichen Entwicklung (Historischer Materialismus) zu
vermitteln. Der Journalist müsse historische Situationen erkennen und den
Kampf zur revolutionären Umgestaltung bzw. später zur Verteidigung der
umgestalteten Gesellschaft führen können. Als Hauptprinzipien des Journalismus galten im Sozialismus Parteilichkeit, Wahrhaftigkeit/Wissen-
schaftlichkeit (im Sinne einer Anwendung und Verbreitung des Marxismus-
Leninismus und seiner Methoden) sowie Volks- und Massenverbunden-
heit.[59] Von besonderer Bedeutung war dabei die Parteilichkeit. Der
Journalist mußte jede Frage vom Standpunkt der proletarischen Partei her
sehen. Objektive Berichterstattung gab es nach diesem Verständnis nicht;
der Anspruch etwa der bürgerlichen Wissenschaft auf Objektivität wurde
als Heuchelei angesehen. Umgekehrt aber wurden proletarische Parteilichkeit und Objektivität keineswegs als Gegensätze betrachtet. Zentrale
Bedeutung wurde dem Journalismus bei der Erziehung der Bevölkerung zu
neuen kommunistischen Menschen beigemessen. Man ging von einer Einheit von Unterhaltung, Bildung und Erziehung aus, die im Sinne der Partei
zur sozialistischen Bewußtseinsbildung eingesetzt werden sollte. Im „DDR-
Handbuch" (1975, 295) hieß es in bezug auf das Fernsehen, daß „der Zuschauer durch die parteiliche Auswahl der (Bild-)Motive und Details und
durch die bewertende und deutende Art der Darstellung (Kameraführung)
zum Verständnis des Wesentlichen geführt werden [muß], wobei ihm die
logische Verknüpfung der Einzelbilder (Montage) eine verallgemeinernde

[58] Als „*Propagandist*" soll die Presse politisch-ideologische Erziehung der Bevölkerung
     leisten, als „*Agitator*" die aktuelle Politik und Appelle der Partei unterstützen und
     verbreiten und als „*Organisator*" anleitend und kontrollierend in die geplante Ent-
     wicklung eingreifen und die Bevölkerung zum Aufbau des Sozialismus und zur Plan-
     erfüllung mobilisieren. (z.B. Wilke 1994, 219f.).
[59] Vgl. z.B. Pürer/Raabe (1996, 357f.). Diese Prinzipien stammen schon von Lenin
     (dazu Roth 1982, 31f.).

Schlußfolgerung ermöglichen soll." Kritik und Selbstkritik sollten durchaus erfolgen, allerdings in Form klassengebundener „richtiger" Kritik, d.h. nicht revisionistische bzw. nihilistische Kritik, die Mängel beim Aufbau des Sozialismus übertreibt und objektive Errungenschaften nicht würdigt. Insgesamt hatte der Journalismus in der DDR, wie Heinz Pürer (1997, 110) es ausdrückt, „Repräsentativfunktionen nach außen und Steuerungsfunktionen nach innen". Journalisten entsprachen „fremdbestimmten Informationsbeamten" (Pürer 1997, 110) bzw. dienten einem „Protokoll- und Verlautbarungsjournalismus" (Kepplinger 1992, 83). Sie hatten eine staatstragende Rolle und vertraten nicht die Bevölkerung gegenüber den Regierenden, sondern die Regierenden gegenüber der Bevölkerung (Kepplinger 1992, 83).[60]

Einen Eindruck davon, welches Aufgabenverständnis in der Realität tatsächlich vorherrscht, können Umfragen zur journalistischen Berufsrolle vermitteln. Allerdings ist zu beachten, daß von den Selbstauskünften nicht unbedingt auf tatsächliches Verhalten geschlossen werden kann. Zu den Problemen bei der Interpretation von Befragungsdaten, v.a. im internationalen Vergleich, konstatiert z.b. Esser (1999b, 214f.) für Großbritannien ein „mythisch verklärtes" Selbstbild der Presse als „Vierte Gewalt", aufgrund dessen man kaum noch unterscheiden könne, „ob man bei Journalistenbefragungen lebendige Realität oder lebendige Mythen" ermittle.

Für die Bundesrepublik ergaben sich in einer 1980/81 durchgeführten Befragung[61] (Köcher 1985, 1986) Hinweise darauf, daß die deutschen Journalisten einem *„missionarischen"* Rollenbild anhingen, d.h. selbst Stellung beziehen und die Meinungsbildung des Publikums beeinflussen wollten. Dieses Aufgabenverständnis stand in scharfem Kontrast zum britischen Journalismus. Dieser war am Ideal des neutralen Vermittlers orientiert und auf die Tätigkeit des intensiv, z.T. auch rücksichtslos recherchierenden Reporters konzentriert, so daß Renate Köcher für den britischen Journalisten die Metapher des *„Spürhunds"* gebrauchte.

Ähnliche Unterschiede in der Berufsauffassung wurden auch im Rahmen des Anfang der 90er Jahre durchgeführten internationalen „Media-and-Democracy"-Projekts[62] konstatiert (Donsbach/Klett 1993). Hinsicht-

---

[60] Zu den Problemen, die sich daraus für ostdeutsche Journalisten nach der Wiedervereinigung ergaben, vgl. z.B. Mast/Haasis/Weigert (1994, bes. 419–427).

[61] In einem persönlichen Interview wurden 450 deutsche und 405 britische Nachrichtenjournalisten von Print- und Rundfunkmedien befragt.

[62] Kern des von Thomas E. Patterson und Wolfgang Donsbach geleiteten Projekts war eine vergleichende Befragung von deutschen, US-amerikanischen, britischen, italienischen und schwedischen Nachrichtenjournalisten aus Tagespresse, Fernsehen und Hörfunk. In jedem Land wurden 600 Fragebögen verschickt (zur Untersuchungsanlage vgl. z.B. Donsbach 1993a, 283–86 und Donsbach/Klett 1993, 61f.).

lich des Objektivitätsverständnisses zeigten die Daten in der Interpretation der Autoren, daß deutsche Journalisten auch bei einer ihrem Verständnis nach „objektiven" Berichterstattung gerne ihre persönliche Sicht der Dinge einbrachten, während britische Journalisten sich stärker als neutrale Vermittler der Argumente aller Seiten sahen. Als noch stärker ausgeprägt erwies sich das Rollenbild des neutralen Vermittlers bei amerikanischen Journalisten.[63] Donsbach (1993a, 295) faßt zusammen: „Die amerikanischen Journalisten wollen zwar ebenfalls Einfluß ausüben, ‚auf das politische Geschehen' und ‚auf das Publikum' sogar mehr als ihre deutschen Kollegen. [...]. Vehikel für diesen Einfluß sind für sie aber nicht die Mitteilung eigener Überzeugungen, sondern Recherche und Information sowie die Hoffnung, daß objektiv und neutral berichtete Informationen ihre Wirkung nicht verfehlen werden."

Zu anderen Ergebnissen als Köcher Anfang der 80er bzw. Donsbach Anfang der 90er Jahre gelangten die beiden gesamtdeutschen Journalistenbefragungen „Journalismus in Deutschland" und die „Sozialenquête". Klaus Schönbach, Dieter Stürzebecher und Beate Schneider (1994, 158) zogen aus ihren Daten das Fazit: „Man muß Abschied nehmen von Vorurteilen über ‚den deutschen Journalismus': Die erste gesamtdeutsche Journalistenbefragung erweist sich als ‚Legendenkiller'. Die vielzitierte Dichotomie ‚Missionar' versus ‚Spürhund' bzw. ‚Gesinnungspublizist' versus ‚Vermittler' formuliert Gegensätze, die mit der journalistischen Realität in der Bundesrepublik nicht viel zu tun haben. Wenn sie denn überhaupt jemals Gültigkeit beanspruchen konnte, um die Befindlichkeiten und Einstellungen des Berufsstandes zu charakterisieren und vom Journalismus anderer Länder abzugrenzen, dann ist sie inzwischen überholt." Die Daten dieser Untersuchung deuten darauf hin, daß in Westdeutschland im Vergleich[64] zu den 1980/81 (Köcher 1985; 1986) ermittelten Befunden das journalistische Selbstverständnis als Pfadfinder, als Anwalt und als Mediator an

---

[63] 95% der amerikanischen Journalisten würden sich in einem Konflikt zwischen politischen Parteien so verhalten, daß die Berichterstattung den Konfliktausgang nicht beeinflußt (in Deutschland nur 71%), und 71% würden die Standpunkte der Parteien möglichst neutral und ohne eigene Wertungen vermitteln (in Deutschland 51%). Gefragt, ob es für ihre Arbeit typisch sei, eine kritische Haltung gegenüber Politikern einzunehmen, um die Öffentlichkeit vor Machtmißbrauch zu schützen, oder eine konstruktive Haltung zu vertreten, um Politikern die Kommunikation mit der Öffentlichkeit zu ermöglichen, entschieden sich nur 45% der US-Journalisten für die erste Option (in Deutschland 70%). Nur 21% der amerikanischen Journalisten hielten es für sehr wichtig oder wichtig, sich in ihrem Beruf für bestimmte Werte und Ideen einsetzen zu können (in Deutschland 70%).

[64] Allerdings muß berücksichtigt werden, daß aufgrund anderer Stichproben und Erhebungsverfahren ein Vergleich der Studien nicht unproblematisch ist. Zur methodischen Anlage der Studien vgl. Kapitel III.1.2.

Bedeutung gewonnen hat. Die Funktion als Pädagoge erhielt dagegen etwas geringerer Zustimmung. Die wichtigste Beobachtung war, daß der zu Beginn der 80er Jahre konstatierte, im internationalen Vergleich besonders ausgeprägte „Missioneifer" der Journalisten nachgelassen hat. Bei einer Gegenüberstellung vermittlungsorientierter Aufgaben (neutraler Berichterstatter, Sprachrohr der Bevölkerung) und des missionarischen Rollenverständnisses (Pädagoge/Erzieher, Politiker mit anderen Mitteln) stellte sich heraus, daß fast alle (95%) westdeutschen Befragten wenigstens einer vermittlungsorientierten Berufsauffassung zustimmten, während nur ein Fünftel eine der beiden „missionarischen" Antwortvorgaben wählte (Schönbach/Stürzebecher/Schneider 1994, 145). Kritik zu üben, war zwar nach wie vor zentral, und die Rolle des Kritikers fand noch eine größere Zustimmung als die des neutralen Berichterstatters,[65] allerdings hatten Service- und Unterhaltungsfunktionen an Bedeutung gewonnen (Schneider/Schönbach/Stürzebecher 1993b, 23f.). Auf die Frage, was sie an ihrem Beruf besonders anziehend finden, nannten die Befragten v.a. die Motive, Mißstände aufzudecken und zu kritisieren (67%). Die eigene Überzeugung anderen mitzuteilen (34%) und politische Entscheidungen zu beeinflussen (30%), war ihnen zwar wichtig, insgesamt überwogen aber die Freude an der Arbeit und die Möglichkeiten zur Selbstverwirklichung.[66]

Bei ostdeutschen Journalisten stellte sich heraus, daß neben einer grundsätzlich größeren Begeisterung für ihren Beruf missionarische und idealistische Anziehungspunkte des Journalismus noch stärker ausgeprägt waren.[67] Auch den advokatorisch-erzieherischen Aufgaben des Journalismus fühlten sie sich stärker verpflichtet (Schneider/Schönbach/Stürzebecher 1993a, 366–372; 1994, 204–210).[68] Insgesamt jedoch ist offensichtlich nach der Wiedervereinigung eine sehr schnelle Angleichung des Berufsverständnisses der ostdeutschen Journalisten an das ihrer westdeutschen Kollegen er-

---

[65] Darauf deuten auch die Ergebnisse einer Journalistenbefragung von Kerstin Knirsch (1999, 85f.; vgl. auch Kapitel III.6.5.2.) hin. Hier hielten alle Befragten die Aufgabe, Konflikte und Ungerechtigkeiten aufzudecken und über deren Hintergründe zu berichten, für wichtig. 91% stimmten ihr sogar vorbehaltlos zu.

[66] Die abwechslungsreichen und spannenden Elemente des Berufes nannten z.B. 82% (1980/81: 64%), die Möglichkeit, Interessen weiterzuentwickeln, 63% (1980/81: 38%).

[67] Bei den Möglichkeiten, Mißstände zu kritisieren (67% vs. 93%), sich für Werte und Ideale einzusetzen (49% vs. 81%) und eigene Überzeugungen anderen mitzuteilen (34% vs. 61%), lagen ostdeutsche Journalisten in der Zustimmung deutlich über den westdeutschen.

[68] Die Ergebnisse der Studie „Journalismus in Deutschland" (Scholl/Weischenberg 1998, 239) stimmten im wesentlichen mit dieser Tendenz überein, allerdings war hier die Absicht, Kritik an Mißständen zu üben, im Osten weniger ausgeprägt als im Westen. Auch eine grundsätzlich größere Begeisterung für den Beruf zeigte sich nicht.

folgt,[69] was angesichts der ausgeprägten Gegensätze, die zwischen dem Journalismus in der DDR und in der BRD bestanden, erstaunt. Empirische Studien zu den Ursachen dieser Angleichung liegen noch nicht vor. Kepplinger (1992, 87) nimmt jedoch an, daß es offensichtlich „im Westen wie im Osten, relativ unabhängig von den jeweiligen Handlungsmöglichkeiten, Personen mit ähnlichen Motiven und Rollenvorstellungen in den Journalismus" zog.[70]

Tabelle 1: Das Berufsrollenverständnis deutscher Journalisten

Der Journalist sollte sich sehen als	1980/81 West (N=450)	1992 West (N=983)	1992 Ost (N=477)
Kritiker an Mißständen	95%	95%	98%
derjenige, der die Bevölkerung über ihre Rechte und Ansprüche informiert	--	90%	97%
Vermittler neuer Ideen	72%	87%	94%
jemand, der Leuten hilft, sie berät	58%	64%	89%
Wächter der Demokratie	79%	81%	87%
jemand, der die Leute unterhalten sollte	54%	77%	87%
neutraler Berichterstatter	81%	89%	84%
Anwalt der Benachteiligten	70%	74%	84%
derjenige, der der Bevölkerung demokratische Prinzipien nahebringt	--	59%	74%
Sprachrohr der Bevölkerung	47%	64%	71%
derjenige, der der Bevölkerung die Maßnahmen der Regierung nahebringt	--	33%	36%
Pädagoge, Erzieher	16%	13%	25%
Politiker mit anderen Mitteln	12%	11%	25%

Quelle: Köcher 1985, 90; Schneider/Schönbach/Stürzebecher 1993a, 371

[69] Die Rangfolge der Aufgaben, mit denen sich Journalisten identifizieren, stimmt weitgehend überein (Schneider/Schönbach/Stürzebecher 1993a, 368).
[70] Kepplinger bezieht sich hier insbesondere auf das Aufgabenverständnis als Kritiker an Mißständen, für das er, anders als Schneider, Schönbach und Stürzebecher, in seiner Studie große Übereinstimmung zwischen west- und ostdeutschen Journalisten fand. Befragt wurden im Winter 1991/92 455 westdeutsche und 115 vor der Wende in der DDR journalistisch tätige ostdeutsche Journalisten.

Betrachtet man die etwas anderen Aufgabenbeschreibungen in der Untersuchung „Journalismus in Deutschland" (Weischenberg/Löffelholz/Scholl 1994, 159–162; Scholl/Weischenberg 1998, 157–180), so ist die Tendenz hin zum Informationsjournalismus hier sogar noch deutlicher erkennbar als in der „Sozialenquête.[71] Erklärung und Vermittlung komplexer Sachverhalte und neutrale und präzise bzw. schnelle Information hielten jeweils knapp drei Viertel der Befragten für wichtig. Zwar sahen sich immerhin knapp zwei Drittel als Kritiker von Mißständen, relativiert wurde dies jedoch dadurch, daß sich nur gut 40% für Benachteiligte in der Bevölkerung einsetzen wollten, und der Anteil derjenigen, die sich als Kontrolleure von Politik, Wirtschaft und Gesellschaft (37%) bzw. als Gegenpart zu offiziellen politischen Stellen (36%) und zur Wirtschaft (27%) betrachteten, noch geringer war. Damit lag die Kontrollfunktion in der Zustimmung der Befragten etwa gleichauf mit der Servicefunktion (Anbieten von Lebenshilfe: 36%). Die Unterhaltungsfunktion fand sogar noch etwas mehr Anhänger (47%).[72]

Insgesamt ergibt sich hinsichtlich der empirischen Ergebnisse zum parteilichen bzw. neutralen Berufsverständnis deutscher Journalisten ein widersprüchliches Bild. Während Köcher und Donsbach aufgrund ihrer Resultate die Ansicht vertreten, deutsche Journalisten seien „missionarischer" als ausländische Berufskollegen, betrachten die Verfasser der „Sozialenquête" und der Studie „Journalismus in Deutschland" die Subjektivität bei deutschen Journalisten als nicht besonders ausgeprägt. Esser (1998, 89) versucht, zwischen diesen gegensätzlichen Standpunkten durch die Erklärung zu vermitteln, daß Objektivität und Unparteilichkeit heute „universal anerkannte Leitmaximen der Journalisten westlicher Länder" darstellten, und daß die Unterschiede zwischen den Staaten zwar identifizierbar seien, aber nur noch sehr klein ausfallen würden. Donsbach (1999, 509) hält zwar aufgrund seiner Ergebnisse an der im internationalen Vergleich starken Betonung der eigenen Meinung im deutschen Journalismus fest, konzediert aber vor dem Hintergrund der Daten der „Sozialenquête", daß es offensichtlich in Deutschland zu einer „Säkularisierung der Missionare" gekommen sei.

Wie Simone Ehmig (2000) in einer Analyse dreier deutscher Journalistengenerationen (von der Nachkriegszeit bis heute) ermitteln konnte, liegen die Ursachen für den Wandel der journalistischen Berufsauffassung nicht nur, wie oft vermutet, in Veränderungen des Mediensystems und der Arbeitsbedingungen, sondern auch in prägenden historischen Ereignissen

---

71 Zur Problematik der Vergleichbarkeit der beiden Studien vgl. Kapitel III.1.2.
72 Aus den Daten wurden mittels einer Cluster-Analyse sechs Typen von Berichterstattern ermittelt: „Ratgeber" (21%), „Ambitionierte" (20%), „kritische Beobachter" (20%), „Missionare" (16%), „Unterhalter" (11%), „Anspruchslose" (10%) (Altmeppen/Löffelholz 1998a, 417f.; 1998b, 110f.).

bzw. zeitgeschichtlich bedingten individuellen Erfahrungen, die die Angehörigen einer Journalistengeneration teilen. So sei die Generation der
„Großväter" durch das Kriegs- und Nachkriegsgeschehen geprägt gewesen,
woraus ein nüchterner Journalistentypus resultiert sei, der Einfluß auf Politik und Gesellschaft nehmen wollte, sich bei der Recherche jedoch zurückhielt und die Konsequenzen seiner Berichterstattung bedachte. Für die
einem anwaltschaftlichen Journalismus und Gesellschaftskritik (Engagement gegen Privilegien und Mißstände) verpflichtete Generation der
„Väter" seien Konflikte und Krisen der 60er Jahre von Bedeutung gewesen.
Die „Enkel", d.h. die heutige, als weniger missionarisch eingestellte Nach-
richtenjäger charakterisierte und nach Selbstverwirklichung strebende und
auch skrupellose Recherchemethoden einsetzende Journalistengeneration
sei schließlich durch die Protestbewegungen der 70er und 80er Jahre (Kernenergie, Abrüstung, Umweltschutz) geprägt gewesen. Dadurch, daß eine
von einem bestimmten zeitgeschichtlichen Erfahrungshorizont beeinflußte
Journalistengeneration allmählich „aussterbe" und durch eine neue, vor
dem Hintergrund anderer Ereignisse sozialisierte Generation ersetzt werde,
sei ein gewandeltes Selbstverständnis im Journalismus nachweisbar. Hinter
dem Wertewandel im Journalismus verbirgt sich also nach Ehmig auch ein
Generationswandel.

Für den amerikanischen und den britischen Journalismus ergibt sich hinsichtlich des Berufsverständnisses aufgrund empirischer Untersuchungen
folgendes Bild: Nach der Befragung von David H. Weaver und G. Cleveland Wilhoit (1996, 136) von 1992 hielten es amerikanische Journalisten für
gleichermaßen wichtig, das Publikum schnell zu informieren und Aussagen
der Regierung zu hinterfragen (jeweils knapp 70% hielten dies für extrem
wichtig). Dabei war im Vergleich zu den 70er Jahren sogar ein Anstieg bei
der Informations- und ein Rückgang bei der Kritikfunktion festzustellen.
Auf den nächsten Plätzen rangierten mit jeweils knapp 50% die Analyse
komplexer Probleme und die Funktion als Sprachrohr für die Bevölkerung.
Der Rolle als Gegenpart von Regierung und Wirtschaft wurde ein relativ
geringer Stellenwert eingeräumt (gut ein Fünftel bzw. knapp 15%). In
Großbritannien (Henningham/Delano 1998, 153) lagen 1995 die Informa-
tions- (88%) und Interpretations- bzw. Analysefunktion (83%) sowie die
investigative Funktion (88%) in etwa gleichauf (jeweils Anteil derer, die
diese Aufgaben als extrem bzw. sehr wichtig bezeichneten). Die Rolle als
Gegenpart von Politik (51%) und Wirtschaft (45%) fand zwar eine geringere, im internationalen Vergleich jedoch immer noch relativ hohe Zustimmung. Gleiches galt für die Unterhaltungsfunktion (47%).[73]

---

[73] Auch hier ist auf die eingeschränkte Vergleichbarkeit der Daten zu verweisen. Zu
      einem umfassenden Versuch eines internationalen Vergleichs vgl. Weaver (1998).

5.3. Einflüsse der Institutions-Sphäre: Soziale Kontrolle in Redaktionen

Der einzelne Journalist ist Mitglied einer hierarchisch strukturierten, arbeitsteiligen, durch interne Rollendifferenzierung und Autoritätsverhältnisse gekennzeichneten Organisation, deren Kontrollmechanismen er unterliegt, und die das Klima der geistigen Produktion beeinflußt. Die entsprechende Problematik wird unter dem Begriff der „inneren Pressefreiheit" diskutiert.[74] Zu den medieninternen Faktoren, die die Gestaltungsfreiheit des Journalisten beschränken, gehört z.B. die *redaktionelle Linie* eines Mediums. Journalisten bemühen sich, bei Medien angestellt zu werden, deren redaktionelle Linie ihrer Grundhaltung entspricht (Selbstselektion). Umgekehrt wählen auch die Medienorganisationen Mitarbeiter aus, von denen zu erwarten ist, daß sie sich dem jeweiligen Wertklima anpassen werden. Beide Formen der Selektion zeichnen dafür verantwortlich, daß die Mitarbeiter eines Mediums, auch was ihre Parteiaffinität betrifft, häufig sehr homogen sind. Im Rahmen des „Media-and-Democracy"-Projekts von Patterson und Donsbach (1996) zeigte sich jedoch, daß hinsichtlich des Zusammenhangs zwischen der persönlichen Parteiaffinität eines Journalisten und der von ihm wahrgenommenen redaktionellen Linie seiner Medienorganisation Unterschiede je nach Land und Medium bestehen. Der Zusammenhang war im europäischen Mediensystem (untersucht wurden Italien, Deutschland, Großbritannien und Schweden) wesentlich ausgeprägter als in den USA. Siegfried Weischenberg, Martin Löffelholz und Armin Scholl (1994, 162) stellten in ihrer Befragung fest, daß deutsche Journalisten 1993 zu einem knappen Viertel der SPD (22,5%), zu einem Sechstel Bündnis 90/Die Grünen (17,4%), zu gut einem Zehntel (10,6%) der CDU/CSU, zu gut 8% der FDP und zu 4% der PDS nahestanden.[75] Ein Viertel gab an,

---

[74] In der medienpolitischen Diskussion um die „innere Pressefreiheit", die v.a. Ende der 60er/Anfang der 70er Jahre geführt wurde, ging es v.a. um Fragen der Kompetenzabgrenzung zwischen Verleger bzw. Herausgeber und Redaktion. Nach Noelle-Neumann (1977, 37–54) lassen sich drei Phasen der Diskussion um die innere Pressefreiheit unterscheiden: In der ersten Phase wurde die Freiheit der Redaktion gegen externen Druck politischer oder wirtschaftlicher Art diskutiert. Die zweite Phase betraf das Verhältnis zwischen Verlag und Redaktion (Kompetenzabgrenzung, Freiheitsraum der Redaktion gegenüber dem Verleger). In der dritten Phase wurde diskutiert, ob die öffentliche Aufgabe der Presse ausschließlich Angelegenheit der Redaktion oder auch des Verlegers ist. Hier trat v.a. die Frage der personellen Mitbestimmung der Redaktion in den Vordergrund. In Redaktionsstatuten wurde versucht, das Ausmaß der inneren Pressefreiheit und die Kompetenzabgrenzung zwischen Verleger und Redaktion vertraglich festzulegen.

[75] Die Ergebnisse von Schneider, Schönbach und Stürzebecher (1993a, 376–379; 1994, 221–224) sind hiermit im wesentlichen vergleichbar.

keine Parteineigung zu besitzen. Ein Vergleich der eigenen politischen Ein-
stellung mit der von den Journalisten wahrgenommenen Tendenz des
Mediums, für das sie arbeiteten, ergab, daß sich Journalisten etwas stärker
im linksliberalen und linken politischen Spektrum sahen, während die
Grundlinie der Medien eher im christdemokratischen und rechtsliberalen
Bereich angesiedelt wurde.

Das Wertklima und die redaktionelle Linie einer Organisation prägen
auch die Nachrichtengestaltung. Welche Mechanismen hierbei wirksam
werden, hat Warren Breed 1955 in seiner klassischen Studie „Social Control
in the Newsroom" untersucht: Zunächst stellte Breed fest, daß die redaktionelle Grundhaltung der Zeitung allen Redaktionsmitgliedern bekannt
war. Sie hatten sie in einem Lern- bzw. Sozialisationsprozeß kennengelernt,
der sich u.a. durch das tägliche Lesen der Zeitung vollzog. Im einzelnen
zeigte Breed folgende Faktoren auf, die für die Konformität gegenüber der
redaktionellen Grundhaltung verantwortlich waren:

1. Institutionelle Autorität und Sanktionen. Kündigungen spielten hierbei
   praktisch keine Rolle, eventuelle Maßregelungen erfolgten eher auf informelle Weise, z.B. indem angestrichen wurde, was nicht gefiel, oder ein
   der Redaktionslinie zuwiderlaufender Artikel wegen vorgeblichen Zeit-
   oder Platzmangels nicht gedruckt wurde.
2. Ein Gefühl der Verpflichtung oder Achtung gegenüber dem Vorgesetzten. Vorgesetzte besaßen in den Augen der Journalisten nicht nur posi-
   tionale Autorität aufgrund ihrer hierarchischen Stellung, sondern auch
   funktionale Autorität aufgrund von Fachwissen.
3. Aufstiegsbestrebungen, deren Realisierung durch zu starken Non-
   konformismus (Unruhestiftung) gefährdet wurde.
4. Es gab keine externe Organisation bzw. andere Bezugsgruppe, die in der
   Redaktionsarbeit als „Gegenmacht" dienen konnten.
5. Freude an der Arbeit: a) hohe Kollegialität und ausgeprägtes „Wir-
   Gruppen-Gefühl"; b) hohe Berufszufriedenheit aufgrund der als interessant empfundenen Arbeit; c) nicht-finanzielle Vergütungen durch den
   Kontakt mit wichtigen Personen, die die Journalisten als „Insider" in
   ihrem Kreis behandelten (dazu auch Kapitel III.5.4.1.).

Bei der Anpassung des Journalisten an das Wertklima und die redaktionelle
Linie seiner Medienorganisation ist der Mechanismus der sozialen Kontrolle von besonderer Bedeutung. Wie bereits Breed feststellte, erfolgt soziale Kontrolle in Redaktionen überwiegend auf sehr subtile Art und Weise,
wie etwa durch Kopfschütteln, Hochziehen der Augenbrauen oder Rot-
Anstreichen im Manuskript bzw. auch Ablehnung des Manuskripts aus
vorgeblichen Platz- oder Zeitgründen.

Der Einfluß der Vorgesetzten kann leicht zu Anpassung und Selbstzensur führen – es bildet sich die sogenannte „Schere im Kopf" heraus. Hierzu trägt auch die soziale Kontrolle durch Kollegen bei. Diese vollzieht sich besonders über das *Gegenlesen* von Artikeln. Dabei handelt es sich um einen Akt der freiwilligen kollegialen Selbstkontrolle, der von den Betroffenen meist positiv bewertet wird. Das Gegenlesen dient u.a. zum Abbau eigener Unsicherheit und der Entlastung von Verantwortung (Schulz 1979, 174; Kepplinger/Knirsch 2000, 38). Da es für die Nachrichtenselektion keinen explizit ausgearbeiteten Kriterienkatalog, sondern lediglich mehr oder weniger informell vermittelte Verfahrensweisen gibt, muß sich der Journalist hinsichtlich der Angemessenheit seiner Auswahlentscheidung ständig rückversichern. In welchem Ausmaß und durch wen das Gegenlesen stattfindet, ist von Redaktion zu Redaktion sehr verschieden, und insgesamt scheint der Stellenwert dieser Praxis im Laufe der Zeit an Bedeutung verloren zu haben (Roegele 1985, 70; Esser 1998, 434f.). Wie die Studie „Journalismus in Deutschland (Scholl/Weischenberg 1998, 94–98), ergab, wurden jedoch bei weit über der Hälfte der Journalisten die eigenen Beiträge meistens oder (fast) immer gegengelesen.[76] Eine Überprüfung fand v.a. bei jüngeren, weniger berufserfahrenen und in der Hierarchie niedriger angesiedelten Journalisten statt. 41% der Befragten gaben an, das Gegenlesen erfolge durch den direkten Vorgesetzten, 23% nannten den Chefredakteur. Bei 36% der Befragten wurde diese Aufgabe von Kollegen übernommen. Jeder fünfte Redakteur gab allerdings auch an, seine Texte selbst zu überprüfen. Hierarchisches Gegenlesen (d.h. Gegenlesen durch Vorgesetzte) ist nach den Resultaten dieser Studie v.a. im Politik- und Wirtschaftsressort anzutreffen.

Donsbach (1982, 235–268) sieht in der *Kollegenorientierung* einen Ersatz für die mangelnde Orientierung der Journalisten am Publikum. Verstärkt werde diese Problematik durch die Tatsache, daß Journalisten auch im Hinblick auf ihren privaten Bekanntenkreis vor allem Kontakte zu anderen Journalisten pflegten,[77] was zu einer Homogenisierung des Meinungsspektrums führen könne. Wenn die Verhaltensweise und die Standards der Kollegen die Maßstäbe des eigenen Verhaltens darstellten und nicht die Bedürfnisse und Reaktionen der Rezipienten, dann sei die Erfüllung der gesellschaftlichen Aufgaben durch die Medien in Gefahr. Diese Einschätzung wird allerdings durch die Ergebnisse der Studie „Journalismus in Deutschland" (Scholl/Weischenberg 1998, 108) nicht gestützt. Danach nannte zwar ein großer Anteil der Befragten Kollegen (77%) bzw. Vorge-

---

76 37% gaben an, dies sei (fast) immer, 21%, dies sei meistens der Fall.
77 In der Untersuchung von Schneider, Schönbach, Stürzebecher (1993b, 18f.) bestand der Bekanntenkreis der westdeutschen Journalisten allerdings nur durchschnittlich zu 28% aus anderen Journalisten.

setzte (69%) als diejenigen, von denen sie in den letzten zwei Wochen Reaktionen auf ihre Arbeit erhalten hatten, das Publikum wurde jedoch immerhin von 65% der Befragten erwähnt. Auch der Einfluß des Publikums auf die eigene Arbeit wurde mit einem Mittelwert von 3,01 auf einer fünfstufigen Skala (1 = sehr gering, 5 = sehr groß) als eher hoch eingestuft.[78] Inwieweit neue Möglichkeiten der Publikumsresonanz bei Online-Medien (z.B. durch E-Mail, Newsgroups, Diskussionsforen) den Einfluß der Rezipienten auf die journalistische Arbeitsweise erhöhen, bleibt abzuwarten. Hinzu kommt, daß das Publikumsbild der Journalisten nach den Befragungsergebnissen Anfang der 90er Jahre nicht mehr so negativ war wie noch zu Beginn der 80er Jahre (Köcher 1985, 180–189). Die Rezipienten wurden von den meisten Journalisten als „selbstbewußt", „aufgeschlossen", „politisch interessiert", „gut informiert", „kritisch" und „anspruchsvoll" charakterisiert. Negative Zuschreibungen wie „sensationshungrig", „bieder", „kleinbürgerlich" und „oberflächlich" waren erheblich seltener (Schneider/ Schönbach/Stürzebecher 1993a, 372–374; 1993b, 26f.; 1994, 213–217).[79]

Neben der direkten Kollegenorientierung kann der Konsum des eigenen Mediums sowie anderer Medien, insbesondere sogenannter „*Meinungsführermedien*"[80], zur Einschätzung der eigenen Arbeit herangezogen werden. Dies führt u.U. zur Herausbildung relativ homogener Medienkulturen innerhalb eines Landes. Nach Weischenberg, Löffelholz und Scholl (1994,

---

[78] Die mittlere (3,16) und die obere Führungsebene (3,11) waren nur geringfügig einflußreicher, Redakteure rangierten bei 2,94, Verleger bzw. die Intendanz bei 2,42. Die Bedeutung medieninterner Faktoren sowie des Publikums wurde demnach insgesamt als größer eingeschätzt als die Bedeutung von Unternehmen, Parteien, Gewerkschaften, Sportverbänden und Kirchen (Mittelwerte zwischen 1,95 und 1,55). Lediglich die Bedeutung der Öffentlichkeitsarbeit allgemein lag etwas höher (2,44). In den USA wurden bezüglich der Entscheidung über den Nachrichtenwert eines Ereignisses nach der journalistischen Ausbildung v.a. Vorgesetzte (51%) und Kollegen (41%) als diejenigen genannt, die großen Einfluß auf eine Entscheidung ausüben. Das Publikum folgte mit 35% (Antwort: „sehr einflußreich"), lokale Wettbewerber und Nachrichten der Networks bzw. Prestigemedien mit 25% bzw. 27%. Agenturen bildeten mit 20% das Schlußlicht (Weaver/Wilhoit 1996, 149).

[79] Ein leicht positives Publikumsbild ermittelten auch Weischenberg/Löffelholz/Scholl (1994, 164) bzw.; Scholl/Weischenberg (1998, 126–131).

[80] Wilke (1999b, 302) nennt folgende Charakteristika von „Meinungsführermedien" bzw. „Leitmedien": Große Reichweite (Auflage/Einschaltquote), hoher Anteil von Entscheidungsträgern bzw. Angehörigen einer Elite sowie auch Journalisten am Publikum, hohe Zitierhäufigkeit durch andere Medien, eine bestimmte publizistische Intention (normatives journalistisches Selbstverständnis statt bloßer Funktionserfüllung) und eine inhaltliche (hinsichtlich Themen und Bezugsrahmen) und/oder formale (Layout) Leitfunktion für andere Medien. Der Terminus könne zudem auch ein Begriff für Qualität sein, die auf besonderen journalistischen Leistungen, namhaften Mitarbeitern usw. beruhe.

163) sind für deutsche Journalisten im Printbereich der „Spiegel" und im Rundfunkbereich die „Tagesthemen" bzw. die „Tagesschau" der ARD die wichtigsten Orientierungsmedien.[81]

Trotz der genannten Einschränkungen der journalistischen Freiheit herrscht unter den Journalisten eine hohe *Berufszufriedenheit* (Schneider/ Schönbach/Stürzebecher 1993a, 366; 1993b, 18; 1994, 192f.; Weischenberg/ Löffelholz/Scholl 1994, 159). Dies deutet darauf hin, daß die Notwendigkeit, sich in die Struktur einer Medienorganisation einzufügen, nicht unbedingt als Gegensatz zur Verwirklichung journalistischer Zielvorstellungen betrachtet werden muß.

Zu berücksichtigen ist außerdem, daß deutsche Journalisten im internationalen Vergleich einen hohen Grad an *Autonomie* genießen. Dies belegen die Daten der Untersuchung von Donsbach und Patterson (Donsbach 1993b; Donsbach/Wolling 1995). Druck durch leitende Redakteure bzw. Druck durch die Geschäfts- bzw. Anstaltsleitung bezeichneten 1990/91 in Deutschland nur jeweils 7% der Befragten als ziemlich oder sehr bedeutsam für ihre Arbeit (Donsbach 1993b, 152). 56% bzw. 69% meinten, solchen Beschränkungen überhaupt nicht zu unterliegen (Donsbach/Wolling 1995, 434). Die Journalisten in den Vergleichsländern dagegen sahen sich einem erheblich stärkeren Einfluß ausgesetzt.[82] Bei der Frage nach den Gründen für eine Abänderung von Beiträgen (Erhöhung des Publikumsinteresses, Erhöhung der Faktengenauigkeit, Verbesserung der Ausgewogenheit, dem Beitrag eine politische Richtung geben) zeigte sich ebenfalls, daß bei deutschen (sowie bei schwedischen) Journalisten redaktionelle Eingriffe insgesamt am seltensten vorkamen (Donsbach 1993a, 153; Donsbach/Wolling 1995, 434). Der Grad redaktioneller Kontrolle hing weder mit der Erfahrung eines Journalisten noch mit seinem speziellen Aufgabenbereich zusammen (Donsbach/Wolling 1995, 428). Im Gegensatz zu ihren amerika-

---

[81]   „Der Spiegel" wurde von 66,7% der Befragten regelmäßig genutzt, „Tagesthemen" und „Tagesschau" von 61,7% bzw. 55,5%. Kepplinger (1994b, 223f.) identifizierte in einer 1984 durchgeführten Befragung von 214 Redakteuren aus den Ressorts Politik, Wirtschaft und Lokales die „Frankfurter Allgemeine Zeitung", die „Süddeutsche Zeitung", „Tagesthemen" und „heute journal" als Orientierungsmedien für Journalisten. „Der Spiegel" lag auf dem fünften, „Die Zeit" auf dem sechsten Platz, gefolgt von der „Frankfurter Rundschau".

[82]   Im Hinblick auf leitende Redakteure gaben nur zwischen 22% (Schweden) und 29% (Großbritannien) an, überhaupt keinen Beschränkungen zu unterliegen, im Hinblick auf die Geschäftsleitung waren es zwischen 26% (Schweden) und 57% (Großbritannien) (Donsbach/Wolling 1995, 435). Auch Weaver und Wilhoit (1996, 60–65) stellten für die USA einen im Vergleich zu den 70er und 80er Jahren geringeren Grad an Autonomie fest, gemessen an der Frage, ob Journalisten die Berichterstattung über ein von ihnen für wichtig gehaltenes Thema durchsetzen könnten, ob sie die Freiheit hätten, das Thema, an dem sie arbeiteten, selbst zu wählen und über die zu berichtenden Aspekte zu entscheiden sowie ob der Bericht von anderen bearbeitet werde.

nischen und britischen Kollegen wurden die deutschen Journalisten auch dann nicht verstärkt korrigiert, wenn sie sich einem anwaltschaftlichen Journalismus verpflichtet fühlten. Bei Abweichungen von der politischen Linie des Mediums kam es bei deutschen Journalisten allerdings am häufigsten zu Druck von Redaktionsleitung und Management sowie zu politisch motivierten Abänderungen von Beiträgen (Donsbach 1993b, 154–158; Donsbach/Wolling 1995, 429–431). Dieser Zusammenhang galt in höherem Maße für Journalisten bei deutschen Regionalzeitungen als für diejenigen bei überregionalen Blätter, bei denen von vornherein ein sehr viel engerer Zusammenhang zwischen der politischen Einstellung des Journalisten und der redaktionellen Linie seiner Zeitung festzustellen war, so daß sich Eingriffe weitgehend erübrigten. Wolfgang Donsbach und Jens Wolling (1995, 430f.) gelangten zu folgendem Fazit: „Die journalistische Freiheit deutscher Journalisten unterliegt keinen Beschränkungen, wenn ihre Berichterstattung parteiisch oder anwaltschaftlich ist. Ihre Grenzen findet sie nur dort, wo die politischen Ansichten der Redakteure zu weit von der politischen Linie der Zeitung abweichen. Parteilichkeit wird nicht aus Gründen der Berufsnorm sanktioniert, sie muß aber mit der Redaktionslinie übereinstimmen. Diese Übereinstimmung wird bei den überregionalen Zeitungen vor allem durch Selbstselektion der Journalisten bzw. Selektion der Verlagsleitungen bei der Einstellung von Redakteuren erreicht, bei den regionalen Zeitungen häufiger durch Druck von Chefredaktion und Verlagsleitung oder direkte Änderung von Beiträgen."

Ein weiterer länderspezifischer Unterschied zeigte sich darin, wie Journalisten die Legitimität redaktioneller Eingriffe beurteilten. Während deutsche Journalisten mit wachsendem Druck und häufigerer Veränderung ihrer Beiträge die publizistische Leistung ihres Mediums negativer einschätzten, war ein solcher Zusammenhang für die Vereinigten Staaten nicht festzustellen. Wie Donsbach und Wolling (1995, 432) aus diesem Ergebnis folgerten, hat „redaktionelle Kontrolle eine unterschiedliche Bedeutung in der professionellen Kultur des deutschen und des amerikanischen Journalismus [...]". Während amerikanische Journalisten sie als legitim betrachteten, sahen sie deutsche Journalisten als „einen illegitimen Eingriff in ihre subjektive Freiheit bei der Gestaltung der Zeitungsinhalte."

Derartige Unterschiede hängen wiederum eng mit den Formen redaktioneller Organisation zusammen. Deutsche Journalisten nehmen hier insofern eine Sonderstellung ein, als die *Arbeitsteilung* und *Rollendifferenzierung* in deutschen Redaktionen relativ gering ausgeprägt ist. Die verschiedenen Aufgaben der Faktenrecherche, -überprüfung und -bewertung (Kommentar) werden in Deutschland sehr viel häufiger als in anderen Ländern von ein und derselben Person ausgeübt (Donsbach 1993b, 148).[83] Dieser Unterschied ist auch im Vergleich zwischen Deutschland und Großbritannien zu konstatieren (Esser 1998, 319–360). Welcher Zusammenhang zwischen Rollendifferenzierung und professioneller Kontrolle existiert, läßt sich anhand einer Gegenüberstellung des deutschen und des britischen Journalismus illustrieren. In der britischen Redaktionsarbeit werden Nachrichtenproduktion und Kommentierung[84] sowie Nachrichtenbeschaffung und Nachrichtenverarbeitung voneinander getrennt.[85] Während die *„Reporters"* Fakten recherchieren und Meldungen schreiben, sind die *„Sub-Editors"* für Textkontrolle, Redigieren und Layout zuständig. Der Arbeitsablauf bei einer Reportermeldung sieht wie folgt aus (Esser 1998, 412–420):

1. *„Reporters"* bekommen vom *„News Editor"* (Leiter des Nachrichtenressorts) Themen zugeteilt oder schlagen selbst Themen vor.

2. Der *„News Editor"* begutachtet die Meldung und schreibt sie ggf. um.

3. Der *„Copy Taster"* entscheidet, welche Meldungen einer Weiterverarbeitung zugeführt und welche fallengelassen werden.

4. Der *„Chief Sub-Editor"* entscheidet mit Vertretern der Chefredaktion endgültig, welche Meldungen veröffentlicht werden und wie der Seitenspiegel aussehen soll, bevor die *„Page Planner"* das Feinlayout erstellen.

---

83   So betrug z.B. der Anteil der Journalisten, die gleichzeitig recherchierten und editierten, in Deutschland 57%, in den USA und Schweden nur 27 bzw. 26%; für die Kombination Recherche und Kommentar betrugen die Werte für Deutschland 74%, für die USA und Schweden 17 bzw. 11%; 59% der deutschen Journalisten, aber nur 19% der amerikanischen und nur 2% der schwedischen redigierten und kommentierten gleichzeitig. Italien und Großbritannien nahmen eine Mittelposition ein. Den Unterschied zwischen Deutschland und den USA führt Donsbach (1993b, 145–151) auf historische Entwicklungsbedingungen zurück. In den USA wurden Zeitungen im 19. Jahrhundert zu einem kommerziellen Produkt. Um möglichst viele Leser zu erreichen, lösten sich die Blätter von parteipolitischen Bindungen. Dies ging mit einer deutlichen Tätigkeitsdifferenzierung zwischen möglichst vollständiger und neutraler Berichterstattung (*„Reporter"*), Überprüfung auf Faktengenauigkeit und Ausgewogenheit sowie Publikationsentscheidung (*„Editor"*) und Kommentierung (*„Editorial Writer"*) einher. In Deutschland dagegen verhinderte das staatliche Anzeigenmonopol bis weit in das 19. Jahrhundert, daß sich das Zeitungswesen zum lukrativen Geschäft entwickelte. Dementsprechend fand auch keine Abkehr vom ausgeprägten Meinungsjournalismus statt, und es entwickelte sich keine Rollendifferenzierung, die der in den USA vergleichbar wäre.

84   Für die Nachrichtenproduktion sind die *„Reporters"*, für die Kommentierung die *„Lead Writers"* (Kommentatoren) sowie die *„Feature Writers"* (Verfasser von interpretierenden Beiträge, Hintergrundreportagen, Kritiken und Porträts) zuständig (Esser 1998, 361f.).

85   Die Nachrichtenbeschaffung liegt wiederum in der Hand der *„Reporters"*, die Verarbeitung bei den *„Sub-Editors"* (*„Design Sub-Editor"*, *„Copy Sub-Editor"*, *"Revise Sub-Editor"*, *„Stone Sub-Editor"*; siehe oben und Esser 1998, 362–364).

5. Wenn Plazierung, Aufmachung und Länge festgelegt sind, erhalten die „*Copy Sub-Editors*" die Meldungen. Sie überprüfen sie auf Richtigkeit und nehmen evtl. Umstellungen, Umformulierungen und Kürzungen vor.

6. Der „*Revise Sub-Editor*" überprüft die Arbeit der „*Copy Sub-Editors*" und kontrolliert die Überschriften formal und inhaltlich.

7. Vom „*Revise Sub-Editor*" werden die fertigen Artikel zur Montage gesandt. Der „*Production Editor*" als verantwortlicher Schlußredakteur prüft auf technische Layoutfehler und inhaltliche Widersprüche. Der „*Stone Sub-Editor*" liest jede ausgedruckte Seite Korrektur.

8. Zuletzt erhält der Chefredakteur einen Korrekturabzug und leitet Änderungswünsche an den „*Executive Chief Sub-Editor*" weiter und gibt die Ausgabe schließlich frei.

Während das *britische* System durch eine ausgeprägte *Arbeitsteilung* gekennzeichnet ist und der Reporter mit dem fertigen Produkt seiner Arbeit nichts mehr zu tun hat, dominiert im *deutschen* Redaktionssystem das Prinzip der *Ganzheitlichkeit* (Esser 1998, 319–360). Im Extremfall ist jeder Mitarbeiter in der Lage, alle Aufgaben auszuführen. Eine Arbeitsteilung bleibt weitgehend auf die sachliche Ressortspezialisierung beschränkt. Nach den Ergebnissen einer von Weischenberg, Altmeppen und Löffelholz (1994, 158f.) durchgeführten Expertenbefragung[86] ist hier in näherer Zukunft auch keine wesentliche Veränderung, sondern eher noch eine Verstärkung der bisherigen Tendenzen zu erwarten.[87] Zur Aufgabe der deutschen Redakteure gehört es, Material zu sichten, zu ordnen und auszuwählen, zu schreiben, zu redigieren, zu berichten, zu kommentieren sowie zu produzieren (Layout und Umbruch). Auch Recherchearbeit wird von den Redakteuren durchgeführt. Eine Trennung zwischen Nachrichtenbeschaffung und Nachrichtenverarbeitung ist nicht im selben Maße wie in Großbritannien vorhanden. Dem Berufsbild des angelsächsischen Reporters entspricht am ehesten die Tätigkeit freier Mitarbeiter bei Lokalzeitungen, die recherchieren und auf Honorarbasis Beiträge abliefern. Auch die Praxis, Meinungsäußerungen nur professionellen Kommentatoren zu überlassen, ist in Deutschland weitgehend unbekannt.

---

[86] Befragt wurden Vertreter verschiedener Medien, von Verbänden und Organisationen im Medienbereich, Hochschullehrer sowie Repräsentanten anderer Ausbildungseinrichtungen im Kommunikationssektor.

[87] So meinten die Experten, daß z.B. der Redakteur durch die Übernahme von mehr technischen Aufgaben noch ganzheitlicher arbeiten werde. Zu der Vermutung, daß auch neue technische Einrichtungen eher dem Bestehenden angepaßt werden, als daß sie etwas verändern, vgl. Esser (1998, 352–354).

Die unterschiedliche Organisation der Arbeitsabläufe wirkt sich auch auf das Ausmaß und die Form der redaktionellen Kontrolle aus. Esser (1998, 428) schreibt dazu: „Durch das Fehlen der für britische Redaktionen charakteristischen Trennung in „Reporters" und „Sub-Editors", die in einem bewußt antagonistischen Verhältnis zueinander stehen, konnte sich in Deutschland kein systematischer Kontroll- und Redigierprozeß entwickeln. Dazu gehört eine gewisse Einschränkung der journalistischen Autonomie durch die Kontrolle der Redaktionsleitung und durch die Kollegen-Begutachtung." Zwar existiert in Deutschland die Praxis des Gegenlesens durch Kollegen, hierbei handelt es sich aber um eine freiwillige Angelegenheit, die keineswegs überall tatsächlich stattfindet. Esser (1998, 434f.) bringt dies mit den Worten auf den Punkt: „In deutschen Redaktionen wird gegengelesen, in angelsächsischen professionell redigiert [...]. Systematisches Redigieren ist mehr als Gegenlesen: Lead umschreiben, Text umarrangieren, Fehler und stilistische Unebenheiten korrigieren, die „richtige" Überschrift finden, etc. [...]. Redigieren geschieht systematisch, Gegenlesen zufällig."

Im britischen System können subjektive Einflüsse und auch Unzulänglichkeiten der einzelnen Journalisten besser kontrolliert werden. Während die Mechanismen redaktioneller Kontrolle von den meisten Zeitungen als Filter und zur Qualitätssicherung eingesetzt werden, bieten sie parteilichen Boulevardzeitungen v.a. ein Instrument zur Steuerung des Outputs. Für den einzelnen Journalisten besteht die Gefahr, daß seine Identifikation mit dem Produkt und sein Verantwortungsgefühl aufgrund der zahlreichen Kontroll- und Veränderungsinstanzen geringer ausfallen. In der Berufszufriedenheit der Journalisten schlägt sich dies allerdings nicht nieder (Esser 1998, 441–443, 449).[88]

---

[88] Diese beträgt in Großbritannien 82% (1995) trotz eher schlechter Verdienstmöglichkeiten, arbeitsrechtlicher Absicherung usw. (Esser 1998, 449; Henningham/Delano 1998, 146). In Frankreich bezeichneten sich 1988 87% als zufrieden (McMane 1998, 197). In Deutschland betrug die Berufszufriedenheit Anfang der 90er Jahre 96% bei den westdeutschen und 94% bei den ostdeutschen Journalisten (Schönbach/Stürzebecher/Schneider 1998, 220; auch Schneider/Schönbach/Stürzebecher 1993a, 366; 1993b, 18; 1994, 192f.; Weischenberg/Löffelholz/Scholl 1994, 159). In den USA gaben 1992 77% an, zufrieden zu sein. Damit ist die Zufriedenheit in den USA seit Anfang der 70er Jahre deutlich zurückgegangen (Weaver/Wilhoit 1996, 99f.).

5.4. Einflüsse der Professions- und der Gesellschafts-Sphäre

5.4.1. Einflüsse aus Wirtschaft und Politik

Ein wichtiger Aspekt der Abhängigkeit bzw. Unabhängigkeit von Journalisten sind ökonomische Faktoren. Lenin (1960, 253) schrieb 1917 im „Resolutionsentwurf zur Pressefreiheit": „Die Bourgeoisie verstand unter Pressefreiheit die Freiheit für die Reichen, Zeitungen herauszugeben, die Inbesitznahme der Presse durch die Kapitalisten, die faktisch überall in allen Ländern, auch in den freiesten, zur Käuflichkeit der Presse geführt hat". Diese Erkenntnis ist keineswegs auf Marxisten beschränkt. Der deutsche Publizist und Mitherausgeber der „Frankfurter Allgemeinen Zeitung", Paul Sethe (1965, 96), hat dies in einem Leserbrief ähnlich gesehen: „Da aber die Herstellung von Zeitungen und Zeitschriften immer größeres Kapital erfordert, wird der Kreis der Personen, die Presseorgane herausgeben können, immer kleiner [...]. Pressefreiheit ist die Freiheit von zweihundert reichen Leuten, ihre Meinung zu verbreiten. Journalisten, die diese Meinung teilen, finden sie immer [...]. Aber wer nun anders denkt, hat der nicht auch das Recht, seine Meinung auszudrücken? Die Verfassung gibt ihm das Recht, die ökonomische Wirklichkeit zerstört es. Frei ist, wer reich ist [...]. Und da Journalisten nicht reich sind, sind sie auch nicht frei [...]".

In der täglichen Arbeit der Journalisten manifestieren sich ökonomische Einflußfaktoren in dem Druck, eine hohe Auflage bzw. eine gute Quote zu erzielen, d.h. das Medium für Rezipienten und Werbekunden attraktiv zu machen und sich dabei gegen die inter- und intramediäre Konkurrenz zu behaupten. Die Abhängigkeit ihres Mediums von der Werbung kann dazu führen, daß sich Journalisten in der kritischen Berichterstattung über einen wichtigen Werbekunden zurückhalten. Daß die Werbetreibenden ihrerseits in dieser Hinsicht Druck ausüben können, illustriert das folgende Beispiel: Im April 1997 durfte das US-Magazin „Esquire" eine Kurzgeschichte über einen homosexuellen Akademiker nicht veröffentlichen, weil man einen Anzeigenstop von „Chrysler" befürchtete. Die Firma hatte zuvor in einem Brief geschrieben: „Um eventuellen Konflikten vorzubeugen, verlangen wir, daß Chrysler im voraus vor jedem Artikel mit sexuellem, politischem oder sozialem Inhalt rechtzeitig gewarnt wird." Von jeder Ausgabe müsse vor Redaktionsschluß ein ausführliches Inhaltsverzeichnis übersandt werden, damit „Chrysler" Zeit für eine Überprüfung habe. Der Brief war nicht nur an „Esquire" gegangen, sondern an 100 Redaktionen in den USA. „Chrysler" stand mit diesem Vorgehen nicht allein, auch „Ford" und „Colgate-Palmolive" haben ähnliche Maßnahmen ergriffen. Auch die Zeitschrift „New Yorker" besitzt eine Liste von 50 Anzeigenkunden, die vorher über eventuell anstößige Artikel zu informieren sind. Robert Mancini, bei

Ford für die Plazierung von Anzeigen verantwortlich, erklärte das Vorgehen seiner Firma mit den Worten: „Ford macht mit einer ganzen Reihe von Kundengruppen Geschäfte. Als Großkonzern ist es in ihrem höchsten Interesse, keine dieser Gruppen zu beleidigen." (Hornig 1997).

Herausgefordert wird die journalistische Unabhängigkeit auch durch besondere Vergünstigungen, durch die sich Unternehmen oder andere Vertreter partikularer Interessen eine positive Berichterstattung erhoffen, und die bis hin zur Bestechung reichen können. Zu den Berufsgruppen, die mit derartigen Versuchungen besonders konfrontiert sind, zählen z.B. Wirtschaftsjournalisten,[89] Reisejournalisten,[90] Pharmajournalisten[91] und Motorjournalisten[92].

Nicht nur von Seiten der Wirtschaft, auch von Seiten der Politik und diverser organisierter Interessengruppen sind Journalisten oft mit Hilfe geschickter PR-Techniken vorgenommenen Einflußversuchen ausgesetzt. Dabei wird die Entscheidung der Journalisten für oder gegen eine kritische Berichterstattung nicht nur von unmittelbaren wirtschaftlichen Interessen, sondern z.T. auch von der Erwägung mitbestimmt, nützliche Informanten nicht verärgern zu wollen.[93] Vor derartigen Problemen stehen v.a. Lokaljournalisten, die besonders unmittelbar mit den Konsequenzen ihrer Berichterstattung konfrontiert werden (Kunczik 1988b, 131–137; Jonscher 1999). Gesellschaftliche Eliten als wichtige Lieferanten von Informationen verfügen über ein relativ großes Sanktionspotential und können die Verwendung der von ihnen weitergegebenen Information in aller Regel relativ gut kontrollieren. Da die tagesaktuellen Massenmedien kontinuierlich Nachrichten produzieren müssen, heißt dies, daß ein ständiger Informationszufluß sichergestellt sein muß. Dieser Zwang bedeutet, daß als Informanten Personen oder Institutionen bevorzugt werden, von denen bekannt ist, daß sie berichtenswerte Informationen produzieren oder besitzen.

Wie Jeremy Tunstall (1971, 25) in einer Studie über Londoner Journalisten feststellte, zählt der Kontakt mit wichtigen Personen und die damit verbundene Nähe zu wichtigen Ereignissen mit zu den attraktivsten Aspekten des Journalismus. Es entwickele sich ein Insider-Gefühl, das mit der

---

89 Zu Einladungen von Unternehmen zu Pressereisen zur Präsentation ihrer Produkte usw. vgl. Jakobs (1995, 110). Zur Problematik der Interessenskonflikte von Wirtschaftsjournalisten, die selbst Börsengeschäfte betreiben, vgl. Kapitel III.6.6.

90 Vgl. dazu Aigner (1992); Guilino (1996); Kleinsteuber (1997).

91 Zur Bezahlung von Journalisten für eine positive Produktdarstellung vgl. z.B. Jakobs (1995, 108).

92 Zu den Versuchungen für Motorjournalisten gehören z.B. Einladungen ins Ausland, kostenlose Testwagen, Rabatte beim Autokauf, Einladungen zu Vorführungen usw.; vgl. z.B. Tillmanns/Kaiser (1994); Holm (1995, 112); Tewes (1998).

93 Auf der anderen Seite besteht auch eine Abhängigkeit der Politik von den Medien (vgl. dazu Kapitel II.3.1.).

Vorstellung verbunden sei, man könne auf diese Ereignisse einwirken (vgl. dazu auch Kapitel III.5.3.). In der Realität jedoch bedeutet diese Form der Informationsbeschaffung zugleich Abhängigkeit von der Umwelt, d.h. Autonomieverlust des Journalisten. Die Journalisten sind von den Informanten abhängig, die durch Kontaktabbruch den Informationsfluß unterbrechen können, wenn mit Informationen nicht im vom Informanten intendierten Sinne umgegangen wird. Der Rückmeldungsprozeß von den Eliten erfolgt kontinuierlich und ohne größere Verzögerung. Journalisten können also ihr Verhalten relativ schnell korrigieren und zukünftiges Verhalten dementsprechend einrichten.

Prinzipiell besteht die Gefahr, daß sich Journalisten bei der Informationsweitergabe die Werthaltung dieser Informationsquellen zu eigen machen, weil dadurch ein kontinuierlicher Informationszufluß eher gesichert werden kann. Diesen Mechanismus machte man sich im Wilhelminischen Deutschland in Form des berühmten *„Systems Hammann"* (Kunczik 1997a, 98ff.) zunutze. Otto Hammann war 1894 vom deutschen Reichskanzler Caprivi zum Leiter des Pressedezernats berufen worden und behielt diesen Posten für 22 Jahre unter vier Reichskanzlern. Das „System Hammann" beruhte auf dem gegenseitigen Vertrauensverhältnis zwischen der amtlichen Stelle und der Presse. Nur vertrauenswürdige Journalisten, also solche, die wohlwollend berichteten, erhielten Informationen. Vertreter anderer Zeitungen, die nicht in Hammanns Gunst standen, durften nur noch mit nichtssagenden Auskünften seiner Mitarbeiter rechnen. Belohnt wurde politisches Wohlverhalten.

Da die Informanten als Gegenleistung für die Informationsweitergabe Publizität erhalten, bildet sich häufig eine symbiotische Beziehung zwischen Journalisten und Informanten heraus (vgl. Kapitel II.3.1.; III.5.4.1.; III.5.4.2.). Besonders deutlich ist dies nach einer allerdings schon älteren Studie von W. Phillips Davison (1975) bei den diplomatischen Korrespondenten der Fall – jenen wenigen Top-Journalisten, die regelmäßig über internationale Angelegenheiten schreiben, dabei oft an internationalen Konferenzen teilnehmen und über diese berichten. Ihre Arbeit wurde von den Diplomaten in aller Regel positiv gewürdigt, so daß Journalisten und Diplomaten eine Art von „foreign affairs community" bildeten. Aufgrund ihres hohen Informationsstandes wurden Journalisten zudem häufig als Berater geschätzt.

Für Informanten, die Nachrichten kontrollieren bzw. beeinflussen wollen, ist es erfolgversprechend, Journalisten das Gefühl zu vermitteln, ins Vertrauen gezogen zu werden. Dies geschieht beispielsweise durch die vertrauliche Weitergabe von Informationen, das sogenannte *„Leaking"*. Zwar kommt ohne diese Form der Information heute keines der führenden Massenmedien der westlichen Industrienationen mehr aus, jedoch stellt die

Verwendung von Informationen aus einer Quelle, die anonym bleiben will, ein besonders delikates Problem dar. In sehr vielen Fällen ist es kein Diskussionspunkt, daß auf diese Weise wichtige, für die Öffentlichkeit bedeutsame Interna, z.b. über politische Entscheidungsprozesse, aufgedeckt werden. Problematisch aber ist, daß Journalisten durch die interessengebundene Weitergabe von Informationen möglicherweise manipuliert werden. Gerade bei Reportern, die wegen ihrer weitgehenden Unabhängigkeit eine besonders verantwortungsvolle Rolle im Kommunikationsprozeß einnehmen, besteht die Gefahr, Gerüchte als Nachrichten weiterzugeben bzw. Nachrichten zu „erfinden". Wer kann schon nachprüfen, daß die „gut informierte Quelle aus Regierungskreisen" der Taxifahrer oder der Barmann ist.

Wie nützlich es dagegen für einen Informanten sein kann, anonym zitiert zu werden, verdeutlicht folgendes Beispiel: Henry Kissinger, Außenminister unter Nixon und Ford, pflegte die Journalisten regelmäßig mit Informationen zu versorgen, ließ sich jedoch nur als ein „Senior State Department Official" zitieren. Kissinger bemerkte zu seiner Vorgehensweise: „Everybody really knew that I was the senior official. The advantage of doing it in this manner was that it enabled foreign governments not to have to take a formal position about what I had said, and not to force me to take a formal position." (zit. nach Blyskal/Blyskal 1985, 62).

Abschließend sei bemerkt, daß die vertrauliche Informationsweitergabe zudem eine Variante der Politik der Informationszurückhaltung darstellt. Journalisten wird das Gefühl vermittelt, an wichtigen Entscheidungen beteiligt zu sein bzw. ansonsten geheime Hintergrundinformationen zu besitzen. Zugleich kann jedoch die Motivation zu eigenständiger kritischer Recherche erheblich reduziert werden. „Leaking" ist insofern die „ideale Ergänzung" zur Politik der Informationsverknappung, zu deren Rechtfertigung gerne die Staatsräson herangezogen wird. Es kommt leicht zu einem Interessenskonflikt zwischen den Journalisten, die am Auffinden und Weitergeben von Informationen interessiert sind, und Repräsentanten des Staates, die dies z.T. verhindern wollen.

5.4.2. Journalismus und Public Relations

Journalismus und Public Relations werden aus normativer Warte oft als antagonistisch betrachtet, da PR interessengebundene Botschaften verbreite, während der Journalismus die Aufgabe habe, Informationen skeptisch zu hinterfragen. Diesem Ideal nach sollten Journalisten folglich kritische Distanz zur PR wahren. Als professionelle Vermittler partikularer Interessen stellen PR-Treibende in der Praxis jedoch eine zentrale Instanz des Einflusses auf den Journalismus dar. Die Nähe zwischen Journalismus und PR zeigt sich u.a. schon an der wechselseitigen Durchlässigkeit beider Berufe. Bereits Ende er 70er Jahre stellten Jürgen Wilke und Ulrich Müller (1979) fest, daß Journalisten aus materiellen Gründen (z.b. bessere Bezahlung) zur Öffentlichkeitsarbeit wechselten. In einer von EMNID im Auftrag der Agentur Kohtes Klewes im Sommer 2000 durchgeführte Umfrage bei 100 TV-, Hörfunk,- Print- und Internetjournalisten sowie 100 PR-Fachleuten aus den Bereichen Agentur und Pressestellen von Unternehmen gaben 54% der PR-Fachleute an, früher im Journalismus tätig gewesen zu sein (Kohtes Klewes 2000). Umgekehrt waren jedoch immerhin 25% der Journalisten früher in der PR-Branche beschäftigt. 62% der Journalisten und 55% der PR-Fachleute gaben zudem an, daß sie bereit seien, in den jeweils anderen Beruf zu wechseln. Außerdem wurde das Zusammenspiel von Journalismus und PR von beiden Seiten sehr positiv bewertet. Dabei fiel das Urteil der PR-Fachleute noch besser aus als das der Journalisten (92% vs. 78% bezeichneten das Verhältnis als gut oder eher gut). Der Nutzen der jeweils anderen Seite wurde von PR-Praktikern höher eingeschätzt als von Journalisten. 68% der Journalisten sahen PR-Leute eher als unterstützende Partner denn als zu überlistende Gegenspieler, während umgekehrt über 90% der PR-Leute Journalisten als Partner einstuften.

In diesen Ergebnissen spiegelt sich eine wechselseitige Abhängigkeitsbeziehung zwischen PR und Journalismus wider (vgl. Kapitel II.3.1.). PR betreibende Institutionen sind auf Publizität angewiesen, und Journalisten benötigen Informationen, wobei die Zeit für eigene Recherche meist knapp ist. Öffentlichkeitsarbeiter kennen in aller Regel die Arbeitssituation und die Bedürfnisse von Journalisten und sorgen für eine mediengerechte Formulierung ihrer Texte. Die inzwischen zunehmend praktizierte elektronische Übermittlung von Pressemitteilungen ist eine weitere Möglichkeit, den Journalisten ihre Arbeit zu erleichtern, da die eingehenden Texte sofort weiterverarbeitet werden können.

Derartige Serviceleistungen von Seiten der Öffentlichkeitsarbeit haben zur Folge, daß PR-Material oft ohne weitere Nachprüfung veröffentlicht wird. Auf diese Problematik hat bereits Emil Dovifat (1927, 209) verwiesen: „Der Preßagent rühmt sich, der Presse die [...] klare und verständig abgefaßte, aus einem Wust von Nebensächlichkeiten herausgearbeitete Nachricht gegeben zu haben. Dabei verheimlicht der ‚News agent‘ die Tatsache, daß er sich wie ein Sieb zwischen die Zeitung und die Nachrichtenquelle legt. Er hält den Reporter in seiner freien Arbeit auf. Er gibt ihm die vollvorbereitete Nachricht, d.h. nur den Teil der Nachricht, an deren Veröffentlichung ihm und seinen Beauftragten gelegen ist. Die diensteifrige Geschäftigkeit und ständige Hilfsbereitschaft des Preßagenten ist ein gefährlicher Anreiz für den Reporter, sich die Arbeit angenehm zu machen

und die Dinge so zu sehen und darzustellen, wie der Interessent sie dargestellt sehen will."

Ein berühmt gewordenes Beispiel für die Anpassung von PR-Botschaften an journalistische Berufsroutinen ist die PR-Arbeit von Richard Nixon,
dessen Pressestatements so abgefaßt wurden, daß sie genau 100 Worte enthielten. Da dies der Länge eines journalistischen Beitrags entsprach, war die
Wahrscheinlichkeit hoch, daß Journalisten weder Teile strichen noch eigene
hinzufügten (Smith 1988a, 448f.).

Von den Journalisten selbst werden die Auswirkungen der PR auf ihre
Arbeit als gering eingestuft. In der Studie „Journalismus in Deutschland"
(Löffelholz 1997; Scholl/Weischenberg 1998, 137–146) gab fast die Hälfte
der Befragten an, Öffentlichkeitsarbeit habe nur wenig Einfluß auf ihre
Tätigkeit. Lediglich 16% wiesen ihr einen großen oder sehr großen Einfluß
zu. Löffelholz (1997, 194) interpretiert diesen Befund dahingehend, „daß die
selbstkritische Reflexion der Grenzen und Zwänge der eigenen Tätigkeit
nicht zu den Primärtugenden vieler Journalisten gehört." Allerdings ist hier
nach den Tätigkeitsbereichen der Journalisten zu differenzieren. Während
beispielsweise ca. zwei Drittel der Agenturjournalisten und ca. ebensoviele
Lokaljournalisten der PR einen mittleren bis sehr großen Einfluß zumaßen,
gingen umgekehrt zwei Drittel der Journalisten im Politikressort von einer
geringen Wirkung der PR auf ihre Arbeit aus.[94] Löffelholz (1997, 199–206)
unterscheidet hinsichtlich des Verhältnisses zur PR vier Typen von Journalisten: 1. „*PR-Pragmatiker*", die der Öffentlichkeitsarbeit positiv-aufge-
schlossen gegenüberstehen (ca. 31% der Stichprobe), 2. „*PR-Antikritiker*",
die PR ebenfalls positiv einschätzen und sie ausdrücklich gegen Kritik in
Schutz nehmen (ca. 24%), 3. „*PR-Skeptiker*", die sich skeptisch-distanziert
äußern und Pressemitteilungen oft für überflüssig und keineswegs für notwendig halten (ca. 19%) und 4. „*PR-Kritiker*", die PR nicht nur skeptisch
beurteilen, sondern davon überzeugt sind, daß Öffentlichkeitsarbeit die
journalistische Recherche ersetzt und zu unkritischer Berichterstattung verleitet (ca. 26%). Die ersten beiden Typen waren v.a. unter Journalisten bei
Agenturen und Anzeigenblättern sowie im Sport-, Unterhaltungs- und
Lokalressort zu finden. PR-Pragmatiker und PR-Antikritiker wiesen zudem
ein deutlich positiveres Publikumsbild auf, waren beruflich zufriedener als
die anderen Typen und sahen sich v.a. in der journalistischen Rolle des
Ratgebers. PR-Skeptiker und PR-Kritiker waren dagegen v.a. im Politikressort tätig und hatten überwiegend ein kritisches Berufsrollenverständnis.

---

[94] Löffelholz argumentiert, daß Journalisten, die in ihrem Tätigkeitsbereich direkt mit
    PR zu tun haben, den Einfluß der Öffentlichkeitsarbeit auch höher einschätzen als
    diejenigen, die mit PR-Material vorwiegend indirekt (d.h. v.a. durch Agenturen ver-
    mittelt) in Berührung kommen.

Insgesamt wird der Einfluß der PR auf den Journalismus von den Medienvertretern offensichtlich unterschätzt. Ihr Selbstbild steht in deutlichem
Widerspruch zu den Ergebnissen zahlreicher empirischer Studien,[95] die zumeist eine erhebliche Einwirkung von PR-Aktivitäten auf die Berichterstattung der Massenmedien konstatieren.[96] Barbara Baerns (1985, 87) stellte
z.b. fest, daß bei der tagesaktuellen Berichterstattung über die nordrhein-
westfälische Landespolitik 64% der Zeitungsmeldungen, 63% der Fernsehbeiträge, 61% der Hörfunksendungen und 59% der Agenturmeldungen auf
Pressekonferenzen und Pressemitteilungen basierten. Torsten Rossmann
(1993) konnte bei seiner Analyse der Wirkung der „Greenpeace"-Presse-
arbeit in Deutschland, Österreich und der Schweiz sogar 84% der Zeitungsartikel über „Greenpeace" auf PR-Aktivitäten (Aktionen, Pressemitteilungen und Pressekonferenzen) dieser Organisation zurückführen.

Festgestellt wurde zudem, daß für die Veröffentlichung von PR-
Botschaften die Überwindung der *Agenturhürde* ein wesentlicher Faktor ist.
Hat es eine Pressemitteilung erst einmal in die Agenturmeldungen geschafft,
besteht eine hohe Wahrscheinlichkeit, daß sie auch in der Presse erscheint
(z.b. Lang 1980; Hintermeier 1982; Rossmann 1993; Saffarnia 1993).

Auf PR-Material basierende Artikel werden in der Regel bereits am Tag
nach der Pressekonferenz bzw. nach Eingehen der Pressemitteilung veröffentlicht (z.b. Lang 1980, 112; Baerns 1985, 89). In der Studie von René
Grossenbacher, der in der Schweiz die Resonanz von Zeitungen auf Pressekonferenzen von Bund, Kantonen und Wirtschaftsunternehmen untersucht
hat, waren es über 80%. Grossenbacher (1986, 726) folgert daraus, das
Mediensystem reagiere nicht auf reale, sondern auf *fiktive Aktualität*, da der
Pressekonferenzveranstalter in der Regel den Termin frei wählen könne:
„Nicht das Ereignis als solches, sondern dessen Vermittlung, das Medienereignis ‚Pressekonferenz‘, bestimmt zum großen Teil die Aktualität tages-
aktueller Medien." Daraus resultiere ein „Zwang zur Sofortverwertung",
der auf Kosten eigener Recherche gehe.

Baerns (1985, 98) vertritt die These, daß Öffentlichkeitsarbeit Themen
und Timing der Medienberichterstattung weitgehend unter Kontrolle habe
(*„Determinationshypothese"*). Das Verhältnis von PR und Journalismus
gleiche ceteris paribus einem Nullsummenspiel: Je mehr Einfluß Öffentlichkeitsarbeit ausübe, desto weniger Einfluß komme dem Journalismus zu und

---

[95] Im folgenden werden v.a. Ergebnisse für den deutschsprachigen Raum vorgestellt.
     Zu einem Überblick über Forschungsergebnisse in den USA vgl. Cameron/Sallot/
     Curtin (1997).
[96] Vgl. überblicksartig Schantel (2000). Eine Ausnahme stellen z.b. die Untersuchungen
     von Saffarnia (1993) und Schweda/Opherden (1995) dar, bei denen der Anteil der
     durch PR initiierten Berichterstattung nur gut ein Drittel bzw. 18% betrug.

umgekehrt (Baerns 1985, 17).[97] Nach Baerns (1985, 89, 98) tritt Journalismus als autonomes Informationsleistungssystem hinter Selbstdarstellung durch Öffentlichkeitsarbeit zurück. Informationsvielfalt reduziere sich auf eine unterschiedliche Bewertung des von der PR vorgegebenen Angebots durch Selektion, Interpretation und medientechnisch und dramaturgisch unterschiedliche Umsetzung. Selbst diese Form der Bearbeitung war allerdings in der Studie von Baerns (1985) schwach ausgeprägt. Grossenbacher (1986) stellte fest, daß die rapportierende, ereignisvermittelnde Berichterstattung dominierte und nicht einmal 10% der Artikel in kommentierender Form abgefaßt waren. PR-Botschaften wurden zwar gekürzt, aber in ihrem Aussagegehalt nicht verändert. Es wurden keine zusätzlichen Themen aufgegriffen, und Wertungs- und Kommentierungsmuster wurden weitgehend übernommen. Dies galt v.a. für mediengerecht aufgearbeitetes Material, mit dem der Veranstalter einer Pressekonferenz fast doppelt so viele Zeilen in der Berichterstattung erzielte wie einer, der auf die Aufarbeitung verzichtete. Lediglich in der Reduktion positiv wertender Elemente konnte Grossenbacher eine geringfügige Transformationsleistung konstatieren.

Die Neigung, positive Wertungen zu verringern, bestätigte Cornelia Bachmann (1997) die den Umgang von Lokalredaktionen mit den Pressemitteilungen der Informationsstellen dreier Schweizer Städte untersucht hat.[98] Inhaltliche Ergänzungen kamen dieser Studie zufolge zwar auch vor, „nur wenige inhaltliche Additionen dienen jedoch dazu, von einer Informationsstelle unterschlagene Wirklichkeit zu erschließen" (Bachmann 1997, 219). Wenn Veränderungen an der ursprünglichen Pressemeldung erfolgten (81%), handelte es sich, gemessen am Umfang, nur zu einem Viertel um journalistische Eigenleistung, der Rest basierte inhaltlich auf Öffentlichkeitsarbeit. Die starke Abhängigkeit der Medienberichterstattung von der PR muß v.a. deshalb als bedenklich beurteilt werden, da sie von den Journalisten nicht offengelegt wird und für den Rezipienten somit in der Regel nicht erkennbar ist.[99]

Problematisch ist weiterhin, daß Journalisten bei dem überwiegenden Teil der auf PR-Material beruhenden Meldungen *keine weitere Quelle* heranziehen (Baerns 1985, 88). Wenn journalistische Recherche und Zusatzrecherche stattfindet, dann konzentriert sich die Initiative nach Baerns

---

[97] Zur Kritik vgl. z.B. Ruß-Mohl (1994); Szyszka (1997); Schantel (2000).

[98] Die Wertungstendenz wurde bei knapp 60% der untersuchten Beispiele übernommen. Wenn eigene Wertungen hinzugefügt wurden (33% der veränderten Übernahmen), waren sie sechsmal so oft negativ wie positiv (Bachmann 1997, 219f.).

[99] Die Quelle der auf Öffentlichkeitsarbeit beruhenden Medienbeiträge wurde in der Studie von Baerns (1985, 90) von den Agenturen nur bei 55% der Meldungen angegeben, bei Hörfunk (33%), Presse (28%) und Fernsehen (17%) lag der Anteil noch deutlich niedriger. Vgl. z.B. auch Schröter (1986, 25–42); Grossenbacher (1989, 97); Fröhlich (1992, 46) und Bachmann (1997, 220).

(1982, 169) „offensichtlich auf das Einholen von Statements bzw. von Stellungnahmen zu Ereignissen." Cornelia Bachmann (1997, 219) konstatierte ein weiteres Problem: Wenn weitere mündliche Quellen herangezogen wurden, handelte es sich dabei häufig um die in der Pressemeldung angegebene Auskunftsperson. Die Verfasserin folgerte daraus, daß die PR-Stellen nicht nur die Themensetzung, sondern auch die Wahl der zu Wort kommenden Sachverständigen steuern könnten.

In den erwähnten Untersuchungen wurde den Journalisten in bezug auf ihre Unabhängigkeit und Eigenleistung zumeist ein sehr negatives Zeugnis ausgestellt. Peter Nissen und Walter Menningen (1977, 168) behaupteten: „Die Vorstellung vom eigenständigen, durch selbständige Recherche Nachrichten und Informationen produzierenden Journalisten ist mit einigem Recht als Mythos zu bezeichnen." Eine derartige Aussage ist allerdings zu stark vereinfachend. Bei aller Kritik am Einfluß der PR auf den Journalismus ist zu berücksichtigen, daß die Verwendung von PR-Material auch eine Entlastungsfunktion besitzt. Die Arbeit des Journalisten wird erleichtert, und die gewonnene Zeit womöglich zu sorgfältiger Recherche über andere Themen genutzt. Der *Verlautbarungsjournalismus*, der Mitteilungen ohne journalistische Bearbeitung an die Öffentlichkeit weiterleitet, ist nach Petra E. Dorsch (1982) vor allem deshalb von Bedeutung, weil auch die größte Bereitschaft zur journalistischen Eigenleistung nicht ausreichen würde, alle wichtigen Themen zu erfassen und auch über komplexe wirtschaftliche und politische Prozesse angemessen zu berichten; d.h. ohne Verlautbarungen würden Informationslücken entstehen.

Die Determinationshypothese wird in ihrer einfachen Form nicht mehr vertreten (vgl. z.B. die Diskussion bei Schantel 2000). Claudia Schweda und Rainer Opherden (1995, 154–156) wiesen z.B. darauf hin, daß in ihrer Studie zur Berichterstattung über die Düsseldorfer Ratsparteien in den Lokalteilen dreier Tageszeitungen auf Pressemitteilungen beruhende Artikel kürzer, schlechter plaziert und seltener durch Bilder ergänzt waren. Wenn PR-Material die einzige Informationsquelle darstellte, handelte es sich meistens um Veranstaltungshinweise und Kurzberichte. Zudem existieren offensichtlich Unterschiede im Umgang mit PR-Materialien bei verschiedenen Medien(organisationen) und in verschiedenen Ressorts.[100] Auch ist

---

[100] Vgl. Löffelholz (1997) sowie Szyszka (1997, 219, Hervorhebung im Original) der auf die Bedeutung der verschiedenen Medientypen, Medienarbeitsfelder und Medienakteure verweist: „Insgesamt muß die Determinantionshypothese [sic] dahingehend spezifiziert werden, daß *journalistisches Interesse an den Produkten von Öffentlichkeitsarbeit und damit quantitativer und qualitativer Einfluß auf Themen und Timing journalistischer Berichterstattung von den Produktions- und Präsentationsbedingungen des Medientyps, dem verfügbaren Informationsangebot des Medienarbeitsfeldes und*

der *Nachrichtenwert* (vgl. Kapitel IV.2.1.) als intervenierende Variable zwischen Pressemitteilung und Verwendung von PR-Material durch Journalisten zu berücksichtigen. Thomas Gazlig (1999) hat dazu in einer Studie über die Verwendung von Pressemitteilungen niedersächsischer Ministerien festgestellt, daß die Nachrichtenfaktoren „Reichweite" (Zahl der betroffenen Personen), „Zusammenhang mit aktueller Berichterstattung oder etablierten Themen", „Thematisierung eines Schadens/Mißerfolgs" sowie mit Einschränkungen auch „räumliche Nähe" die Verwendung von Pressemitteilungen förderten. PR-Material von „Elite-Kommunikatoren", d.h. von Personen oder Organisationen mit hohem Status wird ebenfalls eher übernommen.[101] Hier setzt ein von Pierre A. Saffarnia (auch Jarren/Röttger 1999, 202) geäußerter Kritikpunkt an der bisherigen Forschung an: Saffarnia (1993, 420f.) vermutet, daß die hohen Übernahmequoten auch dadurch zustande kamen, daß in den meisten Studien die Pressemitteilungen von „Elite-Institutionen" wie Landesregierungen, Parteien oder größeren Wirtschaftsunternehmen untersucht worden sind. Er selbst (1993, 417) ermittelte für die Verwendung innenpolitischer PR-Texte verschiedener „gesellschaftlich relevanter Gruppierungen aus dem politischen Bereich" (d.h. auch Studentengruppen und Bürgerinitiativen usw.) im österreichischen „Kurier" nur einen Wert von knapp 11 %.

Daß nicht allein der Status, sondern auch die *Glaubwürdigkeit* der Quelle eine Rolle spielt und von völliger Kritiklosigkeit der Journalisten keine Rede sein kann, zeigt eine Studie von Henrike Barth und Wolfgang Donsbach (1992). Die Bereitschaft der Journalisten, eine Pressemitteilung unkritisch zu übernehmen, ist vom Nachrichtenwert des Ereignisses und der Einstellung gegenüber der Quelle einer PR-Botschaft abhängig. Im Krisenfall neigen Journalisten den Ergebnissen der Studie zufolge dazu, die Legitimität der vom Verursacher einer Krise stammenden Informationen anzuzweifeln. Barth und Donsbach analysierten Pressekonferenzen zu Umweltthemen mit hohem bzw. niedrigem Nachrichtenwert („Krisenpressekonferenzen" bzw. „Aktionspressekonferenzen") sowie positivem bzw. negativem Image der Veranstalter bei den Journalisten. Zu den Krisenpressekonferenzen zählte eine Pressekonferenz von Boehringer Ingelheim in Hamburg wegen einer Werksschließung sowie eine der Firma Sandoz wegen eines Lagerhallen-Brandes, bei dem Chemikalien in den Rhein flossen. In

---

einer problemadäquaten Ausprägung fachlicher und sachlicher Ressourcen des Medienakteures abhängig ist."

[101] Vgl. auch Haller/Davatz/Peters (1995, 217), die die Informationsverarbeitung von Lokalredaktionen von Tageszeitungen und Lokalradios in der Schweiz untersucht haben und konstatierten: „Je mächtiger (auch institutioneller) die Quelle, desto grösser ist deren Zugangschance." Schweda/Opherden (1995) konnten dies in ihrer Studie allerdings nicht feststellen.

beiden Fällen standen die Journalisten dem Kommunikator negativ gegenüber. Als Aktionspressekonferenzen wurden eine Pressekonferenz der
Industriegemeinschaft Aerosole e.V. (IGA) zu FCKW-freien Sprays sowie
eine des World Wide Fund for Nature (WWF) zur Bedrohung der Regen-
wälder untersucht. Die Autoren konstatierten, daß die Zeitungen häufiger
und umfangreicher über Pressekonferenzen mit hohem Nachrichtenwert
(Krisenpressekonferenzen) berichteten. In solchen Fällen wurde die Botschaft des Veranstalters der Pressekonferenz seltener wiedergegeben als bei
anderen Pressekonferenzen.[102] Zudem beurteilten die Journalisten die Veranstalter häufiger negativ und zogen in stärkerem Maße Informationen aus
anderen Quelle hinzu.[103] Die Glaubwürdigkeit des Veranstalters wurde häufiger dadurch relativiert, daß seine Aussagen in indirekter Rede erschienen.
Die Autoren folgerten, daß der Einfluß von PR auf die Medieninhalte in
Krisensituationen wesentlich geringer sei als im Normalfall, insbesondere,
wenn die Journalisten der Informationsquelle negativ gegenüberstünden.

Diese Ergebnisse sind durch eine Studie von Dirk Sturny (1997) weiter
differenziert worden, der Krisen anhand der Kriterien „fortwährendes
Drohpotential" (über das aktuelle Geschehen hinausgehende Bedrohung
der Bevölkerung) und „moralische Schuld" (niedere Beweggründe oder
grobe Fahrlässigkeit eines Akteurs) klassifizierte. Als Untersuchungsgegenstand wurden ein Airbus-Unfall der Lufthansa in Warschau im September
1993 (kein fortwährendes Drohpotential und keine moralische Schuld)
sowie ein Störfall der Farbwerke Hoechst im Februar 1993 (fortwährendes
Drohpotential und moralische Schuld) herangezogen. Während es der
Lufthansa gelang, ihre zentrale Botschaft wertfrei in den Massenmedien zu
verbreiten (in 85% aller Fälle) waren die Farbwerke Hoechst wesentlich er-
folgloser (nur in 28% aller Fälle gelang dies). Hoechst wurde insgesamt
deutlich negativer dargestellt als die Lufthansa. Sturny konnte aufzeigen,
daß die These, im Krisenfall gehe die Übernahme von PR-Material durch
Journalisten zurück, der Modifikation bedarf. Neben der vorangegangenen
Routine-PR und der Voreinstellung der Journalisten muß auch der Krisen-
typus berücksichtigt werden.

Viele Autoren plädieren dafür, das wechselseitige Abhängigkeitsverhältnis
von PR-System und Mediensystem stärker zu berücksichtigen (z.B. Saffar-

---

[102] Bei den Krisenpressekonferenzen von Sandoz bzw. Boehringer wurde die zentrale
Botschaft des Veranstalters in 23% bzw. 41% der Fälle wiedergegeben, bei den Aktionspressekonferenzen der IGA und des WWF in 98% bzw. 60% der Fälle.

[103] Bei Sandoz waren 86%, bei Boehringer sogar 100% der wertenden Aussagen negativ,
bei der IGA 57%. Der WWF wurde in den Beiträgen gar nicht bewertet. In den Artikeln über die Krisenpressekonferenzen stammten durchschnittlich 10% der Aussagen
von der Pressekonferenzen, bei den Aktionspressekonferenzen 39%.

nia 1993; Ruß-Mohl 1994; Schulz 1997; Szyszka 1997)[104] und bezeichnen das Verhältnis beider Seiten z.B. als (wechselseitige) „parasitäre Beziehung" (Westerbarkey 1995, 160f.), „siamesische Zwillinge" (Bentele/Liebert/Seeling 1997, 240) oder als „Symbiose" (z.B. Sarcinelli 1987, 213). Günter Bentele, Tobias Liebert und Stefan Seeling (1997) haben zur Beschreibung dieser Beziehung zwischen Journalismus und Public Relations das sogenannte *„Intereffikationsmodell"* (Abb. 2) entwickelt. Ihrem Ansatz legen sie ein „Modell öffentlicher Kommunikation" zugrunde, das seinerseits auf dem „Arenenmodell" der Öffentlichkeit von Friedhelm Neidhardt (1994) basiert. Öffentlichkeit wird von Neidhardt (1994, 7) als „offenes Kommunikationsforum für alle, die etwas sagen oder das, was andere sagen, hören wollen" verstanden: „In den Arenen oder Relaisstationen dieses Forums befinden sich die Öffentlichkeitsakteure, die zu bestimmten Themen Meinungen von sich geben oder weitertragen: Sprecher und Kommunikateure." „Öffentliche Meinungen" entstehen nach Neidhardt (1994, 7), wenn sich zwischen den Akteuren Arenenkonsonanz entwickelt; dabei werden „öffentliche Meinungen" verstanden als „herrschende Meinungen unter den Öffentlichkeitsakteuren, also denen, die das Publikum wahrnehmen kann." Öffentliche Meinung und Bevölkerungsmeinung werden als unterschiedliche Größen verstanden, die sich annähern oder gar decken können. Im Falle der Deckung entstehe in demokratischen Systemen ein starker Druck auf die politischen Entscheidungsträger. Hinsichtlich der Öffentlichkeitsakteure und Öffentlichkeitsebenen wird von Neidhardt (1994, 11f) eine relative Autonomie der Massenmedien und eine Professionalisierung der Medienproduktion konstatiert. Da die Medienbetriebe auf Medienmärkten konkurrierten wird ferner auf die Bedeutung der Werbewirtschaft als Akteur verwiesen. Sprecher und Medien sind nach Neidhardt (1997, 12) „die zentralen Akteure von Öffentlichkeit, und das Publikum ist als Adressat ihrer Kommunikation die öffentlichkeitskonstituierende Bezugsgruppe." Sprecher sind z.B. Experten, Intellektuelle und Journalisten als „Kommentatoren". Neidhardt (1994, 15) argumentiert, daß sich das Verhältnis von Sprechern und Medien in der Form eines „generalisierten Tausches" stabilisiere: „Die Sprecher erwarten Publizität für die Darstellung ihre Themen und Meinungen; die Medien erwarten Themen und Meinungen, mit denen sie selber beim Publikum Aufmerksamkeit und Zustimmung gewinnen." Hier ist der Ansatzpunkt für PR als Management von Medienereignissen, d.h. organisierte Sprecher – also PR – erhöhen die Publizitätschancen für

---

[104] Von der theoretischen Warte aus ist dies auch schon in früheren Studien geschehen. Grossenbacher (1986, 371) z.B. sah das gegenseitige Abhängigkeitsverhältnis von Public Relations und Journalismus und bezeichnete beide Systeme als Komplementärsysteme.

Themen und Meinungen. Je nach Ressourcen und Professionalität der PR steigen bzw. sinken die Chancen der Publizität.

Bentele, Liebert und Seeling (1997, 228–230) entwickelten auf Basis des „Arenenmodells" ein eigenes „Modell der öffentlichen Kommunikation", das von vier Akteuren der öffentlichen Kommunikation ausgeht. Zwischen den Kommunikatorgruppen PR, Journalisten und Fachkommunikatoren (laut Bentele, Liebert und Seeling politische, wirtschaftliche, kulturelle Kommunikatoren usw.) sowie dem Publikum bzw. den Rezipienten „bestehen komplexe und differenzierte Beziehungen [...]". (Bentele/Liebert/Seeling 1997, 228). Das Modell berücksichtigt ferner 1. PR-Medien bzw. Medienereignisse (Presseerklärungen, Pressekonferenzen, Broschüren etc. sowie Events); 2. die Publikumsmedien (Zeitungen, Hörfunk, Fernsehen usw.) sowie 3. die Ebene der „wirklichen" Sachverhalte und Ereignisse, die eng mit den Themen interagiere.

Die Beziehungen zwischen PR und Journalismus charakterisieren Bentele, Liebert und Seeling (1997, 240, Hervorhebungen im Original) als „komplexes Verhältnis *eines gegenseitig vorhandenen Einflusses*, einer gegenseitigen *Orientierung* und einer gegenseitigen *Abhängigkeit* zwischen zwei relativ autonomen Systemen". Da die Autoren davon ausgehen, daß jede Seite erst die Leistungen der anderen Seite ermögliche, bezeichnen sie ihr Modell als „Intereffikationsmodell" (von „efficare", lat. = „etwas ermöglichen", d.h. „Intereffikation" = „gegenseitige Ermöglichung"). Sie unterscheiden zwischen kommunikativen *Induktionen*, d.h. „intendierte(n), gerichtete(n) Kommunikations*anregungen* oder -*einflüsse*(n), die beobachtbare Wirkungen im jeweils anderen System haben." (Bentele/Liebert/Seeling 1997, 241, Hervorhebungen im Original) und *Adaptionen*, d.h. einer Anpassung an die Gegebenheiten der jeweils anderen Seite, um den eigenen Kommunikationserfolg zu optimieren. Zu den Induktionen des PR-Systems gehört z.b. die Aufnahme einer PR-Botschaft in einen Zeitungsartikel bzw. Themensetzung und Timing. Adaptionen des PR-Systems sind z.B. Anpassung an zeitliche, sachliche oder redaktionelle Regeln und Routinen wie die Zeiten des Redaktionsschlusses. Induktionen des Journalismus sind die Selektion, Plazierungsentscheidung, journalistische Eigenbewertung, Veränderungen und journalistische Themensetzung. Eine Adaption des Journalismus findet durch Orientierung an organisatorischen, sachlich-thematischen und zeitlichen Vorgaben des PR-Systems statt. Die Autoren unterscheiden außerdem eine *psychisch-soziale Dimension* (Organisationsstrukturen und soziale Beziehungen innerhalb der PR-treibenden Stelle bzw. der Medienorganisation und daraus resultierende Kommunikationsbedingungen, persönliche Beziehungen zwischen Journalisten und PR-Leuten usw.), eine *Sachdimension* (an Nachrichtenfaktoren orientierte Thematisierung und Bewertung durch die PR; Selektion der angebotenen

Informationen, Entscheidung über die Themenrelevanz, Bewertung und Präsentation durch das Mediensystem) sowie eine *zeitliche Dimension* (Festlegung des Zeitpunktes für eine Pressemitteilung oder für eine Veröffentlichung, Anpassung an die Periodizität des Mediensystems, an zeitliche Routinen wie den Redaktionsschluß usw.). Wie Bentele (1999, 182, 188f. in seiner Replik auf die Kritik von Ruß-Mohl 1999) betont, ist dieses Modell nicht als Gleichgewichtsmodell zu verstehen und schließt den Aspekt der gegenseitigen Machtausübung von Journalismus und PR auf die jeweils andere Seite nicht aus. Seine Gültigkeit ist auf entwickelte Industriegesellschaften mit einem demokratischen und relativ autonomen Mediensystem beschränkt. Eine empirische Prüfung des Modells steht noch weitgehend aus.

Abbildung 2: Das Intereffikationsmodell

a) **Sachdimension** (Selektion, Thematisierung/Agenda-Building; Plazierung Bewertung; Präsentation)

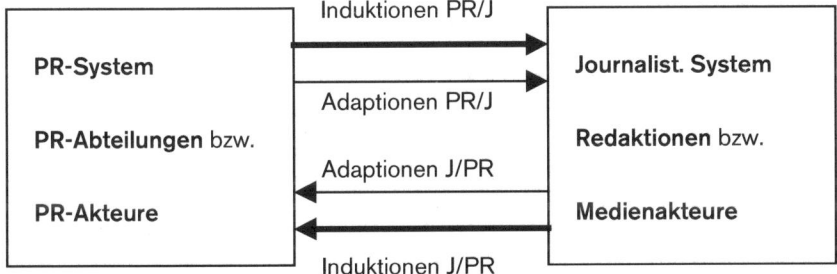

b) **Zeitliche Dimension** (zeitlicher Rahmen und Routinen)

c) **Sozial-psychische Dimension** (psychische Voraussetzungen; organisatorische Rahmen und Routinen)

Quelle: Bentele/Liebert/Seeling 1997, 242

6. Zur Berufsethik des Journalismus

6.1. Begriffsklärung und Grundlagen der Ethikdiskussion

„Ethik" (der Begriff ist abgeleitet von „ethos", griech. = „Sitte") ist jener
Zweig der Philosophie, der sittliches Empfinden beschreiben und erklären
sowie Kriterien und Maßstäbe für gutes und gerechtes Handeln aufzustellen
sucht. Davon zu unterscheiden ist der Begriff der „Moral" (abgeleitet von
„mos", lat. = „Sitte", „Charakter"), der sich auf die Ansprüche und Verhal-
tensnormen bezieht, mit denen der einzelne konfrontiert ist. Folglich gilt
daß, „Ethik nicht die Moral selbst, sondern die Reflexion über die Moral
ist." (Thomaß 1998, 18). Eigentlich müßte daher in diesem Kapitel von der
„journalistischen Moral" die Rede sein. Im täglichen Sprachgebrauch haben
sich jedoch die Termini „Ethik" und „Moral" so miteinander vermischt,
daß auch im folgenden der gebräuchliche Begriff der Ethik verwendet wird.
  Für den Journalismus bedeutet Ethik die Frage nach dem journalistisch
Richtigen und Guten. Entscheidend sind dabei auch die Funktionen, die
den Massenmedien innerhalb einer Gesellschaft zugeschrieben werden. In
Demokratien hat der Journalismus eine öffentliche Aufgabe. Er soll zu
Angelegenheiten von öffentlichem Interesse Nachrichten beschaffen und
verbreiten, dazu Stellung nehmen und Kritik üben und damit an der Meinungsbildung mitwirken. Den besonderen Rechten, die Journalisten zur
angemessenen Erfüllung ihrer Aufgaben beispielsweise in Deutschland
zugestanden werden (z.B. Zeugnisverweigerungsrecht, Informationspflicht
seitens der Behörden usw.; vgl. dazu Kapitel III.2.2.), stehen auch rechtlich
geregelte Schranken (z.B. Persönlichkeitsschutzrecht) und Pflichten gegenüber. Zu den Pflichten gehört z.B. die Sorgfaltspflicht, d.h. alle Nachrichten
sollen vor ihrer Verbreitung mit der nach den Umständen gebotenen Sorg-
falt auf Wahrheit, Inhalt und Herkunft überprüft werden.
  Insgesamt unterliegen Journalisten in Demokratien jedoch relativ geringen rechtlichen Einschränkungen, die nur einen groben Rahmen für ihr
Handeln abstecken. Bei der Ausgestaltung dieses Rahmens in der Praxis ist
daher eine Selbstbeschränkung in Gestalt einer journalistischen Berufsethik
von besonderer Bedeutung. Nach Saxer (1984) wird die Autonomie, die die
Medien in einer Demokratie genießen, in Erwartung bestimmter Leistungen
des Journalismus (z.B. aktuelle Berichterstattung, Bildungsbeiträge usw.)
und des Verzichts auf Mißbrauch gewährt. Saxer (1984, 22) schreibt: „Die
Entwicklung selbstverpflichtender Regelungen durch den Journalismus und
das Mediensystem, die die optimale Erfüllung der genannten Funktionen
verbürgen, wird denn auch seit langem von diesen als strukturelles Gegen-
stück zur zugestandenen Autonomie erwartet." In ähnlicher Weise formuliert Barbara Thomaß (1998, 15): „Funktion von Ethik ist es, dort Ver-

bindlichkeiten zu schaffen, wo andere Steuerungsressourcen, wie das Recht oder auch der Markt versagen. Es geht um die Funktion der Integration und Stabilisierung sozialer System [sic] durch Moral."

Saxer (1984) unterstellt, daß die Regelungsansprüche der Gesellschaft mit wachsender Komplexität intensiviert werden, was sich sowohl in stärkerer juristischer Reglementierung als auch in der Vermehrung von Strukturen ethischer Selbstverpflichtung zeige. Verrechtlichung als Steuerungsmechanismus des Journalismus wird als nur sehr bedingt brauchbar angesehen, weil sie langsam arbeite, generell den technologischen Entwicklungen hinterherhinke und durch arbeitsrechtliche Normen soziale Beziehungen in einem solchen Maße fixiere und formalisiere, daß sie den für die Medienarbeit charakteristischen flexiblen und informellen Sozialstrukturen Gewalt antue. Ferner sei in pluralistischen Gesellschaften auch die Kultur und mit dieser Moral, Sittlichkeit und Ethik pluralistisch geworden.[105] Dies bedeute, „daß es *die* Ethik, auf die Journalisten und Medienorganisationen ihr Handeln als komplementäre Norm zur juristischen abstützen können sollten, gar nicht gibt" (Saxer 1984, 24, Hervorhebung im Original). Saxer moniert, daß in der Journalismus- und Medienethik noch immer mit ethischen Absoluta hantiert werde. Eine bloße individualethische Absicherung des Journalismus genügt nach Saxer den Ansprüchen immer weniger, aber auf keinen Fall dürfe man Journalismus- und Medienethik als überlebt ansehen. Die ethische Selbstreflexion müsse vielmehr intensiviert werden, wobei u.a. nach Publikumstypen, Medien, Organisationen, Tätigkeiten, publizistischen Funktionen und Themen zu differenzieren sei. So betrachtet Saxer etwa eine Ethik der Fernsehunterhaltung im Vergleich zur Ethik der Fernsehinformation als unterentwickelt. Fundiert werden solle die Ethik nicht auf gesellschaftspolitischen Idealen. Statt dessen muß nach Saxer (1984, 30) „ein einigermaßen allgemein akzeptables und wirklich kommunikatives sittliches Fundierungsprinzip, d.h. ein für demokratische Kommunikation konstitutives und durch diese realisierbares angesetzt werden." Als solches kommunikationsethisches Wahrnehmungs- und Aufmerksamkeitsprinzip, das für alle Medienbereiche praktizierbar sei, wird „Achtung" angesehen. Achtung ist nach Saxer eine besondere, im Kommunikationsprozeß hergestellte Struktur für normatives Erleben von Mitmenschlichkeit. Achtung realisiere in spezifischer und zusätzlicher Art die Forderung des Grundgesetzes nach Achtung und Schutz der Menschenwürde.[106]

---

[105] Hierauf deuten auch die Befunde von Wolling (1996) hin, der in einem Fragebogenexperiment mit ca. 200 Dresdner Bürgern feststellte, daß die Vorstellungen der Rezipienten von ethischem journalistischen Handeln nicht immer einheitlich sind, sondern von situativen Bedingungen und politischen Einstellungen abhängen.

[106] Auch Hermann Boventer (1983) meint, mitmenschliche Achtung als Grundlage einer Ethik des Journalismus könne auf die Menschenwürde zurückgeführt werden.

6.2. Journalistische Ethik in der Forschung

Darüber, daß eine (bzw. mehrere) Berufsethik(en) des Journalismus unbedingt notwendig ist (sind), besteht in der Literatur weitgehende Übereinstimmung. Während jedoch andere Teilbereiche der Ethik, wie etwa die Medizinethik, inzwischen eine eigene Disziplin darstellen (Zussmann 1997), ist das für die Medienethik noch nicht der Fall, obwohl es seit 1986 mit dem „Journal of Mass Media Ethics" eine eigene Zeitschrift gibt, in der derartige Probleme diskutiert werden. Gerade in Deutschland hat das Thema „journalistische Ethik" nach einer langen Phase geringen Interesses erst seit Mitte der 80er Jahre wieder Aufmerksamkeit in der wissenschaftlichen Diskussion gefunden (z.b. Wilke 1987, 234; Donsbach 1999, 509). Das Forschungsfeld „Ethik und Massenmedien" ist jedoch noch immer sehr schlecht strukturiert. Ein Systematisierungsvorschlag stammt von Wilke (1987, 239–251), der bei der wissenschaftlichen Betrachtung von Fragen der Medienethik drei Ebenen unterscheidet: 1. die *theoretische Ebene*, auf der es um die strukturellen, juristisch-politischen und ökonomischen Bedingungen ethischen Handelns sowie um die Anwendbarkeit der Konzepte geht; 2. die *empirische Ebene*, auf der das tatsächliche ethische Verhalten der Journalisten untersucht wird und 3. die *pragmatische Ebene*, die sich mit der Vermittlung ethischer Normen in der Ausbildung und deren Anwendung im Rahmen des journalistischen „Handwerks" befaßt.

Verschiedene Ethik-Theorien lassen sich danach differenzieren, wem die Verantwortung für ethisches bzw. unethisches Verhalten zugewiesen wird. Hierbei ist zwischen einer *Individualethik* und einer *Ethik des Mediensystems* zu unterscheiden.[107] Eine Ethik des Mediensystems fragt nach Pürer (1992, 314–316), welche Mitverantwortung für das Ergebnis journalistischer Arbeit den folgenden Instanzen zukommt: den Gesetzgebern, die die Rechtsgrundlagen für das Mediensystem schaffen; den Medieneigentümern, deren Interesse an ökonomischem Erfolg die journalistische Ethik beeinträchtigen kann; der Redaktionshierarchie, d.h. allen Mitarbeitern innerhalb eines Medienbetriebs, die im Rahmen ihres Aufgabenbereichs eine Entscheidung mittragen, und den Berufskollegen, an denen sich der einzelne Journalist orientiert. Hierbei handelt es sich um eine *„gestufte Verantwortung"*.[108] Diese entbindet den einzelnen Journalisten jedoch nicht von persönlicher Verantwortung. Diese Ansicht vertritt auch Manfred Rühl (1987, 109), der

---

[107] Andere Autoren nehmen eine Klassifizierung in „Individual"-, „Institutionen"- sowie „Professionsethik" vor (z.B. Weischenberg 1998, 217–224). Die Professionsethik bezeichnet z.B. Maßstäbe, die als Standesethik von Berufsverbänden kodifiziert werden, die Institutionenethik betrifft Maßstäbe, die Medienbetriebe zu beachten haben.

[108] Der Begriff stammt von Robert Spaemann (1982, 408) und wurde u.a. von Pürer (1992, 315) und Wilke (1987, 244) aufgegriffen.

das Problem der sozialen Verantwortung und persönlicher Verantwortlichkeit im Journalismus aus systemtheoretischer Perspektive diskutiert und
die Ansicht vertritt, individuelle Wertvorstellungen, Gesinnungen und
Willensentscheidungen seien im Journalismus gegenüber organisatorischen
und Berufsprämissen zurückgetreten: „Nicht mehr der einzelne als ‚ganzer
Mensch' macht Journalismus, sondern Journalismus wird durch organi-
satorisches Handeln produziert." Allerdings erlaube es die organisations-
bezogene Bestimmung sozialer Verantwortung nicht, den einzelnen Journalisten von jeder Verantwortung frei zu sprechen, denn persönliche Verantwortung werde keineswegs überflüssig.

Eine weitere Ethik-Theorie ist der Ansatz der *„kollektiven Publikumsethik"*, wie ihn z.b. Clifford Christians (1989) vertritt (dazu auch Pürer
1992, 316f.). Christians (1989, 258) sieht „eine umfassende moralische
Pflicht der Öffentlichkeit, soziale Prozesse wie die gesellschaftliche Kommunikation zu überwachen". Dies wäre z.b. in der Weise vorstellbar, daß
das Publikum den Konsum minderwertiger Medienprodukte verweigert.
Einen Ansatz für eine Publikumsethik sieht Cees Hamelink (1995) in international gegründeten Initiativen von Medienkonsumenten, die die Rechte
und Interessen der Rezipienten bei Regierungen und Medienorganisationen
einfordern. In eine ähnliche Richtung geht in Deutschland die Diskussion
um eine „Stiftung Medientest" (Krotz 1996; 1997; zur Diskussion Rundfunk und Fernsehen, Heft 2, 1996). Jarren (1997) argumentiert, es bedürfe
einer solchen Einrichtung, die die Interessen der Rezipienten formuliere,
weil das Publikum selbst nicht als Akteur in Marktprozesse eingreifen
könne. Überlegungen zu einer „Stiftung Medientest" zielten darauf ab,
„den Medienkonsumenten durch die Etablierung eines Advokaten zumindest indirekt Mitwirkungsmöglichkeiten zu verschaffen." (Jarren 1997, 321).

Insgesamt gilt, daß die verschiedenen hier dargestellten Ebenen der
Ethik nicht unabhängig voneinander sind; sie „ergänzen einander, überlap-
pen und durchdringen sich in Teilaspekten, sind gegenseitig aufeinander angewiesen, und ihre Inhalte entwickeln sich in dieser wechselseitigen Abhängigkeit." (Thomaß 1998, 31). Eine Analyse dieses Zusammenwirkens steht
noch aus. Dennoch hat Jarren (1997) versucht, dieser Verflechtung im
Rahmen seines Vorschlags zu einem „Regulierungsnetzwerk" Rechnung zu
tragen. Dieses Netzwerk soll eine effektive öffentliche Medienkritik gewährleisten und aus folgenden Elementen bestehen: Unternehmensleitsätze
der Medienunternehmen, „berufskulturelle Reflexion" im Arbeitsalltag und
in der Ausbildung, Sicherung der redaktionellen Autonomie (z.B. im Rahmen von Redaktionsstatuten), Organisationen der Selbstkontrolle (vgl. Kapitel III.6.4.), die bereits erwähnte „Stiftung Medientest", ein „Medienrat"
als Sachverständigengremium, das über Entwicklungen im Medienbereich
reflektieren und berichten soll, sowie wissenschaftliche Medienforschung.

Als weiteres Element nennt Jarren Medienjournalismus und Medienkritik als Themen, die in den Medien selbst diskutiert werden. Ansätze hierfür sind in Deutschland vorhanden. In bezug auf die Medienberichterstattung der Tagespresse kommen Udo Michael Krüger und Karl H. Müller-Sachse (1999, 111f.) aufgrund einer 1997 durchgeführten Inhaltsanalyse von 23 Tageszeitungen jedoch zu folgendem Ergebnis: „Berücksichtigt man, daß der engere Bereich der Thematisierung von Medienrecht und Medienethik, in dem sich Medienjournalisten primär mit der Rolle der Medien und dem Handeln der Journalisten befassen, lediglich ein Prozent der gesamten Medienberichterstattung ausmacht, kann von einem etablierten Forum zur Wahrnehmung dieser Kontroll- und Kritikfunktion des Medienjournalismus kaum gesprochen werden."[109] Insgesamt sind Kollegenschelte und Selbstkritik in Deutschland eher unüblich, und es stellt sich auch die Frage, wie unabhängig und effektiv eine Kritik der Medien durch die Medien sein kann. Von einer „Kontrolle der Kontrolleure" bzw. einer „fünften Gewalt" zu sprechen, ist nicht angemessen.[110] Wie Kepplinger (1992, 128–148; 1993) feststellte, ist bei Journalisten die Bereitschaft, Kollegen wegen beruflichen Fehlverhaltens negativ zu sanktionieren, ähnlich gering ausgeprägt wie in anderen Berufen, was problematisch sei, weil der Anspruch, Kritiker an Mißständen zu sein, vor dem eigenen Beruf haltmache.[111] Kepplinger (1992, 144) schreibt: „Journalisten nennen zwar Politiker, Wissenschaftler, Unternehmer usw., die gegen die Grundsätze ihres Berufes verstoßen oder beruflich Fehlentscheidungen getroffen haben, öffentlich beim Namen, sie sind jedoch kaum bereit, ihre eigenen Kollegen in gleicher Weise öffentlich zu kritisieren."

Erheblich stärker ausgeprägt ist das Prinzip der Medienkritik in den USA. Wie Barbara Hartl 1994 konstatierte, nimmt das Thema „Medien" und die Kritik der Presse an der Presse sowohl in speziellen, nur der Medienkritik gewidmeten Blättern (z.B. „Mediacritic") als auch in politischen Magazinen und Tageszeitungen einen immer größeren Stellenwert ein. Z.T. zielen diese Zeitschriften auch bewußt auf den Massenmarkt und verfolgen das Ziel, den Rezipienten in einer Art Verbraucher-Magazin den Unterschied zwischen gutem und schlechtem Journalismus am praktischen

---

[109] Wie Holger Kreitling (1997) in einer Befragung ermittelt hat, sehen es Medienjournalisten bei Tageszeitungen nicht als ihre Hauptaufgabe und in der Mehrheit auch nicht als Bestandteil ihrer Arbeit an, Medienkritik zu üben.

[110] Zur Diskussion dieser Begriffe in bezug auf die USA vgl. Hartl (1994).

[111] Zu einem Vergleich von Journalisten und Wissenschaftlern hinsichtlich der Bereitschaft zur Kollegenkritik vgl. auch Hans Wagner (1991) und die schriftliche Befragung von Journalisten und Wissenschaftlern von Anabel Schaus (1992). Wissenschaftler waren danach wesentlich eher bereit, Kollegen wegen beruflicher Fehler namentlich in der Öffentlichkeit zu kritisieren.

Beispiel darzulegen (z.B. „Brill's Content"; Schuler 1998). Hier verbindet sich die Ethik des Mediensystems mit der Publikumsethik.

6.3. Die internationale Ethikdiskussion

Wie sich am Beispiel der Medienkritik andeutet, ist die internationale Gültigkeit bzw. Umsetzung ethischer Prinzipien ein weiterer wichtiger Aspekt der Betrachtungen zur Medienethik. Die internationale Ethikdiskussion spiegelt sich z.B. in dem 1989 von Thomas Cooper u.a. herausgegebenen Buch „Communication Ethics and Global Change" wider. Die Frage nach der Wahrheit (bzw. nach Objektivität oder Genauigkeit) stellt demnach das zentrale Thema journalistischer Ethik dar. Als zweiter Bereich wird der Wunsch identifiziert, einer gerechten Gesellschaft zu dienen, in der Gleichheit und der Respekt vor der Privatsphäre vorherrschten. Zugleich solle die Berichterstattung keine Unschuldigen schädigen. Als drittes Element des professionellen ethischen Journalismus wird schließlich „freedom of expression" angesehen. In einer auf abstrakterer Ebene angesiedelten Publikation haben Clifford Christians und Michael Traber (1997) das Thema „Communication Ethics and Universal Values" untersucht. Christians und Traber beabsichtigten keine Untersuchung der professionellen Ethik des Journalismus, sondern versuchten „to discover a normative vision or a broadly based ethical theory of communication". Sie kamen zu dem Schluß: „Truth is one underlying principle about which there is cross-cultural agreement. [...]. Respect for another person's dignity is a second underlying principle on which various cultures rest." Als drittes Prinzip einer Kommunikationsethik stellten die Autoren ebenfalls „no harm to the innocent" heraus (Christians/Traber 1996, XI f.).

Einen Vergleich der von verschiedenen Instanzen (Wissenschaft, Journalistenausbildung, Berufsorganisationen) in Deutschland, Großbritannien und Frankreich geführten Ethikdiskussion hat Thomaß (1997, 1998) angestellt. Sie kommt zu dem Ergebnis, daß sich die Diskussion in Deutschland v.a. an Sensationsberichterstattung und Katastrophenjournalismus sowie der dabei zu beobachtenden Verletzung der journalistischen Sorgfaltspflicht entzünde und sich auf die Qualität journalistischer Produkte konzentriere. Es werde ein Verfall ethischer Standards konstatiert; Informationsbeschleunigung, Brutalisierung der Inhalte (dazu auch Bohrmann 1997) und Förderung des Realitätsverlustes bei den Rezipienten seien weitere Themen. Als Ursachen für ethische Probleme würden v.a. die Kommerzialisierung der Medienlandschaft, ein Orientierungsverlust und ein sich auflösender Wertekonsens aufgrund von Pluralisierung und Differenzierung der Gesellschaft genannt. Lösungsmöglichkeiten würden in der Entwicklung und

Reflexion fundamentaler Prinzipien der Kommunikationsethik sowie in Maßnahmen auf organisatorischer, berufsbezogener und personaler Ebene gesehen. In der Ausbildung werde eine vermehrte Berücksichtigung ethischer Prinzipien gefordert. Auch eine Stärkung der Berufsorganisationen und der Selbstkontrolle würden diskutiert.

In Großbritannien konzentriere sich die Ethikdiskussion auf die Boulevardpresse und den Persönlichkeitsschutz. Als Gründe würden v.a. Pressekonzentration und Konkurrenzdruck genannt. In diesem Kontext werde besonders die Dominanz Murdochs (vgl. Kapitel VI.4.2.) und seine ethisch fragwürdigen Prinzipien (Boulevardisierung der Inhalte, harter Preiskampf, Beschränkung der journalistischen Unabhängigkeit) thematisiert. Ebenfalls angesprochen würden ein generell niedriges Niveau ethischer Reflexion im Journalismus sowie die Schwäche der Gewerkschaften. Als Lösungsperspektive stünden rechtliche Maßnahmen im Mittelpunkt der Diskussion.[112]

In Frankreich umfasse die Debatte den Fernseh- und Printbereich gleichermaßen und beziehe sich auf die unterschiedlichsten ethischen Probleme. Als Ursachen würden mangelnde berufliche Kompetenz, zu enge Verbundenheit mit den „Mächtigen" und mit PR-Vertretern und technische und ökonomische Zwänge innerhalb des Mediensystems betrachtet. Als Möglichkeit, hier Abhilfe zu schaffen, wird nach Thomaß v.a. die ethische Reflexion der Journalisten selbst gesehen.

In den USA sind im Zusammenhang mit dem „Telecommunications Reform Act" (1996)[113] die Auswirkungen von Fernsehunterhaltung, v.a. von Sex- und Gewaltdarstellungen, in den Mittelpunkt der Diskussion getreten. Auch die wiederholten Massaker von Schülern, bei denen medialen Gewaltdarstellungen häufig eine Mitschuld zugewiesen wird, haben die Debatte geprägt. Für US-Journalisten spielte das Thema Ethik Anfang der 90er Jahre offenbar eine bedeutende Rolle, denn bei einer Umfrage von Zeitungsjournalisten wünschten sich 1992/93 80% eine stärkere Berücksichtigung ethischer Probleme in der Ausbildung (Weaver/Wilhoit 1996, 153).

Weniger stark ausgeprägt ist das Problembewußtsein für die Ethik in vielen Ländern der Dritten Welt. Zu diesem Resultat kam z.B. eine Enquête unter Experten für Ethik des Journalismus (Kunczik 1999). Das fehlende Problembewußtsein wird in einigen Fällen auch darauf zurückgeführt, daß Ethik im Rahmen der journalistischen Ausbildung nur eine untergeordnete Rolle zukommt. In weiten Teilen der Welt gilt offenbar noch immer, was vor über zehn Jahren festgestellt wurde (Kunczik 1988a, 234): „A purely technical craft training of journalists which does not promote awareness of

---

[112] Zur Ethikdiskussion in Großbritannien vgl. auch Esser (1998, 223–234).

[113] Durch diesen wurde der sogenannte „Violence Chip", eine technische Sperrvorrichtung zum Schutz der Kinder vor gewalthaltigen oder anstößigen Programmen, eingeführt (vgl. Kapitel V.11.3.).

the ethical dimension can lead to stabilisation of overtly unjust structures of rule. The then technically improved journalism can be used to manipulate the population and for government propaganda." Hinzu kommt, daß die Ethikdiskussion in Entwicklungsländern häufig von der Praxis ad absurdum geführt wird. Die meisten Journalisten in der Dritten Welt und auch in vielen Staaten des ehemaligen Ostblocks sind derart unterbezahlt, daß sie kaum als unabhängige, die Politik kontrollierende gesellschaftliche Kraft agieren können. Die schlechte finanzielle Situation fördert die Entstehung eines *„Envelopment Journalism"*, d.h. Journalisten müssen Geld akzeptieren, um überleben zu können (Ruotolo 1987). Wie eine Untersuchung in ausgewählten Ländern des ehemaligen Ostblocks ergab, kommt es etwa in Bulgarien auch vor, daß Journalisten Unternehmen oder Privatleute mit der Drohung einer negativen Berichterstattung erpressen (Freedom House 1999). Eine Befragung von Journalisten, die auf den Philippinen in der Provinz tätig waren, untersuchte die Arbeitsbedingungen und dabei auch soziale und ökonomische Aspekte. Das Resümee des Autors (Shafer 1990, 15) lautete, daß „Envelopment Journalism" so lange vorherrschen werde, wie Journalisten schlecht bezahlt seien und sie bei nicht genehmer Berichterstattung um ihr Leben fürchten müßten. Richard Shafer (1990, 23) bemerkte zum Journalismus auf den Philippinen: „The close association between envelopment journalism and development journalism appears to constitute a joke among journalists throughout the Philippines, as if the terms are somehow synonymous." Die Journalisten selbst verstanden die Annahme von Geld als Anpassungsmechanismus, d.h. als Mittel zum Überleben in einer widrigen Umwelt. Vor einem solchen strukturellen Hintergrund erscheint dieser unethische Journalismus einen wichtigen Beitrag dazu zu liefern, daß bestehende Machtstrukturen nicht hinterfragt werden und demokratische Willensbildung verhindert wird.

Ähnlich ist die Situation in Benin, wo 1999 der Versuch unternommen wurde, derartige Praktiken durch ein Ethikgesetz einzudämmen, das Journalisten die Annahme von Schmiergeldern verbietet. Die gleichzeitig getroffene Festlegung, daß jeder Journalist das Recht auf einen Arbeitsvertrag habe, der „seine materielle und moralische Sicherheit gewährleistet", und auf eine Bezahlung, die ihm „wirtschaftliche Unabhängigkeit garantiert", ist allerdings aufgrund der schlechten finanziellen Lage der Medienorganisationen als unrealistisch zu beurteilen. Zudem ist auch das Bewußtsein der Journalisten für eine „Einschränkung ihrer Unabhängigkeit" nicht vorhanden. Ein Pressejournalist etwa äußerte sich dazu folgendermaßen: „Ich sehe nicht ein, warum ich angebotenes Geld ablehnen sollte, solange ich nicht darum gebeten habe", und ein Kollege vom Radio war der Ansicht: „Meine journalistische Freiheit erlaubt mir zu handeln, wie ich es für richtig halte." (IPS-Meldung vom 7.10.1999).

6.4. Ethikkodizes und Selbstkontrolle

Eine Antwort auf die Frage, welche Normen die Tätigkeit des Journalisten leiten sollen, versuchen Grundsatzpapiere von nationalen und internationalen Journalisten- und Verlegerverbänden, Journalistengewerkschaften, Selbstkontrollgremien und auch einzelner Medienunternehmen zu geben. Die ersten derartigen Kodizes wurden zu Beginn des 20. Jahrhunderts in den USA aufgestellt (Thomaß 1998, 39, 48). In den 30er Jahren kamen auch internationale Kodizes auf.[114] Den Standesgrundsätzen liegt zumeist eine individualethische Vorstellung zugrunde, d.h. die Verantwortung wird dem einzelnen Journalisten persönlich zugewiesen. Derartige Grundsatzpapiere zeichnen sich in aller Regel durch die Verwendung sehr unpräziser Formulierungen aus, die oftmals inhaltlich leer sind und Platitüden darstellen. So beginnen die „Canons of Journalism" der „American Society of Newspaper Editors" mit folgender trivialen programmatischen Aussage (Schramm 1963, 623–625): „The primary function of newspapers is to communicate to the human race what its members do feel and think. Journalism, therefore, demands of its practitioners the widest range of intelligence, of knowledge, and of experience, as well as natural and trained powers of observation and reasoning." Auch die Aussage „Good faith with the reader is the foundation of all journalism worthy of the name" ist als Leitfaden für die journalistische Praxis nicht besonders hilfreich.

Als international geltende, aber interpretativen Schwankungen unterliegende Standesgrundsätze nennt Martin Löffler (1961) zehn Punkte:

1. Bewußtsein der Verantwortung des Publizisten bei Erfüllung seiner öffentlichen Aufgabe im Dienst der Allgemeinheit;
2. Wahrung der inneren und äußeren Unabhängigkeit;
3. Eintreten für die Menschenrechte, insbesondere für das Grundrecht der Meinungs-, Presse- und Rundfunkfreiheit;
4. Toleranz gegenüber Angehörigen anderer Nationen, Rassen und Religionen; Eintreten für Frieden und Völkerverständigung;
5. Achtung vor der Wahrheit, zuverlässige Information der Öffentlichkeit unter Prüfung der Nachrichtenquellen, Richtigstellung von unzutreffenden Mitteilungen;
6. Wahrung des Berufsgeheimnisses, auf dem das Vertrauen zum Publizisten beruht;

---

[114] So z.B. 1936 von der „Union Internationale des Associations de Presse" und 1939 von der „Fédération Internationale des Journalistes" (FIJ). In den 50er Jahren erarbeitete die UNO einen internationalen Kodex, der jedoch nie beschlossen wurde. Auf seiner Grundlage verabschiedete die FIJ 1954 die „Erklärung von Bordeaux" (Thomaß 1998, 39).

7. Respektierung des Privatlebens und der Intimsphäre;
8. keine diffamierende Kritik, sofern sie nicht durch die berechtigte Wahrnehmung öffentlicher Interessen geboten ist;
9. keine Verherrlichung von Gewalt, Brutalität und Unmoral; Rücksichtnahme auf die besondere Situation der Jugendlichen;
10. ein Bildungsniveau des Publizisten, das seiner hohen Verantwortung gerecht wird.

In einer Untersuchung von 31 europäischen Kodizes journalistischer Ethik stellte Tiina Laitila (1995) hinsichtlich der Funktionen solcher Standesgrundsätze insgesamt folgende Häufigkeitsverteilung fest: 40% der Kodizes formulierten eine Verantwortung der Journalisten gegenüber dem Publikum (z.B. Wahrheit und Klarheit der Information, Verteidigung öffentlicher Rechte, Verantwortung als Einflußnehmende auf die öffentliche Meinung), 23% enthielten Grundsätze, die sich auf den Schutz der professionellen Integrität von Journalisten bezogen (z.B. Schutz vor öffentlichen Gewalten, Schutz vor Arbeitgebern und Werbekunden), in 22% wurde eine Verantwortung gegenüber der Informationsquelle deutlich (z.B. Bestimmungen zur Sammlung und Präsentation von Informationen und zur Integrität der Quelle), 9% der Kodizes befaßten sich mit dem Schutz von Status und Berufssolidarität, 4% enthielten Bestimmungen zur Verantwortung gegenüber dem Arbeitgeber und 2% zur Verantwortung gegenüber staatlichen Institutionen.[115] Als am häufigsten genannte Prinzipien (enthalten in über der Hälfte der untersuchten nationalen Codes) identifizierte Laitila:

- Wahrheitsliebe bei der Sammlung und Darstellung von Informationen,
- Verteidigung der Rede- und Meinungsfreiheit,
- Verbot der Diskriminierung aufgrund von Rasse, Geschlecht, Religion usw.,
- Fairneß durch ausschließliche Verwendung redlicher Methoden bei der Informationssammlung,
- Respekt vor der Integrität der Quelle und vor dem Urheberrecht,
- Unabhängigkeit/Integrität durch Ablehnung von Bestechung und anderen externen Einflüssen auf die Arbeit und die Forderung nach einer Gewissensklausel.

Die Frage, welchen Einfluß Kodizes auf das Verhalten der Journalisten haben, kann nicht eindeutig beantwortet werden. Eine Mitte der 80er Jahre in den USA durchgeführte Untersuchung bei 226 Verlegern zeigte, daß Zei-

---

115 Für einen Überblick über die Inhalte verschiedener internationaler Pressekodizes vgl. die von Michael J. Dremel zusammengestellte Tabelle in Bertelsmann Briefe 139, Frühjahr/Sommer 1999, 59.

tungen mit eigenem Ethik-Kodex ethische Verstöße strenger handhaben als solche ohne Kodex (Morin 1986/87). Eine von David Pritchard und Madelyn Peroni Morgan 1989 durchgeführte Fallstudie, in der zwei Zeitungen in Indianapolis untersucht wurden, kam dagegen zu anderen Ergebnissen. Die Verfasser schilderten den Journalisten der beiden Zeitungen mehrere mögliche Fälle, in denen die Ethik-Problematik eine Rolle spielte, und fragten, wie sie sich verhalten würden. Obwohl die Kodizes der beiden Zeitungen unterschiedlich waren und jeweils unterschiedliche Entscheidungen legitimiert hätten, unterschieden sich die Journalisten der beiden Zeitungen in ihren Verhaltensabsichten nicht. Die Autoren zogen den Schluß, daß es sich bei den Ethik-Kodizes um nicht viel mehr als Public-Relations-Instrumente der Zeitungen handele. David E. Boeyink (1994; 1998) dagegen folgerte aus Fallstudien bei Zeitungen in den USA, daß die Wirksamkeit solcher Grundsätze stark davon abhänge, welche Bedeutung das Management der Zeitung ihnen zumesse, und ob durch Diskussionen der Journalisten untereinander die Lücke zwischen allgemeinen Richtlinien und konkreten Fällen geschlossen werde. Für endgültige Aussagen zu dieser Frage ist die empirische Basis allerdings noch zu schmal.[116]

Inwieweit Standesgrundsätze ihren Zweck erfüllen können, hängt auch davon ab, ob es eine mit Sanktionspotential versehene Standesgerichtsbarkeit gibt. Im Bereich der Printmedien bemüht sich seit 1956 der *„Deutsche Presserat"* darum, Mißstände im Pressewesen festzustellen, zu beseitigen und die Pressefreiheit zu schützen. Der Presserat wurde vom Deutschen Journalisten-Verband (DJV) und vom Bundesverband Deutscher Zeitungsverleger (BDZV) gegründet; später kamen der Verband Deutscher Zeitschriftenverleger (VDZ) und die Fachgruppe Journalismus der IG Medien hinzu. Die Gremien des Deutschen Presserates sind paritätisch mit Vertretern von Verlegern und Journalisten besetzt. 1973 verabschiedete der Deutsche Presserat die „Publizistischen Grundsätze" (*„Pressekodex"*), die seitdem mehrmals überarbeitet worden sind. Die 16 Grundsätze des Pressekodex werden jeweils durch Richtlinien für die redaktionelle Arbeit konkretisiert. Der Pressekodex behandelt: Wahrheitsgehalt, Sorgfaltspflicht und freiwillige Richtigstellungen (Ziffer 1–3); Methoden der Informationsbeschaffung und Wahrung von vereinbarter Vertraulichkeit (Ziffer 4–6); Schutz der journalistischen Unabhängigkeit von privaten und geschäftlichen Interessen und Ablehnung von Korruption (Ziffer 7 und 15); Achtung von Persönlichkeit, Ehre und sittlichen bzw. religiösen Empfindungen (Zif-

---

[116] Wie die 1992 durchgeführte Umfrage von Weaver und Wilhoit (1996, 153–156) in den USA zeigte, wiesen zumindest Journalisten selbst Faktoren, die mit dem „Newsroom" zusammenhängen, die größte Bedeutung für ihr ethisches Verhalten zu – noch vor dem Einfluß der familiären Erziehung und der Religion.

fer 7–9); Verzicht auf unangemessen sensationelle Darstellung von Gewalt sowie bei medizinischen Themen die ungerechtfertigte Befürchtungen und Hoffnungen wecken könnten (Ziffer 10 und 14); Vermeidung von Diskriminierungen (Ziffer 11); Verzicht auf Vorverurteilungen Angeklagter (Ziffer 12) sowie die Verpflichtung zum Abdruck öffentlicher Rügen des Presserats (Ziffer 16).

Die öffentliche Rüge stellt das weitreichendste Sanktionsmittel des Presserates dar. Weitere Maßnahmen sind neben der öffentlichen die nichtöffentliche Rüge (auf Abdruck wird z.B. aus Gründen des Opferschutzes verzichtet), Mißbilligungen und Hinweise. Welche dieser Abstufungen ausgesprochen wird, hängt von der Schwere des Verstoßes, den Folgen für die von der Veröffentlichung Betroffenen sowie eventuellen eigenen Schritten des Publikationsorgans zur Minderung solcher Folgen bzw. zur zukünftigen Vermeidung des betreffenden Verstoßes ab (§11 der Beschwerdeordnung des Presserats vom 18.5.1999). Der Beschwerdeausschuß kann auch ganz auf eine Maßnahme verzichten, wenn das Presseorgan durch Abdruck eines Leserbriefes, redaktionelle Richtigstellung usw. die Angelegenheit selbst bereinigt hat. Die Einflußmöglichkeiten des Presserates allgemein sind jedoch sehr beschränkt, da er keinerlei Handhabe zur verpflichtenden Durchsetzung seiner Beschlüsse besitzt, sondern auf deren freiwillige Anerkennung angewiesen ist. Genau dies ist allerdings nicht immer der Fall.[117]

Beschwerden beim Presserat beziehen sich v.a. auf Verstöße gegen Ziffer 2 des Pressekodex (Sorgfaltspflicht bei der Prüfung des Wahrheitsgehalts, Vermeidung von Verfälschungen durch Bearbeitung, Überschrift und Bildunterschrift, Kenntlichmachen von Gerüchten und Vermutungen), Ziffer 12 (Diskriminierungsverbot), Ziffer 8 (Achtung vor Privatleben und Intimsphäre), Ziffer 9 (Veröffentlichung unbegründeter und ehrverletzender Behauptungen) sowie Ziffer 1 (Achtung vor der Wahrheit und Wahrung der Menschenwürde) (vgl. dazu die Jahrbücher des Deutschen Presserats, z.B. Trägerverein des Deutschen Presserats e.V. 2000, 307). Ende 1996 beschloß der Presserat, seine Zuständigkeit auch auf Angebote auszuweiten, die von Zeitungs- und Zeitschriftenverlagen sowie Pressediensten in digitaler Form oder ausschließlich über Online-Dienste verbreitet werden.[118] Aufgrund des Widerstandes einiger großer Verlagshäuser wurde diese Bestimmung allerdings im Mai 1997 dahingehend entschärft, daß nur solche journalistischen

---

117 So lag die Arbeit des Presserats von 1982 bis 1985 brach, da die Journalisten das Gremium verlassen hatten, weil gerügte Zeitungen und Zeitschriften Rügen nicht abdruckten. Bis heute werden nicht alle öffentlichen Rügen tatsächlich abgedruckt (vgl. dazu die Jahrbücher des Deutschen Presserats).

118 Eine Absprache mit der Freiwilligen Selbstkontrolle Multimedia-Diensteanbieter gewährleistet, daß dort eingehende Beschwerden wegen journalistischer Verstöße an den Presserat weitergeleitet werden (Tillmanns 2000).

Beiträge unter die Selbstkontrolle des Presserates fallen, „die von Zeitungs-, Zeitschriftenverlagen oder Pressediensten in digitaler Form verbreitet wurden und zeitungs- oder zeitschriftenidentisch sind." (zit. bei Tillmanns 2000). Eine wichtiges Thema für den Presserat im Bereich der Online-Medienangebote dürfte in der häufig nicht gewährleisteten Trennung von redaktionellen Inhalten, Werbung und E-Commerce bestehen (Neuberger 2000a, 107; 2000b, 38; Wegner 2000).[119]

Als Vorbild bei der Gründung des Deutschen Presserates fungierte der britische „General Council of the Press" (später: „Press Council", heute: „Press Complaints Commission" = PCC) (dazu Esser 1998, 205–210, 235–243; 2000; Thomaß 1998, 183–186). Ein schriftlicher Kodex wurde in Großbritannien allerdings erst Anfang der 90er Jahre formuliert. Der Zuständigkeitsbereich der britischen Organisation ist aufgrund zahlreicher Gesetzeslücken umfassender als jener des deutschen Gremiums. Zudem steht der britische Presserat immer wieder unter dem Druck der Drohung des Staates, die Selbstkontrolle durch staatliche Maßnahmen zu ersetzen. Beschwerden verschiedener Gutachterkommissionen zum Pressewesen gaben häufig Anlaß zur Änderung von Arbeitsschwerpunkten und Zusammensetzung des Gremiums. Dadurch wurde auch bewirkt, daß die Mehrzahl der Mitglieder in der 1991 an die Stelle des alten „Press Council" getretenen „Press Complaints Commission" aus Personen des öffentlichen Lebens besteht.[120] Zudem wurde die ursprüngliche Doppelzuständigkeit für Pressefreiheit und Pressebeschwerden auf die Behandlung von Verstößen reduziert. Die PCC verfügt hierbei jedoch über kein wirksameres Sanktionspotential als der Deutsche Presserat.[121] Allerdings wurde in Großbritannien im Unterschied zu Deutschland beschlossen, den Kodex in die Arbeitsverträge von Journalisten aufzunehmen, was die Möglichkeit disziplinarischer Maßnahmen eröffnet. Die Umsetzung erfolgt allerdings offensichtlich nur zögerlich (Thomaß 1998, 185; Esser 2000, 120).

Ein Vergleich des deutschen und britischen Pressekodexes ergibt als auffälligsten Unterschied die Tatsache, daß in den britischen Grundsätzen das Prinzip der gestuften Verantwortung bei ethischen Problemen deutlich gemacht wird. So wird dem Chefredakteur explizit die Verantwortung für das kodexgerechte Verhalten seiner Reporter zugewiesen. Ein weiterer Unter-

---

[119] Zu Versuchen der „American Society of Magazine Editors", hierfür Richtlinien herauszugeben, vgl. Manske (2000).

[120] Acht Personen des öffentlichen Lebens, sieben Pressevertreter, ein presseunabhängiger Vorsitzender.

[121] Auch die Akzeptanz seiner Entscheidungen ist nicht größer. Nach der Kritik an der Veröffentlichung von Photos von Diana im Fitneß-Studio, trat der Verlag „Mirror Group Newspapers" aus dem Gremium aus (Thomaß 1998, 181; Esser 2000, 120).

schied besteht darin, daß der deutsche Pressekodex eher abstrakt bleibt, absolute Maßstäbe formuliert und vielfach geltendes Recht formuliert, während der britische praxisnäher ist und rechtsfreie Räume zu regeln versucht (Esser 1998, 235–245).

Neben dem Presserat sind für Deutschland die folgenden Einrichtungen der Selbstkontrolle im Medienbereich zu nennen:

- Die 1949 gegründete *Freiwillige Selbstkontrolle der Filmwirtschaft* (FSK) prüft für die öffentliche Vorführung gedachte Videokassetten und Filme darauf, ob sie gegen das Sittengesetz oder die Menschenwürde verstoßen, verrohend wirken, die freiheitlich demokratische Grundordnung gefährden, die Menschenrechte mißachten oder das friedliche Zusammenleben der Völker stören. Sie nimmt die Jugendprüfung nach dem Jugendschutzgesetz vor und legt Altersfreigaben fest.
- Die 1993 ins Leben gerufene *Freiwillige Selbstkontrolle Fernsehen* (FSF) der privaten Fernsehanstalten befaßt sich auf Antrag der Jugendschutzbeauftragten der Sender, der Landesmedienanstalten oder von Kuratoriumsmitgliedern mit der Beurteilung von fiktionalen Programminhalten auf der Grundlage des Jugendschutzes und spricht Empfehlungen für Ausstrahlungszeiten und evtl. Schnittauflagen aus.
- Die 1997 von Medienverbänden und Unternehmen gegründete *Freiwillige Selbstkontrolle Multimedia-Diensteanbieter* (FSM) hat einen Verhaltenskodex für die Anbieter und Vermittler von entsprechenden Diensten erarbeitet. Sie stellt eine jedem Bürger offenstehende Beschwerdestelle für jugendgefährdende und strafbare Inhalte[122] im Internet und in Online-Diensten dar. Außerdem fördert sie das Angebot entsprechender technischer Sperrungsmöglichkeiten. Der Verhaltenskodex bezieht sich auch auf „journalistisch-redaktionell gestaltete" Inhalte, die „anerkannten journalistischen Grundsätzen" entsprechen sollen (Ziffer 4 des Verhaltenskodex) und berührt hier zudem den inzwischen auf Online-Medien ausgeweiteten Tätigkeitsbereich des Deutschen Presserats.[123]
- Der 1972 vom Zentralverband der Deutschen Werbewirtschaft (Mitglieder: Werbungtreibende, Werbungdurchführende, Werbeagenturen, Werbeberufe) gegründete *Deutsche Werberat* versucht, auf der Grundlage der allgemeinen Gesetze, der werberechtlichen Bestimmungen, eige-

---

[122] Z.B. Volksverhetzung, Anleitung zu Straftaten, Verbreitung von Propagandamitteln verfassungswidriger Organisationen, Pornographie, Gewaltdarstellungen und Aufstachelung zum Rassenhaß, Agententätigkeit zu Sabotagezwecken.

[123] Die Bestimmung dieser Grundsätze bleibt eher beschränkt und vage. Es wird allerdings darauf verwiesen, daß bei der Beurteilung auf den Pressekodex bezug genommen werden könne.

ner Verhaltensregeln zu Spezialbereichen (z.B. Werbung mit und vor Kindern, Werbung für alkoholische Getränke, Herabwürdigung und Diskriminierung) und in der Gesellschaft herrschender moralischer Auffassungen Mißstände in der Werbung aufzufinden und abzustellen. Er nimmt Beschwerden von Jedermann entgegen.

6.5. Empirische Studien zur Medienethik

6.5.1. Journalistische Ethik und Recherchemethoden

Zu der ethischen Einstellung von Journalisten und deren Veränderung im Zeitverlauf können Umfragen – trotz aller gebotenen Vorsicht bei der Bewertung von Selbstauskünften – zumindest einen Eindruck vermitteln. Die Befragung von Schneider, Schönbach und Stürzebecher (1993b, 24–26) ergab beispielsweise, daß Journalisten zu Beginn der 90er Jahre im Vergleich zum Anfang der 80er Jahre (Köcher 1985, 140ff.) eher bereit waren, sich unfairer oder illegaler Recherchemethoden zu bedienen. Dies galt insbesondere für die Bereitschaft, als Journalist geheime Regierungsunterlagen zu benutzen, sich als Mitarbeiter in einer Organisation zu betätigen, um an interne Informationen zu gelangen, sowie das Vorgeben einer anderen Meinung oder Einstellung, um einem Informanten Vertrauen einzuflößen. Ausgeprägt war 1992/93 zudem die Bereitschaft, sich auf dem Publikum nicht genannte Quellen zu berufen. Auch dazu, sich durch Geldzuwendungen vertrauliche Unterlagen zu beschaffen oder sich als eine andere Person auszugeben, waren Anfang der 90er Jahre immerhin noch fast 30% der Befragten bereit. Versteckte Kameras und Mikrofone einzusetzen, hielt ein knappes Fünftel für vertretbar. Von relativ wenigen Journalisten wurde es sowohl 1992 als auch 1980/81 gebilligt, ohne Zustimmung des Betroffenen private Unterlagen zu veröffentlichen, Informanten unter Druck zu setzen oder die dem Informanten zugesagte Geheimhaltung nicht zu wahren. Die Befunde von Schneider, Schönbach und Stürzebecher decken sich zwar nicht bezüglich der Prozentzahlen, jedoch hinsichtlich der Rangfolge der gebilligten Vorgehensweisen mit den Ergebnissen der Studie „Journalismus in Deutschland" (Scholl/Weischenberg 1998, 189–193, 240f.; Weischenberg/ Löffelholz/Scholl 1998, 246–248).

Generell wurde festgestellt, daß die Bereitschaft, sich umstrittener Recherchemethoden zu bedienen, um so ausgeprägter ausfiel, je jünger die Journalisten waren. Außerdem erwies sich die Bereitschaft zum Einsatz zweifelhafter Formen der Informationsbeschaffung bei ostdeutschen Journalisten als geringer als bei westdeutschen (Schneider/Schönbach/Stürzebecher 1993a, 374–376; 1993b, 24–26; 1994, 218–220).

Im internationalen Vergleich stellt sich die Akzeptanz ethisch fragwürdiger Recherchemethoden bei deutschen Journalisten eher moderat dar. Nach den Ergebnissen von Weaver und Wilhoit (1996, 152–169; 1998, 409–411) billigen amerikanische Journalisten derartige Vorgehensweisen zum Teil noch wesentlich häufiger als die deutschen. Dies gilt insbesondere für die Bereitschaft, Informanten unter Druck zu setzen, private Unterlagen ohne Zustimmung zu veröffentlichen und versteckte Mikrofone und Kameras einzusetzen. Dabei hat die Bereitschaft, vertrauliches oder privates Material ohne Genehmigung zu verwenden, seit 1982/83 zugenommen. Die Neigung, für Informationen zu bezahlen und „undercover" zu recherchieren, ist dagegen etwas zurückgegangen. In Frankreich (McMane 1998, 204–206) sind relativ viele Journalisten bereit, Informanten unter Druck zu setzen. Die höchste Zustimmung zu ethisch umstrittenen Rechercheformen ist in Großbritannien festzustellen (Henningham/Delano 1998, 155–158). Als Ursachen hierfür wird u.a. der starke Wettbewerb in der britischen Medienlandschaft (Esser 1997, 126–131; 1999a; Henningham/Delano 1998, 157) angeführt. Esser (1998, 90–125; 1999b, 214f.) nennt zudem die lange Tradition des investigativen Journalismus, bei dem das Selbstverständnis als „Vierte Gewalt" sehr ausgeprägt sei, die Schwelle von politisch notwendiger Aufklärung hin zum wettbewerbsbedingten und ethisch fragwürdigen Sensationsjournalismus jedoch leicht überschritten werde.[124] Die v.a. im Vergleich mit den USA und mit Großbritannien eher geringe Neigung deutscher Journalisten zum Einsatz ethisch nicht einwandfreier Formen der Informationsbeschaffung geht mit einer in Deutschland generell niedrigeren Recherchebereitschaft einher. Dies bezieht sich sowohl auf die für die Recherchen aufgewandte Zeit[125] als auch auf die herangezogenen Informationsquellen[126].

---

[124] Dies zeigt sich in Großbritannien v.a. in der Berichterstattung über das Privatleben von Politikern (Esser 1998, 120–125). Nach Esser (1998, 127) kommt es zu einer „Grenzverwischung zwischen der Enthüllung politisch-sozialer und privat-intimer Mißstände". Dazu trage auch das in Großbritannien fehlende Persönlichkeitsschutzrecht bei. Ansonsten seien gesetzliche Beschränkungen bei der Berichterstattung und Maßnahmen der Informationskontrolle (z.B. Nachrichtensperren, Verschlußsachen, Geheimhaltungsgesetze, Regeln der Amtsverschwiegenheit, Lobbysystem) strikter als in Deutschland. Esser (1999b, 215) folgert daraus: „Der geltende Spielraum ist aufgrund fehlender Privilegien eng, Grenzüberschreitungen werden hart bestraft. Innerhalb der Grenzen tobt sich die Presse rücksichtslos aus."

[125] In Deutschland gaben nach Donsbach (1993b, 146f.) nur 21% der Journalisten an, sehr viel Zeit mit Berichten auf der Grundlage eigener Recherche zu verbringen. In den USA (44%) und in Großbritannien (48%) waren es mehr als doppelt so viele.

[126] Wie die Daten des „Media-and-Democracy"-Projekts ergaben, nannten US-amerikanische und britische Journalisten bei der Frage nach den Quellen ihres letzten Beitrags alle aufgeführten Informationsquellen deutlich häufiger als die deutschen (Donsbach 1993a, 289f.; 1993c, 73).

Tabelle 2: Die Akzeptanz ethisch fragwürdiger Recherchemethoden im internationalen Vergleich[127]

	D 1980/1981 N=450	D „Sozialenquête" West/Ost 1992/93 N=983/477	D „Journalismus in Deutschland 1992/93 N=1.494	F 1988 N=310	GB 1995 N=726	USA 1992 N=1.156
Verwendung von Regierungsinformationen ohne Erlaubnis	57%	75% / 65%	54%/	69%	86%	82%
Berufung auf Quellen, die dem Publikum nicht genannt werden	--	71% / 74%	--	--	--	--
Sich als Mitarbeiter innerhalb einer Organisation betätigen, um interne Informationen zu erhalten	36%	46% / 43%	54%	56%	80%	63%
Vorgabe einer anderen Meinung oder Einstellung, um Informanten Vertrauen einzuflößen	25%	39% / 23%	48%	--	--	--
Sich als eine andere Person ausgeben	22%	28% / 27%	45%	40%	47%	22%
Durch Geldzuwendungen geheime Informationen beschaffen	25%	28% / 15%	41%	36%	65%	20%
Versteckte Mikrofone und Kameras einsetzen	--	22% / 25%	31%	--	73%	60%
Private Papiere ohne Zustimmung veröffentlichen	5%	10% / 4%	11%	12%	49%	48%
Informanten unter Druck setzen	8%	6% / 3%	12%	82%	59%	49%
Informanten zugesagte Geheimhaltung nicht ein halten	1%	3% / 1%	10%	4 %	9 %	5 %

Quelle: Köcher 1985, 140ff.; Schneider/Schönbach/Stürzebecher 1993a, 375; Weischenberg/Löffelholz/Scholl 1998, 247; McMane 1998, 204f.; Henningham/Delano 1998, 156; Weaver/Wilhoit 1998, 410 sowie Weaver 1998, 471f.

---

[127] Aufgrund methodischer Unterschiede (z.B. unterschiedliche Kriterien bei der Definition der Grundgesamtheit, unterschiedliches Vorgehen bei der Durchführung der Befragung, unterschiedlicher Zeitpunkt der Befragung usw.) sind die Daten allerdings nur eingeschränkt vergleichbar.

Wie die Gegenüberstellung der in verschiedenen Ländern gebilligten Recherchemethoden zeigt, herrscht mit Ausnahme der Ablehnung, vertrauliche Quellen preiszugeben, international wenig Übereinstimmung hinsichtlich ethisch korrekter Formen der Informationsbeschaffung.

6.5.2. Gesinnungs- versus Verantwortungsethik

Für die Diskussion der journalistischen Ethik auf individueller Ebene sind Überlegungen von Max Weber von Bedeutung. Weber unterschied zwischen „wertrationalem" und „zweckrationalem" sozialen Handeln. *Zweckrationales* Handeln ist ausschließlich daran orientiert, ein gegebenes Ziel unter Abwägung der möglichen Nebenfolgen mit den wirksamsten Mitteln zu erreichen. Weber (1972, 13, Hervorhebung im Original) schreibt in „Wirtschaft und Gesellschaft": „Zweckrational handelt, wer sein Handeln nach Zweck, Mitteln und Nebenfolgen orientiert und dabei sowohl die Mittel gegen die Zwecke, wie die Zwecke gegen die Nebenfolgen, wie endlich auch die verschiedenen möglichen Zwecke gegeneinander rational *abwägt* [...]." *Wertrationales* soziales Handeln ist demgegenüber ausschließlich und unabhängig von Erfolgsmaßstäben durch den bewußten Glauben an seinen unbedingten Eigenwert ethischer, religiöser, politischer usw. Art bestimmt. Nach Weber (1972, 12) handelt wertrational, „wer ohne Rücksicht auf die vorauszusehenden Folgen handelt im Dienst seiner Überzeugung von dem, was Pflicht, Würde, Schönheit, religiöse Weisung, Pietät, oder die Wichtigkeit einer ‚Sache‘ gleichviel welcher Art, ihm zu gebieten scheinen. Stets ist [...] wertrationales Handeln ein Handeln nach ‚Geboten‘ oder gemäß ‚Forderungen‘, die der Handelnde an sich gestellt glaubt."

Bei den ethischen Haltungen unterschied Weber (1958, 539–547) zwischen „Verantwortungsethik" und „Gesinnungsethik". *Verantwortungsethik* beurteilt die Richtigkeit eines Handelns in erster Linie nach·den absehbaren Folgen und nicht nach den zugrunde liegenden Motiven. *Gesinnungsethik* dagegen bewertet die Richtigkeit eines Handelns v.a. aufgrund von Überzeugungen. Charakteristisches Element ist die absolute Wahrheitspflicht. Die Verantwortung für die Folgen seines Handelns lehnt der Gesinnungsethiker ab. Weber (1958, 540) schreibt: „Wenn die Folgen einer aus reiner Gesinnung fließenden Handlung üble sind, so gilt ihm nicht der Handelnde, sondern die Welt dafür verantwortlich, die Dummheit der anderen Menschen oder – der Wille des Gottes, der sie so schuf. Der Verantwortungsethiker dagegen rechnet mit eben jenen durchschnittlichen Defekten der Menschen, – er hat [...] gar kein Recht, ihre Güte und Vollkommenheit vorauszusetzen, er fühlt sich nicht in der Lage, die Folgen eigenen Tuns, soweit er sie voraussehen konnte, auf andere abzuwälzen."

Der Handlungstyp der Zweckrationalität entspricht der Verantwortungsethik, der Handlungstyp der Wertrationalität der Gesinnungsethik. Dabei
ist zu beachten, daß Gesinnungsethik nichts mit Verantwortungslosigkeit zu
tun hat, ebensowenig wie Verantwortungsethik mit Gesinnungslosigkeit
einhergeht. Zudem betrachtet Weber (1958, 547) Gesinnungsethik und Verantwortungsethik nicht als absolute Gegensätze, sondern sieht in ihnen Ergänzungen, die erst zusammen den Menschen ausmachen.

In „Politik als Beruf" wandte Weber (1958, zuerst 1919) seine Typologie
auf die Analyse politischen und journalistischen Handelns an. Er fragte,
inwieweit die Vertreter beider Berufe bereit seien, Verantwortung für die
Folgen ihres Handelns zu übernehmen. Die Quintessenz seiner Analyse lautete, daß sich *Politiker* verantwortungsethisch verhielten und zweckrational
handelten. Sie übernähmen also die Verantwortung für ihr Handeln und
wägten Zweck, Mittel und mögliche Nebenfolgen gegeneinander ab. *Journalisten* dagegen orientierten sich gesinnungsethisch und handelten wertrational, d.h. sie lehnten die Verantwortung für die Folgen ihres Handelns
ab.[128]

Eine empirische Untersuchung des journalistischen Verantwortungs-
bewußtseins in Deutschland haben 1974 Hans Mathias Kepplinger und
Inge Vohl (1976) am Beispiel von Fernsehredakteuren durchgeführt. Die
Autoren wollten herausfinden, ob Fernsehredakteure bereit sind, Verantwortung für ihr berufliches Handeln zu übernehmen. Dabei wurde unterschieden zwischen der Verantwortung des Journalisten für die *Richtigkeit*
der Berichterstattung und der Verantwortung für die *Folgen* der Berichterstattung. Hinsichtlich der Verantwortung für die Richtigkeit der Berichterstattung meinten über 80% der 96 Befragten, ein Journalist sollte zur Verantwortung gezogen werden, wenn sich seine Berichterstattung im nachhinein unbeabsichtigterweise als falsch oder unwahr erweise und dies auf
mangelhafte Recherchen zurückzuführen sei. Diese Bereitschaft der Verantwortungsübernahme stieg dabei mit zunehmender Berufserfahrung an.
Bezüglich der Verantwortlichkeit für die Folgen der Berichterstattung
wurde zwischen positiven und negativen Folgen unterschieden. Über 85%
der befragten Redakteure waren der Ansicht, ein Journalist habe sich
moralisch verdient gemacht, wenn aufgrund seiner Berichterstattung positive Folgen einträten. Umgekehrt aber waren lediglich 25% der Redakteure
der Meinung, Journalisten seien auch für die negativen Folgen der Berichterstattung moralisch verantwortlich. Nahezu drei Viertel der Befragten
lehnten eine derartige Verantwortungsübernahme ab.

---

[128] Allerdings bleibt generell unklar, was „Verantwortung übernehmen" konkret heißt.

Die Autoren verglichen ihre Befunde mit den Überlegungen Webers und argumentierten, wenn nur 25% der Redakteure bereit seien, die Verantwortung für unbeabsichtigte, negative Folgen journalistischen Handelns zu übernehmen, dann handelten die Journalisten tendenziell gesinnungsethisch. Wer Verantwortung für die Richtigkeit seiner Berichte trägt, muß keineswegs auch die Verantwortung für die unbeabsichtigten Folgen übernehmen. Weil die unbedingte Wahrheitspflicht als Merkmal gesinnungsethischen Handelns gilt, argumentieren Kepplinger und Vohl, sie hätten in den Verhaltensdispositionen der Redakteure den Ausdruck einer überwiegend gesinnungsethischen und wertrationalen Verhaltensorientierung aufgefunden.

In einer anderen deutschen Studie wurden von Holger Mühlberger (1979) Lokaljournalisten untersucht, die als ihre wichtigste Aufgabe die Aufdeckung gesellschaftlicher Konflikte und Ungerechtigkeiten sowie die Kontrolle politischer Machthaber ansahen. Mühlberger überprüfte, ob die Journalisten Kritik im Rahmen ihres Berufes verantwortungsethisch orientiert ausüben, oder ob die Bereitschaft überwiegt, Kritik ohne Rücksicht zu äußern, auch wenn die Folgen nicht zu übersehen sind. So wurde beispielsweise gefragt, ob die Journalisten bereit wären, über den Kunstfehler eines Arztes zu berichten, wenn der Arzt daraufhin seine Praxis aufgeben müßte und sein Weggang für die Patienten einen Verlust bedeuten würde. Gesinnungsethisches Handeln hieße, ohne Rücksicht auf Arzt und Patienten zu publizieren, verantwortungsethisches Handeln würde bedeuten, aus Rücksicht auf die Patienten und den Arzt auf die Berichterstattung zu verzichten. 54% der Befragten entschieden sich für ein verantwortungsethisches, 34% für ein gesinnungsethisches Verhalten. Grundsätzlich aber schließen verantwortungs- und gesinnungsethisch orientiertes Verhalten einander nicht aus. Um das Arztbeispiel fortzuführen: Würde der Arzt einen zweiten oder dritten Kunstfehler begehen, dann wäre der Anteil der Journalisten, deren Verhalten gesinnungsethisch orientiert ist, mit Sicherheit größer. Es gibt offensichtlich von Fall zu Fall unterschiedliche Grenzen, an denen Verantwortungsethik von Gesinnungsethik verdrängt wird, bzw. von denen an verantwortungs- und gesinnungsethische Orientierung zu identischem Verhalten führt.

In der Untersuchung von Mühlberger wurde auch das Verhalten gegenüber Informationsquellen in einem Fallbeispiel untersucht. Die Journalisten wurden mit dem Problem konfrontiert, daß ein guter und wichtiger Informant eine Fehlentscheidung getroffen habe, die von öffentlichem Interesse sei. Unter folgenden Antwortvorgaben konnte gewählt werden: Die Fehlentscheidung wird ohne Rücksicht auf den Betroffenen veröffentlicht, gleichgültig welche Folgen dies nach sich zieht (Gesinnungsethik), oder die Fehlentscheidung wird für den betroffenen Informanten so schonend wie möglich, in abgeschwächter Form, veröffentlicht (Verantwortungsethik). Es wurde festgestellt, daß Journalisten, die gegenüber der breiten Öffentlichkeit und gegenüber dem Arzt zu verantwortungsethischem Verhalten neigen, auch gegenüber Informanten eher verantwortungsethisch handeln würden.[129] Lokaljournalisten verhielten sich, so die Interpretation von Mühlberger, deshalb häufig verantwortungsethisch, weil sie direkt und fortdauernd mit den Folgen ihres Handelns konfrontiert würden. Die geographische und soziale Nähe erlaubt den Lokaljournalisten zumindest in bestimmten Grenzen, die Folgen ihres Handelns zu kalkulieren. Mühlberger (1979, 108f.) vermutet, daß Gesinnungsethik keine notwendige Einstellung von Journalisten ist, sondern eine Folge ihrer spezifischen Berufssituation, d.h. des Mangels an Informationen über die Folgen ihrer Berichte. Sobald die Journalisten über derartige Kenntnisse verfügten, würden sie verantwortungsethisch handeln.

Eine weitere empirische Studie zur Ethik des Journalismus hat Kerstin Knirsch (1999; auch Kepplinger/Knirsch 2000) vorgelegt. In einem schriftlichen Befragungsexperiment mit 158 Zeitungsredakteuren wurde untersucht, „ob und unter welchen Bedingungen Journalisten bereit sind, die Folgen von Beiträgen zu berücksichtigen und unter Umständen auf eine Publikation zu verzichten" sowie „ob Journalisten eine Mitverantwortung für die Wirkungen einer publizistischen Entscheidung befürworten und von welchen Kriterien dies abhängt." (Knirsch 1999, 2). Dabei berücksichtigte Knirsch, daß Journalisten vor folgendem Dilemma stehen können: Gleichgültig, ob berichtet wird oder nicht, können nicht intendierte Nebenfolgen eintreten, die die Frage nach der journalistischen Mitverantwortung aufwerfen. Daher fragt die Verfasserin nicht nur nach der Mitverantwortung für die unbeabsichtigten Nebenfolgen der Berichterstattung, sondern auch für die unbeabsichtigten Nebenfolgen der *Nichtberichterstattung*. Darauf, daß in dieser Hinsicht Unterschiede im journalistischen Verhalten bestehen könnten, deuten z.B. die Ergebnisse einer Untersuchung von Kepplinger u.a. (1989b, vgl. dazu Kapitel IV.3.) hin, in der die Akzeptanz des bewußten Hoch- bzw. Herunterspielens von Informationen untersucht wurde. Während das (zweckrationale) Hochspielen von Informationen von knapp der Hälfte der Befragten für akzeptabel gehalten wurde, galt dies beim bewußten Herunterspielen von Fakten nur für ein Fünftel (vgl. auch Knirsch 1999, 26–28; Kepplinger/Knirsch 2000, 15f.)

---

[129] In diesem Kontext ist der Einwand möglich, Mühlberger habe das verantwortungsethische Verhalten nicht angemessen operationalisiert. Werden nämlich Informanten nicht geschont, dann versiegen die Informationsquellen, d.h. eine vorsichtige Behandlung des Informanten liegt im Eigeninteresse des Journalisten (vgl. auch Kapitel III5.4.1.).

Nach Knirsch (1999, 58f.) hatten 1998/99 fast die Hälfte der befragten Tageszeitungsjournalisten (45%) schon einmal erlebt, daß ihre Berichte unbeabsichtigte negative Nebenwirkungen nach sich zogen. Am häufigsten handelte es sich dabei um berufliche Nachteile für Personen, über die berichtet worden war. Auch Imageschäden und finanzielle Einbußen von Unternehmen bzw. Institutionen wurden angeführt. Auf abstrakter Ebene, d.h. nach ihrem allgemeinen Urteil gefragt, befürwortete die Mehrheit (61%) der Tageszeitungsjournalisten wertrationale Publikationsentscheidungen, d.h. Veröffentlichung ohne Rücksicht auf vorhersehbare negative Folgen. Die überwiegende Mehrheit (84%)[130] war aber auch der Auffassung, daß Journalisten für unbeabsichtigte, aber absehbare Folgen mitverantwortlich sind. Sie entschied sich also im Gegensatz zu Webers Annahme verantwortungsethisch (Knirsch 1999, 61–63; Kepplinger/Knirsch 2000, 24f.). Im Fall des „Arztbeispiels" sprachen sich in der Studie von Knirsch (1999, 65; Kepplinger/Knirsch 2000, 26) nahezu alle Journalisten (92%) für eine Veröffentlichung aus, auch wenn die Gefahr unbeabsichtigter negativer Wirkungen bestand, d.h. sie entschieden sich wertrational. Rund zwei Drittel (63%) der Befragten lehnten gesinnungsethisch eine Mitverantwortung für die Folgen der Berichterstattung ab (Knirsch 1999, 71; Kepplinger/Knirsch 2000, 29).[131] Damit votierten die Zeitungsredakteure 1998/99 wesentlich häufiger für eine Publikation als die von Mühlberger (1979) untersuchten Lokalredakteure vor 20 Jahren, die sich überwiegend für einen Verzicht auf die Veröffentlichung eines Kunstfehlers entschieden hatten.[132]

Ein für die Diskussion um die journalistische Ethik zentrales Ergebnis der Untersuchung von Knirsch besteht in dem Widerspruch zwischen dem Bekenntnis zur moralischen Verantwortung der Journalisten auf der abstrakten Ebene und der gleichzeitigen Ablehnung dieser Verantwortung in konkreten Fällen. Zu fordern, daß Journalisten im konkreten Fall Verantwortung für die Folgen ihrer Publikationsentscheidung übernehmen, ist allerdings problematisch, denn die Wirkungen der Medienberichterstattung können kaum eindeutig auf eine bestimmte Ursache zurückgeführt werden. Auch kann sich in der Formulierung von Kepplinger und Knirsch (2000, 41) „in der Allgegenwart einer Vielzahl von Medien [...] – von Ausnahmen

---

130 56% waren der Ansicht, daß auf jeden Fall eine Mitverantwortung bestehe, weitere 28%, daß diese bestehe, wenn die Publikationsentscheidung bei ihnen liege (Knirsch 1999, 62; Kepplinger/Knirsch 2000, 24).

131 Im Falle der Nichtpublikation vertraten 51% die Ansicht, der Journalist sei für die Konsequenzen seiner Unterlassung mitverantwortlich. Die Befragten waren also eher bereit, die Verantwortung für die Folgen eines Publikationsverzichts als für die Folgen einer Publikation zu übernehmen.

132 Nach Knirsch (1999, 68–70; Kepplinger/Knirsch 2000, 27f.) liegt der Unterschied nicht im Ressort der befragten Journalisten (Lokaljournalisten vs. Politik- und Wirtschaftsredakteure), sondern eher in einem Wertewandel im Journalismus begründet.

abgesehen – die Verantwortung des Einzelnen" verflüchtigen. Die Forderung nach zweckrationalem Handeln birgt außerdem die Gefahr, „daß mit
Hinweis auf angeblich vorgegebene Ziele Berichte unterbunden oder herbeigeführt werden, bzw. daß fragwürdige Berichte, die aus ganz anderen
Gründen erfolgen, mit Hinweis auf angeblich übergeordnete Ziele gerechtfertigt werden." (Knirsch 1999, 119; Kepplinger/Knirsch 2000, 40). Da über
die Ziele journalistischen Handelns anders als bei Ärzten z.b. oft kein Konsens besteht, ist oft auch nicht zu beurteilen, ob die Art der Berichterstattung angemessen ausfällt. Vor diesem Hintergrund geht nach Knirsch
(1999, 120f.; Kepplinger/Knirsch 2000, 41) die von ihr konstatierte Entwicklung des Berufsverständnisses in die „richtige Richtung", da Gesinnungsethik und Wertrationalität zu den Grundpfeilern der Pressefreiheit
gehörten: Sie verpflichteten Journalisten zu einer interessenunabhängigen
Berichterstattung, erschwerten Eingriffe Dritter und sicherten ihnen dadurch Handlungsfreiheit. Allerdings liefere die generelle Mißachtung möglicher Nebenfolgen und die generelle Leugnung eigener Mitverantwortung
keine gesellschaftlich akzeptablen Verhaltensmaximen für den Journalismus. Wertrationalität und Gesinnungsethik könnten auch mißbraucht werden, indem unter Berufung auf den Informationsanspruch der Öffentlichkeit und die Publizitätspflicht der Medien zweckrational motivierte Berichte
gerechtfertigt würden, ohne daß eine Verantwortungsübernahme für die
Konsequenzen erfolge. Kepplinger und Knirsch (2000, 41) schreiben:
„Wertrationalität und Gesinnungsethik decken in solchen Fällen ein
Verhalten, das nicht gesinnungs- oder verantwortungs-, sondern unethisch
ist."

6.6. Journalistisches Fehlverhalten: Fallbeispiele

Für unethisches Verhalten sind neben Ursachen, die mit der Person des einzelnen Journalisten zusammenhängen (z.B. individuelles Profilierungs- und
Gewinnstreben[133]), oft institutionell bedingte Faktoren wie Aktualitäts-

---

[133] Was das individuelle Gewinnstreben von Journalisten betrifft, wird inzwischen v.a.
die Problematik der Insidergeschäfte von Wirtschaftsjournalisten diskutiert (z.B.
Möller 2000; Wehnelt 2000), die einen Informationsvorsprung über künftige Unter-
nehmensentwicklungen für eigene Aktiengeschäfte nutzen oder durch die Publikation von Börsentips den Kurs von Papieren, die sie selbst besitzen, in die Höhe trei-
ben. Der Deutsche Presserat hat 2000 Ziffer 7 des Pressekodex dahingehend ergänzt,
daß die Berichterstattung nicht durch persönliche wirtschaftliche Interessen der
Journalisten beeinflußt werden dürfe. Einige Medien haben nach amerikanischem
Vorbild Richtlinien erlassen, die eine Offenlegung des Aktienbesitzes ihrer Mitarbeiter verlangen bzw. deren Börsengeschäfte beschränken (z.B. auf Branchen, über die

druck und der Zwang zur Steigerung von Quote und Auflage mitverantwortlich. Welche Auswirkungen kommerzielle Motive auf die Ethik des
Journalismus besitzen können, illustriert eine Anekdote um den tschechi-
schen Journalisten und Schriftsteller Egon Erwin Kisch. Kisch schob zu
Beginn seiner Karriere einer Prager Zeitung eine in ihren Details teilweise
erfundene Reportage über einen Brand unter. Ein bei der Konkurrenz täti-
ger Journalist mußte sich daraufhin von seinem Chefredakteur tadeln
lassen: „Komisch, daß sich die anderen immer die interessantesten Lügen
ausdenken, und Sie immer nur die langweiligste Wahrheit wissen." (Kilz
1996; Knirsch 1999, 21).

Als Beispiel für den möglichen Widerspruch von Auflagensteigerung
und journalistischer Verantwortung wird der Spanisch-Amerikanische
Krieg (1898) betrachtet. Der Verleger William Randolph Hearst soll versucht haben, mit intensiver Propaganda den Krieg zu schüren, um die Position seines Blattes, des „New York Journal", im Auflagenkampf mit Joseph
Pulitzers „New York World" zu verbessern (O'Toole 1984, 77ff.). Kolpor-
tiert wird ein Telegrammwechsel zwischen Hearst und dem Illustrator
Frederic Remington, der nach Kuba entsandt worden war. Remington
kabelte: „Everything is quiet. There is no trouble here. There will be no war.
Wish to return." Hearst soll geantwortet haben: „Please remain. You
furnish the pictures and I'll furnish the war." (Mott 1962, 529; Schudson
1978, 62). Trotz dieser Antwort verließ Remington Kuba nach einer Woche.
Kurz danach brachten die Spanier ein US-amerikanisches Schiff auf, das
nach Key West unterwegs war („Olivette-Skandal"), um nach drei weiblichen Passagieren zu suchen. Remington fertigte in New York eine den Tatsachen absolut nicht entsprechende Zeichnung an, die eine Frau nackt und
von spanischen Offizieren umgeben zeigte, die ihre Kleidung durchwühlten.
Die Auflagensteigerung war beträchtlich (Schudson 1978, 61ff.). Als im
Hafen von Havanna das amerikanische Kriegsschiff „Maine" explodierte,
startete Hearst eine Kampagne, in der die Spanier für diesen Vorfall verantwortlich gemacht wurden, und die die Amerikaner von der Notwendigkeit eines (die Auflage steigernden) Krieges überzeugen sollte. Tatsächlich
war die Ursache der Explosion unbekannt; vermutlich wurde sie durch
einen Unfall in den Waffenmagazinen ausgelöst (Swanberg 1961, 136ff.).

In den Bereich der wissentlichen Propagandalüge fällt auch ein Vorgang,
den der Auslandskorrespondent Walter Duranty für die „New York
Times" inszenierte. 1917 erreichte ihn in Paris der Auftrag, über den Angriff

die Journalisten nicht berichten). Im Mai 2000 ist der Chefredakteur der britischen
Boulevardzeitung „The Mirror" von der „Press Complaints Commission" gerügt
worden, weil zwei seiner Redakteure, die Aktientips gaben, über Aktien schrieben,
mit denen sie selbst handelten, und weil er außerdem auch persönlich finanziell von
den Geschäften profitiert hatte (Frankfurter Allgemeine Zeitung, 15.5.2000, 56).

deutscher U-Boote auf den ersten amerikanischen Truppenkonvoi zu
berichten. Dem Journalisten war bekannt, daß der Angriff überhaupt nicht
stattgefunden hatte. Gleichwohl zog Duranty durch die Soldatenkneipen
von Paris und versprach den gerade gelandeten amerikanischen Soldaten
Drinks, wenn sie ihm Einzelheiten des U-Boot-Angriffs schildern würden.
Duranty kabelte seinen Bericht, der die farbigsten „authentischen" Schilderungen des Überfalls enthielt, nach New York (Duranty 1935).

Auch für die Gegenwart lassen sich zahlreiche Fälschungsfälle doku-
mentieren. Zu den markantesten gehört wohl der von Janet Cooke von der
„Washington Post", die im Jahre 1981 ihren Pulitzer-Preis zurückgeben
mußte. Ihre Geschichte von einem achtjährigen schwarzen Heroinsüchtigen
namens „Jimmy" war reine Erfindung. Die Autorin rechtfertigte ihren „literarischen Journalismus" (vgl. Kapitel III.5.2.) mit dem Argument, der Fall
sei zwar nicht authentisch, enthülle gleichwohl aber tiefe Wahrheiten (Hartl
1994, 81; Washington Post, 28.9.1980).

Ebenfalls erfunden war der britische Soldat, der nach einer Reportage
von Michael Daly in der New Yorker Zeitung „Daily News" angeblich
einen Jugendlichen in Belfast erschossen hatte. Auch ein „Bericht aus Kambodscha", der 1981 im „Sunday Magazine" der „New York Times" erschien, war erlogen. Der Verfasser, Christopher Jones, hatte den Artikel bei
sich zu Hause in Spanien geschrieben. Als literarische Vorlage des Plagiats
diente eine Novelle („La voice royale") von André Malraux. Im Sommer
1998 wurde der Journalist Stephen Glass als Fälscher entlarvt. Glass war
durch spektakuläre Reportagen für die Wochenzeitung „The New Republic" hervorgetreten, u.a. durch eine Geschichte über jugendliche Hacker.
Diese und auch einige andere seiner Artikel stellten sich in Teilen oder vollständig als unwahr heraus.[134] Als einer der spektakulärsten deutschen
Fälschungsfälle sind die 1983 im Stern veröffentlichten angeblichen „Hitler-
Tagebücher" zu nennen (Harris 1986; Haus der Geschichte 1998, 42f.). Im
Jahr 2000 wurde bekannt, daß der Schweizer Reporter Tom Kummer, jah-
relang gefälschte „Exklusiv-Interviews" mit persönlichen Bekenntnissen von
Hollywood-Stars verkauft hatte, die u.a. in den Magazinen des Züricher
„Tagesanzeigers", der „Zeit" und der „Süddeutschen Zeitung", in „Stern",
„Woche", „Frankfurter Allgemeiner Zeitung", „Spiegel" usw. veröffentlicht
worden waren (Höbel/Schnitzler 2000; Hoetzel 2000; Ott/Ramelsberger
2000; Wellershoff 2000, 110).[135]

---

[134] Zu diesen und anderen amerikanischen Fallbeispielen vgl. Ruß-Mohl (2000).

[135] In diesem Zusammenhang geriet v.a. das „SZ-Magazin" in die Diskussion, dessen
Chefredakteure sich zu einem „Borderline-Journalismus" bekannten, der die Grenzen zwischen Fiktion und Realität bzw. Satire und Journalismus verwischt. Die beiden Chefredakteure wurden entlassen.

Auch für die Fälschung bzw. Manipulation von Bildern, sei es durch die bewußte Wahl von Ausschnitten oder die Formulierung unzutreffender Bildunterschriften, lassen sich diverse Beispiele anführen (dazu ausführlich: Haus der Geschichte 1998). Durch die Möglichkeiten der digitalen Bildbearbeitung werden auch Veränderungen des Bildes selbst immer einfacher. Das Schweizer Boulevardblatt „Blick" veröffentlichte am 19. November 1997 z.b. unter der Überschrift „Ein Land wie im Krieg" einen Bericht über ein Bombenattentat in Luxor. Auf einem Bild vom Ort des Geschehens war eine breite Blutspur zu sehen, die sich später als rot gefärbte Wasserpfütze herausstellte (Haus der Geschichte 1998, 22).

Auch Fernsehbeiträge werden gefälscht. In Frankreich sorgte z.b. ein Interview des Starjournalisten Patrick Poivre d'Arvor mit dem kubanischen Staatschef Fidel Castro für Schlagzeilen. Wie eine amerikanische Journalistin enthüllte, stammten die Aufnahmen von einer Pressekonferenz Castros, und die Bilder des fragenden Journalisten waren später dazwischengeschnitten worden (Thomaß 1996, 174).

In Deutschland entfachte die umfangreiche Fälschungstätigkeit von Michael Born 1996 eine intensive Ethikdebatte. Born hatte jahrelang Fernsehbeiträge inszeniert (z.b. „Berichte" über Mitglieder der PKK bei der Vorbereitung eines Terroranschlags, über die Verbindungen des amerikanischen Ku-Klux-Klans und rechtsextremer deutscher Organisationen oder ein halluzinogenes Krötensekret), die insbesondere von „Stern TV" ausgestrahlt wurden. Born wurde Ende 1996 zu vier Jahren Haft verurteilt (Born 1997; Lungmus 1997; Haus der Geschichte 1998, 24–27; Krüger/ Müller-Sachse 1999, 117–154).[136]

Fälle von Fälschungen im Sinne einer Inszenierung von Ereignissen durch Journalisten sind auch im Zusammenhang mit der Berichterstattung über Rechtsextremismus in Deutschland bekanntgeworden. Mehrfach wurde aufgedeckt, daß Journalisten Personen mit den passenden Utensilien ausstatteten und/oder ihnen Geld dafür zahlten, daß sie sich wie Neonazis äußerten und verhielten (Trägerverein des Deutschen Presserats e.V. 1993, 16f.). Dabei war dieses Vorgehen keineswegs eine neue Erfindung deutscher Journalisten in den 90er Jahren. Bereits 1966 hatten französische Reporter drei junge deutsche Feuerwehrleute mit SS-Uniformen aus einem Kostümverleih ausgerüstet und fotografiert. Auf diesem Bildmaterial beruhende Berichte über Neonazismus in der Bundesrepublik erschienen in „Paris Match" sowie im britischen „Daily Express" (Haus der Geschichte 1998, 56f.).

Auch wenn Journalisten den Gegenstand ihrer Berichte nicht selbst inszenieren, besteht die Gefahr, daß Ereignisse, die so sonst nicht stattfin-

---

[136] Zu weiteren Fälschungsfällen vgl. Hömberg (1996a; 1996b); Müller-Ullrich (1996).

den würden, von interessierter Seite für sie inszeniert werden. Beispiele hierfür sind Terroranschläge (Schmid/de Graaf 1982; Weimann 1990). Weimann (1990, 16) zitierte beispielsweise einen palästinensischen Terroristen nach den Olympischen Spielen in München 1972[137] mit den Worten: „We knew that people in England and America would switch their television sets from any programme about the plight of the Palestinians if there was a sporting event on another channel [...]. From Munich onwards nobody could ignore the Palestinians or their cause".

Zwischen Terroristen und Journalisten kann es sogar zu einer ethisch höchst fragwürdigen Symbiose kommen. Auslandskorrespondenten beispielsweise, die über Bürger- bzw. Befreiungskriege berichten, können auf diese Weise zu Helfershelfern einer kriegführenden Partei werden. Dies war etwa während des algerischen Befreiungskrieges der Fall. Der Führer der FLN (Front de Libération Nationale) Abane Ramdane bemerkte zur Berücksichtigung der Medien im Befreiungskampf: „Ist es besser für unsere Sache, zehn Feinde auf dem Land bei Telergma zu töten, wo dies keiner weiter beachtet, oder einen in Algier zu töten, wenn dies am nächsten Tag in der amerikanischen Presse erwähnt wird?" (Schmid/de Graaf 1982, 19). Die Problematik solcher symbiotischer Konstellationen verdeutlicht die folgende Aussage von Robert Kleinman, der während der Endphase des Algerienkrieges das Pariser Büro von CBS leitete: „The television cameraman or still photographer had quite a problem. How did he manage to get there to take the pictures of the people being blown up? That's what his editors wanted in New York. [...]. If the photographer wanted to be sure to get a picture, it was very useful for him to find out when an assassination was going to take place. Many of the most startling pictures of assassinations in Algeria were obtained in that fashion. If the photographer knows there are going to be so many assassinations in a month and he is trying to find out when the next one will occur, so he can photograph it, is he responsible for arranging an assassination, even if he hasn't actually arranged it? [...]. There is a very fine line here between reporting and investigating murder. I can remember the CBS Newsdesk in New York asking why we were beaten on a picture of this kind. There are competitive pressures on reporters and cameramen in the field." (Schmid/de Graaf 1982, 141).

Ebenfalls als Fall von Symbiose zwischen Journalisten und Gewalttätern ist das Gladbecker Geiseldrama im August 1988 zu bezeichnen. Einem Bankraub zweier Männer in Gladbeck folgte eine mehrtägige Geiselnahme und eine Flucht der Täter durch die Bundesrepublik und die Niederlande.

---

[137] Das palästinensische Terrorkommando „Schwarzer September" hatte während der Olympischen Spiele das israelische Mannschaftsquartier gestürmt, zwei Sportler getötet und neun als Geiseln genommen, um politische Gefangene freizupressen. Der Versuch der Polizei, die Geiseln zu befreien, endete in einem Blutbad.

Insgesamt wurden drei Menschen getötet. Journalisten nahmen aus eigener Initiative Kontakt mit den Bankräubern auf, übermittelten deren Forderungen, führten Interviews mit den Gangstern, die auch über Radio und Fernsehen ausgestrahlt wurden und stiegen dabei sogar in das Auto der Geiselnehmer ein bzw. verfolgten das Fahrzeug. Sie agierten eigenmächtig als Vermittler, boten sich als Austausch für die Geiseln an und behinderten mit ihrem Verhalten die Arbeit der Polizei. Die „Symbiose" zwischen bestimmten Medien und den Tätern ging so weit, daß sich die Geiselnehmer schließlich nur noch über die Medien äußerten (z.B. Weischenberg 1988). Dieser Fall hat in Deutschland eine intensive Ethikdiskussion ausgelöst, die nicht folgenlos geblieben ist. In die Richtlinien des Pressekodex wurde ein Passus aufgenommen, in dem es heute heißt (11.2.): „Bei der Berichterstattung über Gewalttaten, auch angedrohte, wägt die Presse das Informationsinteresse der Öffentlichkeit gegen die Interessen der Opfer und Betroffenen sorgsam ab. Sie berichtet über diese Vorgänge unabhängig und authentisch, läßt sich aber dabei nicht zum Werkzeug von Verbrechern machen. Sie unternimmt keine eigenmächtigen Vermittlungsversuche zwischen Verbrechern und Polizei. Interviews mit Tätern während des Tatgeschehens darf es nicht geben." Darauf, daß die Medien Lehren aus dem Fall Gladbeck gezogen zu haben schienen, deutete ihr Verhalten während der Entführung von Jan Philipp Reemtsma 1996 hin (z.B. Stahlschmidt 1996). Obwohl mehr als 150 Journalisten informiert waren, drangen keine Meldungen ohne das Einverständnis der Ermittlungsbehörden an die Öffentlichkeit.

Ein weiteres negatives Beispiel war im Jahr 2000 das Verhalten von Medienvertretern während der Geiselnahme ausländischer Touristen durch Abu Sayyaf-Rebellen auf der philippinischen Insel Jolo (z.B. Blechschmidt 2000; Kornelius 2000; Strittmatter 2000; Süddeutsche Zeitung, 5.6.2000, 1; 17.6.2000, 11). Zunächst wurde es von Seiten der Politik und der Diplomatie positiv bewertet, daß Journalisten dazu beitrugen, einen Kontakt zu den Geiselnehmern herzustellen. Auch die Geiseln selbst empfanden es z.T. als hilfreich, daß durch die Medien eine öffentliche Anteilnahme an ihrem Schicksal erfolgte, die den Druck auf die Unterhändler erhöhte, schnell zu einem positiven Ergebnis zu gelangen. Allerdings schlugen sich mit der Zeit immer mehr Reporter unterschiedlicher Nationalitäten in das Lager der Entführer durch und zahlten ihnen hohe Summen für Interviews mit den Geiseln, was ihnen u.a. den Vorwurf einbrachte, durch diese Beträge die Bereitschaft der Geiselnehmer zur Freilassung ihrer Opfer zu reduzieren. Kritisiert wurde neben einer zu sensationsgierigen und voyeuristischen Darstellungsweise zudem, daß die Journalisten den Entführern durch ihre Berichterstattung ein Überlegenheitsgefühl vermittelten und daß sie sich als Werkzeuge der Geiselnehmer mißbrauchen ließen. Auch die Verhandlungen über die Freilassung der Geiseln sollen durch die Gegenwart der zahlreichen Reporter behindert worden sein. Abgesehen davon, gerieten mehrere Journalisten selbst in Gefangenschaft und lieferten auf diese Weise „Geiselnachschub" (Siegfried Weischenberg, zit. nach Blechschmidt 2000) für die Entführer. Auch in diesem Fall wurde die Grenze zwischen Berichterstattung und aktiver Beteiligung am Geschehen eindeutig überschritten.

Welche Konsequenzen es haben kann, wenn sich die Medien in derartigen Situationen keine Selbstbeschränkung auferlegen, wurde bei der Entführung des Lufthansa-Jets „Landshut" 1977 deutlich (Schmid/de Graaf, 99ff.). Damals hörten die Terroristen im Radio, daß der Flugkapitän Informationen über die Entführer an die Behörden weitergab. Der Pilot wurde daraufhin ermordet. Auch die Befreiung der Passagiere der nach Mogadischu entführten Lufthansa-Maschine war durch Journalisten gefährdet. Ein israelischer Funkamateur hatte den Funkverkehr abgehört und die Information darüber, daß deutsche Grenzschützer in Mogadischu anwesend waren, an die Agentur AFP weitergegeben. Das israelische Fernsehen und zwei Londoner Zeitungen brachten die Meldung. Wäre die Information an die Terroristen gelangt, hätte dies das Leben der Geiseln extrem gefährdet. Auch hatte die anschließend in den Massenmedien erfolgte Diskussion der Taktik bei der Befreiung zur Folge, daß eine solche Vorgehensweise in Zukunft nicht mehr anwendbar war.

Nicht nur die Art der Berichterstattung, sondern auch die Recherchemethoden haben in einigen prominenten Fällen Anlaß zur öffentlichen Kritik an der journalistischen Ethik gegeben. Als verantwortungslos und skandalös ist z.B. das Verhalten der „Stern"-Journalisten charakterisiert worden, die 1987 den toten Ministerpräsidenten von Schleswig-Holstein, Uwe Barschel, im Genfer Hotel „Beau Rivage" fotografierten. Die Mitherausgeberin der „Zeit", Marion Gräfin Dönhoff (1994), argumentierte, der Vorgang zeuge von einer widerwärtigen Abgefeimtheit und Abgebrühtheit. Dönhoff kritisierte, daß die Journalisten offenbar keinen Gedanken an eine mögliche Hilfeleistung verschwendet hätten. Das Eindringen der Journalisten in das Hotelzimmer erfülle wohl den Tatbestand des Hausfriedensbruchs, da eine perfekte Hausdurchsuchung, wie sie der Polizei mit einer gerichtlichen Ermächtigung zustehe, durchgeführt worden sei. Wegen unlauterer Methoden bei der Informationsbeschaffung sprach der Presserat dem „Stern" eine Rüge aus. Die Art der Berichterstattung selbst jedoch wurde gebilligt (Kaiser 1988; Trägerverein des Deutschen Presserats 1988, 13).[138]

---

[138] Im Gegensatz zur ersten wurde jedoch die zweite Veröffentlichung des Bildes von Barschel in der Badewanne als Verstoß gegen die Wahrung der Intim- und Privatsphäre bewertet, da die erneute Veröffentlichung nicht mehr durch die zeitgeschichtliche Bedeutung gedeckt sei.

Für Diskussionen über die journalistische Ethik bei der Recherche sorgte auch das Verhalten von Medienvertretern nach dem Grubenunglück von Borken 1988 (Kohl 1988; Mathes/Gärtner/Czaplicki 1992). Als Feuerwehrleute und Ärzte verkleidet, versuchten Journalisten, sich Zutritt zum Schauplatz zu verschaffen. Angehörige wurden – z.t. unter Vorspiegelung falscher Tatsachen – belästigt, um an Fotos der Opfer zu gelangen. Die Geretteten mußten z.t. mit Hilfe der Polizei vor aufdringlichen Reportern abgeschirmt werden bzw. wurden für Exklusivstories bezahlt („Scheckbuchjournalismus").[139]

Auf dramatische Weise sind skrupellose journalistische Methoden bei der Materialbeschaffung im Zusammenhang mit dem Unfalltod von Lady Diana 1997 in Paris wieder in den Vordergrund des öffentlichen Interesses gerückt. Dieses Ereignis hat eine intensive Ethikdiskussion ausgelöst und auch Maßnahmen nach sich gezogen hat. In Großbritannien trat bereits am 1. Januar 1998 ein neuer „Code of Practice" der „Press Complaints Commission" in Kraft (Press Complaints Commission 1998). Darin wurde der Schutzbereich der Privatsphäre ausgedehnt, Zeitungen wurden angehalten, kein Bildmaterial zu veröffentlichen, das aufgrund einer Verfolgung der Dargestellten zustande kam oder auf andere Weise gegen den Kodex verstößt. Der Schutz von Kindern generell und speziell solcher, die im öffentlichen Interesse stehen (wie die Kinder Dianas), erfuhr eine Erweiterung, das Verbot einer Manipulation von Bildern wurde aufgenommen und ein sensibleres Vorgehen bei Geschichten, die in Zeiten von Trauer und Schockierung veröffentlicht werden, angemahnt. Der US-Bundesstaat Kalifornien hat im Herbst 1998 ein Gesetz gegen Paparazzi[140] verabschiedet, nach dem Medien ab dem 1.1.1999 für Verletzungen der Privatsphäre durch Aufnahmegeräte für Bild und Ton mit Bußgeldern bestraft werden können. Gouverneur Pete Wilson sagte, das Gesetz solle verhindern, daß aggressive Reporter ihre menschliche Beute bis in den Tod jagen (Berthelsen 1998; Handelsblatt 2./3.10.1998).

Die Frage nach den Ursachen für extreme Paparazzi-Methoden ist mit kommerziellen Motiven zu beantworten. Dies läßt sich an folgenden Zahlen illustrieren: Der Photograph, der Lady Diana im Fitneß-Studio ablichtete, erhielt für die Erstveröffentlichung vom „Sunday Mirror" umgerechnet

---

139 Im gleichen Jahr, in dem sich Gladbeck und Borken ereigneten, fand die Katastrophe von Ramstein statt, wo während einer Flugschau zwei Maschinen zusammenstießen und in die Zuschauermenge stürzten. Dem Fernsehen, das das Unglück mit schonungslosem Bild- und Tonmaterial darstellte, wurde unverantwortliche Sensationsgier vorgeworfen.

140 Der Begriff „Paparazzi" soll auf den Regisseur Fellini zurückgehen, der solche Fotografen in seinem Film „La dolce vita" (1960) mit diesem Kunstwort bezeichnete (Trägerverein des Deutschen Presserats 1998, 14).

120.000 DM; insgesamt kam er auf ca. 630.000 DM. Das Photo, das Diana mit ihrem neuen Liebhaber beim Küssen zeigte, brachte dem Photographen Mario Brenna insgesamt ca. 5 Millionen DM ein; die Erstveröffentlichung im „Sunday Mirror" allein ca. 750.000 DM (Bebber 1997, 13; Der Spiegel, 8.9.1997, 228–231). Der Grund für die Zahlung dieser Summen liegt in der Erhöhung der Auflage bzw. Reichweite.[141] Der Tod von Diana war auch „big business". Das „Wall Street Journal" (zit. nach Der Spiegel, 8.9.1997, 231) brachte dies mit den Worten auf den Punkt, Diana sei „nicht nur ein geliebtes Heiligenbild, sondern der Mittelpunkt einer internationalen Multi-Millionen-Dollar-Industrie." Die ARD behandelte am 1.9.1997 in dem Nachrichtenmagazin „Report" diese Thematik. Uwe Zimmer, der Chefredakteur der „Münchner Abendzeitung", einem Boulevardblatt, meinte dort , wenn ihm die Photos vom Unfallort angeboten werden würden (was aber nicht geschehe, weil seine Zeitung nicht genug Geld habe), würde er sie kaufen, weil sonst die Konkurrenz die Auflage erhöhe. Andere Boulevardblätter argumentierten weniger ehrlich, so z.B. die französische Boulevardzeitung „Paris Soir", die als erste ein Photo veröffentlichte, das Diana im Unfallwagen zeigen sollte, sich aber später als Fälschung herausstellte. Begründet wurde die Veröffentlichung in scheinheiliger Weise mit der historischen Bedeutung des Bildes.

Kommerzielle Motive und Aktualitätsdruck werden sich in Zukunft durch das neue Medium Internet möglicherweise noch weiter verschärfen. Abgesehen davon, daß sich daraus für manche Medien zusätzlicher Konkurrenzdruck ergibt, wird auch der Faktor „Aktualität" vermutlich eine noch größere Rolle spielen – nicht zuletzt dadurch, daß im Internet keine Notwendigkeit zu einer Periodizität der Veröffentlichung mehr besteht (vgl. Kapitel III.1.3.). Selbst wenn Journalisten der traditionellen Medien eine noch nicht genügend recherchierte Story zurückhalten, laufen sie Gefahr, daß entsprechende Berichte im Internet bereits kursieren. Auf diese Weise geraten sie unter zusätzlichen Zugzwang und Rechtfertigungsdruck. Ein Beispiel hierfür war die „Lewinsky-Story",[142] die das amerikanische Wochenmagazin „Newsweek" wegen Bedenken hinsichtlich der Glaubwürdigkeit ihrer Informanten noch zurückhielt. Am Tag nach dieser Entscheidung machte der Internet-Kolumnist Matt Drudge die Geschichte im Netz

---

[141] Die Auflage des „Sunday Mirror soll um 250.000 Exemplare gestiegen sein (Krönig 1997, 65; Bebber 1997, 13 spricht von ca. 200.000 Exemplaren). Die Auflagen der „Times" und des „Guardian" stiegen um 50%, die „Sun" verkaufte vier statt drei Millionen Exemplare (Bebber 1997, 13).

[142] Dabei handelte es sich um den Skandal um die 1998 bekannt gewordene sexuelle Beziehung von Präsident Bill Clinton mit der Praktikantin im Weißen Haus, Monica Lewinsky.

publik und löste damit auch in der Presse eine Welle der Berichterstattung aus (Heller 1999).

Auch wenn Fälle wie die geschilderten eher als Ausnahme denn als Normalität journalistischen Verhaltens betrachtet werden, ist doch davon auszugehen, daß solche Beispiele für journalistisches Fehlverhalten die Vorstellungen des Publikums von den ethischen Standards des gesamten Berufsstands prägen können.[143]

6.7. Das Entscheidungsdilemma der Journalisten und Konsequenzen für die Berichterstattung

In der Berufspraxis muß der Journalist ständig zwischen den Kriterien Bedeutung eines Ereignisses, vermutetes Rezipienteninteresse sowie möglichen positiven und negativen Wirkungen der Berichterstattung bzw. Nichtberichterstattung abwägen. Dabei ist er mit dem Problem konfrontiert, daß sowohl die Entscheidung für als auch die Entscheidung gegen eine Publikation unerwünschte Konsequenzen nach sich ziehen kann. Hinzu kommt, daß Massenkommunikation, wie Arnold Gehlen (1969, 56) herausstellt, eine „Fern-Ethik" erfordert, weil anders als im Falle personaler Kommunikation die Folgen einer Handlung meist nicht unmittelbar zu beobachten sind.[144]

Die Frage, wo die Grenzen der Pressefreiheit bzw. ethisch zulässiger Verhaltensweisen von Journalisten zu ziehen sind, ist niemals eindeutig zu beantworten. Bei der Verwendung solcher Methoden der Informationsbeschaffung wie Einbrüchen, Abhören, Annahme falscher Identitäten usw. besteht z.B. immer eine sehr große Gefahr des Mißbrauchs. Auf der anderen Seite gibt es berühmte Fälle wie die Aufdeckung der Watergate-Affäre,

---

[143] Vgl. dazu auch Max Webers Aussage, bei Journalisten handele es sich um eine „Pariakaste" (vgl. Kapitel III.3.). Darauf, daß diese Vorstellungen für den Journalismus nicht besonders positiv ausfallen, deuten z.B. die Ergebnisse eines Fragebogenexperiments von Wolling (1996) hin. Bei allen der vier im Fragebogen geschilderten Situationen gab es Differenzen zwischen dem von den Befragten gewünschten und dem von ihnen vermuteten Verhalten der Journalisten. Bei diesen Situationen handelte es sich um die Verwendung von Geheimdokumenten, Berichterstattung bei widersprüchlicher Informationslage, Wahl von Interviewpartnern (Manager bzw. Arbeiter) bei Meldungen über Entlassungen bzw. Schaffung von Arbeitsplätzen in einem Unternehmen sowie Verwendung von Archivmaterial über Demonstrationen, wenn aktuelle Bilder nicht zur Verfügung stehen.

[144] Dies trifft allerdings nicht immer zu. Im Lokaljournalismus etwa werden Journalisten viel eher mit den Folgen ihrer Berichterstattung konfrontiert (vgl. dazu die Untersuchung von Mühlberger, dargestellt in Kapitel III.5.2.).

die ohne den Gebrauch solcher ethisch fragwürdiger Recherchemethoden nicht möglich gewesen wären.[145]

Als Beispiel für die Probleme bei der ethischen Bewertung des journalistischen Verhaltens sei auch der Fotograf Eddie Adams angeführt. Adams gewann 1969 den Pulitzer-Preis für sein berühmt gewordenes Photo, das den südvietnamesischen General Nguyen Ngoc Loan bei der Erschießung eines gefangenen Vietcong zeigt. Dieses Photo hat ohne Zweifel mit dazu beigetragen, daß die Anti-Vietnam-Kriegs-Bewegung in den USA und weltweit gestärkt worden ist. In einer „Eulogy", die in „Time" (27.7.1998, 15) veröffentlicht wurde, schilderte Adams seine Sicht der Dinge, die angesichts der Bedeutung für die Ethikdiskussion ungekürzt wiedergegeben wird:

„I won a Pulitzer Prize for a photograph of one man shooting another. Two people died in that photograph, the recipient of the bullet and General Nguyen Ngoc Loan. The general killed the Viet Cong; I killed the general with my camera. Still photographs are the most powerful weapon in the world. People believe them, but photographs do lie, even without manipulation. They are only half truths. What the photograph didn't say was ,What would you do if you were the general at that time and place on that hot day and you caught the so-called bad guy after he blew away one, two or three American soldiers?' General Loan was what you call a real warrior, admired by his troops. I'm not saying what he did was right, but you have to put yourself in his position. The photograph also doesn't say that the general devoted much of his time trying to get hospitals built in Vietnam for war casualties. This picture really messed up his life. He never blamed me. He told me, if I hadn't taken the picture, someone else would have, but I've felt badly for him and his family for a long time. I kept in contact with him; the last time we spoke was about six months ago when he was very ill. I sent flowers when I heard that he had died and wrote, ,I'm sorry. There are tears in my eyes.'"

Ein Bereich, der für Journalisten ein besonderes Entscheidungsdilemma birgt, ist die *Berichterstattung über kriminelles Verhalten und Gewalt.* Was den Aspekt der Furchtauslösung durch Kriminalitätsberichterstattung betrifft, liegen mittlerweile Forschungsbefunde vor, die dem Journalisten in der Praxis gewisse Anhaltspunkte für ein verantwortungsethisches Verhalten liefern könnten. Bei einer Untersuchung der Wirkungen von Nachrichten über Verbrechen ging Linda Heath (1984) von folgenden drei Hypothesen aus:

---

[145] Carl Bernstein und Bob Woodward (1974, 224) schrieben in ihrem Buch über die Watergate-Recherchen, sie „dodged, evaded, misrepresented, suggested and intimidated", um an Informationen zu gelangen.

1. *Information*: Je weniger Informationen über die Motive des Täters bzw. über die Täter-Opfer-Beziehung gegeben werden, desto größer wird die bei den Rezipienten ausgelöste Furcht sein, da keine Schutzmaßnahmen gegen vollkommen willkürlich ausgeführte Verbrechen möglich sind.
2. *Normverletzung*: Je mehr über bizarre, sensationelle Verbrechen berichtet wird, in denen gleich mehrere Normen verletzt werden (z.b. Frau nicht nur ermordet, sondern auch noch zerstückelt und tiefgefroren; Kindermord usw.), desto größer wird die Furcht der Rezipienten sein.
3. *Lokaler Bezug*: Faktoren, die Furcht auslösen, wenn sie im lokalen Bereich angesiedelt sind (z.b. sinnlose, nicht begründbare Verbrechen), wirken entgegengesetzt und bauen Furcht ab, wenn sie in der Ferne angesiedelt sind. In negativen Situationen vergleichen sich Menschen mit solchen Menschen, denen es noch schlechter geht, und reduzieren damit ihre Angst.

Die Thesen wurden in einem Laborexperiment sowie in einer Umfrage bei 335 zufällig ausgewählten Lesern von 36 Tageszeitungen überprüft. Je mehr die Zeitungen über Verbrechen in anderen Städten oder Staaten berichteten, in denen offensichtlich mehr oder weniger wahnsinnige Verbrecher Amok laufend ihre Opfer einfach willkürlich aussuchten, desto sicherer fühlten sich die Leser in der eigenen Umgebung. Verbrechen beunruhigten nicht, sofern sie weit weg stattfanden. Im lokalen Bereich war es genau umgekehrt: Willkürliche Verbrechen, gegen die man sich nicht schützen kann, wirkten angsterregend. Wurde aber in der Berichterstattung erklärt, welche Beziehung zwischen Opfer und Täter bestanden hatte, bzw. wurden Hinweise auf mögliche Tatmotive gegeben (z.B. das Verbrechensopfer als Zuhälter charakterisiert), dann war die ausgelöste Furcht deutlich geringer. Auch in einer britischen Umfrage zur Fernsehberichterstattung über Gewalt wurde festgestellt, daß Gewalt um so mehr beunruhigte, je „näher" sie geographisch, zeitlich und sozial wahrgenommen wird (Hargrave 1993).

Im Mittelpunkt der Diskussion über die Kriminalitätsberichterstattung steht immer wieder die Gefahr von *Nachahmungstaten*. Wie zahlreiche Beispiele belegen, ist dieses Risiko durchaus vorhanden (dazu ausführlich Kunczik 1998, 1–12). Voraussagen sind jedoch nicht möglich, und es ist in solchen Fällen auch nicht angemessen, ein simples Ursache-Wirkungs-Modell zu unterstellen, das den Medien die Hauptverantwortung zuweist. Die „Unabhängige Regierungskommission zur Verhinderung und Bekämpfung von Gewalt" („Gewaltkommission"; Schwind u.a. 1990, 84, Randnr. 217) beispielsweise argumentierte in bezug auf Nachahmungstaten, daß Gewaltdarstellungen nur bei wenigen Beobachtern eine direkte gewaltauslösende Wirkung hätten und deshalb Nachahmungstaten oft ohnehin gewaltorientierter Menschen wohl nicht das eigentliche Problem der Gewalt in den Medien seien. Vielmehr wird darauf hingewiesen, daß Rezipienten von Gewaltdarstellungen Einstellungen und Verhaltensweisen lernten, die unter bestimmten Bedingungen ihr Handeln beeinflußten, wobei die Darbietung gewaltsamer Modelle das aggressive Verhaltensrepertoire erhöhe. Ergebnissen der Gewalt-und-Medien-Forschung (vgl. Kapitel V.11.) zufolge ist eine tatsächliche Ausführung des Beobachteten jedoch von einer Vielzahl persönlichkeits- und umweltspezifischer Faktoren abhängig. Es kann zwar davon ausgegangen werden, daß positiv und als erfolgreich dargestellte Gewaltakte das Identifikationspotential erhöhen und die Gefahr von Nachahmungstaten steigern, während das Aufzeigen negativer Folgen (Leiden des Opfers, Bestrafung des Täters) dieses Risiko senken. Vor Imitationseffekten ist jedoch auch eine Berichterstattung, die diese Erkenntnisse berücksichtigt, nicht geschützt.[146]

Journalisten sind auch hier gezwungen, die möglichen Risiken der Publikationsentscheidung gegenüber dem Informationsanspruch der Öffentlichkeit abzuwägen, ohne eine sichere Entscheidungsgrundlage zu besitzen.[147] Dabei ist auch zu berücksichtigen, daß die Berichterstattung durchaus ein möglicher Weg zur Minderung von Delikten sein kann. So gab es 1960 in den USA eine Welle von Hakenkreuzschmierereien. Wegen der befürchteten Auslösung von Nachahmungstaten unterdrückten einige Lokalzeitungen die Meldungen, andere hingegen publizierten Berichte darüber ohne Rücksicht auf mögliche Konsequenzen. Ein Vergleich der unterschiedlichen Effekte von Informationsunterdrückung und Publikation zeigte, daß die Berichterstattung zu Nachahmungstaten führte. Allerdings gab es in den Gemeinden, in denen über die Schmierereien berichtet worden war, noch einen wichtigen Nebeneffekt: Es war eine Mobilisierung der öffentlichen Meinung festzustellen, d.h. die Taten wurden öffentlich negativ bewertet. Ein vergleichbarer Umgang mit diesen antisemitischen Delikten war in Gemeinden, in denen die entsprechenden Informationen unterdrückt

---

[146] Auf den Aspekt, daß potentielle Nachahmer auch aus negativ dargestellten Fällen für sich Gratifikationen ableiten können, wird im weiteren Verlauf des Kapitels eingegangen.

[147] Vor einem ähnlichen ethischen Problem standen 1995 die „Washington Post" und die „New York Times", die von einer als „Unabomber" bezeichneten und angeblich für diverse terroristische Anschläge verantwortlichen Person aufgefordert wurden, ein von ihr verfaßtes Manifest abzudrucken. Im Gegenzug wollte der „Unabomber" auf weitere Anschläge gegen Menschen verzichten, bei Verweigerung seiner Forderung dagegen eine weitere Tat begehen. Nach Rücksprache mit den Justizbehörden entschlossen sich die Zeitungen zur Veröffentlichung. Dies geschah ohne Garantie, dadurch tatsächlich eine Straftat zu verhindern, und auf die Gefahr hin, daß diese Entscheidung für den Täter und mögliche Nachahmer als Belohnung wirkte und sich die Zeitungen und die Behörden als erpreßbar darstellten (vgl. zu diesem Fall Hodges 1995).

worden waren, nicht festzustellen. Durch die korrekte Information wurde in diesem Fall die Bereitschaft geschaffen, sich mit den Gefahren des Antisemitismus zu beschäftigen (Caplovitz/Rogers 1961; auch Rivers 1973, 544).

Ähnlich ambivalent wie der geschilderte Fall ließe sich die Berichterstattung über fremdenfeindliche Straftaten in Deutschland (insbesondere in Hoyerswerda, Rostock, Mölln und Solingen 1991–1993) bewerten. Die Bevölkerung wurde auf der einen Seite sicherlich für das Problem sensibilisiert und bekundete in Lichterketten ihren Protest. Zu einem Rückgang der fremdenfeindlichen Straftaten kam es auf diese Weise allerdings nicht. Ein Zeitreihenvergleich der Berichterstattung über fremdenfeindliche Straftaten und der Entwicklung tatsächlich erfolgter fremdenfeindlicher Delikte zeigte vielmehr, daß von den Medien ein *Ansteckungseffekt* ausging (Brosius/Esser 1995a; 1995b; 1996).[148] Problematisch war insbesondere die gewalt- und schadensorientierte, sensationsheischende, ereignisbetonte und wenig reflektierte Art der Darstellung in den Medien, die den Straftätern zu oft die Gelegenheit zu geschickter Selbstdarstellung bot und als Gratifikation für die Täter wirken mußte (Brosius/Esser 1995a, 209ff.).

Da überraschende, negative (d.h. z.B. gewalthaltige) Ereignisse in den Medien gute Publikationschancen besitzen, versuchen an Publizität interessierte Akteure, entsprechende Anlässe der Berichterstattung zu schaffen. Dies gilt vor allem für Gruppierungen, die ein Anliegen öffentlich machen wollen, aber über keinen routinemäßigen Zugang zu den Medien verfügen. Auf diese Weise kommt es zu öffentlichkeitswirksam und nachrichtenadäquat inszenierten Pseudo-Ereignissen (vgl. Kapitel IV.2.3.), die sich oft des Aufmerksamkeit garantierenden Mittels der Gewalt bedienen (z.B. Kliment 1995; Gamson 1989; Gamson/Wolfsfeld 1993; McLeod/Hertog 1999). Auch die „Gewaltkommission" ging auf die Bedeutung der medialen Aufmerksamkeit für die Gewaltgenese ein. Sie verwies hierbei insbesondere

---

[148] Die Autoren verglichen in einer Zeitreihenanalyse die Presse- (Brosius/Esser 1995a) bzw. die Fernsehberichterstattung (Brosius/Esser 1995a; 1995b) mit den Statistiken der Landeskriminalämter zu fremdenfeindlichen Straftaten. Auf Wochenbasis ließ sich ein Ansteckungseffekt nur für die erste Phase von August 1990 bis September 1992 (incl. Hoyerswerda und Rostock) nachweisen, nicht jedoch für die zweite Phase von Oktober 1992 bis Juli 1993 (incl. Mölln und Solingen). Eine Reanalyse auf Tagesbasis (Brosius/Esser 1995a, 179–188; 1996) zeigte jedoch auch hier Ansteckungseffekte, die so kurzfristig waren, daß sie in der ersten Analyse nicht nachgewiesen werden konnten. Die Autoren (1995a, 82–86; 189–194; 1995b, 253f.; 1996, 215–217) sprachen den Medien hier nicht die alleinige Schuld zu, sondern entwickelten ein komplexes „Eskalationsmodell", in dem eine Wechselwirkung zwischen veränderten Bedingungen der Zuwanderung, der wahrgenommenen Dringlichkeit einer Problemlösung in der Bevölkerung, der Medienberichterstattung und der Gewaltbereitschaft gesellschaftlicher Problemgruppen angenommen wurde.

auf politisch motivierte Gewalt, deren Handlungsmotiv vielfach die gegenwärtige oder voraussichtliche Berichterstattung der Medien sei.

Die Anwesenheit von Journalisten und Kameras kann einen Anreiz dafür bieten, sich durch gewaltsames Verhalten in Szene zu setzen. Dieses Phänomen wird als *„Reciprocal Effect"* bezeichnet. Er besagt, daß die Präsenz des Mediums selbst und seine Wahrnehmung durch die Beteiligten ein Ereignis beeinflußt, indem es mediengerecht in Szene gesetzt und bei den Akteuren ein Bewußtsein dafür geschaffen wird, vor einem großen Publikum zu agieren. Kurt und Gladys Engel Lang (1963) haben diesen Effekt am Beispiel der Berichterstattung über die Rückkehr von General MacArthur 1952 aus Korea nach Chicago aufgezeigt. Sie verglichen die Perspektive von Augenzeugen mit der Perspektive, die durch das Fernsehen an Millionen von Rezipienten verbreitet wurde. Die Fernsehzuschauer sahen einen begeisterten, fast an Massenhysterie grenzenden Empfang, während Augenzeugen vor Ort dies nicht bestätigen konnten. Die Journalisten konstruierten das Medienereignis aus Bildmaterial, das durch selektive Kameraführung gewonnen und entsprechend kommentiert wurde. Lang und Lang (1963, 557) schreiben: „The camera selected shots of the noisy and waving audience, but in this case, the television camera itself created the incident. The cheering, waving, and shouting was often largely a response to the aiming of the camera. The crowd was thrilled to be on television, and many attempted to make themselves apparent to acquaintances who might be watching." Es entstand der Eindruck, die Öffentlichkeit stehe eindeutig auf Seiten des von Präsident Truman abberufenen Generals. In anderen Medien und in der politischen Diskussion wurde die angebliche öffentliche Unterstützung für McArthur aufgegriffen. Die Fernsehrealität hatte die „Realität", wie sie ein Beobachter vor Ort wahrnahm, vollkommen überlagert. Das Phänomen, daß die von den Medien vermittelten Eindrücke bei den Rezipienten eine falsche Vorstellung von der Realität verursachen und diese Vorstellung wiederum über die Einstellung und das Verhalten der Rezipienten auf die Realität zurückwirkt, wird als *„Landslide Effect"* bezeichnet.

Auch bei der Berichterstattung über eine Anti-Vietnam-Demonstration in London (Halloran/Brown/Chaney 1972) wurde der gewalttätige Ablauf der Demonstration betont, der von den Journalisten erwartet worden war. Von den ca. 60.000 Demonstranten wichen ca. 3.000 von der offiziellen Route ab und marschierten zur Botschaft der USA, wo es zu Gewalttätigkeiten kam. Nahezu 90% der Berichterstattung der englischen Massenmedien widmeten sich jedoch den Gewalttaten; die Tatsache, daß sich die meisten Demonstranten friedlich verhielten, wurde zur Nebensache. Wie die „Gewaltkommission" (Schwind u.a. 1990, 86, Randnr. 221) ausführte, können solche einseitigen Berichte z.B. über gewalttätige Demonstrationen oder Ausschreitungen in Fußballstadien bewirken, „daß friedfertige Personen von der Teilnahme an solchen Veranstaltungen abgeschreckt und gerade solche Besucher angelockt werden, die die Sensation gewalttätiger Auseinandersetzungen suchen." Dann bestehe die Gefahr, „daß die Medien [...] eine Situation heraufbeschwören, vor der sie warnen wollen." (Schwind u.a. 1990, 101, Randnr. 264). Eine solche *„Self Fulfilling Prophecy"* kann auch dann eintreten, wenn Täter von den Medien mit plakativen Etiketten (z.B. „Radikale", „Chaoten" usw.) belegt werden (Kliment 1995, 280). Eine kritische Kommentierung des Gezeigten ändert nichts an der Gratifikation für die Akteure, sondern wird von den Tätern im Gegenteil eher noch als Bestätigung einer gelungenen Provokation empfunden und kann ihre Gruppenidentität stärken. Welche Gefahren eine derartige stereotype Bewertung im Extremfall bergen kann, zeigt anschaulich das Beispiel der Black-Panther-Bewegung, einer 1966 gegründeten, radikalen Organisation von Schwarzen in den USA. Diese wurde von den Medien als militante Gruppe charakterisiert, da ihre Mitglieder Waffen trugen. Weil das Waffentragen der Bewegung dauerhafte Publizität bescherte, unternahm die Gruppe nichts gegen diese Definition der Medien. Sie war daher allerdings deutlichen Repressionen von Behörden und Sicherheitskräften ausgesetzt, was gewalttätige Gegenreaktionen provozierte und so das Medienimage im Nachhinein bestätigte (Molotch 1979, 82).

Daß Journalisten zudem in der Lage sind, allein durch bildliche Darstellung gewalttätiger Auseinandersetzungen Konflikte weiter zu verschärfen, zeigt eine Studie von Hans Mathias Kepplinger und Thea Giesselmann (1993). Die Ergebnisse von Laborexperimenten zur Lerntheorie legen nahe, daß sich die Rezipienten mit einem als erfolgreich dargestellten Gewalttäter identifizieren. Ausgangspunkt der Untersuchung von Kepplinger und Giesselmann war dagegen die Überlegung, daß sich die Zuschauer bei der Berichterstattung über Demonstrationen aufgrund ihrer politischen Einstellung bzw. ihres Berufs mit der einen oder der anderen Konfliktpartei identifizieren werden, relativ unabhängig davon, welche Seite als Aggressor bzw. als Opfer dargestellt wird. Die Probanden sahen Filme über die gewalttätigen Auseinandersetzungen zwischen Demonstranten und Polizisten um die „Startbahn West" des Frankfurter Flughafens. Bei den Versuchspersonen handelte es sich zum einen um Polizisten, bei denen die Möglichkeit bestand, daß sie auch bei diesen Demonstrationen eingesetzt wurden, und zum anderen um männliche Studenten, die nach eigenen Angaben bereits an größeren Demonstrationen teilgenommen hatten. Die beiden als Stimulusmaterial verwendeten Filme zeigten einmal die Demonstranten und einmal die Polizisten bei der Anwendung von Gewalt, d.h. als Aggressoren. Zusätzlich verurteilte ein Teil der Situationsbeschreibungen die Gewalt ausdrücklich als unmotiviert bzw. rechtfertigte sie explizit als Schutz gegen vorangegangene Angriffe. Die Untersuchung kam zu dem Er-

gebnis, daß die Darstellung der Kontrahenten als Gewalttäter massiven
Einfluß auf die Wahrnehmung durch die Rezipienten hatte. Die Anhänger
der Opfer nahmen ihre Bezugsgruppe überhöht positiv und die gegnerische
Gruppe besonders negativ wahr.[149] Die bildliche Darstellung wirkte stark
polarisierend. Sie führte zu einer Idealisierung des eigenen Lagers und zugleich zur Stigmatisierung der gegnerischen Seite (der „Aggressoren"). Dies
bedeutet, daß die Berichterstattung zur Verschärfung von Konflikten beitragen kann. Ferner zeigte sich, daß die Legitimierung der Gewalt bzw.
deren Verurteilung durch sprachliche Äußerungen praktisch keinen Einfluß
auf die Zuschauerreaktionen hatte. Entscheidend ist demnach nicht, was
über die Gewalt gesagt wird, sondern ob die Gewalt im Bild gezeigt wird,
und vor allem, wer als Opfer in dem Bericht erscheint. Zeigt das Bildmaterial die ausgeübte Gewalt, kann dies zu einer Radikalisierung der Sympathi-
santen führen und somit die Auseinandersetzung verschärfen.

Eine kritische Kommentierung der gezeigten Bilder ist für Journalisten,
die negative Konsequenzen ihrer Berichterstattung vermeiden wollen, kein
erfolgversprechender Weg. Angesichts der genannten Probleme bei der
Berichterstattung über Demonstrationen und Krawalle plädieren Hans
Mathias Kepplinger und Stefan Dahlem (1990) zum einen für eine generelle
Selbstbeschränkung der Journalisten, v.a. in bezug auf die Darstellung
gewaltsamer Konflikte. Gefordert wird der Verzicht auf umfangreiche Darstellungen von Gewalttaten, da sie eine Prämie für die Akteure darstellten,
den Konflikt als gewaltsam definierten und damit u.U. verschärften. Zum
anderen wird zu einem Verzicht auf massive Kritik an der Gewaltanwendung geraten, da sie bei innerstaatlichen Konflikten zur Legitimations-
grundlage für die Gegengewalt der jeweils anderen Seite werden könne.[150]

Die „Gewaltkommission" (Schwind u.a. 1990, 171, Randnr. 488) verwies
auf die Bedeutung der Berichterstattung durch sachkompetente, nicht
unmittelbar interessengeleitete Kommunikatoren, die für eine Förderung
gewaltfreier Auseinandersetzungen geeigneter erscheine als Pro-und-
Contra-Diskussionen zwischen ideologisch festgefügten Blöcken. Bei der
Berichterstattung über Demonstrationen solle vor allem der friedliche Verlauf herausgestellt werden. Ferner solle die Berichterstattung auf eine Personalisierung der Opfer und eine Darstellung ihrer Schädigungen bedacht
sein. Diese Empfehlung erscheint aufgrund der Laborexperimente zur Lerntheorie (vgl. Kapitel V.11.2.) sinnvoll, um Nachahmungstaten zu vermeiden.

---

[149] Zum „Hostile Media Phenomenon", das eine ähnliche Beobachtung beschreibt, vgl.
Kapitel V.4.2.

[150] Die Forschungslage erlaubt allerdings auch hinsichtlich der Wirkung von Protestgewalt noch keine eindeutigen Handlungsanleitungen für die journalistische Berichterstattung. Vgl. auch den Überblick zur Wirkung von Protestgewalt von McLeod/
Hertog (1999).

Angesichts der Ergebnisse von Kepplinger und Giesselmann muß dabei allerdings im Falle einer Auseinandersetzung die Möglichkeit einer Konfliktverschärfung in Betracht gezogen werden.

Bei der Darstellung der Opfer handelt es sich insgesamt um einen Aspekt, der in der Diskussion um die mediale Behandlung von Gewalttaten oft vernachlässigt wird. Journalisten sind sich offensichtlich häufig nicht bewußt, welche Auswirkungen ihre Berichterstattung auf die Opfer haben kann. Hierbei besteht die Gefahr einer *„Sekundären Viktimisierung"*, d.h. daß das Opfer eines Verbrechens durch die Art und Weise, wie die Medien über das Geschehen berichten, ein zweites Mal zum Opfer wird. Wie eine von Michael Kunczik und Wolfgang Bleh (1995) durchgeführte schriftliche Befragung von Verbrechensopfern[151] ergab, fürchten die Opfer oft eine Wiedererkennung durch ihr soziales Umfeld oder eine Folgetat des Verbrechers, nachdem dieser die Berichterstattung gelesen hat.[152] Häufig wurden Klagen über eine nicht den Tatsachen entsprechende oder unsensible Berichterstattung der Journalisten laut. Insbesondere die Opfer von Sexual- und Raubdelikten äußerten sich kritisch zu der Behandlung ihres Falls in den Medien und waren eher der Ansicht, daß nichts Näheres über die Opfer selbst berichtet werden sollte. Knapp 63% gaben an, in ihrem sozialen Umfeld auf die Berichterstattung angesprochen worden zu sein, was nur knapp 25% als sehr angenehm oder eher angenehm empfanden; bei knapp 45% war dies nicht der Fall. Ungeachtet solcher negativer Beispiele bewertete die Mehrzahl der Opfer die Berichterstattung jedoch als positiv. In einigen Fällen kommt ihr offensichtlich auch eine wichtige Rolle bei der Verarbeitung der Erlebnisse und der Wiedereingliederung in das ursprüngliche soziale Umfeld zu. Die Berichterstattung kann es dem Opfer erleichtern, die eigene Situation der Umwelt verständlich zu machen.[153] Hier ist auf Seiten des Journalisten eine sehr sensible Vorgehensweise und eine Abwägung im Einzelfall erforderlich. Dabei sind auch die Auswirkungen im Rahmen des zum Zeitpunkt der Berichterstattung oft noch ausstehenden Strafverfahrens zu berücksichtigen. Im Rahmen einer Expertenbefragung von Richtern und Staatsanwälten (Kunczik/Bleh/Zipfel 1995; Kunczik 1998, 177–182; vgl. auch Kapitel V.11.2.) zur Problematik der Gewalt in den Medien sprachen

---

[151] Die Stichprobenbildung (809 Opfer) erfolgte in Zusammenarbeit mit der Opferhilforganisation „Weißer Ring". Der Rücklauf der Befragung betrug 264 Fälle.

[152] In fast der Hälfte der Fälle gaben die Befragten an, daß ihr Wohnort in der Berichterstattung vorkam, fast jeder Sechste konnte sich erinnern, daß in der Berichterstattung Vor- und Zuname (15,5%) bzw. der Nachname des Opfers (14,1%) genannt wurde. In 23 Fällen (16,2%) wurde der Straßenname der Opferwohnung und in 24 Fällen (16,9%) der Arbeitsplatz des Opfers erwähnt.

[153] Insgesamt verneinten allerdings fast zwei Drittel (64,1%) der Befragten, daß die Berichterstattung ihnen geholfen habe, über das Geschehene zu reden. Nur 17,6% bejahten diese Frage.

sich 57% der Befragten gegen eine stärkere Berücksichtigung der Opfer als direkter Informationsquelle aus. Die wichtigsten Argumente faßte einer der Befragten in folgendem Statement zusammen: „Interviews mit Opfern während der laufenden Strafverfahren sollten nicht zulässig sein (‚Ausbeutung' der Notlage durch finanziellen Anreiz, Gefahr einseitiger Darstellung des Sachverhalts, Beeinflussung des Opfers bei späteren Aussagen durch Aussagen in Interviews und die Tendenz, solche öffentlichen Aussagen nicht klarzustellen oder ggf. zu berichtigen, behindern die Wahrheitsfindung)."

Ein weiteres Problem, dessen sich Journalisten bewußt sein sollten, besteht in der Präsentation von Verhaltensweisen, die nicht per se gewaltsam sind, jedoch die Entstehung von Gewalt langfristig begünstigen können. Gemeint sind in diesem Kontext u.a. Negativstereotype von Minderheiten, degradierende Darstellungen gesellschaftlicher Gruppen, insbesondere von Frauen (z.B. auch in pornographischen Werken) oder die dehumanisierende Charakterisierung von Gegnern. Als *gewaltlegitimierend* kann auch eine Konfliktdarstellung gelten, die nur noch gewaltsame Lösungen möglich erscheinen läßt. Ein Beispiel hierfür gibt Bernhard Rosenbergers (1998) Arbeit über die Rolle der Presse im Vorfeld des Ersten Weltkrieges. Die Inhaltsanalyse von vier deutschen Zeitungen im Jahrzehnt vor Kriegsausbruch zeigte, daß die Presse zwar nicht offen kriegslüstern war, aber in ihrer Berichterstattung eine militärische Lösung als unausweichlich erscheinen ließ. Die Presse hat demnach schon während der 1. Marokkokrise Interpretationsmuster vorgegeben, die eine negative Stereotypisierung der späteren Kriegsgegner und eine ebenso negative Bewertung der internationalen Beziehungen beinhaltete. Ab 1911 konstatierte Rosenberger (1998, 324) gar eine zunehmend zum Fatalismus neigende Schilderung der internationalen Konfliktlage: „Durch das Übergewicht an Pro-Argumenten zum Krieg während der 2. Marokkokrise fand überdies eine allmähliche Gewöhnung an einen europäischen Militärkonflikt statt." Zwischen 1905 und 1914 wurden in zunehmendem Maße die internationalen Konfliktstrukturen als hoffnungslos verhärtet und friedliche Mechanismen der Konfliktlösung als ungeeignet dargestellt. Rosenberger (1998, 325) argumentierte, daß insbesondere der Nachrichtenfaktor „Negativismus" (vgl. Kapitel IV.2.1.) dazu beigetragen habe, „die Lage bis 1914 aussichtslos wirken zu lassen. [...]. Dies hatte zur Folge, daß der Krieg in der Öffentlichkeit 1914 überwiegend als einzige Handlungsoption erschien. [...]. Die deutschen Zeitungen haben – laut Inhaltsanalyse – den Krieg manifest abgelehnt, aber latent gefördert bzw. befürwortet." Die Auslandspresse wurde nach Rosenberger (1998, 325) kritisch-nervös beäugt: „Ständig herrschte [...] die Befürchtung vor, eine der gegnerischen Großmächte könne ein neues, alarmierendes Signal aussenden". Dies hatte nach Rosenberger (1998, 324) Auswirkungen auf militärische Aktionen: „Die geradezu

hektische Beobachtung ausländischer Pressestimmen kurz vor Kriegsausbruch mußte den Militärs ständig das Gefühl geben, möglicherweise mit
der eigenen (General-)Mobilmachung zu spät zu kommen und dadurch dem
längst identifizierten Kriegsgegner gleich am Anfang einen entscheidenden
Vorteil zu verschaffen."

Von wann an Darstellungen gewaltlegitimierende Auswirkungen haben,
ist allerdings fließend und schwer zu bestimmen. Bereits das eindringliche
Aufzeigen eines (vermeintlichen) Problems kann von latent gewaltbereiten
Akteuren als Aufforderung zu entsprechenden Handlungsweisen interpretiert werden. So hat offensichtlich die intensive, emotional aufgeladene und
eine Bedrohung durch eine „Ausländerflut" suggerierende öffentliche Diskussion ein Klima geschaffen, das fremdenfeindliche Straftaten begünstigte
(Brosius/Esser 1995a, 214ff.). In bezug auf die Auseinandersetzung um die
Kernkraft konnte Kepplinger (1981) zeigen, daß die Anwendung von
Gewalt offenbar der Endpunkt eines von den Medien gestützten und durch
die Art der Berichterstattung bewirkten langfristigen Legitimationsprozes-
ses war. Themen aus Angst vor solchen Auswirkungen nicht auf die Tagesordnung zu setzen, ist jedoch auch keine adäquate Lösung, da gerade ein
Ignorieren latenter Konflikte deren gewalttätigen Ausbruch fördern kann.
Insgesamt gestattet es die gegenwärtige Forschungslage nicht, empirisch
abgesicherte Aussagen über die Konsequenzen einer gewaltlegitimierenden
Berichterstattung zu machen, die Journalisten als Entscheidungshilfe dienen
könnten.

Eine weitere, schwierig zu beantwortende Frage ist, ob es mit einem verantwortungsethisch einwandfreien Journalismus in bestimmten Situationen
vereinbar sein kann, die Wahrheit zu verschweigen oder gar explizit die
Unwahrheit zu sagen. Wäre etwa im Falle eines Konflikts zwischen Staaten
sogar eine wahrheitsgemäße Berichterstattung, die die Emotionen aufheizen
und einen Kriegsausbruch begünstigen würde, unethisch? Müßten Informationen unterdrückt bzw. müßte gelogen werden, um konfliktdämpfend zu
wirken? Selbst wenn man Lügen moralisch gesehen als durchaus verwerflich
betrachtet, kann es doch sehr gefährlich sein, grundsätzlich nur die Wahrheit sagen zu wollen. Dies gilt insbesondere dann, wenn man in einer Umwelt lebt, die zur Wahrheit ein eher „strategisches Verhältnis" hat, bzw.
wenn das Äußern der Wahrheit die eigene Existenz des Journalisten gefährden kann. Das heißt, es geht um die Antwort auf die Frage: Wann ist
Wahrheit nützlich, und wann ist Lüge nützlich?

Die politische Theoretikerin Hannah Arendt (1906–1975) war eine ent-
schiedene Gegnerin der politischen Legitimation von Lüge unter dem
Gesichtspunkt der Nützlichkeit. Sie meinte, durch Lüge werde die Stabilität
der politischen Ordnung aufs Spiel gesetzt. Menschen, die erwarteten, nicht
die Wahrheit gesagt zu bekommen, kehrten sich von der Politik ab, in die

sie das Vertrauen verloren hätten. Das Dosieren von Wahrheit sei langfristig für das Gemeinwesen gefährlicher als die Konfrontation mit unangenehmen Wahrheiten. Lügen sei, wie Arendt in „Wahrheit und Lüge in der Politik" (1972) meint, nicht nützlich, sondern ausgesprochen kontraproduktiv. Menschen müßten nicht vor der Wahrheit geschützt werden.

Der Politologe Carl J. Friedrich argumentierte in „The Pathology of Politics" (1972), daß die Tätigkeit der Legislative ein gewisses Ausmaß an Geheimhaltung erfordere. Wo diese nicht möglich sei, würde der Schauplatz für wichtige Entscheidungen verlagert; z.B. aus den Plenarsitzungen in die Ausschüsse, in die Parteigremien usw. Beschlüsse würden dann hinter verschlossenen Türen gefaßt. Das Problem besteht darin, festzulegen, wo die Grenzen der Kontrolle durch die Öffentlichkeit, also den Journalismus, liegen, denn Kritik und Aufdeckung von Mißständen sind für das Funktionieren einer Demokratie von entscheidender Bedeutung. Die Erfahrung lehrt, daß die Mächtigen kontrolliert werden müssen. Dies hat zwar auch zur Folge, daß die Politik mißtrauisch gegenüber dem Journalismus ist, aber ein Zustand „organisierten Mißtrauens" ist für eine Demokratie notwendig. Für den journalistischen Alltag bedeutet dies, daß man sich einer Weisheit bewußt sein muß, die der deutsche Philosoph Georg Christoph Lichtenberg (1844, II, 84) folgendermaßen ausgedrückt hat: „Es ist fast unmöglich, die Fackel der Wahrheit durch ein Gedränge zu tragen, ohne Jemandem den Bart zu sengen."

Teil IV – Nachrichtenauswahl

Eine zentrale Aufgabe der Journalisten besteht in der Entscheidung darüber, welche Aspekte der Realität Eingang in die Medien finden. Für die Forschung stellt sich die Frage, aufgrund welcher Kriterien Journalisten Nachrichten auswählen und welche Einflußfaktoren hierbei eine Rolle spielen. Dabei kann man mit Ruth C. Flegel und Steven H. Chaffee (1971, 649) zwischen *intrinsischen* (professionellen, rein sachbezogenen Gründen wie Ereigniseigenschaften, organisatorischen Zwängen, Aufmachung von Meldungen, Gesamtnachrichtenlage usw.) und *extrinsischen* Selektionskriterien (individuelle Gründe wie Ansichten von Verlegern und Vorgesetzten, Einflüssen von Interessengruppen, subjektive Einstellungen von Journalisten) unterscheiden. Außerdem wird das Problem aufgeworfen, ob bzw. inwieweit die Berichterstattung als Produkt der journalistischen Selektionstätigkeit der Realität adäquat ist (bzw. es überhaupt sein kann) und welche unbeabsichtigten oder beabsichtigten Verzerrungen auftreten. Studien, die versuchen, die Nachrichtenauswahl von Journalisten zu erklären, lassen sich verschiedenen Forschungsrichtungen zuordnen: Der *„Gatekeeper"- Forschung*, der *Nachrichtenwert-Theorie*, der *„News-Bias"-Forschung* und dem *„Framing"-Ansatz*. Dabei ist allerdings eine eindeutige Zuordnung nicht immer möglich, und die verschiedenen Konzeptionen schließen sich auch nicht gegenseitig aus, sondern können einander z.T. ergänzen.

1. Die Gatekeeper-Forschung

Gegenstand der *„Gatekeeper"-Forschung* ist die Frage, welche Eigenschaften des einzelnen Journalisten bzw. der jeweiligen Medienorganisation die Nachrichtenauswahl beeinflussen. Der Begriff *„Gatekeeper"* (d.h. Torhüter, Schleusenwärter) wird in der Literatur unter Berufung auf die Arbeiten von Kurt Lewin verwendet. Lewin (1947; 1951; 1958) entwickelte dieses Konzept im Rahmen einer Analyse innerhalb von Gruppen ablaufender Entscheidungsprozesse. Das Forschungsproblem von Lewin bestand darin, herauszufinden, ob eine Werbekampagne, durch die eine Umstellung der Ernährungsgewohnheiten im Zweiten Weltkrieg bewirkt werden sollte, sich an die Bevölkerung insgesamt oder nur an bestimmte „strategisch" entscheidende Personen zu wenden hatte. Lewin unterschied verschiedene Kanäle, über die Nahrungsmittel einen Haushalt erreichen, und stellte u.a. fest, daß innerhalb der Familie der Vater für die aus dem Garten kommenden und die Mutter für die gekauften Lebensmittel entscheidend war. Als „Gatekeeper" wurde die Person bezeichnet, die innerhalb des „Kanals, durch den Lebensmittel fließen" darüber entscheidet, welche Waren beschafft und wie sie zubereitet bzw. verbraucht werden (Lewin 1958, 199).[1]

Der Begriff „Gatekeeper" wurde im angelsächsischen Bereich zuerst von David M. White (1950) wieder aufgegriffen und zur Bezeichnung von Individuen gebraucht, die innerhalb eines Massenmediums Positionen innehaben, in denen sie über die Aufnahme bzw. Ablehnung einer potentiellen Kommunikationseinheit (z.B. einer Nachricht) entscheiden können.[2] „Gatekeeper"-Prozesse können dabei auf verschiedenen Stufen und auch mehrmals hintereinander erfolgen, sei es beim Reporter, Redakteur oder Herausgeber. „Gatekeeping" ist gleichbedeutend mit einer Begrenzung der Informationsmenge, d.h. mit der Auswahl von als kommunikationswürdig erachteten Themen. Die „Pförtner" entscheiden, welche Ereignisse zu öffentlichen Ereignissen werden und welche nicht, und tragen damit zur Formung des Gesellschafts- bzw. Weltbildes der Rezipienten bei. In diesem Prozeß werden Nachrichten nicht nur akzeptiert oder abgewiesen, sondern akzeptierte Nachrichten werden zumeist auch noch bearbeitet und damit modifiziert. Walter Gieber (1972) formulierte dies mit den Worten: „Eine Nachricht ist das, was die Zeitungsleute aus ihr machen."

Gertrude Joch Robinson (1973) unterscheidet drei Ansätze der „Gatekeeper"-Forschung:[3]

1. *Individualistische* Studien, in denen davon ausgegangen wird, die Entscheidungen von „Gatekeepern" (z.B. Nachrichtenauswahl) seien von persönlichkeitsbedingten, individualpsychologischen Merkmalen abhängig.
2. *Institutionelle* Studien, die „Gatekeeper"-Phänomene innerhalb des organisatorischen Kontextes analysieren.

---

[1] Bereits Lewin (1947, 145) wies auf die Möglichkeit hin, sein Konzept auf die Nachrichtenauswahl zu übertragen. Er schrieb: „This situation holds not only for food channels but also for the travelling of a news item through certain communication channels in a group, for movement of goods, and the social locomotion of individuals in many organizations."

[2] Der Begriff des „Torwächters" findet sich bereits 1913 bei Levin Schücking (1961, 55), der schrieb: „Schon der erste Einlaß durch die Torwächter an den Außenpforten des literarischen Ruhmes ist von bestimmten Bedingungen abhängig. Als solche Wächter können Theaterdirektoren und Verleger gelten. Diese sind zwar vom Publikum abhängig, aber es ruht doch ein gut Teil Schicksalsgewalt in ihrem persönlichen Ermessen."

[3] In ähnlicher Weise unterscheidet Pamela J. Shoemaker (1991; auch Shoemaker/Reese 1991) eine individuelle, eine mit Arbeitsroutinen zusammenhängende, eine organisatorische, eine (medienexterne) soziale und institutionelle (z.B. Quellen, Publikum, Werbekunden, Interessengruppen usw.) sowie eine gesellschaftliche Analyseebene des „Gatekeeping"-Prozesses.

3. *Kybernetische* Studien, die Medienorganisationen aus systemtheoretischer Perspektive als sich selbst regulierende Systeme und die Mechanismen der Nachrichtenauswahl als Anpassungshandeln an Umwelterfordernisse betrachten, wobei medieninterne und medienexterne Rückkopplungsprozesse eine besondere Rolle spielen (z.B. Robinson 1970).

Dem *individualistischen* Ansatz ist die „klassische" Einzelfallstudie zum „Gatekeeping" von White (1950) zuzuordnen. White untersuchte eine Woche lang das Selektionsverhalten eines „Wire Editor" („Mr. Gates") mit 25 Jahren Berufserfahrung, der bei einer Tageszeitung (Auflage 30.000) in einer mittelgroßen amerikanischen Stadt (100.000 Einwohner) arbeitete, und dessen Aufgabe in der Auswahl, Bearbeitung und Weiterleitung von Agenturmeldungen bestand. White kombinierte in seiner Untersuchung drei Methoden miteinander: In einer Input-Output-Analyse verglich er die Themenstruktur der nicht ausgewählten Agenturmeldungen mit der der ausgewählten Meldungen und mit dem Gesamtangebot. Zudem bat er „Mr. Gates", auf der Rückseite der nicht ausgewählten Agenturmeldungen die Gründe für deren Nichtberücksichtigung zu notieren. Schließlich wurde eine Befragung von „Mr. Gates" durchgeführt. „Mr. Gates" erhielt das Nachrichtenangebot von drei Agenturen. 9/10 des Materials wurden nicht genutzt. „Mr. Gates" wählte bevorzugt politische Themen aus und hegte eine Abneigung gegen „Human-Interest"- und Kriminalitätsmeldungen. White stellte heraus, daß seine Studie gezeigt habe, wie sehr die Nachrichtenauswahl von „Mr. Gates" von dessen eigenen Erfahrungen, Einstellungen und Erwartungen abhing. Eine 16 Jahre später von Paul B. Snider (1967) durchgeführte Replikation der Studie mit dem selben „Mr. Gates" bestätigte die Ergebnisse von White. Die Nachrichtenauswahl des Redakteurs war noch immer von seinen Vorlieben und Abneigungen und den von ihm vermuteten Wünschen seiner Leser bestimmt. Allerdings kam Paul M. Hirsch (1977) im Rahmen einer Neuinterpretation der Studie von White zu dem Schluß, daß sich „Mr. Gates" doch eher passiv gegenüber dem Agenturangebot verhalten habe. Wie die Input-Output-Analyse zeigte, wurde die Struktur des Nachrichtenangebots der Agenturen ziemlich genau widergespiegelt. Zudem weist Hirsch darauf hin, daß die von „Mr. Gates" genannten Gründe für die Ablehnung einer Meldung weit häufiger „handwerklicher" Natur, d.h. durch berufliche Normen und Notwendigkeiten bestimmt waren (z.B. die Meldung sei zu lang, zu spät eingetroffen, der Ereignisort sei zu weit entfernt, es sei kein Platz mehr usw.) als sie persönliche Vorlieben und Abneigungen betrafen (z.B. die Meldung sei trivial, uninteressant, schlecht geschrieben oder propagandistisch).

Die Schwäche der individualistischen Studien besteht in der Nichtberücksichtigung sozialer Determinanten des „Gatekeeper"-Verhaltens, die sich aus der Position des „Gatekeepers" als Mitglied einer Medienorganisation mit ihren Hierarchien und Arbeitsroutinen bzw. Produktionsabläufen ergeben. Diesem Defizit trägt der *institutionelle* Ansatz der „Gatekeeper"-Forschung Rechnung. Analysiert wurde in diesem Kontext u.a. der Einfluß von Zeit und Platz (z.b. Stempel 1985), von Chefredakteuren und Herausgebern (z.b. Breed 1955; Donohew 1967), verschiedener Berufsrollen (z.b. McCombs/Becker 1979; Berkowitz 1993) oder der Nachrichtenquelle (z.B. Gieber/Johnson 1961) (vgl. dazu Kapitel III.5.2., III.5.3.).

Gieber (1956; 1972) wiederholte die Untersuchung von White auf breiterer Basis (Gegenstand waren 16 „Wire Editors" verschiedener Tageszeitungen) und kam dabei zu dem Schluß, daß nicht subjektive Prädispositionen, sondern strukturelle Zwänge die Arbeit der Journalisten prägten. Gieber (1972, 223) schrieb: „Der wichtigste Faktor war nicht die Bewertung von Nachrichten, sondern der Druck, sie in die Zeitung zu bringen; der Nachrichtenredakteur war vor allem mit den mechanischen Zwängen seiner Arbeit und weniger mit den sozialen Bedeutungen und Wirkungen der Nachricht beschäftigt. Seine persönliche Bewertung fand nur selten Eingang in den Selektionsprozeß; die Werte seines Chefs waren ein anerkannter Bestandteil der Redaktionsumgebung. Kurz gesagt: der Nachrichtenredakteur war ‚aufgabenorientiert'; ihn beschäftigten die Produktionsziele, die bürokratische Routine und interpersonale Beziehungen innerhalb der Redaktion." Die Tätigkeit der Journalisten betrachtete Gieber als routinemäßigen, mechanischen Prozeß, der eher in der passiven Übernahme des Agenturangebots bestand. Die eigentliche „Gatekeeper"-Funktion sah Gieber statt dessen bei den Nachrichtenagenturen.

Den *kybernetischen* Ansatz und damit eine systemtheoretische Perspektive repräsentiert eine Untersuchung von Robinson (1970) zur Selektion von Auslandsmeldungen bei der jugoslawischen Nachrichtenagentur „Tanjug". In einer Kombination aus Input-Output-Analyse, teilnehmender Beobachtung und Interviews mit Mitarbeitern stellte Robinson fest, daß der Prozeß der Nachrichtenproduktion unabhängig von der Menge des eingehenden Materials sehr konstant verlief. Die Entscheidungträger wurden durch formelle und informelle (z.B. Anrufe von Kunden, Regierungsstellen usw.) sowie redaktionsinterne (Ausschüsse und Abteilungen) und redaktionsexterne (Kunden, Regierungsstellen) Feedback-Schleifen kontrolliert. Bereits vorhandene Informationen zu eingehenden Nachrichten beeinflußten deren Auswahl. Robinson (1973, 349) sieht den Vorteil ihres kybernetischen Modells darin, daß dadurch „die dynamische Wechselbeziehung zwischen den technischen Möglichkeiten, die der „Gatekeeper" zur Verfügung hat, der Organisation seines Arbeitsplatzes und den ihn umgebenden Fak toren (wie Nachrichtenquellen, Zeitungsleser, gesetzliche Bestimmungen usw.)" aufgezeigt werden könne.

Nach Winfried Schulz (1990b, 11f.) lassen sich die Ergebnisse der „Gate-keeper"-Forschung folgendermaßen zusammenfassen:[4]

1. Die Nachrichtenselektion ist teilweise abhängig von subjektiven Erfahrungen, Einstellungen und Erwartungen des Journalisten.
2. Sie wird bestimmt durch organisatorische und technische Zwänge von Redaktion und Verlag (z.B. Zeitdruck, verfügbarer Platz).
3. Die Auswahl orientiert sich oft an der Bezugsgruppe der Kollegen und Vorgesetzten; die Vorstellungen von den Bedürfnissen des Publikums sind eher diffus und unzutreffend.
4. Die redaktionelle Linie ist ein wichtiges Selektionskriterium.
5. Die Berichterstattung wird weitgehend vom Agenturmaterial vorgeformt, dem gegenüber sich die Redakteure meist passiv verhalten.

Eine der Schwächen der „Gatekeeper"-Studien besteht darin, daß jeweils nur eine von vielen Durchlaß-Stationen untersucht wurde und das Augenmerk lediglich auf die Frage des Durchlassens bzw. Zurückhaltens von Nachrichten gerichtet war. Die Tatsache, daß die Nachrichten, die angenommen werden, auch unterschiedliche Gewichtungen erfahren, wurde zumeist nicht weiter beachtet. Auch der Inhalt der Berichterstattung fand nur am Rande Berücksichtigung. In den Untersuchungen zur Nachrichtenwert-Theorie dagegen stehen die inhaltlichen Aspekte im Mittelpunkt.

2. Die Nachrichtenwert-Theorie

2.1. Grundlagen und Methoden

Die Nachrichtenwert-Theorie beschäftigt sich im Gegensatz zur „Gatekeeper"-Forschung nicht mit den Eigenschaften der Journalisten oder den Einflußfaktoren der Medienorganisation, sondern setzt bei den Medieninhalten an, von denen auf die Selektionskriterien der Journalisten geschlossen wird.[5] Dabei ist der Blick insbesondere auf bestimmte Ereignis-

---

4   Inwiefern diese Befunde auch auf die Rolle der „Gatekeeper" bei den Online-Medien zutreffen, bzw. ob man bei den dort tätigen Kommunikatoren überhaupt von „Gatekeepern" sprechen kann, bedarf noch der weiteren Forschung. Zur speziellen Rolle von „Gatekeepern" im Onlinebereich vgl. Kapitel III.1.3. und Rössler (1999b).
5   Zur Rolle der Nachrichtenfaktoren für den *Rezipienten* vgl. Kapitel V.4.3.

merkmale („*Nachrichtenfaktoren*") gerichtet, an denen sich die Auswahl-entscheidung der Journalisten orientiert und die damit die Publikations-würdigkeit („*Nachrichtenwert*") eines Geschehnisses bestimmen.[6]

Die Anfänge der eigentlichen Nachrichtenwert-Theorie liegen ungefähr in den 60er Jahren, das zugrunde liegende Phänomen wurde jedoch schon erheblich früher erkannt (dazu ausführlich Wilke 1984a, 54ff.). So unter-suchte z.B. Tobias Peucer 1690 die Frage, was für die Zeitung publikati-onswürdig sei, d.h. er fragte nach den Kriterien der Nachrichtenselektion und stellte eine Liste von berichtenswerten Ereignissen auf. Dem „Unge-wöhnlichen" kam dabei ein besonderer Stellenwert zu, nicht aber dem Re-gelmäßigen" und Alltäglichen sowie dem Privaten. Auch Kaspar Stieler (1969) fragte in seinem 1695 erschienenen Buch über „Zeitungs Lust und Nutz", was berichtens- und lesenswert sei. Die entsprechende Diskussion läßt sich in Deutschland zeitlich sogar noch weiter zurückverfolgen. Bereits um 1230 erkannte der Spruchdichter Freidank (ca. 1215–1240), was Nach-richten interessant macht: „Böse Nachricht nimmt immer zu. Gute Nach-richt kommt bald zu Ruh." (Bezzenberger 1962, 191).

Das Konzept der späteren Nachrichtenwert-Theorie findet sich in seinen Grundzügen schon bei Walter Lippmann, der in „Public Opinion" (1922) davon ausging, daß es unmöglich sei, die komplexe Realität vollständig und angemessen zu erfassen. Daher müsse sich der Mensch ein vereinfachtes Modell der Realität schaffen, was mit Hilfe von Stereotypen geschehe. Diese Notwendigkeit gelte für Journalisten in besonderem Maße, denn „Every bulletin requires a swift but complicated judgement. [...]. Without standardization, without stereotypes, without routine judgements, without a fairly ruthless disregard of subtlety, the editor would soon die of excite-ment." (Lippmann 1922, 240). Im Kapitel „The World Outside and the Pic-tures in Our Heads" führte Lippmann aus, daß die Massenmedien viele der in unseren Köpfen vorhandenen Bilder prägten. Lippmann unterschied in diesem Kontext zwischen „Umwelt" (der real existierenden Welt) und „Pseudo-Umwelt" (den subjektiven Perzeptionen dieser Welt). Der Autor (1922, 348) fragte auch nach den Kriterien der journalistischen Selektion und verwandte dabei erstmals den Begriff „*News Value*". Anhand von Ein-zelbeispielen nannte Lippmann als den Nachrichtenwert bestimmende Ereignismerkmale „Ungewöhnlichkeit des Geschehens", „Bezug zu bereits eingeführten Themen", „zeitliche Begrenzung", „Einfachheit", „Konse-quenzen" (Relevanz, Schaden, Nutzen), „Beteiligung bekannter Personen" oder „Entfernung vom Ereignisort zum Verbreitungsgebiet des Mediums".

---

[6]   Zur Diskussion der Frage, ob Nachrichtenfaktoren (als Ereignismerkmale) tatsäch-lich mit den journalistischen Selektionskriterien gleichgesetzt werden können, vgl. Kapitel IV.2.2. Zum Aspekt der internationalen Nachrichtenauswahl und der Dis-kussion um den internationalen Informationsfluß vgl. Kapitel VI.3.

Die Nachrichtenwerte stellten für Lippmann im Grunde nichts anderes dar als die mehr oder weniger intuitiven Annahmen der Journalisten darüber, was das jeweilige Publikum interessiert, d.h. was seine Aufmerksamkeit findet.[7] Die erste empirische Untersuchung zu dieser Konzeption führte Charles Merz (1925) in den USA durch. Er untersuchte die zehn wichtigsten Nachrichten des Jahres 1925 auf ihre Eigenschaften hin und machte als gemeinsame Elemente „Konflikt", „Personalisierung", „Prominenz" und „Spannung" aus.[8]

Die europäische Tradition der Nachrichtenwert-Theorie begann Mitte der 60er Jahre im Rahmen der skandinavischen Friedensforschung. Einer ihrer Vertreter, Einar Östgaard (1965), beschäftigte sich mit den Ursachen und Folgen von Verzerrungen im internationalen Nachrichtenfluß. Östgaard kam zu dem Ergebnis, daß die Zeitungsberichterstattung insbesondere von den drei Faktoren „Vereinfachung" (einfache Sachverhalte werden komplexeren vorgezogen bzw. komplexere werden vereinfacht), „Identifikation" (Nähe des Ereignisses, Status beteiligter Personen, Personalisierung von Nachrichten) und „Sensationalismus" (Unglücke, Konflikte, Klatsch) geprägt sei.[9] Dadurch werde der gegenwärtige Zustand und die Teilung der Welt in Staaten mit hohem und mit niedrigem Status verfestigt, Politik werde zu stark auf das Handeln einflußreicher Personen zurückgeführt, und die Welt werde als konfliktgeladener geschildert, als sie tatsächlich sei.

Aufgegriffen und weitergeführt wurde der Ansatz von Östgaard durch Johan Galtung und Marie Holmboe Ruge (1965) in ihrer Studie „The Structure of Foreign News". Die Autoren stellten eine Liste von zwölf Ereignismerkmalen bzw. Auswahlkriterien auf, die sie als *„Nachrichtenfaktoren"* bezeichneten:

---

7 Fast zeitgleich machte Edward L. Bernays, einer der Begründer der Public Relations, in „Crystallizing Public Opinion" (1926, 197) darauf aufmerksam, daß PR-Berater nicht nur wüßten, was Nachrichtenwerte sind, sondern aufgrund dieses Wissens auch in der Lage seien, Ereignisse mit Nachrichtenwert zu inszenieren. Der PR-Experte sei ein Schöpfer von Ereignissen. Damit entwickelte Bernays auch das Konzept des für die Medien inszenierten „Pseudo-Ereignisses" (Boorstin 1961; Kapitel IV.2.3.). Vgl. zu Bernays auch ausführlich Kunczik (1996, 90–95, 98–106).

8 Zur Weiterentwicklung der amerikanischen Tradition der Nachrichtenwert-Theorie vgl. ausführlich Staab (1990, 42–55).

9 Diese Faktoren bezeichnete Östgaard als *interne* Nachrichtenfaktoren im Unterschied zu *externen* Nachrichtenfaktoren, die den Nachrichtenfluß von außen beeinflussen (z.B. Einflußnahme von Regierungen, Nachrichtenagenturen, Eigentümern von Massenmedien). Neben den drei genannten sind auch die späteren Nachrichtenfaktoren „Ereignisdauer" (kurze Ereignisse werden bevorzugt) und „Themenetablierung" (die Publikationschancen von Ereignissen steigen, wenn das Thema insgesamt die Nachrichtenbarriere bereits überwunden hat) in Östgaards Ausführungen bereits angelegt (Staab 1990, 58).

F1:   *Frequenz*: Je mehr der zeitliche Ablauf eines Ereignisses der periodischen Erscheinungsweise der Medien entspricht, desto größer ist die Wahrscheinlichkeit, daß es zur Nachricht wird.

F2:   *Schwellenfaktor*: Damit ein Ereignis zur Nachricht wird, muß es eine bestimmte Aufmerksamkeitsschwelle überwinden. Je größer die Intensität eines Ereignisses ist bzw. je mehr dessen Intensität zunimmt, desto eher wird darüber berichtet. Intensität kann sich auf verschiedene Aspekte eines Ereignisses beziehen, wie etwa die Bedeutsamkeit oder Negativität.

F3:   *Eindeutigkeit*: Je klarer und eindeutiger ein Ereignis ist, desto eher wird es als berichtenswert eingestuft.

F4:   *Bedeutsamkeit*: Je größer die Tragweite eines Ereignisses bzw. je größer die direkten Auswirkungen auf das eigene Leben der Rezipienten sein können, desto eher wird das Ereignis zur Nachricht. „Bedeutsamkeit" kann sich auch auf kulturelle Nähe beziehen.

F5:   *Konsonanz*: Je mehr Ereignisse den Erwartungen und Wünschen des Publikums entsprechen, desto eher werden sie zu Nachrichten.

F6:   *Überraschung*: Je unerwarteter bzw. seltener ein Ereignis eintritt, desto größer ist die Wahrscheinlichkeit, daß dieses Ereignis zur Nachricht wird.

F7:   *Kontinuität*: Hat ein Ereignis erst einmal die Nachrichtenschwelle überwunden, wird weiter darüber berichtet, auch wenn der Nachrichtenwert (z.B. im Vergleich zu noch nicht zu Nachrichten gewordenen Ereignissen) absinkt.

F8:   *Variation*: Wird das Nachrichtenbild vorwiegend durch bestimmte Ereignisse geprägt (z.B. Innenpolitik), dann haben komplementäre Ereignisse (z.B. Außenpolitik) eine größere Chance, zu Nachrichten zu werden, da sich die Massenmedien um eine ausgewogene Darstellung der Welt bemühen.

F9:   *Bezug zu Elite-Nationen*: Ereignisse, an denen mächtige und bedeutende Nationen beteiligt sind, haben einen besonders hohen Nachrichtenwert.

F10: *Bezug zu Elite-Personen*: Ereignisse, an denen mächtige und bedeutende Personen beteiligt sind, haben einen besonders hohen Nachrichtenwert.

F11: *Personalisierung*: Ereignisse, die als Folge des Handelns konkret identifizierbarer Menschen dargestellt werden können, besitzen einen höheren Nachrichtenwert als abstrakte, strukturelle Geschehnisse. Personen können der Identifikation dienen und erleichtern die Berichterstattung (Photos, Filme, Interviews usw.).

F12: *Negativismus*: Je negativer ein Ereignis ist, desto eher wird es zur Nachricht.

Die ersten acht Nachrichtenfaktoren wurden von Galtung und Ruge als *kulturunabhängig* betrachtet, die letzten vier als *kulturabhängig*.[10] Galtung und Ruge formulierten zudem die folgenden fünf Hypothesen:

1. *Selektivitätshypothese*: Je mehr ein Ereignis den genannten Kriterien entspricht, desto eher wird es zur Nachricht.
2. *Verzerrungshypothese*: Nachdem ein Ereignis einmal zur Nachricht geworden ist, werden die Aspekte, die den Nachrichtenwert bestimmen, besonders herausgestellt.
3. *Replikationshypothese*: Selektion und Verzerrung finden auf allen Stufen des Nachrichtenflusses statt (d.h. von der ersten Beobachtung bis zur Veröffentlichung) und verstärken sich mit jedem Übermittlungsstadium.
4. *Additivitätshypothese*: Je mehr Nachrichtenfaktoren auf ein Ereignis zutreffen, desto wahrscheinlicher wird es zur Nachricht.
5. *Komplementaritätshypothese*: Wenn ein Ereignis einen oder mehrere der Nachrichtenfaktoren nicht bzw. nur in geringem Maße besitzt, dann müssen die anderen Faktoren in um so stärkerem Maße vorhanden sein, damit das Ereignis zur Nachricht wird. Je weniger ein Ereignis z.B. Bezug auf Elite-Personen nimmt, desto negativer muß es z.B. sein, um zur Nachricht zu werden.

Ihre umfangreiche Theorie haben Galtung und Ruge nur ausschnittsweise einer Überprüfung unterzogen. Am Beispiel der Berichterstattung norwegischer Zeitungen über die Kongo-, die Kuba- und die Zypern-Krise untersuchten die Autoren die Komplementaritätshypothese in bezug auf die Nachrichtenfaktoren „Elite-Personen", „Elite-Nationen", „Negativismus" und „Bedeutsamkeit". Festgestellt wurde: Je entfernter eine Nation ist, desto eher wird nur über Handlungen der Elite berichtet; je niedriger der soziale Rang einer Person ist, desto negativer ist das Ereignis; je weniger kulturelle Nähe gegeben ist, desto bedeutsamer muß ein Ereignis sein, um berichtet zu werden. Nicht bestätigt werden konnte der Zusammenhang zwischen Entfernung einer Nation und Negativismus des Ereignisses. Der empirische Ertrag dieser Studie steht in keinem Verhältnis zu dem umfassenden und für die weitere Forschung sehr fruchtbaren theoretischen Rahmen.

Øystein Sande (1971) knüpfte an Galtung und Ruge an, verbesserte aber die empirische Untersuchungsmethode, indem er den *Beachtungsgrad* einer Nachricht (Häufigkeit der Berichte, Plazierung und Länge der Artikel) als

---

[10] Jürgen Wilke (1984a, 230) kann in seiner Langfrist-Studie (vgl. Kapitel IV.2.2.) allerdings aufzeigen, daß sich zwei der als kulturabhängig bezeichneten Faktoren („Personalisierung", „Bezug zu Elite-Nationen") als im Zeitverlauf vergleichsweise stabil erweisen.

Indikator für den Einfluß von Nachrichtenfaktoren einführte. In seiner
Studie, die auch die Hörfunkberichterstattung umfaßte, konnte Sande einen
Einfluß der Faktoren „Negativismus", „Kontinuität", „Elite-Personen" und
„Elite-Nationen" auf den Beachtungsgrad in den Medien nachweisen.
     Auch Winfried Schulz (1990b) zog in seiner 1975 durchgeführten Studie
neben der positiven Selektionsentscheidung (d.h. dem Tatbestand der Veröffentlichung) *Umfang* und *Plazierung* von Meldungen als Indikatoren für
den Nachrichtenwert heran. Zusätzlich zur Existenz eines Nachrichten-
faktors in einer Meldung hat Schulz auch dessen *Intensität* (auf einer vierstufigen Skala) bestimmt. Während sich die bereits vorgestellten Untersuchungen auf die internationale Politikberichterstattung beschränkten, bezog
Schulz auch die nationale Berichterstattung sowie nicht-politische Themen
mit ein. Er ergänzte den Nachrichtenfaktoren-Katalog von Galtung und
Ruge um entsprechende Faktoren und systematisierte und überarbeitete ihn
v.a. hinsichtlich seiner Operationalisierbarkeit. Insgesamt unterschied
Schulz (1990b, 33f.) 18 Nachrichtenfaktoren, die er sechs Dimensionen
zuordnete:[11]

1. *Zeit*: Dauer, Thematisierung (im Sinne von Kontinuität);
2. *Nähe*: Räumliche Nähe (geographische Entfernung zwischen Ereignisort
   und Sitz der Redaktion), politische Nähe (bündnis- und wirtschaftspoli-
   tische Beziehungen) und kulturelle Nähe (sprachliche, religiöse, literarische, wissenschaftliche Beziehungen); Relevanz (d.h. Betroffenheit und
   existentielle Bedeutung eines Ereignisses);
3. *Status*: Regionale Zentralität (politisch-ökonomische Bedeutung bei nationalen Ereignissen), nationale Zentralität (wirtschaftliche, wissenschaftliche, militärische Bedeutung bei internationalen Ereignissen), persönlicher Einfluß (politische Macht, bezogen auf politische Meldungen)
   und Prominenz (Bekanntheit von Personen, bezogen auf unpolitische
   Meldungen);
4. *Dynamik*: Überraschung, Struktur (im Sinne von Komplexität bzw.
   Eindeutigkeit);
5. *Valenz*: Konflikt (politische Ereignisse mit aggressivem Charakter),
   Kriminalität, Schaden (Personen-, Sach- und finanzieller Schaden), Erfolg (politisch, wirtschaftlich, kulturell);
6. *Identifikation*: Personalisierung, Ethnozentrismus (d.h. Bezug auf die
   Bevölkerung des Landes, in dem das betreffende Medium angesiedelt
   ist).

---

[11] Zu Schulz' Verständnis von Nachrichtenfaktoren vgl. Kapitel IV.2.2. und IV.5.

Schulz analysierte die Nachrichtenbeiträge von fünf bundesdeutschen Tageszeitungen, drei Hörfunksendern, von ARD und ZDF sowie den „dpa"-Basisdienst. Er kam zu dem Ergebnis, daß die Nachrichtenfaktoren generell einen hohen Einfluß auf die Selektionsentscheidungen von Journalisten besitzen. Insgesamt erwiesen sich die Faktoren „Komplexität", „Thematisierung", „persönlicher Einfluß", „Ethnozentrismus", „Negativismus" (Konflikt und Schaden) sowie „Erfolg" als wichtigste Determinanten, wobei jedoch Unterschiede zwischen den Themen und zwischen den verschiedenen Medien festzustellen waren. Auf diese Faktoren bezogen, bestätigte sich die Additivitätshypothese von Galtung und Ruge. Ferner stellte sich heraus, daß die Erklärungskraft der Nachrichtenfaktoren für den Nachrichtenwert von internationalen politischen Meldungen größer war als für nationale und unpolitische Meldungen. Dies interpretierte Schulz (1990b, 99) als Bestätigung der Verzerrungshypothese von Galtung und Ruge: „Je mehr Stufen im Nachrichtenfluß ein Ereignis durchläuft, desto stärker werden die Merkmale, die seinen Nachrichtenwert bestimmen, akzentuiert; zweifellos haben internationale Nachrichten einen oft sehr viel längeren Übermittlungs- und Verarbeitungsweg als innerdeutsche Meldungen." Im wesentlichen gestützt wurden diese Ergebnisse in einer zweiten Untersuchung von Schulz (1977), der ein nochmals überarbeiteter Katalog von 20 Nachrichtenfaktoren zugrunde lag.[12] Schulz kombinierte hier eine Inhaltsanalyse[13] mit einer Bevölkerungsumfrage, um die Rolle von Nachrichtenfaktoren bei der Rezeption zu untersuchen.[14]

Joachim Friedrich Staab legte 1990 eine Arbeit vor, in der ähnlich wie bei Schulz der Zusammenhang zwischen Nachrichtenfaktoren, Umfang und Plazierung analysiert wurde. Das Untersuchungsmaterial stammte aus dem Jahr 1984 und bestand aus der politischen Berichterstattung von Zeitungen, Hörfunk- und Fernsehsendungen und des „dpa"-Basisdienstes sowie der Konfliktberichterstattung zu den Themen „35-Stunden-Woche", „Parteispenden-Affäre", „Mittelamerika-Konflikt" und „Ausländer/Asylbewerber in der Bundesrepublik". Der Studie lag ein Katalog von 22 Nachrichtenfaktoren zugrunde, deren Intensität auf einer vierstufigen Skala gemessen wurde. Staab unterschied zwischen *indizierbaren* Faktoren (d.h. den anhand von präzisen Indikatoren feststellbaren Faktoren „räumliche Nähe", „politische Nähe", „wirtschaftliche Nähe" und „kulturelle Nähe", „Status der Ereignisnation", „Status der Ereignisregion") und *konsensbedingten* Faktoren (z.B. „persönlicher Einfluß", „institutioneller Einfluß", „Prominenz",

---

12 Zu einer Darstellung der Veränderungen im Nachrichtenfaktorenkatalog vgl. Eilders (1997, 38).
13 Untersucht wurden „Tagesschau", „heute", „Bild-Zeitung" und „Mainzer Allgemeine Zeitung".
14 Die Ergebnisse dieser Forschungsperspektive werden in Kapitel V.4.3. erläutert.

„Personalisierung", „Kontroverse", „Aggression", „Demonstration", „Überraschung", „Reichweite", „tatsächlicher Schaden", „möglicher Schaden", „tatsächlicher Nutzen", „möglicher Nutzen", „Zusammenhang mit Themen", „Etablierung" und „Faktizität"). Er stellte einen relativ starken Einfluß der Nachrichtenfaktoren auf den Umfang, jedoch nur einen relativ geringen auf die Plazierung fest, was v.a. für die Konfliktberichterstattung galt; die Zahl der Nachrichtenfaktoren, die einen Einfluß besaßen, war bei Konflikten stärker als bei der Gesamtberichterstattung. Staab (1990, 211) folgerte daraus, daß die Nachrichtenwert-Theorie die Berichterstattung über öffentliche Konflikte noch besser erklären kann als die politische Gesamtberichterstattung. Den größten Einfluß zeigten insgesamt die Nachrichtenfaktoren „Kontroverse", „Prominenz", „möglicher Schaden", „tatsächlicher Schaden", „Reichweite" und „tatsächlicher Nutzen". Weiterhin fand Staab Hinweise darauf, daß Nachrichtenfaktoren nicht nur als Ursache der Berichterstattung zu betrachten sind, sondern die Ergebnisse seiner Studie auch die umgekehrte Annahme stützen, daß Journalisten eine bestimmte Berichterstattung intendieren und einem Ereignis daher bestimmte Nachrichtenfaktoren zuschreiben (zu dieser Unterscheidung eines „Kausal"- und eines „Finalmodells" der Nachrichtenauswahl vgl. Kapitel IV.2.3.).

Die bisher dargestellten Untersuchungen beruhen vorwiegend auf der Methode der Inhaltsanalyse. Aus den in der Berichterstattung festzustellenden Nachrichtenfaktoren bzw. aus der Beziehung zwischen Nachrichtenfaktoren und dem Beachtungsgrad eines Ereignisses (in Form von Umfang, Plazierung und Aufmachung) wird auf die Selektionswirkung dieser Faktoren geschlossen. Der eigentliche Selektionsvorgang wird auf diese Weise allerdings nicht erfaßt. Staab (1990, 208) schreibt: „Die Nachrichtenwert-Theorie erwies sich folglich genaugenommen nicht als eine Theorie der Nachrichtenselektion, sondern als ein Modell zur Beschreibung und Analyse von Strukturen in der Medienrealität."

Eine andere Untersuchungsmethode hat Karl Erik Rosengren (1970) in Auseinandersetzung mit dem Ansatz von Galtung und Ruge vorgeschlagen. Nach Rosengren ist es nicht ausreichend, lediglich die Berichterstattung zu betrachten. Man müsse vielmehr mit Hilfe nicht aus den Medien stammender, als Außenkriterien geeigneter Daten (*„Extra-Media-Daten"*, wie z.B. Statistiken) die Berichterstattung prüfen. Nach Rosengren können etwa Parlamentswahlen, Regierungswechsel, Vertragsabschlüsse, Änderungen von Zinsraten, schwere Unfälle und Katastrophen, wissenschaftliche Kongresse und internationale Sportereignisse benutzt werden, um den Unterschied zwischen tatsächlichem Geschehen und Medienrealität aufzudecken.

Um einen Vergleich zwischen Berichterstattung und Realitätsindikatoren durchführen zu können, müssen die zu untersuchenden Ereignisse bzw. die medienexternen Daten nach Rosengren (1970, 101) vier Bedingungen erfüllen:

1. Sie müssen klar erkennbar, d.h. zeitlich und räumlich begrenzt und eindeutig definierbar sein;
2. es muß sich um immer wiederkehrende Ereignisse handeln, d.h. es muß eine ausreichende Häufigkeit und Regelmäßigkeit gewährleistet sein;
3. die Ereignisse müssen medienrelevant sein und die gleichen Nachrichtenfaktoren in gleicher Intensität aufweisen;
4. die Realitätsindikatoren müssen unabhängig von der Berichterstattung sein, um als externer Vergleichsmaßstab dienen zu können.

Für den Zeitraum von 1961 bis 1970 untersuchte Rosengren die Berichterstattung über 272 Parlamentswahlen in knapp 170 Ländern, indem er Extra-Media-Daten (Daten über die Wahlen, z.b. Wechsel von Mehrheiten, und Daten über die Länder, z.b. Bruttosozialprodukt, Bevölkerungszahl usw.) mit der Berichterstattung in „Times" (London), „Neues Deutschland" (Ost-Berlin) und „Dagens Nyheter" (Stockholm) verglich. Rosengren konnte aufzeigen, daß über Regierungswechsel stärker berichtet wurde als über Wahlen, die nicht zu einem Wechsel der parlamentarischen Mehrheiten geführt hatten. Außerdem zeigte sich, daß ökonomische Faktoren (z.B. die Intensität des zwischenstaatlichen Handels zwischen dem Land des Ereignisses und dem der Berichterstattung) für die Nachrichtenselektion, d.h. die Beachtung der Wahlen, von entscheidender Bedeutung waren.

Eine Variante der Extra-Media-Daten-Untersuchungen haben Pamela Shoemaker, Tsan-Kuo Chang und Nancy Brendlinger (1987) vorgelegt, indem sie für 179 internationale Ereignisse den Grad der Ungewöhnlichkeit bzw. Abweichung bestimmten (operationalisiert durch statistische Wahrscheinlichkeit, Bedrohung des Status quo und den Grad des Verstoßes gegen amerikanische Normen) und mit der Berichterstattung der „New York Times" und dreier Fernsehstationen verglichen. Es zeigte sich, daß die Meldungen über abweichende Ereignisse besondere Berücksichtigung in den Medien fanden.

Der Nachteil der Extra-Media-Daten-Analysen liegt darin, daß die notwendigen externen Daten nur für bestimmte Themenbereiche vorliegen (zur Diskussion der Methode Best 2000; Staab 1990, 107). Zudem hat insbesondere Schulz (1990b, 25–29) kritisiert, daß auch die Extra-Media-Daten nicht die „objektive Realität" widerspiegelten, sondern ihrerseits das Ergebnis selektiver Beobachtung seien und zudem immer nur einen kleinen Ausschnitt der Realität darstellten (vgl. auch Kapitel IV.5.).

Neben reinen *Inhaltsanalysen* und *Extra-Media-Daten-Vergleichen* sind
noch zwei weitere Methoden zur Untersuchung von Nachrichtenauswahl-
Prozessen zu nennen. Dabei handelt es sich zum einen um *Input-Output-
Analysen*, bei denen das in einer Medienorganisation eingehende Material
mit dem veröffentlichten Material hinsichtlich der enthaltenen Nachrichtenfaktoren verglichen wird. Zum anderen wurden *experimentelle Untersuchungen* durchgeführt, bei denen Journalisten mehrere in ihren Nachrichtenfaktoren systematisch variierte Nachrichtentexte hinsichtlich ihrer Ver-
öffentlichungswahrscheinlichkeit beurteilen sollten (überblicksartig Staab
1990, 42–90; Eilders 1997, 51–56).

Insgesamt hat sich die Forschung fast ausschließlich mit den Selektionsentscheidungen von Journalisten bei politischen Medieninhalten bzw.
Nachrichten befaßt. Wie Christiane Eilders (1999, 20) herausstellt, wäre es
jedoch auch interessant, für den Unterhaltungsbereich entsprechend „Un-
terhaltungsfaktoren" (z.b. Personalisierung, Überraschung usw.) zu ermitteln, die neben ökonomischen und programmpolitischen Überlegungen zur
Erklärung von Auswahlprozessen in diesem Bereich beitragen könnten.

2.2. Gültigkeitsbedingungen der Nachrichtenfaktoren

Im Rahmen der Nachrichtenwert-Theorie wird zumeist implizit davon ausgegangen, daß es sich bei den Nachrichtenfaktoren um universell gültige
Selektionskriterien handelt. Wie die Ergebnisse einiger Untersuchungen
nahelegen, ist dies allerdings nicht der Fall. Hans Mathias Kepplinger
(1998b, 30) bemerkt dazu: „Die Nachrichtenwert-Theorie wird [...] dem Anspruch einer raum-, zeit- und kontextunabhängigen Theorie mittlerer
Reichweite kaum gerecht. Ihre Geltung und ihre prognostische Leistung
hängen vielmehr in erheblichem Maße von zeitgeschichtlichen, kulturellen
und situativen Faktoren ab."[15] Diese drei Aspekten sollen im folgenden
näher betrachtet werden.

Was die Gültigkeit der journalistischen Selektionskriterien in *verschiedenen Kulturen* betrifft, haben zwar schon Galtung und Ruge (1965) zwischen
kulturabhängigen und kulturunabhängigen Nachrichtenfaktoren unterschieden (Kapitel IV.2.1.), eine empirische Prüfung der Frage, ob die gängi-

---

[15] Vgl. ähnlich auch Staab (1998, 53). Zu berücksichtigen ist darüber hinaus, daß die
      Publikationschancen eines Beitrags nicht nur von den in diesem Artikel selbst vor-
      kommenden Nachrichtenfaktoren abhängen, sondern auch von den Nachrichten-
      faktoren der anderen am gleichen Tag vorliegenden Nachrichten. Es muß folglich die
      gesamte Nachrichtenlage berücksichtigt werden (dazu ausführlich Staab 1990, 113–
      115). Zur prognostischen Leistung der Nachrichtenwert-Theorie vgl. auch Kepplin-
      ger/Bastian (2000).

gen Nachrichtenfaktoren-Kataloge für unterschiedliche Kulturen gleichermaßen zutreffen, steht allerdings noch aus (Kepplinger 1998b, 24f.).

Hinweise auf eine *zeitliche Veränderung* journalistischer Auswahlkriterien enthält die Arbeit von Jürgen Wilke (1984a; 1984c), der inhaltsanalytisch untersuchte, ob bzw. wie sich Nachrichtenauswahl und Medienrealität vom 17. bis zum 20. Jahrhundert verändert haben. Wilke (1984a, 126) stellte fest, daß die Zeitungen zunächst überwiegend über politisch-militärische Ereignisse berichteten, was inzwischen nicht mehr zutrifft. Wilke (1984c, 28) schreibt: „Man kann – relativ gesehen – geradezu von einer ‚Entpolitisierung‘ und ‚Entmilitarisierung‘ der ‚Medienrealität‘ sprechen. Früher bot sich den Lesern durch die Zeitung noch weit mehr als heute das Bild einer durch Krieg und militärische Aktion beherrschten Welt." Insgesamt konstatierte Wilke (1984a, 125–131) eine zunehmende Diversifikation der Medienrealität. Neben der verstärkten Berichterstattung über gesellschaftliche Ereignisse (zunächst bevorzugt aus der politisch-militärischen Elite, dann auch über Künstler, Erfinder usw.) kamen auch andere Sachbereiche wie Wirtschaft, Recht, Kultur und Soziales immer mehr zur Geltung. Personen ohne Statusprominenz wurden ebenfalls zum Gegenstand der Berichterstattung; allerdings überwiegend in Verbindung mit negativen Ereignissen wie Unglücken und Verbrechen. Lokalberichterstattung gab es lange Zeit so gut wie gar nicht (Wilke 1984a, 147–159). Bis zur Mitte des 19. Jahrhunderts übertraf sogar die Berichterstattung aus dem Ausland die aus dem Inland. Seit Mitte des 19. Jahrhunderts wurde der lokale und regionale Umkreis in den Zeitungen stärker beachtet, zugleich aber wurde mehr über den außereuropäischen Bereich berichtet. Wilke (1984a, 156) erklärte den zunächst hohen Anteil damit, daß Nachrichten, bei denen wenig eigene Betroffenheit gegeben war, auch weniger Anlaß zur Zensur gaben. Mit der Pressefreiheit sei die Nachrichtenauswahl dann ethnozentrischer geworden. Außerdem sei auch die Entwicklung eines deutschen Patriotismus im späten 18. Jahrhundert, der sich gegen den Kosmopolitismus der Aufklärung richtete, „Nähe" als Nachrichtenfaktor aufgewertet worden.

Wilke (1984a, 133f.) stellte ferner fest, daß erst in jüngster Zeit Interpretationen von Ereignissen und Sachverhalten gegenüber ihrer einfachen Darstellung erheblich an Raum gewonnen haben. Noch 1906 waren über vier Fünftel der Nachrichten und Berichte faktenbezogen; lediglich bei 13% handelte es sich vorwiegend um Meinungsäußerungen und Absichtserklärungen. Außerdem verringerte sich im Laufe der Zeit die Kontinuität der Berichterstattung.[16] Es zeigte sich, daß zwar über immer mehr Ereignisse berichtet wurde, aber dabei das medienvermittelte Bild der Realität zusam-

---

16 „Kontinuität" wurde so operationalisiert, „daß das berichtete Geschehnis, der Sachverhalt in mindestens einer von drei vorangegangenen Zeitungsausgaben schon einmal gebracht, erwähnt worden ist" (Wilke 1984a, 170).

menhangloser wurde. Wilke (1984c, 29) brachte dies mit den Worten auf den Punkt: „Früher erfuhren die Leser aus der Zeitung weniger, aber über das wenige wurden sie im Durchschnitt kontinuierlich unterrichtet. Später erfuhren sie mehr, aber die Unterrichtung wurde im ganzen diskontinuierlicher."

Insgesamt stellten nach den Ergebnissen von Wilke insbesondere „Personalisierung" und „Bezug zu Elite-Nationen" sowie etwas weniger deutlich auch „Prominenz" und „Negativismus" langfristig stabile Nachrichtenfaktoren dar (Wilke 1984a, 230f.). Im Hinblick auf das Wirkungspotential der Zeitungen konstatierte Wilke (1984a, 101–107), daß die Leser früher geringere Selektionsmöglichkeiten besaßen – und zwar nicht nur zwischen verschiedenen Zeitungen bzw. anderen Massenmedien, sondern auch aufgrund der Präsentation der Nachrichten. Erst im Laufe der Zeit bildeten sich die formale und thematische Gliederung, spartenbildende und inhaltliche Haupt- und Zwischenüberschriften, variierende Schriftgrößen und Fettdruck als Selektionshilfen heraus. Es war mithin schwerer, gezielt nur ganz bestimmte Inhalte auszuwählen bzw. andere zu meiden.

Was die zeitliche Veränderung der journalistischen Auswahlkriterien[17] betrifft, verdient auch eine Studie von Jörgen Westerståhl und Folke Johansson (1986) Erwähnung. Die Autoren unterschieden zwischen *Nachrichtenwerten*, die sie als statisch charakterisierten, und *Nachrichtenideologien*, unter denen sie dynamische, sich im Zeitablauf als Folge des Wandels anderer Ideologien verändernde Selektionskriterien verstanden. Westerståhl und Johansson untersuchten die nationale Berichterstattung[18] schwedischer Tageszeitungen, Hörfunk- und Fernsehnachrichten im Zeitraum von 1912 bis 1984 und stellten in bezug auf den Rundfunk drei Perioden mit unterschiedlichen Nachrichtenideologien heraus. Dabei schlug sich der Einfluß dieser Ideologien nicht nur in der Selektion, sondern auch in der Gestaltung

---

[17] Eine hohe Stabilität von Auswahlkriterien konstatieren – allerdings auf Basis einer sehr groben Analyse – Peter Ludes, Joachim Friedrich Staab und Georg Schütte (1997; auch Ludes 1999). Untersucht wurden die „CBS Evening News" und die „Tagesschau" der ARD (sowie die „Aktuelle Kamera" der DDR) in ausgewählten Wochen der Jahre 1976, 1983, 1989, 1990 und 1995. Für CBS und ARD wurde im Hinblick auf die Konzentration auf nationale Themen, politische Themen und Themen, bei denen die jeweilige Regierung der Hauptakteur war, eine große Kontinuität festgestellt. Was die Sachgebiete betrifft, kamen die Autoren (1997, 148, Hervorhebung im Original) zu dem Schluß: „Neuere Sachgebiete kommen in den Hauptfernsehnachrichten weniger häufig vor, als man aufgrund ihres Kontroversitätsgrades und aufgrund ihrer Präsenz in anderen Sendungsformaten erwarten könnte. *Damit kann man ein Auseinanderklaffen von Problementwicklungen und Darstellungskonventionen konstatieren.*"

[18] Für einige Ergebnissen zur internationalen Berichterstattung vgl. Westerståhl/ Johansson (1994).

der Nachrichten nieder. In der ersten Phase, die von 1925 bis 1955 dauerte, herrschte ein starker erzieherischer Anspruch vor. Das Publikum sollte aufgeklärt werden. Typisch war die Vermeidung kontroverser Themen, da die Forderung nach Objektivität der Berichterstattung es nicht gestattete, starke soziale Konflikte bzw. unveränderbare Standpunkte zu einem bestimmten Thema darzulegen. Ungefähr um 1955 wandelte sich das journalistische Selbstverständnis. Die Journalisten kehrten sich von ihrer Rolle als „Schulmeister" ab und wollten statt dessen dem Publikum das geben, was es wünschte. Um das Jahr 1965 herum wandelte sich die Nachrichtenideologie erneut. Nunmehr dominierte ein aktiver und kritischer Journalismus. Man wollte nicht länger den Publikumswünschen unterworfen sein; als entscheidendes Kriterium wurde die Bedeutsamkeit von Ereignissen angesehen. Auch das Verständnis bezüglich der Berichterstattung änderte sich; Ereignisse sollten nicht nur wiedergeben, sondern auch kritisch analysiert werden. Für den Beginn der 70er Jahre konstatierten die Autoren eine deutliche Zunahme von Kontroversen und Kritik in der Berichterstattung. Nach Ansicht von Westerståhl und Johansson hat sich das Konzept des kritischen Journalismus von einer kritischen Haltung zur Glaubwürdigkeit der Quelle und Richtigkeit von Informationen hin zu einer Publikation gegensätzlicher Standpunkte und damit auch einer steigenden Anzahl negativer Wertungen gewandelt. Dies schlug sich in der Berichterstattung darin nieder, daß der Anteil der Nachrichten über negative Ereignisse zwar relativ konstant blieb, sich seit Beginn der 70er Jahre jedoch von Kriminalität und Unfällen auf Ereignisse und Entwicklungen in der Umwelt, auf dem Arbeitsmarkt und im Sozialbereich verlagerte. Der Anteil der Pressebeiträge mit Kritik an Personen oder Sachen stieg Anfang der 70er Jahre von zuvor 5–10% auf fast 30% an.

Hans Mathias Kepplinger und Rainer Mathes (1988; Kepplinger 1989a) konstatierten in Deutschland eine zunehmende Negativität der Berichterstattung, die sie ähnlich wie Westerståhl und Johansson in Schweden auf einen Wandel des journalistischen Berufsverständnisses zurückführten. Kepplinger und Mathes stellten fest, daß die Folgen von Technik in der Presse von 1965 bis 1986 immer kritischer dargestellt wurden, ohne daß hierfür eine Grundlage in der Realität vorhanden gewesen sei. Auch hier vollzog sich der stärkste Wandel der Berichterstattung in den 70er Jahren.

Hinweise darauf, daß die zunehmende Negativität der Berichterstattung die Folge eines Wandels in der Nachrichtenideologie der Journalisten ist, liefert auch eine von Hans Mathias Kepplinger und Helga Weißbecker (1991) veröffentlichte Untersuchung deutscher Hörfunknachrichten von 1955 bis 1985. Die Autoren gingen von folgender Annahme aus: Wenn in der aktuellen Berichterstattung im Zeitverlauf ein Wandel eingetreten ist und dieser *themenabhängig* war, so ist anzunehmen, daß er auf einen

Wandel der Ereignislage zurückzuführen ist. Ist der Wandel dagegen *themenunabhängig*, so liegt es nahe, daß er aus einem Wandel der journalistischen Selektionskriterien resultiert ist. Die Autoren stellten fest, daß der Anteil der Nachrichten über negative aktuelle Ereignisse von 20% (1955–1959) auf 37% (1979–1985) anstieg und in den 70er Jahren mit 41% seinen Höchststand erreichte. Unter Berücksichtigung der Ergebnisse der geschilderten schwedischen und deutschen Studie nehmen die Verfasser an, daß der zunehmende Negativismus der Berichterstattung auf eine Veränderung der Selektionskriterien der Journalisten zurückzuführen ist. Auf diese Weise verändert ein gewandeltes Berufsverständnis über eine gewandelte Auswahl von Nachrichten das Bild der Realität, ohne daß dies mit einem Wandel der Wirklichkeit einhergehen muß.

Stefanie Best (2000) konnte in einem Intra-Extra-Media-Vergleich von fünf Typen von Unglücks- und Schadensfällen (Naturkatastrophen, tödliche Verkehrsunfälle, Mord/Totschlag, Raub, Diebstahl) zwischen 1951 und 1995 – abgesehen von kurzfristigen Veränderungen – keine zunehmende Beachtung derartiger Ereignisse in der Berichterstattung feststellen. Best (2000, 68) erklärt dieses Ergebnis damit, daß „konstante Selektionskriterien nicht notwendigerweise mit einer gleichartigen Berichterstattung verbunden sein müssen." Es ist möglich, daß sich nicht die Auswahlkriterien verändern, sondern nur eine Verlagerung des Interesses auf andere Themen stattfindet, bei denen dann die gleichen Selektionsmaßstäbe angelegt werden.[19]

Auf Basis des gleichen Datensatzes konnte Kepplinger (1998a) im Hinblick auf die Thematisierung positiver und negativer Ereignisse, von Erfolgen und Mißerfolgen der Politik sowie von Ereignissen, die für oder gegen die jeweilige Bundesregierung sprachen, keine langfristige Entwicklung hin zum Negativismus feststellen. Im Hinblick auf den Tenor der Berichterstattung über Probleme und Mängel des politischen Systems war jedoch ein Trend zum Negativismus zu konstatieren, den Kepplinger (1998a, 142) auf den Generationswechsel im Journalismus (vgl. auch Kapitel III.5.2.) zurückführt. Negativer wurde seit Mitte der 60er Jahre auch die Darstellung der Problemlösungskompetenz der Politiker, von deren Orientierung am Eigeninteresse und von deren Einsatz für die Interessen der Öffentlichkeit (Kepplinger 1998a, 181–201). Auch Melanie Schneider, Klaus Schönbach und Holli A. Semetko (1999; auch Schönbach/Semetko 1994a; 1994b; 1995; 2000; Semetko/Schönbach 1994) kamen in bezug auf die Berichterstattung im Vorfeld der Bundestagswahlen von 1990, 1994 und 1998 zu dem Ergebnis, daß der Anteil negativer Bewertungen in den 90er Jahren von Wahl zu Wahl wuchs. Für die USA hat Thomas E. Patterson (1993, 19–21, 204) konstatiert, daß die Berichterstattung über Präsidentschaftskandidaten von

---

[19] Damit ist z.B. die zwischen 1965 und 1986 immer negativer gewordene Berichterstattung über Chancen und Risiken von Technik zu erklären (Kepplinger 1989a).

1960 bis 1992 immer negativer geworden ist. Betrug der Anteil der positiven Meldungen in „Time" und „Newsweek" 1960 noch 75%, sank er bis 1992 auf 40% ab.[20]

Weiterhin ist zu berücksichtigen, daß die Selektionskriterien der Journalisten *situations- bzw. kontextabhängig* sind, d.h. je nach Thema variieren können.[21] So weisen Tarifkonflikte und Familienkonflikte z.b. beide den Nachrichtenfaktor „Konflikt" auf, der Nachrichtenwert eines Familienkonflikts ist aber in der Regel geringer, es sei denn, es treten andere Nachrichtenfaktoren (z.b. „Prominenz") hinzu. Dies spricht dafür, die themenspezifische Relevanz der Nachrichtenfaktoren zu berücksichtigen und themenspezifische Kombinationen von Nachrichtenfaktoren zu untersuchen (Kepplinger 1998b, 26; Kepplinger/Bastian 2000, 470).[22] Im Rahmen der Nachrichtenwert-Theorie ist zudem bislang keine Unterscheidung zwischen der Berichterstattung über das Alltagsgeschehen und über Ausnahmesituationen vorgenommen worden, obwohl hierbei offensichtlich nicht die selben Selektionskriterien gelten (Kepplinger 1998b, 29; Staab 1990, 112). Schlüsselereignisse (wie schwere Verbrechen, Unfälle, Katastrophen) sind so z.B. in der Lage, das Auswahlverhalten der Journalisten zumindest kurzfristig dahingehend zu verändern, daß ähnliche Themen eine erhöhte Chance auf Veröffentlichung besitzen (vgl. dazu ausführlich Kapitel IV.4.). Auf diese Weise kommen „Beitragswellen" zustande, die einen nicht der Realität entsprechenden Eindruck von einer Häufung bestimmter Ereignisse vermitteln können (Fishman 1978; Kepplinger/Habermeier 1995; 1996).

Zuletzt ist schließlich zu berücksichtigen, daß sich die Nachrichtenfaktoren auch je nach *Medium bzw. Mediengattung* unterscheiden könnten. So wird beispielsweise diskutiert, ob für das Fernsehen ein Faktor „Visualität" (im Sinne von Verfügbarkeit von Filmmaterial) von Bedeutung ist.[23] Kaum erforscht sind bislang die Nachrichtenfaktoren, die Online-Kommunikatoren leiten.[24]

---

[20] Auf diese Entwicklung hatten nach Patterson insbesondere Vietnam und Watergate einen wichtigen Einfluß.

[21] Darauf weisen auch die Ergebnisse von Schulz (1990b) zu nationalen bzw. internationalen Nachrichten hin, für die z.T. unterschiedliche Faktoren bedeutsam waren. Auch Ergebnisse von Staab (1990) zeigen, daß für die Konfliktberichterstattung offenbar z.T. andere Selektionskriterien gelten.

[22] Zu einer Studie, die sich der Kombination von Nachrichtenfaktoren gewidmet hat, vgl. Buckalew (1969/70).

[23] Vgl. dazu ebenfalls schon Buckalew (1969/70). Vgl. auch Staab (1998, 63f.), der allerdings zu dem Schluß kommt, daß Visualität zumindest bei quantitativer Betrachtung nur sehr begrenzt relevant ist.

[24] Zu einer ersten explorativen Studie, die jedoch auf Selbsteinschätzungen von Online-Kommunikatoren beruht, vgl. Rössler (1999b).

Wie die genannten Beispiele zeigen, kann eine Veränderung der journalistischen Selektionskriterien unabhängig von einer Veränderung der Ereignislage bzw. der Ereigniseigenschaften eintreten. Man kann also nicht davon
sprechen, daß die Nachrichtenfaktoren als Ereigniseigenschaften zugleich
die (alleinigen) Selektionskriterien der Journalisten darstellen, wie es in den
klassischen Untersuchungen zur Nachrichtenwert-Theorie den Anschein
hat. Kepplinger (1998a, 106; 1998b, 20; Kepplinger/Bastian 2000) plädiert
daher für ein *Zwei-Komponenten-Modell* der Nachrichtenauswahl. Die zwei
Komponenten der Nachrichtenauswahl bestehen zum einen in den *Kriterien
der Selektion* und zum anderen in den *Merkmalen der Objekte*, aus denen
selektiert wird. Diese beiden Aspekte werden in der „klassischen" Nachrichtenwert-Theorie gleichgesetzt und als „Nachrichtenfaktoren" bezeichnet.[25]
Wie Kepplinger herausstellt, sind es aber tatsächlich die journalistischen
Selektionskriterien, die den Nachrichtenfaktoren (d.h. den Eigenschaften
der realen Ereignisse) ihren Nachrichtenwert verleihen. Kepplinger (1998b;
Kepplinger/Bastian 2000) spricht daher auch bezüglich der Selektionskriterien vom *„Nachrichtenwert der Nachrichtenfaktoren"*, der sich erst aus der
journalistischen Zuschreibung von Publikationswürdigkeit ergebe und die
relative Bedeutung der Ereignismerkmale definiere. Kepplinger (1998b, 20)
schreibt: „Ein Ereignis ist nicht schon deshalb berichtenswert, weil es eine
Eigenschaft aufweist – z.B. in der näheren Umgebung geschehen ist. Eine
Meldung ist nicht schon deshalb publikationswürdig, weil sie den entsprechenden Nachrichtenfaktor besitzt – in diesem Fall den Faktor „räumliche
Nähe". Berichtenswert ist das Ereignis und publikationswürdig ist die Meldung darüber nur deshalb, weil Journalisten die Tatsache, daß ein Ereignis
in der näheren Umgebung stattgefunden hat, für ein bedeutsames Selektionskriterium halten. Falls Journalisten nicht dieser Überzeugung wären,
besäßen Ereignisse in der näheren Umgebung keinen großen Nachrichtenwert, obwohl die Meldungen darüber den Nachrichtenfaktor „räumliche
Nähe" aufweisen." Hinzu kommt, daß es sich bei den meisten Nachrichtenfaktoren nicht um „objektive" Ereigniseigenschaften handelt, sondern daß
subjektive Aspekte, über die bestenfalls ein gewisser gesellschaftlicher Konsens besteht, eine bedeutende Rolle spielen (so z.B. bei Faktoren wie Schaden, Relevanz usw.) (Staab 1990, 108f.).
    Bei der Nachrichtenauswahl handelt es sich folglich nicht um einen Au-
tomatismus, der durch Kenntnis der Eigenschaften von Ereignissen be-

---

25 Schulz (1990b, 30) stellt hier eine Ausnahme dar, da er schon in seiner 1976 veröf-
    fentlichten Studie die Hypothese formulierte: „Je mehr eine Meldung dem entspricht,
    was Journalisten für wichtige und mithin berichtenswerte Eigenschaften der Realität
    halten, desto größer ist ihr Nachrichtenwert." Zu den beiden genannten Faktoren
    treten nach Kepplinger (1998a, 106) auch noch Zufälle, wie z.B. das Zusammentref-
    fen mehrerer Ereignisse, die sich gegenseitig die Aufmerksamkeit streitig machen.

stimmt werden könnte. Über die Ereignismerkmale hinaus existiert eine Vielzahl weiterer intrinsischer und extrinsischer Selektionskriterien (vgl. Einleitung zu Kapitel IV.). Kepplinger (1998a, 108) weist darauf hin, daß „zu den Selektionskriterien [...] auch der Nachrichtenwert von Ereigniseigenschaften" gehört, „die von den üblichen Nachrichtenfaktoren nicht erfaßt" werden. Hierzu zählt beispielsweise der „politische Charakter des Geschehens", dessen Nachrichtenwert jedoch von Journalisten, die verschiedene politische Meinungen vertreten, unterschiedlich bewertet werden wird. Die in den meisten Untersuchungen zur Nachrichtenwert-Theorie vernachlässigten *subjektiven Einstellungen* der einzelnen Journalisten verdienen eine stärkere Berücksichtigung.

2.3. Modelle der Nachrichtenauswahl

Die klassische Nachrichtenwert-Theorie beruht nach Kepplinger (1989b, 9f.; 1992, 47f.) ebenso wie die „Gatekeeper"-Studien auf einem *Selektionsmodell* (Abb. 1), in dem die Ereignisse als Ursache, die Selektionsentscheidungen der Journalisten als intervenierende Variablen und die Berichterstattung als Folge betrachtet werden. Die Journalisten werden dabei als weitgehend passive Vermittler angesehen, die sich an objektiven Kriterien orientieren und die Wirklichkeit so darstellen, wie sie ist.

Abbildung 1: Das Modell der genuinen Selektion

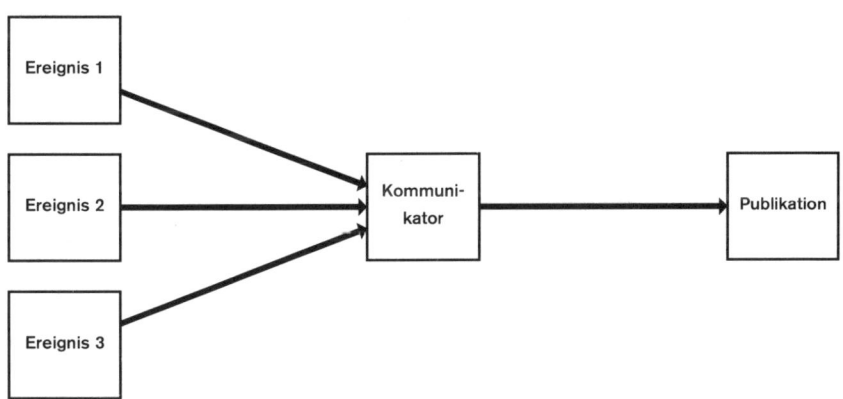

Quelle: Kepplinger 1989b, 10

Diese Betrachtungsweise wird der Realität allerdings nicht gerecht, da die Relevanz von Ereignissen nicht objektiv erkennbar ist. Sie ergibt sich nicht aus dem Ereignis als solchem, sondern beruht auf einer Relevanzzuschreibung, über deren Kriterien aufgrund von journalistischen Konventionen mehr oder weniger Konsens besteht. Zudem ist die Realität nicht immer unabhängig von der Berichterstattung, wie sich am Auftreten „reziproker Effekte" (vgl. Kapitel III.6.7.) sowie an der Inszenierung von Ereignissen zum Zweck der Berichterstattung zeigt. Kepplinger (1989b, 10f.; 1992, 49f.) entwirft daher ein *Inszenierungsmodell* (Abb. 2), das die *Kausalbeziehung* des Selektionsmodells um eine *Finalbeziehung* erweitert, d.h. das einfache Ursache-Wirkungs-Schema wird durch den Aspekt der Zielsetzung und Zweckverfolgung ergänzt. Nachrichtenauswahl stellt darin einen von außen gesteuerten Prozeß dar, bei dem sich Akteure im Rahmen eines gezielten „Ereignismanagements" die Kenntnis journalistischer Selektionskriterien zunutze machen und in Erwartung einer Publikation bzw. bestimmter (für sie positiver) Folgen dieser Publikation Ereignisse inszenieren (z.B. Pressekonferenzen, Demonstrationen usw.).

Abbildung 2: Das Modell der Instrumentellen Inszenierung

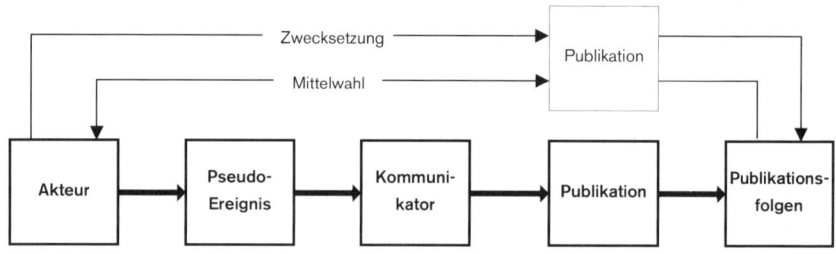

Quelle: Kepplinger 1989b, 11

Das Inszenierungsmodell berücksichtigt die Absichten der gesellschaftlichen Akteure, nicht jedoch die Intentionalität der Journalisten. Diese sind Gegenstand des *Aktualisierungsmodells* (Kepplinger 1989b, 11f.) (Abb. 3), dem zufolge Journalisten bereits geschehene Ereignisse zweckgerichtet nutzen.

Abbildung 3: Das Modell der Instrumentellen Aktualisierung

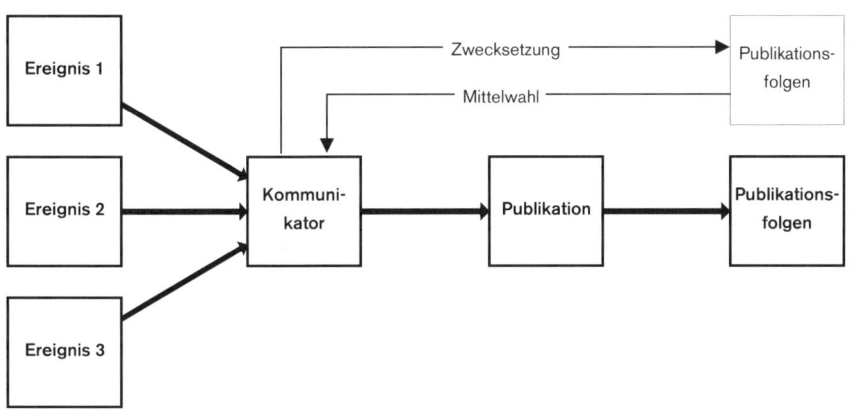

Quelle: Kepplinger 1989b, 12

Kepplinger unterscheidet zwei Formen von journalistischen Intentionen: Solche, die auf die Berichterstattung selbst gerichtet sind (Auswahlprozesse vollziehen sich so, daß z.b. die Ausgewogenheit zwischen innen- und außenpolitischen Meldungen in einer Nachrichtensendung sichergestellt ist oder verschiedene politische Positionen in einer Diskussionsrunde vertreten sind), und solche, die auf Zwecke jenseits der Berichterstattung zielen. Diese betreffen das, was Kepplinger als *„Instrumentelle Aktualisierung"* bezeichnet (Kepplinger u.a. 1989a; Kepplinger 1994b). Instrumentelle Aktualisierung bedeutet das Hoch- oder Herunterspielen von Ereignissen bzw. Meldungen, die einen inhärenten Wertgehalt besitzen (z.B. Erfolge oder Mißerfolge) und mit dem Gegenstand eines *publizistischen Konfliktes*[26] in einem objektiven oder subjektiv wahrgenommenen Zusammenhang stehen. Die entsprechenden Ereignisse werden neutral dargestellt, durch ihre gezielte Gewichtung können jedoch die Konfliktparteien in ihrer Legitimität gestärkt oder geschwächt werden, und ihre Handlungsmöglichkeiten erfahren eine Erweite-

---

[26] Als „publizistische Konflikte" bezeichnet Kepplinger (1994b, 214) „Auseinandersetzungen zwischen mindestens zwei Kontrahenten, die mit Hilfe der Massenmedien vor Publikum ausgetragen werden." Dabei zielt die Kommunikation auf den Kontrahenten, das Publikum und die Massenmedien, wobei die Beeinflussung der Massenmedien als Voraussetzung für die Beeinflussung des Publikums die größte Rolle spielt (Kepplinger 1994b, 220).

rung oder Einengung.[27] Zentral ist die Tatsache, daß die Tendenz „keine Folge der Bewertung von Ereignissen, sondern der Auswahl entsprechender Meldungen" ist (Kepplinger 1992, 51).[28] Im Gegensatz zum Selektionsmodell spielen Journalisten in diesem Prozeß eine *aktive* Rolle, indem sie aufgrund zu erwartender Publikationsfolgen bestimmte Ereignisse bzw. Aspekte auswählen, die durch ihre Publikation dann u.U. die antizipierten Folgen bewirken (Staab 1990, 97).

Staab (1990, 93–100) unterscheidet statt zwischen Selektions-, Inszenierungs- und Aktualisierungsmodell nur zwischen einem *„Kausal"*- und einem *„Finalmodell"* der Nachrichtenauswahl. Während im *Kausalmodell* die Nachrichtenfaktoren die *Ursache*, d.h. die unabhängige Variable, und die Selektionsentscheidung die *Wirkung*, d.h. die abhängige Variable, darstellen, werden Nachrichtenfaktoren im *Finalmodell* auch als *Folgen* von Publikationsentscheidungen angesehen. Staab (1990, 98) schreibt: „[...] Journalisten wählen danach Ereignisse oder Meldungen nicht nur deshalb aus, weil sie bestimmte Eigenschaften (Nachrichtenfaktoren) besitzen, sie sprechen auch Ereignissen oder Meldungen, die sie aufgrund ihres instrumentellen Charakters auswählen, diese Eigenschaften erst zu oder heben sie besonders hervor, um dem jeweiligen Beitrag ein besonderes Gewicht zu geben. Die Nachrichtenfaktoren fungieren in dieser Betrachtungsweise als bewußt oder unbewußt eingesetzte Mittel, um die Beachtungswürdigkeit von Beiträgen zu steuern. Formal gesprochen bilden somit die Publikationsentscheidungen die unabhängige, die Nachrichtenfaktoren in den veröffentlichten Meldungen die abhängige Variable." Dabei sind Kausal- und Finalmodell nach Staab (1990, 98) keine Widersprüche, sondern das Finalmodell ist als *Ergänzung* des Kausalmodells zu verstehen, denn: „Nur wenn die Nachrichtenfaktoren tatsächlich als Selektionskriterien fungieren und an ihnen orientierte professionelle Normen bestehen, können sie glaubhaft zur Legitimation von Publikationsentscheidungen genutzt werden."[29]

---

[27] Neben der *Instrumentellen Aktualisierung* nennt Kepplinger (1994b, 221; Kepplinger u.a. 1989, 205) als zweite grundlegende Taktik in einem publizistischen Konflikt die *Umbewertung* von Sachverhalten: „Die Instrumentelle Aktualisierung zielt darauf, bestehende Sichtweisen für die eigene Seite zu nutzen. Die Umbewertung zielt darauf, die vorhandenen Sichtweisen im Interesse der eigenen Seite zu verändern." (Kepplinger 1994b, 221). Da die Medien einen größeren Einfluß auf Kenntnisse als auf Meinungen besäßen, sei die Instrumentelle Aktualisierung erfolgversprechender als die Umbewertung.

[28] Zu Ergebnissen der Studie zur Instrumentellen Aktualisierung vgl. Kapitel IV.3.

[29] In seiner empirischen Untersuchung (vgl. Kapitel IV.2.1.) stellte Staab (1990) fest, daß sich das Finalmodell in gleicher Weise wie das Kausalmodell zur Interpretation der Bedeutung von Nachrichtenfaktoren in der politischen Berichterstattung eignete. Eine rein kausale Betrachtungsweise wurde durch folgende Ergebnisse in Frage gestellt: Die höhere Nachrichtenfaktoren-Gesamtintensität (dieser Kennwert ergab sich

Daß die verschiedenen Modelle einander ergänzen, meint auch Kepplinger, der daher ein *Integriertes Modell* (Abb. 4) entwirft.

Abbildung 4: Integriertes Modell

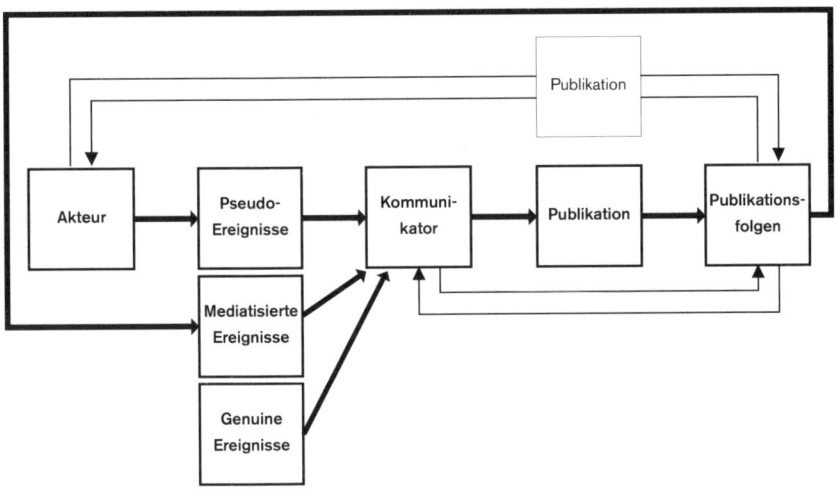

Quelle: Kepplinger 1989b, 14

---

aus der Addition der Intensitätswerte sämtlicher im Beitrag vorkommender Nachrichtenfaktoren) in umfangreicheren Beiträgen war v.a. auf die größere Anzahl von Nachrichtenfaktoren zurückzuführen (d.h. die Entscheidung, über ein Ereignis umfangreich zu berichten, kann die Ursache dafür sein, daß verschiedene Teilaspekte des Geschehens thematisiert werden, auf die unterschiedliche Nachrichtenfaktoren zutreffen, woraus eine hohe Nachrichtenfaktoren-Gesamtintensität folgt); den selben Ereignissen wurden je nach Medium unterschiedliche Nachrichtenfaktoren zugesprochen, und die bessere Plazierung von Beiträgen mit höherer Nachrichtenfaktoren-Gesamtintensität war v.a. auf ihren größeren Umfang zurückzuführen. Die grundsätzliche Gültigkeit des Kausalmodells wurde v.a. durch die empirisch festgestellte geringe Erklärungskraft der Nachrichtenfaktoren auf die Plazierung sowie durch Unterschiede zwischen einzelnen Mediengattungen und verschiedenen Themenbereichen relativiert. Der Verfasser (1990, 215) weist allerdings darauf hin, daß die Angemessenheit des Finalmodells aufgrund der methodischen Begrenztheit seiner Studie noch der weiteren Überprüfung bedürfe.

Dabei unterscheidet er zwischen *genuinen Ereignissen* (d.h. Vorfälle, die unabhängig von der Berichterstattung geschehen, z.B. Unfälle, Naturkatastrophen usw.), *mediatisierten Ereignissen*, d.h. Vorfällen, „die zwar (vermutlich) auch ohne die zu erwartende Berichterstattung geschehen wären,
aufgrund der erwarteten Berichterstattung aber einen spezifischen, mediengerechten Charakter erhalten" (Kepplinger 1989b, 13; 1992, 51f.), wie z.B.
Parteitage, Sportveranstaltungen usw., sowie *inszenierten Ereignissen* bzw.
Pseudo-Ereignissen", d.h. Vorfällen, die nur zum Zweck der Berichterstattung herbeigeführt werden, wie z.B. Pressekonferenzen.

3. Die News-Bias-Forschung

Bewußte Verzerrungen in der Berichterstattung sind auch Gegenstand der
„News-Bias"-Forschung. Die Studien, die dieser sehr heterogenen For-
schungsrichtung zuzuordnen sind, befassen sich sowohl mit den Eigenschaften der Kommunikatoren als auch mit den Medieninhalten. Gemeinsam ist
ihnen das Ziel, die Ursachen für die Unausgewogenheiten in der Medienberichterstattung zu identifizieren. Dabei geht es zumeist um den Zusammenhang zwischen den politischen Einstellungen von Journalisten und ihrer
Nachrichtenauswahl. Methodisch läßt sich bei den Studien zur „News-
Bias"-Forschung unterscheiden zwischen experimentellen Untersuchungen
und Inhaltsanalysen, die z.T. mit Umfragedaten oder anderen externen
Daten kombiniert werden (Kepplinger 1989b, 4f.).
     Zu den *experimentellen* Studien, die die Situation der Journalisten simu-
lieren, gehören mehrere Untersuchungen von Jean S. Kerrick, Thomas E.
Anderson und Luita B. Swales (1964). Diese zeigten, daß Journalistik-
Studenten, die für ein Blatt schreiben sollten, dessen redaktionelle Linie
ihnen bekannt war, besonders viele Argumente auswählten, die der Position
der Zeitung entsprachen – insbesondere dann, wenn sie selbst eine andere
politische Einstellung vertraten. War keine redaktionelle Linie vorgegeben,
wurden die Aspekte ausgewählt, die mit der eigenen Position übereinstimm-
ten.
     Kepplinger u.a. (1989b; Kepplinger 1994b) führten im Rahmen ihrer
Studie zur Instrumentellen Aktualisierung 1984 ein Fragebogen-Experiment

durch,[30] bei dem sie die Ansichten der Journalisten zu drei Konflikten ermittelten und außerdem zu acht mit diesen Themen zusammenhängenden Meldungen erhoben, welchen Nachrichtenwert sie nach Ansicht der Befragten besaßen und für welche Konfliktseite sie sprachen („subjektive Instrumentalität"). Es stellte sich heraus, daß 45% der Journalisten ein bewußtes Hochspielen von Informationen, die den eigenen Ansichten entsprachen, billigten. Demgegenüber hielten nur 17% das bewußte Herunterspielen von Informationen für vertretbar.[31] Dieses Ergebnis erklärt Kepplinger (1994b, 225) damit, daß das bewußte Hochspielen im Gegensatz zum Herunterspielen mit der Informationspflicht der Journalisten vereinbar sei. Außerdem zeigte sich, daß die Journalisten denjenigen Meldungen den höchsten Nachrichtenwert zusprachen, die ihre Konfliktsicht stützten.[32]

Kerstin Knirsch (1999, 104–106) stellte 1999 bei deutschen Journalisten ebenfalls eine große Bereitschaft fest, Probleme auch überspitzt darzustellen. Über drei Viertel der Befragten billigten eine solche Darstellung generell oder in Ausnahmefällen, und zwar vor allem dann, wenn es um die Beseitigung von Mißständen ging. Die Journalisten lehnten das bewußte Herunterspielen von Informationen fast einhellig ab, billigten aber zu großen

---

30 Bei der Studie handelte es sich um die Kombination einer mündlichen Befragung von über 200 Zeitungs- und Rundfunkredakteuren (Politik-, Lokal- und Wirtschaftsressort) mit einer quantitativen Inhaltsanalyse der Berichterstattung von Qualitätszeitungen, regionalen Abonnementzeitungen, Straßenverkaufszeitungen, Wochenblättern, Hörfunksendern, Fernsehanstalten sowie des Nachrichtenangebotes von „dpa". Gegenstand der Untersuchung waren die Auseinandersetzung um die „35-Stunden-Woche", die Ausländerpolitik der Bundesregierung und die Mittelamerika-Politik der USA. Zu den Ergebnissen einer ergänzend durchgeführten Panel-Befragung, die sich mit dem Einfluß des politischen Wertesystems der Rezipienten und der Berichterstattung auf die Meinungen zu den Konflikten befaßte, vgl. Kepplinger u.a. (1992).

31 Die Zahlenangaben beziehen sich auf das Thema „35-Stunden-Woche". Zwischen den Vertretern verschiedener Mediengattungen zeigten sich deutliche Unterschiede.

32 Dieses Ergebnis zeigte sich für alle drei untersuchten Themen (Kepplinger 1994b, 227). Das Konzept der Instrumentellen Aktualisierung stellt auch einen Rahmen dar, um die Verwendung von *Fallbeispielen* durch Journalisten zu erklären. Gregor Daschmann (2001) stellt heraus, daß Fallbeispiele der Untermauerung einer Aussage dienen, aber auch Dringlichkeit eines Sachverhalts suggerieren und damit erst einen Berichtsanlaß schaffen können. Letzteres wird v.a. dadurch nahegelegt, daß nach den Ergebnissen einer Inhaltsanalyse (Daschmann/Brosius 1997; 1999) zwar die meisten Berichte (59%) beanspruchten, eine über den Einzelfall hinausgehende Problematik darzustellen, dies aber nur in ca. 45% der Fälle mit konkreten Zahlenangaben bzw. in ca. 10% der Fälle durch die Nennung einer externen Quelle belegten. Daschmann (2001) schreibt: „Statt ein als dringlich erachtetes Problem zu schildern und mit Fallbeispielen zu veranschaulichen, könnte ebenso Problemen, für deren Dringlichkeit es sonst keine (publizierten) Anhaltspunkte gibt, durch die Darstellung von Einzelfällen gesellschaftliche Relevanz verliehen werden."

Teilen das Hochspielen von Aspekten, die ihrer eigenen Ansicht entsprachen.

Auch Thomas E. Patterson und Wolfgang Donsbach (1996; Donsbach 1993) erhoben im Rahmen ihrer international vergleichenden Studie die persönliche Meinung der Journalisten zu vier Konflikten. Die Journalisten sollten zu vier Meldungen angeben, wie hoch sie den Nachrichtenwert einschätzten, ob sie eine einseitige Überschrift akzeptierten, ob sie weitere Interviewpartner zugunsten der einen oder anderen Konfliktpartei heranziehen und ob sie zusätzliches, zur Stärkung bzw. Schwächung einer Seite geeignetes Bildmaterial benutzen würden. Es stellte sich heraus, daß die deutschen Journalisten häufiger als ihre britischen und amerikanischen Kollegen Nachrichten so auswählen und bearbeiten wollten, wie es ihrer persönlichen Konfliktsicht entsprach.

Zu den Studien, die den Einfluß der persönlichen Einstellungen von Journalisten auf die Berichterstattung auf *inhaltsanalytischer* Basis untersuchten,[33] zählt die Studie von Klaus Schönbach (1977). Schönbach führte eine Inhaltsanalyse der Berichterstattung über die Berlin-Verhandlungen der Alliierten 1971 in Tageszeitungen, Hörfunksendern sowie von ARD und ZDF durch. Gegenstand der Untersuchung war die Frage, ob die journalistische Maxime einer Trennung von Nachricht und Meinung eingehalten wurde. Diese „Trennungsnorm" stammt aus dem angelsächsischen Journalismus und wurde von Charles P. Scott (1946, 161), dem Herausgeber des „Manchester Guardian", 1921 mit den Worten auf den Punkt gebracht: „Comment is free but facts are sacred."[34] Schönbach prüfte in seiner Untersuchung die Einseitigkeit der Nachrichtenauswahl und die Übereinstimmung der Tendenz der Nachrichten mit der Tendenz der Kommentare. Eine einseitige Berichterstattung, die mit der Linie der Kommentare übereinstimmte, bezeichnete Schönbach als *„Synchronisation"*. Nachricht und Meinung werden hier insofern vermischt, als nicht die Kommentare die

---

[33] Vgl. als „klassische" Studie auch Klein/Maccoby (1954) und zu Kombinationen von Inhaltsanalyse und Umfrage Flegel/Chaffee (1971) bzw. von Inhaltsanalyse und externen Indikatoren vgl. Lang/Lang (1963) und Funkhouser (1973).

[34] Scott (1946, 161f.) schrieb über die Zeitung: „Its primary office is the gathering of news. At the peril of its soul it must see that the supply is not tainted. Neither in what it gives, nor in what it does not give, nor in the mode of presentation must the unclouded face of truth suffer wrong. Comment is free, but facts are sacred. ‚Propaganda', so called, by this means is hateful. The voice of opponents no less than that of friends has a right to be heard. Comment also is justly subject to a self-imposed restraint. It is well to be frank; it is even better to be fair. This is an ideal. Achievement in such matters is hardly given to man. Perhaps none of us can attain to it in the desirable measure. We can but try, ask pardon for shortcomings, and there leave the matter."

Fakten interpretieren, sondern die Fakten so ausgewählt werden, daß sie die Kommentare bzw. die redaktionelle Linie stützen. Schönbach stellte fest, daß häufig synchronisiert wurde, dies jedoch nicht für die gesamte Berichterstattung und nicht für alle Medien gleichermaßen galt. Als Ursache für die Synchronisation sah Schönbach u.a. die Selbstselektion (d.h. der Journalist sucht sich Medien als Arbeitgeber aus, deren redaktionelle Linie seinen Einstellungen entspricht), soziale Kontrolle und Sozialisation in den Redaktionen an (Kapitel IV.5.3.).

Wie Lutz M. Hagen (1992) in seiner Inhaltsanalyse („Frankfurter Allgemeine Zeitung", „Frankfurter Rundschau", „Süddeutsche Zeitung", „Welt", „die tageszeitung") zur Berichterstattung über die Volkszählung 1987 feststellte, kann Synchronisation auch dadurch zustande kommen, daß Journalisten in ihren Beiträgen v.a. „opportune Zeugen" zitieren, d.h. Gruppen und Personen zu Wort kommen lassen, die im Sinne der redaktionellen Linie argumentieren. Auch Donsbach (1996; 1997) fand in seiner Untersuchung der Print- und Fernsehberichterstattung im Vorfeld der Bundestagswahl 1994 Hinweise auf eine Synchronisation. Die Berichterstattung über die beiden Kanzlerkandidaten Kohl und Scharping stimmte bei zwölf von dreizehn Medien in ihrer positiven oder negativen Tendenz mit der Linie der Kommentare überein. Ein instrumentelles Zitieren von Quellen, wie es Hagen nachgewiesen hat, stellte Donsbach bei knapp der Hälfte der Medien fest.

Daß Journalisten gerne „opportune Zeugen" heranziehen, haben für die USA auch Stanley Rothman und Robert S. Lichter (1982) in einer Kombination von Inhaltsanalyse und Befragung gezeigt. Rothman und Lichter untersuchten, warum in den USA die öffentliche Unterstützung für Kernenergie immer mehr abnahm. Die Angst vor den Gefahren wurde ständig größer, und die Möglichkeit der Verwendung alternativer Energiequellen rückte in den Vordergrund. Eine Ursache für diese Entwicklung sahen die Autoren darin, daß die Bevölkerung glaubte, auch die Experten stünden der Kernenergie kritisch gegenüber. Eine Umfrage unter Wissenschaftlern und Kernenergiespezialisten im Jahre 1981 ergab jedoch, daß nur ein sehr geringer Teil von Wissenschaftlern (7%) es für notwendig hielt, die Weiterentwicklung von Atomkraft zu stoppen. Von den Experten auf diesem Gebiet war sogar kein einziger dieser Ansicht. Die Autoren nahmen an, daß die Öffentlichkeit die Einstellung der Wissenschaftler deshalb falsch einschätzte, weil in den Massenmedien eher antinukleare Meinungen publiziert wurden. Es zeigte sich in einer weiteren Umfrage, daß antinuklear eingestellte Wissenschaftler eher bereit waren, ihre Meinung in allgemeinen Zeitungen zu veröffentlichen, wohingegen pronuklear eingestellte Wissenschaftler in erster Linie für Fachzeitschriften schrieben. Die Autoren vermuteten, daß die Journalisten den antinuklear eingestellten Wissenschaftlern mehr Aufmerksamkeit schenkten. Eine Befragung von Journalisten ergab, daß diese wesentlich skeptischer gegenüber der Verwendung von Kernkraft waren als die Wissenschaftler. Rothman und Lichter räumten ein, daß sie aufgrund ihrer Daten keine sicheren Aussagen über das Ausmaß der Beeinflussung der öffentlichen Meinung durch die Medien machen können. Zu viele andere soziale und politische Faktoren spielten eine Rolle. Tatsache jedoch war, daß die Meinungen der Wissenschaftler einseitig verzerrt wiedergegeben wurden.

Für Deutschland konstatierte Kepplinger (1988) in einer Inhaltsanalyse der Darstellung der Kernenergie von 1965 bis 1986 in „Frankfurter Rundschau", „Süddeutscher Zeitung", „Frankfurter Allgemeiner Zeitung", „Welt", „Zeit", „Spiegel" und „Stern" ebenfalls einen deutlichen Zusammenhang zwischen redaktioneller Linie in der Kernenergieberichterstattung und Tendenz der Expertenäußerungen. Ähnliche Befunde liegen für die Instrumentelle Aktualisierung der Aussagen von Wissenschaftlern in der Berichterstattung zur Gentechnik (Kepplinger/Ehmig/Ahlheim 1991, 131–136) und bei der Technikdarstellung insgesamt (Kepplinger 1989a) sowie beim Thema „Vererbung von Intelligenz" (Rothman/Snyderman 1988) vor.

Neben der bevorzugten Zitation instrumenteller Quellen spielt auch die Auswahl bestimmter Ereignisse als Gegenstand der Berichterstattung bei der Synchronisation eine Rolle. Schulz (1996) stellte bei einer Inhaltsanalyse der Berichterstattung von ARD, ZDF, SAT1 und RTL im Vorfeld der Bundestagswahlen 1990 fest, daß es den beiden Kandidaten Kohl und Lafontaine am besten mit „Pseudo-Ereignissen" gelang, in die Medien zu kommen. Dabei reagierten die untersuchten Sender je nach ihrer politischen Präferenz unterschiedlich auf die spezielle Art von Ereignissen, die den einen oder den anderen Kandidaten begünstigte (diplomatische Aktivitäten bei Kohl; Pressekonferenzen, Wahlauftritte und Parlamentsdebatten bei Lafontaine) und von diesem selbst gesteuert werden konnte. Schulz spricht in diesem Zusammenhang von einem „Resonanz-Effekt", d.h. die Medien verleihen den für die eine Seite sprechenden Ereignissen größere Resonanz als den Ereignissen, die zugunsten der anderen Seite wirken.

Hinweise auf einen Einfluß der redaktionellen Linie auf die Medieninhalte finden sich schließlich nach Kepplinger (1999a) im Zusammenhang mit der Berichterstattung im Vorfeld der Bundestagswahl 1998. Wie eine Analyse der Fernsehberichterstattung ergab, wurde in allen untersuchten Sendern die Zuständigkeit des Staates für die Lösung von Problemen betont. Solche Forderungen waren in Meinungsbeiträgen ausgeprägter als in Nachrichten und Berichten. Kepplinger (1999a, 105) schließt daraus, daß die entsprechende Schwerpunktsetzung in den Nachrichten und Berichten eine Folge der Problemsicht in den Reaktionen war: „Gesellschaftliche Akteure mit den erwähnten Ansichten wurden von den Redaktionen für besonders relevant gehalten und in den aktuellen Berichten dominant präsentiert.“ Im Gegensatz zu den bisher vorgestellten Ergebnissen für die Bundestagswahlen 1990, 1994 und 1998 stehen die Resultate von Schneider, Schönbach und Semetko (1999; auch Schönbach/Semetko 1994a; 1994b; 1995; 2000; Semetko/Schönbach 1994), die für diese drei Wahlen zwar einen „Sichtbarkeitsbonus“ (nicht jedoch eine positivere Bewertung) der Regierungsparteien konstatierten, der aber auf einer professionellen, d.h. an den üblichen Nachrichtenfaktoren (v.a. „Politische Macht der Akteure“ und „Vermutete Relevanz eines Ereignisses“) orientierten Berichterstattung beruht habe. Explizite Wertungen konnten die Autoren nur in geringem Maße feststellen, weshalb sie zu dem Schluß kommen, es habe eine Trennung von Nachricht und Meinung stattgefunden. Auch bei der Auswahl der Ereignisse für die politische Berichterstattung seien ohne Ansehen der politischen Richtung die Nachrichtenfaktoren angewandt worden. Zu ähnlichen Ergebnissen kommt für 1998 auch die Untersuchung von Udo Michael Krüger und Theodor Zapf-Schramm (1999), die ebenfalls eine „professionelle“ Orientierung der Journalisten an den Nachrichtenfaktoren feststellten, die sich hinsichtlich der Präsenz der Kandidaten in einem Regierungsbonus niederschlug. Lutz M. Hagen, Reimar Zeh und Harald Berens (1998) konnten 1998 einen Einfluß der redaktionellen Linie auf die Berichterstattung über die beiden Kandidaten für die Sender RTL und SAT1 nachweisen, nicht jedoch für ARD und ZDF. Auch diese Autoren stellten eine große Ähnlichkeit hinsichtlich der Auswahldeterminanten fest.[35]

4. Das Framing-Konzept

Ein weiterer Ansatz, der sich mit der journalistischen Nachrichtenauswahl befaßt und dabei sowohl deren Stabilität als auch deren Veränderungen zu erklären versucht, ist das *„Framing“-Konzept.* Insgesamt gilt für das „Framing“-Konzept, daß seine empirische Überprüfung und Konkretisierung erst am Anfang steht. Ein Problem besteht insbesondere darin, daß den verschiedenen Studien oft ein sehr unterschiedliches Verständnis des eher diffus verwendeten „Framing“-Begriffs zugrunde liegt (Scheufele 1999; Kapitel V.4.3.). Einen *„Frame“* kann man als Interpretationsrahmen, als kognitive Strukturen im Bewußtsein der Journalisten betrachten, die die Selektion und Verarbeitung von Informationen erleichtern. Frühere Erfah-

---

35 Zu z.T. anderen Ergebnissen kommt Kepplinger (1999b) bei einem Vergleich der Fernsehpräsenz der Spitzenkandidaten und ihrer Parteien.

rungen werden gespeichert und als Rahmen benutzt, durch den spätere Erfahrungen interpretiert werden. Erving Goffman argumentiert in „Frame Analysis" (1974, 21), wir alle klassifizierten, organisierten und interpretierten unsere Lebenserfahrungen, um einen Sinn darin zu finden. Die Interpretationsschemata, also „Frames", befähigten Individuen in bezug auf Informationen „to locate, perceive, identify, and label". Todd Gitlin (1980, 7) schreibt: „Media frames are persistent patterns of cognition, interpretation, and presentation, of selection, emphasis, and exclusion, by which symbolhandlers routinely discourse, whether verbal or visual. Frames enable journalists to process large amounts of information quickly and routinely: to recognize it as information, to assign it to cognitive categories, and to package it for efficient relay to their audiences."

Durch „Framing" werden bestimmte Teile der Realität hervorgehoben, andere dagegen heruntergespielt oder ignoriert. Dieser Prozeß kann bewußt oder unbewußt erfolgen. Nach Bertram Scheufele und Hans-Bernd Brosius (1999, 410) sind „Frames" „Interpretationsmuster [...], die dabei helfen, neue Ereignisse und Informationen sinnvoll einzuordnen und effizient zu verarbeiten [...]. Frames strukturieren die nachfolgende Beurteilung von Sachverhalten, indem sie bestimmte Aspekte in den Vordergrund rücken, während sie andere vernachlässigen; dadurch werden bestimmte Entscheidungen und Bewertungen nahegelegt [...]. Framing bezieht sich sowohl auf die journalistische Strukturierung von Ereignissen in bedeutungsvolle Einheiten des Medieninhalts als auch auf die subjektive Verarbeitung der Medieninhalte durch Rezipienten." Der „Framing"-Ansatz ist nicht nur auf die Nachrichtenauswahl durch Journalisten bezogen, sondern fungiert auch als Bindeglied zu Theorien der Nachrichtenauswahl und -wirkung beim Publikum, da auch die Rezipienten existierende Interpretationsrahmen verwenden bzw. aufgrund der Berichterstattung neue Rahmen entwickeln (vgl. auch Kapitel V.4.3.).

Der Begriff des „Frames" kann auch auf ein Ereignis bezogen werden. Ein Ereignis besitzt insofern einen Interpretationsrahmen, als seine Eigenschaften bestimmte Interpretationen nahelegen. Hans-Bernd Brosius und Peter Eps (1995, 170) bringen das Verhältnis der „Frames" von Journalisten und Ereignissen mit der Formulierung auf den Punkt: „Existierende Interpretationsrahmen von Journalisten beeinflussen, welche Ereignisse berichtet werden, und die Attribute von Ereignissen bestimmen, welche Interpretationsschemata Journalisten anwenden." Die Autoren (1995, 169) unterscheiden vier Stellen, an denen „Frames" in den Prozeß der Nachrichtenauswahl eingreifen. Sie bestimmen:

1. welche Geschehnisse ein Journalist als Ereignis begreift,
2. welche Aspekte eines Ereignisses für die Berichterstattung ausgewählt werden,
3. in welchen thematischen Kontext ein Ereignis gestellt wird und
4. wie der Nachrichtenwert eines Ereignisses bestimmt wird.

Neben der Nachrichtenauswahl im engeren Sinne (Journalisten richten ihre Aufmerksamkeit auf Ereignisse, die in ihren Bezugsrahmen passen) bezieht sich das „Framing"-Konzept auch auf die Nachrichtenstrukturierung, d.h. die Darstellung von Ereignissen (Journalisten betonen die Ereignisaspekte, die mit wichtigen Bestandteilen des „Frames" in Einklang stehen). Als Ursachen für die Veränderung von „Frames" kommen nach Scheufele und Brosius (1999, 411) verschiedene Faktoren in Frage. Als langfristige Veränderungen seien hier ein allgemeiner Wertewandel oder ein Wandel von Nachrichtenideologien zu nennen. Mittelfristig wirksam seien Aktionen politischer oder gesellschaftlicher Akteure, um ihre Sichtweise eines Problems durchzusetzen, oder politische Entscheidungen, die eine neue Sachlage schaffen.[36] Auch kann ein existierender „Frame" über einen „Frame-Transfer" den Bezugsrahmen für einen anderen, verwandten „Frame" herstellen. So kamen Wolfgang Donsbach und Dietmar Gattwinkel (1998) zu dem Schluß, daß der Skandal um die Entsorgung der Ölbohrplattform „Brent Spar" dafür sorgte, daß aus der Diskussion um Menschenrechtsfragen, das politische System und das Engagement von Ölkonzernen in Nigeria ein „Fall Shell" wurde. Als Auslöser kurzfristiger Veränderungen sind *Schlüsselereignisse* zu nennen, deren Wirkung auf „Frames" im folgenden näher betrachtet werden soll.

Wie Brosius und Eps (1993) herausstellen, muß man beim „Framing" zwischen der Routineberichterstattung und der Berichterstattung über außergewöhnliche Ereignisse unterscheiden. Während „Framing" im Normalfall stabilisierend auf das Nachrichtenangebot wirkt, weil konstante Auswahlkriterien zur Anwendung kommen, werden bei besonderen Geschehnissen neue „Frames" für ein Thema gesetzt oder alte verändert. Die Autoren nehmen an, daß auffällige Ereignisse als „Schlüsselereignisse" fungieren, die den Bezugsrahmen für die folgende Berichterstattung schaffen oder verändern. Es wird entweder ein neues Thema gesetzt (so z.B. nach dem schweren Unglück eines Tanklastzugs in Herborn 1987, wodurch die Sicherheit von Gefahrguttransporten und die mögliche Verlagerung solcher Transporte auf die Bahn zum Thema wurden) oder einem schon bekannten eine neue Dimension hinzugefügt (so z.B. nach dem Reaktorunfall in

---

36 Scheufele und Brosius (1999, 428) vermuten z.B., daß die Asylrechtsänderung zum Verlust des „Asylrechtsframes" und zur leichteren Durchsetzung des „Frames" „fremdenfeindliche Anschläge" führte.

Tschernobyl, der in Deutschland der bislang theoretischen Diskussion über die Themen Energieversorgung und Kernkraft eine neue Qualität verlieh) (Brosius/Eps 1993, 514).

Ein Indikator dafür, daß sich nach auffälligen Ereignissen (z.b. Katastrophen, Unfällen) die Selektionskriterien der Journalisten verändern, ist das häufig beobachtete Phänomen, daß sich z.b. nach einem schweren Unglück die Berichterstattung über ähnliche Unglücke häuft. Diese Beobachtung hat bereits Mark Fishman (1978) gemacht, der sogenannte „Crime Waves"[37] konstatierte, d.h. nach einem speziellen Verbrechen schien es plötzlich zu einem außerordentlichen Anstieg solcher Kriminalfälle (hier eine angebliche Verbrechenswelle gegen ältere Menschen in New York 1976) zu kommen.[38] Schließt man aus, daß tatsächlich mehr derartige Ereignisse in der Realität geschehen, so hat offenbar ein Ereignis nach umfangreicher Thematisierung eines ähnlichen Geschehens größere Chancen zum Thema der Berichterstattung zu werden, d.h. die Selektionskriterien der Journalisten haben sich verändert. Die Bedeutung derartiger Schlüsselereignisse konnte Wilke (1996) bereits für das große Erdbeben in Lissabon im Jahr 1755 nachweisen, das Nachrichten über schwächere Beben in Europa nach sich zog, über die sonst vermutlich nicht berichtet worden wäre.

Brosius und Eps (1993, auch Brosius/Esser 1995a; 1995b; 1996) befaßten sich mit der Stabilität von Bezugsrahmen und untersuchten „Framing" bei Schlüsselereignissen am Beispiel der Berichterstattung über fremden-

---

[37] Ein früher Berichte über die Inszenierung von „Kriminalitätswellen" aus der Sicht des Praktikers stammt von Lincoln Steffens, einem der berühmtesten amerikanischen Reporter, der 1931 schrieb (1985, 285): „New York has such waves periodically; [...] they sweep over the public and nearly drown the lawyers, judges, preachers, and other leading citizens who feel that they must explain and cure these extraordinary outbreaks of lawlessness. [...]. I enjoy crime waves. I made one once [...]".

[38] Ein solches Phänomen konnte man beispielsweise auch bei der Berichterstattung über zahlreiche Betriebsstörungen bei der Hoechst AG nach einem Störfall im Griesheimer Werk 1993 feststellen. Es entstand der Eindruck einer ganzen Störfall-Serie, ohne daß zwischen der Gefährlichkeit der Vorfälle differenziert wurde (Kepplinger/ Hartung 1995). Auch Hans Mathias Kepplinger und Johanna Habermeier (1995; 1996) konstatierten, daß sich nach Schlüsselereignissen (untersucht wurde das Tanklaster-Unglück in Herborn 1987, das Erdbeben in San Francisco 1989 und die Bekanntgabe der AIDS-Erkrankung von Rock Hudson 1985) sowohl die Berichterstattung über aktuelle und in der Vergangenheit geschehene ähnliche (genuine) Ereignisse als auch über thematisch verwandte Ereignisse (z.B. Forderungen nach besseren Sicherheitsvorkehrungen bei Lastwagen, mehr Vorsorge gegen Erdbebenschäden und stärkerer AIDS-Forschung) häufte, ohne daß die reale Entwicklung hierfür als Ursache angesehen werden konnte. Die untersuchten Printmedien konzentrierten sich auf solche Ereignisse, die den Schlüsselereignissen ähnlich waren, bzw. hoben Ereignisaspekte hervor, die den Eindruck der Ähnlichkeit unterstützten.

feindliche Anschläge in Deutschland. Sie stellten fest, daß die Qualität der vier besonders spektakulären Vorkommnisse von Hoyerswerda, Rostock, Mölln und Solingen[39] einen Einfluß darauf hatte, über welche Art von fremdenfeindlichen Anschlägen in der Folgezeit berichtet wurde. Der Anteil der berichteten Brandanschläge stieg nach zwei Schlüsselereignissen, bei denen es sich ebenfalls um Brandanschläge handelte (Mölln und Solingen), deutlich an, obwohl der Anteil der Brandanschläge in der Realität der Kriminalstatistik zufolge im gleichen Zeitraum zurückging. Einen ähnlichen Effekt konnten die Autoren auch in bezug auf den Ereignisort feststellen. Nach zwei Schlüsselereignissen in Ostdeutschland (Hoyerswerda und Rostock) wurde stärker über ostdeutsche fremdenfeindliche Anschläge berichtet, nach zwei weiteren Schlüsselereignissen in Westdeutschland (Mölln und Solingen) stellten westdeutsche Anschläge einen Schwerpunkt dar, obwohl in der Realität keine Veränderung des Verhältnisses der fremdenfeindlichen Straftaten in Ost- und Westdeutschland stattgefunden hatte. Außerdem konzentrierte sich die Berichterstattung nach Anschlägen, bei denen die Opfer Asylbewerber waren (Hoyerswerda und Rostock), auf Asylbewerber und nach Anschlägen, bei denen die Opfer Türken waren, auf Ausländer türkischer Nationalität.

Nachdem sich gezeigt hatte, daß Schlüsselereignisse den journalistischen Bezugsrahmen verändern können, fragten Scheufele und Brosius (1999), ob „Frames" konstant bleiben, wenn keine solchen Vorkommnisse geschehen. Dies traf auf den Zeitraum von 1993 bis 1996 zu. Weiter fragten die Autoren, welchen Einfluß ein erneutes, mit dem bisherigen Bezugsrahmen z.T. inkonsistentes Schlüsselereignis auf die Stabilität derartiger, langfristig etablierter „Frames" ausübt. Ein solches erneutes Schlüsselereignis war der Brand in einem Lübecker Asylbewerberheim im Januar 1996. Es stellte sich heraus, daß die durch Mölln und Solingen etablierten „Frames" trotz davon abweichender Ereigniseigenschaften des Lübecker Vorfalls weitgehend stabil blieben. Scheufele und Brosius (1999, 427) führten dies auf die lange Geltungsdauer des alten Bezugsrahmens zurück: „Je länger Bezugsrahmen angewandt werden, desto eher stabilisieren sie sich, und desto weniger anfällig sind sie für inkonsistente Ereignisse."

Insgesamt deuten die Ergebnisse der beschriebenen Studien darauf hin, daß die Auswahlkriterien der Journalisten nicht so konstant sind, wie die

---

[39] In Hoyerswerda (17.9.1991) und Rostock-Lichtenhagen (22.8.1992) wurden von Skinheads und anderen Anhängern der rechtsradikalen Szene Ausländer- bzw. Asylbewerberwohnheime angegriffen, in Mölln (23.11.1992) wurden bei einem Brandanschlag von Neonazis auf zwei Häuser, in denen türkische Familien leben, drei Personen getötet, in Solingen (29.5.1993) kamen bei einem Brandanschlag rechtsradikaler Täter auf das Haus einer türkischen Gastarbeiterfamilie fünf Personen ums Leben.

„klassischen" Ansätze der Nachrichtenauswahl (Kapitel IV.2.1.) meist implizit unterstellen.

5. Das Objektivitätsproblem

Angesichts der vorangegangenen Ausführungen zur Nachrichtenauswahl stellt sich die Frage, inwieweit eine der Realität entsprechende Berichterstattung in den Medien stattfindet bzw. möglich ist. Es geht folglich um das Problem der journalistischen *Objektivität*. Das „Handwörterbuch der Massenkommunikation und Medienforschung" (Silbermann 1982, 328) definiert lapidar, Objektivität sei „Darstellung der Wirklichkeit wie sie ist." Die Frage, nach welchen Kriterien über die Richtigkeit der Darstellung zu entscheiden ist, wird jedoch ebensowenig beantwortet wie die Frage, ob eine solche Art der Darstellung überhaupt möglich und wünschenswert ist.[40] In bezug auf Wünschbarkeit und Möglichkeit von Objektivität unterscheidet Ulrich Saxer (1974b) vier Grundpositionen:

1. Wünschbarkeit und Möglichkeit publizistischer Objektivität werden vorbehaltlos bejaht. Eine solche Auffassung, die keinen Gegensatz zwischen Norm und Wirklichkeit sieht, wird nur von einem vorwissenschaftlichen Standpunkt aus vertreten.
2. Wünschbarkeit und Realisierbarkeit publizistischer Objektivität werden kritisch bejaht, d.h. publizistische Objektivität wird weder als Endwert verabsolutiert, noch wird ihre Verwirklichung im Sinne absoluter Forderungen für möglich gehalten. Objektivität wird als grundsätzlich praktikable Berufsnorm und als Voraussetzung für Kommunikation in einer parlamentarischen Demokratie verstanden.
3. Die Wünschbarkeit publizistischer Objektivität wird prinzipiell anerkannt, die Möglichkeit der Verwirklichung aber bestritten, da immer subjektive Elemente eine Rolle spielen. Sachlichkeit oder Vielfalt der Meinungsdarstellungen werden gefordert.

---

[40] Mit dem Problem, ob Realität durch (journalistische) Aussagen „objektiv" wiedergegeben werden kann, hat sich schon vor ca. 2400 Jahren Thukydides (460–396 v. Chr.) beschäftigt und dabei festgestellt, daß verschiedene Augenzeugen einen bestimmten Vorgang jeweils verschieden wahrnehmen und schildern. Thukydides schrieb in der „Geschichte des Peloponnesischen Krieges" (1981, I, 22): „Was aber tatsächlich geschah in dem Kriege, erlaubte ich mir nicht nach Auskünften des ersten besten aufzuschreiben, auch nicht ,nach meinem Dafürhalten', sondern bin Selbsterlebtem und Nachrichten von andern mit aller erreichbaren Genauigkeit bis ins einzelne nachgegangen. Mühsam war diese Forschung, weil die Zeugen der einzelnen Ereignisse nicht dasselbe über dasselbe aussagten, sondern je nach Gunst oder Gedächtnis."

4. Wünschbarkeit und Möglichkeit publizistischer Objektivität werden entschieden verneint. Objektivität ist eine bloße ideologische Fiktion.

In der medienpolitischen Diskussion werden Wünschbarkeit und Möglichkeit von Objektivität häufig nicht in Frage gestellt. Der Vorwurf der fehlenden Objektivität ist zu einem festen Bestandteil des medienpolitischen Schimpf- bzw. Kampfvokabulars geworden. Fehlende Objektivität bzw. die Unfähigkeit, die Wahrheit zu erkennen und angemessen über diese zu berichten, kann angesichts der Schwammigkeit des Objektivitätsbegriffs jedem Massenmedium vorgeworfen werden. Die Entscheidung darüber, wann Berichterstattung als objektiv bzw. nicht mehr objektiv angesehen werden muß, ist häufig das Ergebnis politischen Aushandelns. Der Fernsehjournalist Franz Alt (1982, 207) brachte das Problem in einem Aufsatz mit dem Titel „Es gibt keine Objektivität oder: Nur Gott ist objektiv" mit den Worten auf den Punkt: „Meine Erfahrung ist auch: Objektiv ist, was gefällt, was nützt, was man gerne hört, was die eigene Meinung bestätigt. Als nicht objektiv bei Zuschauern und Parteien, bei Kirchen und Gewerkschaften, bei Unternehmern und Bürgerinitiativen, bei Linken und Rechten gilt, was nicht gefällt, was die eigenen Interessen beeinträchtigt, was man nicht gerne hört, was die eigene Meinung in Frage stellt."

Dennoch existieren in der Literatur zahlreiche Kataloge von Objektivitätskriterien, die die Beurteilung journalistischer Produkte ermöglichen bzw. als Anleitungen für eine objektive Berichterstattung fungieren sollen. Gängige Bestandteile solcher Zusammenstellungen sind neben Wahrheit Richtigkeit, Vollständigkeit, Wichtigkeit, Maßstabsgerechtigkeit[41], Ausgewogenheit[42], Vielfalt, Genauigkeit, Sachlichkeit, Neutralität, Werturteilsfreiheit, Fairneß, Trennung von Nachricht und Meinung usw.[43] Bei Einhaltung solcher Regeln ist es nach Walther La Roche (1995, 129) möglich, „*äußere Objektivität*" zu erreichen, d.h. eine Information „mit einem hohen Maß an Objektivität". Diese Regeln betreffen jedoch nur das „richtige Beschreiben" und geben keine Auskunft darüber, was „Wirklichkeit" ist. Dafür führt La Roche den Begriff der „*inneren Objektivität*" ein, die nicht realisierbar, aber zumindest anzustreben sei.

---

[41] Darunter ist zu verstehen, daß quasi ein verkleinertes Abbild der Realität entsteht, bei dem z.B. das Verhältnis verschiedener Positionen in der Berichterstattung der Häufigkeitsverteilung ihrer realen Äußerung entspricht.

[42] Dabei ist zwischen *Binnenpluralismus* (jedes einzelne Medium ist ausgewogen) und *Außenpluralismus* (Ausgewogenheit ergibt sich für das gesamte Mediensystem durch unterschiedliche Tendenzen der einzelnen Medien) zu unterscheiden.

[43] Zu derartigen Katalogen von Objektivitätskriterien vgl. Neuberger (1996, 100ff.) und Hagen (1995, 51).

Schon Emil Dovifat (1976, 83) vertrat in ähnlicher Weise in seiner zuerst
1931 erschienenen „Zeitungslehre" die Ansicht, eine Zeitung könne „nicht
‚objektiv wahr' [...] wohl aber subjektiv wahrhaftig sein". Weiter meinte
Dovifat: „Man stelle sich eine rein ‚objektive' Zeitung vor. Sie würde wie ein
Aufbau mathematischer Formeln aussehen und beim ersten Rechenfehler
stürzen. Zudem würde sie überhaupt nicht gelesen werden." Eine gänzlich
objektive Berichterstattung hielt Dovifat folglich weder für möglich noch
für wünschenswert.

Hinsichtlich der Wünschbarkeit wird in der Literatur z. T. auch kritisiert, daß eine aufgrund des Objektivitätsideals rein an *Fakten* orientierte
Berichterstattung zu einem „Fetzenjournalismus" (Schneider 1984, 250)
führe, d.h. eine bloße Aneinanderreihung unzusammenhängender Nachrichten, die nicht weiter eingeordnet oder analysiert würden.

Der in diesem Kontext erhobene Vorwurf, „objektive" Berichterstattung
sei per se unkritisch, ist jedoch allzu verkürzend. Nur eine besonders ausgeprägte Faktentreue hat es z.B. den beiden Journalisten Bob Woodward und
Carl Bernstein von der „Washington Post" ermöglicht, den „Watergate-
Skandal" aufzudecken. Alle angeblichen „Tatsachen" wurden bei zwei unabhängigen Quellen gegengeprüft. Außerdem kann objektive Berichterstattung durchaus eine kritische Funktion haben. Ein Artikel über Slums oder
Armut ist z.B. auch eine Kritik an sozialen Verhältnissen in einer Gesellschaft.

Ob Objektivität als wünschenswert und möglich betrachtet wird, hängt
von dem zugrunde liegenden Objektivitätsverständnis ab. Das Objektivitätsverständnis von Journalisten im internationalen Vergleich haben Donsbach und Patterson im Rahmen des „Media-and-Democracy"-Projekts untersucht (Donsbach/Klett 1993; Kapitel III.5.2.; III.5.3.). Dabei zeigten sich
Unterschiede zwischen den verschiedenen Ländern. So gaben beispielsweise
von den amerikanischen Journalisten 40% an, daß von fünf Umschreibungen des Objektivitätsbegriffs die faire Darstellung der verschiedenen Positionen in einer politischen Auseinandersetzung ihrem Objektivitätsverständnis am besten entspreche. Die meisten deutschen Journalisten
(42%) entschieden sich für die Antwortvorgabe, eine gute Berichterstattung
gehe über die Statements der Konfliktparteien hinaus und berichte über die
harten Fakten einer politischen Auseinandersetzung. Bei britischen Journalisten fanden beide Antwortvorgaben fast die gleiche Zustimmung (31%
bzw. 28%).

Publizistische Objektivität kann sich sowohl auf die Qualität eines journalistischen Produkts beziehen, d.h. eine *Eigenschaft von Medieninhalten*
beschreiben, als auch *eine journalistische Berufsnorm* bezeichnen, die eine
bestimmte Verhaltensweise verlangt.

Nach Donsbach (1990) lassen sich fünf verschiedene Konzeptionen von Objektivität unterscheiden:

Nach der *ideologischen* Konzeption sind Medieninhalte objektiv, die einem bestimmten gesellschaftlichen oder politischen Ziel dienen und „Realität" so darstellen, wie sie aus dem Blickwinkel einer bestimmten Gesellschaftsideologie (v.a. einer auf dem Marxismus aufbauenden) gesehen wird. In dem Buch „Sozialistische Journalistik" von Hermann Budzislawski (1966, 132) war beispielsweise zu lesen: „Unsere Presse ist objektiv und parteilich. Es gibt in der sozialistischen Journalistik keinen Widerspruch zwischen Objektivität und Parteilichkeit." Damit wird das Objektivitätsproblem dialektisch weggezaubert und die journalistische Arbeit erleichtert: Man braucht nur der jeweiligen Parteilinie zu folgen, um sicher zu sein, daß man „objektiv" ist (vgl. auch Kapitel III.5.2.).

Nicht auf die Medieninhalte, sondern auf die Berufsnorm und ihre Funktion bezieht sich das *funktionalistische* Begriffsverständnis. Gaye Tuchman beispielsweise sieht in objektiver, d.h. faktenorientierter und ausgewogener Berichterstattung einen journalistischen Verteidigungsmechanismus. Nach Tuchman (1972) entwickeln Journalisten bestimmte Arbeitstechniken, die es ihnen ermöglichen zu sagen: „Ich habe objektiv berichtet" und sie damit vor Kritik schützen. Diese Handlungsweisen, die Tuchman (1972, 661) als „strategische Rituale" bezeichnet, entstünden durch den Druck, der auf Redaktionen laste. Ein solcher Druck könne von Personen, Gruppen oder Organisationen ausgehen, über die in den Medien berichtet wird und die ein Medium bzw. den verantwortlichen Journalisten verklagen bzw. den Informationsfluß unterbrechen können. Diese Gefahr soll durch Objektivität in der Berichterstattung minimiert werden. Das „Ritual der Objektivität" ist folglich ein Verfahren, um die Risiken des journalistischen Berufs kontrollieren zu können. Da Journalisten wenig Zeit haben, Informationen durch weitere Recherchen zu verifizieren und sich von der Glaubwürdigkeit der Quelle zu überzeugen, greifen sie Tuchman (1972) zufolge zu anderen Mitteln, um „objektiv" berichten zu können. Zu diesen Verfahren gehören:

1. *Die Wiedergabe gegensätzlicher Meinungen*: Es gibt Ereignisse und Aussagen, die nicht auf ihren Wahrheitsgehalt hin überprüft werden können, weil sie außerhalb des journalistischen Erfahrungsbereiches liegen. Ein großer Teil des journalistischen Rohstoffes besteht aus Meinungsäußerungen von Politikern, Verlautbarungen von Verbänden und Wirtschaftsunternehmen usw. Die einzige Möglichkeit, sich der Kritik und dem Vorwurf der Parteilichkeit zu entziehen, besteht darin, daß auch die Gegenpartei zu Wort kommt. Durch die Darstellung konfligierender Meinungen wird keine Aussage über den Wahrheitsgehalt einer Mel-

dung gemacht, sondern sie wird neben andere Äußerungen gestellt, um damit die Glaubwürdigkeit des Mediums zu erhöhen. Der „objektive" Journalist ermöglicht es dem Rezipienten, selbst die Entscheidung zu fällen, wer die Wahrheit sagt. Das Ergebnis ist eine „ausgewogene" Berichterstattung, bei der die Realität auf ein Pro und Kontra reduziert wird. Die Möglichkeit, daß es mehr als zwei Perspektiven zu einem Thema geben kann, wird zumeist nicht berücksichtigt.

2. *Die Präsentation zusätzlicher Beweise*: Um eine Nachricht glaubwürdig erscheinen zu lassen, können zusätzlich unterstützende Fakten recherchiert werden. Diese Fakten werden als allgemein wahr angesehen und bedürfen keiner weiteren Verifizierung. Allerdings ist die Annahme, „Fakten" würden für sich selbst sprechen, keinesfalls korrekt, denn die Einschätzung bestimmter Tatbestände bzw. die Interpretation dieser Tatbestände als unhinterfragt akzeptiertes „Faktum", als Selbstverständlichkeiten, ist das Ergebnis sozialer Prozesse.

3. *Die Verwendung von Anführungszeichen*: Die Zitation der Meinung anderer kann zur Unterstützung einer Argumentationskette benutzt werden. Auch in diesem Falle sollen Tatsachen für sich selbst sprechen, wobei der Journalist durch die Verwendung der Anführungszeichen Distanz zum behandelten Thema zeigen kann.

4. *Die Strukturierung der Information in angemessener Reihenfolge*: Das Wichtigste soll am Beginn gebracht werden, und die nachfolgenden Abschnitte sollen Informationen von immer geringerer Bedeutung enthalten.

Ein *konsensuelles* Objektivitätsverständnis wird z.B. von Saxer (1974b) vertreten, der Objektivität definiert als „die Verpflichtung bzw. den Willen zu einer möglichst unverzerrten und daher allgemein annehmbaren publizistischen Beschreibung der Wirklichkeit." Auch hier besteht der Beurteilungsmaßstab nicht im Medieninhalt, sondern in der Absicht der Journalisten sowie in der Zustimmung des Publikums, das die Darstellung dann akzeptiere, wenn es sich um „eine maßstabsgerechte Verkürzung aller nach der gemeinsamen Wirklichkeitserfahrung und dem gemeinsamen Sinnhorizont relevanten Dimension der Realität" handele (Saxer 1974b, 211).

Die von Donsbach (1990) als *realitätsbezogen* bezeichnete Position hält die Objektivität von Medieninhalten für empirisch prüfbar und nennt Maßstäbe, anhand derer dies geschehen kann. Ebenfalls mit Donsbach kann hier zwischen medienexternen Kriterien, medieninternen Kriterien und Kriterien der Gleichverteilung unterschieden werden.

Nach der *relativistischen* Auffassung ist Objektivität als journalistische Handlungsnorm zu verstehen, aber in der Berichterstattung nicht meßbar, weil nicht eindeutig bestimmt werden kann, was die richtige Wiedergabe von Realität ist. Eine solche Position wird beispielsweise von Schulz (1990b; 1989) vertreten. Schulz bemängelte, daß die meisten Untersuchungen zur Nachrichtenselektion als „Falsifikationsversuche" angelegt waren, d.h. beweisen wollten, daß die in den Medien abgebildete Realität nicht mit der tatsächlichen Realität übereinstimmt. Dieser Ansatz wird als grundlegend falsch bezeichnet, da über das wirkliche Geschehen kein intersubjektiv gültiger Konsens zu erzielen sei. Die Verwendung von „Extra-Media-Daten" wie Jahrbüchern, Statistiken, Archivmaterialien usw. (vgl. Kapitel IV.2.1.) wird abgelehnt, da auch diese nur selektiv zustandegekommen seien. Schulz (1990b, 25) argumentiert, man vergleiche „nicht faktisches Geschehen mit den Berichten der Medien darüber, sondern nur Berichte aus verschiedenen Quellen miteinander (wobei sich die Quellen zwar unterschiedlicher Selektionsregeln bedienen können, die jedoch nur als Differenz, nicht als ‚richtig' oder ‚falsch' zu interpretieren sind)." Die Konsequenz aus dieser Argumentation ist, daß Nachrichtenberichterstattung allenfalls an einer Norm, einem Wunschbild von der Realität, gemessen werden kann, wobei derartige Maßstäbe nach Schulz (1990b, 27) deutliche Züge einer utopischen Vorstellung tragen, wie „alle Nationen sind gleich, alle Gruppen und Individuen sind gleich und sollten dementsprechend gleich häufig in den Nachrichten erwähnt werden, die Welt und die Menschen sind grundsätzlich gut, daher sollten die Nachrichten nicht alles Negative so sehr herausstellen usw." Nach Schulz bildet die Medienberichterstattung die Wirklichkeit nicht ab, sondern stellt nur eine mögliche Definition bzw. Interpretation dar. Schulz spricht von einer Konstruktion von Realität durch die Massenmedien, wobei die Kriterien, anhand derer diese Konstruktion erfolgt, die Nachrichtenfaktoren sind.[44] Schulz (1990b, 30) betrachtet die Nachrichtenfaktoren nicht als Ereignismerkmale, sondern als „journalistische Hypothesen von Realität". Die konstruierte Welt wird seiner Ansicht nach für die Rezipienten, die keinen primären Zugang zu den meisten Dingen haben, über die berichtet wird, zur „faktischen" Realität, zur Realität aus zweiter Hand.[45] Die Realitätsvorstellungen der Bürger würden damit ent-

---

[44] Einem anderen Ansatz zufolge kann und sollte der Journalist als „unbeteiligter Beobachter" fungieren und durch eine sachliche und unparteiliche Berichterstattung dafür sorgen, daß er nicht eine eigene Wirklichkeit konstruiert, sondern im Sinne einer „Konstruktion zweiten Grades" die bestehenden Wirklichkeitskonstruktionen verschiedener Handelnder allgemein zugänglich macht, um einen gesellschaftlichen Dialog darüber zu ermöglichen (vgl. dazu unter Bezugnahme auf Alfred Schütz Schönhagen 1998; 1999). Der Journalist schaffe damit die Voraussetzung dafür, „dass in komplexen Gesellschaften Realität in einem sozialen Prozess interpretiert und konstruiert werden kann." (Schönhagen 1999, 280).

[45] Bereits Arnold Gehlen (1957, 49) wies darauf hin, daß zwischen den einzelnen mit seinem engen Erfahrungskreis und die „unübersehbaren, schicksalhaften Vorgänge" notwendigerweise die „Erfahrung aus zweiter Hand" tritt.

scheidend von den Selektionskriterien einer einzelnen Berufsgruppe, nämlich den Journalisten, geprägt. Jenes Bild der Welt, das für die Rezipienten
aufgrund der Kriterien der journalistischen Nachrichtenauswahl zustande
kommt, wird als *„Medienrealität"* bezeichnet (Schulz 1990b, 27–29).[46] Die
relativistische Objektivitätsauffassung birgt insgesamt das Problem, daß mit
ihrem Objektivitätsverständnis leicht eine Aufgabe der journalistischen
Norm objektiver Berichterstattung begründet werden kann.

Angesichts der Tatsache, daß das Verhältnis von Aussage und Realität
nicht befriedigend zu beurteilen ist, Objektivität als Qualitätsnorm für den
Journalismus aber auch nicht aufgegeben werden sollte, stellt sich die Frage
nach praktikableren Objektivitätskriterien. Hier bietet sich eine Anwendung
der wissenschaftstheoretischen Vorstellung von Objektivität, d.h. des
Popperschen Kritischen Rationalismus (vgl. Kapitel I.2.) auf den Journalismus an (Donsbach 1990, 26; Neuberger 1996, 137–184). Das bedeutet,
daß Objektivität statt als Übereinstimmung von Aussage und Realität als
intersubjektive Nachprüfbarkeit von Aussagen verstanden wird. Aus der
Tatsache, daß die objektive Realität nicht bestimmt werden kann, wird
dabei kein Verzicht auf Wahrheitssuche bzw. Objektivität abgeleitet, sondern es tritt die *Methode der Erkenntnisgewinnung* in den Mittelpunkt, die
dazu geeignet sein soll, subjektive Momente (Werte, Meinungen, Gefühle)
auszuschließen bzw. zu minimieren. Man kann daher auch von einem
„methodischen Objektivitätsbegriff" (Donsbach 1990, 25–27) sprechen.
Objektivität wird damit nicht am journalistischen Endprodukt gemessen,
sondern ist ein Merkmal der Vorgehensweise bei der Erkenntnisgewinnung,
d.h. professioneller Recherche und Berichterstattung. Zentrales Merkmal
eines solchen Vorgehens wäre das grundsätzliche Prüfen des Wahrheits-
gehaltes von Aussagen (z.B. Verifizierung der Fakten durch Befragung von
Zeugen oder Experten bzw. durch sonstige Informationsquellen).

---

[46] Die Konstruktion einer separaten Medienrealität haben Kurt und Gladys Engel
Lang (1963) 1953 am Beispiel der Berichterstattung über die Rückkehr von General
MacArthur aus Korea nach Chicago aufgezeigt (vgl. dazu Kapitel III.6.7.). Ein weiteres Beispiel für die Realitätskonstruktion durch Massenmedien ist die Berichterstattung in der „Ölkrise" 1973/74. Hans Mathias Kepplinger und Herbert Roth
(1978; auch Kepplinger 1983b) kommen zu dem Ergebnis, daß ein von den Massenmedien vermitteltes, falsches Bild der Realität zu verhaltensmäßigen Konsequenzen
im Sinne einer „Sich-selbst-erfüllenden Prophezeiung" führen kann. Auf die erste
Welle der negativen Berichterstattung in bezug auf die Versorgungslage mit Öl reagierte die Bevölkerung mit Hortungskäufen. Die keineswegs krisenhafte Lage auf
dem Ölmarkt spitzte sich zu, weil durch die plötzlich gestiegene Nachfrage Liefer-
schwierigkeiten auftraten. Wie Kepplinger (1992, 52f.) schreibt, war „die Realität,
über die die Massenmedien berichten, [...] z.T. selbst schon eine Folge der vorangegangenen Berichterstattung."

Bei dem Versuch einer Übertragung des Kritischen Rationalismus auf den Journalismus hat Christoph Neuberger (1996, 155–171) Regeln für eine möglichst große Intersubjektivität bei der Realitätsdarstellung abgeleitet. Neuberger unterscheidet zwischen *„Nachprüfbarkeitsregeln"* und *„Beobachtungsregeln"*. Zu den *Nachprüfbarkeitsregeln* gehört die „Transparenzregel": Journalisten sollen offenlegen, wie sie zu ihren Aussagen gekommen sind, d.h. welcher Methoden und welcher Quellen sie sich bedient haben und welche Prüfungen der Publikation vorausgegangen sind. Der „Regel der Kritikchance" zufolge muß der Rezipient die Möglichkeit haben, Kritik an Behauptungen oder auch deren Bestätigung öffentlich mitzuteilen. Zu den *Beobachtungsregeln* gehört die Priorität der Primärerfahrung, d.h. der Eigenrecherche vor der Sekundärerfahrung; die Nutzung geeigneter Beobachtungs- und Protokollierungstechniken zur Sicherstellung von Validität und Reliabilität; Werturteilsfreiheit; die Priorität geeigneter Methoden und neutraler, kompetenter Quellen (gegenüber parteilichen, inkompetenten Quellen) und das Prinzip der Gegenprüfung von Behauptungen aus Sekundärquellen (durch andere Quellen und durch Beurteilung der Methoden, durch die die Informationen gewonnen wurden). Hinsichtlich der Beobachtungsregeln sieht Neuberger (1996, 166–170) die Möglichkeit, zumindest in bestimmtem Umfang die Methodengrundsätze der quantitativen und v.a. der qualitativen Sozialforschung auf den Journalismus zu übertragen (z.B. Befragungsmethoden, die unverzerrte Antworten ermöglichen usw.) (vgl. auch Kapitel III.5.2. zum Konzept des „Präzisionsjournalismus").

Ein Problem ergibt sich dabei jedoch aus dem Spannungsverhältnis zwischen der Forderung nach Objektivität und nach Relevanz der berichteten Sachverhalte. Eilders (1997, 14) schreibt dazu: „Das Verlangen nach Ausgewogenheit einerseits kann dazu führen, daß z.B. auch weniger relevante Meldungen über andere Parteien berichtet werden. Die Beschränkung auf relevant erscheinende Meldungen andererseits kann, je nach Ereignislage, zum Eindruck unausgewogener Berichterstattung führen." Auch Neuberger (1996, 382, Hervorhebung im Original) vertritt die Ansicht: *„Das Relevanzproblem kann nicht objektiv gelöst werden.* Da die Realität unter unendlich vielen Aspekten beobachtet werden kann und sie keine natürlichen Relevanzunterschiede aufweist, kann die Realität weder vollständig erkannt, noch kann eine Auswahl unter den Aspekten der Realität ‚objektiv' getroffen werden." Eine Folge dieses Relevanzproblems besteht auch darin, daß bestimmte Aspekte der Realität ausgeklammert werden, d.h. über manche Ereignisse bzw. Sachverhalte nicht berichtet wird. Diesen unberücksichtigten Nachrichten widmet sich die 1997 nach dem Vorbild des US-amerikani-

schen „Project Censored"[47] gegründete „Initiative Nachrichtenaufklärung"
an der Universität Siegen (Ludes/Staab/Schütte 1997; Ludes 1999; Projektseminar „Initiative Nachrichtenaufklärung 1999).[48] Diese sammelt Vorschläge von Medienschaffenden, gesellschaftlichen, wissenschaftlichen und
politischen Institutionen sowie interessierten Bürgern, aus denen eine Jury
aus Wissenschaftlern und Journalisten einmal jährlich eine Rangliste der
zehn in Deutschland am stärksten vernachlässigten Themen und Nachrichten erstellt.[49]

---

[47] 1976 an der „Sonoma State University of California" gegründet (vgl. http://www.
projectcensored.org). Es werden nicht nur zu wenig, sondern auch zu viel berichtete
Themen behandelt.

[48] Vgl. auch http://www.nachrichtenaufklaerung.de. In ähnlicher Weise veröffentlicht
auch der „Medien Tenor" monatlich „untergegangene Themen".

[49] Neben den Nachrichtenfaktoren nennt der Begründer der Initiative, Peter Ludes
(1999, 184–186), als weitere Gründe für die Vernachlässigung von Themen die Tatsache, daß z.B. Informationen über Personen kostengünstiger, schneller und leichter
zugänglich sind als etwa Informationen über wirtschaftliche Institutionen; wirtschaftliche Abhängigkeitsverhältnisse; symbiotische Beziehungen und Distanzverlust
zwischen Journalisten und Informanten; mangelnde Zivilcourage sowie zu geringe
personelle Ausstattung der Redaktionen.

Teil V – Wirkungsforschung

1. Der Wirkungsbegriff

„Wirkungen" im weiteren Sinne sind sämtliche Verhaltens- und Erlebnisprozesse, die darauf zurückzuführen sind, daß der Mensch Rezipient der Massenkommunikation ist (Maletzke 1963, 189f.). Allerdings dürfte die Operationalisierung dieser Definition schwierig sein, da die Massenmedien praktisch jeden erreichen und eine analytisch eindeutige Abgrenzung dieses die „präkommunikative", die „kommunikative" und die „postkommunikative" Phase umfassenden Wirkungsvorgangs nicht möglich scheint. Ein „engerer" Wirkungsbegriff klammert die *präkommunikative* Phase, d.h. die Phase vor der eigentlichen Zuwendung zu Medieninhalten, aus (z.B. Fragen der Medienselektion), deren Prozesse wiederum zum Teil von vorangegangenem Medienkonsum geprägt sind. Unter „Wirkung" werden dann zum einen sämtliche Prozesse verstanden, „die sich in der postkommunikativen Phase als Folgen der Massenkommunikation abspielen, und zum anderen in der eigentlichen kommunikativen Phase alle Verhaltensweisen, die aus der Zuwendung der Menschen zu Aussagen der Massenkommunikation resultieren." (Maletzke 1963, 190).[1] Zur *kommunikativen* Phase werden u.a. Wahrnehmungsvorgänge, Aufmerksamkeitsverlauf, Probleme des Verstehens einer Aussage, emotionale Prozesse sowie ästhetische Momente gerechnet. Für die Klassifikation *postkommunikativer* Wirkungen gibt es eine Vielzahl von Vorschlägen. So wird zwischen *manifesten* (beabsichtigten) und *latenten* (unbeabsichtigten) Effekten einer persuasiven Botschaft unterschieden oder zwischen Wirkungen auf der Ebene des *Individuums*, der *Gruppe* und des *sozialen Systems*. Bei den Wirkungen auf der Ebene des Individuums können z.B. *physische* (z. B Haltungs- und Augenschäden) und *psychische* Effekte differenziert werden. Außerdem ist eine Unterscheidung von *direkten* und *indirekten* Effekten möglich. Häufig wird auch eine zeitliche Klassifikation vorgeschlagen (*kurzfristige, mittelfristige* oder *langfristige* Wirkungen). Obwohl langfristige Effekte zunehmend untersucht werden, dominiert in der bisherigen Forschung noch immer die Analyse kurzfristiger Wirkungen. Bei den langfristigen Effekten ist zu unterscheiden zwischen: 1. den Konsequenzen eines *einzelnen* massenmedialen Inhalts

---

1 Gerhard Maletzke (1963, 192) bezeichnet „Wirkung" allerdings explizit als „Veränderung" (im Verhalten, im Wissen, in den Meinungen und Attitüden, im emotionalen Bereich, in den „Tiefensphären des Psychischen", d.h. der Persönlichkeitsstruktur), was nicht angemessen ist, da der häufig konstatierte Effekt einer Stabilisierung bzw. Verstärkung bestehender Einstellungen und Verhaltensweisen ausgeklammert wird.

(Stimulus), z.B. die allmähliche Integration einer bestimmten Botschaft in das kognitive System eines Individuums (vgl. z.B. „Sleeper"-Effekt, Kapitel V.3.1.) und 2. den *kumulativen* Effekten verschiedener Inhalte, die sich verstärken oder einander kompensieren können.

Eine andere Abgrenzung ist jene zwischen Wirkungen auf der Ebene des Wissens oder der Meinungen (*kognitive* Effekte), der Gefühlsebene (*affektive* Effekte) und der Ebene des Verhaltens (*konative* Effekte). Im Rahmen eines verbreiteten Verständnisses des Einstellungsbegriffs werden diese drei Elemente als untrennbar miteinander zusammenhängende Komponenten von „Einstellungen" begriffen, d.h. „Einstellungswandel" impliziert Effekte auf allen drei Ebenen, bzw. die Veränderung einer Komponente zieht Veränderungen der anderen nach sich (z.B. Krech/Crutchfield/Ballachey 1962, 177; McGuire 1969, 155ff.; Bledjian/Stosberg 1972, 22ff.). Eine derartige Konzeption ist allerdings problematisch, denn die Wirkung massenmedialer Information kann z.B. in einer Zunahme der faktischen Information (des Wissens) bestehen, ohne daß dies die Gefühlsebene tangiert. Auch die Annahme, einem Meinungswandel würde zwangsläufig eine Verhaltensänderung folgen bzw. jeder Verhaltensänderung gehe ein Wandel von Meinungen bzw. Wissen voraus, ist empirisch nicht abgesichert (z.B. Insko/Schopler 1967; Wicker 1969). Seit Beginn der 70er Jahre werden die einzelnen Komponenten des Einstellungskonzepts daher zunehmend separat untersucht bzw. deren Beziehung untereinander differenzierter betrachtet (Schenk 1987, 39f.).

Grundsätzlich sind Wirkungen nicht kausal in dem Sinne erklärbar, daß – von Ausnahmen abgesehen – von einem Inhalt direkt auf eine bestimmte Wirkung geschlossen werden kann. Die Vielzahl der möglichen Einflüsse führt oft zu sehr allgemein gehaltenen Aussagen über die Wirkkraft der Massenmedien. Eleanor Maccoby (1964) argumentiert: Wenn nach den Wirkungen der Massenmedien gefragt wird, darf die Fragestellung nicht lauten, ob die Medien überhaupt wirken. Es muß vielmehr gefragt werden, welche Wirkungen in welcher Quantität vorliegen und unter welchen Bedingungen diese Effekte auftreten. Das Fehlen einer direkten, linearen Beziehung zwischen Inhalt und Wirkung berechtigt folglich nicht zu dem Schluß, Wirkungen seien nicht zu erwarten. Zu den Faktoren, von denen Wirkungen im allgemeinen abhängen, zählen v.a. 1. der *Kommunikationsinhalt* und damit verbunden auch die Kommunikatorglaubwürdigkeit, 2. die *Persönlichkeit des Rezipienten* und dessen Einbettung in ein Netzwerk sozialer Beziehungen sowie 3. die *situativen Bedingungen* der Rezeption.[2] Zu berücksichtigen ist, daß oft mehrere solcher Faktoren zusammenwirken.

---

[2]   Faktoren, die zwischen Ursache (unabhängige Variable, d.h. Medieninhalt) und Wirkung (abhängige Variable, d.h. Effekt von Medieninhalten) treten und deren Zusammenhang beeinflussen, werden als „intervenierende Variablen" bezeichnet.

Zur Analyse eventueller Wirkungen ist folglich ein Interaktionskonzept adäquat, d.h. die Analyse einzelner isolierter Variablen ist wenig erfolgversprechend. In der Anfangszeit der Wirkungsforschung ist derartigen Einflußfaktoren allerdings noch keine Aufmerksamkeit gewidmet worden.

2. Die Entwicklung der Wirkungsforschung

Nach einer in der Literatur weit verbreiteten Darstellung lassen sich vier Phasen der Medienwirkungsforschung unterscheiden (McQuail 2000, 416–422; zusammenfassend auch Brosius/Esser 1998).

1. Phase: Allmacht der Medien (ca. 1900–1940)

Die erste Phase der Medienwirkungsforschung war vom Glauben an die Allmacht der Medien geprägt. Die damals herrschenden Annahmen wurden später auch mit Begriffen wie „Magic Bullet Theory", „Transmission Belt Theory" oder „Hypodermic Needle Concept" bezeichnet.[3] Man glaubte, vom Inhalt der Medien direkt, linear und monokausal auf eine bei allen Rezipienten identische Wirkung schließen zu können. Im Kontext dieses simplen *„Stimulus-Response"-Modells* („Stimulus-Reaktions-Modell", „S-R-Modell" bzw. „Reiz-Reaktions-Schema") (Abb. 1) wurde den Massenmedien die Fähigkeit zugebilligt, ganze Gesellschaften „gleichzuschalten".

Abbildung 1: Das Stimulus-Response-Modell

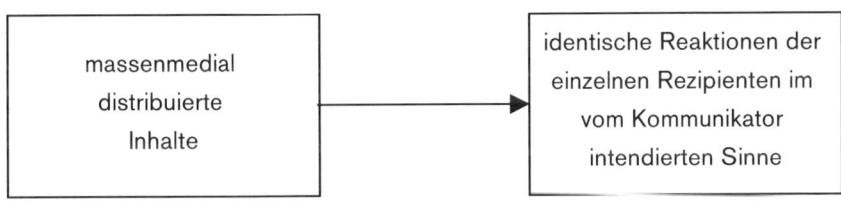

massenmedial distribuierte Inhalte → identische Reaktionen der einzelnen Rezipienten im vom Kommunikator intendierten Sinne

---

3   Dahinter verbirgt sich die Vorstellung, Kommunikatoren würden auf wehrlose Rezipienten „zielen" und bei einem „Treffer" eine Wirkung auslösen („Magic Bullet Theory"; Schramm 1973, 243); Wirkungen würden wie mit einem „Transmissionsriemen" übertragen („Transmission Belt Theory"; Maletzke 1988, 4) bzw. die Medien wirkten auf Rezipienten, „als würde ihnen eine Spritze gesetzt" (Noelle-Neumann 1994b, 521) („Hypodermic Needle Concept"; Berlo 1960, 27).

Die Entstehung derartiger Vorstellungen wurde von der damals weit verbreitete Theorie der Massengesellschaft gefördert, die von der Annahme
ausging, daß ein allmächtiges Medium die aufgrund der Auswirkungen der
Industrialisierung und der Auflösung von Primärgruppen sozial isolierten
und dadurch wehrlosen Rezipienten nach Belieben beeinflussen könne (vgl.
Kapitel I.4.1.). Einen weiteren Beitrag leistete die Instinktpsychologie, der
zufolge alle Menschen aufgrund in ihnen biologisch angelegter Triebe auf
bestimmte äußere Stimuli, ohne dies kontrollieren zu können, mit bestimmten und bei allen Individuen identischen Verhaltensweisen reagieren.
Schließlich trugen auch die Erfahrungen mit Kriegspropaganda sowie der
Massenbeeinflussung durch Nationalsozialisten, Faschisten und Kommuni-
sten zu der Annahme allmächtiger Medien bei. Weitere Faktoren waren z.B.
die große Popularität neuer Medien wie Massenpresse, Radio und Film und
großangelegte Werbefeldzüge der Industrie zur Schaffung neuer Konsum-
bedürfnisse.

   Zu den Untersuchungen, die in der Literatur oft als Standardbeispiele
für die Allmacht der Medien angeführt werden, gehört die Studie von
Hadley Cantril (1940). Darin wurde analysiert, wie am 30. Oktober 1938
angeblich Tausende von Amerikanern von Panik erfaßt wurden, als sie im
Radio die sehr realistisch wirkende Science-Fiction-Geschichte *„Invasion
from Mars"* (Regie: Orson Welles) hörten. Nach Horst Holzer (1969, 60)
bzw. Muzafer und Carolyn W. Sherif (1969, 522) ist die Studie von Cantril
das prägnanteste Beispiel für massenmedial bewirkte Provokation eines
Angst- bzw. Panikzustandes beim Publikum. Nach Cantril hörten mindestens sechs Millionen Rezipienten die Sendung, und von diesen sollen wenigstens eine Million verängstigt oder aufgeregt gewesen sein. Cantrils Aussagen basieren jedoch lediglich auf einer Befragung von 135 Probanden, von
denen 100 deshalb ausgewählt worden waren, weil ihre panische Reaktion
auf das Hörspiel bekannt war. Eine andere Gewichtung erhalten die von
Cantril vorgelegten Daten, wenn berücksichtigt wird, daß 12% der erwachsenen Bevölkerung die Sendung hörten, von diesen 28% das Hörspiel als
realistische Nachrichtensendung mißverstanden und von diesen wiederum
70% verängstigt oder verstört waren. Dies bedeutet, daß nur 2% der erwachsenen Bevölkerung in Angst und Schrecken versetzt wurden (Rosen-
gren/Arvidson/Sturesson 1974). Ferner liegt die Vermutung nahe, daß
überhaupt keine Panik ausbrach, denn Cantril vermochte lediglich auf den
subjektiven Situationsdefinitionen der Befragten basierendes Datenmaterial
vorzulegen.

   Die Vermutung, die von Cantril „nachgewiesene" Panik habe nicht in
der Realität, sondern nur in den Berichten der Massenmedien stattgefunden, wird durch die Ergebnisse einer Studie von Karl Erik Rosengren, Peter
Arvidson und Dahn Sturesson (1974) gestützt. Die Forscher untersuchten

die Hintergründe der „*Barsebäck-Panik*", die im November 1973 durch eine ebenfalls sehr realistische elfminütige Sendung des schwedischen Rundfunks über einen angeblichen Unfall in einem Kernkraftwerk in Barsebäck in Südschweden verursacht worden sein sollte. Bereits eine Stunde nach der Sendung wurde im Radio gemeldet, in Südschweden herrsche Panik. Auch die am nächsten Tag erscheinenden Zeitungen stellten die angebliche Panik groß heraus. Die Befragung eines repräsentativen Bevölkerungssamples (N=1089) ergab, daß ca. 20% der erwachsenen Bevölkerung die Sendung gehört und davon zunächst jeder zweite (bis zum Ende der Sendung jeder fünfte) sie als Schilderung der Realität mißverstanden hatte. Von diesen waren über 70% erschreckt bzw. verwirrt, und von diesen wiederum reagierten ca. 15% mit einem entsprechenden Verhalten. Das bedeutet, daß ca. 10% der erwachsenen Bevölkerung im Ausstrahlungsbereich die Sendung mißverstanden, 7 bis 8% erschreckt wurden und ca. 1% Verhaltensreaktionen zeigte. Die Reaktionen bestanden darin, Kontakt mit Familienmitgliedern oder Nachbarn aufzunehmen, die Fenster zu schließen oder zu überlegen, was im Falle einer Evakuierung mitzunehmen sei. Es konnte kein einziger Hinweis auf das Auftreten panikartiger, kopfloser Flucht festgestellt werden. Die Erklärung dafür, daß in den Medien von einer Panik in Südschweden berichtet worden war, liegt darin, daß die Rundfunkjournalisten eine Vielzahl von Höreranrufen erhielten, daraufhin ihrerseits bei Polizei und Feuerwehr anriefen und von dort die Auskunft bekamen, auch diese Institutionen würden mit Anrufen überhäuft. Die Journalisten schlossen daraus auf die Existenz einer Massenpanik.

2. Phase: Wirkungslosigkeit der Medien (ca. 1940–1965)

In dieser Phase lieferten empirische Untersuchungen Hinweise auf wirkungsmodifizierende intervenierende Variablen, die das deterministische „Stimulus-Response"-Modell widerlegten. Individuelle Unterschiede hinsichtlich der Persönlichkeitsorganisation (z.B. unterschiedliche Motivation, Lernleistung, Aufmerksamkeit, Wahrnehmung usw.) und im sozialen Umfeld des Menschen wurden nunmehr berücksichtigt und als wirkungsmodifizierender „Filter" verstanden („*Stimulus-Organismus-Response-Modell*") (Abb. 2). Wirkungsmodifizierende Prozesse galten als erlernt und nicht als angeboren. Es wurde anerkannt, daß die Persönlichkeitsstrukturen von Menschen stark variieren und daß diese Unterschiede zu unterschiedlichen Wahrnehmungen eines massenmedialen Inhalts führen können. Konzepte wie „selektive Aufmerksamkeit" und „selektive Wahrnehmung" (Kapitel V.4.) fanden besondere Beachtung. Auch die soziale Verankerung des Menschen wurde als intervenierender Faktor erkannt. Wegweisend war insbesondere die Studie „*The People's Choice*" von Paul F. Lazarsfeld, Bernard Berelson und Hazel Gaudet (1944), die den Präsidentschaftswahlkampf 1940 im Landkreis „Erie County" untersuchten und feststellten, daß durch Medienkonsum eher eine Verstärkung als eine Veränderung bestehender Meinungen erfolgte. Die Befunde dieser Studie legten den Grundstein für Konzepte wie das der „selektiven Wahrnehmung" (Kapitel V.4.), der „Meinungsführer" (Kapitel V.5.) sowie der Bedeutung sozialer Gruppenbindungen (Kapitel V.5.). Die Ausrichtung der Wirkungsforschung im Rahmen des „Stimulus-Organismus-Response-Modells" war aber immer noch einseitig im Sinne eines Einweg-Modells der Massenkommunikation.

Abbildung 2: Das Stimulus-Organismus-Response-Modell

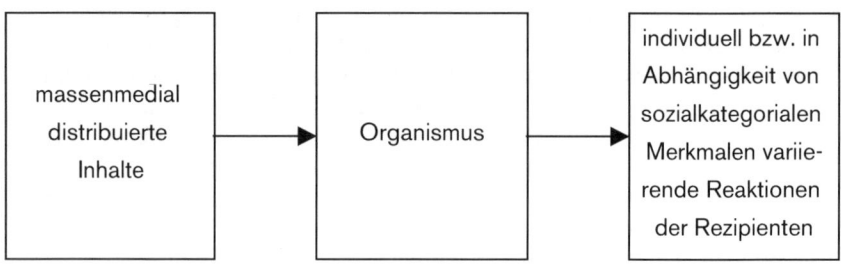

Großen Einfluß auf die Vorstellung von der Wirkungslosigkeit der Medien hatte eine Literaturanalyse von Joseph T. Klapper mit dem Titel „The Effects of Mass Communication" (1960).[4] Im Rahmen seines Ansatzes berücksichtigte Klapper, daß identische Inhalte bei verschiedenen Rezipienten unterschiedliche Wirkungen nach sich ziehen können. Klapper (1960, 278) ordnete die potentiellen Effekte einer persuasiven Kommunikation nach deren „Richtung" und unterschied:

1. Den Aufbau von Meinungen und Attitüden bei Rezipienten, die bezüglich eines bestimmten Themenbereichs noch keine Meinung besitzen (*Neubildung*);

---

4   Wie Richard M. Perloff (1998, 196) hervorhebt, befaßten sich jedoch die meisten von Klapper in seiner Literaturdurchsicht betrachteten Studien mit Printmedien und Radio. Klapper legte den Schwerpunkt auf Wirkungen auf Individuen und klammerte Makroaspekte aus. Auch die Annahmen hinsichtlich der selektiven Wahrnehmung können heute nicht mehr als gültig betrachtet werden (vgl. Kapitel V.4.).

2. die Verstärkung bereits bestehender Attitüden (*Verstärkung*);
3. die Verminderung der Intensität bereits bestehender Attitüden, ohne
   daß eine Umkehrung erreicht wird (*Abschwächung*);
4. die Überzeugung der Rezipienten von einer ihrer ursprünglichen Meinung entgegengesetzten Ansicht (*Umkehrung*);
5. kein Effekt.

Klapper gelangte in seiner Literaturdurchsicht zu dem Schluß, daß am häufigsten eine Verstärkung eintrete, gefolgt von Abschwächung und Neubildung; am seltensten sei eine massenmedial bewirkte Umkehrung festzustellen. Klapper (1960, 8) argumentierte:

1. Massenkommunikation sei im Normalfall weder als notwendige noch als
   hinreichende Bedingung für das Auftreten von Wirkungen anzusehen.
   Massenmedien wirkten nur in Verbindung mit anderen intervenierenden
   Faktoren („*Mediating Factors*"). Zu diesen Faktoren zählen nach
   Klapper (1960, 18ff.) 1. die Prädisposition der Rezipienten und daraus
   folgende Auswahlprozesse (selektive Zuwendung, selektive Wahrnehmung und selektives Behalten), 2. Gruppen und Gruppennormen, 3. die
   interpersonale Verbreitung massenkommunizierter Inhalte, 4. Meinungsführerschaft, 5. die Struktur der Massenmedien in einer freien
   Marktwirtschaft.
2. Die mediatisierenden Faktoren seien so beschaffen, daß Massenkommunikation üblicherweise nicht die alleinige Ursache, sondern
   lediglich einen Faktor neben anderen bei der *Verstärkung* bereits bestehender Verhältnisse darstelle. Unabhängig davon, ob es sich um individuelle oder gesellschaftliche Wirkungen handele, würden die Medien
   eher zur Verstärkung als zum Wandel beitragen („*Verstärker-
   Hypothese*").
3. In Situationen, in denen die Massenkommunikation zu einem Wandel
   beitrage, liege vermutlich eine der beiden folgenden Bedingungen vor:
   1. die mediatisierenden Faktoren seien unwirksam, so daß die Medien
   direkt auf die Rezipienten wirken könnten, oder 2. die mediatisierenden
   Faktoren wirkten selbst auf eine Veränderung hin.[5]

---

[5] Klapper nahm unter Bezugnahme auf die Forschungsergebnisse der „Yale-Gruppe"
     (vgl. Kapitel V.3.) weiterhin an, daß die Medien in einigen wenigen Situationen di-
     rekte Effekte ausüben oder allein aufgrund ihrer Existenz bestimmte psychische
     Funktionen erfüllen könnten und neben den mediatisierenden Faktoren auch Eigen-
     schaften der Medien, der Kommunikation und der Kommunikationssituation die
     Wirkungen der Massenkommunikation beeinflußten.

Noch in dem einflußreichen Artikel von William J. McGuire (1969) im „Handbook of Social Psychology" wurde die These vertreten, aufgrund der vorliegenden Forschungsergebnisse könne davon ausgegangen werden, daß die Massenmedien keinerlei Wirkung hätten – eine absolut unhaltbare Aussage, die an einen engen, nur auf Individuen zentrierten Wirkungsbegriff geknüpft ist und von der irrigen Annahme ausgeht, die Verstärkung bestehender Einstellungen sei keine Wirkung.

3. Phase: Wiederentdeckung starker Medienwirkungen (ca. 1965–1980)

In der dritten Phase konzentrierte sich die Forschung nicht mehr nur auf den Kommunikator und die von ihm verbreiteten Inhalte, sondern im Rahmen des „Uses-and-Gratifications Approach" (vgl. Kapitel V.6.1.) gewann der aktive Umgang des Rezipienten mit den Medien an Bedeutung. Neben dem bislang dominierenden Einstellungswandel durch Massenmedien rückten Medienwirkungen wie z.b. Wissenserwerb und Themenpräferenzen ins Zentrum der Betrachtungen, und Ansätze wie „Agenda-Setting", „Wissenslufthypothese" und „Kultivierungshypothese" entwickelten sich. Den Medien wurde wieder ein stärkeres Wirkungspotential zugebilligt, d.h. es kam zum „Return to the Concept of Powerful Media", wie es Elisabeth Noelle-Neumann (1973b) im Titel eines Beitrags formulierte. Zu dieser Neuorientierung mag auch die Verbreitung der Fernsehnutzung beigetragen haben (so z.b. Windahl/Signitzer/Olson 1992, 193). Wie Wolfgang Donsbach (1991, 18) herausstellt, war diese Phase geprägt durch „ausgefeiltere Methoden, bescheidenere Hypothesen und differenziertere Ansätze". Die elektronische Datenanalyse ermöglichte die Überprüfung auch komplexer theoretischer Annahmen und die umfassende Kontrolle von Drittvariablen und Aufdeckung von Scheinkorrelationen[6] (Brosius/Esser 1998, 345). Die Bedingungen, unter denen verschiedene Wirkungsformen zum Tragen kommen, konnten nun genauer spezifiziert werden.

---

6   Eine „Scheinkorrelation" liegt vor, wenn der Zusammenhang zwischen unabhängiger (Ursache) und abhängiger (Wirkung) Variablen nur auf einer dritten Variablen beruht, die sowohl eine Beziehung mit der unabhängigen als auch mit der abhängigen Variablen aufweist. Ein Beispiel hierfür ist der scheinbare Zusammenhang zwischen der Zahl der Störche in einem Gebiet und der Zahl der Geburten. Hieraus kann nicht geschlossen werden, daß der Storch die Kinder bringt, sondern die Drittvariable „Urbanisierung" wirkt sich sowohl auf die Zahl der Störche als auch auf die Kinderzahl aus und verursacht so den Scheinzusammenhang.

4. Phase: Transaktionale Wirkungsvorstellungen (ab ca. 1980)

1994 führte Denis McQuail (1994, 331f.; auch 2000, 420) eine vierte Phase („Negotiated Media Influence") ein, die durch eine „transaktionale Perspektive"[7] gekennzeichnet sei und sowohl die Vorstellung von einer starken Position der Medien als auch von einer starken Position des Publikums integriere. Die Medien vermitteln demnach nicht nur auf neutrale Weise Botschaften, sondern konstruierten in Abhängigkeit von diversen Faktoren innerhalb der Medienorganisation bestimmte Bilder der Realität. In Interaktion mit den von den Medien gelieferten Konstruktionen und beeinflußt durch das soziale Umfeld konstruiere wiederum das Publikum seine eigene Vorstellung von der sozialen Wirklichkeit. Von Hans-Bernd Brosius und Frank Esser (1998, 346) wird allerdings bezweifelt, daß es sich hierbei tatsächlich „um eine tiefgreifende Wende der theoretischen Ausrichtung von Wirkungsforschung handelt."

Die Existenz der ersten drei Phasen ist mittlerweile ebenfalls in Frage gestellt worden (Brosius/Esser 1998; auch Lang/Lang 1981a; Chaffee/Hochheimer 1982; McLeod/Kosicki/Pan 1991). Es wird argumentiert, daß sich in der zeitgenössischen Literatur kaum Stellen finden lassen, die auf die Dominanz eines „Stimulus-Response"-Modells in der frühen Wirkungsforschung hinweisen. Es hätten zwar noch die Möglichkeiten zur Durchführung komplexer empirischer Analysen gefehlt, in den theoretischen Modellen seien jedoch intervenierende Variablen im Medienwirkungsprozeß durchaus bereits einbezogen worden. Dies gilt z.B. für die sogenannten „Payne-Fund-Studies" (Charters 1933). In diesen zwölf Studien wurde u.a. festgestellt, daß die Reaktionen von Kindern auf identische Medieninhalte stark variierten, d.h. das „Allmacht-Modell" der Medienwirkung wurde bereits Ende der 20er Jahre widerlegt. Auch Cantril (1940), dessen Untersuchung als Beispiel für die Allmacht der Medien betrachtet wird, zog personale und soziale Faktoren als Erklärung dafür heran, weshalb manche Menschen durch das Hörspiel in Panik versetzt wurden und andere nicht.

Auch was die Phase der schwachen Medienwirkungen betrifft, sind die Befunde nicht so eindeutig gewesen, wie sie in dem Phasen-Modell erscheinen. Es spricht vielmehr einiges dafür, daß sich die empirischen Studien sehr einseitig auf bestimmte Effekte konzentrierten (v.a. kurzfristige Effekte auf Individuen, v.a. bei Wahlen) und die Befunde zudem sehr einseitig im Sinne schwacher Effekte interpretiert und rezipiert wurden. Brosius und Esser (1998, 351) kommen zu dem Schluß: „Die empirischen Befunde wie auch die

---

7   Diese Bezeichnung wird nicht von McQuail (1994) selbst, sondern von Hans-Bernd Brosius und Frank Esser (1998) bei der Beschreibung der vierten Phase von McQuail verwandt. Zum Transaktionsmodell vgl. ausführlicher Kapitel V.6.2.

theoretischen Überlegungen sind über die Zeit so stabil, daß selbst eine grobe, idealisierte Betrachtung keine Phasen offenbart."

3. Klassische Befunde der Persuasionsforschung Die Yale-Studies

Variablen, die zwischen der Botschaft und ihrer Wirkung beim Rezipienten intervenieren, wurden bereits im Rahmen der sogenannten „Yale-Studies" berücksichtigt. Dabei handelte es sich um ca. 50 Experimente, die zwischen 1946 und 1961 von dem Sozialpsychologen Carl I. Hovland und seinem Forschungsteam an der Yale University durchgeführt wurden, und bei denen die Erforschung des Einstellungswandels durch Kommunikation im Mittelpunkt stand.[8] Wenn die Aussagekraft der Resultate auch aufgrund der Künstlichkeit der Laborsituation während der Experimente kritisch be- urteilt werden muß,[9] leisteten Hovland u.a. doch einen wichtigen Beitrag zur Identifikation bedeutsamer Einflußfaktoren im Wirkungsprozeß (diese Faktoren sind in Abb. 3 dargestellt).[10]

Die einzelnen Faktoren eines Stimulus (Inhalt, Kommunikator, Medium, Situation) wirken dabei nach Carl I. Hovland und Irving L. Janis (1970) aufgrund der individuellen Prädispositionen der Rezipienten (z.B. „allgemeine Überredbarkeit") sowie der Interaktion von Rezipient und Kommunikationsstimuli („kommunikationsgebundene Faktoren") auf die Empfänger einer Botschaft in unterschiedlicher Weise und können dem- entsprechend verschiedene Effekte hervorrufen. Dabei setzt eine Einstel- lungsänderung voraus, daß die Botschaft die Aufmerksamkeit des Rezipien- ten findet, verstanden und schließlich akzeptiert wird.[11] Im folgenden sollen einige Befunde zur Wirkung zentraler Einflußfaktoren vorgestellt werden. Dabei stehen die Ergebnisse der Yale-Gruppe im Vordergrund, die durch weitere „klassische" Studien und einige neuere Resultate ergänzt werden.

---

[8]   Hovland selbst bezeichnete sein Arbeitsgebiet als „Wissenschaftliche Rhetorik" und knüpfte damit an das antike Verständnis einer Disziplin an, die sich der Beeinflus- sung des menschlichen Geistes durch Worte gewidmet hatte.

[9]   Zur Problematik der Methode der Laborexperimente, die auch Hovland selbst sah, vgl. z.B. Schenk (1987, 96–103) sowie Kapitel I.2.

[10] Hovland u.a. (1953) folgten einem lerntheoretischen Ansatz (vgl. dazu Kapitel V.11.2.) und vertraten die Ansicht, daß eine Einstellungsveränderung davon ab- hänge, ob dem Rezipienten dafür Anreize in Gestalt von Eigenschaften der Kommu- nikationsquelle, der Kommunikationsstimuli und seiner Umgebung geboten würden.

[11] McGuire (1969, 173; 1973, 221ff.) unterschied fünf sukzessive Stufen der Persuasion und fügt den drei Etappen der „Yale-Gruppe" noch die Stufe der „Erinnerung" und die des „Verhaltens" hinzu, die für einen dauerhaften Einstellungswandel erforder- lich seien.

Abbildung 3: Hauptfaktoren des Wirkungsprozesses nach Hovland u.a.

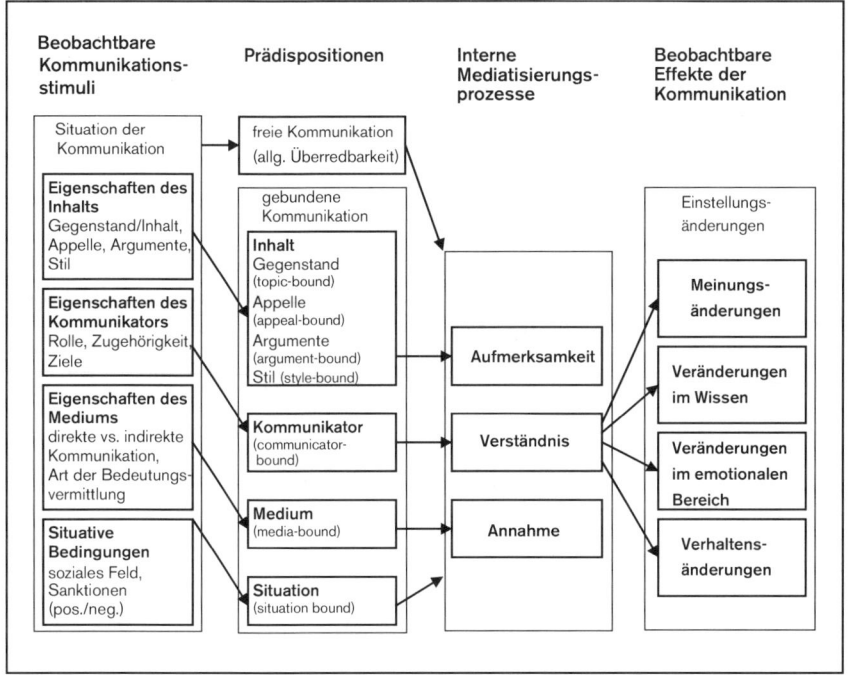

Quelle: Hovland/Janis 1970, 225 bzw. Schenk 1987, 49

3.1. Eigenschaften des Kommunikators

Ein wichtiger Aspekt bei der Wirkung der Massenmedien ist die *Glaubwürdigkeit* des Kommunikators.[12] Carl I. Hovland, Irving L. Janis und Harold H. Kelley (1953, 21) unterschieden dabei zwischen „Expertentum" („Expertness", d.h. Kompetenz) und „Vertrauenswürdigkeit" („Trustworthiness", d.h. Aufrichtigkeit) des Kommunikators. Bereits 1949 stellten Carl I.

---

12   Dies gilt sowohl für den Kommunikator als Person als auch für das Medium. Da sich die „Yale-Gruppe" mit dem Medium als Einflußfaktor auf die Wirkung von persuasiven Botschaften kaum befaßt hat, wird dieser Aspekt hier ausgeklammert. Zu Forschungsergebnissen, die die Glaubwürdigkeit einzelner Medien betreffen (dabei erweist sich das Fernsehen zumeist als am glaubwürdigsten), vgl. für einen ausführlichen Überblick Schenk (1987, 76–90); Bentele (1988); Nawratil (1997, 134–169) und Jäckel (1999, 145–157). Speziell zur Glaubwürdigkeit des Internets vgl. den Sammelband von Rössler/Wirth (1999).

Hovland, Arthur A. Lumsdaine und Fred D. Sheffield fest, daß die Überzeugungswirkung des Propagandafilms „Battle of Britain" bei denjenigen,
die den Film als manipulativ ansahen, geringer ausfiel als bei denjenigen, die
ihn als informativ einstuften. 1951 führten Carl I. Hovland und Walter
Weiss ein Experiment durch, in dem Probanden Artikel mit identischem
Inhalt, aber unterschiedlich glaubwürdiger Quelle vorgelegt wurden.[13] Es
stellte sich heraus, daß die Einschätzung der Fairneß der Artikel und der
Konsistenz der Argumentation von der Glaubwürdigkeit der Quelle abhin-
gen. Auch eine Meinungsänderung im Sinne des Artikels wurde unabhängig
von der Argumentationsrichtung bei hoher Glaubwürdigkeit eher ausgelöst
als bei geringer (23% vs. 6,6%). Die Behaltensleistung der Versuchspersonen
war in beiden Fällen gleich groß. Ähnliche Resultate erzielten Herbert C.
Kelman und Carl I. Hovland (1953) mit Kommunikatoren, die für extreme
Nachsicht   gegenüber   jugendlichen   Straftätern   plädierten.   Der
Kommunikator wurde jeweils als Jugendrichter, Zuhörer im Studio oder
ehemaliger Delinquent vorgestellt. Wiederum wurden identische Ansichten
je nach Quelle als fair (Richter) oder unfair (Delinquent) eingestuft. Die
Glaubwürdigkeit des Kommunikators beeinflußte auch das Ausmaß, in
dem den Empfehlungen bzw. Schlußfolgerungen des Kommunikators ge-
folgt wurde. Insgesamt läßt sich in Anlehnung an Hovland, Janis und
Kelley (1953) festhalten:

1. Von einer als unglaubwürdig eingestuften Quelle kommende Kommunikation wird eher als unfair und verzerrt wahrgenommen.
2. Glaubwürdige Kommunikatoren sind kurzfristig effektiver als un-
   glaubwürdige Kommunikatoren.
3. Diese größere Effektivität ist nicht die Folge erhöhter Aufmerksamkeit
   oder besseren Verständnisses; die Glaubwürdigkeit scheint vielmehr die
   „kurzfristige" Bereitschaft zu erhöhen, die Argumente zu akzeptieren.

Die Wahrnehmung einer *manipulativen Absicht* des Kommunikators beeinträchtigt die Glaubwürdigkeit und damit das kurzfristige Wirkungspotential. Belegt wird diese These durch Experimente zur interpersonalen Kommunikation, bei denen sich eine Einstellungsänderung eher vollzog, wenn
ein Rezipient eine Ansicht zufällig hörte, als wenn sich der Kommunikator
direkt und absichtlich an den Rezipienten wandte (Walster/Festinger 1962;
Brock/Becker 1965). Dagegen kann eine Botschaft dann besonders effektiv
sein, wenn sie als den Interessen des Kommunikators zuwiderlaufend eingestuft wird, z.B. wenn ein Krimineller für harte Strafen plädiert (Walster/

---

13   Bei einem Artikel, der sich mit der Möglichkeit befaßte, ein atombetriebenes U-Boot
     zu bauen, war die glaubwürdige Quelle z.B. der Atomphysiker Robert J. Oppenhei-
     mer, die unglaubwürdige die „Prawda".

Aronson/Abrahams 1966). Auch steigt die Überzeugungswirkung einer Mitteilung an, wenn sich Erwartungen hinsichtlich der Unglaubwürdigkeit eines Kommunikators nicht bestätigen (Eagly/Wood/Chaiken 1978). In diesen Kontext gehört auch das Ergebnis einer Studie von Don Smith (1973) zur Wirkung von Auslandspropaganda, in der festgestellt wurde, daß eine negative Botschaft aus einer unglaubwürdigen Quelle (in diesem Fall Sendungen von „Radio Moskau") negative bzw. stark negative Reaktionen hervorrief, wenn sie so negativ wie erwartet bzw. noch negativer ausfiel. Eine negative Botschaft aus einer unglaubwürdigen Quelle allerdings bewirkte eine positive Reaktion (in diesem Fall ein besseres Image), wenn sie weniger negativ war, als die Rezipienten vorher angenommen hatten.

Zu weiteren Faktoren, die die Glaubwürdigkeit einer Quelle und ihre Wirkung beeinflussen, gehören u.a. der *Zeitpunkt*, zu dem ein Urteil über die Quelle gefällt wird,[14] das *Medium* sowie *Rezipientenmerkmale* wie etwa das „Involvement" bezüglich des angesprochenen Themas oder bereits vorhandene Meinungen. Besteht eine starke Diskrepanz zwischen der eigenen Meinung und der Botschaft des Kommunikators, kann die Lösung dieses Spannungszustandes im Anzweifeln der Kommunikator-Glaubwürdigkeit bestehen (z.B. Hovland/Harvey/Sherif 1957; vgl. auch Kapitel V.4.1., V.4.2.).

In den Experimenten der „Yale-Gruppe" erwies sich für die Wirkung der Kommunikator-Glaubwürdigkeit auch der *Zeitfaktor* als relevant. Bereits in der „Battle-of-Britain"-Studie (Hovland/Lumsdaine/Sheffield 1949) wurde beobachtet, daß sich eine Einstellungsänderung in die von der Quelle intendierten Richtung erst im Zeitverlauf einstellte. Hovland und Weiss (1951) konstatierten, daß vier Wochen nach ihrem Experiment keine Unterschiede in der Wirkung glaubwürdiger und unglaubwürdiger Kommunikatoren mehr bestanden. Während bei der glaubwürdigen Quelle der Anteil der Rezipienten, die ihre Meinung geändert hatten, abnahm (*„Forgetting"-Effekt*), trat bei dem unglaubwürdigen Kommunikator die entgegengesetzte Wirkung ein (*„Sleeper"-Effekt*) (Hovland/Janis/Kelley 1953, 255) (Abb. 4). Die von den Autoren vorgelegten Daten deuten darauf hin, daß die Verbindung zwischen Quelle und Aussage in der Erinnerung der Rezipienten mit der Zeit schwächer, d.h. „dissoziiert" wird. Wurden die Versuchspersonen dann erneut auf die Quelle der Botschaft hingewiesen, traten die ursprünglichen Unterschiede wieder zutage.[15]

---

14 Geschieht dies vor der Vermittlung der Botschaft, ist mit einer besseren Überzeugungswirkung zu rechnen, als wenn dies hinterher erfolgt (z.B. Greenberg/Tannenbaum 1961).

15 Die ursprüngliche Annahme, daß die Versuchspersonen die Quelle schneller als die Aussage vergessen würden, bestätigte sich nicht, da die Rezipienten auf Nachfrage in der Lage waren, die Quelle zu nennen (Hovland/Janis/Kelley 1953, 254ff.).

Abbildung 4: Sleeper-Effekt und Forgetting-Effekt

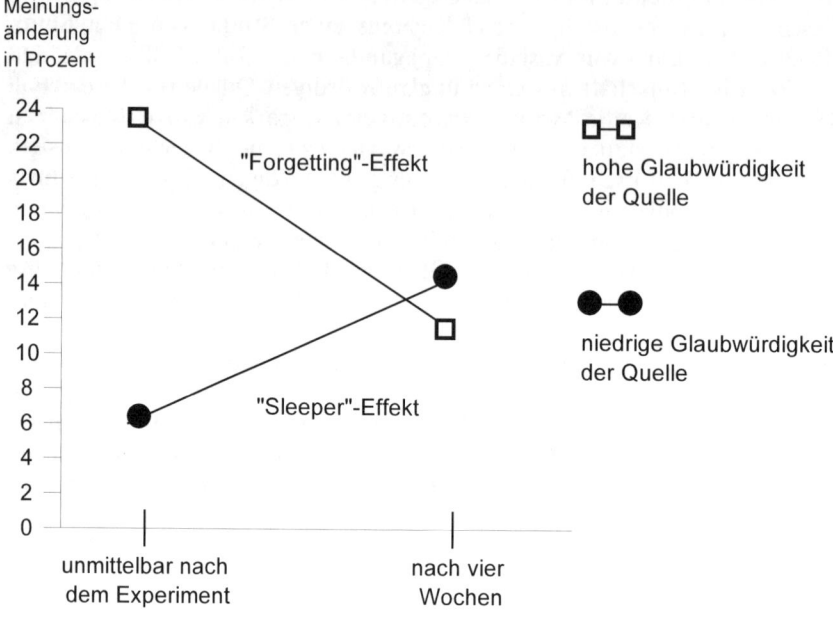

Quelle: Hovland/Janis/Kelley 1953, 255

Die Existenz eines „Sleeper"-Effekts kann allerdings nicht als empirisch belegt betrachtet werden.[16] Nach Paulette M. Gillig und Anthony G. Greenwald (1974) ist es „time to lay the sleeper effect to rest", da die in den Untersuchungen konstatierten Meinungsänderungen statistisch nicht signifikant waren. Noel Capon und James Hulbert (1973) wiesen auf erhebliche methodische Mängel in der Durchführung der Studien zum „Sleeper"-Effekt hin. Die mehrfache Abfrage der Einstellungen bei denselben Rezipienten konnte zu Meßeffekten führen, d.h. die Versuchspersonen wurden möglicherweise durch die erste Messung sensibilisiert. Aufgrund fehlender Kontrollgruppen konnte zudem nicht ausgeschlossen werden, daß nicht kontrollierbare externe Faktoren den Meinungswandel bewirkt hatten. Vermutlich waren die Versuchspersonen zwischen den Messungen auch

---

[16] Mike Allen und James B. Stiff (1998) dagegen kommen zu dem Schluß, daß es für die Dissoziation von Quelle und Inhalt in der Erinnerung der Rezipienten empirische Belege gibt.

Informationen aus weiteren Quellen ausgesetzt bzw. sind gezielt danach auf die Suche gegangen. Insgesamt wäre es erforderlich, den Einfluß von Rezipientenmerkmalen (z.B. stärkere Quellen- vs. stärkere Mitteilungsorientierung, Involvement usw.) näher zu untersuchen, um inkonsistente Befunde erklären zu können (Nawratil 1997, 91f., 119).

Zur Bedeutung der Kommunikatorglaubwürdigkeit für die Überzeugungswirkung einer Quelle ist abschließend zu bemerken, daß auch Botschaften von einem unglaubwürdigen Kommunikator, z.B. staatlich gelenkten Medien, sehr wirksam sein können, wenn sich die Bevölkerung in einem „Mediengefängnis" befindet, d.h. andere Informationsmöglichkeiten kaum oder gar nicht zur Verfügung stehen (z.B. Noelle-Neumann 1973a, 32).

Neben der Glaubwürdigkeit hat sich die Persuasionsforschung in bezug auf Kommunikatoreigenschaften auch mit den Faktoren *Attraktivität* und *Ähnlichkeit* und befaßt (zusammenfassend z.B. Perloff 1993a, 145–152; Nawratil 1997, 66–80). Es wurde festgestellt, daß eine vom Rezipienten wahrgenommene Ähnlichkeit zwischen ihm und dem Kommunikator (bzw. der Kommunikation) dessen (deren) Einflußpotential erhöht (z.B. Weiss und Fine 1955; 1958). Ferner vergrößert die Übereinstimmung mit dem Kommunikator hinsichtlich eines Themenbereichs die Bereitschaft, auch andere Botschaften aus derselben Quelle zu akzeptieren (Weiss 1957).

3.2. Eigenschaften der Botschaft

Die Frage nach der optimalen Gestaltung persuasiver Kommunikation (z.B. wie lang einzelne Sätze, Artikel bzw. Sendungen sein oder wie oft diese wiederholt werden sollen) besitzt eine lange Tradition (z.B. Cantril/Allport 1935) und hat eine Vielzahl von Studien angeregt. Vergleichsweise wenige Untersuchungen liegen hingegen dazu vor, ob es erfolgversprechender ist, *Gegenargumente* zu berücksichtigen oder nicht bzw. in welcher Weise dies geschehen sollte. Es stellt sich die Frage, bei welcher Relation von Pro- und Kontra-Argumenten die eigene Meinung am effektivsten vertreten werden kann, ob durch Gegenargumente die eigene Position geschwächt wird oder ob sich Pro- und Kontra-Argumente gegenseitig aufheben, so daß die Rezipienten ihre ursprüngliche Einstellung beibehalten. Die Ergebnisse von Hovland, Lumsdaine und Sheffield (1949) zeigen, daß Bildung bzw. Intelligenz und die ursprüngliche Einstellung der Rezipienten zu einem Thema zentrale Variablen im Wirkungsprozeß sind. Es wurde festgestellt, daß eine zweiseitige Argumentation bei Individuen erfolgreicher ist, die 1. ursprünglich gegenteiliger Ansicht waren sowie 2. ein höheres Bildungsniveau besitzen. Zumindest kurzfristige Vorteile bringt das Nichtbeachten von Gegenargumenten bei Rezipienten, die 1. der gleichen Ansicht sowie 2. weniger gebildet sind (Tab. 1).

Ferner scheint eine zweiseitige Argumentation erfolgversprechender zu sein, wenn die Rezipienten den angesprochenen Themenbereich kennen, eine einseitige hingegen, wenn dieser unbekannt ist (Chu 1967).

Tabelle 1: Die Wirkungen ein- und zweiseitiger Argumentation in Abhängigkeit von Bildung und Ausgangsmeinung

	höhere Bildung		keine höhere Bildung	
	gegenteiliger Ansicht	gleicher Ansicht	gegenteiliger Ansicht	gleicher Ansicht
einseitige Argumentation	30%	39%	44%	64%
zweiseitige Argumentation	44%	54%	51%	- 3%
Netto-Effekt	14%	15%	7%	67%

Netto-Prozentsatz der Soldaten, die ihre Schätzungen hinsichtlich der noch zu erwartenden Länge des Krieges im Sinne der Kommunikationsbotschaft erhöhten

Quelle: Hovland/Lumsdaine/Sheffield 1949, 215, 227

Der Einfluß ein- bzw. zweiseitiger Argumentation auf die Wirkung von Gegenpropaganda wurde von Irving L. Janis, Arthur A. Lumsdaine und Arthur I. Gladstone (1951) bzw. Lumsdaine und Janis (1953) untersucht. Die Forscher erhoben zunächst die Ansichten ihrer Versuchspersonen zur Möglichkeit einer quantitativ bedeutsamen sowjetischen Atomwaffen-produktion. Anschließend setzten sie sie einem fingierten Radioprogramm aus und befragten sie dann erneut zum selben Thema. In der Experimental-gruppe, die mit der Botschaft konfrontiert wurde, die UdSSR sei für mindestens fünf Jahre nicht in der Lage, größere Mengen von Atomwaffen zu produzieren, setzte im Gegensatz zu der einem neutralen Programm ausgesetzten Kontrollgruppe ein deutlicher Meinungsumschwung im Sinne der Medienbotschaft ein. Drei Monate später ergab sich die Gelegenheit, im Feld zu überprüfen, wie sich die im Experiment verwendete Botschaft über einen längeren Zeitraum auswirkte, denn Präsident Truman teilte mit, in der UdSSR habe eine Atombombenexplosion stattgefunden. Eine erneute Befragung der Versuchspersonen ergab, daß der Anteil derer, die meinten, Rußland sei frühestens in fünf Jahren zu einer umfangreicheren Atom-waffenproduktion in der Lage, in der Experimentalgruppe nach der Botschaft Trumans weniger stark absank als in der Kontrollgruppe (Tab. 2). Janis, Lumsdaine und Gladstone (1951) führten dieses Ergebnis darauf zurück, daß die Experimentalbotschaft als Bezugsrahmen zur Interpretation der nachfolgenden Nachricht diente.

Tabelle 2: Der Einfluß persuasiver Botschaften auf die Wirkung von Folge-
botschaften

	vor der Rezeption des Radio- programms	unmittelbar nach der Rezeption des Radioprogramms	nach der Botschaft Trumans
Kontroll- gruppe	60%	67%	18,5%
Experimental- gruppe	56%	94%	34,5%
Differenz	- 4%	27%	16%

Anteil der Versuchspersonen, die glaubten, es dauere mindestens noch fünf Jahre, bis die UdSSR über eine größere Anzahl von Atombomben verfüge

Quelle: Janis/Lumsdaine/Gladstone 1951, 497

In einem weiteren Experiment untersuchten Lumsdaine und Janis (1953) den Einfluß ein- und zweiseitiger Kommunikationsbotschaften. Die Versuchsanlage glich dem ersten Experiment, mit dem Unterschied, daß eine Experimentalgruppe mit einer einseitigen und eine zweite mit einer zweiseitigen Botschaft zur russischen Atomstärke konfrontiert wurde. Die im Experiment verwendete Radiobotschaft bewirkte in beiden Experimentalgruppen nur geringfügige Meinungsänderungen. Bei den Probanden jedoch, die anschließend Gegenpropaganda ausgesetzt wurden, zeigten sich deutliche Unterschiede: Der von der Radiosendung ausgehende „Immunisierungseffekt" gegenüber der Gegenpropaganda fiel bei zweiseitiger Argumentation in der Experimentalbotschaft erheblich stärker aus als bei einseitiger Argumentation (Tab. 3). Die Autoren folgerten aus ihren Ergebnissen, daß persuasive Medieninhalte, die Gegenargumente enthalten, die Auseinandersetzung mit diesen Argumenten quasi vorwegnehmen. Dadurch werde deren Bedeutung für damit konfrontierte Personen im Gegensatz zu den nur mit einseitigen Botschaften konfrontierten Rezipienten reduziert.[17]

---

[17] Mit der Immunisierung von Rezipienten gegenüber Beeinflussungsversuchen beschäftigt sich auch die sogenannte „Inokulationstheorie" (McGuire 1964).

Tabelle 3: Der Einfluß ein- und zweiseitiger Argumentation auf die Wirkung von Gegenpropaganda

	späterer Gegenpropaganda nicht ausgesetzt	späterer Gegenpropaganda ausgesetzt
einseitige Argumentation	64%	2%
zweiseitige Argumentation	69%	61%

Anteil der Versuchspersonen, die ihre Einschätzung, wann die UdSSR zur Produktion einer größeren Anzahl von Atombomben fähig sei, in Richtung der Experimentalbotschaft änderten

Quelle: Lumsdaine/Janis 1953, 134

Mike Allen (1998) stellte in einer „Meta-Analyse" von Studien zur Überzeugungskraft ein- bzw. zweiseitiger Argumentation fest, daß die Einbeziehung von Gegenargumenten die Wahrscheinlichkeit eines Meinungswandels beim Rezipienten erhöhte. Allerdings war dies nur dann erfolgversprechender als eine einseitige Argumentation, wenn die Gegenargumente vom Kommunikator nicht nur genannt, sondern auch zurückgewiesen wurden. Ein Einfluß von Bildung oder der Voreinstellung der Rezipienten zum Thema konnte nicht beobachtet werden.[18]

Eng verbunden mit der Problematik der ein- oder zweiseitigen Argumentation ist die Frage, ob die „starken" Argumente zu Beginn oder am Schluß einer Botschaft angesiedelt werden sollten („Primacy"- versus „Recency"-Effekt). Aristoteles etwa vertrat in der „Rhetorik" die Ansicht, die stärksten Argumente seien am Anfang zu bringen. Diese Meinung wird auch von Bernard Berelson und Gary A. Steiner (1964, 348f.) in ihrer Literaturdurchsicht „Human Behavior" geteilt. Allerdings zeigte sich im Rahmen der „Yale-Studies" (Hovland 1954, 1077ff.; Hovland u.a. 1957), daß pauschale Aussagen dazu nicht möglich sind. Zwar wird ein später gebrachtes Argument schlechter gelernt, aber besser erinnert (Miller/Campbell 1959; McGuire 1969, 216). Auch kann eine zu Beginn gebrachte Schlußfolgerung zu einer Aufmerksamkeitsminderung führen oder den Eindruck hervorrufen, man solle manipuliert werden. Umgekehrt läßt sich jedoch argumentieren, die Aufmerksamkeit werde auf die wesentlichen Argumente gelenkt

---

[18] Das Ergebnis von Allen wird von einer weiteren Meta-Analyse von Daniel J. O'Keefe (1999) bestätigt, der zusätzlich zwischen Werbebotschaften und Nicht-Werbebotschaften unterschied.

und damit ein besseres Verständnis erreicht. Das zuerst präsentierte Argument besitzt nach Hovland (1958, 148) besondere Erfolgschancen, wenn das Thema unbekannt ist und Gegenargumente vom gleichen Kommunikator stammen.

Die Antwort auf die Frage, ob es vorteilhafter ist, *explizite Schlußfolgerungen* aus einer Argumentationskette zu ziehen oder dies den Rezipienten zu überlassen, hängt von der Komplexität des Themenbereiches sowie der Intelligenz bzw. Bildung und der Motivation der Rezipienten ab. Nicht explizit geäußerte Botschaften können bei weniger intelligenten und weniger motivierten Individuen untergehen (Cooper/Dinerman 1951). Bei einem komplexen Thema ist es erfolgversprechender, die Schlußfolgerung selbst zu ziehen, als sie dem Publikum zu überlassen. Carl I. Hovland und Wallace Mandell (1952) stellten z.B. fest, daß der Prozentanteil der Rezipienten, die ihre Meinung zu den Konsequenzen einer Währungsabwertung im Sinne des Kommunikators änderten, deutlich größer war, wenn der Kommunikator die Schlußfolgerung nannte (ca. 52%), als wenn er dies nicht tat (ca. 31%).[19] Zwar ist das Verständnis des Sachverhalts bei expliziter Schlußfolgerung größer, aber dies führt nicht unbedingt zu einer Übernahme der Kommunikatormeinung. Ferner scheint die Kommunikatorglaubwürdigkeit als höher eingeschätzt zu werden, wenn die Schlußfolgerung dem Publikum überlassen wird. Auch gibt es Belege dafür, daß der Anteil der Rezipienten, die durch eine Botschaft ohne explizite Schlußfolgerung zu einem Einstellungswandel veranlaßt werden, im Zeitablauf ansteigt, weil eine weitere Beschäftigung mit dem Thema stattfindet (McGuire 1969, 185f.). Aufgrund einer „Meta-Analyse" vorliegender Studien kommt Michael G. Cruz (1998) zu dem Schluß, daß explizite Botschaften geringfügig überzeugender wirken als implizite; allerdings war dieser Befund nicht sehr zuverlässig. Von den untersuchten moderierenden Variablen besaß nur das „Involvement" der Rezipienten einen Einfluß.

Einen Einfluß der Intensität von *angstauslösenden Appellen* auf das Ausmaß der Einstellungsänderung konnten Irving L. Janis und Seymour Feshbach (1953) belegen. Bei dem Versuch, die Wichtigkeit des Zähneputzens durch die Darstellung der Konsequenzen falscher Zahnpflege zu vermitteln, wurde der größte Meinungswandel hin zu den Absichten des Kommunikators bei relativ geringer Furchterweckung erreicht. Bei schwa-

---

[19] 58% zeigten ohne Schlußfolgerung des Kommunikators keinen Meinungswandel, mit Schlußfolgerung waren es nur 45,5%. Gegen die Meinung des Kommunikators entschieden sich mit Schlußfolgerung gut 11%, ohne Schlußfolgerung gut 3%. Donald L. Thistlethwaite und Joseph Kamenetzky (1955), die das Thema „Politik des begrenzten Krieges der USA in Korea" untersuchten, konnten allerdings kein vergleichbares Ergebnis erzielen.

cher Furchterregung änderten 36%, bei mittlerer Furchterregung 22% und bei starker Furchterregung 8% der Rezipienten ihre Einstellung.[20] Intensive Furchtappelle führten nach Ansicht der Autoren zu einer starken Feindseligkeit gegenüber dem Kommunikator. Durch massenmediale Botschaften verursachte intensive Furcht, die nicht wieder vollkommen abgebaut wurde, veranlaßte nach Janis und Feshbach das Publikum, die Drohung zu ignorieren bzw. zumindest deren Bedeutsamkeit herabzusetzen, so daß ein *„Bumerang-Effekt"* auftreten kann. Das heißt, daß das Gegenteil dessen erreicht wird, was bewirkt werden sollte; es kommt nicht zu einem Meinungswandel, sondern zu verstärktem Widerstand gegen die Botschaft des Kommunikators (vgl. dazu Kapitel V.3.3.).[21]

Neben dem Grad der ausgelösten Angst sind noch weitere Merkmale von Furchtappellen für die Wirkung von Bedeutung. Hierzu gehört die Relevanz des Themas für die Rezipienten (Ray/Wilkie 1970). Alan S. De Wolfe und Catherine Governdale (1964) stellten fest, daß intensive Furchterregung dann effektiver war, wenn die Rezipienten zugleich Empfehlungen erhielten, wie sie die furchterregende Situation beseitigen bzw. vermeiden konnten. Ronald Rogers (1975; Rogers/Mewborn 1976; Maddux/Rogers 1983) beschrieb dementsprechend vier Komponenten eines erfolgreichen Furchtappells: 1. Schweregrad der Bedrohung, 2. Eintrittswahrscheinlichkeit, 3. Wirksamkeit der empfohlenen Gegenmaßnahmen sowie 4. Fähigkeit der Rezipienten, diese Gegenmaßnahmen zu ergreifen.

Neben Botschaftsmerkmalen ist die Persönlichkeit des Rezipienten für die Wirkung von Furchtappellen entscheidend. Janis und Feshbach (1954) stellten z.B. fest, daß in dieser Hinsicht die Ängstlichkeit das Ausmaß des bewirkten Einstellungswandels modifizierte. Auch Chester A. Insko, Abe Arkoff und Verla M. Insko (1965) kamen zu dem Ergebnis, daß je nach individueller Prädisposition schwache oder starke Furchterregung effektiv sein kann. Schwache Furchtappelle hinsichtlich der Gefahren des Rauchens führten bei Rauchern eher zu einer Einstellungsänderung als starke Appelle; aber starke Appelle intensivierten die Absicht von Nichtrauchern, auch in Zukunft nicht rauchen zu wollen, stärker als schwache Appelle. Schwache Angstappelle sind also dann vorzuziehen, wenn es sich um „Bestrafungssituationen" handelt, starke, wenn künftiges Verhalten verhindert werden soll („Vermeidungssituationen"). Michael J. Goldstein (1959) unterschied die beiden Persönlichkeitstypen der „Copers" und der „Avoiders". Während die „Avoiders" furchterregende Botschaften vermieden, und daher bei

---

[20] Die Furchterweckung erfolgte durch die in ihrer Dramatik abgestufte verbale und fotografische Darstellung der Folgen mangelnder Zahnpflege.

[21] Belege für eine größere Effektivität schwacher im Vergleich zu starken Furchtappellen finden sich auch bei Goldstein (1959), Janis/Terwilliger (1962) sowie Janis/Feshbach (1953).

ihnen auch stark furchterregendes Material nur geringe Wirkungen zeigte, setzen sich die „Copers" damit auseinander. Sie wurden von schwachen und von starken Furchtappellen etwa gleich gut erreicht.

In ähnlicher Weise äußerten Jerold L. Hale, Robert Lemieux und Paul A. Mongeau (1995) die Vermutung, daß es verschiedene Verarbeitungsformen furchterregender Botschaften gibt.[22] In einem Experiment mit 200 Erwachsenen zeigte sich, daß schwach furchterregende Inhalte „zentral", d.h. „systematisch" verarbeitet wurden, d.h. sich die Rezipienten v.a. mit dem Inhalt der Botschaft auseinandersetzten. Bei stark furchterregenden Mitteilungen erfolgte dagegen eine „periphere" bzw. „heuristische" Verarbeitung, d.h. statt der Inhalte spielten eher Aspekte wie die formalen Merkmale der Botschaft (Dramatik, Emotionalität, Gestaltung) die entscheidende Rolle. Weiterhin erwies sich die Ängstlichkeit der Versuchspersonen als zentraler Einflußfaktor. Ängstlichere Rezipienten zeigten v.a. „heuristische", weniger ängstliche auch „systematische" Verarbeitungsmechanismen.

Eine von Mongeau (1998) durchgeführte „Meta-Analyse" zur Wirkung von Furchtappellen bestätigt die Bedeutung einiger Persönlichkeitsfaktoren. Ängstliche Menschen erwiesen sich als von Furchtappellen beeinflußbarer als weniger ängstliche. Gleiches galt für ältere Menschen im Vergleich zu jüngeren, was jedoch damit zusammenhängen dürfte, daß in vielen Studien Furchtappelle zu Gesundheitsthemen verwendet wurden, von denen sich ältere Rezipienten vermutlich stärker betroffen fühlten. Was den Grad der Angsterregung betrifft, kam Mongeau im Gegensatz zu den bisher dargestellten Befunden zu dem Ergebnis, daß zusätzliche Angsterregung in Kommunikationsinhalten den Überzeugungsgrad erhöht. Der Zusammenhang von Furchterregung und Einstellungen, Verhalten sowie Verhaltensabsichten erwies sich als positiv und linear. Es konnten keine Hinweise darauf gefunden werden, daß sehr große Furcht Abwehrhaltungen und dadurch einen Rückgang der persuasiven Wirkung hervorrufen.[23]

---

[22] Zur Begrifflichkeit und dem dieser Studie zugrunde liegenden „Elaboration-Likelihood"-Modell (ELM) bzw. „Heuristic-Systematic"-Modell (HSM) vgl. Kapitel V.4.3.

[23] Dazu daß die Forschungsergebnisse zwar nicht einheitlich sind, insgesamt aber eher für die größere Wirksamkeit stärkerer Furchtappelle sprechen vgl. auch Perloff 1993a, 161f.

3.3. Eigenschaften des Rezipienten

Im Rahmen der „Yale-Studies" (Janis 1959) wurde zunächst angenommen, es existiere ein Persönlichkeitszug „allgemeine Überredbarkeit". Dieser sei operationalisierbar als Bereitschaft, soziale Einflüsse zu akzeptieren, ohne daß der jeweilige Kommunikator, der angesprochene Themenbereich, das Medium, die inhaltliche Gestaltung der Botschaft oder die Situationsbedingungen eine Rolle spielten. Nachfolgende Untersuchungen stützten diese Vermutung nicht. Als Persönlichkeitsfaktoren, die unabhängig von den Kommunikationsstimuli einen Einfluß ausübten, erwiesen sich jedoch die intellektuellen Fähigkeiten (operationalisiert v.a. durch Intelligenz und formale Bildung) sowie Faktoren der Motivation.

In Hinblick auf *intellektuelle Qualitäten* ist zwischen der Lernfähigkeit, dem Kritikvermögen und der Fähigkeit, Schlußfolgerungen zu ziehen, zu unterscheiden. So sind intelligentere Personen besser in der Lage, Medieninhalte zu lernen. Außerdem werden bei ihnen aufgrund der Fähigkeit, Schlußfolgerungen zu ziehen, bei rationaler und logischer Argumentation stärkere Wirkungen erzielt. Wegen ihres Kritikvermögens sind intelligentere Menschen jedoch weniger leicht von unlogischen, falschen und irrationalen Argumenten zu überzeugen (Hovland/Lumsdaine/Sheffield 1949; Hovland/ Janis/Kelley 1953; Hovland 1954, 1084–1086).

Als sogenannte *„Motivfaktoren"*, die die Überredbarkeit des Rezipienten fördern, wurde eine niedrige Selbsteinschätzung (definiert durch Eigenschaften wie Scheu, geringes Selbstvertrauen, Kontaktarmut, Kritiklosigkeit, Vertrauensseligkeit, Depressivität) identifiziert (Hovland/Janis/Kelley 1953; Janis 1954; 1959).[24] Möglicherweise ist die Beeinflußbarkeit durch eine Furcht vor sozialer Mißbilligung bedingt, da Individuen mit niedrigem Selbstwertgefühl ein ausgeprägtes Bedürfnis nach sozialer Zustimmung besitzen (Hovland 1954, 1088).[25]

Neben Persönlichkeitsmerkmalen hat sich u.a. die *Voreinstellung* des Rezipienten für die Wirkung von persuasiven Botschaften als wichtig erwiesen. Zu stark vereinfachend sind dabei Thesen, die behaupten, daß ein Einstellungswandel um so geringer ausfällt, je größer die Distanz zwischen Medieninhalt und Einstellung des Rezipienten ist. Carl I. Hovland, O. J. Harvey und Muzafer Sherif (1957) untersuchten, wie die ursprüngliche Einstellung zu einem bestimmten Thema die Reaktion auf eine andere Ansich-

---

[24] Zur Bedeutung des Faktors „Argumentationsfreude" und den widersprüchlichen Ergebnissen dazu vgl. Kazoleas (1993), Levine/Badger (1993), Miller/Levine (1996).

[25] Nancy Rhodes und Wendy Wood (1992) stellten allerdings in einer „Meta-Analyse" fest, daß die Beziehung zwischen „Self-Esteem" und Beeinflußbarkeit kurvilinear verläuft und die Beziehung zwischen moderater Selbsteinschätzung und Überzeugung am größten war (dazu auch Perloff 1993a, 190–192).

ten vertretende Kommunikationsbotschaft beeinflußt. Hierbei ging es um die zum Zeitpunkt der Studie in Oklahoma kontroverse Frage, ob das Alkoholverbot aufgehoben werden sollte. Zu den Versuchspersonen gehörten u.a. Temperenzler (d.h. Anhänger einer Bewegung für Mäßigkeit beim Alkoholgenuß) und Mitglieder der Heilsarmee. Die Probanden wurden mit Botschaften konfrontiert, die von ihrer eigenen Ansicht stark bzw. schwach abwichen. Es zeigte sich, daß bei starker Diskrepanz die Glaubwürdigkeit des Kommunikators bezweifelt wurde. Ferner wurden Kommunikationsbotschaften mit stärker abweichenden Meinungen als von der eigenen Meinung weiter entfernt wahrgenommen, als sie es tatsächlich waren ("Kontrast-Effekt"). Kommunikationsinhalte mit schwächer abweichenden Meinungen wurden als ähnlicher perzipiert als sie waren ("Assimilations-Effekt"). Zugleich zeigte sich, daß Individuen, deren Ansichten nicht zu stark von der vom Kommunikator vertretenen Meinung abwichen, eher im Sinne des Kommunikators beeinflußt wurden.

Muzafer Sherif und Carolyn W. Sherif (1969, 296f.) untersuchten die Bedeutung von Einstellungen für den Rezipienten und unterschieden drei Kategorien. Je nachdem, welche Kategorie von Einstellungen von einer Kommunikationsbotschaft tangiert wird, sind unterschiedliche Reaktionen des Rezipienten zu erwarten.

1. *Akzeptanzbereich* ("Latitude of Acceptance"): Die Position sowie die noch akzeptablen Statements (auf einer Einstellungsskala gemessen), die ein Individuum angibt, wenn es seine Meinung freiwillig zu einem bestimmten Thema äußert. Im Akzeptanzbereich ist eine Einstellungsänderung, auch gradueller Art, unwahrscheinlich, da innerhalb dieses Bereichs Kommunikationsinhalte verzerrt als ähnlicher wahrgenommen werden (Assimilationsfehler). Hier ist eine Verstärkung bereits vorhandener Einstellungen am wahrscheinlichsten.

2. *Ablehnungsbereich* ("Latitude of Rejection"): Die am meisten abgelehnte Position sowie die anderen nicht mehr akzeptierbaren Statements. Im Ablehnungsbereich ist keine vom Kommunikator intendierte Auswirkung einer persuasiven Kommunikation zu erwarten, sondern ein Bumerang-Effekt; insbesondere da aufgrund des Kontrast-Effekts eine Wahrnehmungsverzerrung sehr wahrscheinlich ist.

3. *Indifferenzzone* ("Latitude of Noncommitment"): Neutraler Bereich. Die Größe des Indifferenzbereichs ist hierbei ein Indikator für das Ausmaß der Ich-Beteiligung: Je kleiner die Indifferenzzone, desto größer ist die Involviertheit. Attitüdenwandel im intendierten Sinn erfolgt am wahrscheinlichsten im Indifferenzbereich, also mit Meinungen, die weder auf Zustimmung noch auf Ablehnung stoßen und in mittlerer Distanz von der Rezipientenmeinung lokalisierbar sind. Eine Wahrnehmungsverzerrung ist hier am wenigsten wahrscheinlich.

3.4. Sozialer Kontext

Kommunikationsinhalte treffen nicht auf isolierte Individuen, sondern auf ein Publikum, dessen einzelne Mitglieder in Primärgruppen integriert sind und sich an bestimmten Bezugsgruppen orientieren. Wenn analysiert werden soll, warum ein Individuum eine persuasive Botschaft akzeptiert oder nicht, so ist zu fragen, inwieweit im Falle einer Übernahme von den Normen der (dominanten) Bezugsgruppe(n) abgewichen wird, denn der Widerstand gegenüber Einflußversuchen basiert hauptsächlich auf einem Gruppendruck, der aus Gruppennormen resultiert (Lewin 1958). Häufig werden massenmediale Inhalte nach ihrer Verwertbarkeit (instrumenteller Wertigkeit) im Gruppenleben ausgewählt (Riley/Riley 1951).

In diesem Kontext verdient eine „klassische" Studie von Harold H. Kelley und Edmund H. Volkart (1952) Beachtung, in deren Verlauf Pfadfinder eine Rede hörten, in der wichtige Pfadfinderwerte angegriffen wurden. Diejenigen, die der Mitgliedschaft bei den Pfadfindern eine hohe Wertschätzung entgegenbrachten, erwiesen sich gegenüber den Rede-Botschaften nicht nur als resistent, sondern waren sogar noch eifrigere Anhänger der Pfadfindernormen geworden („Bumerang-Effekt"). Allgemein formuliert ist der Widerstand gegen einen Einstellungswandel um so größer, je mehr eine bestimmte Einstellung gruppenverankert ist bzw. je wichtiger sie für die Zugehörigkeit zu einer bestimmten (Bezugs-)Gruppe scheint. Ein Inhalt, der die Zugehörigkeit zu einer bestimmten (Bezugs-)Gruppe bewußt macht, hat erheblichen Einfluß auf die Übernahme bzw. Ablehnung der Botschaft (Kelley 1955; Charters/Newcomb 1958).

4. Selektive Wahrnehmung und Informationsverarbeitung

4.1. Konsistenztheorien

Auch die Konsistenztheorien beschäftigen sich mit dem Einfluß der Kommunikation auf Einstellungsänderungen. Im Gegensatz zu den Untersuchungen von Hovland u.a. kommt hier jedoch den persönlichen Dispositionen und kognitiven Strukturen des Rezipienten (insbesondere seinen Voreinstellungen) und den Mechanismen, die zwischen dem Empfang einer Botschaft und einem möglichen Einstellungswandel liegen, die zentrale Rolle zu. Allen Konsistenztheorien ist die Annahme gemeinsam, daß Individuen bestrebt sind, ihre Einstellungen untereinander sowie Einstellungen und Verhalten miteinander in Einklang zu bringen, d.h. einen Zustand der *Konsistenz* herzustellen und zu erhalten. *Inkonsistenz* wird als unangenehmer psychischer Spannungszustand empfunden, der möglichst schnell zu beseitigen ist. Die Rezeption inkonsistenter Stimuli führt daher zu Anpassungsmechanismen in bezug auf Einstellungen, Gefühle und Verhalten, die das Gleichgewicht wiederherstellen. Zu der Frage, wie sich solche Anpassungsprozesse vollziehen, existieren verschiedene Erklärungsansätze. So entwickelte Fritz Heider (1946) ein *„Balance-Modell"*, das die Beziehungen zwischen einer Person (P), einer andern Person (O) und einem Umwelt-Objekt (X) beschreibt. Die Beziehungen zwischen den drei Elementen können positiv (mögen) oder negativ (nicht mögen) sein. Ein Gleichgewichtszustand liegt nach Heider dann vor, wenn alle drei möglichen Beziehungen positiv oder zwei negativ und eine positiv sind (z.b. P mag O, P mag X nicht, und O mag X auch nicht) (Abb. 5). Während der ausbalancierte Zustand stabil ist, wird bei einer inkonsistenten kognitiven Struktur eine Veränderung einer der Beziehungen eintreten (z.B. P verändert ihre Einstellung X gegenüber zum Negativen, O verändert seine Beziehung X gegenüber zum Positiven, oder P verändert seine Beziehung O gegenüber zum Negativen).[26] Direkt auf die Massenkommunikation bezogen ist die *„Kongruenztheorie"* von Charles Osgood und Percy Tannenbaum (1955), die auch Aussagen über Art und Ausmaß von Einstellungsänderungen trifft. Die Kongruenztheorie kann immer dann angewandt werden, wenn ein Individuum seitens einer Quelle, zu der es eine Einstellung besitzt, mit einer Ansicht über ein Objekt konfrontiert wird, zu dem ebenfalls eine bestimmte Einstellung besteht. Elemente des Modells sind Person (P), Informationsquelle (S) und die Voreinstellung von P zu einem Sachverhalt (O) (Abb. 5). Nach Osgood und Tannenbaum liegt Kongruenz vor, wenn z.b. sowohl Eisenhower als auch die Pressefreiheit von einer Person positiv bewertet werden und Eisenhower für die Erhaltung der Pressefreiheit plädiert. Tritt die negativ bewertete Zeitung „Daily Worker" nun für Pressefreiheit ein, dann liegt Inkongruenz vor. Indem Osgood und Tannenbaum die Qualität der Beziehungen von P zu O und zu S auf einer Skala von +3 bis −3 bestimmen, können sie Aussagen über die Art der Dissonanzreduktion treffen. Dabei wird postuliert, daß der Druck auf einen Einstellungswandel um so größer ausfällt, je weniger extrem eine Einstellung ist. Allerdings gehen Osgood und Tannenbaum auch davon aus, daß zur Dissonanzreduktion nicht unbedingt ein Einstellungswandel erforderlich ist, sondern Kongruenz auch durch Abwertung der Quelle hergestellt werden kann. Dies gilt insbesondere dann, wenn eine Aussage als mit der Quelle nicht vereinbar eingestuft wird, d.h. die Glaubwürdigkeit der Quelle wird gemindert. Bei politischen Diskussionen (z.B. im Wahlkampf) ist Quellenabwertung eine übliche Reaktion, d.h. starke Anhänger einer Meinung, die mit

---

26 Zu einer empirischen Prüfung des Modells und seiner Anwendbarkeit für die Medienwirkungsforschung vgl. Kepplinger (1985a).

diskrepanten Ansichten konfrontiert werden, ändern ihre Ansicht nicht, sondern zeigen eine gesteigerte Widerstandskraft („Bumerang-Effekt").

Abbildung 5: Zustände von kognitivem Gleichgewicht und Ungleichgewicht

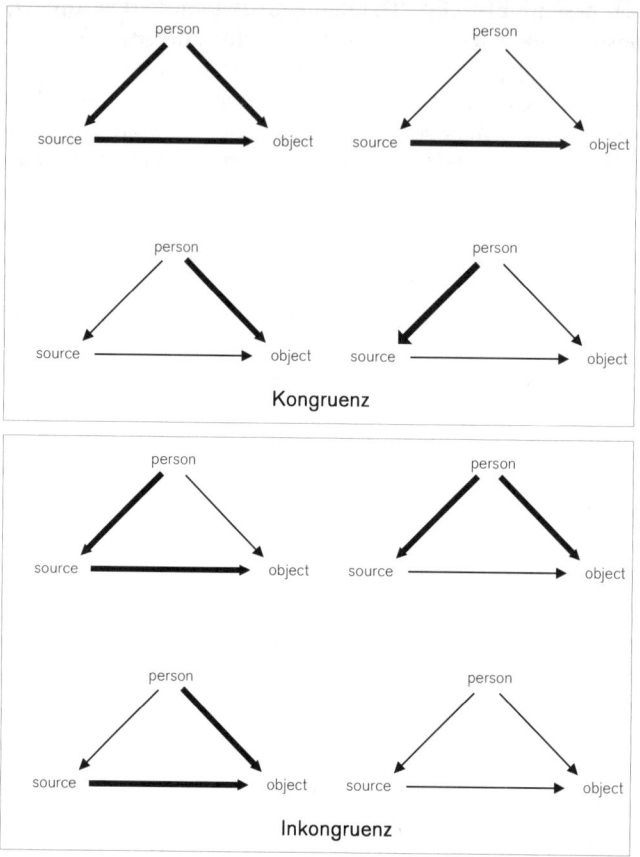

Quelle: Zajonc 1960, 283

Ein besonders einflußreicher konsistenztheoretischer Ansatz, der entscheidende Bedeutung für die Erklärung der Auswahl von Medieninhalten durch die Rezipienten erlangt hat, ist die von Leon Festinger (1957) formulierte „Theorie der kognitiven Dissonanz". „Kognitive Dissonanz" bezeichnet genauso wie Inkonsistenz einen psychischen Spannungszustand, der entsteht, wenn die Kognitionen (d.h. Wissen, Meinungen, Überzeugungen, Einstellungen) und das Verhalten eines Menschen nicht in Einklang miteinander stehen.[27] Ein Beispiel für kognitive Dissonanz wäre etwa, wenn eine Person, der bewußt ist, daß sie hohe Schulden hat, einen teuren Kauf vornimmt, oder wenn ein Raucher, der um die Gesundheitsschädlichkeit des Rauchens weiß, dennoch raucht. Wissen und Verhalten stehen hier nicht in einem konsistenten Verhältnis zueinander. Kognitive Dissonanz in Form einer Diskrepanz zwischen Einstellung und Verhalten läge etwa vor, wenn eine Person die Ziele einer bestimmten Partei teilt, aber dennoch den Kandidaten der Gegenpartei wählt. Kognitive Dissonanz im Einstellungsbereich würde entstehen, wenn eine Person einen Politiker und ein bestimmtes Ziel, etwa Pressefreiheit, positiv bewertet, dieser Politiker die Pressefreiheit jedoch nicht befürwortet. Insgesamt geht die Dissonanztheorie von folgenden Annahmen aus:

1. Als Quellen von Dissonanz nennt Festinger (1957, 14) a) logische Inkonsistenz (Widersprüche), b) kulturelle Gebräuche, c) Inkonsistenz zwischen speziellen und übergreifenden Kognitionen (z.B. Wahl eines Kandidaten, der einer anderen als der normalerweise präferierten Partei angehört), d) gewonnene Erfahrungen, mit denen aktuelle Erlebnisse im Widerspruch stehen können.
2. Für die Entstehung von Dissonanz durch Informationsaufnahme gibt es vier Möglichkeiten (Festinger 1957, 132f.): a) zufällige Informationsaufnahme („Accidental Exposure"), b) Informationsaufnahme aus irrelevantem Grund (Konfrontation mit dissonanten Informationen im Zuge der Zuwendung zu Informationen, die aus anderem Grund gesucht wurden) („Exposure on an Irrelevant Basis"), c) erzwungene Informationsaufnahme („Forced Exposure"), d) Informationsaufnahme durch soziale Interaktion („Interaction with other People").
3. Die Intensität der Dissonanz hängt ab von der Bedeutsamkeit der betroffenen Kognitionen für eine Person sowie vom Verhältnis von dissonanten und konsonanten Kognitionen zueinander (Festinger 1957, 16–18).
4. Kognitive Dissonanz ist ein unangenehmer, zu vermeidender Zustand, der eine Person dazu motiviert, die Dissonanz zu verringern und Konsonanz herzustellen. Wenn Dissonanz besteht, wird eine Person zusätzlich zu dem Versuch, sie zu reduzieren, Situationen und Informationen vermeiden, die die Dissonanz erhöhen könnten (Festinger 1957, 3).

---

[27] Festinger (1957, 13) definiert Dissonanz folgendermaßen: „[...] two elements of knowledge are in dissonant relation if, considering these two alone, the obverse of one element would follow from the other."

5. Möglichkeiten zur Reduktion von Dissonanz bestehen a) in der Änderung eines oder mehrere Elemente, die an den dissonanten Beziehungen
   beteiligt sind, b) im Hinzufügen neuer kognitiver Elemente, die mit den
   bestehenden Kognitionen konsonant sind, c) in der Verringerung der
   Wichtigkeit der Elemente, die an den dissonanten Beziehungen beteiligt
   sind (Festinger 1957, 18–24).
6. Wie stark der Druck zur Dissonanzreduktion ist, hängt von der Disso-
   nanzintensität ab. Dabei führt nach Festinger sowohl sehr schwache als
   auch sehr starke Dissonanz nicht zu selektivem Informationsverhalten.
   Im Falle sehr starker Dissonanz wird dies damit erklärt, daß die Vermeidung dissonanter Informationen zum Dissonanzabbau nicht aus-
   reicht (Festinger 1957, 126–131).
7. Dissonanzreduktion ist um so erfolgreicher, je leichter konsonante
   Kognitionen zugänglich sind und je geringer die Änderungsresistenz dissonanter Kognitionen ausfällt (Festinger 1957, 265f.).[28]

4.2. Selektivität bei der Mediennutzung

Als erste Untersuchung, in der das Phänomen der selektiven Wahrnehmung
von Medieninhalten beobachtet und thematisiert wurde, gilt die sogenannte
„Erie-County-Studie" („The People's Choice") von Lazarsfeld, Berelson
und Gaudet (1944; vgl. auch Kapitel V.2.). Die Autoren stellten fest, daß im
Vorfeld des amerikanischen Präsidentschaftswahlkampfes die Wähler v.a.
die Wahlkampfargumente der ihnen nahestehenden Parteien zur Kenntnis
nahmen, von denen der Gegenseite jedoch kaum erreicht wurden. Der Mechanismus der selektiven Wahrnehmung erklärte geringe Medieneffekte und
stellte ein wichtiges Fundament der „Verstärker-Hypothese" in der Medienwirkungsforschung dar.

Festingers Theorie der kognitiven Dissonanz war lange Zeit die zentrale
Grundlage bzw. ein wichtiger Interpretationsrahmen für Studien, die sich
mit der selektiven Wahrnehmung von Medieninhalten befaßten. Die Publizistikwissenschaft interessiert, welchen Beitrag Konsonanz bzw. Dissonanz
dazu leisten, das Selektionsverhalten[29] von Rezipienten gegenüber Medien-

---

[28] Die Änderungsresistenz einer Kognition ist umso größer, je mehr konsonante Bezie-
      hungen zu anderen Kognitionen sie aufweist (durch Veränderung könnten folglich
      neue Dissonanzen entstehen).
[29] Dabei läßt sich „Selektionsverhalten" mit Donsbach (1991, 28) definieren als „ein
      Prozeß, in dem Individuen aus den ihnen in ihrer Umwelt potentiell zur Verfügung
      stehenden Signalen mit Bedeutungsgehalt aufgrund von deren physischen [z.B. Über-
      schriftengröße, Artikelumfang usw.] oder inhaltlichen Merkmalen bestimmte Signale
      bewußt oder unbewußt auswählen oder vermeiden."

inhalten zu erklären. Aus der Theorie der kognitiven Dissonanz folgen in dieser Hinsicht zwei relevante Hypothesen:

1. Entscheidungen, die Dissonanz bewirken, weil die nicht gewählten Alternativen ebenfalls attraktive Aspekte besitzen, führen dazu, daß nach der Entscheidung Informationen gesucht werden, die diese Entscheidung stützen. So stellten Danuta Ehrlich u.a. (1957) bei den Eigentümern gerade gekaufter neuer Autos ein konsonanzbegünstigendes selektives Lesen von Automobilanzeigen fest. Anzeigen für das gekaufte Auto wurden mehr gelesen als Anzeigen für andere Wagen. Dies galt sowohl für solche Marken, deren Kauf in Betracht gezogen worden war, als auch für Autos, die zu keiner Zeit ein potentielles Kaufobjekt dargestellt hatten.
2. Individuen setzen sich a) selektiv solchen Informationen aus, die konsonanzsteigernd sind, und vermeiden b) dissonanzsteigernde Informationen.

Zu den letzten beiden Teilhypothesen ist allerdings anzumerken, daß Festinger selbst über das Selektionsverhalten von Rezipienten im Zustand der Konsonanz nichts aussagt. Seine Annahmen zur selektiven Informationsnutzung beziehen sich nur auf eine Situation, in der bereits Dissonanz besteht. Offen bleibt dabei auch, ob Selektionsverhalten im konsonanten Zustand überhaupt vorkommt, bzw. sofern es geschieht, in passiver Vermeidung dissonanter oder in aktiver Suche nach konsonanten Informationen besteht (Donsbach 1991, 58).

Während sich Festinger im Rahmen seiner Theorie v.a. mit der selektiven Zuwendung zu Informationen befaßt hat, wurden in der Forschung im Laufe der Zeit weitere Selektionsstufen in den Blick genommen. Üblicherweise werden drei Selektionsphasen unterschieden:

1. Selektive *Zuwendung* („Selective Exposure") in der *präkommunikativen* Phase;
2. selektive *Wahrnehmung* („Selective Perception") in der *kommunikativen* Phase;
3. selektive *Erinnerung* („Selective Retention") in der *postkommunikativen* Phase

Donsbach (1991, 25–27) nimmt eine weitere Verfeinerung dieser Einteilung vor und unterscheidet in der kommunikativen Phase zwischen der Auswahl *redaktioneller Angebote* (z.B. Lesen eines Artikels, Anhören und/oder Ansehen eines Beitrags) und der Auswahl *einzelner Informationseinheiten* (z.B. Wahrnehmung einzelner Fakten, wertender Aussagen usw.).

Zu den Weiterentwicklungen des Selektionskonzepts gehört auch die Unterscheidung zwischen verschiedenen Formen der Selektion (Donsbach 1991, 79–85):

1. *Faktische* Selektion: Welche Informationseinheit wurde vom Rezipienten aufgenommen?
2. *Kognitive* Selektion: Welche Bedeutung hat ein Rezipient der aufgenommenen Informationseinheit zugeordnet, wie hat er sie verstanden?
3. *Evaluative* Selektion: Wie wird die Mediendarstellung bewertet (z.B. objektiv, angemessen usw.)?

Die auf die Dissonanztheorie gestützte Selektionsforschung hat eine Vielzahl von Untersuchungen mit z.T. widersprüchlichen Ergebnissen hervorgebracht. Die Vorstellung von einem „Schutzschild der Selektion", das eine Beeinflussung des Rezipienten durch Medieninhalte verhindert, konnte insgesamt nicht bestätigt werden. Donsbach (1991, 55f.) zieht aus den Forschungsresultaten folgende Bilanz:

1. Dissonanzvermeidung und Streben nach Konsonanz spielen bei der Zuwendung zu Informationen eine eigenständige Rolle.
2. Es gibt jedoch auch andere Ursachen für Informationsselektion wie z.B. Nützlichkeit, Attraktivität und Vertrautheit von Informationen, Interesse oder Neugier des Rezipienten.
3. Es haben sich Rezipientenmerkmale (v.a. Dogmatismusgrad, Selbstvertrauen, Dissonanzstärke) und Informationsmerkmale (v.a. Widerlegbarkeit bzw. Stärke der Argumente, Glaubwürdigkeit der Quelle) herauskristallisiert, die als intervenierende Variablen wirken (überblicksartig Donsbach 1991, 51). Wichtigste Randbedingung ist die Relevanz der Informationen für das Individuum.
4. Die Suche nach konsonanten Informationen konnte eher belegt werden als die Vermeidung dissonanter Informationen.

Weiterführende Erkenntnisse zur Erklärungskraft von Konsonanz und Dissonanz für die selektive Wahrnehmung hat eine aufwendige Studie von Donsbach (1991) zum Selektionsverhalten deutscher Zeitungsleser ergeben.[30] Donsbach konnte aufzeigen, daß Rezipienten *Medien* auswählen, von denen sie annehmen, daß deren redaktionelle Linie den eigenen politischen

---

[30] Donsbach hat sich hierbei bemüht, die methodischen Fehler früherer Untersuchungen zu vermeiden. Er kombinierte eine Umfrage bei 1400 Zeitungslesern mit einer quantitativen Inhaltsanalyse und einem „Copy Test" (d.h. die Zeitungsleser wurden unter Vorlage einer Originalausgabe der Zeitungen nach ihrem Leseverhalten befragt).

Überzeugungen möglichst nahe kommt. Dies führt dazu, daß auch der Kontakt mit Informationen, die die eigene Meinung bestätigen, wahrscheinlicher ist als der Kontakt mit Informationen, die der eigenen Meinung widersprechen („De-facto-Selektivität"; Freedman/Sears 1965). Donsbach stellte weiter fest, daß sich Rezipienten lieber denjenigen *Artikeln* zuwenden, von denen sie eine Bestätigung ihrer eigenen Meinung erwarten.[31] Aber – und dies ist ein ganz zentraler Befund – die Selektionsregel gilt nur dann, wenn *positive* Informationen angeboten werden; bei *negativen* Informationen verhalten sich Anhänger und Gegner einer bestimmten Position fast gleich. Der Schutzschild der Selektion funktioniert gegenüber Informationen, die eine Meinungsänderung zum Positiven bewirken können, nicht aber gegenüber Informationen, die eine Meinungsänderung zum Negativen auslösen können. Die Ergebnisse von Donsbach erklären auch die Tatsache, daß es leicht ist, ein positives Image durch negative Informationen zu zerstören, aber ausgesprochen schwierig, ein positives Image aufzubauen.

Ferner konnte Donsbach aufzeigen, daß die *formale Betonung* eines Artikels (Plazierung, Überschriftengröße), d.h. die Wichtigkeit, die Journalisten einem Thema zubilligen, sowie die Anzahl der in der Überschrift herausgestellten, „objektiv" bedeutsamen *Ereignismerkmale* (Nachrichtenfaktoren; vgl. Kapitel IV.2.) eventuelle Selektionsbarrieren überwinden können. Von Journalisten als wichtig eingestufte Informationen erreichen also mit hoher Wahrscheinlichkeit auch diejenigen Leser, für die die angebotenen Informationen dissonant sind. Was *Rezipientenmerkmale* betrifft, stellte sich heraus, daß hoher Dogmatismus und ein geringes Zeitbudget die Selektivität zugunsten der eigenen Meinung erhöhen. Das Einflußpotential einer Zeitung steigt demnach nicht nur quantitativ sondern auch qualitativ mit der Dauer der Zeitungsnutzung. Außerdem zeigte sich, daß die wahrgenommene politische Distanz zwischen der redaktionellen Linie eines Blattes und der eigenen politischen Einstellung das Selektionsverhalten ebenso verstärkt wie die Vermutung einer starken Überzeugungsabsicht der Journalisten. Umgekehrt existiert offenbar bei Zeitungen, die dem Rezipienten politisch nahestehen, eine Art „Vertrauensvorschuß", der zu geringerem Mißtrauen führt und auch dissonante Informationen eher durchdringen läßt. Donsbach (1991, 210) kommt aufgrund seiner Befunde zu dem Schluß, „daß die von der eigenen Meinung gesteuerte Selektivität letztlich keinen wirksamen Schutz gegen die Beeinflussung durch Medieninhalte darstellt.

---

[31] Konsonanz und Dissonanz spielten bei Artikeln über Politiker eine stärkere Rolle als bei Artikeln über politische Sachverhalte (Donsbach erklärt dies mit der größeren Affektbeladenheit und stärkeren Schematisierung von Meinungen zu Politikern). Die Selektivität war bei Themen über politische Sachverhalte, die besonders polarisiert und eindeutiger politisch zuzuordnen sind bzw. eine starke Ich-Beteiligung beim Rezipienten auslösen, stärker.

Sie wird auf nur wenige Beiträge angewandt, kann zu einfach durch journalistische Mittel überwunden werden und gilt ohnehin überwiegend nur
gegenüber positiven Mitteilungen."[32]

Im vorliegenden Kontext ist auch das sogenannte „*Hostile Media
Phenomenon*" zu erwähnen. Robert P. Vallone, Lee Ross und Mark R.
Lepper (1985) gingen von dem Tatbestand aus, daß in Leserbriefen an Zeitungen und Zeitschriften häufig ein und derselbe Artikel als einseitig attak-
kiert wurde – und zwar von Personen, die vollkommen verschiedene Ansichten besaßen. Es wurde offensichtlich angenommen, das jeweilige Massenmedium vertrete eine dem eigenen Standpunkt gegenüber feindliche
Position. Vallone u.a. bemühten sich um eine empirische Prüfung der verzerrten Wahrnehmung der „verzerrten" Medienberichterstattung. Sie stellten eine Fernsehsendung zusammen, in der ausschließlich Berichte über ein
Massaker an Zivilisten in palästinensischen Flüchtlingslagern enthalten waren. Die Versuchspersonen nahmen entweder einen pro-arabischen, pro-
israelischen oder aber einen neutralen Standpunkt in dem Konflikt ein.
Nach dem Ansehen der Sendung zeigte sich, daß diejenigen, die eine pro-
israelische oder aber eine pro-palästinensische Position vertraten, die Nachrichtensendung als der eigenen Meinung entgegengesetzt wahrnahmen.
Vallone u.a. sahen dafür zwei Erklärungsmöglichkeiten: Entweder wurden
die Informationen unterschiedlich wahrgenommen (selektive Wahrnehmung) oder aber identisch wahrgenommene Stimuli wurden unterschiedlich
bewertet (selektive Evaluation). Die Daten stützen beide Interpretations-
möglichkeiten. Im Sinne der ersten Möglichkeit interpretierbar ist der
Befund, daß die Anhänger der jeweils konträren Positionen den Anteil der
pro- bzw. anti-israelischen Argumente unterschiedlich einschätzten. Im
Sinne der zweiten Erklärungsmöglichkeit ist der Tatbestand interpretierbar,
daß Personen, die den Inhalt identisch wahrnahmen, dessen Fairneß und
Objektivität je nach eigener Ansicht unterschiedlich beurteilten.[33] Ferner
stellten die Autoren fest: Je mehr Kenntnisse ein Individuum hatte, desto
eher wurde die Sendung als gegen den eigenen Standpunkt gerichtet eingeschätzt. Allerdings befindet sich die Forschung hinsichtlich des „Hostile
Media Phenomenon" erst am Anfang. Donsbach (1991, 84f.) fand in
Deutschland keine Belege für diese These. Richard Perloff (1989) konnte

---

[32] Donsbach (1991, 211) weist außerdem darauf hin, daß die Selektionsmöglichkeiten
     beim Fernsehen im Gegensatz zu den von ihm untersuchten Zeitungen noch geringer
     sind. Daraus zieht er jedoch nicht den Schluß, daß das Selektivitätskonzept als Fak-
     tor für die Medienwirkung gänzlich unberücksichtigt gelassen werden sollte.
[33] Nach einer dritten Erklärungsmöglichkeit nehmen Rezipienten zwar die Gleich-
     verteilung der verschiedenen Ansichten wahr, halten eine ausgewogene Berichterstat-
     tung aber nicht für angemessen.

das Experiment von Vallone u.a. mit jüdischen und arabischen Studenten in Bezug auf die Berichterstattung über den Libanonkrieg 1982 erfolgreich replizieren. Roger Giner-Sorolla und Shelly Chaiken (1994) konfrontierten US-amerikanische Studenten mit Berichterstattung über den israelisch-palästinensischen Konflikt und über die Abtreibungskontroverse in den USA und fanden Hinweise auf einen „Hostile-Media"-Effekt.

4.3. Weitere Ansätze zur Erklärung von Selektionsvorgängen

Wie eine Vielzahl empirischer Untersuchungen mit recht widersprüchlichen Ergebnissen gezeigt hat, ist die Dissonanztheorie zur Erklärung selektiver Wahrnehmungs-, Verarbeitungs- und Erinnerungsprozesse nur bedingt geeignet (Schenk 1987, 120–132; Donsbach 1991, 54–58, 90–95). Problematisch ist z.B., daß die Dissonanztheorie nicht erklärt, wie sich Auswahlverhalten bei spannungsfreien Zuständen vollzieht. Im folgenden sollen daher kurz einige andere Ansätze zur Erklärung von Selektionsvorgängen angeführt werden:

Sowohl die Aufnahme inkonsistenter Informationen als auch die Möglichkeit eines Einstellungswandels wird z.B. im *„Information-Processing"-Modell* von Lewis Donohew und Leonard Tipton (1973) berücksichtigt. Die Autoren gehen davon aus, daß Rezipienten ein bestimmtes Aktivierungsniveau aufrechterhalten möchten und daher ein bestimmtes Maß an Abwechslung suchen, das durch die Aufnahme inkonsistenter Informationen erreicht werden kann. Ob eher konsistente oder inkonsistente Informationen aufgenommen werden, hängt davon ab, ob das für ein Individuum optimale Aktivierungsniveau gerade überschritten oder unterschritten wird. Wenn die aufgenommenen Informationen Handlungen erfordern und die bisherigen Vorstellungen bzw. Informationen keine Entscheidung für eine Handlungsalternative ermöglichen, wird nach der Annahme von Donohew und Tipton eine Suche nach zusätzlichen Informationen einsetzen. Inkonsistente Informationen werden v.a. dann rezipiert, wenn ein Individuum sich einer neuen oder sich verändernden Situation anpassen muß. In ähnlicher Weise erklärt der *„Information-Utility"-Ansatz* (Atkin 1973) Informationssuche und -aufnahme mit dem instrumentellen Nutzen für den Umgang mit Umweltanforderungen. Informationen werden demnach nur dann rezipiert, wenn ihr Wert die Kosten der Informationsaufnahme übertrifft.[34]

---

34 Während sich die genannten Ansätze mit der Selektion von Informationen beschäftigen, bieten sich für den Unterhaltungsbereich funktionalistische Ansätze wie der „Uses-and-Gratifications Approach" (vgl. Kapitel V.6.1.) zur Erklärung von Selektionsvorgängen an, der ebenfalls Motivation und Intentionalität der Zuwendung in den Vordergrund stellt.

Als kognitionspsychologischer Ansatz der Informationsverarbeitung bietet sich zur Erklärung von Selektivität weiterhin die „Schema-Theorie" an. Winfried Schulz (1994, 155) unterscheidet zwischen der Bedeutung von „Schema" als Struktur, Prozessor und Steuerungselement. Als *Struktur* bezeichnet ein Schema „einen organisierten Teilbereich der im Individuum gespeicherten Information von Wissen und Erfahrungen". Als *Prozessor* fungiert das Schema als Verarbeitungsmechanismus, durch den neue Informationen zu den bestehenden in Beziehung gesetzt werden. Als *Steuerungselement* schließlich dirigiert es Aufmerksamkeit und Wahrnehmung.

Die Schema-Theorie geht davon aus, daß der Mensch nur einen geringen Anteil der ihm zur Verfügung stehenden Informationen aufnehmen und verarbeiten kann. Daher entwickelt er im Sozialisationsprozeß bestimmte „Schemata". Deren Entstehung beruht auf der Fähigkeit des Menschen, bei Objekten, Personen, Ereignissen usw. gemeinsame Attribute zu abstrahieren. Statt alle Einzeleindrücke abzuspeichern, werden nur die Gemeinsamkeiten behalten. Diese bilden ein Schema, d.h. ein „Set von Attributen, das Objekte einer bestimmten Kategorie teilen." (Brosius 1991, 286). Das Schema, das bestimmte Erwartungen und Vorstellungen impliziert, leitet die Wahrnehmung und Informationsverarbeitung des Rezipienten. Das jeweils durch Medieninhalte aktivierte Schema beeinflußt, welche Informationen wahrgenommen bzw. erinnert bzw. unter welchem Gesichtspunkt sie interpretiert werden. Schemata dienen einerseits dazu, die Eindrücke und Erfahrungen des Rezipienten zu organisieren und einzuordnen, und werden andererseits durch diese Eindrücke erst gebildet bzw. modifiziert.

Doris Graber (1984, 24), die die Schema-Theorie in einer empirischen Untersuchung auf die Nachrichtenrezeption angewandt hat,[35] unterscheidet vier Funktionen von Schemata: 1. Schemata bestimmen, welche Informationen einer Meldung aufgenommen und weiterverarbeitet werden. 2. Sie helfen bei der Bewertung neuer Informationen und bei der Integration in bereits vorhandenes Wissen. 3. Schemata ermöglichen Inferenzen, die über die bereitgestellten Informationen hinausgehen, und das Schließen von Informationslücken. 4. Durch die Bereitstellung möglicher Problemlösungen tragen sie zur Beseitigung von Konfliktsituationen bei.

Enge Verbindungen mit der Schema-Theorie weist der „Framing"-*Ansatz* auf, der bereits im Zusammenhang mit der Nachrichtenselektion von Journalisten behandelt wurde (vgl. Kapitel IV.4.), aber auch auf Auswahlentscheidungen der Rezipienten anwendbar ist. Individuen folgen nicht nur den Frames, die ihnen in den Massenmedien angeboten werden, sondern sie betreiben ihrerseits einen aktiven Prozeß der Auswahl, Reorganisation und Einordnung von Informationen, der auch auf ihren eigenen Inter-

---

[35] Im Zeitraum von über einem Jahr wurden mehrfach Interviews mit 21 Personen durchgeführt.

pretationsschemata beruht. Der Einfluß der Nachrichten-"Frames" ist v.a. dann groß, wenn keine anderen Informationsquellen zur Verfügung stehen und wenn unabhängige kognitive „Frames" nicht existieren oder schwach entwickelt sind.

Insgesamt ist davon auszugehen, daß sich Rezipienten bei der Nachrichtenrezeption nur selten in dem Sinne rational verhalten, daß sie möglichst viele Informationen sammeln und auf deren Basis zu einem Urteil gelangen.[36] Vielmehr ist hier ein *„Modell der Alltagsrationalität"* angemessen, wie es von Brosius (1995) formuliert und empirisch geprüft worden ist. Demzufolge wenden Rezipienten bei politischen Informationen dieselben Schemata und Heuristiken[37] an, die sie auch im Alltag zur Reduktion der Informationsmenge einsetzen. Die Untersuchung von Brosius zeigt, daß z.B. die Strukturierung eines Themas und die Auswahl von Bildern in den Medien einen Einfluß darauf besitzt, welche Schemata aktiviert und welche Informationen daraufhin aufgenommen und behalten werden.[38] Behalten und zur Urteilsbildung herangezogen werden v.a. lebhafte und auffällige Informationen, emotionale Bilder und illustrierende Fallbeispiele.[39]

Brosius bezieht sich bei seinen Überlegungen auch auf das sogenannte *„Elaboration-Likelihood"-Modell* (ELM) von Richard E. Petty und John T. Cacioppo (1981; 1986).[40] Diesem Modell zufolge werden persuasive Botschaften in Abhängigkeit von Persönlichkeitsfaktoren (z.B. Motivation, Involviertheit, kognitive Fähigkeiten, Stimmung des Rezipienten, Vorwissen) und Eigenschaften der Informationsquelle bzw. der Medieninhalte (z.B. audiovisuelle bzw. Printmedien,[41] Attraktivität des Kommunikators, Verständlichkeit der Botschaft, Aufmachung der Meldung) in unterschiedlicher Weise, d.h. „zentral" (in aktiver Auseinandersetzung mit dem Inhalt, gestützt auf die enthaltenen Argumente) oder „peripher" (unter Konzentration auf Randaspekte wie formale Merkmale, Attraktivität des Kommuni-

---

[36] Ein solches Verhalten erfolge nur dann, wenn Rezipienten hoch involviert seien, den Nachrichten hohe Aufmerksamkeit entgegenbrächten und nach Anhaltspunkten für eine Entscheidung suchten.

[37] Unter „Heuristiken" sind „kondensierte Alltagserfahrungen" zu verstehen, „mit denen die Bildung von Urteilen und das Treffen von Entscheidungen routinehaft verkürzt" wird (Brosius 1995, 303).

[38] Darüber hinaus wurden die aufgenommenen Informationen durch weitere schemakonsistente Informationen ergänzt, die in dem Beitrag jedoch nicht enthalten waren.

[39] Wie Brosius herausstellt, entsprechen Fallbeispiele besser der Alltagserfahrung als Statistiken oder Wahrscheinlichkeitsangaben. Zur Wirkung von Fallbeispielen vgl. ausführlich Daschmann (2001).

[40] Große Ähnlichkeit mit dem ELM weist das *„Heuristic-Systematic"-Modell* (HSM) von Shelly Chaiken u.a. auf (z.B. Chaiken 1980; Chaiken/Liberman/Eagly 1989).

[41] Empirische Untersuchungen deuten darauf hin, daß audiovisuelle Inhalte eher peripher bzw. heuristisch und schriftliche Inhalte eher zentral bzw. systematisch verarbeitet werden (Chaiken/Eagly 1976).

kators, Musik usw.) verarbeitet. Brosius (1995, 118) stellt eine Parallele her zwischen der zentralen (bzw. systematischen) und einer wissenschaftlich-rationalen Verarbeitungsweise sowie zwischen der peripheren (bzw. heuristischen) Verarbeitungsweise und dem von ihm untersuchten Prinzip der „Alltagsrationalität". Er folgert (1995, 121), daß bei Nachrichten zwei Rezeptionssituationen unterschieden werden müßten: „In Sondersituationen, z.B. dem Ausbruch des Golfkriegs, wird durch die Nachrichteninhalte und/oder ihre Aufmachung vielen Rezipienten eine zentrale und systematische Verarbeitung nahegelegt. Dies gilt auch für Nachrichten, bei denen die Rezipienten persönlich betroffen sind. In diesen Fällen treffen zumindest einige Aspekte des wissenschaftlich rationalen Rezipienten zu. Die Information wird vermutlich möglichst vollständig und unter Gesichtspunkten des Behaltens rezipiert. Ein sich anschließendes Urteil wird rational begründet sein. In der Mehrzahl der Rezeptionssituationen muß man dagegen eher von einer geringen Involviertheit der Rezipienten, wenig Interesse am Thema und – auf Seiten der Medien – von einer relativ stereotypen Berichterstattung ausgehen. In diesen Fällen erfolgt die Nachrichtenrezeption vermutlich orientiert am Alltagsverhalten. Die Information wird teilweise und oberflächlich sowie unter Gesichtspunkten des Vergessens verarbeitet. Ein anschließendes Urteil wird weniger rational begründet sein."

Eine Untersuchung von Christiane Eilders (1997) deutet darauf hin, daß auch die *Nachrichtenfaktoren* einer Meldung das Auswahlverhalten der Rezipienten steuern. Bereits Johan Galtung und Marie Holmboe Ruge (1965) vertraten die Ansicht, daß es sich bei den Nachrichtenfaktoren um wahrnehmungspsychologisch erklärbare, allgemein-menschliche Selektionskriterien handelt, die daher nicht nur die Selektionsentscheidung der Journalisten, sondern auch die der Rezipienten bestimmten.[42] Eilders (1997, 122) schreibt: „Nachrichtenfaktoren können im Rahmen der Schematheorien als abstrakte Beschreibungskategorien für wichtige Ereignisse oder Nachrichten verstanden werden. Sie spannen quasi ein Relevanzschema auf. Information mit entsprechenden Merkmalen paßt in das Schema, wird problemlos integriert und schließlich gut erinnert." Eilders verglich in ihrer Studie Medienbeiträge und deren Rezeption hinsichtlich ihrer Orientierung an Nachrichtenfaktoren. Bei der Rezeption wurden zwei Phasen unterschieden, die Beitragsauswahl und die Verarbeitung von Informationen. Um herauszufinden, wie Nachrichtenfaktoren diese Prozesse beeinflussen, wurde neben dem Vorhandensein der Nachrichtenfaktoren auch deren Intensität und explizite Nennung erhoben. Eilders kam zu dem Ergebnis, daß Nachrichtenfaktoren auch die Auswahl und Verarbeitung von Informationen durch den Rezipienten steuern. Als bedeutsam erwiesen sich ins-

---

[42] Zu Vorläuferstudien zu Nachrichtenfaktoren bei Rezipienten vgl. z.B. Schulz (1977) und Eilders (1997) mit einem ausführlichen Überblick.

besondere die Faktoren „Etablierung", „Kontroverse", „Überraschung", „Einfluß/Prominenz", „Personalisierung" und „Schaden". Unbedeutend waren die Faktoren „Nutzen", „Faktizität" und „Reichweite". Eilders unterschied darüber hinaus vier Verarbeitungstypen:

1. *Erhöher*: Personen, die Nachrichtenfaktoren aus Beiträgen überproportional wiedergeben.
2. *Verringerer*: Personen, die Nachrichtenfaktoren aus Beiträgen unterproportional wiedergeben.
3. *Konzentrierer*: Personen, die Nachrichtenfaktoren erst ab einer bestimmten Intensität Bedeutung zumessen.
4. *Nivellierer*: Personen, die Nachrichtenfaktoren überproportional wiedergeben, jedoch überwiegend die in der Berichterstattung intensiv enthaltenen Faktoren weglassen. Diese Gruppe war zahlenmäßig zu vernachlässigen und ihr Verhalten kaum interpretierbar (Eilders 1997, 244).

Erhöher und Konzentrierer verhalten sich gemäß der Verzerrungshypothese von Galtung und Ruge (vgl. Kapitel IV.2.1.) (d.h. sie akzentuieren Merkmale, die den Nachrichtenwert eines Ereignisses ausmachen), Verringerer und Nivellierer dagegen nicht. Weiterhin stellte sich heraus, daß das politische Wissen einen negativen Zusammenhang mit der generellen Orientierung an Nachrichtenfaktoren aufwies, d.h. je besser informiert Rezipienten sind, desto eher beurteilen sie die Bedeutung von Informationen nach eigenen Kriterien. Eilders folgerte, daß die journalistischen Selektionskriterien den Relevanzkriterien politisch informierter Rezipienten nicht entsprechen.

Die Ergebnisse der Feldstudie von Eilders ermöglichen allerdings keine eindeutige Aussage darüber, ob sich die Rezipienten tatsächlich eigenständig an den Nachrichtenfaktoren orientiert haben oder ob die Aufmachung und Plazierung eines Beitrags, d.h. die journalistische Relevanzzuschreibung, für die Rezeption entscheidend war. Diese Einflüsse wurden in einem Experiment von Christiane Eilders und Werner Wirth (1999) kontrolliert. 123 Studenten sahen kurze, fiktive Nachrichtenmeldungen und mußten die erinnerten Meldungen stichwortartig notieren. Es zeigte sich, daß die Nachrichtenfaktoren die Erinnerung an eine Nachricht förderten sowie inhaltlich strukturierten und akzentuierten. Eine Meldung wurde desto besser erinnert, je mehr Nachrichtenfaktoren sie enthielt. Als besonders einflußreich erwiesen sich die Faktoren „Personenstatus", „Personalisierung" und „Überraschung". Z.T. verbesserte ein zusätzlicher Faktor die Erinnerungsleistung aber nur gemeinsam mit anderen Faktoren (dies galt v.a. für „Reichweite"[43] und „Kontroverse"). Zudem mußte ein bestimmter Schwel-

---

[43]　Operationalisiert als Anzahl der von einem Ereignis direkt betroffenen Personen.

lenwert überschritten werden, bevor eine Zunahme des Nachrichtenwerts sich in einer deutlich besseren Erinnerung niederschlug.[44] Eilders und Wirth folgerten aus ihren Ergebnissen, daß die journalistischen Selektionsvorgänge offensichtlich den Relevanzstrukturen des Publikums entsprechen. Fraglich ist allerdings, ob dies auch für die nicht untersuchten organisatorisch bedingten Nachrichtenfaktoren wie „Frequenz", „Variation" usw. gilt und ob die konstatierte Übereinstimmung auf wahrnehmungspsychologischen Ursachen oder auch auf Sozialisations- und Gewohnheitseffekten beruht. Wichtig ist in jedem Fall, daß sich Auswahl- und Erinnerungsprozesse offensichtlich zu einem gewissen Grad durch die Betonung bestimmter Nachrichtenfaktoren beeinflussen lassen.

5. Massenkommunikation und interpersonale Kommunikation

5.1. Das Zwei-Stufen-Fluß-Modell und das Meinungsführerkonzept

Bei der Wirkung von Massenkommunikation spielen auch interpersonale Kommunikationskanäle eine zentrale Rolle. Diese werden bei dem Modell eines *„Zwei-Stufen-Flusses der Kommunikation" („Two-Step-Flow of Communication")* berücksichtigt. Ausgangspunkt für die Entwicklung dieses Modells war die bereits erwähnte Untersuchung „The People's Choice" von Lazarsfeld, Berelson und Gaudet (1944; Kapitel V.2., V.4.2.). Darin wurde festgestellt, daß die Wahlentscheidung im Gegensatz zu den Vorstellungen des „Stimulus-Response"-Modells weniger durch die direkte Wirkung der Massenmedien als durch die interpersonale Kommunikation mit Personen aus der Umgebung des Wählers beeinflußt wurde. Die Befragten nannten politische Diskussionen mit Personen aus ihrer Umgebung häufiger als Informationsquelle zum Wahlkampf als Hörfunk oder Presse. Vor allem unentschlossene Wähler und solche, die ihre Meinung im Laufe der Zeit änderten, wiesen auf die Bedeutung interpersonaler Kommunikation hin. Lazarsfeld u.a. identifizierten Personen, die in ihrem unmittelbaren sozialen Umfeld einen größeren Einfluß auf die Meinungsbildung ausübten als andere. Diese wurden als *„Meinungsführer" („Opinion Leader")* bezeichnet.[45]

---

[44] Offen mußte bleiben, wo hinsichtlich der Anzahl zusätzlicher Nachrichtenfaktoren die Grenze für eine Verbesserung der Erinnerungsleistung liegt, ob die Ergebnisse nicht nur für die Erinnerungsleistung, sondern auch für die Nutzungsentscheidung (d.h. die Zuwendung zu Inhalten) gelten, und welchen Einfluß Ereignistypen, Themen und deren Relevanzniveau besitzen (Eilders/Wirth 1999, 54f).

[45] Als Meinungsführer wurde eingeordnet, wer angab, in letzter Zeit versucht zu haben, jemanden von seinen politischen Ansichten zu überzeugen, und von anderen in politischen Fragen um Rat gebeten worden war. Dies traf auf 21% der Befragten zu.

Diese Meinungsführer waren charakterisiert durch einen häufigeren Medienkonsum und ein größeres Interesse an der Wahl, unterschieden sich aber im Hinblick auf ihren sozioökonomischen Status nicht wesentlich von ihren Gefolgsleuten, d.h. Meinungsführer waren in jede sozialen Schicht zu finden; ihr Einfluß verlief also horizontal.[46]

Aufgrund ihrer Ergebnisse entwickelten die Autoren das Modell des „Zwei-Stufen-Flusses" (Abb. 6). Danach werden die Rezipienten nicht wie beim „Ein-Stufen-Fluß" direkt von den Medieninhalten erreicht, sondern die Botschaften der Massenmedien fließen zunächst zu den Meinungsführern und von dort zu den weniger aktiven Bevölkerungsmitgliedern.[47]

Abbildung 6: Das Modell des Zwei-Stufen-Flusses der Massenkommunikation

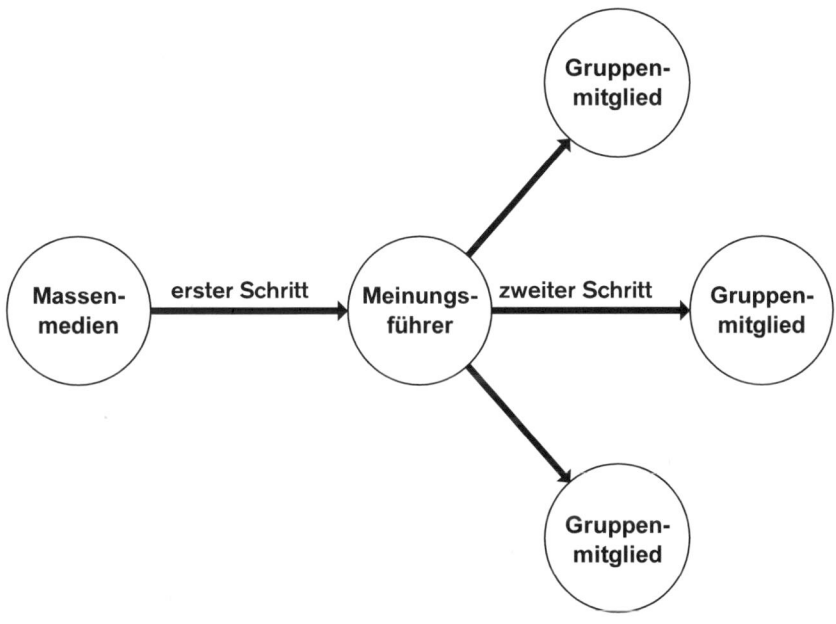

---

[46] Es gibt allerdings auch Hinweise für vertikale Meinungsführerschaft, so z.B. in der 1945/46 durchgeführten und im weiteren Verlauf des Kapitels beschriebenen sogenannten „Decatur-Studie" (Katz/Lazarsfeld 1955).

[47] Lazarsfeld, Berelson und Gaudet (1944, 151) schreiben: „Ideas often flow from radio and print to the opinion leaders and from them to the less active sections of the population."

Dieses Modell impliziert zwei von Lazarsfeld u.a. allerdings noch nicht differenzierte Funktionen der Meinungsführer (Arndt 1968, 457; Schenk 1987, 252): 1. Die *Informationsübertragungs-* oder *„Relaisfunktion"* und 2. die *Beeinflussungs-* oder *Verstärkerfunktion*. In „The People's Choice" wurden die Meinungsführer als Teil des Mechanismus gesehen, durch den die relativ homogenen Primärgruppen von Medieninhalten abgeschirmt werden, die den in ihnen vorherrschenden Meinungen widersprechen. Die Meinungsführer fungieren nach der Vorstellung von Lazarsfeld u.a. nicht als neutrale Vermittler von Medienbotschaften, sondern unterziehen diese einem von den internalisierten Normen ihrer Bezugsgruppe gesteuerten Prozeß der selektiven Wahrnehmung, Verarbeitung und Weitergabe, so daß sie eher zur Verstärkung denn zur Veränderung bestehender Einstellungen beitragen.[48]

Dieses Modell konnte von Lazarsfeld u.a. allerdings aufgrund der methodischen Anlage ihrer Studie nicht wirklich nachgewiesen werden, da keine Analyse der interpersonalen Kommunikationsprozesse selbst erfolgte. Zudem muß das Verfahren der Selbsteinschätzung zur Identifikation der Meinungsführer als problematisch betrachtet werden. Eines anderen Ansatzes bediente sich in dieser Hinsicht die sogenannte „Rovere-Studie" von Robert K. Merton (1949). Merton wählte statt der Selbsteinschätzung die Methode der Fremdbeurteilungen. 86 Einwohner der Kleinstadt Rovere wurden danach befragt, bei wem sie Rat suchten. Personen, die mindestens vier Nennungen auf sich vereinen konnten, wurden als Meinungsführer eingestuft und durch nähere Befragung auf ihre besonderen Merkmale hin untersucht. Zu den interessantesten Ergebnissen dieser Studie gehörte die Unterscheidung zweier Typen von Meinungsführern, den *„polymorphen"*, deren Einfluß sich auf viele Bereiche bezog, und den *„monomorphen"*, die als „Opinion Leaders" für ein spezielles Thema fungierten. Diese beiden Typen wurden in der „Rovere-Studie" von den sogenannten „Locals" bzw. den „Cosmopolitans" repräsentiert. Während sich die (polymorphen) „Locals" v.a. für die Probleme ihrer Stadt interessierten, meistens dort geboren waren, über einen relativ großen Bekanntenkreis verfügten und in vielen freiwilligen lokalen Organisationen mitwirkten, waren die (monomorphen) „Cosmopolitans" v.a. an nationalen und internationalen Themen interes-

---

48 Michael Schenk (1994b, 156) kommt anhand seiner Analyse der Kommunikationsbeziehungen zum Thema „Wiedervereinigung" angesichts sehr homogener Netzwerke auch in den 90er Jahren noch zu dem Ergebnis: „Die Absorptionskraft der dichten und geschlossenen Milieus dürfte nach wie vor so stark sein, daß sich ‚crosspressures', die Medieneinfluß begünstigen, in Grenzen halten. Die traditionelle ‚Schutzschildfunktion' der primären Milieus scheint nach wie vor intakt zu sein, wenngleich sie nicht mehr ganz so ausgeprägt zu sein scheint wie in früheren Zeiten."

siert, oft nach Rovere zugezogen, bei der Wahl ihres Bekanntenkreises auf den gleichen Status bedacht und Mitglied in Gruppen, die ein spezielles Interesse (z.B. Hobby) verband. Die „Locals" nutzten v.a. örtliche, die „Cosmopolitans" eher überregionale und (inter)nationale Medien.

Der Frage, in welchen Bereichen welche Personen als Meinungsführer fungieren, sind Elihu Katz und Paul F. Lazarsfeld (1955) in der „Decatur-Studie" („Personal-Influence-Studie") weiter nachgegangen. Dabei wurde das Verfahren der Selbsteinschätzung zur Identifikation der Meinungsführer mit der Methode der Fremdeinschätzung kombiniert.[49] Untersucht wurde u.a., ob sich Meinungsführer und Meinungsfolger im Hinblick auf ihre Position im Lebenszyklus (Altersgruppe), ihren sozioökonomischen Status und die Zahl ihrer sozialen Kontakte voneinander unterscheiden. Die Forscher befragten 800 Frauen in der Stadt Decatur zu ihrem Entscheidungsverhalten bei Konsumfragen, im Bereich der Mode, bei Kinobesuchen und in politischen Angelegenheiten. Katz und Lazarsfeld folgerten aus ihren Ergebnissen, daß jedes Einflußgebiet eigene Meinungsführer aufweise. Bei Konsumfragen wurden z.B. v.a. Hausfrauen mit großer Familie um Rat gebeten, bei Mode und Kinobesuch eher junge, unverheiratete Frauen und im Bereich der Politik solche mit höherem sozioökonomischem Status und vielen sozialen Kontakten. Außerdem wurde festgestellt, daß Meinungsführerschaft meist auf ein Gebiet beschränkt, d.h. monomorph ist.[50]

5.2. Weiterentwicklung des Zwei-Stufen-Fluß-Modells

Neben der beschriebenen Differenzierung verschiedener Meinungsführertypen erbrachte die Forschung auch neue Erkenntnisse im Hinblick auf den Informationsfluß. Ebenfalls in der „Decatur-Studie" stellte sich heraus, daß die Meinungsführer selbst von interpersonalen Kontakten stärker beeinflußt wurden als von den Massenmedien, d.h. daß *„Meinungsführer der Meinungsführer"* existieren.[51] Aufgrund dieser Ergebnisse erfolgte eine Ab-

---

[49]   In einem „Schneeballverfahren" wurden auch die Personen befragt, die von den Meinungsführern als Ratsuchende angegeben worden waren, was eine Überprüfung der Selbsteinschätzungen der Meinungsführer ermöglichte. Die Schilderungen des Gesprächs, in dem der Meinungsführer um Rat gebeten worden war, stimmten allerdings nur in ca. zwei Dritteln der Fälle überein.

[50]   Zu einem gegenteiligen Ergebnis kommen Alan S. Marcus und Raymond A. Bauer (1964) in einer Überprüfung der von Katz und Lazarsfeld angewendeten statistischen Vorgehensweise.

[51]   Diesen Befund bestätigten z.B. auch die „Elmira"-Wahlstudie von Bernard R. Berelson, Paul Lazarsfeld und William N. McPhee (1954) im Vorfeld der Präsidentschaftswahl 1948 sowie die „Drug-Study" (Menzel/Katz 1955; Coleman/Katz/ Menzel 1957; 1966; vgl. dazu Kapitel V.5.4.).

kehr vom „Two-Step-Flow"-Modell hin zu einem *„Multi-Step-Flow"*-
Modell.

Zudem erwies sich die Relaisfunktion der Meinungsführer in weiteren
Studien nicht als ausschließlicher, sondern als zusätzlicher und themen-
abhängiger Mechanismus der Informationsvermittlung an die „Meinungsfolger", d.h. Informationen über bestimmte Ereignisse erreichten die breite
Bevölkerung direkt durch die Massenmedien, ohne den Weg über die Meinungsführer zu nehmen. Die interpersonale Kommunikation wirkte nur ergänzend, wobei die Meinungsführer aufgrund ihres höheren Kenntnis-
standes weitere Informationen lieferten. Das bedeutet, „dass sich der Wir-
kungsradius von Meinungsführern insbesondere im Rahmen interpersonaler Kommunikation entfaltet, die durch Mediennutzung ausgelöst wird"
(Jäckel 1999, 119). Dieser Ablauf des Kommunikationsflusses wird von
Karsten Renckstorf (1970, 325) in folgendem modifizierten Modell des
Zwei-Stufen-Flusses dargestellt (Abb. 7):

Abbildung 7: Modifiziertes Modell des Zwei-Stufen-Flusses nach Renckstorf

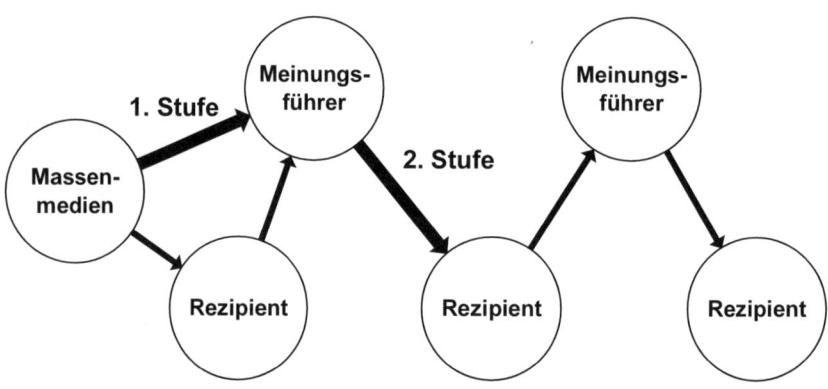

Quelle: Renckstorf 1970, 325

In bezug auf die Themenabhängigkeit der Vermittlungswege liegen unterschiedliche Ergebnisse vor.[52] Paul J. Deutschmann und Wayne A. Danielson (1960) kamen in ihrer Studie zu dem Schluß, daß Informationen über wichtige Ereignisse die Rezipienten direkt über die Medien erreichen.[53] Richard J. Hill und Charles M. Bonjean (1964) dagegen stellten fest, daß mit dem Nachrichtenwert eines Ereignisses die Bedeutung interpersonaler Kommunikation zunimmt.[54] In einer Untersuchung von Bradley S. Greenberg (1964) erwies sich die interpersonale Kommunikation als besonders relevant für Ereignisse, die entweder besonders große oder besonders geringe Aufmerksamkeit der Rezipienten auf sich zogen. Insgesamt deutet die Forschungslage jedoch darauf hin, daß die interpersonale Kommunikation für die Verbreitung von Nachrichten einen eher geringen Stellenwert besitzt und nur bei herausragenden Ereignissen von größerer Bedeutung sein kann (überblicksartig Eisenstein 1994, 118–125; Jäckel 1999, 114–119). Auch bei wichtigen Ereignissen tritt interpersonale Kommunikation jedoch eher in Gestalt einer „Anschlußkommunikation" zutage denn als „Erstinformation" (Schenk/Rössler 1994, 278; Schenk 1998, 398).[55]

Eine weitere wichtige Einschränkung des ursprünglichen Modells betrifft die Differenzierung zwischen *Informationsverbreitung* und *Beeinflussung*. So unterschied z.B. Verling C. Troldahl (1966) einen einstufigen Infor-

---

52 Zu einem Überblick vgl. Schenk (1987, 254–259). Bei den folgenden Ergebnissen ist zu berücksichtigen, daß die entsprechenden Studien z.T. durchgeführt wurden, bevor das Fernsehen eine bedeutende Rolle spielte.

53 Untersucht wurden Nachrichten über die Krankheit Eisenhowers (1952), die Expedition von „Explorer I" (1958) und darüber, daß Alaska Bundesstaat der USA wurde (1958). Im Durchschnitt der drei Ereignisse gaben 88% der Befragten an, hiervon über die Massenmedien (und dabei in erster Linie über das Fernsehen) zuerst erfahren zu haben, nur 12% nannten die interpersonale Kommunikation als erste Informationsquelle. Allerdings hatten nach eigener Angabe zwei Drittel der Befragten mit anderen Gespräche über diese Vorkommnisse geführt.

54 Über die drei von Deutschmann und Danielson untersuchten Ereignisse hinaus wurden noch die Ermordung Kennedys, der Tod Roosevelts, die Entscheidung Eisenhowers zu einer zweiten Kandidatur und der Tod Senator Tafts herangezogen. Die Ergebnisse zur Ermordung Kennedys beruhten auf einer eigenen Untersuchung, zu den anderen Ereignissen wurden frühere Studien herangezogen. Darüber hinaus stellten die Autoren die These auf, daß sich Ereignisse um so schneller verbreiteten, je höher ihr Nachrichtenwert sei, und daß die Bedeutung der verschiedenen Medien als erster Informationsquelle vom Tagesablauf der Rezipienten abhänge sowie von dem Zeitpunkt, zu dem das Ereignis eintrete. Außerdem würden durch den sozioökonomischen Status bedingte Unterschiede im Mediennutzungsverhalten bei wichtigen Ereignissen an Bedeutung verlieren.

55 Für die Einschätzung der Themenwichtigkeit dagegen ist die interpersonale Kommunikation von besonderer Bedeutung. Zur Frage des Zusammenwirkens von Massenmedien und interpersonaler Kommunikation bei der Vermittlung der Themenwichtigkeit vgl. Kapitel V.7.2.

mationsfluß und einen zweistufigen Beeinflussungsprozeß. In seinem *„Two-Cycle-Flow"-Modell*, das zugleich den „Multi-Step-Flow" berücksichtigt, ging er davon aus, daß auf einer ersten Stufe Meinungsfolger, Meinungsführer und Meinungsführer der Meinungsführer von Informationen aus den Massenmedien gleichermaßen direkt erreicht werden. In bezug auf die zweite Stufe wird die Theorie der kognitiven Konsistenz bzw. kognitiven Balance in das Modell integriert (vgl. dazu Kapitel V.4.1., V.4.2.). Eine Möglichkeit zur Beseitigung des durch inkonsistente Informationen bewirkten Stresses bestehe darin, Rat bzw. neue Informationen vom jeweiligen Meinungsführer einzuholen. Die Initiative für die interpersonale Kommunikation liege hier also bei den Meinungsfolgern. Die Meinungsführer ihrerseits verhielten sich ähnlich wie die Meinungsfolger, nur mit dem Unterschied, daß sie sich an Experten wenden würden. Die Experten seien in der Lage, die Meinungsführer zu beeinflussen, die wiederum Einstellungen und Verhalten der Meinungsfolger prägen könnten. Außerdem nimmt Troldahl an, daß die Massenmedien zwar in der Lage sind, die Überzeugungen der Meinungsführer zu ändern, nicht jedoch die der Meinungsfolger.

Ein weiterer Gegensatz zum ursprünglichen „Two-Step-Flow"-Modell ergibt sich aus Studien (z.B. Troldahl/Van Dam 1965), in denen sich ein erheblicher Teil der Rezipienten weder als Meinungsführer noch als Meinungsfolger, sondern als *„Inaktive"*[56] herausstellte, die von Quellen interpersonaler Kommunikation überhaupt nicht erreicht wurden und auf die daher die Medien einen besonders großen Einfluß ausübten.[57] Weiterhin gab es zwar auch den einseitigen Informationsfluß von Meinungsführern zu Meinungsempfängern, der Großteil der Kommunikationsbeziehungen zwischen den aktiven Rezipienten war jedoch von häufigem Rollentausch bzw. Meinungsteilung (*„Opinion Sharing"*) zwischen „Opinion Givers" und „Opinion Askers" geprägt (Abb. 8).[58]

---

[56]   Charles R. Wright und Muriel Cantor (1970, 483) sprechen von *„Opinion Avoiders"* (im Gegensatz zu *„Opinion Leaders"* und *„Opinion Seekers"*).

[57]   Diese waren sozial weniger integriert und wiesen einen geringeren sozioökonomischen Status sowie einen schlechteren Kenntnisstand auf. Bei Troldahl und Van Dam (1965) machte ihr Anteil zwei Drittel der Stichprobe aus, in eine Untersuchung von John P. Robinson (1976) 51%.

[58]   Bei Troldahl/Van Dam (1965) betrug der Anteil drei Viertel, bei Robinson (1976) waren 68% der Meinungsführer selbst Einflußversuchen ausgesetzt. Zu der Erkenntnis, daß das „wechselseitige Austauschen von Meinungen zu aktuellen politischen Themen [...] am besten die interpersonale Kommunikation in den Netzwerken des Alltags" kennzeichne und „einseitige, asymmetrische Meinungsführung [...] deutlich seltener" sei, kommt auch Schenk (1994b, 154) bei seiner Analyse der Kommunikation zur Wiedervereinigung.

Abbildung 8: Opinion Sharing

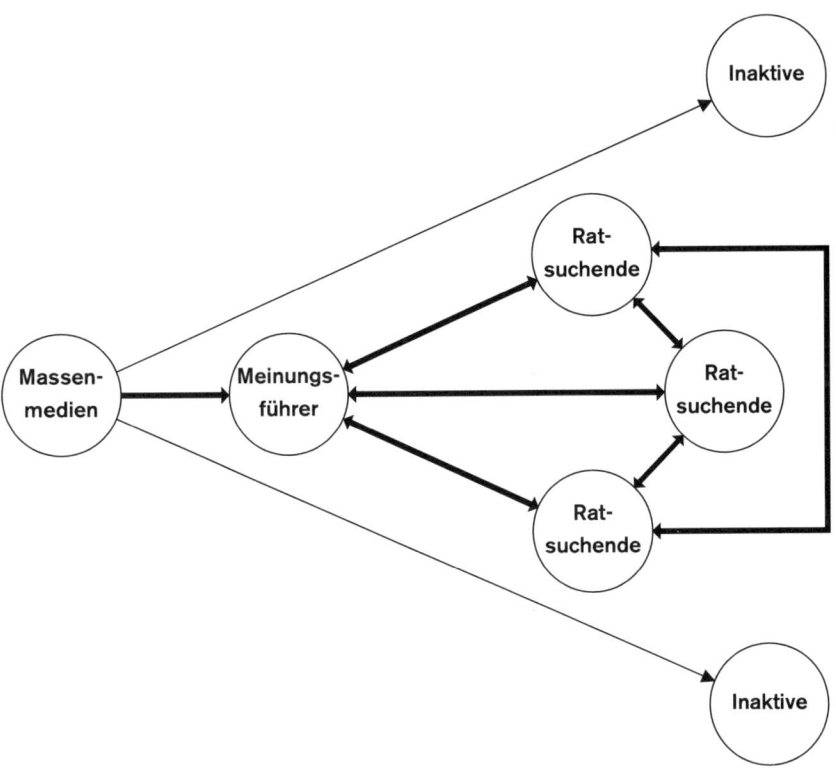

Quelle: Eigene Erstellung in Anlehnung an Grefe/Müller 1976, 4028 bzw. Robinson 1976, 317

Michael Schenk (1987, 268, Hervorhebung im Original) faßt das modifizierte Modell des „Two-Step-Flow" folgendermaßen zusammen: „Der Kommunikationsprozeß, der sich aufgrund der erweiterten empirischen Forschung zur Two-Step-Flow-Hypothese ergibt, beschreibt den *Informationsfluß* als eine direkte Verbindung, die sowohl zu den Meinungsführern oder -gebern als auch zu den Meinungsempfängern führt, aber auch die Inaktiven – zumindest partiell – erreicht. Während Meinungsführer bzw. -geber und -empfänger nach der ersten Informationsaufnahme durch die Massenmedien miteinander interagieren, ihre kommunikativen Rollen dabei austauschen, um die erhaltenen Informationen zu bewerten, Inkonsistenzen abzubauen oder bisherige Einstellungen und Verhaltensweisen neuen

Realitäten anzupassen, bleiben Inaktive von der interpersonalen Kommunikation ausgeschlossen und unterliegen eher dem Medieneinfluß. Führt interpersonale Kommunikation zwischen Meinungsgebern und -empfängern nicht zur Meinungsteilung (Geben und Empfangen), sind auch Meinungsführrungsprozesse von einseitigen Meinungsgebern zu einseitigen -empfängern denkbar [...]."

Was die Eigenschaften von Meinungsführern betrifft, hat die bisherige Forschung nach einer Zusammenfassung von Gabriel Weimann (1994) folgende Charakteristika ergeben:[59]

- *Persönlichkeitsattribute*: Innovationsbereitschaft; Individualismus, ohne gegen soziale Normen zu verstoßen; Wißbegierde und Interesse in bezug auf das Spezialgebiet; Weltoffenheit; Involvement;
- *soziale Attribute*: Geselligkeit; soziale Aktivität; zentrale Position in sozialen Netzwerken; soziale Zugänglichkeit; soziale Anerkennung; Glaubwürdigkeit;
- *soziodemographische Attribute*: Diese sind von Thema, Kultur/ Gesellschaft und dem Zeitpunkt der Untersuchung abhängig; es gibt jedoch eine Tendenz zu einer Übereinstimmung der Eigenschaften von „Opinion Leaders" und Beeinflußten;
- *Informationsverhalten*: Meinungsführer suchen aktiv nach Informationen in einer Vielzahl von Quellen (medial und interpersonal), setzen sich den Massenmedien in hohem Maße aus, entnehmen ihnen mehr Informationen und behalten mehr Details.

Vor dem Hintergrund der Diskussion über die Wirklichkeitskonstruktion durch die Medien ist das Konzept der *„virtuellen"* bzw. *„fiktiven"* Meinungsführer entwickelt worden (Merten 1988, 630; 1994, 317; Eisenstein 1994, 164–168). Dabei handelt es sich um Personen, die nicht durch direkten Kontakt, sondern nur durch ihre Medienpräsenz bekannt sind, wie z.B. Politiker, Nachrichtensprecher oder Serienstars. Ihnen wird insbesondere hinsichtlich der „Inaktiven" bzw. „Isolierten" großer Einfluß bzw. auch die Funktion einer „Ersatzbezugsperson" zugesprochen. Virtuelle Meinungs-

---

[59] In jüngerer Zeit findet zudem eine vom Institut für Demoskopie Allensbach entwickelte Skala zur Bestimmung der Persönlichkeitsstärke Anwendung, um Personen zu identifizieren, die auf in ihrem Umfeld besonders einflußreich sind (Weimann 1994, 255–286; Schenk/Rössler 1997). Weimann (1994, 263f.) weist allerdings darauf hin, daß die auf diese Weise identifizierten Personen mit den „Opinion Leaders" in ihrem klassischen Verständnis nicht identisch seien und eher einem modifizierten Meinungsführerkonzept entsprächen (z.B. unterscheiden sich die Personen mit hohen Werten auf der Persönlichkeitsstärkeskala eher in bezug auf das Muster ihrer Mediennutzung als in bezug auf deren Ausmaß – wie es das „Opinion-Leader-Konzept" vorsieht – von den weniger Persönlichkeitsstarken).

führerschaft, insbesondere von Politikern, wird dabei auch als das Resultat einer gezielten Imagepflege betrachtet. Schließlich ist darauf hinzuweisen, daß der Begriff des Meinungsführers auch auf Medien angewandt wird, an denen sich andere Medien orientieren.[60]

5.3. Diffusion von Innovationen

Der Prozeß der Informationsverbreitung und vor allem der Meinungs- und Verhaltensbeeinflussung sowie die Rolle von interpersonaler Kommunikation und Massenkommunikation ist im Rahmen der Forschung zur Diffusion von Innovationen von besonderer Relevanz (als Überblick Rogers 1995; Rogers/Singhal 1996). Unter „Diffusion von Innovationen" ist die in einem bestimmten Zeitraum und über bestimmte Kanäle erfolgende Verbreitung von neuen Ideen, Meinungen oder Produkten bei Individuen oder Gruppen bzw. innerhalb eines sozialen Systems zu verstehen. Hierbei ist zu beachten, daß sich die Diffusion von *Innovationen* von der Diffusion von *Informationen* unterscheidet, denn bei Innovationen handelt es sich um unbekannte Techniken bzw. Verfahrensweisen, die den gesamten Lebensstil verändern können.

Die Mehrzahl der Diffusionsstudien lief nach folgendem Muster ab (Müller 1970, 47): Zunächst wurde der Zeitpunkt festgestellt, zu dem bestimmte Inhalte zum ersten Mal durch die Massenmedien verbreitet wurden. Dann wurde die Rezeptionsquote (Anteil der Befragten, die den Inhalt tatsächlich auf die eine oder andere Weise rezipiert hatten) in mehreren zeitlichen Intervallen erhoben. Es wurde der Ort festgestellt, an dem die informierten Befragten die massenkommunizierten Inhalte rezipiert hatten. Das Medium, durch das die Rezeption zustande kam, wurde registriert und damit die relative Bedeutsamkeit von Massenkommunikation und interpersonaler Kommunikation für die Diffusion von Inhalten ermittelt.

In Anlehnung an Everett M. Rogers (1962, 81ff.) können fünf Stufen des Übernahmeprozesses unterschieden werden:

---

[60] Zum Begriff des *„Meinungsführermediums"* vgl. Kapitel III.5.3. Als erste konnten James D. Halloran, Philip Elliott und Graham Murdock (1970) zeigen, daß sich das Meinungsführerkonzept auch auf Prozesse innerhalb des Mediensystems übertragen läßt. Rainer Mathes und Andreas Czaplicki (1993) haben am Beispiel des Grubenunglücks von Borken gezeigt, daß Meinungsführungsprozesse im Mediensystem nicht nur von den nationalen Prestigemedien ausgehen und sich auf weniger bedeutende Medien auswirken müssen („Top-Down"-Prozesse), sondern bei lokalen/ regionalen Ereignissen und intensivem Engagement der entsprechenden Regional-/ Lokalpresse auch in umgekehrter Richtung verlaufen können („Bottom-Up"-Prozesse).

1. *„Awareness Stage"* (Stufe der Kenntnisnahme): Auf dieser Stufe wird zum erstenmal von der Existenz einer Innovation Kenntnis genommen, ohne daß weitergehende Informationen vorliegen.
2. *„Interest Stage"* (Stufe des Interesses): Das Individuum entwickelt Interesse und sucht zusätzliche Informationen über die Innovationen.
3. *„Evaluation Stage"* (Bewertungsstufe): Auf dieser Stufe wird die Innovation einem „Gedankenexperiment" unterzogen (in bezug auf die gegenwärtige und auf antizipierte zukünftige Situationen) und entschieden, ob sie ausprobiert werden soll oder nicht.
4. *„Trial Stage"* (Versuchsstufe): In kleinerem Rahmen wird die Innovation auf ihre Nützlichkeit geprüft.
5. *„Adoption Stage"* (Übernahmestufe): Der Übernehmende entschließt sich, die Innovation in vollem Umfang anzuwenden.

Die wichtigste Rolle kommt den Medien im Stadium der Aufmerksamkeitsweckung zu. Interpersonale Kommunikation ist demgegenüber in der Adoptionsphase von der größten Bedeutung. Das heißt, Massenmedien können das Wissen beeinflussen und Informationen über Innovationen vermitteln, sie ändern aber selten Einstellungen oder Verhalten. Hierfür ist die interpersonale Kommunikation besser geeignet. Optimal kommt der Multiplikator-Effekt der Massenmedien zum Tagen, wenn die „Verbindungsstellen" zum System interpersonaler Kommunikation erreicht werden können (Rogers/Shoemaker 1971, 251–266).

Da der Diffusionsprozeß nicht unbedingt mit der Adoption einer Innovation enden muß, hat Rogers (1995, 161–203) ein modifiziertes Modell vorgelegt, in dem fünf Phasen der Diffusion unterschieden werden (Abb. 9):

1. *„Knowledge"*: Existenz der Innovation sowie einige Informationen über deren Bedeutung sind bekannt;
2. *„Persuasion"*: Herausbildung einer günstigen bzw. ungünstigen Einstellung gegenüber der Innovation, wobei hierauf die Eigenschaften einer Innovation, d.h. deren relativer Vorteil gegenüber dem früheren Zustand, Kompatibilität mit existierenden Werten, vergangenen Erfahrungen, Bedürfnissen des Rezipienten, die Möglichkeit, eine Innovation in begrenztem Rahmen auszuprobieren und die Beobachtbarkeit der Wirkungen einer Innovation einen Einfluß ausüben;
3. *„Decision"*: Aktivitäten werden in Angriff genommen, die zu einer Annahme oder Ablehnung führen;
4. *„Implementation"*: Anwendung einer Innovation, wobei es u.U. zu „Re-Invention", d.h. einer Veränderung und Anpassung der Innovation an die vorliegenden Bedürfnisse und Umstände kommen kann;

5. *„Confirmation"*: Verstärkungen bzw. Bestätigungen für die gefällte Entscheidung werden gesucht; im Falle ungünstiger Information wird die Entscheidung revidiert.

Abbildung 9: Der Innovations-Entscheidungsprozeß nach Rogers

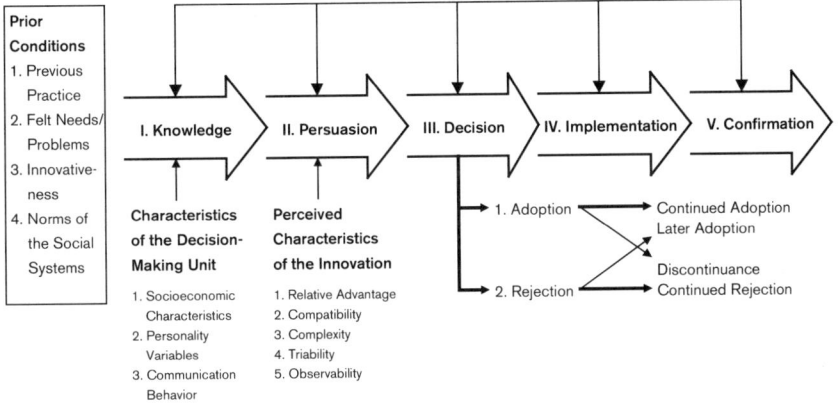

Quelle: Rogers 1995, 163

Zu kritisieren ist an dieser Darstellung, daß sie den Eindruck erweckt, die mit dem Rezipienten und dem sozialen System zusammenhängenden Variablen wirkten nur in der Phase des Wissenserwerbs und nicht auch in den folgenden Phasen. Zudem wird nicht klar, welche Informationsquellen für welche Diffusionsphase entscheidend sind. Hinzu kommt, daß das Modell davon ausgeht, daß Innovationen von Individuen übernommen werden, obwohl diese Entscheidungen gewöhnlich auf Gruppenebene fallen. Außerdem wurde das Modell von der Warte dessen aus formuliert, der eine Innovation durchsetzen will; die Interessen der Betroffenen wurden nicht erhoben. Schließlich postuliert das Modell, daß dem Verhaltenswandel ein Meinungswandel vorausgeht, was nicht notwendigerweise der Fall sein muß (vgl. Kapitel V.1.).

Ausgehend von den statistischen Maßzahlen des arithmetischen Mittels und der Standardabweichung entwickelte Rogers (1962, 168ff.; 1995, 261–275) eine „Übernehmer-Typologie" (Abb. 10):

Abbildung 10: Kategorisierung von Übernehmern einer Innovation auf der
Grundlage der relativen Adoptionszeit nach Rogers

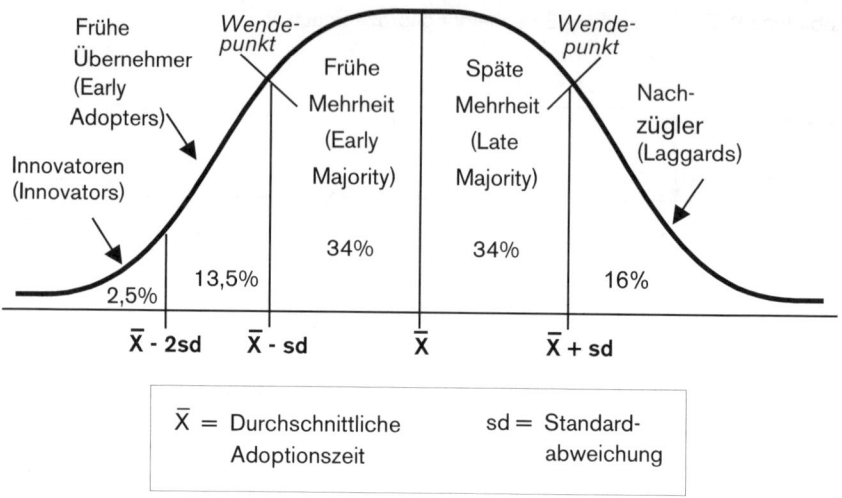

Quelle: Rogers 1962, 162

Als *„Innovatoren"* („Innovators") werden die Individuen bezeichnet, die zu
den ersten 2,5% der Übernehmer gehören, also mehr als zwei Standard-
abweichungen „früher" als der arithmetische Mittelwert der Adoptionszeit
lokalisiert sind. Bei den nächsten 13,5% handelt es sich um die *„frühen
Übernehmer"* („Early Adopters"). Während die Innovatoren nach Rogers
auf die Erprobung neuer Ideen erpicht und kosmopolitisch orientiert sind
und ihre Informationen v.a. aus überregionalen Quellen beziehen, handelt
es sich bei den frühen Übernehmern um in das lokale soziale System stärker
integrierte Personen, die sich durch ein intensives Kommunikationsverhalten auszeichnen. Sie werden nach Rat und Informationen gefragt, und
ihnen wird Respekt entgegengebracht. Diese frühen Übernehmer sind für
die erfolgreiche Durchsetzung neuer Ideen verantwortlich. Innovatoren
üben einen Demonstrationseffekt auf die frühen Übernehmer aus, die die
eigentlichen Meinungsführer sind. Die nächsten 34% bilden die *„frühe
Mehrheit"* („Early Majority"), die neue Ideen vor dem Durchschnitt der
Mitglieder eines sozialen Systems übernimmt und deren Bedeutung in der
Legitimierung von Innovationen liegt. Die folgenden 34% der *„späten*

Mehrheit" („Late Majority") stehen Innovationen mit großer Zurückhaltung gegenüber. Die Übernahme von Neuerungen geschieht aufgrund
sozialen oder wirtschaftlichen Drucks. Die *„Nachzügler"* („Laggards")
schließlich sind die am stärksten lokal orientierten Personen, deren Bezugsrahmen die Vergangenheit bildet.[61]

Den geschilderten Erkenntnissen über den Diffusionsprozeß haben diverse,
insbesondere von der UNESCO geförderte Entwicklungs-Programme
Rechnung getragen (z.b. Diaz Bordenave 1977; vgl. auch Kapitel II.4.2.).[62]
Die in der Praxis gebräuchlichste Methode zur Verbreitung bzw. Durchsetzung von Innovationen und damit zur Überwindung traditionsgebundener
Einstellungen, besteht dabei darin, gemeinsam Radio- bzw. Fernsehprogramme rezipieren zu lassen. Daran anschließend wird in Gruppen unter
Anleitung eines Experten diskutiert, wodurch ein Entscheidungsprozeß zugunsten der Übernahme der Neuerung (z.b. im Bereich der Landwirtschaft,
Hygiene, Kindererziehung usw.) herbeigeführt werden soll. Auch in Industrienationen ist das Modell des „Zwei-Stufen-Flusses" der Massenkommunikation in Verbindung mit dem Diffusionsmodell als theoretische Grundlage für die Verbreitung von Innovationen geeignet. Hierfür sei das Beispiel
eines in Nord-Karelien (Finnland) im Frühjahr 1972 gestarteten Programms zur Prävention von Herzkrankheiten angeführt (Puska u.a. 1986;
1995). In einer breit angelegten Kampagne versuchte man, den Lebensstil
der Bevölkerung von Nord-Karelien in bezug auf die Gesundheitsvorsorge
zu ändern (v.a. Aufgabe des Rauchens, cholesterinbewußte Ernährung,
Blutdrucksenkung usw.). Theoretischer Ausgangspunkt war die Erkenntnis,
daß Massenmedien zwar Wissen vermitteln können, zur Veränderung des
Lebensstils aber die Bevölkerung selbst unter der Anleitung von Experten
die Entscheidung zu fällen habe. Im Rahmen der Kampagne, in der Massenkommunikation und interpersonale Kommunikationskanäle gekoppelt
genutzt wurden, bildete man 1975 800 informelle Meinungsführer zu Experten aus, von denen 1983 noch über die Hälfte aktiv war. Besonderer

---

61 Insgesamt stellt Rogers (1995, 268–274; auch Rogers/Shoemaker 1971, 185–191)
    folgende Variablen heraus, die mit Aufgeschlossenheit gegenüber Innovationen ein-
    hergehen: 1. *Sozioökonomische Merkmale* wie höherer sozialer Status, bessere Schul-
    bildung, größere soziale Mobilität; 2. *Persönlichkeitsmerkmale* wie größere Empathie,
    geringerer Dogmatismus, größeres Abstraktionsvermögen, größere Risikobe-
    reitschaft, größerer Ehrgeiz und 3. *Kommunikationsverhalten*, d.h. z.B. mehr soziale
    Beziehungen, kosmopolitischer, intensivere Nutzung der Massenmedien und inter-
    personaler Kommunikationskanäle, häufig Meinungsführer.
62 Auch Arvind Singhal und Everett M. Rogers (1999, 143–179) fanden in bezug auf
    Seifenopern mit erzieherischem Anspruch zu den Themen „HIV-Prävention" und
    „Familienplanung" in Indien und Tansania, daß interpersonale Kommunikation
    über die dort vermittelten Themen die Übernahme neuer Verhaltensweisen fördert.

Wert wurde auf die Glaubwürdigkeit des Kommunikators gelegt. Affektive Aspekte wurden bei der Gestaltung der Inhalte ebenso berücksichtigt wie mögliche Gegenargumente, wobei durch die Experten eine ständige Rückkopplung hinsichtlich der Akzeptanz der Botschaften sichergestellt wurde. Eine große Zahl von lokalen Organisationen (z.B. Sportvereine, Hausfrauenvereinigungen) wurde ebenfalls in die Kampagne eingebunden, die mit dem massiven Einsatz der Massenmedien (Fernsehen) begann. Zwischen 1972 und 1977 erfolgte alle zwei Jahre, seit 1978 jährlich eine Evaluation der Maßnahmen. Insgesamt gesehen war die Kampagne sehr erfolgreich (als Vergleichsgebiet diente ein Nachbarbezirk).[63] So betrug die Netto-Reduktion des Rauchens bei Männern zwischen 1972 und 1982 27% (1972 waren 52% aller 25- bis 59jährigen Männer Raucher; 1977 44% und 1982 38%). Bei Frauen war im gleichen Zeitraum ein Netto-Rückgang von 14% zu konstatieren. Ein Rückgang des Cholesterinspiegels sowie des Bluthochdrucks wurde ebenfalls festgestellt.[64] In jüngerer Zeit werden vergleichbare Kampagnen insbesondere zur AIDS-Bekämpfung eingesetzt (vgl. z.B. Weimann 1994, 46f., 226–228, 234f.).

Abschließend ist zu bemerken, daß das Diffusionsmodell in bezug auf die Rolle der Medien nicht nur wegen ihres Beitrags zur Übernahme von Innovationen interessant ist, sondern auch als theoretischer Rahmen für die Diffusion (Neuer) Medien selbst zutrifft (z.B. Rogers 1986; Saxer 1989; Schenk/Dahm/Šonje 1997; Atkin/Jeffres/Neuendorf 1998). Betrachtet man beispielsweise das Internet, so ist die Nutzerstruktur bislang für eine relativ frühe Diffusionsphase charakteristisch (vgl. auch Kapitel V.9.3.).

5.4. Netzwerkanalyse

Ein wichtiges methodisches Problem der Studien zum „Two-Step-Flow" bzw. der Diffusion von Innovationen besteht darin, daß zumeist Zufallsstichproben verwendet wurden. Dadurch war es zwar möglich, die Rolle des Individuums in diesem Prozeß relativ gründlich zu untersuchen, der Ablauf des eigentlichen Kommunikationsflusses konnte jedoch nicht verfolgt werden. Es ist mit Zufallsstichproben nicht möglich, den Weg einer Information über verschiedene Kanäle im Zeitverlauf nachzuvollziehen. Abhilfe kann hier die Methode der Netzwerkanalyse schaffen, die aufgrund der

---

[63]   Bei einer solchen langfristigen Studie ist allerdings nicht auszuschließen, daß auch andere Effekte als die Kampagne selbst Einfluß auf die festgestellten Veränderungen genommen haben.

[64]   Zur Entwicklung bis 1992/93, die auf einigen Gebieten Verbesserungen, auf einzelnen anderen aber auch Stagnation oder einen Rückgang des gesundheitsbewußten Verhaltens zeigte, vgl. Puska u.a. (1995).

dabei anfallenden großen Datenmengen jedoch erst durch die Fortschritte der Computertechnologie in größerem Rahmen möglich geworden ist.[65] Ein „soziales Netzwerk" ist ein Beziehungsgeflecht in einem sozialen System (Wer ist mit wem befreundet? Wer gibt und wer sucht Rat? Wer unterstützt wen? usw.). „Netzwerkanalyse" ist eine Technik, mit der die Muster interpersonaler Kommunikation und Beeinflussung in sozialen Systemen aufgezeigt werden können (Schenk 1983; 1994b; 1995; 1998; Rogers 1995, 281–334; Valente 1995). Schenk (1995) stellt zwei zentrale Aspekte des Konzepts sozialer Netzwerke heraus: 1. In modernen Gesellschaften verlieren traditionelle Strukturen zunehmend ihre Bedeutung gegenüber flexiblen, heterogenen Sozialbeziehungen. 2. Soziale Austauschprozesse bzw. Interaktionen erfolgen zwischen verschiedenen Subsystemen und auf unterschiedlichen Ebenen.

Ein Beispiel für diesen Ansatz ist eine Untersuchung, in der Erkenntnisse über das Verhältnis zwischen der Gesamtheit der sozialen Beziehungen, in denen Jugendliche stehen, und ihren Gruppenbeziehungen erzielt und diese in einem weiteren Schritt auf Mediennutzungsverhalten und Gewalttätigkeit bezogen werden (Döbler/Stark/Schenk 1999). Das Netzwerkkonzept versucht dabei, alle relevanten sozialen Beziehungen, die z.B. für die Sozialisation wichtig sind, zu berücksichtigen, wobei auch konkurrierende soziale Einflüsse (z.B. Eltern vs. Gleichaltrigengruppe) beachtet werden. Neben „starken" Beziehungen („Strong Ties"; emotional intensiv) werden auch „schwache" Verbindungen („Weak Ties") bzw. bloße Kontakte mit einbezogen.[66] Gerade letztere spielen für die Diffusion von Innovationen bzw. Informationen eine besonders wichtige Rolle, denn Kontakte zu Personen aus anderen Gruppen führen häufig zur Verbreitung von neuen Ideen. Gruppengrenzen überschreitende Beziehungen können Informationen liefern, die in der Gruppe bzw. in einem bestimmten Subsystem noch nicht bekannt sind und damit zur Diffusion neuer Techniken, Weltsichten usw. führen. Das Netzwerkkonzept lenkt also die Analyse auf die interpersonale Umwelt von Menschen (Verwandte, Freunde, Beruf, Wohnbereich usw.).

Netzwerkstudien haben gezeigt, daß in modernen Gesellschaften die primären Verbindungen nicht länger allein als ein lokales, fest verbundenes Beziehungsgeflecht von Familie Verwandtschaft und Nachbarschaft betrachtet werden können. Individuen sind in moderne Gesellschaften über „lose", weit verzweigte Beziehungen integriert und haben wesentlich größere

---

65 Der Begriff des „Netzwerks" wurde zwar schon in frühen Studien verwendet, blieb dort aber auf die Analyse von Kleingruppenbeziehungen beschränkt (Schenk 1995, 11).

66 Die Unterscheidung von „Weak Ties" und „Strong Ties" stammt von Mark S. Granovetter (1973).

Spielräume für die individuelle Meinungsbildung als in früheren Gesellschaftsformen. Über dieses Netzwerk der schwachen Verbindungen wird
die Diffusion von Innovationen im Vergleich zu früheren Zeiten beschleu-
nigt. Allerdings betont Schenk (1987, 275–279), daß diese für moderne Gesellschaften charakteristischen Netze nicht mehr den stabilen Anker für die
Entwicklung von relativ homogenen Einstellungen bilden können, d.h. das
Wirkungspotential der Medien vergrößere sich aufgrund der geringeren
Bedeutung interpersonaler Kontakte, da nunmehr dort verstärkt nach Informationen gesucht werde. Der Netzwerkansatz zeigt aber auch, daß die
Vorstellung eines „Zwei-Stufen-Flusses" für komplexe Gesellschaften viel-
fach zu stark vereinfachend ist. Interpersonale Kommunikation kann in
modernen Gesellschaften nicht länger die Filterfunktion ausüben, die noch
Klapper unterstellt hat (vgl. Kapitel V.2.).[67]

Einen Durchbruch in der Diffusionsforschung stellte die Studie von
Thomas Valente (1995) dar, in der die Daten dreier älterer Diffusionsstudien reanalysiert wurden. Es ging dabei um die 1955/56 untersuchte
Diffusion eines neuen Medikaments bei Ärzten in vier Städten in Illinois
(Coleman/Katz/Menzel 1966), eine 1966 erfolgte Untersuchung der Diffusion von Hybrid-Mais bei brasilianischen Farmern (Rogers/Ascroft/Röling
1970) sowie um die 1973 untersuchte Durchsetzung von Familienplanung in
Korea (Rogers/Kincaid 1981). Auf die Frage, ob Individuen bei der Übernahme von Innovationen stärker von ihren unmittelbaren Netzwerk-
partnern oder vom Übernahmeverhalten auf der Systemebene beeinflußt
werden, konnte Valente allerdings keine eindeutige Antwort finden, weil
derartig viele Faktoren die Entscheidung beeinflussen, daß Prognosen praktisch unmöglich sind. Selbst wenn die Einflüsse auf Individuen gleich sind,
gilt nach Valente (1995, 134) „some respond by adopting earlier and others
by adopting later."

Besonderes Gewicht wurde von Valente 1995 (auch Rogers 1995, 313–
334) auf „Schwellenwertmodelle" und „Modelle der kritischen Masse"
(„Treshold Models"/„Critical Mass Models") gelegt. *Schwellenwertmodelle*
gehen davon aus, daß Menschen eine Innovation bzw. Verhaltensweise in
Abhängigkeit davon übernehmen, wieviele andere Menschen sich vorher
dafür entschieden haben. Es geht folglich um die Frage, wie hoch der Anteil

---

[67] Klapper (1967) argumentierte, Meinungsführer verkörperten die Normen ihrer
Gruppe und hätten eine konservative Bedeutung, da sie den Gruppenmitgliedern die
Sicherheit gäben, daß man gemeinsame Werte teile. Der Zwei-Stufen-Fluß neutralisiert nach Klapper massenmediale Wirkung durch die beim Meinungsführer erfolgende selektive Wahrnehmung und durch den interpersonalen Einfluß. Eine derartige These dürfte aber nur zutreffen, wenn „konservative Werte" dominieren. Wird
vom Meinungsführer eine gewisse Innovationsbereitschaft erwartet – und das ist fast
immer der Fall – bzw. begünstigen die Wertstrukturen sozialen Wandel, dann bedarf
die These der Modifikation.

der Übernehmer im persönlichen Netzwerk eines Individuums sein muß, damit dieses selbst zum Übernehmer wird. Bei der Diffusion von Innovationen wurde dieser Anteil in den älteren Studien (z.b. Ryan/Gross 1943) mit zehn bis zwanzig Prozent veranschlagt (Valente 1995, 18). Die Schwellenwertmodelle wurden entwickelt, um kollektives Verhalten wie z.b. Rassenunruhen, Streiks, Wahlverhalten oder aber die Diffusion von Innovationen zu erklären. Es wurde untersucht, weshalb zwei anscheinend ähnliche Situationen dazu führen können, daß ein bestimmtes kollektives Ziel einmal erreicht und ein anderes Mal verfehlt wird. Für kollektives Verhalten besitzen die Schwellenwertmodelle nach Valente eine hohe Erklärungskraft, wohingegen die Entscheidung für oder gegen die Übernahme von Innovationen häufig nicht beobachtbar ist. Unsicherheit und Risikofreude spielen dabei eine Rolle, denn Übernahme bedeutet immer, ein Risiko einzugehen, das um so größer ist, je früher eine Innovation übernommen wird. Die Adoption einer Diffusion ist auch keine Frage, des „Entweder-Oder", d.h. Übernehmer können die Innovation später wieder ablehnen oder sogar negative Informationen über sie verbreiten. Schwellenwertmodelle unterstellen, daß der Kontakt eines Individuums mit einer Innovation zunimmt, je mehr Personen im individuellen Netzwerk Übernehmer sind. Dabei haben Individuen, die eine Innovation vor allen anderen in ihrem Netzwerk übernehmen, einen Schwellenwert von Null, wohingegen die späten Übernehmer einen hohen Schwellenwert besitzen. Der Prozeß der Innovationsdiffusion kann durchaus als „Ansteckung" („Contagion") charakterisiert werden. Diffusion bedeutet aus dieser Sicht einen kumulativ zunehmenden Druck aus dem sozialen Umfeld auf ein Individuum, die Innovation zu übernehmen bzw. abzulehnen. Valente (1995, 14) unterscheidet Ansteckung durch direkte Kontakte, räumliche Nähe und aufgrund von Popularität.

Zusätzlich zum Schwellenwert und zum Kontakt mit der Innovation spielen auch auf der Systemebene angesiedelte Faktoren für die Entscheidung des Individuums eine Rolle. Damit ist gemeint, wie weit die Distribution im sozialen System bereits vorangeschritten und ob ggf. bereits eine *kritische Masse"* erreicht worden ist.[68] Die „kritische Masse" ist ein Maß, das auf der Ebene des Systems anzeigt, wieviele Personen mindestens notwendig sind, damit ein Diffusionsprozeß erfolgreich ablaufen kann. Am besten kann dies mit dem physikalischen Begriff der kritischen Masse verglichen werden, der angibt, wieviel radioaktives Material notwendig ist, um eine Kettenreaktion auszulösen. Valente (1995, 90, 138) untersuchte, inwieweit 1. der „Seed Value", d.h. die Anzahl der Innovatoren, 2. der „Wendepunkt zweiter Ordnung" (bei ca. 16% Übernehmern) und 3. der „Wende-

---

68   Zur Problematik der „Pluralistic Ignorance", d.h. der Fehleinschätzung der tatsächlichen Mehrheits- und Minderheitsverhältnisse bei einer Meinungsverteilung, vgl. Valente (1995, 131) und Kapitel V.8.2.

punkt erster Ordnung" (50% Übernehmer) zur Operationalisierung der „kritischen Masse" geeignet sind (Abb. 11). Während die Wendepunkte sich als brauchbare Indikatoren erwiesen haben, besaß der „Seed Value" keine Prognosekraft. Auch bezüglich der „kritischen Masse" sind keine simplen Aussagen möglich: Eine „kritische Masse" liegt vor, wenn die frühen Übernehmer Personen mit zentralen Positionen sind. Sind die Inhaber zentraler Positionen aber späte Übernehmer oder die frühen Übernehmer eher Inhaber einer Randposition, dann liegt keine „kritische Masse" vor.

Abbildung 11: Kumulative Adoptionskurve mit Wendepunkten erster und zweiter
              Ordnung

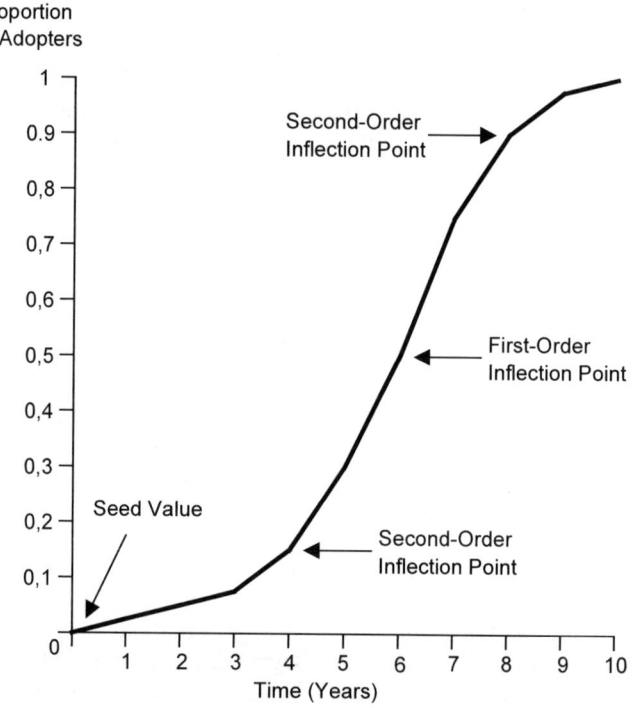

The inflection point occurs where the cumulative function is increasing most rapidly, the two second-order inflection points occur where the first derivative of the cumulative function is increasing and decreasing greatest.

Quelle: Valente 1995, 80

Die Unterschiede zwischen den klassischen Diffusionsstudien und den Netzwerk-Modellen lassen sich nach Valente (1995, 133) folgendermaßen gegenüberstellen (Abb. 12):

Abbildung 12: Klassische Diffusionsstudien und Netzwerk-Modelle

Concept	Classic Diffusion	Network Exposure
Adopter Categories	Innovators, Early Adopters, Early Majority, Late Majority, Laggards	Very Low Tresholds, Low Tresholds, High Tresholds, Very High Tresholds
Stages	Awareness, Persuasion, Trial, Adoption, Consolidation	Precritical Mass, Postcritical Mass
Process	Descriptive	Predictive
Contagion	Positions and Relations Treated Equivalently, Constant Radius of Influence Equal to the System	Positions and Relations Treated Distinctly, Radius of Influence Varied from Immediate to Distant Peers

Quelle: Valente 1995, 133

Insgesamt hat sich gezeigt, daß bezüglich der Diffusion von Innovationen keine einfachen, immer und überall gültigen Aussagen möglich sind. So hat Valente (1995, 103ff.) drei verschiedene Muster der Diffusion festgestellt. Bei der medizinischen Innovation waren diejenigen, die in die größere Ärzte-Community in Chicago oder New York integriert waren, die ersten Übernehmer. Bei den brasilianischen Farmern waren es die Kosmopoliten (Besuche in der Stadt). Für die Diffusion von Methoden der Familienplanung in Korea war hingegen der „klassische" „Two-Step-Flow" der angemessene Erklärungsansatz. Bei einer Kampagne zur Familienplanung in Bolivien (Valente/Saba 1998) wiederum erwiesen sich Übernehmer mit niedrigem Schwellenwert (definiert als solche, die Methoden der Familienplanung übernahmen, obwohl diese in ihrem Umfeld weniger als 50% der Personen praktizierten) als besonders intensive Medienkonsumenten, während dies auf Personen mit hohem Schwellenwert (über 50% Personen im direkten Umfeld, die Familienplanung praktizieren) nicht zutraf. Thomas

W. Valente und Walter P. Saba (1998) schlossen daraus, daß die Massenmedien einen Ersatz für den interpersonalen Kontakt mit Übernehmern
einer Innovation darstellen und Innovationsprozesse beschleunigen können.
   Hinsichtlich der Bedeutung der Struktur von Diffusionsnetzwerken
kann Valente (1995, 60) aufzeigen, daß die Zentralität der Position eines Individuums in einem Netzwerks die Übernahme einer Innovation deutlich
beeinflußt. Je zentraler die Position ist, um so eher kommt man in Kontakt
mit einer Innovation und deren Übernehmern. Allerdings werden als ris-
kant eingestufte Innovationen in derartigen Netzwerken eher behindert.
Zugleich zeigte sich, daß Personen, die eine Randposition in Gruppen einnehmen, diejenigen sind, die für die Diffusion zwischen Gruppen wichtig
sind. Zu diesem Ergebnis war bereits Weimann (1982) gekommen, der im
Rahmen einer Netzwerkanalyse den Kommunikationsfluß über verschiedene Themen (Klatsch, allgemeine Nachrichten, Verbraucherinformatio-
nen) in einem Kibbuz untersuchte und dabei feststellte, daß die „Centrals"
für den vertikalen Informationsfluß innerhalb von Gruppen zuständig
waren, während die „Marginals" eine „Brückenfunktion" übernahmen und
den horizontalen Informationsfluß zwischen den Gruppen beeinflußten.
Das „Two-Step-Flow-" bzw. das „Multi-Step-Flow"-Modell muß daher
nach Weimann (1982, 771) um die Unterscheidung zwischen einem *Intra-
group Flow"* und einem *„Intergroup Flow"* ergänzt werden.

Thomas W. Valente und Rebecca L. Davis (1999) haben auf Basis der Erkenntnisse über die Diffusion von Innovationen in Netzwerken und die
Rolle von Meinungsführern eine Methode vorgeschlagen, die eine optimale
Verbreitung von Neuerungen in einer Gemeinschaft gewährleisten soll. Die
Vorgehensweise besteht darin, zunächst möglichst jedes Mitglied einer Gemeinschaft in einer Befragung einen Meinungsführer nominieren zu lassen,
um dann die 10% von Personen zu identifizieren, die die meisten Nennungen auf sich vereinen konnten. Diese 10% sollen diejenigen Personen unter-
weisen bzw. überzeugen, die sie nominiert haben, bzw. diejenigen, die mit
ihnen über die geringste Zahl von „Zwischenpersonen" verbunden sind.
Personen, die niemanden als Meinungsführer nominiert haben und von
niemandem nominiert worden sind, werden nach dem Zufallsprinzip oder
proportional den populäreren Meinungsführern zugewiesen. Die Meinungsführer werden dann gezielt in bezug auf die betreffende Innovation und
deren beste Vermittlungsmethode geschult. Dieses Verfahren soll dafür sorgen, daß sich eine Innovation so schnell wie möglich verbreitet. Gezielt bei
den Meinungsführern anzusetzen, ist nach Valente und Davis deshalb wichtig, weil diese unter normalen Umständen nicht zu den „Early Adopters"
einer Innovation zählten. Zuerst übernommen werden Neuerungen vielmehr von Personen, die sich an den Rändern eines Netzwerks befinden bzw.

Brücken zu anderen Netzwerken bilden. Bis die Innovation von diesen zu den Meinungsführern gelangt ist, die ihrerseits in der Lage sind, andere davon zu überzeugen, vergeht relativ viel Zeit. Die „kritische Masse" wird erheblich später erreicht, als wenn es gelingt, die Meinungsführer direkt und als erste von einer Neuerung zu überzeugen. Ob sich dieses theoretisch und durch Computersimulationen als optimal identifizierte Modell in der Praxis bewährt, muß sich allerdings noch erweisen.[69]

6. Die Nutzung der Massenmedien

6.1. Der Uses-and-Gratifications Approach

Im Gegensatz zur klassischen Wirkungsforschung und zum „Stimulus-Response"- bzw. „Stimulus-Organismus-Response"-Modell wird im Kontext des „Uses-and-Gratifications Approach" („Nutzen- und Belohnungsansatzes")[70] (z.B. Blumler/Katz 1974; Rosengren/Wenner/Palmgreen 1985; überblicksartig Rubin 1994; Rayburn 1996) nach einer oft zitierten Formulierung (z.B. Katz/Foulkes 1962, 378)[71] nicht gefragt, was die Medien mit

---

69 Die Autoren selbst nennen einige potentielle Probleme bei der Umsetzung, so z.B., daß eine Befragung aller Gemeinschaftsmitglieder u.U. nicht möglich ist oder die Meinungsführer ihre Rolle nicht akzeptieren bzw. nicht von der Innovation zu überzeugen sind.

70 Der Anfang der 70er Jahre in Deutschland entwickelte „Nutzenansatz" (z.B. Teichert 1972; 1973; Renckstorf 1973; 1977; 1989) ist, wie Renckstorf (1989, 327) hervorhebt, nicht mit dem „Uses-and-Gratifications Approach" gleichzusetzen. Der Nutzenansatz verbindet die Vorstellung vom „aktiven Publikum" des „Uses-and-Gratifications Approach" mit handlungstheoretischen Annahmen des Symbolischen Interaktionismus (vgl. Kapitel I.3.3.). Nach Renckstorf (1989, 327) besteht der Nutzenansatz aus den drei Grundkonzepten „Publikumsaktivität", „soziales Handeln" und „Interpretation". Insbesondere wird von der Annahme ausgegangen, daß Menschen den Elementen ihrer Umwelt erst aufgrund von Erfahrungen bzw. der Einordnung in Handlungszusammenhänge bestimmte Bedeutungen zuschreiben, die subjektiv verschieden und veränderlich sind. Dementsprechend sind Medieninhalte nach dieser Auffassung in ihrer Bedeutung nicht festgelegt, sondern werden vom Rezipienten entsprechend seiner Interpretationsmuster und seiner Bedürfnisse definiert und verwertet. Bei der Untersuchung der Medienzuwendung stehen im Rahmen des Nutzenansatzes weniger medienbezogene Variablen (z.B. Form, Inhalt) als publikumsbezogene Variablen (z.B. soziale Situation, individuelle Werte, subjektives Informationsinteresse) im Mittelpunkt (Renckstorf 1989, 327f.).

71 „This is the approach that asks the question, *not* „What do the media do to people?" but, rather, „What do people do with the media?" (Hervorhebung im Original). Diese Frage wurde auch schon von Douglas D. Waples, Bernard R. Berelson und Franklyn R. Bradshaw (1940) aufgeworfen.

den Rezipienten machen, sondern wie und aufgrund welcher Motive bzw. Bedürfnisse die Medien durch die Rezipienten genutzt werden. Es geht nicht wie in der Selektivitätsforschung um die negative Auswahl, d.h. die Vermeidung bestimmter Medieninhalte, sondern um die positive, d.h. die aktive Suche nach Inhalten, die bestimmte Gratifikationen erwarten lassen. Nicht die Intentionen der Kommunikatoren bezüglich bestimmter Wirkungen bilden den Analyseschwerpunkt, sondern die Funktionen und der Nutzen des Medienkonsums für die Rezipienten. In diesem Konzept des *„aktiven Publikums"* rückt der Rezipient in den Mittelpunkt der Betrachtung.

Die „Uses-and-Gratifications"-Perspektive brachte insbesondere Ende der 60er Jahre und in den 70er Jahren zahlreiche Studien hervor. Die Beschäftigung mit den Gratifikationen der Mediennutzung besitzt allerdings eine erheblich längere Tradition. Bereits in den 40er Jahren sind Untersuchungen durchgeführt worden, die sich mit den Motiven und Funktionen der Mediennutzung befaßt haben.[72] An dem von Lazarsfeld geleiteten „Office of Radio Research" untersuchte Herta Herzog (1944) beispielsweise die Gratifikationen, die das Publikum aus sogenannten „Daytime Serials" im Radio bezog. Dabei stellte sich u.a. heraus, daß Radio-Seifenopern für Hausfrauen drei Funktionen erfüllten: 1. emotionale Entlastung, 2. stellvertretende Erfüllung von Wunschvorstellungen, 3. Rat und Hilfe beim Umgang mit Alltagsproblemen. Bernard Berelson (1949) befaßte sich mit der Frage, welche Funktionen ihres Blattes Zeitungsleser während eines Zeitungsstreiks im Jahre 1945 in New York City vermißten. Hierzu zählten 1. Information und Interpretation in bezug auf das politische Geschehen; 2. Hilfe im täglichen Leben (z.B. Kinoprogramm, Börsennachrichten, Wetterbericht); 3. Entspannung, Unterhaltung, Ablenkung; 4. Vermittlung von Gesprächsstoff und Argumentationshilfen sowie Prestigegewinn in sozialen Beziehungen und 5. „soziale Kontakte" mit den Personen, die Gegenstand von „Human Interest Stories" waren.

Elihu Katz, Jay G. Blumler und Michael Gurevitch (1974, 21f.) stellen folgende fünf Annahmen des „Uses-and-Gratifications Approach" heraus:

1. Ein „aktives" Publikum konsumiert Medien zielgerichtet;
2. die Initiative zur Herstellung der Verbindung zwischen Bedürfnisbefriedigung und Wahl des Medieninhalts liegt beim Publikum;
3. Medienkonsum stellt nur eine Möglichkeit der Bedürfnisbefriedigung dar;

---

[72] Studien mit einem ähnlichen Gegenstand gab es allerdings schon in der Zeit vor dem Ersten Weltkrieg. Bereits 1914 verwies Emilie Altenloh auf die gezielte Nutzung der Massenmedien (Kinematographen) und erarbeitete eine Theorie des eskapistischen bzw. kompensatorischen Mediengebrauchs. Zu weiteren frühen Studien vgl. insbesondere Lazarsfeld/Stanton (1942; 1944; 1949).

4. Rezipienten „kennen" ihre Bedürfnisse und können darüber Auskunft geben;
5. Werturteile über die kulturelle Bedeutung von Massenkommunikation sollen unterbleiben.

Insgesamt sind die Studien zum „Uses-and-Gratifications Approach" nach Katz, Blumler und Gurevitch (1974, 20) folgendermaßen gekennzeichnet: „They are concerned with 1) the social and psychological origins of 2) needs, which generate 3) expectations of 4) the mass media or other sources which lead to 5) differential patterns of media exposure (or engagement in other activities), resulting in 6) need gratifications and 7) other consequences, perhaps mostly unintended ones."

Allerdings war die frühe Forschung zum „Uses-and-Gratifications Approach" v.a. durch die Erstellung von Funktionstypologien gekennzeichnet. Die dabei am häufigsten genannten Bedürfnisse bzw. Gratifikationen lassen sich folgendermaßen klassifizieren:

- *kognitive Bedürfnisse*: Bedürfnis nach Information, Wissenserweiterung, Orientierung, Umweltkontrolle usw.;
- *affektive Bedürfnisse*: Entspannung, Erholung, Ablenkung, Verdrängung von Problemen, Suche nach emotionaler Erregung;
- *integrative Bedürfnisse*: Empathie und Identifikation, Bestärkung von Werthaltungen, Selbstfindung, Vermittlung bzw. Bestätigung von Verhaltensmodellen;
- *interaktive Bedürfnisse*: Parasoziale Interaktion (vgl. Kapitel I.4.3.) mit Medienakteuren, Nutzen von Medieninhalten als Gesprächsstoff in der interpersonalen Kommunikation.

Besondere Aufmerksamkeit hat die Forschung der kompensatorischen Mediennutzung bzw. dem *„Eskapismus-Konzept"* gewidmet (zu einer ausführlichen Diskussion des Eskapismus-Konzepts vgl. Katz/Foulkes 1962; vgl. auch Kapitel II.4.2.; V.10.4.).[73] Eskapistischer Mediengebrauch, d.h. eine Art der Rezeption, die Wirklichkeitsflucht ermöglicht, wird als Folge persönlichkeits- und/oder sozialstrukturell bedingter relativer Deprivation (Frustration; vgl. dazu Kapitel II.4.2.) betrachtet. Der Erholungswert der Fernsehnutzung aus der Perspektive des Rezipienten besteht dieser Auffassung zufolge nicht allein in der „stellvertretenden" Teilnahme an fiktiven Handlungsabläufen, sondern auch in der Möglichkeit, Abstand zur eigenen

---

73 Hans Mathias Kepplinger und Helga Weißbecker (1997) haben z.B. festgestellt, daß Frauen, bei denen eine Diskrepanz zwischen Lebensentwurf und Lebenswirklichkeit vorlag, die Serie „Lindenstraße" häufiger verfolgten, sich v.a. für die positiven Figuren interessierten und diese zudem besonders positiv wahrnahmen.

„realen" Situation zu gewinnen und aus den Ängsten und Zwängen des Alltags in eine Scheinwelt zu fliehen. Damit sei eskapistischer Mediengebrauch
bedeutsam für die Stabilität sozialer Systeme, da bei den Rezipienten die
mögliche Reflexion über die eigene soziale Lage verhindert werde. Eine
Veränderung der zum eskapistischen Mediengebrauch führenden sozial-
strukturellen Bedingungen werde unterbunden. Die ständige Ablenkung
von aktuellen gesellschaftlichen Problemen trägt nach dieser Argumentation durch die Schaffung falschen Bewußtseins zur Stabilisierung bestehender Herrschaftsverhältnisse bei (z.B. Mills 1956). In diesem Kontext ist auch
von der *narkotisierenden Dysfunktion"* (vgl. Kapitel II.2.2.; II.2.3.) der
Medien die Rede.

Ein Problem der erwähnten Gratifikationskataloge besteht darin, daß
ihnen häufig eine theoretische Einbettung bzw. Ableitung fehlt. Die in der
Aufzählung von Katz, Blumler und Gurevitch (1974) genannten Elemente
der psychologischen und sozialen Entstehungsbedingungen von Rezipien-
tenbedürfnissen und Konsequenzen der Mediennutzung sind zudem lange
Zeit eher vernachlässigt worden (Palmgreen 1984b; Rayburn 1996). Eine
Ausnahme stellt eine Studie bei amerikanischen Studenten von Seth Finn
(1997) dar, die den Zusammenhang zwischen einem „Fünf-Faktoren-
Modell" von *Persönlichkeitsmerkmalen* und medialen und interpersonalen
Kommunikationsaktivitäten zum Gegenstand hatte. Folgende Persönlich-
keitsmerkmale wurden in die Untersuchung einbezogen: 1. „Extroversion"
(Orientierung nach außen, Bedürfnis nach sozialen Kontakten usw.), 2.
„Neuroticism" (Ängstlichkeit, Unausgeglichenheit, Besorgnis usw.), 3.
„Openness to Experience" (Neugier, Wunsch nach Abwechslung, intellek-
tueller Anregung, außergewöhnlichen Erfahrungen usw.), 4. „Agreeable-
ness" (Hilfsbereitschaft, Liebenswürdigkeit) und 5. „Conscientiousness"
(Gewissenhaftigkeit, Zielbewußtsein). In der dreijährigen Studie, in der Befragung und Experiment kombiniert und als Kommunikationsaktivitäten
Fernsehen, Radiohören, Lesen zum Vergnügen, Kinogang, Konversation,
Parties, Zusehen bei Sportveranstaltungen und religiöse Aktivitäten einbezogen wurden, fand Finn folgende Ergebnisse: Es gab einen negativen Zusammenhang zwischen „Extroversion" und Leseverhalten. Zwischen
„Openness to Experience" und Lesen sowie interpersonaler Kommunikation bestand ein positiver, zwischen „Openness" und Fernsehkonsum ein
negativer Zusammenhang. „Extroversion" und „Agreeableness" korrelier-
ten stärker mit interpersonaler Kommunikation als mit verschiedenen Formen der Mediennutzung. Die Annahme, daß „Neuroticism" zu erhöhter
Mediennutzung (als Fluchtverhalten) führt, bestätigte sich nicht.

An psychologischen Theorien, die sich neben der Dissonanztheorie zur
Erklärung von Rezipientenmotivationen insbesondere beim Konsum von
Unterhaltungsangeboten eignen (vgl. dazu ausführlicher Vorderer 1996b),

ist z.B. die *„Mood-Management"-Theorie* von Zillmann (1988a; 1988b) zu nennen. Diese Theorie geht davon aus, daß der Mensch bestrebt ist, eine positive Stimmung zu schaffen bzw. aufrechtzuerhalten.[74] Die Medien werden als eine Möglichkeit betrachtet, die Stimmungslage zu regulieren, d.h. Menschen wenden sich aufgrund ihrer Erfahrungen mit den Auswirkungen von Medieninhalten auf ihre Stimmung solchen Programmen zu, die die Diskrepanz zwischen aktuellem und angestrebtem Stimmungs- und auch Erregungszustand am besten verringern können. In einem Experiment von Jennings Bryant und Dolf Zillmann (1984) wandten sich gelangweilte Versuchspersonen beispielsweise eher aufregenden, gestreßte eher beruhigenden Inhalten zu.[75] Ein weiterer Ansatz zur Erklärung von Mediennutzung (v.a. der Nutzung von Unterhaltungsangeboten) sind *identitätstheoretische Annahmen*, denen zufolge Medieninhalte auch danach ausgesucht werden, ob sie einen Beitrag zur Persönlichkeitsentwicklung leisten (z.B. Problembewältigung) oder auch soziale Vergleiche und damit eine Einschätzung der eigenen Person ermöglichen (dazu ausführlich Vorderer 1996b, 321–324).

Was den Einfluß *soziodemographischer* und *sozialer* Faktoren auf Bedürfnisse der Mediennutzung betrifft (überblicksartig Palmgreen 1984b; Rayburn 1996), haben sich Studien mit der Bedeutung von Alter, Bildung, Geschlecht, Einkommen, Kommunikation innerhalb der Familie, Diskussion mit anderen Leuten, Mitgliedschaft in Organisationen usw. befaßt. Eine Systematisierung der sozialen Einflußfaktoren hat Jay G. Blumler (1979) versucht:

1. Gesellschaftliche Normen, die zu bestimmten Anforderungen oder Erwartungen führen, die z.B. das Verhalten gemäß Geschlecht, Position im Lebenszyklus, sozialen Rollen usw. betreffen;
2. gesellschaftliche Verteilung von Lebenschancen (Privilegien bzw. Benachteiligungen), die intensiveren Medienkontakt begünstigen (z.B. Organisationsmitgliedschaft, Häufigkeit sozialer Kontakte) oder Kompensationsbedarf für soziale Beziehungen (z.B. wenig Freunde, Freizeit usw.) schaffen können;
3. Reaktionen des einzelnen auf die jeweilige soziale Situation (z.B. Berufs- oder Rollenzufriedenheit).

---

74 Wie Marvin Zuckerman (1979) herausstellt, gibt es allerdings durchaus individuelle Unterschiede im Bedürfnis nach Stimulation („Sensation Seeking"), was sich auch in unterschiedlichem Medienkonsum niederschlagen kann.

75 Allerdings gehen Zillmann und Bryant (1985) durchaus davon aus, daß die Mediennutzungsentscheidung oft auch spontan und impulsiv ohne lange Überlegungen erfolgt.

Im Gegensatz zur frühen „Uses-and-Gratifications-Forschung" wurde mittlerweile erkannt, daß die Frage nach den *Motiven* und nach den *Effekten* der Mediennutzung keine Gegensätze darstellen müssen, sondern Ergebnisse der Gratifikationsuntersuchungen auch für die Erklärung bzw. Voraussage von Medienwirkungen fruchtbar sein können.[76] Ein weiterer Fortschritt der „Uses-and-Gratifications"-Forschung besteht in der Unterscheidung zwischen den von den Rezipienten gesuchten und den nach ihrer Auffassung erhaltenen Gratifikationen bzw. zwischen *„Gratifications Sought"* (GS) und *„Gratifications Obtained"* (GO). Diese Differenzierung ist insofern von Bedeutung, als sich die Erfüllung bzw. Nichterfüllung von Erwartungen in der künftigen Medienbeurteilung und im weiteren Medienkonsum der Rezipienten niederschlagen dürfte. Im Rahmen des *„Erwartungs-Bewertungs-Ansatzes"* („Expectancy-Value"-Ansatz) (Abb. 13) wird davon ausgegangen, daß Verhalten, Verhaltensabsichten und Einstellungen eine Funktion sind von 1. Erwartungen bzw. Vorstellungen, d.h. der Wahrscheinlichkeit, daß ein Objekt bestimmte Eigenschaften hat oder ein Verhalten bestimmte Konsequenzen nach sich zieht, sowie 2. der Bewertung, d.h. dem Grad einer positiven oder negativen affektiven Einstellung zu einer Eigenschaft oder Verhaltenskonsequenz.[77]

Abbildung 13: Das Erwartungs-Bewertungs-Modell gesuchter und erhaltener Gratifikationen nach Palmgreen

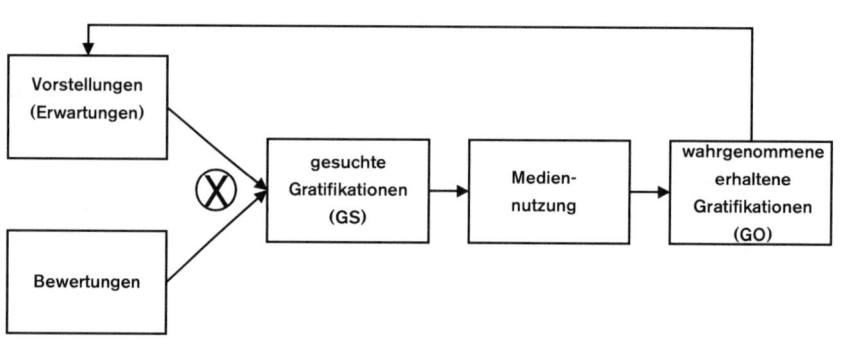

Quelle: Palmgreen 1984, 56

---

[76] Zu bereits früher geäußerten Forderungen in dieser Richtung vgl. Katz/Blumler/ Gurevitch (1974); Blumler (1979) und Windahl (1981).

[77] Vgl. Palmgreen/Rayburn (1982) und Rayburn/Palmgreen (1984), die sich auf einen Ansatz von Martin Fishbein (1963; auch Fishbein/Ajzen 1975) beziehen. Für einen Überblick vgl. Schenk (1987, S. 389–391).

Philip Palmgreen und J.D. Rayburn (1984; Palmgreen 1984a) haben ein Modell entwickelt, in dem die Suche nach Gratifikationen von dem Produkt aus Erwartungen und Bewertungen beeinflußt wird. Die gesuchten Gratifikationen entscheiden über die Medienzuwendung. Diese wiederum zieht die Wahrnehmung der tatsächlich erhaltenen Gratifikationen nach sich. Die „Gratifications Obtained" bestärken oder verändern in einer Feedback-Schleife die Vorstellung der Rezipienten von den gratifikations-relevanten Eigenschaften bestimmter Medien und damit das künftige Mediennutzungsverhalten. Das Modell geht dabei davon aus, daß Bewertungen nicht von den „Gratifications Obtained" beeinflußt werden, sondern Produkte des individuellen Bedürfnis- und Wertesystems sind.

Die Erkenntnisse über den Zusammenhang von gesuchten und erhaltenen Gratifikationen, die psychologischen und sozialen Ursachen für Verhaltensmotive bzw. angestrebte Gratifikationen, verschiedene Möglichkeiten für deren Befriedigung, den Wirkungsaspekt sowie Einflüsse von Mediensystem, Medientyp und Medieninhalt hat Palmgreen (1984a, 57f.) in einem „Integrativen Gratifikationsmodell der Massenmediennutzung" folgendermaßen zusammengefaßt (Abb. 14):

Abbildung 14: Integriertes Gratifikationsmodell der Mediennutzung nach Palmgreen

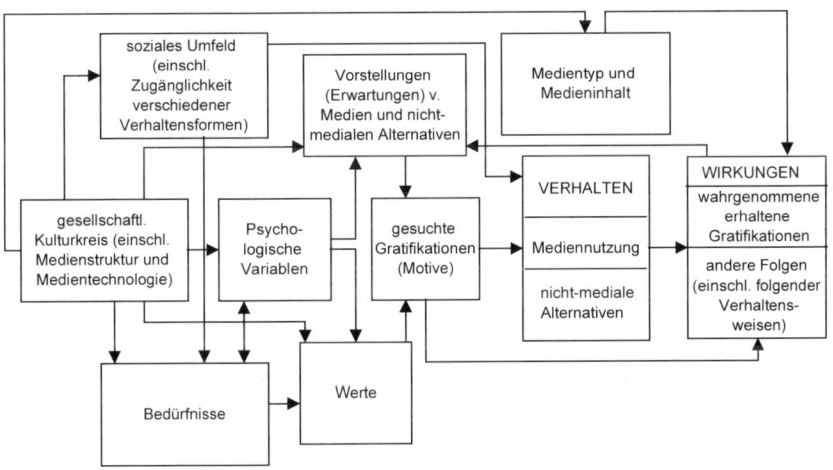

Quelle: Palmgreen 1984, 57

Dieses Modell betrachtet eine Beibehaltung des Status quo als Ausnahme-
fall und sieht in Diskrepanzen zwischen „Gratifications Sought" und
„Gratifications Obtained" Veränderungen im sozialen und kulturellen
Milieu bzw. von Bedürfnissen, Werten oder auch Wandlungsprozessen innerhalb des Mediensystems Ansatzpunkte für Veränderungen des Medien-
nutzungsverhaltens.

Zu den Wandlungsprozessen innerhalb des Mediensystems, die sich auf
das Nutzungsverhalten auswirken können, gehört auch die Einführung
neuer Medientechnologien. Dementsprechend stellt die Frage nach den mit
den Neuen Medien verbundenen Gratifikationen sowie der eventuellen
Verdrängung oder Funktionsverschiebung der alten durch die neuen
Medien einen zentralen Gegenstand der aktuellen „Uses-and-Gratifications-Forschung" dar (z.B. Höflich 1994; Weinreich 1998; Hagen 1998b;
Ferguson/Perse 2000; Papacharissi/Rubin 2000).

Zu den Kritikpunkten am „Uses-and-Gratifications Approach" gehört dessen Annahme eines aktiven Publikums, das ein rationales Mediennutzungsverhalten an den Tag legt, d.h. z.B. die Gratifikationen vergleicht, die von
verschiedenen Fernsehprogrammen zu erwarten sind. Dieser Vorstellung
läßt sich die Existenz einer ritualisierten bzw. habitualisierten Form der
Rezeption entgegensetzen. Ein Ansatz zur Lösung dieses Widerspruchs ist
eine situationsspezifische Betrachtungsweise des menschlichen Entschei-
dungsverhaltens. Dabei wird z.B. je nach Tragweite der Entscheidung zwischen „Hoch"- und „Niedrigkostensituationen" unterschieden. In Hoch-
kostensituationen ist wegen der Bedeutung der erwarteten Folgen mit einem
aufwendigeren Prozeß der Entscheidungsfindung zu rechnen. Insgesamt
spricht vieles dafür, daß es sich bei der Medien- insbesondere der Fernsehnutzung im allgemeinen um Niedrigkostensituationen handelt, in denen die
Nichterfüllung erwarteter Gratifikationen keine gravierenden Konsequenzen hat und folglich kein großer Aufwand bei der Entscheidung über den
Medienkonsum zu erwarten ist (Jäckel 1992). Dennoch ist zu beachten, daß
auch hierbei verschiedene, mit unterschiedlich hohen Informationskosten
verbundene Auswahlstrategien bestehen, deren Anwendung von Situationsfaktoren abhängt, wie z.B. der alltäglichen Arbeitsbelastung einer Person.

Ein weiteres Problem des „Uses-and-Gratifications Approach" ist die
Gefahr des Zirkelschlusses, wenn die verschiedenen Einflußfaktoren auf die
Herausbildung von Bedürfnissen nicht berücksichtigt, sondern Bedürfnisse
als im menschlichen Wesen verankert betrachtet werden. Dann wird nämlich von der Mediennutzung auf Bedürfnisse geschlossen, die wiederum die
Mediennutzung erklären. Dabei gerät aus dem Blick, daß Bedürfnisse durch
die Medien auch geschaffen werden können (z.B. Elliot 1974; Swanson
1977; 1979).

zentrale Schwäche vieler empirischer Untersuchungen zum „Uses-and-
    .... Approach" besteht schließlich darin, daß sich die Studien auf
            .... ragten stützen. Dies setzt voraus, daß sich Rezipien-
                wußt und in der Lage und bereit sind, diese zu arti-
                in der Realität allerdings nicht ausgegangen werden,
                rechnen ist, daß bestimmte Bedürfnisse genannt
                zung zu rationalisieren (z.B. Elliot 1974; Swanson

ansaktionale Ansatz

            us-Response-Modell sind die vom Rezipienten
            eninhalte die Ursache (d.h. die unabhängige Varia-
            onen die Wirkungen (abhängige Variable). Beim
            s Approach" werden bestimmte „Wirkungen" der
            n in Gestalt von Gratifikationen angestrebt (unab-
            bestimmen, welchen Inhalten er sich zuwendet (ab-
            bereits erwähnt, ist im Laufe der Zeit die strenge
            rezipientenorientierten, finalen *Nutzungsperspektive*
            orientierten, kausalen *Wirkungsperspektive* aufge-
            seitige Nutzen beider Ansätze erkannt worden. Ei-
            a sogenannte *„transaktionale Modelle"*, die die Ein-
flüsse von Rezipienten und Stimuli gleichermaßen berücksichtigen und davon ausgehen, daß sich die verschiedenen Faktoren gegenseitig beeinflussen
und verändern.

Im Rahmen des dynamisch-transaktionalen Ansatzes (Früh/Schönbach
1982; Schönbach/Früh 1984; Früh 1991) erfolgt keine einseitige Festlegung
von Ursache und Wirkung, sondern es wird das *Wechselspiel* zwischen den
verschiedenen Variablen betrachtet. Werner Früh (1991, 28) schreibt dazu:
„Ursache und Wirkung, abhängige und unabhängige Variable sind in einem
oszillierenden Wechselspiel aufs engste miteinander verwoben." Das
eigentliche Wirkungspotential der Medien resultiert erst aus den Interpretationen bzw. der Verarbeitung der Rezipienten. „Die Medien liefern somit
lediglich den Rohstoff für die Entstehung von Wirkungen" (Jäckel 1999, 74)
bzw. stellen ein Wirkungspotential dar, das von den Rezipienten geformt
wird. Anders formuliert, ist der Stimulus das Resultat der Informationsverarbeitung durch den Rezipienten (Eilders 1997, 77).

Medien und Rezipienten werden im Rahmen dieses Ansatzes sowohl als
aktive als auch als *passive* Teilnehmer am Kommunikationsprozeß betrachtet. Kommunikatoren sind insofern aktiv, als sie Informationen auswählen,
bearbeiten und präsentieren; die passive Komponente besteht in der Ab-

hängigkeit von den Bedingungen, die von Medium und Rezipienten ausgehen (z.B. Einschaltquoten). Der Rezipient ist insofern passiv, als er nur aus einem vorhandenen Angebot auswählen kann und sein Medienkonsum zumeist habitualisiert ist. Andererseits ist er in der Lage, aktiv auszuwählen, welche Medien und Aussagen er sich zuwendet, und er setzt die rezipierten Informationen selbständig so zusammen, daß sie ein subjektiv sinnvolles Ganzes ergeben. Beide – Kommunikatoren und Rezipienten – setzen Bedingungen und werden von den Bedingungen der jeweils anderen Seite beeinflußt.

Die Bedeutungszuweisung bzw. Interpretation eines Stimulus durch den Rezipienten wird im Rahmen des dynamisch-transaktionalen Modells als *„Inter-Transaktion"* (zwischen Rezipient und Kommunikator) bezeichnet (Früh 1991, 42). Zwischen Rezipient und Kommunikator vollziehen sich zudem *Feedback-Prozesse* dergestalt, daß auf der einen Seite der Rezipient aufgrund seiner Erfahrungen mit Medienangeboten bestimmte Vorstellungen bzw. Erwartungen an Medieninhalte entwickelt und sich auf der anderen Seite beim Kommunikator (z.B. durch Einschaltquoten, Leserbriefe usw.) Vorstellungen von den Rezipientenerwartungen herausbilden. Da diese Prozesse indirekt erfolgen und auf Annahmen beruhen, wird von „Para-Feedback" gesprochen (Früh 1991, 32).

Voraussetzung für die „Inter-Transaktionen" sind die davon unterschiedenen *„Intra-Transaktionen"*, die sich innerhalb des Rezipienten bzw. Kommunikators abspielen (Früh 1991, 42). Dabei führt die Aufnahme neuer Informationen zu einem erhöhten Aktivationsniveau, das größeres Interesse nach sich zieht. Dadurch sowie durch den gesteigerten Wissensstand treffen neue Informationen wiederum auf bessere Voraussetzungen (Früh 1991, 30), sowohl was die Rezeptionsfähigkeit als auch was die Rezeptionsbereitschaft betrifft. Ob der Wissenszuwachs Ursache oder Wirkung höherer Rezeptionsbereitschaft darstellt, ist nach Ansicht der Autoren aufgrund der engen Wechselwirkungen nicht zu unterscheiden. Das Aktivationsniveau wird aber darüber hinaus auch von physischen und psychischen Befindlichkeiten wie Müdigkeit, Angst, Streß, Freude usw. beeinflußt. Der gesamte Intra-Transaktionsprozeß ist auch von Faktoren wie Voreinstellungen, Gewohnheiten, Motiven, Fertigkeiten im Umgang mit den Medien usw. abhängig (Früh 1991, 34). Die geschilderten Zusammenhänge verdeutlicht die folgende Abbildung (Abb. 15) :

Abbildung 15: Das dynamisch-transaktionale Modell

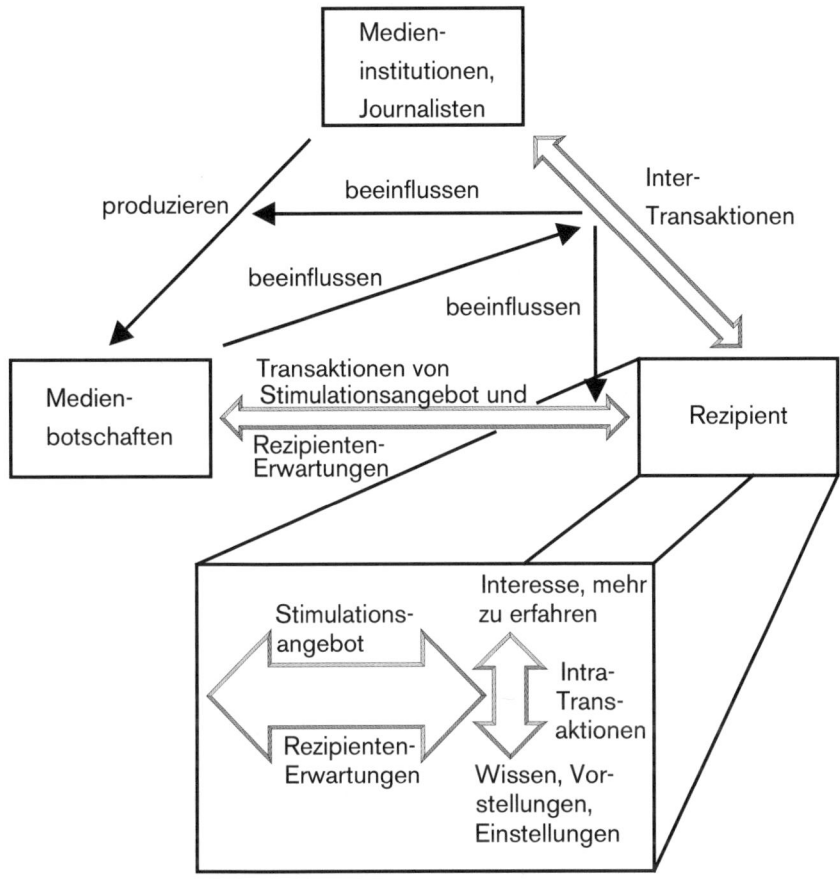

Quelle: Schönbach 1992, 111

Charakteristisch für das dynamisch-transaktionale Modell ist, daß Wirkungen dynamisch als Prozesse verstanden werden, d.h. sie entfalten sich über diverse Stadien hinweg und können auf Kumulationseffekten beruhen. Früh (1991, 34–37) schildert den Wirkungsprozeß folgendermaßen:

1. *Phase:* Medieninhalte wirken als „Initialreize", die das Aktivationsniveau erhöhen, Aufmerksamkeit auslösen, dadurch Verarbeitungs-
   prozesse in Gang setzen und für ein Thema sensibilisieren bzw. Interesse
   hervorrufen. Ob Informationen aufgenommen bzw. weitere gesucht
   werden, hängt von der Differenz zwischen tatsächlichem und angestrebtem Informationsstand ab.
2. *Phase:* Die Beschäftigung mit einem Thema dauert an, wenn z.b. persönliche Betroffenheit oder widersprechende Informationen aus anderen
   Quellen (z.B. interpersonale Kommunikation) weiteren Informations-
   bedarf erzeugen. Intensität und Dauer der Beschäftigung mit Medieninformationen hängen von Merkmalen der Botschaft und Dispositionen
   des Rezipienten ab. Das Verhältnis zwischen bestehendem und ge-
   wünschtem Wissensstand wird ebenso ständig überprüft wie die Kosten-
   Nutzen-Relation weiterer Informationssuche.
3. *Phase*: Bei ausreichend großem Wissensstand wird der Informations-
   verarbeitungsprozeß abgeschlossen. Bei starker Motivation des Rezipienten kommt es u.U. zur Suche nach qualitativ anderen Informationen (z.B. Hintergrundinformationen, Informationen über Ursachen
   bzw. Konsequenzen eines Sachverhalts usw.), die eine komplexere Einordnung oder auch eine neue Interpretation nach sich ziehen können.
   Die Motivation für ein solches aktives Suchverhalten kann z.b. aus persönlicher Betroffenheit oder instrumenteller Nützlichkeit der Informationen für interpersonale Kommunikation resultieren.

Früh (1991, 37) betont, daß sich sowohl der Rezipient als auch die Information im Laufe dieses Prozesses verändern. So steigen die Fähigkeiten des
Rezipienten zur Informationsverarbeitung, seine Sensibilität für ein Thema
wird größer, seine Motive erfahren ebenso wie sein Mediennutzungsverhalten eine Modifikation. Die Medienbotschaften als Stimuli verändern sich
nach Früh insofern, als sich ihr Wirkungspotential (z.B. Wahrscheinlichkeit
der Informationsaufnahme und Effektivität der Verarbeitung) mit dem Rezipienten wandelt.

Die Komplexität und zeitliche Dynamik des Modells erschwert eine empirische Prüfung erheblich. Ein Nachweis seiner Gültigkeit ist dementsprechend nicht erbracht. Donsbach (1991, 100) kommt zu dem Schluß: „Auch
dieses Modell bleibt [...] bisher den Nachweis schuldig, inwieweit es eine
bessere Beschreibung und Erklärung des Kommunikationsprozesses im allgemeinen und des Selektionsverhaltens im besonderen leisten kann als die
früheren Ansätze, die es ersetzen will. Zur Zeit dominiert noch bei allen
Modellen der Eindruck, daß mit der größeren Komplexität und Abstrakt-
heit einerseits und der Einführung neuer Begriffe andererseits kein Er-
kenntnisgewinn für die Prognose realen Verhaltens einhergeht."

7. Agenda-Setting[78]

7.1. Der Ansatz und seine Überprüfung

Im Rahmen des Agenda-Setting-Ansatzes wird davon ausgegangen, daß die Massenmedien vorgeben, welche Themen die Bevölkerung als besonders wichtig ansieht, d.h. die Medien bestimmen die „Tagesordnung" bzw. üben eine Thematisierungsfunktion aus. Durch Häufigkeit der Berichterstattung, Umfang und Aufmachung beeinflussen die Medien die Bedeutsamkeit, die die Öffentlichkeit Themen zumißt. Dabei wird angenommen, daß die Medien weniger beeinflussen können, *was* Menschen denken, als *worüber* sie nachdenken (Cohen 1963, 13). Vor allem für die Anfänge der Agenda-Setting-Forschung gilt, daß es nicht wie in der früheren Wirkungsforschung um Einstellungs- und Verhaltensänderungen, sondern um Aufmerksamkeit, Wissen und Problembewußtsein der Rezipienten geht (Schenk 1987, 194). In ihrer Ursprungsformulierung von Maxwell E. McCombs und Donald L. Shaw (1972, 177) lautet die Agenda-Setting Hypothese: „While the mass media have little influence on the direction or intensity of attitudes, it is hypothesized that the mass media set the agenda for each political campaign, influencing the salience of attitudes toward the political issues."

Um diese Annahme zu überprüfen, ermittelten die Forscher während des Präsidentschaftswahlkampfs 1968 in einer Umfrage bei 100 unentschlossenen Wählern in Chapel Hill (North Carolina) die Rangliste der Themen, die die Befragten am meisten berührten und auf die sich die Regierung nach ihrer Auffassung hauptsächlich konzentrieren sollte. Diese *„Bevölkerungsagenda"*[79] wurde mit den Befunden einer Inhaltsanalyse der Wahlberichterstattung in verschiedenen Medien (Zeitungen, Nachrichtenmagazine, Fernsehen), d.h. der *„Medienagenda"*, verglichen. Die Autoren konnten zeigen, daß eine starke Übereinstimmung zwischen Medienagenda und Bevölkerungsagenda bestand.

Die der Pionierstudie von McCombs und Shaw zugrunde liegende Hypothese war noch sehr allgemein gehalten. Sie wurde von McCombs (1977) jedoch bald spezifiziert und in drei mögliche Wirkungsmodelle diffe-

---

[78] Unter Mitarbeit von Sebastian Nix.

[79] Die Bevölkerungs- oder Publikumsagenda kann mit drei verschiedenen Methoden erhoben werden: 1. die Erfassung der Themenprioritäten auf der *intrapersonalen* bzw. individuellen Ebene, also die Frage nach der persönlichen Problemsicht; 2. die Erfassung der Themenprioritäten auf der *interpersonalen* Ebene, also die Frage nach den häufigsten Gesprächsthemen im Freundes- und Bekanntenkreis; 3. die Erfassung der *wahrgenommenen Wichtigkeit* von Themen, also die Frage nach den Themenprioritäten, die der Befragte bei anderen Personen oder Gruppen festzustellen glaubt (McLeod/Becker/Byrnes 1974, 139; Schenk 1987, 203).

renziert. Nach Heinz R. Uekermann und Hans-Jürgen Weiß (1983, 71) kann man bei dem ersten Modell von „Thematisierung" und bei den beiden anderen Modellen von „Themenstrukturierung" sprechen:

1. *„Awareness"-Modell:* Die Thematisierung eines Sachverhalts in den Medien führt dazu, daß die Rezipienten auf dieses Thema aufmerksam werden;
2. *„Salience"-Modell:* Die unterschiedliche Hervorhebung verschiedener Themen ist dafür verantwortlich, daß Rezipienten diesen Themen eine mehr oder weniger starke Bedeutung zumessen;
3. *„Priorities"-Modell:* Die unterschiedliche Gewichtung von Themen in der Medienberichterstattung wirkt sich nicht nur auf die allgemeine Bedeutungseinschätzung eines Themas durch die Rezipienten aus, sondern schlägt sich gewissermaßen spiegelbildlich in der Rangfolge der von der Bevölkerung als wichtig angesehenen Themen nieder.

Methodisch war die Ursprungsstudie von McCombs und Shaw insofern problematisch, als nur eine sehr kleine Stichprobe herangezogen und die Mediennutzung der Befragten nicht erhoben wurde. Die spezielle Situation des Wahlkampfs sowie die Unentschlossenheit der Befragten geht mit einem besonders großen Interesse an politischen Informationen einher, was die Verallgemeinerbarkeit der Ergebnisse einschränkt. Ferner erlaubte der nur auf einen einzigen Zeitpunkt bezogene Vergleich von Medien- und Publikumsagenda keine Rückschlüsse auf die Richtung des Kausalzusammenhangs. Es konnte nicht ausgeschlossen werden, daß die Publikums- die Medienagenda beeinflußte, d.h. daß sich die Medien in ihrer Berichterstattung nach den Bedürfnissen ihrer Rezipienten richteten. Ferner wurden Aggregatdaten verwendet, was die Gefahr *„ökologischer Fehlschlüsse"* (Robinson 1950) mit sich bringt.[80] Auch kann aufgrund der vorliegenden Daten nicht ausgeschlossen werden, daß die Ähnlichkeit der beiden Agenden auf die gleichzeitige und unabhängige Reaktion von Wählern und Journalisten auf die gleichen genuinen politischen Ereignisse zurückzuführen ist, d.h. daß nicht unbedingt eine einseitige Orientierung der Rezipienten an der Medienberichterstattung stattgefunden haben muß.

---

[80] Aggregatdaten beziehen sich auf ein bestimmtes Kollektiv und entstehen durch die Zusammenfassung (d.h. Aggregierung) von Individualdaten (z.B. durch die Bildung von Durchschnitten oder Prozentanteilen). Nach Erwin Scheuch (1973, 212) kommt es zu einem ökologischen Fehlschluß, „wenn man irrtümlich aus den Korrelationen, die für Gruppen von Einheiten berechnet wurden, auf die Kombination von Merkmalen bei den individuellen Einheiten innerhalb dieser Gruppe schließen will." Es handelt sich dabei also um einen Fehler beim Schluß von Aggregat- auf Individualdaten. Vgl. auch Kapitel V.7.2.

Diese methodischen Schwächen versuchten spätere Studien zu vermeiden. Statt eines Vergleichs von Medien- und Publikumsagenda im Rahmen einer *Querschnittanalyse* (ein Meßzeitpunkt) wurden *Längsschnittanalysen* (mehrere Meßzeitpunkte; d.h. Inhaltsanalysen über einen längeren Zeitraum und Panel-Befragungen) vorgenommen, um die dynamischen Aspekte des Agenda-Setting-Prozesses zu klären. Die Richtung des Zusammenhangs zwischen Medien- und Publikumsagenda läßt sich anhand der Berechnung *zeitversetzter Kreuzkorrelationen* („Cross-Lagged Correlations") überprüfen (Abb. 16). Dabei wird der Zusammenhang zwischen der Medienagenda zum Zeitpunkt der ersten Messung (t1) und der Publikumsagenda zum Zeitpunkt der zweiten Messung (t2) sowie die Beziehung zwischen der Publikumsagenda zum Zeitpunkt t1 und der Medienagenda zum Zeitpunkt t2 berechnet. Die Agenda-Setting-Hypothese kann dann als bestätigt angesehen werden, wenn der Korrelationskoeffizient für den erstgenannten Zusammenhang größer ist als für den letztgenannten.

Abbildung 16: Die Logik Zeitversetzter Kreuzkorrelationen

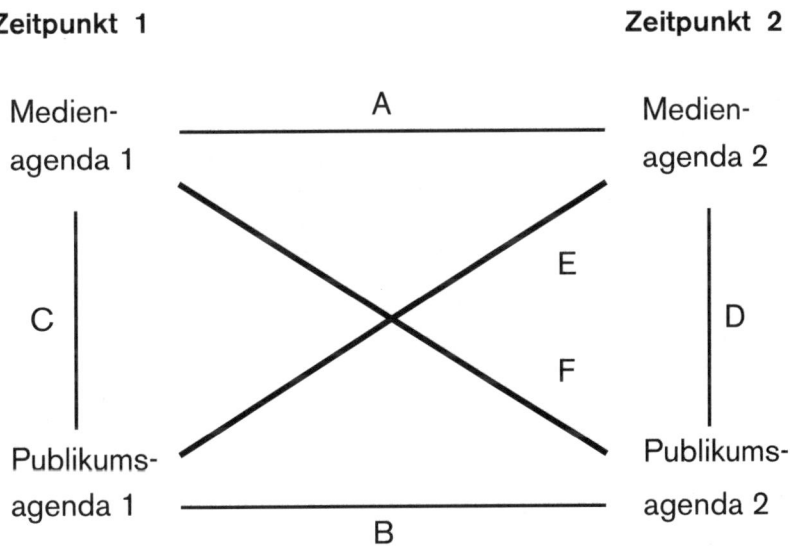

Zeitpunkt 1   **Zeitpunkt 2**

Medien-   A   Medienagenda 1   agenda 2

                                              E
C   D
                                              F

Publikums-   Publikumsagenda 1   B   agenda 2

Wenn F > E, gilt die Agenda-Setting-Hypothese als bestätigt

Quelle: Jäckel 1999, 169

Eine langfristige Untersuchung des Agenda-Setting hat G. Ray Funkhouser (1973) vorgenommen. Funkhouser verglich die Medienberichterstattung („Time", „Newsweek" und „U.S. World and News Report") über verschiedene soziale Probleme, die während der sechziger Jahre in den USA von besonderer Bedeutung waren (z.b. Vietnamkrieg, Rassenunruhen, Studentenunruhen, Inflation, Drogenmißbrauch, Kriminalität), mit der Einschätzung der Bevölkerung, wie dringlich diese Probleme seien. Funkhouser griff dabei auch auf sozialstatistische Daten zurück (z.b. die Zahl der in Vietnam stationierten amerikanischen Soldaten als Indikator für das Ausmaß der Beteiligung der USA am Vietnamkrieg oder die Zahl der Verbrechen pro 100.000 Einwohner als Indikator für die Kriminalitätsrate), um die „tatsächliche" Entwicklung dieser Themen nachzuvollziehen. Aus der Untersuchung von Funkhouser können auch Aussagen darüber abgeleitet werden, ob der statistische Zusammenhang zwischen Medien- und Bevölkerungsagenda nur aufgrund einer möglichen Drittvariable „reale Ereignislage" zustandekommt, d.h. bestimmte Ereignisse sowohl die Medien- als auch die Bevölkerungsagenda in gleicher Weise prägen. Funkhousers Studie erbrachte zwei wesentliche Ergebnisse: 1. Zwischen den Themenprioritäten der Medien und der Problemwahrnehmung der Bevölkerung bestand ein deutlicher Zusammenhang, wobei Veränderungen der Medienagenda zeitlich vor gleichgerichteten Veränderungen der Publikumsagenda stattfanden. 2. Nur in seltenen Fällen entsprach die Entwicklung der Berichterstattungsintensität ungefähr dem tatsächlichen Ausmaß der „wirklichen" Entwicklung. So erreichte z.b. die Berichterstattung über den Vietnamkrieg und die Rassen- und Studentenunruhen ihren Höhepunkt teilweise bereits mehrere Jahre vor der Kulmination der „realen" Entwicklung. Obwohl Funkhouser selbst auf methodische Defizite und den explorativen Charakter seiner Arbeit aufmerksam machte, deuten seine Ergebnisse darauf hin, daß die Realität einen geringeren Einfluß auf die Publikumsagenda hat als die Medienberichterstattung, die sich ihrerseits durch eine Eigendynamik auszeichnet und eher selten die wirkliche Entwicklung bestimmter Probleme abbildet.[81]

Das Verhältnis von „Realität", Medienagenda und Publikumsagenda haben Roy L. Behr und Shanto Iyengar (1985) im Rahmen eines *„Zwei-Stufen-Modells des Agenda-Setting"* untersucht. Sie betrachteten anhand der drei Themen Beschäftigung, Inflation und Energieprobleme zunächst die Effekte der Wirklichkeit auf die Fernsehberichterstattung, um dann die Effekte der Fernsehnachrichten und der „Realität" auf die Bevölkerung zu untersuchen. Es stellte sich heraus, daß die „Realität" die Fernsehberichterstattung zumindest teilweise bestimmte, die Medien die Publikumsagenda

---

[81]   Mittlerweile liegen methodisch verbesserte empirische Arbeiten vor (z.b. Kepplinger 1983b; Danielian/Reese 1989), deren Ergebnisse die Befunde Funkhousers stützen.

jedoch nur bei zwei Themen prägten. Im Hinblick auf das Beschäftigungs-problem waren die reale Entwicklung sowie andere Informationsquellen (andere Medien, interpersonale Kommunikation) die wichtigeren Determinanten. Auch die Plazierung der Nachrichten im Nachrichtenblock erwies sich als Einflußfaktor für Agenda-Setting-Effekte.

7.2. Intervenierende Variablen

Intervenierende Variablen stellen einen zentralen Gegenstand der Agenda-Setting-Forschung dar und sollen im folgenden näher betrachtet werden (dazu ausführlich z.B. Ehlers 1983; Schenk 1987; Eichhorn 1996; Rössler 1997). Die Berücksichtigung dieser Faktoren, die schon in einer Studie zum Präsidentschaftswahlkampf 1972 begann (Shaw/McCombs 1977), stellt im Rahmen eines „Vier-Phasen-Modells" der Agenda-Setting-Forschung von McCombs (1992; auch McCombs/Bell 1996) die zweite Phase dar:[82]

Rezipienten:

* Soziodemographische Variable haben sich für die Erklärung von Agenda-Setting-Effekten als kaum aussagekräftig erwiesen.
* Hohe, intensive, aufmerksame und bewußte Mediennutzung geht mit stärkeren Agenda-Setting-Effekten einher.
* Politisches Interesse bzw. politisches Engagement und Partizipation kann Agenda-Setting-Effekte steigern (Medieninhalte werden aufmerksamer rezipiert), aber auch verringern (denkbar ist, daß politisch stärker Interessierte mehr Informationen aus anderen Quellen beziehen).
* Sensibilisierung für ein Thema und/oder Betroffenheit von einem Thema (v.a. durch persönliche Erfahrung) verstärken Agenda-Setting-Effekte.
* Ein ausgeprägtes *„Orientierungsbedürfnis"* („Need for Orientation"), operationalisiert als Bedeutsamkeit einer Information für den Rezipienten (z.B. politisches Interesse) sowie das Ausmaß der Unsicherheit über den entsprechenden Gegenstand (z.B. Unsicherheit der Wahlabsicht), führt zu stärkerer Mediennutzung und somit indirekt zu deutlicheren Agenda-Setting-Effekten.[83]
* Für die Variable (politisches) Interesse allein sind die Ergebnisse ebenfalls uneinheitlich. Manche Untersuchungen weisen nach, daß gerade bei

---

82 Die erste Phase bestand in der Prüfung der These auf ihre allgemeine Verwendbarkeit. Dabei weist McCombs darauf hin, daß sich diese Phasen nicht ablösten, sondern gegenseitig ergänzten.

83 Allerdings gibt es auch Studien, die zu einem gegenteiligen Befund gelangen (Rössler 1997, 184).

geringem Interesse starke Agenda-Setting-Effekte auftreten können. Zudem deuten Studien darauf hin, daß nicht nur Interesse die Medienzuwendung steuert, sondern auch die Medienzuwendung Interesse für ein Thema hervorrufen kann.

• Auch zu der Frage, ob *interpersonale Kommunikation* Agenda-Setting-Effekte verstärkt oder verringert, liegen widersprüchliche empirische Ergebnisse vor. Es ist plausibel, daß Menschen mit umfangreichen sozialen Netzwerken die Medien intensiver konsumieren, um für Gespräche über in den Medien behandelte Themen gerüstet zu sein. Agenda-Setting-Effekte dürften daher verstärkt auftreten. Es ist aber auch möglich, daß die Themenprioritäten solcher Personen durch eine alternative, aus dem persönlichen Gespräch abgeleitete Agenda bestimmt sind (z.B. Wanta/Wu 1992). Nach Rössler (1997, 211) stellt sich der Zusammenhang zwischen interpersonaler Kommunikation und Agenda-Setting folgendermaßen dar: Wenn interpersonale Gespräche Medieninhalte widerspiegeln, ist eine Verstärkung von Agenda-Setting-Effekten der Medien zu erwarten; wenn sie dies nicht tun, kann die Themenagenda des Gesprächs die Medienagenda überlagern. Darüber hinaus können die Medien über den Umweg der interpersonalen Kommunikation Effekte auf Menschen mit geringem Medienkonsum ausüben. Schenk und Rössler (1994; auch Schenk 1998) stellten in einer Studie zur Wiedervereinigung fest, daß die Medien zwar „Awareness-Effekte" bewirkten, das Thema seine eigentliche Bedeutung für einen Rezipienten jedoch erst durch interpersonale Kommunikation erlangte. Rössler (1999a)[84] hat gezeigt, daß bei einer Untersuchung von Agenda-Setting-Effekten auf der Ebene einzelner Individuen die individuelle Einschätzung der Wichtigkeit einzelner Themen nicht in erster Linie mit der Medienberichterstattung, sondern – abhängig von der Art des Themas – mit der Einheitlichkeit der entsprechenden Einschätzungen im sozialen Umfeld des Individuums oder mit dem Ausmaß der persönlichen Betroffenheit zusammenhängt (auch Schenk/Rössler 1994). Angesichts der nur sehr schwachen individuellen Agenda-Setting-Effekte tritt Rössler dafür

---

[84] Rössler führte eine Inhaltsanalyse der Berichterstattung zu neun innen- und außenpolitischen Themen in Tageszeitungen, im Fernsehen und im Radio sowie eine zweiwellige Panelbefragung durch, bei der in der zweiten Welle auch Personen einbezogen wurden, die von den Befragten der ersten Welle als bevorzugte Gesprächspartner genannt worden waren. Um Aussagen über die individuellen Determinanten der Medienwirkung machen zu können, wurde eine Vielzahl von Rezipientenmerkmalen berücksichtigt (subjektive Bedeutungseinschätzung einzelner Themen; Intensität interpersonaler Kommunikation; Themensensitivität; Involvement; Größe des Kommunikationsnetzwerks des Befragten; Übereinstimmung zwischen persönlicher Relevanzeinschätzung eines Themas und der Einschätzung durch Gesprächspartner; Orientierungsbedürfnis; allgemeine und themenspezifische Mediennutzung).

ein, Prozesse der individuellen Informationsrezeption und -verarbeitung (vgl. Kapitel V.4.) im Rahmen des Agenda-Setting-Ansatzes stärker zu berücksichtigen.

• Im Zusammenhang mit der Rolle interpersonaler Kommunikation wurde auch die Bedeutung der Meinungsführer für Agenda-Setting-Effekte untersucht und ein mehrstufiger Agenda-Setting-Prozeß insofern vermutet, als Meinungsführer (vgl. Kapitel V.5.) die Medienagenda als erste übernehmen und an die übrige Bevölkerung weitergeben, d.h. quasi als Vermittler fungieren (*„Multi-Step Agenda-Setting"*; Wana/Wu 1992; Weaver/Zhu/Willnat 1992; Weimann 1994, 285). Es zeigte sich, daß Menschen mit hoher Persönlichkeitsstärke aufkommende öffentliche Themen schneller identifizieren (Weimann 1994, Weimann/Brosius 1994).[85]

Medien:

• Die meisten Studien weisen auf stärkere Agenda-Setting-Effekte durch Zeitungen als durch das Fernsehen hin. Dies wird mit den besseren Möglichkeiten der Zeitung zur Hervorhebung von Nachrichten erklärt und damit, daß Zeitungsleser das Medium intensiver und individueller nutzen können. McCombs (1977) unterscheidet zwischen einem kurzfristigen „Scheinwerfereffekt" des Fernsehens im Gegensatz zu einem langfristigeren Agenda-Setting-Effekt der Presse.[86] Während die Presse die grundsätzliche Publikumsagenda bestimme, bestehe die Wirkung des Fernsehen nur darin, die Top-Themen der Agenda neu zu arrangieren. In neueren Studien wird allerdings immer häufiger auch ein starker Agenda-Setting-Effekt des Fernsehens nachgewiesen, was Brosius (1994a, 273) auf ein verändertes Informationsverhalten der Bevölkerung zurückführt.

---

[85] In einer weiteren Studie von Brosius und Weimann (1995; auch 1996), die sehr heterogene Resultate erbrachte, zeigten sich Hinweise darauf, daß persönlichkeitsstarke Individuen als „Früherkenner" und „Verbreiter" veränderter Einschätzungen von Themenwichtigkeiten fungierten. Ihr Einfluß wirkte sich in dieser Untersuchung eher auf die Medienagenda als auf die allgemeine Bevölkerungsagenda aus. Welche Agenda von den Persönlichkeitsstarken beeinflußt wurde, hing vom Thema ab. Bei neu aufkommenden Themen war es die Medien- bei bereits etablierten Themen dagegen die Publikumsagenda. Allerdings beruhen diese Ergebnisse, wie die Autoren selbst einschränkend bemerken, auf einer relativ schwachen Datenbasis (es lagen z.B. nur Daten auf Monatsbasis vor).

[86] In der „Chapel Hill"-Studie (McCombs/Shaw 1972) holte das Fernsehen im Hinblick auf Agenda-Setting-Effekte erst kurz vor der Wahl gegenüber den Printmedien auf.

- Die Glaubwürdigkeit eines Mediums bzw. der Berichterstattung und des berichteten Ereignisses wirken sich auf Agenda-Setting-Effekte aus.
- Bei den Präsentationsmerkmalen hat sich die Plazierung als wichtigster Einflußfaktor für Agenda-Setting-Effekte erwiesen. Die Lebhaftigkeit von Informationen (z.b. durch Bebilderung, Anschaulichkeit, Emotionalität) bzw. die Verwendung von Fallbeispielen beeinflußt die Beurteilung der Themenwichtigkeit nicht.[87]

Themen:[88]

- Bedrohlichkeit und Negativismus führen zu stärkeren, Personalisierung zu geringeren Agenda-Setting-Effekten.[89]
- Eindeutige Sachverhalte mit klaren Fakten führen eher dazu, daß ein Thema als bedeutend angesehen wird als Ereignisse, bei denen Zweifel und Unklarheiten bestehen.
- Die Stärke von Agenda-Setting-Effekten hängt ab von der „Aufdringlichkeit" („Obtrusiveness") eines Themas, also von dessen direkten Erfahrbarkeit im täglichen Leben (z.b. Inflationsrate, lokale Politik). Agenda-Setting-Effekte sind vor allem bei unaufdringlichen Themen zu erwarten, die weitgehend außerhalb des Bereichs der Alltagserfahrung liegen (z.b. internationale Politik). Gerade in diesem Bereich ist das Wirkungspotential der Medienberichterstattung vergleichsweise hoch, da die Medien hier gewissermaßen über ein „Informationsmonopol" verfügen. Die empirischen Ergebnisse zu den Auswirkungen der „Obtrusiveness" sind allerdings nicht ganz eindeutig. Stärkere Agenda-Setting-Effekte durch aufdringliche Themen werden mit der sogenannten „Cognitive-Priming"-Hypothese (Demers u.a. 1989) erklärt, der zufolge persönliche Erfahrung den Rezipienten erst für ein bestimmtes Problem sensibilisiert. Das Konzept der *„Obtrusiveness"* in seinem klassischen Verständnis als Themeneigenschaft ist insofern problematisch, als die „Aufdringlichkeit" eines Themas von Rezipient zu Rezipient variiert und eine entsprechende Klassifizierung von Themen daher nur für einzelne Personen vorgenommen werden kann.

---

[87] Zum (nicht vorhandenen) Einfluß von Fallbeispieldarstellungen auf das Agenda-Setting vgl. Iyengar/Kinder (1987) und Daschmann (2001).

[88] Nur angedeutet werden kann in diesem Zusammenhang, daß in der Literatur (z.b. Ehlers 1983, 168; Brosius 1994a, 272; Rössler 1997, 72) immer wieder die mangelnde konzeptionelle Klarheit des Themenbegriffs kritisiert wird.

[89] Dies wird damit erklärt, daß Personalisierung vom eigentlichen Problem ablenke (Iyengar/Kinder 1987, 34–42).

- Die Karriere eines Themas hängt auch von den jeweiligen „Konkurrenzthemen" ab. Selbst wenn die Intensität der Medienberichterstattung über ein Thema konstant bleibt, kann sich dennoch – in Abhängigkeit von Art und Zahl anderer wichtiger Themen – die relative Bedeutung dieses Themas in der Medienagenda verändern (Zhu 1992; Brosius 1994a, 281). Brosius und Kepplinger (1995) sprechen von sogenannten „Killer-Themen", die in der Lage seien, andere Themen aus der Berichterstattung bzw. der Publikumsagenda zu verdrängen. Auf der anderen Seite gebe es auch Themen mit „Katalysatorfunktion" („Supporter Issues"), die andere Themen „mitziehen", d.h. die Berichterstattung bzw. die Relevanzzuweisung des Publikums begünstigen könnten.

Zeitrahmen:

- Bei neuen Themen sind grundsätzlich stärkere Agenda-Setting-Effekte zu erwarten als bei bereits eingeführten Themen. Agenda-Setting-Effekte können im Verlauf einer Themenkarriere schwanken, d.h. z.B. am Anfang stark ausfallen, dann schwächer werden und bei einer überraschenden Wendung wieder zunehmen.
- Die Zeitspanne zwischen der Betonung eines Themas in den Medien und einer Übernahme dieser Gewichtung durch die Rezipienten ist offensichtlich je nach Thema und Medium unterschiedlich.[90]
- Eine Intensivierung der Berichterstattung über ein Thema führt nur dann zu stärkeren Agenda-Setting-Effekten, wenn die Rezipienten dieses Thema nicht ohnehin bereits als besonders wichtig ansehen. Ansonsten findet keine weitere Steigerung der Bedeutungszuschreibung mehr statt („*Decken-Effekt*"). Analog gilt für eher unwichtige Themen, daß hier auch eine Verminderung der Berichterstattungsintensität kaum mehr zu einer weiteren Abnahme des ohnehin schon geringen Problembewußtseins der Bevölkerung führen dürfte („*Boden-Effekt*").
- Die Existenz von Decken- und Boden-Effekten deutet darauf hin, daß es keine lineare Beziehung zwischen Berichterstattungsintensität und Ausmaß der Problemwahrnehmung beim Rezipienten gibt, d.h. daß das sogenannte „*Kumulationsmodell*" nicht zutrifft. Kepplinger u.a. (1989a, 96ff.) führen zudem aus, daß das Kumulationsmodell nicht mit den Ergebnissen der Lernpsychologie vereinbar sei. Vorliegende empirische Be-

---

[90] Nach Wolfgang Eichhorn (1995, 29) lassen sich *kurzfristige* (Agenda-Setting-Effekte treten sofort nach der Berichterstattung auf), *langfristige* (Agenda-Setting-Effekte zeigen sich erst einige Zeit nach der Berichterstattung und *kumulative* (Agenda-Setting-Effekte zeigen sich dann, wenn ein Thema die Agenda länger bestimmt und immer wieder wahrgenommen wird) Effekte unterscheiden.

funde weisen nämlich darauf hin, daß die ständige Konfrontation mit neuen Informationen zunächst einen überproportional hohen Wissenszuwachs zur Folge hat. Dieser Prozeß kommt jedoch nach einiger Zeit zum Stillstand; durch eine weitere Erhöhung der Informationsmenge kann dann kein entsprechender Wissenszuwachs mehr erreicht werden. Ausgehend von solchen Erkenntnissen schlagen die Autoren neben dem „Kumulationsmodell" vier weitere mögliche Modelle zur Darstellung des Zusammenhangs zwischen Berichterstattungsintensität und Problemwahrnehmung der Bevölkerung vor, die sie zusammenfassend als „Impulsmodelle" bezeichnen. Beim „Schwellenwertmodell" muß die Berichterstattung bei bestimmten Themen erst eine gewisse Intensität erreichen, bevor diese Themen überhaupt wahrgenommen werden. Das dürfte vermutlich vor allem für Themen gelten, die bereits länger etabliert sind, und über die deshalb nur sporadisch berichtet wird. Demgegenüber entspricht die Entwicklung der Problemsicht der Bevölkerung bei Themen, denen die Menschen z.B. infolge persönlicher Betroffenheit große Bedeutung beimessen, eher dem „Beschleunigungsmodell": Eine Intensivierung der Berichterstattung führt hier zu einer überproportionalen Verstärkung der Problemwahrnehmung. Umgekehrt stellt sich die Situation im Fall des „Trägheitsmodells" dar, das vermutlich vor allem bei Randthemen praktische Bedeutung hat. Hier geht eine Erhöhung der Berichterstattungsintensität nur mit einem unterproportional starken Anstieg des Problembewußtseins beim Publikum einher. Schließlich ist auch denkbar, daß sich eine lange und intensive Berichterstattung über ein Thema dauerhaft (d.h. auch nach einem Rückgang der Berichterstattungsintensität) auf die Themenprioritäten der Bevölkerung auswirkt; das Thema verselbständigt sich gewissermaßen, indem es beispielsweise Veränderungen des individuellen Verhaltens bewirkt. Als besonders markantes Beispiel für das Vorliegen dieses „Echomodells" führen die Autoren die veränderten Ernährungsgewohnheiten nach dem Reaktorunfall von Tschernobyl an.

Aus den Ausführungen zur Relevanz intervenierender Publikumsvariablen wird ein weiteres methodisches Defizit vieler Agenda-Setting-Studien ersichtlich: Häufig wird der Zusammenhang zwischen Medien- und Publikumsagenda lediglich anhand von Aggregatdaten überprüft (vgl. Kapitel V.7.1.). Man vergleicht also die Themenprioritäten aller Rezipienten mit den Themenprioritäten aller untersuchten Medien und interpretiert das Vorliegen statistisch signifikanter Zusammenhänge in der erwarteten Richtung als Bestätigung der Agenda-Setting-Hypothese. Diese Vorgehensweise birgt jedoch die Gefahr ökologischer Fehlschlüsse (vgl. Kapitel V.7.1.) in sich, denn die Existenz statistisch signifikanter Beziehungen auf der Makroebene muß keineswegs einhergehen mit der Existenz gleichartiger Beziehungen auf der Mikroebene, also der Ebene der einzelnen Individuen (bzw. einzelner Themen oder einzelner Medien).[91] Genau dies ist der zentrale Befund der bereits erwähnten Arbeit von Rössler (1999a). Ausgehend von einer Unterscheidung zwischen Agenda-Setting-Effekten auf der gesamtgesellschaftlichen und der individuellen Ebene hat Rössler anhand desselben Datenmaterials Agenda-Setting-Effekte auf der Basis sowohl von Aggregat- als auch von Individualdaten untersucht. Das Ergebnis dieser Analysen erscheint zunächst paradox, denn (Rössler 1999a, 15) „the present data set reveals an intriguing discrepancy between small, if any, individual-level media effects and the overall correspondence of agendas at an aggregate level". Während für die Gesamtheit aller Befragten ein vergleichsweise starker Zusammenhang zwischen den Themenprioritäten der Medien und den Themenprioritäten der Bevölkerung festgestellt werden konnte, ließen sich für die einzelnen Befragten nur relativ schwache Agenda-Setting-Effekte nachweisen. Diesen scheinbar widersprüchlichen Befund erklärt der Autor (1999, 15) folgendermaßen: „[...] although each individual processes issue information in its own way, the outcome of many small individual media effects across a whole society may lie in a central tendency of issue assessment, which subsequently leads to coherent overall media and public agendas found once more in the present study." Dementsprechend werden inzwischen die Prozesse der Informationsverarbeitung beim Rezipienten stärker berücksichtigt (Eichhorn 1996; Kapitel V.7.3.).[92]

7.3. Bezüge zur Schema-Theorie

Brosius (1994a, 270) stellt heraus, daß der ursprünglichen Agenda-Setting-Hypothese eine zu stark vereinfachte Vorstellung von der Informationsverarbeitung zugrunde liegt: „Der Rezipient erscheint, überspitzt ausgedrückt, wie ein Zählwerk, das die Häufigkeit verschiedener Themen in den Medien registriert und dann diese Häufigkeiten unvermittelt und direkt in seine persönliche ‚Tagesordnung' umsetzt." Statt dessen muß die subjektive Konstruktion eines Themas, d.h. die individuelle Informationsverarbeitung

---

[91] Zur Frage, ob ein Aggregieren der Agenden verschiedener Medien zulässig ist, vgl. Rössler (1997, 98f.). Hier wird darauf hingewiesen, daß die Medienagenda in bezug auf den einzelnen Rezipienten beachtet werden muß, weil fraglich ist, ob er die entsprechenden Medien bzw. Beiträge überhaupt rezipiert hat.

[92] Dies ist auch darum erforderlich, weil nicht gewährleistet ist, daß Rezipienten und Forscher bestimmte Meldungen demselben Themenbereich zuordnen (Brosius 1994a, 279f.).

stärker berücksichtigt werden, da sie in hohem Maße bestimmt, wie der einzelne Rezipient Medieninhalte wahrnimmt.

Inzwischen werden Prozesse der schemageleiteten Informationsverarbeitung (vgl. Kapitel V.4.3.) im Rahmen des Agenda-Setting-Ansatzes berücksichtigt. Diese Versuche sind teilweise auch mit der Erweiterung des ursprünglichen Methodeninventars und methodischen Innovationen verbunden, wie z.B. der Ermittlung der Wahrnehmungsschemata durch offene Fragestellungen. Außerdem wird vorgeschlagen, die herkömmliche Inhaltsanalyse, die vor allem auf die Quantifizierung von Einzelinformationen abzielt, durch die sogenannte „Frame-Analyse" zu ersetzen (Kepplinger 1999a). Bei dieser Methode geht es vorrangig darum, die in der Medienberichterstattung zur Darstellung eines bestimmten Themas verwendeten Frames oder Schemata zu identifizieren. Außerdem werden inzwischen auch auf schematheoretischen Überlegungen basierende experimentelle Untersuchungen durchgeführt, bei denen durch gezielte Manipulation von Medieninhalten die Auswirkungen unterschiedlicher Medien-"Frames" auf den Verlauf von Agenda-Setting-Prozessen überprüft werden können. Jens Wolling, Carsten Wünsch und Volker Gehrau (1998) haben in einem Feldexperiment den Zusammenhang zwischen Wahrnehmungsschemata bei den Rezipienten und den verschiedenen Schemata für die Darstellung eines Themas in den Medien untersucht. Die Probanden wurden mit zwei Versionen eines Artikels über Drogenmißbrauch konfrontiert, die sich hinsichtlich der Breite (d.h. der inhaltlichen Differenziertheit) des Schemas unterschieden, auf dem die Darstellung basierte.[93] Die wichtigsten Befunde der Untersuchung lassen sich folgendermaßen zusammenfassen: 1. Die Konfrontation mit einem breiten Medienschema führt zu einer Ausweitung des entsprechenden Wahrnehmungsschemas bei den Rezipienten. 2. Die Konfrontation mit einem breiten Medienschema bewirkt einen deutlichen Agenda-Setting-Effekt, und zwar besonders bei solchen Personen, die nur über ein enges Wahrnehmungsschema verfügten. Zudem tritt dieser Effekt etwas stärker bei der Einschätzung der Wichtigkeit eines Themas für die Gesamtgesellschaft in Erscheinung, während sich die Rezipienten bei der Einschätzung der persönlichen Bedeutsamkeit eines Sachverhalts vermutlich nicht nur an der Medienberichterstattung, sondern auch an eigenen Erfahrungen orientieren. Aus diesen Befunden leiten die Autoren Folgerungen ab, die zur Interpretation bereits vorliegender Ergebnisse zur Existenz und Stärke von Agenda-Setting-Effekten herangezogen werden könnten. So ließe sich beispielsweise das größere Agenda-Setting-Potential neuer

---

[93]   Während in dem Artikel mit dem engen Schema das Thema ausschließlich unter Bezugnahme auf illegale Drogen behandelt wurde, enthielt der Beitrag mit dem breiten Schema eine wesentlich differenziertere Argumentation, in der zusätzlich auch der Mißbrauch legaler Drogen (z.B. Alkohol, Nikotin) thematisiert wurde.

Themen damit erklären, daß hier vergleichsweise breite Medienschemata auf vermutlich sehr schmale Wahrnehmungsschemata der Rezipienten treffen. Daß aufdringliche Themen nur relativ schwache Agenda-Setting-Effekte auszulösen vermögen, ist möglicherweise darauf zurückzuführen, daß die Rezipienten hier aufgrund eigener direkter Erfahrungen bereits über so breite Schemata verfügen, daß auch eine inhaltlich differenzierte Berichterstattung keine nachhaltigen Auswirkungen auf die Einschätzung der Themenwichtigkeit hat.

7.4. Verschiedene Arten von Agenda

Als dritte Phase der Agenda-Setting-Forschung bezeichnet McCombs (1992; auch McCombs/Bell 1996) die Ausweitung des Konzepts über rein politische Themenranglisten hinaus. Die Agenda-Setting-Forschung befaßt sich außerdem nicht mehr nur mit den Zusammenhängen zwischen *Medien-* und *Publikumsagenda*, sondern auch damit, welche Bedeutung der *politischen Agenda* – also den Themenprioritäten politischer Akteure – bei Agenda-Setting-Prozessen zukommt. Nimmt man weiterhin an, daß prinzipiell sowohl die Medien als auch die Bevölkerung und die politischen Entscheidungsträger von Fall zu Fall über die Fähigkeit verfügen, die Themenprioritäten der jeweils anderen Akteure zu beeinflussen, so ergeben sich insgesamt neun mögliche Wirkungskonstellationen innerhalb und zwischen „Media Agenda", „Public Agenda" und „Policy Agenda" (Rogers/Dearing 1988).

Am wenigsten untersucht wurden nach Brosius und Weimann (1995, 312ff.) die Beziehungen zwischen Bevölkerungs- und Medienagenda sowie bevölkerungsinterne Agenda-Setting-Prozesse (z.B. durch interpersonale Kommunikation). Dies galt lange auch für medieninterne Agenda-Setting-Prozesse, die allerdings in jüngerer Zeit verstärkte Beachtung finden. Der intensivsten Prüfung unterzogen wurden bislang v.a. der Einfluß der Medienagenda auf die Bevölkerungsagenda und auf die Politikagenda sowie die Wirkung der Bevölkerungsagenda auf die Politikagenda. Die Logik der Forschung zum *„Policy Agenda-Setting"*, d.h. zum Zustandekommen der Politiker-Agenda soll am Beispiel einer Studie von George C. Edwards und B. Dan Wood (1999) demonstriert werden. Die Autoren haben für drei innenpolitische (Kriminalität, Bildungswesen, Gesundheitswesen) und zwei außenpolitische (amerikanisch-sowjetische Beziehungen, arabisch-israelischer Konflikt) Themen untersucht, welcher gesellschaftliche Akteur – der US-Präsident, der Kongreß oder die Medien – jeweils über das größere Agenda-Setting-Potential verfügte. Bei den beiden außenpolitischen Themen bezogen die Autoren zudem noch Daten zur tatsächlichen Entwicklung in ihre Analyse ein. Auf der Grundlage von Inhaltsanalysen einer jährlichen erscheinenden Zusammenfassung der Aktivitäten des Präsidenten („Public Papers of the President"), der Fernsehberichterstattung und der Protokolle von Anhörungen vor dem Kongreß wurden die Themenprioritäten dieser Akteure für den Zeitraum zwischen 1984 und 1994 ermittelt. Die wichtigsten Ergebnisse können wie folgt zusammengefaßt werden: Das Agenda-Setting-Potential aller drei Akteure war nicht sehr groß, was damit erklärt werden kann, daß das politische Geschehen in hohem Maße von Sachzwängen (feststehende Arbeitsroutinen, unaufschiebbaren Terminen, langfristig bindenden Entscheidungen vorheriger Regierungen, unerwarteten Ereignissen usw.) bestimmt wurde. Trotz des insgesamt geringen Handlungsspielraums konnte ein gewisses Agenda-Setting-Potential der einzelnen Akteure festgestellt werden. So war das Verhalten des Präsidenten zumeist durch Reagieren auf wechselnde Themenprioritäten der Medien und, im Bereich der Außenpolitik, auf äußere Ereignisse gekennzeichnet. Nur in Einzelfällen gelang es ihm, eigene Themen so erfolgreich zu lancieren, daß sie vom Kongreß und den Medien aufgegriffen wurden. Demgegenüber hatte der Kongreß weder Einfluß auf die Themenagenda des Präsidenten noch auf die der Medien, doch ließ er sich umgekehrt auch von diesen Akteuren kaum beeinflussen. Den Medien dagegen gelang es vergleichsweise häufig, auf die Themenagenda des Präsidenten sowohl bei innen- als auch bei außenpolitischen Themen einzuwirken.

Einen wichtigen Stellenwert nimmt zudem die Erforschung von Agenda-Setting-Prozessen innerhalb der Medien, d.h. das *„Media Agenda-Setting"*, ein. Dieser Prozeß wird auch als *„Agenda-Building"* (z.B. Lang/Lang 1981b) oder *„Intermedia Agenda-Setting"* (z.B. Weaver u.a. 1981; Danielian/Reese 1989; McCombs 1992) bezeichnet.[94] Nach McCombs (1992 bzw. McCombs/ Bell 1996) handelt es sich hierbei um die vierte Phase der Agenda-Setting-Forschung, die dadurch gekennzeichnet ist, daß die Medienagenda statt als unabhängige Variable (wie in der klassischen Agenda-Setting-Forschung) als abhängige Variable betrachtet wird. Die Medienagenda wird nicht mehr als gegeben angesehen, sondern es wird untersucht, wie sie zustande kommt.[95] Hierbei geht es um die Nachrichtenauswahl der Journalisten (vgl.

---

[94] Allerdings ist es unpräzise, die Begriffe „Intermedia Agenda-Setting" und „Agenda-Building" inhaltlich gleichzusetzen, wie dies z.B. David H. Weaver, Maxwell E. McCombs und Donald L. Shaw (1998, 197) tun. Während der erste Ausdruck eindeutig auf Agenda-Setting-Prozesse innerhalb des Mediensystems verweist, umfaßt Agenda-Building nicht nur solche medieninternen Prozesse, sondern schließt auch die Möglichkeit der Beeinflussung der Medienagenda durch medienexterne Faktoren ein. Der Begriff „Agenda-Building" wird z.T. auch auf die Entstehung anderer Agenden, z.B. der Bevölkerungsagenda, durch Nicht-Medien-Faktoren angewandt.

[95] Einen Überblick über die Entwicklung der Forschung geben Dearing/Rogers (1996, 24ff.) und Weaver/McCombs/Shaw (1998, 197–199).

Kapitel IV.) sowie die diversen Einflußfaktoren auf die Berichterstattung, wie z.B. den Einfluß von Akteuren aus Politik, Wirtschaft und Gesellschaft (vgl. Kapitel III.5.4.1.) und von PR-Aktivitäten auf Medieninhalte (vgl. Kapitel III.5.4.2.).[96] Auch Meinungsführungsprozesse im Mediensystem (vgl. Kapitel V.5.2.) finden Beachtung. Es wird sowohl die Karriere eines Themas im Vorfeld der Veröffentlichung als auch die Veränderung der Berichterstattung in einem Medium und deren mögliche Auswirkungen auf die Berichterstattung eines anderen Mediums untersucht. Folgende Abbildung illustriert überblicksartig die verschiedenen Formen von Agenda-Setting-Prozessen und ihre Wirkungszusammenhänge (Abb. 17):

Abbildung 17: Media Agenda, Policy Agenda und Public Agenda:
Entstehungsprozesse und Zusammenhänge

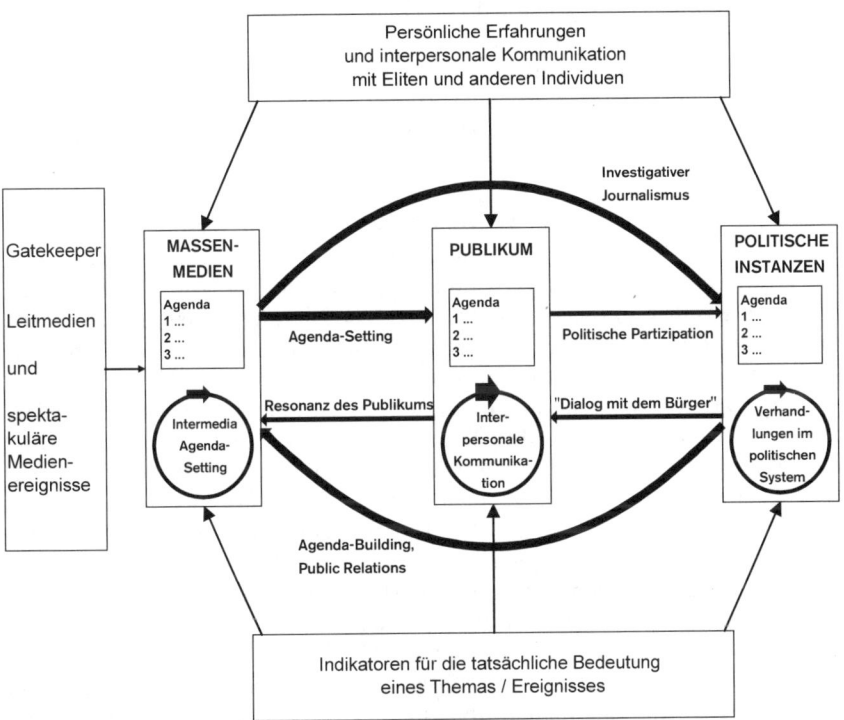

Quelle: Eigene Erstellung in Anlehnung an Dearing/Rogers 1996, 5 und Rössler 1997a, 82

---

96 Eine neuere Studie zum Einfluß einer gesellschaftlichen Interessengruppe auf die Medienberichterstattung in den USA hat Kyle Huckins (1999) durchgeführt.

7.5. Second-Level Agenda-Setting: Framing und Priming

Während sich der Agenda-Setting-Ansatz ursprünglich v.a. mit der Vermittlung von Themenwichtigkeit befaßte, ist inzwischen auch die Wirkung auf Einstellungen und Verhalten der Rezipienten in das Konzept integriert worden. In diesem Zusammenhang wird von *„Second-Level Agenda-Setting"* gesprochen (McCombs/Shaw/Weaver 1997; Weaver/McCombs/ Shaw 1998). Während in der „klassischen" Agenda-Setting-Forschung bzw. auf der ersten Ebene die *Themensetzung* selbst im Vordergrund steht, geht es auf der zweiten Ebene um die Betrachtung des Agenda-Setting-Potentials der Medien im Hinblick auf einzelne *Themenattribute*. Damit wird das *„Framing"-Konzept* in die Agenda-Setting-Forschung integriert. Bezogen auf „Second-Level Agenda-Setting" ist „Framing" nach McCombs (zit. nach Weaver/McCombs/Shaw 1998, 192) zu verstehen als „the selection of a restricted number of thematically related attributes for inclusion on the media agenda when a particular object is discussed."

Bedeutsam ist in diesem Zusammenhang auch das *„Priming"-Konzept* (z.B. Berkowitz 1984; Berkowitz/Rogers 1986; Fiske/Taylor 1991; Jo/ Berkowitz 1994). Dem zufolge aktivieren Medieninhalte im Gedächtnis der Rezipienten früher aufgenommene und mit dem entsprechenden Sachverhalt zusammenhängende Informationen. Gefühle, Gedanken und Erinnerungen werden als durch Assoziationen verbunden verstanden. Die Reaktion eines Individuums auf einen Medieninhalt hängt entscheidend davon ab, wie dieser interpretiert wird und welche Gedanken bzw. Erinnerungen in diesem Kontext aktiviert werden. Diese Aktivierung kann dabei durchaus unbewußt, d.h. mehr oder weniger automatisch erfolgen. Aus dem geschilderten Ablauf der Informationsverarbeitung wird die Vermutung abgeleitet, daß Rezipienten zur politischen Urteilsbildung vorwiegend Informationen verwenden, die aktuell verfügbar und damit leicht zugänglich sind, d.h. z.B. gerade die Berichterstattung dominieren. Shanto Iyengar u.a. (z.B. Iyengar/Kinder 1987; Iyengar/Simon 1993) verwenden den Begriff „Priming" für eine spezielle, aus dem kognitionspsychologischen „Priming"-Konzept abgeleitete Konsequenz, nämlich für die Bewertung von Politikern anhand von den Medien vorgegebener Maßstäbe. In einer Reihe von experimentellen Studien zur Bewertung des amerikanischen Präsidenten konnten Shanto Iyengar und Donald R. Kinder (1987) die Existenz eines so verstandenen „Priming"-Effekts bestätigen. Präsentierte man beispielsweise Versuchspersonen Nachrichtenfilme, in denen sicherheitspolitische Themen dominierten, tendierten die Probanden anschließend dazu, sich bei der Einschätzung der Gesamtkompetenz eines Politikers überwiegend an ihrer Einschätzung von dessen sicherheitspolitischer Kompetenz zu orientieren. Von Shanto Iyengar und Adam Simon (1993) wurden „Agenda-Setting",

„Framing" und „Priming" in einer Studie gleichzeitig untersucht. Für den Zeitraum von April 1990 bis März 1991, d.h. vor dem Hintergrund des Golfkrieges, wurden Meinungsumfragen sowie die Fernsehberichterstattung analysiert. Es zeigten sich folgende Befunde:

1. *Agenda-Setting-Effekt:* Es bestand ein enger Zusammenhang zwischen dem Umfang der Berichterstattung über den Golfkrieg und der Zahl der Personen, die dieses Thema als das wichtigste betrachteten. Der Golfkrieg verdrängte die bis dahin dominierenden Themen Drogenproblematik/Kriminalität, ökonomische Situation und Haushaltsdefizit. Nach Beendigung der militärischen Aktionen rückte die Wirtschaftslage wieder auf den ersten Platz der Agenda vor.
2. *Priming-Effekt:* Während des Golfkrieges und der Dominanz der Außenpolitik in der Berichterstattung stellte die außenpolitische Kompetenz ein immer wichtigeres Kriterium zur Bewertung von Präsident Bush dar.
3. *Framing-Effekt:* Die sehr an Episoden und am Thema Konflikt orientierte Berichterstattung, die wenig Hintergrundinformationen lieferte, führte dazu, daß die Rezipienten eine militärische Konfliktlösung diplomatischen oder wirtschaftlichen Maßnahmen vorzogen.

7.6. Möglichkeiten und Grenzen des Ansatzes

Zunächst kann festgehalten werden, daß die empirischen Befunde für die Existenz von Agenda-Setting-Effekten (im Sinne des Ursprungskonzepts), insbesondere bei „unaufdringlichen" Themen, sprechen (z.B. Brettschneider 1994, 225; Brosius 1994a, 271; Dearing/Rogers 1996, 90ff.). Hinsichtlich der Randbedingungen dieses Prozesses besteht allerdings noch Forschungsbedarf, so z.B. in bezug auf den Einfluß der Themenpräsentation, die subjektive Zuordnung (eines Sachverhaltes zu einem breiteren Themenkomplex) und die individuell unterschiedliche Verarbeitung eines Themas durch die Rezipienten, die Themenkonkurrenz im Nachrichtenangebot, den Wirkungsverlauf von Agenda-Setting (d.h. Veränderungen der wahrgenommenen Wichtigkeit) und Mehrstufenprozesse (d.h. die Ausbreitung von Themenstrukturierungen durch Meinungsführer). Auch die Bedingungen, die zur plötzlichen Priorität bzw. zum ebenso plötzlichen Abflauen des Interesses an einem Thema führen, sind noch nicht genügend erforscht, um präzise Prognosen zu ermöglichen. Ein weiterer Bereich der Agenda-Setting-Forschung, der noch der intensiveren Untersuchung bedarf, sind Agenda-Setting-Effekte durch neue, interaktive Medien wie das Internet. Auf der einen Seite ist eine Zersplitterung der Themenlandschaft dadurch zu befürchten, daß Rezipienten Informationen zielgerichteter und selektiver nach eigenen Interessen auswählen können, d.h. ihre eigenen Prädispositionen für Agenda-Setting-Prozesse eine wichtigere Rolle spielen. Gegen ein solches Szenario spricht aber auf der anderen Seite nach Rössler (1997a), daß Menschen ein Bedürfnis nach Medienangeboten empfinden, die als gemeinsame und relativ verbindliche „Geschäftsgrundlage" fungieren. Das bedeutet nach Rössler (1997a, 94): „Aus der reinen Angebotsvervielfältigung resultiert zwar eine enorme Ausdifferenzierung des Themenspektrums; individualpsychologische Mechanismen fördern jedoch weiterhin die Verdichtung dieses Kanons an der Spitze der Themenagenda." Rössler (1997a, 93) nimmt zugleich an, daß bei speziellen politischen Themen das persönliche Interesse und die daraus resultierende gezielte Auseinandersetzung mit entsprechenden Informationsangeboten einen größeren Einfluß ausüben werden als der „mediale Mainstream". Inwieweit ein solcher Effekt durch Medien wie das Internet tatsächlich stärker eintritt als durch die ohnehin bereits vorhandenen Möglichkeiten spezialisierter Informationszuwendung, bleibt jedoch abzuwarten.

In der Literatur (z.B. Bonfadelli 1999, 233) gibt es zwei gegensätzliche Auffassungen in bezug auf die gesellschaftlichen Leistungen der Massenmedien: Der Forderung nach einer möglichst „objektiven" Abbildung der gesellschaftlichen „Realität" in der Medienberichterstattung steht die Erwartung gegenüber, daß die Medien soziale Probleme bereits möglichst früh thematisieren sollten, um so einer weiteren Verschärfung vorzubeugen. Zumindest die Befunde jener Agenda-Setting-Studien, in denen die Entwicklung der Medienberichterstattung mit der „tatsächlichen" Entwicklung gesellschaftlicher Probleme verglichen wird, deuten darauf hin, daß die Medien offensichtlich nur in seltenen Fällen als „Spiegel" der sozialen „Realität" fungieren. Ob sie allerdings im Gegenzug die Aufgabe einer gesellschaftlichen „Frühwarninstanz" wahrnehmen, läßt sich nicht überprüfen, denn es ist unmöglich anzugeben, wie die tatsächliche Entwicklung eines sozialen Problems verlaufen wäre, wenn die Medien nicht frühzeitig über dieses Problem berichtet hätten. Als gesichert kann dagegen gelten, daß die Medien gerade angesichts ihrer in vielen Agenda-Setting-Studien empirisch belegten Fähigkeit, die Problemwahrnehmung der Bevölkerung zu beeinflussen, durch ihre Berichterstattung in Einzelfällen erst zum Entstehen sozialer Probleme beitragen. So konnten Hans Mathias Kepplinger und Herbert Roth (1978; auch Kepplinger 1983b) aufzeigen, daß die Ölkrise von 1973/74 wahrscheinlich durch die Berichterstattung der Medien maßgeblich mitverursacht wurde. In solchen Fällen liegt eine Situation vor, auf die das berühmte „*Thomas-Theorem*" des amerikanischen Soziologen William Thomas (Thomas/Thomas 1928, 572) zutrifft, das besagt: „If men define situations as real, they are real in their consequences."

Vor diesem Hintergrund und in Anbetracht der empirisch gleichfalls nachgewiesenen „Priming"- und „Framing"-Effekte wird auch deutlich, daß die anfängliche Beschränkung des Forschungsinteresses auf die reine Themenwichtigkeit aus heutiger Sicht nicht mehr zwingend ist. Indem die Medien bestimmen, worüber die Menschen nachdenken, vermitteln sie zugleich Maßstäbe für die Bewertung sozialer Probleme und nehmen mittelbar auch Einfluß auf die Verhaltensdispositionen der Rezipienten. In diese Richtung zielen auch Vorschläge, Agenda-Setting-Prozesse lediglich als erstes Glied einer Wirkungskette zu begreifen (Brosius 1994a, 280), „die bei einfachen Wahrnehmungen und Gewichtungen von Themen beginnt und bei weitergehenden Einstellungs- und Meinungsänderungen endet." Die Tendenz, verschiedene Glieder dieser Wirkungskette in den Agenda-Setting-Ansatz zu integrieren, droht jedoch das Konzept überzustrapazieren. Dies gilt auch für die Ausdehnung der Perspektive über den ursprünglich analysierten Zusammenhang zwischen Medien- und Publikumsagenda hinaus auf Beziehungen zwischen Medien-, Publikums- und Politikagenda bzw. Agenda-Setting-Prozesse innerhalb des Mediensystems, der Bevölkerung bzw. des politischen Systems. Gegen ein solches Vorgehen spricht insbesondere, daß die unterschiedlichen Formen des Thementransfers zwischen verschiedenen gesellschaftlichen Akteuren zum Teil auf völlig verschiedenartigen Mechanismen und Verhaltensmotivationen der beteiligten Akteure beruhen.[97] Hier zeigen sich enge Berührungspunkte zu Gegenständen anderer kommunikationswissenschaftlicher Forschungsrichtungen.[98] Die entsprechenden Forschungsfragen alle dem Gegenstandsbereich der Agenda-Setting-Forschung zuzurechnen, ist jedoch fragwürdig und sprengt den Rahmen des ursprünglich nur an der Beziehung zwischen Medien- und Publikumsagenda und der Entstehung von Themenranglisten interessierten Ansatzes.

---

[97] So kann z.B. die Verbreitung eines Themas innerhalb des Mediensystems darauf zurückgeführt werden, daß sich Journalisten bei ihrer Tätigkeit auch an der Arbeit von Berufskollegen orientieren. Die Tatsache, daß sich politische Entscheidungsträger an der Themen-Agenda der Bevölkerung ausrichten, ist wiederum durch das Streben nach Sicherung der Wählergunst zu erklären.

[98] Z.B. Meinungsführungsprozesse innerhalb der Bevölkerung bzw. innerhalb der Medien, Einflußfaktoren auf den Journalismus, Mediatisierung der Politik usw. Weitere Berührungspunkte ergeben sich z.B. mit der Theorie der Schweigespirale, der Kultivierungshypothese, dem „Uses-and-Gratifications Approach" usw.

8. Die Theorie der Schweigespirale

8.1. Der Ansatz

Die Anfang der 70er Jahre von Elisabeth Noelle-Neumann (1973a; 1974; 1980b; 1996) entwickelte Theorie der Schweigespirale geht von der Annahme aus, daß öffentliche Meinung auf das unbewußte Bestreben in einem Verband lebender Menschen gegründet sei, zu einem gemeinsamen Urteil und zu Übereinstimmung zu gelangen.[99] Konformität werde in einer Gesellschaft belohnt, ein Verstoß gegen das übereinstimmende Urteil dagegen bestraft. In allen menschlichen Gesellschaften ließen sich Integrations-Verfahren feststellen, die auf der Furcht des einzelnen vor Mißachtung, Lächerlichkeit und Isolation basierten. Diese *„Isolationsfurcht"* wird als anthropologische Konstante gesehen. Der „Konformitätsdruck", d.h. der Druck, sich einer Meinung anzuschließen, bewirke soziale Integration.[100] Nach Noelle-Neumann (1986b, 305) kann „es eine [...] Gesellschaft ohne soziale Natur, ohne Isolationsfurcht nicht geben." *„Öffentliche Meinung"* wird in diesem Kontext definiert als: „Wertgeladene, insbesondere moralisch aufgeladene Meinungen und Verhaltensweisen, die man – wo es sich um fest gewordene Übereinstimmung handelt, zum Beispiel Sitte, Dogma – öffentlich zeigen *muß*, wenn man sich nicht isolieren will; oder bei im Wandel begriffenem ‚flüssigen' Zustand öffentlich zeigen *kann*, ohne sich zu isolieren." (Noelle-Neumann 1983, 141, Hervorhebungen im Original). Der Isolationsdruck zwinge das Individuum dazu, seine Umwelt ständig zu beobachten, um die Meinungsverteilung, d.h. das *„Meinungsklima"* beurteilen zu können. Diese Umweltbeobachtung geschieht nach Noelle-Neumann (1996, 164–166) mit Hilfe eines *„quasi-statistischen Organs"*. Dadurch sei es dem Menschen möglich, Veränderungen in der Meinungsverteilung zu erkennen, nicht jedoch den absoluten Anteil der verschiedenen Positionen einzuschätzen. Sein Urteil über das Meinungsklima könne sich der einzelne aus zwei Quellen bilden: der unmittelbaren Umweltbeobachtung und ihren Signalen von Billigung und Mißbilligung sowie aus den Massenmedien (Noelle-Neumann 1996, 229, 232).

---

[99] Noelle-Neumann stützt ihre Argumentation hierbei v.a. auf die Experimente von Solomon Asch (1951) und Stanley Milgram (1961) zum Konformitätsverhalten in Kleingruppen. Zur Kritik an der entsprechenden Interpretation dieser Experimente vgl. zusammenfassend Scheufele/Moy (2000, 12f.).

[100] Noelle-Neumann (1996, 89f., 262) spricht daher auch von der öffentlichen Meinung als „sozialer Haut". Damit ist gemeint, daß die öffentliche Meinung zum einen die Gesellschaft zusammenhält und sie zum anderen als eine Art „Sinnesorgan" (Scherer 1990, 23) fungiert.

Diese Annahmen werden in der Theorie der Schweigespirale durch eine dynamische Komponente ergänzt. Der Prozeß der Schweigespirale bedeutet nach Noelle-Neumann (1983, 142, Hervorhebungen im Original): „Menschen wollen sich nicht isolieren, beobachten pausenlos ihre Umwelt, können aufs feinste registrieren, was zu-, was abnimmt. Wer sieht, daß seine Meinung zunimmt, ist gestärkt, redet öffentlich, läßt die Vorsicht fallen. Wer sieht, daß seine Meinung an Boden verliert, verfällt in Schweigen. Indem die einen laut reden, öffentlich zu sehen sind, wirken sie stärker, als sie wirklich sind, die anderen schwächer, als sie wirklich sind. Es ergibt sich eine optische und akustische Täuschung für die wirklichen Mehrheits-, die wirklichen Stärkeverhältnisse, und so stecken die einen andere zum Reden an, die anderen zum Schweigen, bis schließlich eine Auffassung ganz untergehen kann. Im Begriff Schweige*spirale* liegt die *Bewegung*, das sich Ausbreitende, gegen das man nicht ankommen kann." Grundsätzlich gilt nach Noelle-Neumann also in diesem Prozeß, daß die sich durchsetzende Meinung stärker wirkt, als sie tatsächlich ist. Durch das Schweigen entstehe ein verzerrtes Bild der Häufigkeitsverteilung von Meinungen zu kontroversen Themen. Auf diese Weise könne eine Meinung bis auf einen „harten Kern", der sie bis zuletzt vertrete, zurückgedrängt werden. Noelle-Neumann (1996, 248, 318f.) meint, daß sich dieser harte Kern den Werten der Vergangenheit verpflichtet fühlt und sich „sektenhaft abkapselt". Es sei aber auch möglich, daß sich diese Personen als „Avantgarde" sähen, die davon ausgehe, daß die eigene Position bald (wieder) die Mehrheitsmeinung bilden werde und sich deshalb durch rückhaltlose Redebereitschaft auszeichne. Gemeinsam sei beiden, daß sie keine Isolation fürchteten oder sie in Kauf nehmen würden. Solche Personen werden als Wegbereiter neuer Entwicklungen angesehen. Noelle-Neumann (1996, 201) schreibt: „Das Konzept der Schweigespirale reserviert die Möglichkeit, die Gesellschaft zu verändern, demjenigen, der Isolationsfurcht nicht kennt oder sie überwindet."[101] Ein Meinungsumschwung kann nach Noelle-Neumann (1996, 248f.) beispielsweise dadurch begünstigt werden, daß die Anhänger der Mehrheitsmeinung mit der Zeit argumentationsunfähig werden, weil sie sich nicht mehr mit anderen Ansichten auseinandersetzen müssen. Dies sei allerdings erheblich seltener die Ursache für das Ingangkommen von Neuerungen als die größere Redebereitschaft von Minderheiten.

Für den Prozeß der Schweigespirale kommt den Medien nach Noelle-Neumann eine wichtige Rolle zu. Massenkommunikation sei in der Lage,

---

[101] Zu den Personen, die die Gesellschaft verändern können, zählt Noelle-Neumann (1996, 202–204, 356) neben hartem Kern und Avantgardisten Ketzer, Außenseiter, Missionare, Reformer etc. sowie Wissenschaftler und Künstler. Diese kennen entweder kaum Isolationsfurcht, sie nehmen sie in Kauf, oder Provokation stellt für sie Selbstzweck bzw. ein Mittel zur Erregung von Aufmerksamkeit dar.

Realitätsvorstellungen zu prägen. Ideen, Ereignisse und Personen existierten im öffentlichen Bewußtsein fast nur, soweit sie ausreichend Öffentlichkeit von den Massenmedien verliehen bekämen, und auch nur mit denjenigen Zügen, die ihnen die Medien zuschrieben. Die Berichterstattung wirke sich auf das vom einzelnen wahrgenommene Meinungsklima aus. Daher argumentiert Noelle-Neumann (1991, 361): „Vom Medientenor geht Isolationsdrohung aus". Die besondere Einflußkraft der Medieninhalte (v.a. des Fernsehens) resultiert nach Noelle-Neumann (1973a; 1996, 212, 361) aus den beiden Faktoren der „*Konsonanz*" (d.h. inhaltlichen Übereinstimmung) und der „*Kumulation*" (d.h. die Menschen sind den Medien ständig ausgesetzt). Echte Selektionsmöglichkeiten der Rezipienten seien unter diesen Umständen nicht gegeben. Noelle-Neumann (1979b, 165) schreibt: „Je mehr ein Medium oder ein Mediensystem selektive Wahrnehmung erschwert, desto größer wird seine Wirkung sein, und zwar nach beiden Richtungen, bestätigend, wenn es vorwiegend vorhandene Einstellungen stützt, verändernd, wenn es vorwiegend vorhandenen Einstellungen widerspricht."

Die Konsonanz der Berichterstattung ist nach Noelle-Neumann nicht das Ergebnis journalistischer Manipulation. Sie entstehe vielmehr aufgrund einheitlicher Auswahlkriterien (Nachrichtenfaktoren) und der Tatsache, daß Journalisten eine relativ homogene Gruppe darstellten. Auf diese Weise entstehe eine Medienkultur, die sich gegenüber der Realkultur verselbständigen und zu einem „*doppelten Meinungsklima*" führen könne. Ein „doppeltes Meinungsklima" kann nach Noelle-Neumann (1996, 243) nur dann entstehen, „wenn das Meinungsklima der Bevölkerung und die vorherrschende Meinung unter Journalisten auseinanderfallen. [...]. ‚Doppeltes Meinungsklima' heißt: Je nach Mediennutzung nehmen Personen ein verschiedenes Meinungsklima wahr."

Der Einfluß der Medien vollziehe sich zudem über ihre *Artikulationsfunktion*. Die in der Berichterstattung dominierende Position werde sich in der Realität auch deshalb leichter durchsetzen, weil die Anhänger dieser Meinung aus den Medien Formulierungen und Schlagworte beziehen könnten. Die Vertreter eines Standpunktes, der in den Medien wenig oder keine Berücksichtigung finde, verfielen dagegen auch deshalb in Schweigen, weil ihnen diese Argumentationshilfe fehle (Noelle-Neumann 1996, 249, 361). Die Bedeutung der Medien zeige sich darin, daß noch nie eine Schweigespirale gegen den Medientenor empirisch nachgewiesen werden konnte. Die Tatsache, daß eine Minderheit, die sich ihres Minderheitsstatus bewußt sei, die tonangebenden Medien auf der eigenen Seite wisse, könne dazu führen, daß sie die Mehrheit an Redebereitschaft übertreffe. Die Mehrheit ihrerseits könne aufgrund mangelnder Unterstützung der Medien zur „schweigenden Mehrheit" werden (Noelle-Neumann 1996, 297).

Bei der Rolle der Medien als Quelle der Umweltwahrnehmung ist zu berücksichtigen, daß statistische Angaben, die eine relativ valide Einschätzung der Mehrheitsverhältnisse ermöglichen, jüngeren Forschungsergebnissen zufolge (Daschmann 2001) auf die Umweltwahrnehmung der Rezipienten einen erheblich geringeren Einfluß besitzen als die Schilderung einzelner, keineswegs repräsentativer Fallbeispiele. Dieser Befund läßt sich mit dem „Modell der Alltagsrationalität" erklären (vgl. Kapitel V.4.3.), dem zufolge Menschen bei der Rezeption von Medieninformationen dieselben Kriterien anlegen, die ihnen aus dem Alltag vertraut sind.

Insgesamt läßt sich der Prozeß der Schweigespirale unter Einbeziehung des Medieneinflusses folgendermaßen beschreiben (Noelle-Neumann 1996, 359): „Der Medientenor beziehungsweise die Veränderung des Medientenors läuft der Veränderung der Einschätzung des Meinungsklimas durch die Bevölkerung voraus. Die Veränderung der Einschätzung des Meinungsklimas läuft der Änderung der eigenen Einstellungen voraus. Das Verhalten – Redebereitschaft – folgt der Einschätzung des Meinungsklimas in einer Interaktion, die den Spiralprozeß hervorbringt."

Noelle-Neumann (1996, 366–368) nennt drei wesentliche Randbedingungen, die gegeben sein müssen, damit der Prozeß der Schweigespirale in Gang kommen kann: 1. Es muß sich um Meinungs- und Einstellungsbereiche handeln, die im Fluß sind, bei denen ein *Wandel* stattfindet. 2. Es muß sich um Meinungen handeln, die eindeutig *moralisch belegt* sind und bei denen die Auseinandersetzung nicht um die rational richtige oder falsche, sondern um die moralisch gute oder schlechte Position geführt wird. 3. Es muß sich um Prozesse handeln, in denen die Massenmedien eine *identifizierbare Position* einnehmen.

Ihren empirischen Ursprung hat die Theorie der Schweigespirale in den zunächst nicht erklärbaren Umfrageergebnissen im Vorfeld der Bundestagswahl vom Herbst 1965 (Noelle-Neumann 1996, 13–16). Bei der Frage nach der Wahlabsicht lagen CDU/CSU und SPD sechs Monate lang Kopf an Kopf. In bezug auf den vermuteten Wahlsieger zeichnete sich nach einem ursprünglichen Gleichstand im Dezember 1964 mit dem Näherrücken des Wahltermins eine immer deutlichere Siegeserwartung zugunsten der regierenden Union ab (im August 1965 sahen fast 50% die Union als Sieger, weniger als 20% die SPD). Erst im letzten Moment kam es dann, so die Interpretation von Noelle-Neumann, zu einem „Mitläufer-Effekt" („Last-Minute Swing"), bei dem sich die allgemeine Siegeserwartung auf das Wahlverhalten auswirkte. Die SPD verlor bei der Frage nach der Wahlabsicht in den letzten zwei Wochen fast 5%, die CDU/CSU gewann fast 4% und ging mit einem Vorsprung von 9% als Sieger aus den Wahlen hervor (Noelle-Neumann 1991, 258). Mit umgekehrtem Ausgang, d.h. zugunsten der SPD, wiederholte sich dieses Phänomen bei der Bundestagswahl 1972 (Noelle-Neumann 1996, 16–18). Noelle-Neumann (1996, 19) sah hierin keinen „Bandwagon"-Effekt,[102] d.h. das Bestreben der Wähler, auf Seiten des Siegers zu sein, sondern einen Ausdruck der Isolationsfurcht, die zur Anpassung an die Mehrheitsmeinung führte.

Bei der Bundestagswahl 1976 allerdings war kein Prozeß der Schweigespirale festzustellen. Noelle-Neumann (1996, 227–245) diagnostizierte statt dessen ein „doppeltes Meinungsklima": Umfragen zeigten, daß das allgemeine politische Klima in der Bevölkerung ausgeglichen war, wohingegen Fernsehjournalisten die Wahlchancen der Regierung (SPD/FDP) als wesentlich besser betrachteten als die der Opposition. Diejenigen Bevölkerungsmitglieder, die viele politische Sendungen im Fernsehen gesehen hatten, schätzten die Erfolgsaussichten der Regierung höher ein als die Wenigseher. Das medial vermittelte Meinungsklima unterschied sich vom realen Meinungsklima, was sich nach Noelle-Neumann durchaus im Wahlergebnis zugunsten der von den Journalisten favorisierten SPD/FDP-Regierung niedergeschlagen haben kann.

Abgesehen von empirischen Untersuchungen zur dynamischen Komponente der Schweigespirale haben Noelle-Neumann bzw. das Institut für Demoskopie Allensbach verschiedene Methoden zu den sozialpsychologischen Aspekten der Theorie, v.a. zur Messung von Isolationsdrohung, Isolationsfurcht und Redebereitschaft entwickelt. Die Frage, ob *Isolationsdrohung* existiert und Menschen wissen, mit welchen Einstellungen sie sich in Isolationsgefahr begeben, untersuchte man beispielsweise folgendermaßen: Es wurde die Situation einer öffentlichen Diskussion geschildert, bei der sich ein Redner für und ein Redner gegen die Kernenergie aussprach. Die Befragten sollten angeben, welcher der beiden Redner vom Publikum ausgepfiffen wurde (Noelle-Neumann 1996, 301).[103] In ähnlicher Weise wurde Befragten z.B. das Bild eines Autos mit zerstochenen Reifen gezeigt und gefragt, zu welcher Partei sich der Fahrer durch einen Aufkleber auf seinem Fahrzeug bekannte (Noelle-Neumann 1996, 80).[104] Aus den Ergebnissen wurde geschlossen, daß Isolationsdrohung existiere und die Bevölkerung wisse, mit welchen Einstellungen man sich in Isolationsgefahr begebe.

---

[102] Mit dem „Bandwagon"-Effekt („Bandwagon" = Wagen mit der Musikkapelle des Siegers) hatten Lazarsfeld, Berelson und Gaudet (1944, 107–109) die Beobachtung des „Last-Minute Swing" in ihrer Studie interpretiert.

[103] 72% entschieden sich für den Redner mit der Pro-Kernenergie-Position, 11% für den Gegner der Kernenergie.

[104] 21% nannten die CDU/CSU, 9% die SPD, 1% die FDP. Nach ähnlichem Prinzip funktionierte die Frage nach der Partei, deren Plakate im Wahlkampf am häufigsten zerrissen und beschmiert wurden, bzw. dem Parteibekenntnis (Parteiplakette an der Jacke) eines Fußgängers, der einem Autofahrer auf die Frage nach dem nächsten Parkplatz die Auskunft verweigerte (Noelle-Neumann 1996, 79–83).

Isolationsfurcht wurde z.B. durch die Frage nach der Einschätzung des Peinlichkeitsgrades verschiedener Situationen untersucht sowie durch den sogenannten „Drohtest", bei dem man die Redebereitschaft von Rauchern in der Gegenwart von Nichtrauchern erhob, nachdem diese in einem Satzergänzungstest mit einer deutlichen Aussage zur Rücksichtslosigkeit von Rauchern konfrontiert worden waren.

Die *quasi-statistische Wahrnehmungsfähigkeit* des Menschen wurde dadurch als belegt betrachtet, daß ein hoher Anteil von Befragten bereit war, Schätzungen über die Meinungsverteilung zu bestimmten Fragen abzugeben. Zwar erkennen Menschen die tatsächliche Meinungsverteilung oft nicht richtig, die Zu- oder Abnahme einer Meinung wird aber korrekt identifiziert (Noelle-Neumann 1996, 364–366).

Rede- und Schweigetendenzen schließlich wurden neben der Bereitschaft, bestimmte Partei- oder Kampagnenabzeichen zu tragen, v.a. mit dem sogenannten „Eisenbahntest" untersucht. Dabei wurden die Versuchspersonen gefragt, ob sie sich auf einer fünfstündigen Eisenbahnfahrt mit einer Person in ihrem Abteil unterhalten würden, die zu einem bestimmten Thema (z.B. Kindererziehung, Rassentrennung in Südafrika, Ostpolitik, Kernkraft, Paragraph 218 usw.) eine andere Meinung vertrat (operationalisiert durch eine konkrete Aussage dieser Person) als der Befragte selbst (Noelle-Neumann 1996, 33–36).

8.2. Diskussion

Insgesamt sind bislang nur einzelne Komponenten, nicht jedoch alle psychologischen, kommunikationstheoretischen und soziologischen Elemente der Schweigespirale gemeinsam einer empirischen Prüfung unterzogen worden (Donsbach 1987b). Die Komplexität des Wirkungszusammenhangs und die Langfristigkeit der Wirkungsannahmen erschweren eine solche Untersuchung erheblich. Die Tatsache, daß es sich um einen „Makro-Ansatz unter Einbeziehung einer Vielzahl von Variablen und des Zeitfaktors" handelt, macht die Theorie der Schweigespirale nach Donsbach (1987b, 340) auch kritikanfällig. Noelle-Neumann (1986b, 312) selbst schreibt über ihre Theorie: „Sie paßt sich nicht ein in vertraute Denkweisen, Kategorien, und sie ist angreifbar, weil sie unfertig ist." Hinzu kommen die politischen Implikationen, die für Diskussionsstoff gesorgt haben.[105]

---

[105] Zur politisch motivierten Auseinandersetzung um die Schweigespirale vgl. z.B. den Überblick bei Scherer (1990). Als Überblick zu Rezeption und Kritik der Schweigespirale vgl. z.B. Deisenberg (1986); Donsbach (1987b); Price/Allen (1990); Salmon/Glynn (1996) und Scheufele/Moy (2000). Als Beispiel für die deutsche Forschungs-

In jedem Fall hat die Theorie der Schweigespirale jedoch zahlreiche weitere
Untersuchungen angeregt. Diese wurden an unterschiedlichen Themen mit
verschiedenen Methoden (Experiment, Umfrage)[106] und unterschiedlichen
Operationalisierungsansätzen (z.b. von „Öffentlichkeit" oder „Redebereitschaft")[107] sowie z.t. in unterschiedlichen Ländern und Kulturen[108] durchgeführt. Die Ergebnisse erwiesen sich als uneinheitlich und widersprüchlich;
z.T. sind sie mit der Theorie der Schweigespirale auch nicht in Einklang zu
bringen. So stellte sich in manchen Studien die Minderheit als redebereiter
heraus als die Mehrheit (Glynn/Hayes/Shanahan 1997). In einer „Meta-
Analyse" von über 20 auf Befragungen beruhenden Studien zum Verhältnis
von wahrgenommener Mehrheitsverteilung und Redebereitschaft stellten
Carroll J. Glynn, Andrew F. Hayes und James Shanahan (1997) relativ geringe, aber statistisch signifikante Zusammenhänge fest. Deren Heterogenität deutet nach Ansicht der Autoren auf unentdeckte Einflußfaktoren hin,
die noch der weiteren Forschung bedürfen.

   Zu den Aspekten der Schweigespirale, die in der Forschung bislang besondere Aufmerksamkeit erfahren haben, gehören die Faktoren, die die
Redebereitschaft beeinflussen. Hierbei ist besonders die Existenz bzw. Bedeutung der Isolationsfurcht Gegenstand der Diskussion. So wird z.B. die
Annahme vertreten, daß Isolationsfurcht nur eines von vielen Handlungs-
motiven sei und durch andere Interessen und Gratifikationen aufgewogen

---

diskussion vgl. die Debatte in der „Zeitschrift für Soziologie" 1992 (Fuchs/Gerhards/
Neidhardt 1992a; 1992b; Noelle-Neumann 1992).
[106] Die Meinungen über die geeignetste Methode sind geteilt. Salmon und Glynn (1996,
176) argumentieren z.B., bei Umfragen bestehe die Gefahr, daß genau der untersuchte Schweigespiraleneffekt sich auch in der Interviewsituation auswirke und die
Ergebnisse verzerre.
[107] Vgl. dazu z.B. Glynn/Hayes/Shanahan (1997); Perry/Gonzenbach (2000); Scheufele/
Moy (2000). Bei der Operationalisierung von Öffentlichkeit reichen die verwendeten
Situationsbeschreibungen von der Diskussion im Zugabteil bis hin zu der Frage, ob
die Versuchsperson gegenüber einem Fernsehreporter ein Statement abzugeben bereit sei (z.B. Donsbach/Stevenson 1986). Diese größtmögliche Öffentlichkeit betrachtet Noelle-Neumann (1994a, 111; 1996, 318) als nicht-adäquate Operationalisierung.
In der „Meta-Analyse" von Carroll J. Glynn, Andrew Hayes und James Shanahan
(1997) ergaben sich allerdings hinsichtlich der Frage, ob sich die Befragten gegenüber
einer breiten Öffentlichkeit (z.B. Fernsehinterview) oder in einer eher kleinen
Öffentlichkeit (Zugabteil) äußern sollten, keine signifikanten Einflüsse auf die Redebereitschaft. Zur Operationalisierung von Redebereitschaft gehören z.B. folgende
Situationen: Diskussion mit Freunden, Gespräche im Zugabteil, Reden auf Ver-
sammlungen, die Bereitschaft zu einem Fernsehinterview, Geldspenden für Organisationen, die die eigene Position vertreten, das Tragen von Buttons, das Anbringen
von Autoaufklebern, das Verteilen von Broschüren an der Tür usw.
[108] Als Überblick über entsprechende Untersuchungen und zur Problematik der kulturellen Übertragbarkeit von Theorie und Methode vgl. z.B. Salmon/Glynn (1996) und
Scheufele/Moy (2000).

werde. Auch könne konformes Verhalten durch andere Ursachen als Isolationsfurcht, wie z.B. aufgrund von Sympathie bzw. Identifikation mit anderen Personen bzw. der Anziehungskraft einer Gruppe zustande kommen (überblicksartig Donsbach 1987b, 333).

Ein anderer Aspekt der Diskussion betrifft die Frage, welche Art von Öffentlichkeit für Rede- bzw. Schweigetendenzen verantwortlich ist, bzw. wie eine geeignete Operationalisierung dieser Öffentlichkeit aussehen kann (Scheufele/Moy 2000). Von vielen Autoren wird argumentiert, daß die unmittelbare Bezugsgruppe einen größeren Einfluß auf das Individuum ausübe als eine „anonyme" Öffentlichkeit, d.h. daß eine Person dennoch bereit sei, ihre von der wahrgenommenen Mehrheitsmeinung der Öffentlichkeit abweichende Position zu äußern, wenn in ihrer direkten Umgebung die gleiche Meinung vertreten werde (überblicksartig Scheufele/Moy 2000). Hayg Oshagan (1998) fand in einer experimentellen Untersuchung sogar Hinweise darauf, daß sich bei Personen, die sich im Einklang mit ihrer Bezugsgruppe, aber im Widerspruch zur Mehrheitsmeinung befanden, die Redebereitschaft noch verstärkt wurde (vgl. auch Kapitel V.3.3.). Untersuchungen zum Peinlichkeitsempfinden ergaben allerdings, daß 21% der als peinlich eingestuften Situationen sich auf eine kleinere, dagegen 46% auf eine große anonyme Öffentlichkeit bezogen (Hallemann 1989; Noelle-Neumann 1996, 315f.). Auch die Ergebnisse anderer Forscher (überblicksartig Scheufele/Moy 2000) sprechen für eine größere Bedeutung einer großen gegenüber einer kleineren, dem Befragten näheren Öffentlichkeit. Eindeutige Aussagen werden durch eine uneinheitliche Operationalisierung von Öffentlichkeit erschwert.

Erwogen wurde auch die Frage, ob der Prozeß der Schweigespirale von der Art des jeweiligen Themas abhängt. Obwohl bereits eine Vielzahl von Themen untersucht wurde, ist in dieser Hinsicht jedoch noch keine Systematisierung erfolgt.[109]

Wie bereits Noelle-Neumann bezüglich „Avantgarde" und „hartem Kern" konstatiert hat, ist der Grad der Isolationsfurcht zudem von Person zu Person unterschiedlich. Insgesamt scheint diese Empfindung jedoch erheblich geringer ausgeprägt zu sein bzw. sich zumindest erheblich schwächer auf die Redebereitschaft auszuwirken, als Noelle-Neumann annimmt. Jürgen Gerhards (1996) stellte fest, daß der Anteil derjenigen Personen, die sich in einer Kommunikationssituation entsprechend den Annahmen der Schweigespirale verhalten, sehr gering ist.[110] Gerhards ordnete die Befragten

---

[109] Ein erster Ansatz hierzu stammt von Jerry L. Yeric und John R. Todd (1989), die zwischen dauerhaften, neu aufkommenden und vorübergehenden Themen unterscheiden.

[110] Gerhards wertete einen Eisenbahntest aus dem Jahr 1989 aus, in dem die Befragten ihre Kommunikationsbereitschaft in vier Situationen bekunden sollten. Die vier

nach ihrem Antwortverhalten fünf verschiedenen Typen zu. Die „Anpasser", d.h. diejenigen, die sich gemäß der Theorie der Schweigespirale nur dann äußern, wenn die im Eisenbahnabteil vertretene Meinung ihrer eigenen entspricht, machten lediglich 3,5% der Befragten aus. Mit 5% ebenfalls schwach vertreten war die Gruppe der „Missionare", die sich den Anpassern genau entgegengesetzt verhielten und sich nur dann gesprächsbereit zeigten, wenn die Mehrheitsmeinung ihrer eigenen Ansicht widersprach. Die „Reder" (ca. 40%) wollten ihre Ansicht in allen Situationen äußern. Die „Schweiger" (ca. 31%) dagegen bekundeten grundsätzlich keine Bereitschaft, ihre Meinung kundzutun. Die Gruppe der „Inkonsistenten" (ca. 31%) schließlich schwankte zwischen Redebereitschaft und Schweigen, ohne daß ein systematisches Verhaltensmuster erkennbar gewesen wäre. Eine der Mehrheitsposition entgegengesetzte Einflußnahme auf die öffentliche Meinung kann nach Gerhards nur von den Rednern und den Missionaren ausgehen.

Auch Helmut Scherer (1990; 1992) konnte in seiner Untersuchung zur Volkszählung 1987 keine Redehemmung der Minderheit konstatieren. Im Gegenteil neigte die Gruppe, die sich weder der Mehrheit noch der Minderheit zuordnen ließ, am meisten zum Schweigen, und die Minderheit erwies sich sogar als redebereiter als die Mehrheit. Scherer (1992, 120f.) bezeichnet dies als „Missionars-Effekt", der dem Schweigespiralen-Effekt entgegenwirkte. Darüber hinaus war die Identifikation mit einem Thema für die Redebereitschaft entscheidender als die Mehrheitswahrnehmung.

Die Suche nach Variablen, die sich statt der Isolationsfurcht auf die Redebereitschaft auswirken bzw. den von der Theorie der Schweigespirale behaupteten Mechanismus moderieren, hat insgesamt zu relativ heterogenen Ergebnissen geführt, bei denen sich aber gleichwohl einige Faktoren herauskristallisieren, die eine nähere Untersuchung verdienen: In der Studie von Dieter Fuchs, Jürgen Gerhards und Friedhelm Neidhardt (1991, 20) erwiesen sich z.B. soziodemographische Faktoren wie Bildung, Alter, Geschlecht und ideologische Faktoren als genauso wenig ausschlaggebend für die Redebereitschaft wie der Glaube, einer Mehrheits- oder einer Minderheitsposition anzuhängen. Einen Einfluß besaß dagegen das politische Interesse, die von den Befragten empfundene Wichtigkeit des Themas sowie der Glaube, den Kommunikationspartner beeinflussen zu können. Diese Ergebnisse wurden z.T. von anderen Untersuchungen bestätigt, in denen sich u.a. politisches Wissen oder die Intensität der eigenen Meinung zu

---

Situationen kamen durch zwei verschiedene Themen und zwei verschiedene Meinungen zu jedem dieser Themen (Pro und Kontra) zustande. Es ging um die Frage, ob es in Ordnung sei oder nicht, sich bei Demonstrationen gegen Übergriffe der Polizei zur Wehr zu setzen, und ob es in Ordnung sei oder nicht, wenn Bürger Asylanten handgreiflich klarmachten, daß sie in ihre Heimatländer zurückfahren sollten.

einem Thema als weitere Faktoren herausstellten (z.B. Salmon/Neuwirth 1990; Lasorsa 1991; Willnat 1996; Glynn/Park 1997; Shamir 1997). Michael Schenk und Patrick Rössler (1997) haben die Bedeutung der Persönlichkeitsstärke hervorgehoben. Sie konstatierten, daß Menschen mit hoher Persönlichkeitsstärke ihre Ansicht eher als von der Mehrheitsmeinung abweichend beschreiben, während sich Menschen mit niedriger Persönlichkeitsstärke in Übereinstimmung mit der öffentlichen Meinung sehen. Die Autoren interpretieren ihre Ergebnisse als Hinweis darauf, daß persönlichkeitsstarke Menschen der Mehrheitsmeinung eher widerstehen als persönlichkeitsschwache. Da sowohl diejenigen mit einer besonders hohen als auch diejenigen mit einer besonders niedrigen Persönlichkeitsstärke besonders gut in der Lage waren, die tatsächliche Meinungsverteilung einzuschätzen, konnten die Resultate nicht auf eine verzerrte Umweltwahrnehmung zurückgeführt werden.

Gerade die Fähigkeit zur Wahrnehmung von Mehrheits- und Minderheitsverhältnissen ist allerdings von anderen Autoren angezweifelt worden. Gegen die Existenz eines „quasi-statistischen Wahrnehmungsorgans" wurden Theorien ins Feld geführt, die von einer Verzerrung der sozialen Wahrnehmung ausgehen („*Pluralistic Ignorance*", d.h. die Mehrheit täuscht sich über die Mehrheit bzw. die Minderheitsmeinung wird für die Mehrheitsmeinung gehalten und umgekehrt).[111] Zu nennen ist hier v.a. die „Looking-Glass"-Hypothese (Fields/Schuman, 1976). Diese kehrt die Kausalitätsrichtung der Schweigespirale um. Statt davon auszugehen, daß die Einschätzung des Meinungsklimas sich auf die Einstellung auswirkt, ist nach der „Looking-Glass"-Hypothese" anzunehmen, daß die bereits vorhandene Einstellung die Einschätzung des Meinungsklimas beeinflußt und zu einer verzerrten Wahrnehmung führt (z.B. Taylor 1982; Salmon/Kline 1985). Noelle-Neumann (1985, 72f.) stellte allerdings fest, daß sich Veränderungen in der Meinungseinschätzung (z.B. zu den Themen „Abtreibung" und „Todesstrafe") bei den Anhängern verschiedener Parteien in der gleichen Richtung vollzogen, was gegen die „Looking-Glass"-Hypothese spricht.[112]

---

[111] Zu einem Überblick über solche Ansätze vgl. z.B. Glynn (1997). Es ist darauf hinzuweisen, daß Noelle-Neumann (1996, 317) im Gegensatz zur Rezeption ihrer Theorie durch manche Autoren nicht davon ausging, daß Menschen die Mehrheitsverhältnisse völlig korrekt einschätzen können (zur entsprechenden Forschungsdiskussion vgl. als Überblick Scheufele/Moy 2000, 9f.).

[112] Zu ähnlichen Ergebnissen kamen auch Eveland, McLeod und Signorielli (1995). Scherer (1990) dagegen fand in seiner Studie zur Volkszählung 1987 entgegengesetzte Hinweise. Seinen Ergebnissen zufolge beeinflußt die persönliche Einstellung die Wahrnehmung der allgemeinen Meinungsklimas, die Wahrnehmung der direkten sozialen Umwelt und die Wahrnehmung von Medieninhalten. Der umgekehrte Einfluß des Meinungsklimas auf die Einstellung fiel wesentlich schwächer aus.

Ein anderes Phänomen verzerrter Wahrnehmungen ist der *„Third-Person"-Effekt* (Davison 1983; 1996; Perloff 1993b; 1996; Brosius/Engel 1997), dem zufolge Menschen annehmen, daß die Medien andere stärker beeinflussen als sie selbst.[113] Dies wiederum kann sich auf das eigene Verhalten auswirken (z.B. in Form von Erziehungsmaßnahmen bei Kindern oder Forderungen nach Zensur). Diana C. Mutz (1989) hat den „Third-Person"-Effekt insofern mit der Schweigespirale verbunden, als sie folgenden Zusammenhang vermutet: Menschen, die andere Personen durch die Massenmedien für beeinflußbarer halten als sich selbst, dürften annehmen, daß die Aussagen, die in den Medien dominieren, die breite Öffentlichkeit beeinflussen und zur Mehrheitsmeinung werden. Dies wiederum werde die Redebereitschaft derer, die eine abweichende Position vertreten, verringern.[114]

9. Die Wissenskluft-Forschung

9.1. Die Ursprungshypothese

Auf normativer Ebene wird es als Funktion der Medien in einer Demokratie betrachtet, einen Beitrag zur politischen Willensbildung zu leisten und es jedem Gesellschaftsmitglied zu ermöglichen, sich zu informieren, um sich als mündiger Bürger an der Entscheidungsfindung im Staat zu beteiligen. Die Vorstellung, daß die Medien in der Lage sind, diese Aufgabe zu erfüllen, stellt die Wissenskluft-Hypothese in Frage. Sie behauptet, daß die Ausweitung des Informationsangebots nicht automatisch einen Wissensanstieg zur Folge habe. Massenkommunikation könne dysfunktionale Konsequenzen für eine Gesellschaft bewirken, da nicht alle Bevölkerungsschichten gleichermaßen von Medieninformationen profitierten, sondern im Gegenteil bestehende Ungleichheiten sogar noch verstärkt würden. Die von Phillip J. Tichenor, George A. Donohue und Clarice N. Olien (1970, 159f.) von der University of Minnesota aufgestellte Wissenskluft-Hypothese besagt: „As the infusion of mass media information into a social system increases, segments of the population with higher socioeconomic status tend to acquire this information at a faster rate than the lower status segments, so that the

---

[113] W. Phillips Davison (1983, S. 3) schrieb dazu: „In the view of those trying to evaluate the effects of communication, its greatest impact will not be on ‚me' or ‚you', but on ‚them' – the third-persons".

[114] Lars Willnat (1996) fand anhand von 1993 erhobenen Befragungsdaten zum Disput von China und Großbritannien über Hongkongs politische Zukunft Hinweise auf einen Zusammenhang zwischen „Third-Person"-Effekt und Schweigespiralenprozessen, der jedoch von individuellen Charakteristika wie Erziehung und dem Thema zugeschriebener Bedeutung abhängig war.

gap in knowledge between these segments tends to increase rather than decrease." Die statusniedrigeren Segmente blieben nicht unwissend, würden ihr Wissen jedoch später erwerben. Tichenor, Donohue und Olien verwendeten die formale Bildung als einzigen Indikator für den sozioökonomischen Status und bezogen ihre Hypothese v.a. auf politische und wissenschaftliche Themen (Tichenor/Donohue/Olien 1970, 160).[115] Sie führten fünf Faktoren an, die ihrer Ansicht nach für die Entstehung von Wissensklüften von Bedeutung sind und mit dem Bildungsniveau zusammenhängen (Tichenor/Donohue/Olien 1970, 162):

1. *Kommunikationskompetenz*: Die zum Erwerb von politischem und wissenschaftlichem Wissen notwendigen Lese- und Verstehensfertigkeiten seien bei Rezipienten mit höherer formaler Bildung besser ausgeprägt.
2. *Vorwissen*: Aufgrund früherer Mediennutzung oder Schulbildung verfügten höher Gebildete über mehr Vorwissen zu einem Thema, durch das ihre Aufmerksamkeit gegenüber weiteren auf dieses Thema bezogenen Medieninformationen erhöht und das Verständnis erleichtert werde.
3. *Soziale Kontakte*: Höher Gebildete verfügten über mehr soziale Kontakte, d.h. sie hätten mehr Gelegenheit zur Diskussion über politische Themen.
4. *Selektiver Umgang mit Informationen*: Aufnahme, Akzeptanz und Behalten von Informationen seien mit dem formalen Bildungsgrad verknüpft. Höher Gebildete nutzten die Medien gezielter.
5. *Mediensystem*: Informationen über politische und wissenschaftliche Themen würden v.a. durch die Printmedien verbreitet. Diese orientierten sich insbesondere an den Bedürfnissen der höher gebildeten Rezipienten und würden dementsprechend von diesen auch stärker genutzt.[116]

Tichenor, Donohue und Olien (1970) begründeten ihre Annahmen mit Sekundäranalysen in anderem Kontext durchgeführter Studien.[117] Für eine

---

[115] Die Autoren setzten zudem voraus, daß Wissenszuwachs irreversibel und daß der Höhepunkt der Medienberichterstattung noch nicht überschritten sei. Zudem konzentrierten sich die Untersuchungen auf Printmedien.

[116] Hierbei ist zu berücksichtigen, daß die Untersuchung 1970 veröffentlicht wurde und die Bedeutung des Fernsehens seitdem zugenommen hat.

[117] Es handelte sich dabei um Studien zur Wirkung von Informationskampagnen (es wurden v.a. bereits sensibilisierte Bevölkerungsgruppen erreicht), zur Diffusionsforschung (positiver Zusammenhang zwischen Bildung, Diffusionsgeschwindigkeit und Wissensstand), langfristige Meinungsumfragen zu verschiedenen Themen (Vergrößerung des Zusammenhangs zwischen Bildung und Wissensstand im Zeitverlauf) sowie ein Quasiexperiment anläßlich eines Zeitungsstreiks (in der bestreikten Gemeinde war die Wissenskluft nach einer Woche geringer als in einer nicht bestreikten Vergleichsgemeinde).

empirische Überprüfung der Wissenskluft-Hypothese sahen sie zwei Möglichkeiten:

1. Im Zeitverlauf sollte sich der Wissenserwerb über ein stark publiziertes Thema bei höher Gebildeten schneller vollziehen als bei niedriger Gebildeten (Längsschnittanalyse).
2. Zu jedem Zeitpunkt sollte bei einem stark publizierten Thema die Korrelation zwischen Bildung und Wissenserwerb höher sein als für ein weniger stark publiziertes Thema (Querschnittanalyse).

In einer eigenen Querschnittanalyse prüften die Autoren (1970) das Verständnis von Zeitungsartikeln zu medizinischen, biologischen und sozialwissenschaftlichen Themen bei 600 Probanden. Die Versuchspersonen sollten jeweils zwei Artikel lesen und deren Inhalt wiedergeben. Zugleich wurde für die verwendeten Themen ermittelt, wieviele Artikel dazu im Vorjahr in den großen Tageszeitungen der Region veröffentlicht worden waren. Es stellte sich heraus, daß die Korrelation zwischen dem Bildungsniveau und der korrekten Wiedergabe der Artikelinhalte für die Themen mit starker Publizität größer war als für die Themen mit geringer Publizität, so wie es die Wissensklufthypothese erwarten ließ. In einer weiteren, fast zweijährigen Querschnittuntersuchung in 15 Orten in Minnesota konnten die Forscher (Tichenor u.a. 1973a) allerdings nicht alle ihre Hypothesen bestätigen.[118] Gemeinsam mit einer Verlagerung des Interessenschwerpunktes auf die System- bzw. Makroebene (Bedeutung der Gesellschaftsstruktur für Mediensystem und Informationsverbreitung)[119] führte dies 1975 zu den folgenden Modifikationen der Ursprungsthese (Donohue/Tichenor/Olien 1975, 21):

- Bei Themen von besonderer Bedeutung für eine Gemeinschaft besteht eine geringere Wahrscheinlichkeit für Wissensklüfte;
- das gleiche gilt für konflikthaltige Themen;
- eine Gleichverteilung von Wissen ist in einer kleinen, homogenen Gemeinschaft eher zu erwarten als in einer großen, heterogenen und
- Wissensklüfte können sich bei einem bestimmten Thema mit abflauendem öffentlichen Interesse wieder schließen.

---

[118] Im Gegensatz zu ihren Annahmen zeigte sich bei lokalen Themen keine Wissenskluft, und soziale Konflikte in einer Gemeinde führten eher zu einer Verringerung als zu einer Vergrößerung der Kluft.

[119] Die Autoren meinten, Wissensklüfte resultierten aus ungleichen Informationsflüssen, die dadurch zustande kämen, daß Machteliten die Medien zu kontrollieren und zu instrumentalisieren versuchten, so daß sie deren Interessen widerspiegelten und damit den Status quo, d.h. die bestehende Ungleichverteilung sozialer Macht, verfestigten (Donohue/Tichenor/Olien 1972; 1973; Tichenor/Donohue/Olien 1973b; Olien/Donohue/Tichenor 1982).

9.2. Weiterentwicklungen des Ansatzes und intervenierende Variablen

Insgesamt waren die Ausführungen der Minnesota-Gruppe noch mit zahlreichen Schwächen und Unklarheiten behaftet, so daß daraus keine geschlossene Theorie entstand, und auch die ins Feld geführte empirische Evidenz war unzureichend.[120] Seit den „klassischen" Veröffentlichungen von Tichenor, Donohue und Olien sind allerdings folgende wichtige Weiterentwicklungen des Konzepts vorgenommen worden:

Von der Minnesota-Gruppe wurde die formale Bildung als alleiniger Indikator für den sozioökonomischen Status verwendet. In vielen weiteren Studien wurde diese Vorgehensweise beibehalten, bzw. es erfolgte lediglich eine Ergänzung um Größen wie „Einkommen" oder „Beruf". In jüngerer Zeit werden jedoch andere Variablen, wie Geschlechtsunterschiede, Stadt-Land-Gefälle, Minoritätenprobleme usw. verstärkt hinzugezogen (Bonfadelli 1987, 308; Gaziano 1997, 240f.).

Weiterhin wird in der neueren Forschung eine Unterscheidung zwischen Informations*quantität* und Informations*qualität* gefordert, da eine Zunahme des Informationsangebots nicht automatisch mit Wissenszuwachs gleichzusetzen ist. Insbesondere Winfried Schulz (1985) hat auf die Gefahr einer kontraproduktiven Informationsüberflutung der Rezipienten hingewiesen.

Bereits die Minnesota-Gruppe hatte in einer späteren Veröffentlichung die Möglichkeit sich wieder einebnender Wissensklüfte vorgesehen (Donohue/Tichenor/Olien 1975). Zudem gab es empirische Befunde, die entgegen der Wissenskluft-Hypothese keine Wissensunterschiede aufzeigen konnten (überblicksartig Ettema/Kline 1977). Solche Ergebnisse sind mit dem sogenannten *„Decken"- oder „Ceiling"-Effekt* zu erklären: Dabei wird angenommen, daß zwar die höher gebildeten Segmente Informationen schneller aufnehmen, dann aber eine Art „Obergrenze" erreichen, von der an sie kein zusätzliches Wissen mehr aus den Medien beziehen können. Die weniger privilegierten Segmente können mit der Zeit aufholen, und die Wissenskluft zu dem betreffenden Thema schließt sich.[121] Denkbar ist auch,

---

[120] So sprachen die Autoren der Minnesota-Gruppe in ihrer Ursprungsformulierung der Wissenskluft-Hypothese z.B. ohne nähere Präzisierung von einer „Tendenz" zur Vergrößerung von Wissensunterschieden. Randbedingungen wurden zwar genannt, aber nicht in das Modell integriert; zentrale Begriffe wie „Informationszufluß", „Wissen", „Sozialsystem" usw. wurden nicht näher definiert; über die zeitliche Dimension des Prozesses wurde nichts ausgesagt usw. (dazu ausführlich Horstmann 1991, 18–26; Bonfadelli 1994, 70; Wirth 1997, 17–22).

[121] Ettema und Kline (1977) bezeichnen diese Art der Decken-Effekte als „echte" Dekken-Effekte (*„True Ceilings"*). Daneben unterscheiden sie noch unechte (*„Artefact*

daß die Motivation zur Informationssuche im höher gebildeten Segment von einem bestimmten Informationsniveau an abnimmt und sich der Wissensstand der weniger Gebildeten deshalb angleicht.[122]

Während in der frühen Forschung die Wissensunterschiede zwischen den sozioökonomischen Segmenten normativ im Sinne eines *Defizits* der Unterprivilegierten verstanden wurden, führten James S. Ettema und Gerald F. Kline (1977) die *Differenzperspektive* in die Diskussion ein. Nach dieser Betrachtungsweise müssen die unterschiedlichen Bedürfnisse, Interessen und Motivationen der verschiedenen Gesellschaftsgruppen berücksichtigt werden, da nicht für jeden die selben Informationen gleich nützlich sind.[123] Wissensklüfte entstehen demnach nicht aufgrund unterschiedlicher und situationsübergreifender Fertigkeiten im Umgang mit Medieninhalten, sondern aufgrund unterschiedlicher, situationsspezifischer *Motivation* zur Nutzung und Verarbeitung von Informationen.[124] Insbesondere Brenda Dervin (1980) hat daher dafür plädiert, „Information" nicht mehr als ob-

---

Ceilings") und erzwungene (*„Imposed Ceilings"*) Decken-Effekte. Bei Artefakten handelt es sich um ein methodisches Problem, das entsteht, wenn in einer empirischen Untersuchung zur Wissenskluft die Fragen zum Wissensstand zu einfach sind, so daß sich Wissensunterschiede zwischen den Bildungssegmenten und Wissenszuwächse durch Medienrezeption nicht ermitteln lassen. Erzwungene Decken-Effekte können ebenfalls methodisch bedingt sein. Sie liegen dann vor, wenn in einem Wissenskluft-Experiment die Informationsmenge insgesamt zu gering ist. Unter natürlichen Bedingungen können sie auftreten, wenn gar kein oder nur ein sehr geringer Informationsanstieg zu einem bestimmten Thema stattfindet (vgl. auch Bonfadelli 1994, 117–119).

[122] Ettema und Kline (1977) betrachten dies als spezielle Form des erzwungenen Decken-Effekts und verwenden dafür die Bezeichnung der *„Audience Imposed Ceilings"*.

[123] Ettema und Kline (1977, 188) nahmen folgende Umformulierung der Wissenskluft-Hypothese vor: „As the infusion of mass media information into a social system increases, segments of the population motivated to acquire that information and/or for which that information is functional tend to acquire that information at a faster rate than those not motivated or for which it is not functional, so that the gap in knowledge between these segments tends to increase rather than decrease."

[124] Für einen ähnlichen Ansatz auf der Makroebene plädieren Emanuel und Cecilie Gaziano (1999, 132). Es müsse gefragt werden: „What does knowledge mean for different groups located in different times and places? What is the value of that knowledge? What are the processes of community knowledge construction? Is there variation within SES [socio-economic status] categories, and more broadly, what is the social context of knowledge?" Die klassische Formulierung der Wissenskluft-Hypothese wird folgendermaßen abgewandelt (Gaziano/Gaziano 1999, 130): „As the infusion of mass media information into society increases, certain groups will tend to acquire this information at a faster rate than other groups, so that the gap in knowledge between these groups tends to increase because of differences in their social construction of knowledge – that is, their cultures."

jektive, sondern als nutzerbezogene Größe zu definieren. Die Differenz-
hypothese wurde als Gegensatz zur ursprünglichen Defizithypothese betrachtet. Dabei wurde allerdings außer acht gelassen, daß die Faktoren Bildung und Motivation bei der Entstehung von Wissensklüften vermutlich
ineinandergreifen, sich z.b. wechselseitig verstärken (Gaziano 1997, 249ff.;
Wirth 1997, 35–41; Kwak 1999, 386ff.). Empirische Untersuchungen deuten
darauf hin, daß der Wissenserwerb bei Hochmotivierten in geringerem
Maße von der Bildung abhängt als bei weniger Motivierten (Horstmann
1991; Kwak 1999). Wirth (1997, 297) fand in seiner Untersuchung etwa
Hinweise darauf, daß einige, die Informationsrezeption fördernde Faktoren
häufig gemeinsam auftreten (z.b. politisches Interesse, aufmerksame Rezep-
tionsweise, Orientierung an Printmedien) und dieses „Syndrom" bildungs-
abhängig ist. Dies wäre z.b. damit zu erklären, daß höher Gebildeten im
Verlauf ihrer Sozialisation neben kognitiven Fähigkeiten auch bestimmte
„Basismotivationen" internalisieren. Hierzu gehören z.b. gesellschaftliche
Werte wie die Pflicht des Staatsbürgers zur eigenen Information und Partizipation oder Leistungsorientierung (die evtl. auch zur gewohnheitsmäßigen
Verarbeitung nicht unmittelbar praktisch verwertbarer Informationen
führt). Insgesamt hat sich der Faktor „(politisches) Interesse" in empirischen Studien als einflußreicher für den Wissensstand erwiesen als soziodemographische Merkmale (z.B. Horstmann 1991). Die Ansicht, daß moti-
vationale Faktoren eine größere Rolle spielen als die formale Bildung, vertritt auch Schulz (1985; 1997, 118–135). Gegen den bestimmenden Einfluß
der Bildung sprechen seiner Argumentation nach auch die Ergebnisse von
Langzeitstudien (insbesondere in den USA), die trotz gestiegener formaler
Bildung und trotz einer Ausweitung des Informationsangebots keinen Wissenszuwachs in der Bevölkerung konstatieren konnten. Auf der anderen
Seite hat Isabella-Afra Holst (2000) in ihrer Untersuchung festgestellt, daß
selbst starkes Interesse bildungsbedingte Klüfte nicht auszugleichen vermag,
wenn die Berichterstattung eine hohe Informationsdichte aufweist, d.h.
schwierig zu verarbeiten ist.

Die differenztheoretische Betrachtungsweise legt auch nahe, daß nicht
von einer generellen Wissenskluft innerhalb einer Gesellschaft die Rede sein
kann, sondern von vielen verschiedenen Wissensklüften zwischen unterschiedlichen Gesellschaftssegmenten ausgegangen werden muß. Wirth
(1997, 307–309) betont in diesem Zusammenhang, daß sich hinter einer
statischen Wissenskluft, d.h. einem über alle Themen hinweg betrachteten,
relativ konstanten Wissensunterschied zwischen den Bildungsschichten *viele*
auf einzelne Themen oder Themenaspekte bezogene *dynamische*, d.h. sich
schnell öffnende und schließende Wissensklüfte verbergen dürften. Dabei ist
es auch möglich, daß bei bestimmten Themen der Wissensstand der weniger
gebildeten Segmente höher ist als derjenige der besser gebildeten. Aus

diesem Grund ist es auch wichtig, verschiedene Wissensbereiche zu unterscheiden. Schon Tichenor, Donohue und Olien (1970) hielten Wissensklüfte im Bereich des Alltags- bzw. Praxiswissens für weniger wahrscheinlich als auf dem von ihnen untersuchten Feld der Politik und der Wissenschaft.

Auch was den Wissensstand betrifft, müssen Unterscheidungen vorgenommen werden (dazu ausführlich Bentele 1985, 91–95; Bonfadelli 1994, 81–88; Wirth 1997, 94–153). Donohue, Tichenor und Olien (1973, 657) differenzierten lediglich zwischen *„knowledge of"* (Bekanntheit eines Themas oder Ereignisses) und *„knowledge about"* (systematisches, exaktes, analytisches Wissen). Durchgesetzt hat sich in der Forschung inzwischen v.a. die Abgrenzung von *Faktenwissen* (Kenntnis von einfachen, leicht nachprüfbaren Tatbeständen, d.h. von Gegenstand, Akteur, Ort und Zeit eines Ereignisses) und *Hintergrund- bzw. Strukturwissen* (Kenntnis von Entwicklungen, Ursachen, Intentionen, Konsequenzen, Lösungen usw.) (Clarke/Kline 1974; Genova/Greenberg 1979). Wissensklüfte zeigen sich erwartungsgemäß eher hinsichtlich des komplexeren Strukturwissens als hinsichtlich des einfacher zu erwerbenden Faktenwissens (überblicksartig z.b. Horstmann 1991, 30–33; Gaziano 1997, 241).[125] Es ist auch möglich, daß sich Wissensklüfte beim Faktenwissen schließen und sich zugleich solche beim Hintergrund- und Strukturwissen vertiefen (Gaziano/Gaziano 1996, 135). Zudem wurden in der weiteren Forschung die Ursachen bzw. Teilprozesse von Wissensklüften differenzierter betrachtet. Wirth (1997, 54f.) unterscheidet hierbei drei Formen:

1. *Angebotsbedingte Wissensklüfte*: Ein Informationsanstieg schlägt sich überproportional in solchen Medien nieder, die von höher Gebildeten genutzt werden, d.h. Wissensklüfte können schon dadurch entstehen, daß weniger Gebildete bestimmte Informationen in den von ihnen genutzten Medien überhaupt nicht antreffen; d.h. ihre Nutzungschancen sind geringer.
2. *Nutzungsbedingte Wissensklüfte*: Höher Gebildete tendieren eher dazu, das Informationsangebot auch zu nutzen.
3. *Rezeptionsbedingte Wissensklüfte*: Die genutzten Informationen werden von höher Gebildeten effizienter aufgenommen und verarbeitet.[126]

Neben den genannten Differenzierungen sind mittlerweile eine Reihe von Faktoren identifiziert worden, die die Entwicklung von Wissensklüften be-

---

[125] Wirth (1997, 149–153) entwirft einen weiteren Wissenstyp, das *„integrative Wissen"*, „der die Anwendung neu erlernten Wissens und die Integration alter und neuer Wissensinhalte in den Vordergrund rückt" (Wirth 1997, 296).

[126] Speziell mit diesem Typ der Wissenskluft beschäftigt sich die Dissertation von Wirth (1997).

einflussen. Um zu spezifizieren, wie und unter welchen Umständen diese Bedingungen wirken und wie sie ggf. zusammenspielen, bedarf es weiterer Forschung (Bonfadelli 1987, 322f.). Folgende Einflußfaktoren sind zu nennen:[127]

Gesellschaftlicher Kontext:

- Eine Gleichverteilung des Wissens liegt eher in kleinen, homogenen als in großen, heterogenen Sozialsystemen vor. Gerade in jüngerer Zeit gab es jedoch auch Studien, die zu einem entgegengesetzten Ergebnis kamen, so z.b. Untersuchungen über das Wissen um die Vorbeugung von Herzkrankheiten, die von Kasisomayajula Viswanath u.a. Anfang der 90er Jahre durchgeführt wurden (z.B. Viswanath u.a. 1994). Kasisomayajula Viswanath und John R. Finnegan (1996, 207) nehmen an, daß sich bei Spezialthemen Wissensklüfte in heterogenen Gesellschaften aufgrund der Vielzahl zur Verfügung stehender Informationsquellen schneller schließen als in homogenen Sozialsystemen. Demgegenüber seien bei allgemeineren Informationen Wissensklüfte in homogeneren Sozialsystemen seltener, da dort interpersonale Kommunikation, von der angenommen wird, daß sie zu einem schnelleren und ausgeglicheneren Informationsfluß zu allen sozialen Gruppen führt, größere Bedeutung besitzt.
- Allerdings können auch soziale Konflikte (die in heterogenen Sozialsystemen wahrscheinlicher sind) den medialen und den interpersonalen Informationsfluß verstärken. Dieser Prozeß kann durch Mobilisierungskampagnen von Organisationen und Interessensgruppen gefördert werden, sofern sie sich an die breite Öffentlichkeit und nicht nur an ihre besonders aktiven Mitglieder wenden.
- In bezug auf Informations- und Aufklärungskampagnen ist der (in heterogenen Gesellschaftssystemen meist geringere) Grad der erreichbaren Informationskontrolle (d.h. der Einfluß auf die Verbreitungskanäle) entscheidend für eine gleichmäßige Wissensverteilung.

Medien:

- Printmedien verursachen im Vergleich zu den elektronischen Medien größere Wissensklüfte. Dies hängt mit der stärkeren Informationsorientierung der Printmedien gegenüber den eher unterhaltungsorientierten

---

127 Für eine ausführliche Darstellung der entsprechenden Forschungsergebnisse vgl. z.B. Horstmann (1991); Bonfadelli (1994, bes. 133–135); Gaziano (1983; 1997); Gaziano/Gaziano (1996); Viswanath/Finnegan (1996); Wirth (1997).

elektronischen Medien und mit dem höheren Bildungsgrad der Zeitungsleser zusammen, die Medien (auch das Fernsehen) zudem ohnehin informationsorientierter und aufmerksamer nutzen.[128] Printmediennutzung kann den unteren Bildungssegmenten offensichtlich ein Aufholen von Wissensrückständen ermöglichen, Wissensklüfte aber nicht schließen. Was die von der Minnesota-Gruppe angenommene Funktion des Fernsehens als „Knowledge Leveler" (Tichenor/Donohue/Olien 1970, 170) betrifft, scheint ein Ausgleich von Wissensklüften durch verstärkte Fernsehnutzung am ehesten bei Themen zu erfolgen, über die dieses Medium besonders intensiv oder sogar exklusiv berichtet. Schulz (1985; 1997, 133f.) beurteilt das Informationspotential des Fernsehens in dieser Hinsicht noch weit negativer. Dieses Medium sei allenfalls in der Lage, eine „oberflächliche Informiertheit" über aktuelle Themen zu vermitteln. Aufgrund der Konzentration auf Oberflächliches, Ereignisepisoden, Negativismus, Personalisierung und Emotionalisierung würden Lernprozesse, insbesondere in bezug auf Hintergründe und Zusammenhänge, eher behindert.

• Wissensunterschiede sind geringer, wenn der Informationsfluß nicht nur durch Massenkommunikation erfolgt, sondern durch interpersonale Kanäle ergänzt wird.

Inhalte:

Nicht nur die Informations*quantität*, sondern auch die Informations*qualität* muß berücksichtigt werden. Gleichmäßigere Informationsverbreitung ist zu erwarten

• bei weniger komplexen Themen, für die sich auch weniger gebildete Gesellschaftssegmente interessieren (z.B. Sport, „Human Interest" usw.);
• bei Themen, die für eine lokale oder durch andere Gemeinsamkeiten verbundene Gemeinschaft als Ganzes wichtig sind;[129]
• bei Themen, die als besonders wichtig herausgestellt werden;
• bei Themen, über die es zu gesellschaftlichen Konflikten kommt, und die auf diese Weise öffentliche Diskussionen auslösen und so größere Aufmerksamkeit erregen bzw. zum Gegenstand interpersonaler Kommunikation werden;
• bei Themen, die den einzelnen persönlich angehen und Bezüge zu seiner Lebenssituation aufweisen;
• bei lokalen im Vergleich zu nationalen oder internationalen Themen.

---

[128] Bonfadelli (1994, 105) spricht von einem „doppelten Privilegierungszusammenhang".
[129] Speziell mit diesem Aspekt haben sich z.B. Viswanath u.a. (2000) beschäftigt.

Präsentation/Publizität:

- Informationsaufnahme erfolgt gleichmäßiger bei Präsentationsformen, die weniger komplex sind, Redundanzen enthalten und/oder visualisiert sind.
- Themen, über die kontinuierlich berichtet wird, können (auch durch Vermittlung von Meinungsführern) langfristig zu Themen von allgemeinem Interesse werden, bei denen sich die Wissenskluft verringert.
- Bei Themen, die eine besonders hohe Publizität genießen und als besonders bedeutend dargestellt werden (oft aufgrund von Konflikten oder Kontroversen), ist ebenfalls eine gleichmäßigere Informationsaufnahme zu erwarten.

Rezipienten:

Die Benachteiligung von Rezipienten mit geringerem Bildungsgrad oder sozialen Status kann durch folgende Faktoren z.T. ausgeglichen werden:

- persönliche Betroffenheit durch ein Thema;
- allgemeines oder themenbezogenes Interesse;
- Vorwissen;
- informationsorientierte und aufmerksame Mediennutzung (v.a. von Printmedien);
- kognitive Fertigkeiten im Umgang mit Medieninformationen;
- Eigenschaften wie z.B. Selbstwertgefühl oder die Erfahrung, selbst aktiv Einfluß auf die Umgebung/sein Schicksal nehmen zu können, was wiederum häufig mit größerer Lernbereitschaft und mehr sozialen Kontakten einhergeht;
- Mitgliedschaft in Organisationen, Vereinen und Verbänden, wodurch die Zahl der interpersonalen Kontakte erhöht wird.

Die hier aufgeführten Faktoren lassen sich auch in *makrotheoretische* bzw. *stukturelle* (Sozialstruktur, Mediensystem, Medieninhalte, Konfliktgehalt, Intensität der Berichterstattung) und *mikrotheoretische* bzw. *individuelle* Einflüsse (Interesse, Motivation, Vorwissen, Mediennutzung, Medienkompetenz, interpersonale Kommunikationskontakte) unterteilen. Insgesamt handelt es sich bei den dargestellten Zusammenhängen im wesentlichen um Tendenzen, die sich aus einer Gesamtschau der bisherigen, in ihrem Ergebnis oft sehr gegensätzlichen Untersuchungen ergeben. Trotz der Weiterentwicklungen der Wissenskluft-Hypothese gilt noch immer, daß der Forschungsstand als „dispers und disparat zugleich" (Bonfadelli 1994, 137)

bezeichnet werden muß. Auch Wirth (1997, 12) ist der Ansicht, die Forschung habe bislang „uneinheitliche, bruchstückhafte und widersprüchliche
Ergebnisse" hervorgebracht. Die Ursache hierfür liegt in den großen Unterschieden in Verständnis und Operationalisierung der zentralen Begriffe und
dem breiten Spektrum verschiedener Fragestellungen.[130] Es bleibt das Fazit
von Bonfadelli (1999, 243, Hervorhebung im Original): „Grundsätzlich ver-
deutlichen die bis jetzt durchgeführten empirischen Untersuchungen, dass
der Prozeß der medienvermittelten gesellschaftlichen Informationsvertei-
lung ein im Zeitverlauf dynamisches Geschehen ist, bei dem *verschiedenste
Faktoren und Prozesse* sowohl der Mikro- als auch der Makroebene auf
äußerst komplexe Art und Weise zusammenwirken. Deren Konstellation
entscheidet letztlich, ob es im jeweiligen Fall zu anwachsenden, gleichbleibenden oder sich einebnenden Wissensklüften kommt."[131] Erkennbar sei
aber bereits folgende „Erfolgspyramide" (Bonfadelli 1994, 226f.): Die Entstehung von Wissensklüften beruhe auf einer *ersten Ebene* auf Ungleichheiten im allgemeinen Informationszugang (bei schwacher Medienpublizität
nehmen nur Interessierte bestimmte Botschaften wahr), auf einer *zweiten
Ebene* auf einer differentiellen Mediennutzung (statushöhere Segmente nutzen eher die informationsreichen Printmedien, statusniedrigere eher die
informationsarmen elektronischen Medien) und auf einer *dritten Ebene* auf
motivationalen (unterschiedlicher Nutzen von Informationen) und kognitiven Faktoren[132] (unterschiedliche Medienkompetenz, die bei höher Gebildeten zu informationsorientierterer und aufmerksamerer Nutzung und besserer Verwertung der Medieninformationen führt). Unklar ist allerdings
noch, ob die Motivations- und Mediennutzungsfaktoren *situational* (the-
menspezifisches Interesse bzw. themenspezifische Mediennutzung) oder
transsituational (allgemeines politisches Interesse, habituelle Mediennutzung) sind (Bonfadelli 1994, 230f.).

Bonfadelli (1987, 312f.; 1994, 137) zieht den Begriff der „Wissenskluft-
Perspektive" dem der „Wissenskluft-Theorie" vor, da es sich nicht um ein
„explizit ausformuliertes und geschlossenes theoretisches System" handele.[133] Zudem ist die „Wissenskluft-Perspektive" nicht auf das Phänomen

---

[130] Vgl. zum Forschungsstand Gaziano/Gaziano (1996, 135f., 139f.) sowie Wirth (1997,
      30–32).

[131] Als Beispiel für einen Versuch, dieses komplexe Zusammenwirken hinsichtlich der
      Variablen „sozioökonomischer Status", „Motivation" und „Mediennutzung" (Print-
      vs. audiovisuelle Medien) zu untersuchen, vgl. z.B. Kwak (1999).

[132] Elizabeth Grabe u.a. (2000) meinen, Hinweise dafür gefunden zu haben, daß Perso-
      nen mit unterschiedlichem Bildungsstand Medieninhalten zwar die gleiche Aufmerk-
      samkeit entgegenbringen, der Prozeß der Informationsverarbeitung aber auf andere
      Weise abläuft.

[133] Bonfadelli meint damit eine auf verschiedene Wirkungsphänomene anwendbare Per-
      spektive in Gestalt der Frage nach der differentiellen Verteilung von Medieneffekten.

des differentiellen Wissenserwerbs beschränkt, sondern prinzipiell auf verschiedene Formen der Medienwirkung anwendbar.[134]

9.3. Wissenskluft-Forschung und Neue Medien

Die Auswirkungen der Neuen Medien auf Wissensunterschiede stellen derzeit einen besonderen Interessensschwerpunkt der Wissenskluft-Diskussion dar. Während Optimisten in den Neuen Medien große Chancen für einen Wissenszuwachs und eine breite Partizipation der Bürger sehen, verweisen Skeptiker auf solche Faktoren wie die hohen Kosten und erforderlichen Kenntnisse im Umgang mit der Technik und die daraus resultierenden ungleichen Zugangschancen (Bonfadelli 1994, 151–157; 1998; Wirth 1999, 11).[135] Im Schlußbericht der Enquête-Kommission „Zukunft der Medien in Wirtschaft und Gesellschaft – Deutschlands Weg in die Informationsgesellschaft" (1998, 98, Hervorhebung im Original) heißt es zu den gesellschaftlichen Auswirkungen der Neuen Medien: „Eine automatische Anreicherung des Wissens aller Bevölkerungsgruppierungen und einen besseren Zugang zu Wissen für alle können demnach von der Vermehrung des Wissensangebotes durch neue Informationsmedien *nicht* erwartet werden." Aufgrund der Bedeutung sozialer Voraussetzungen wie Geld, Zeit und Wissen (d.h. Medienkompetenz) sowie persönlichem Interesse am Umgang mit den neuen Angeboten werde vermutlich zunächst eine gesamtgesellschaftlich desintegrative Wirkung eintreten.

Empirische Ergebnisse zur Struktur und Strukturentwicklung der Online-Nutzer deuten darauf hin, daß bislang sowohl zugangs- als auch nutzungsbedingte Wissensklüfte bestehen, die auf demographische bzw. sozioökonomische Unterschiede, insbesondere Bildungsunterschiede, zurückzuführen sind und sich vermutlich in näherer Zukunft nicht völlig

---

[134] In diese Richtung zielte bereits die Forderung von Everett M. Rogers (1976), außer Wissen auch Einstellungs- und Verhaltenseffekte zu untersuchen. Rogers sprach daher auch nicht von der „Knowledge-Gap Hypothesis", sondern von einer „Communication-Effects-Gap Hypothesis". Eine Ausweitung der Bedeutung von „Knowledge Gap" hat sich auch insofern vollzogen, als der Begriff mittlerweile auf die verschiedensten Formen von Wissensunterschieden angewandt wird. Häufig verwendet wird er beispielsweise zur Bezeichnung der Differenzen zwischen Industrienationen und Entwicklungsländern.

[135] Wirth sieht zwar mit der Zeit einen Abbau von psychologischen, ökonomischen und technischen Hemmschwellen, meint aber, daß sich dies nicht unbedingt in einer Egalisierung von Wissensunterschieden niederschlagen müsse – so wie es beim Fernsehen auch der Fall war.

schließen werden.[136] Ekkehardt Oehmichen und Christian Schröter (2000, 360) kommen z.b. auf Basis der ARD/ZDF-Online-Studie 2000 zu dem Schluß: „Die Strukturentwicklung der letzten Jahre läßt erkennen, dass sich die Onlinenutzerschaft demographisch erweitert: Ältere Menschen, Frauen und formal weniger Gebildete holen etwas auf. Andererseits erfolgen die erheblichen Zuwächse in erster Linie in jenen Bevölkerungsschichten, die auch 1997 schon größere Nutzeranteile aufwiesen: Jüngere, Männer, Berufstätige und formal besser Gebildete." Es sei zu erwarten, daß „die größere Dynamik der Zugangs- und Nutzungsentwicklung auch in den nächsten Jahren beim beruflich aktiven Teil der Bevölkerung, in der jungen und mittleren Generation erfolgen wird. Dort wo die Nutzeranteile heute bei 40 bis 50 Prozent liegen, können sie bald bei 60 Prozent und mehr liegen, dort wo sie heute unter 20 Prozent angegeben werden, ist kaum ein nachholender, sondern bestenfalls ein proportionaler Zuwachs auf 30 bis 40% zu erwarten."

Eine Wissensklüfte eher verstärkende Wirkung der Neuen Medien hat auch in den USA die „National Telecommunications and Information Administration" in einer Studie ermittelt. Bei PC-Besitz und Online-Nutzung hat sich zwischen 1994 und 1997 die Kluft zwischen den Einkommens- und Bildungsgruppen vertieft. Zudem würden Weiße und Asiaten

---

[136] Die folgenden Angaben beruhen auf der ARD/ZDF-Online-Studie 2000 (z.B. Media Perspektiven, Heft 8, 2000) und der Allensbacher Computer- und Telekommunikations-Analyse (ACTA) '99 (die ACTA 2000 lag bei Abschluß des Manuskripts noch nicht vor): Der Anteil der Online-Nutzer an der Bevölkerung ab 14 Jahren beträgt der ARD/ZDF-Online-Studie 2000 zufolge 26,8%. Dabei ist die Nutzerschaft in sozialer Hinsicht nicht gleichmäßig verteilt. Unter den Männern nutzen 36,6% das Internet, aber nur 21,3% der Frauen. In den jüngeren Altersgruppen sind Internet-Nutzer erheblich stärker vertreten als in den älteren. Zudem steigt der Anteil der Internet-Nutzer mit der formalen Bildung sowie mit dem Einkommen (zum Einkommen vgl. ACTA '99). Diese Ergebnisse sprechen dafür, daß es v.a. die ohnehin bereits privilegierten Bevölkerungssegmente sind, die von dem Medium profitieren. Zu den Entwicklungen im Zeitablauf (zwischen 1997 und 2000) schreiben Birgit van Eimeren und Heinz Gerhard (2000, 348): „Die relativ höchsten Steigerungsraten gingen [...] von denjenigen aus, die bis vor wenigen Jahren keinen Kontakt mit dem neuen Medium hatten, nämlich Ältere und formal weniger gebildete Bevölkerungssegmente." Allerdings resultierten die „absolut höchsten Zuwachszahlen [...] weiterhin aus der Stammklientel der Internet-Nutzer, den bis 39-Jährigen und formal Hochgebildeten." Eine Nivellierung der bisher bestehenden zugangsbedingten Wissensklüfte ist folglich in nächster Zeit nicht wahrscheinlich. Auch die Selbsteinstufung hinsichtlich des eigenen Kommunikations- und Sozialverhaltens deutet auf Unterschiede zwischen Online-Nutzern und Nicht-Nutzern hin: So kommt die ACTA '99 zu dem Ergebnis, daß Online-Nutzer aktiver sind und über umfangreichere interpersonale Kontakte als Nicht-Nutzer verfügen – Faktoren, die im Rahmen der Wissenskluft-Hypothese als wissensfördernd eingestuft werden.

dreimal so häufig über einen Online-Zugang verfügen wie Schwarze und Hispanics.[137]

Angesichts der rasanten Ausweitung der Online-Nutzung (insgesamt hat sich in Deutschland der Anteil der Online-Nutzer an der Bevölkerung über 14 Jahren zwischen 1997 und 2000 von 6,5% auf 28,6% mehr als vervierfacht)[138] ist es allerdings noch zu früh, hinsichtlich der Entwicklung von Wissensklüften ein abschließendes Urteil zu fällen. Eine anfängliche Kluft zwischen den Online-Nutzern und den Nichtnutzern kann sich im Laufe der Zeit verringern (Berghaus 1997, 81; Bonfadelli 1998).[139] Dies würde auch den üblichen Entwicklungen bei der Einführung von (technischen) Neuerungen entsprechen, deren „Early Adopters" (vgl. Kapitel V.5.3.) sich meist vom Bevölkerungsdurchschnitt unterscheiden.[140] Der Schlußbericht der Enquête-Kommission (1998, 96) spricht in diesem Zusammenhang bei der verzerrten Nutzerstruktur von einem „Merkmal des Entwicklungsstandes im prototypischen Innovationsprozeß". Es wird vermutet, daß „die Unterscheidung zwischen Nutzern und Nicht-Nutzern einer Unterscheidung zwischen den Nutzern verschiedener Produkt-Varianten bzw. Angebotsinhalten weicht und hierdurch Ungleichheit [...] hervorgerufen wird."[141] Mit anderen Worten wird angenommen, daß eine zugangsbedingte durch eine nutzungsbedingte Wissenskluft ersetzt wird.

---

[137] Vgl. National Telecommunications and Information Administration: Falling Through the Net II: New Data on the Digital Divide (http://www.ntia.doc.gov/ntiahome/net2/falling.html, 31.1.2001).

[138] Diese Zahlen beruhen auf den ARD/ZDF-Online-Studien 1997-2000 (van Eimeren/Gerhard 2000, 341).

[139] Eine solche Annäherung hält Bonfadelli (1994, 155–157; vgl. auch Berghaus 1997, 81) allerdings insgesamt v.a. bei unterhaltungsbezogenen Medien bzw. Angeboten für wahrscheinlich.

[140] Helmut Scherer und Harald Berens (1998) fanden z.B. bei den Online-Nutzern Eigenschaften, die denen der „frühen Übernehmer" von Innovationen entsprachen, allerdings war dies v.a. bei denjenigen der Fall, die Online-Medien auch oder ausschließlich im Beruf nutzten.

[141] Zu betonen ist, daß in dem Bericht Ungleichheit nicht mit Ungerechtigkeit gleichgesetzt wird.

10. Die Kultivierungshypothese

10.1. Theoretische Grundlagen

Im Rahmen des 1967 begonnenen „Cultural Indicators Project" befaßten sich George Gerbner und sein Forschungsteam an der „Annenberg School of Communication" der Universität von Pennsylvania mit den langfristigen Wirkungen der Medien auf grundlegende Vorstellungen der Rezipienten von der sozialen Realität. Dabei ging es Gerbner u.a. nicht um die Wirkung einzelner Genres oder Sendungen, sondern um die Wirkungen, die vom Fernsehen als „relativ kohärentem System von Bildern und Botschaften" (Gerbner u.a. 1994, 18) ausgehen. Gerbner u.a. meinten, daß das US-amerikanische Fernsehen sowohl im Unterhaltungs- als auch im Informationsbereich ein einheitliches Weltbild vermittle. Dabei reflektiere und verfestige es bestehende und ungerechte Machtstrukturen der Gesellschaft: Männer und Weiße seien dominant; Schwarze, Frauen und Kinder würden als Opfer präsentiert. Das Fernsehen biete zum ersten Mal, wie in früheren Zeiten die Religion, ein starkes kulturelles Bindemittel, ein allen gemeinsames tägliches Ritual des Konsums von Inhalten, die sowohl von den Eliten als auch von der breiten Öffentlichkeit konsumiert würden. Dabei wird unterstellt, daß die Fernsehnutzung nicht selektiv erfolgt, sondern gesehen wird, was gerade läuft. Das Weltbild der Rezipienten werde auf diese Weise stärker von den der Realität oft nicht entsprechenden Fernsehinhalten als von der Wirklichkeit selbst geprägt (zu diesen Gedankengängen zusammenfassend z.B. Gerbner u.a. 1994, 18–29; Signorielli/Morgan 1996, 111–115; Morgan/Shanahan 1997, 4f.; Gerbner/Morgan/Signorielli 1999).

Da die primäre Funktion des kommerziellen Fernsehens in der Verbreitung von Werbebotschaften an ein größtmögliches Publikum bestehe, müssen nach Gerbner u.a. in den Inhalten konkurrierende Gesichtspunkte und Konflikte unterdrückt bzw. ausgeklammert werden. Wenn Millionen von Dollar von kleinsten Schwankungen der Einschaltquoten abhängig seien, dann könne man aufgrund institutioneller Zwänge im Produktionsprozeß massenmedialer Inhalte keine Entfaltung individueller Freiheiten gestatten. Wettbewerb um ein möglichst großes Publikum bei gleichzeitiger Kostenminimierung bedeute, daß „broadest and most conventional appeals" (Gerbner u.a. 1982, 105) gesendet werden müßten (vgl. auch Kapitel II.2.3.). Nicht zu überbrückende Interessengegensätze würden durch „objektive Berichterstattung" neutralisiert, indem immer über Pro und Kontra zu einer Thematik berichtet werde. Aufgrund dieser institutionellen Zwänge werde eine relativ moderate „Middle-of-the-Road"-Orientierung kultiviert. Der „Television Mainstream" (zum Konzept des „Mainstreaming" vgl. Kapitel V.10.3.) absorbiere die unterschiedlichen politischen Richtungen, die bislang in den USA politische Prozesse beeinflußt und geformt hätten (Gerbner u.a. 1982, 126).

10.2. Empirische Untersuchungen

Die empirischen Studien, die Gerbner u.a. vor diesem theoretischen Hintergrund vornahmen, bezogen sich zunächst v.a. auf die Wirkung von Gewaltdarstellungen, später wurde das Untersuchungsfeld auch auf Bereiche wie Geschlechtsrollen, Minderheiten, Gesundheit, Wissenschaft, Familie, Erziehung, Politik, Religion usw. ausgeweitet (zu ausführlichen Darstellungen und Diskussionen der Arbeiten der Annenberg-Gruppe z.B. Buß 1985; Burdach 1987; Gerbner u.a. 1994; Signorielli/Morgan 1996; Morgan/ Shanahan 1997). Das *„Cultural Indicators Project"* bestand neben einer *„Institutional Process Analysis"*, die sich mit den Hintergründen der Auswahl, Produktion und Verbreitung der Medieninhalten befaßte, aus den beiden zentralen Teilen der *„Message Analysis"* (Inhaltsanalyse) und der *„Cultivation Analysis"* (Kultivierungsanalyse) (Gerbner 1969).

Im Rahmen der *„Message Analysis"* wurde die Fernsehrealität auf die dort vermittelten Botschaften hin untersucht. Ab 1967 wurde jedes Jahr eine Woche lang eine Stichprobe des Programms analysiert. Die Ergebnisse zur Darstellung von Gewalt veröffentlichten Gerbner u.a. in einem zunächst jährlichen „Violence Profile" (Gerbner/Gross 1976; Gerbner u.a. 1977; 1978; 1979; 1980; Gerbner/Signorielli 1990; Gerbner/Morgan/Signorielli 1999), in dem auch Kennwerte wie ein „Violence Index" und das Verhältnis von Tätern zu Opfern (d.h. die Risikorate für bestimmte Bevölkerungsgruppen) ausgewiesen wurden. Dabei sind die Inhaltsanalysen von Gerbner u.a. zur Gewaltdarstellung aufgrund ihrer sehr weiten Gewaltdefinition, der unglücklichen Abgrenzung aggressiver Akte und der willkürlichen Zusammensetzung des „Violence Index" stark kritisiert worden (dazu ausführlich Burdach 1987, 348–353; Kunczik 1998, 42–53).

Aus der „Message Analysis" ergaben sich die Themen und Fragestellungen, die im Rahmen der *„Cultivation Analysis"* untersucht wurden. Ziel der Mitte der 70er Jahre begonnenen Kultivierungsanalyse war es, „to determine whether differences in the attitudes, beliefs, and actions of light and heavy viewers, reflect differences in their viewing patterns and habits, independent of (or in interaction with) the social, cultural, and personal factors that differentiate light and heavy viewers." (Signorielli/Morgan, 1996, 119). Die Kultivierungsanalyse ging dabei von der Grundannahme aus, daß das Weltbild der Rezipienten desto weniger der Realität und desto stärker dem durch das Fernsehen verbreiteten Weltbild entspricht, je mehr Zeit sie mit Fernsehen verbringen.

In ihren empirischen Untersuchungen konfrontierte die Forschungsgruppe um Gerbner daher die Probanden mit Fragen zu deren Weltsicht bzw. zu allgemeinen Einstellungen und bot als Antwortmöglichkeiten Aussagen an, die einmal der *Fernsehwelt* und einmal der *realen Welt* entsprachen. Dabei bestanden zwischen der Fernsehwelt und der Realität z.T. erhebliche Differenzen. Zum Beispiel hatten im Jahre 1974 laut Statistik 10% aller Verbrechen in den USA einen violenten Charakter, wohingegen im Fernsehen 77% aller Protagonisten, die ein Verbrechen begingen, auch violent waren (Gerbner u.a. 1977). Wenn sich die „Vielseher"[142] (täglicher Fernsehkonsum von vier Stunden und mehr) eher für die der Fernsehwelt entsprechende Antwort entschieden als die „Wenigseher" (bis zwei Stunden täglicher Fernsehkonsum), betrachteten die Forscher den Einfluß des Fernsehens als nachgewiesen. Anhand der Antworten wurde ein *„Cultivation Differential"* (Kultivierungsdifferential) berechnet (Differenz zwischen der Prozentzahl der Vielseher und der Wenigseher, die eine fernsehverzerrte Antwort gaben), das Auskunft über das Ausmaß der Verzerrung des Weltbildes (Kultivierung) durch das Fernsehen geben sollte.

Um auszuschließen, daß die Unterschiede zwischen Viel- und Wenigsehern durch andere Faktoren als das Sehverhalten zustande kamen bzw. solche Faktoren ihrerseits Einfluß auf das Sehverhalten hatten, wurden Variablen wie Geschlecht, Alter, Rasse, Bildungsstand, Einkommen, politische Einstellung und z.T. auch Wohnraum (ländlich/städtisch), Zeitungskonsum und Parteineigung kontrolliert (z.B. Gerbner/Gross 1976; Gerbner u.a. 1977; 1994, 26). Es wurden Kultivierungsdifferentiale für Subgruppen berechnet, d.h. z.B. für jüngere und ältere Befragte. Dabei zeigten sich zwar je nach Gruppe stärkere oder schwächere Zusammenhänge, das Gesamtmuster der Ergebnisse blieb jedoch bestehen. Allerdings kontrollierten Gerbner u.a. auf diese Weise immer nur *eine* Drittvariable auf einmal und nicht mehrere gleichzeitig (z.B. Morgan/Shanahan 1997, 16; zu den Folgen dieses Vorgehens vgl. Kapitel V.10.4.).

Zu den verwendeten Indikatoren gehörten beispielsweise Fragen nach dem Anteil der in der Strafverfolgung tätigen Personen unter der männlichen arbeitenden Bevölkerung (TV: 12%, Realität: 1%). Als Antwortvorgaben standen 5% („Fernsehantwort") und 1% („Realitätsantwort") zur Wahl. 50% der Wenigseher und 59% der Vielseher entschieden sich für die „Fernsehantwort", was Gerbner und Gross (1976) als Bestätigung ihrer These werteten. Gefragt wurde auch nach dem Anteil von Personen, die wöchentlich in Gewalt verwickelt würden. Andere Indikatoren betrafen weniger sta-

---

[142] Bei den Zeiten des Fernsehkonsums handelte es sich um Selbstangaben der Befragten. Die Operationalisierung von Viel- und Wenigsehern bezüglich der absoluten Fernsehzeit variierte, weil dies jeweils relativ zum untersuchten Sample entschieden wurde (z.B. Signorielli/Morgan 1996, 122).

tistische Schätzungen als Einstellungen, so etwa die Frage danach, ob man den meisten Menschen trauen könne oder nicht (Gerbner/Gross 1976).[143]
 Die ersten Untersuchungen zur Kultivierungshypothese erbrachten relativ konsistente Resultate, d.h. die Vielseher (oft Menschen mit niedrigem Bildungsniveau, geringem Einkommen, d.h. mit Unterschichtzugehörigkeit) wählten die der Fernsehwelt stärker entsprechenden Antwortvorgaben. Häufiger Kontakt mit Fernsehgewalt war verbunden mit Mißtrauen gegenüber anderen Menschen, Furcht (z.b. nachts allein auf die Straße zu gehen), dem Bedürfnis, sich durch Waffen zu schützen, und mit einem subjektiven Gefühl der eigenen Macht- und Bedeutungslosigkeit.[144]

10.3. Resonance und Mainstreaming

Nicht zuletzt als Reaktion auf Kritik an Methode und Ergebnissen ihrer Forschung (vgl. Kapitel V.10.4.) führten Gerbner und sein Forschungsteam „Resonance" und „Mainstreaming" als Weiterentwicklung des Kultivierungsansatzes ein (z.b. Gerbner u.a. 1980; 1982; 1984; 1994).[145] Mit *„Resonance"* bzw. „Bestätigung" ist eine Bekräftigung bestimmter Fernsehinhalte durch die Realität bzw. die Alltagserfahrung gemeint. Die Vielseher erhalten sozusagen die „doppelte Dosis" in die gleiche Richtung weisender Informationen. Hiermit wurden z.b. die Ergebnisse einer in Toronto von Anthony N. Doob und Glenn E. MacDonald (1979) durchgeführten Studie erklärt (Gerbner u.a. 1986, 30), der zufolge sich Individuen mit einem höheren Fernsehkonsum durch höhere Furchtsamkeit auszeichneten. Wurde aber das Ausmaß der tatsächlich in der Nachbarschaft begangenen Krimi-

---

[143] Aus dieser und anderen Indikatorfragen wurde ein Index gebildet, der zum Nachweis des sogenannten *„Mean World Syndrome"* diente, d.h. der grundsätzlichen Überzeugung, daß die Welt gemein und gefährlich sei. Zu diesem „Mean World Index" gehörte auch die Frage danach, ob man glaube, daß Menschen meistens hilfsbereit seien oder sich nur um sich selber kümmerten, bzw. danach, ob die meisten Menschen andere auszunutzen oder versuchten, fair zu bleiben (z.b. Gerbner u.a. 1980; 1994; Signorielli 1990; Gerbner/Morgan/Signorielli 1999).

[144] Vgl. dazu die Veröffentlichungen der „Violence Profiles" von Gerbner und seiner Forschungsgruppe seit 1976 bzw. als Überblick z.b. Burdach (1987); Gerbner u.a. (1994); Signorielli/Morgan (1996); Morgan/Shanahan (1997). Jürgen Grimm (1999) stellte allerdings fest, daß Gewaltdarstellungen, selbst wenn sie zunächst die Angst vergrößern, nicht zwangsläufig zu Depressionen führen. Vielmehr kommt es nach Grimm zu einer Verstärkung des Weltbildoptimismus und Lebensweltpositivismus. In der Regel kam es zu einem Abbau der Vorstellung, in einer bedrohlichen Welt zu leben.

[145] An diesen Konzepten wurde kritisiert, daß sie ad hoc auf Phänomene angewandt wurden, die der Kultivierungshypothese widersprachen (z.b. Potter 1993, 587).

nalität kontrolliert, dann war keine Beziehung zwischen dem Ausmaß des Fernsehkonsums und der Furcht, Verbrechensopfer zu werden, festzustellen. Vielmehr ergab sich, daß Individuen, die sich durch einen hohen Fernsehkonsum auszeichneten, deshalb mehr Angst hatten, Opfer eines Verbrechens zu werden, weil sie in einer gewalttätigeren Nachbarschaft lebten als die Wenigseher. Anders formuliert: Da Vielseher eher unter sozial isolierten Menschen zu finden sind, hat deren Angst offensichtlich nicht nur in der hohen Fernsehnutzung ihren Ursprung, sondern resultiert hauptsächlich aus der jeweiligen sozialen Situation.

Das zweite Konzept, *„Mainstreaming"* (ein schwer übersetzbarer Begriff, dem „Integration" am ehesten gerecht wird), meint, daß das Fernsehen den Einfluß anderer, die Weltsicht prägender Faktoren (z.B. demographische Variable, soziodemographischer Status, politische Einstellungen) überlagere bzw. „absorbiere". Unterschiede in Einstellungen und Überzeugungen, die mit verschiedenen kulturellen, sozialen und politischen Charakteristika sozialer Gruppen zusammenhingen, würden bei Vielsehern verschwinden. Das Fernsehen führe somit zu einer Verarmung der Weltsichten. Der Fernsehkonsum wurde von Gerbner u.a. als neue demographische Variable angesehen - eine Annahme, die Michael Buß (1985, 227) auch für Deutschland als sinnvoll erachtet.

In der empirischen Forschung betrachteten Gerbner u.a. „Mainstreaming" dann als nachgewiesen, wenn sich die Wenigseher bestimmter Subgruppen in ihren Einstellungen zu bestimmten Themen unterschieden, diese Differenzen zwischen Vielsehern derselben Subgruppen jedoch nicht bzw. in geringerem Maße festzustellen waren. Dieses Vorgehen soll am Beispiel der Ernährungsgewohnheiten verdeutlicht werden. Inhaltsanalysen haben ergeben, daß im Fernsehen häufig ungesundes Ernährungsverhalten gezeigt wird. In Umfragen stellte sich heraus, daß Menschen mit höherem Einkommen generell mehr auf ihre Gesundheit bzw. auf ihr Gewicht achten als Menschen mit niedrigem Einkommen. „Mainstreaming" zeigte sich darin, daß Vielseher aus der Kategorie mit hohem Einkommen weniger auf ihr Gewicht achteten als Wenigseher dieser Kategorie. Sie waren bezüglich ihres Gewichts genauso unbesorgt wie die Angehörigen der Kategorie mit niedrigem Einkommen (Gerbner u.a. 1982). Mainstreaming in bezug auf Geschlechtsrollenstereotypisierung konnte Michael Morgan (1982) belegen. Inhaltsanalysen haben ergeben, daß sich im Fernsehen geschlechtsrollenstereotypes Verhalten in einer aktiven, dynamischen und aggressiven Darstellung von Männern und einer eher passiven und häuslichen Darstellung von Frauen manifestierte. Umfragedaten zeigten, daß Mädchen generell weniger geschlechtsrollenstereotype Verhaltenserwartungen an den Tag legten als Jungen. Vielsehende Mädchen aber besaßen Verhaltenserwartungen, die weitgehend den im Fernsehen gezeigten Stereotypen entsprachen.

10.4. Diskussion

Die Studien von Gerbner u.a. haben eine intensive Forschungsdiskussion ausgelöst. Besondere Bedeutung kommt dabei der Kritik von Michael Hughes (1980) und Paul M. Hirsch (1980, 1981) zu, die eine Sekundäranalyse der Daten von Gerbner u.a. durchführten. Dabei erwiesen sich die ursprünglich festgestellten Beziehungen als um so schwächer, je mehr Drittvariablen kontrolliert wurden (Hirsch 1980; Hughes 1980). Hughes (1980) konnte bei der multiplen Kontrolle der Variablen Geschlecht, Rasse, Alter, Einkommen, Kirchenbesuch, Wochenarbeitszeit und Gemeindegröße bei zwei Items zum Thema Gewalt sogar einen der Kultivierungshypothese genau entgegengesetzten Effekte feststellen: Die Wenigseher schätzten gewalttätiges Verhalten positiver ein als die Vielseher. Zu ähnlichen Ergebnissen gelangte Hirsch (1980), der in seiner Sekundäranalyse nicht nur Wenig- und Vielseher untersuchte, sondern zwischen Nichtsehern, Wenigsehern (ein bis zwei Stunden täglicher Fernsehkonsum), Sehern mit mittlerem Fernsehkonsum (drei Stunden), Vielsehern (vier bis sieben Stunden) und Extremsehern (mehr als acht Stunden) unterschied. Für die Mehrzahl der 18 betrachteten Items sprachen die Ergebnisse gegen die Kultivierungshypothese. So waren Nichtseher furchtsamer als Wenigseher und stimmten Gewalt eher zu. Extremseher erwiesen sich als weniger furchtsam als Vielseher. Das Kultivierungsdifferential zwischen Nichtsehern und Extremsehern war sehr klein und deutete ebenfalls zumeist in eine andere als die von Gerbner u.a. prognostizierte Richtung. Zu berücksichtigen ist allerdings, daß die Extremgruppen sehr klein waren (je 4%) und sich bezüglich möglicher Drittvariablen vermutlich deutlich unterschieden (Gerbner u.a. 1981; Hawkins/Pingree 1982, 235).[146] Hirsch (1980; 1981b) argumentierte weiter, daß nach Gerbner Frauen, Schwarze und Arme am meisten von Fernsehgewalt beeinflußt werden müßten, da sie sowohl in der realen Welt als auch in der Fernsehwelt die Gruppen darstellen, die das höchste Risiko aufweisen, Opfer eines Verbrechens zu werden („Resonance"). Gleichwohl sind gerade bei diesen Personen die Beziehungen zwischen Fernsehkonsum und Vorstellungen bezüglich der Gewalt in der Realität am schwächsten ausgeprägt. Hirsch hielt die Dateninterpretation durch Gerbner u.a. insgesamt für willkürlich und karikierte sie mit der Aussage (Hirsch 1981b), die Variable „Sternzeichen" stehe sowohl mit „Resonance" als auch mit „Mainstreaming" in Beziehung und weise einen statistisch hochsignifikanten Zusammenhang mit der Sehdauer auf.

---

[146] Immerhin trafen die Annahmen von Gerbner u.a. aber für zwei von sechs Gruppen nicht zu. Zu dieser Interpretation der Daten vgl. Potter (1993). Zu Studien, die ebenfalls eine nicht-lineare Beziehung aufzeigten und zur Kritik daran, vgl. Morgan/Shanahan (1997), 18–20.

In Zweifel gezogen wurde auch die Behauptung von Gerbner u.a., daß Vielseher dem vom Fernsehen angeblich vermittelten „Mainstream" grundsätzlich in stärkerem Maße ausgesetzt sind als Wenigseher. Kritiker Gerbners argumentieren, das Fernsehen sei durch die wachsende Zahl von Kanälen erheblich vielfältiger geworden und werde von den Rezipienten zudem selektiv genutzt (z.B. Potter 1993, 573–576).[147] Es sei daher erforderlich, die Konsumenten bestimmter Genres oder sogar einzelner Sendungen voneinander zu unterscheiden, statt pauschal Viel- und Wenigseher zu betrachten (Potter 1993, 589f.).[148]

Hinzu kommt, daß der Kultivierungsansatz auf der Annahme kumulativer Medienwirkungen beruht, diesem Aspekt aber in der Forschung zu wenig Rechnung getragen wird. Langzeitstudien liegen kaum vor. Auch ist noch nicht geklärt, ob die Operationalisierung von Viel- und Wenigsehern nach wöchentlicher Sehdauer tatsächlich angemessen ist oder ob nicht das Lebensalter einbezogen werden muß, um zu bestimmen, welcher „Fernsehdosis" ein Rezipient insgesamt ausgesetzt war (Potter 1993, 576). In diesem Zusammenhang wäre auch zu fragen, ob ein kurzzeitiger starker Fernsehkonsum die gleichen Auswirkungen hat wie ein langfristiger schwacher. Auch ist zu klären, ob „Schwellen-Effekte" bzw. „Decken-Effekte" existieren, d.h. ob es einer „Mindest-Dosis" an Fernsehkonsum bedarf bis Kultivierungseffekte auftreten bzw. ob diese Effekte von einem bestimmten Punkt an nicht mehr zunehmen (Potter 1993, 596).

Weiterhin ist es fraglich, ob die Rezipienten Medieninhalte tatsächlich so interpretieren, wie es Inhaltsanalysen nahelegen. Abgesehen von der Kritik an der von Gerbner u.a. bei ihrer „Message Analysis" gewählten Vorgehensweise muß die individuelle Konstruktion von Bedeutung erheblich stärker berücksichtigt werden. Dieselben Inhalte werden durch verschiedene Personen unterschiedlich wahrgenommen und interpretiert (z.B. Newcomb 1978; Hughes 1980; Potter 1994; Tapper 1995). Wie George Gerbner und Larry Gross 1979 (auch Morgan/Shanahan 1997, 10f.) argumentieren, behauptet die Kultivierungshypothese allerdings nicht, daß jeder dieselben

---

[147] Michael Morgan und James Shanahan (1991) z.B. behaupten dagegen aufgrund ihrer Studien, daß Kabelfernsehen, Video usw. im wesentlichen dasselbe System von Botschaften verbreiten wie das übrige Programm. Die Kultivierungshypothese geht davon aus, daß Vielseher mit der Zeit „more of everything" sehen (z.B. Morgan/Shanahan 1997, 6).

[148] Zu einer Studie, die sich speziell mit den Auswirkungen von „Court TV" auf die Kriminalitäts- bzw. Gewaltwahrnehmung befaßt, vgl. Valkenburg/Patiwael (2000). Auch Studien über die Wahrnehmung der Bundesrepublik durch ostdeutsche Jugendliche zeigen, daß die Art der genutzten Genres bzw. die Frage, ob private oder öffentlich-rechtliche Programme gesehen wurden, einen Einfluß auf die Einstellung besaß (Kliment 1994; Schulz 1995a). Zum unterschiedlichen Einfluß verschiedener Programmsparten vgl. auch Hawkins/Pingree (1981).

Inhalte in derselben Weise wahrnimmt. Der Fokus liege jedoch auf der Makro- und nicht auf der Mikroebene; es gehe darum die Wirkung auf große Gesellschaftsteile zu untersuchen. Problematisch ist weiterhin, v.a. bei Einstellungsfragen, auch die Bestimmung dessen, was als „Fernsehantwort" zu betrachten ist.

Auch unter den Forschern ist die Einschätzung der vom Fernsehen vermittelten Botschaften nicht immer einheitlich. Dolf Zillmann z.B. sieht die Hauptbotschaft der Fernsehkrimis darin, daß Kriminelle gefaßt und eingesperrt werden. Dies spricht nach Dolf Zillmann (1980, 160) insbesondere diejenigen an, die sich wegen der Kriminalität große Sorgen machen: Weil das Gute immer siege, sei die Lektion des Fernsehens, die Welt sei sicher. Für eine derartige Kultivierung, die aber im Gegensatz zu der von Gerbner postulierten Kultivierung stünde, spricht etwa der von Barrie Gunter und Mallory Wober (1983) in Großbritannien ermittelte Befund, daß starke Konsumenten von „Action-and-Adventure"-Programmen glauben, in einer gerechten Welt zu leben. Jacob Wakshlag, Virginia Vial und Ronald Tamborini (1983) können experimentell belegen, daß Menschen mit hoher Furcht vor Verbrechen besonders auf die Thematik der Wiederherstellung der Gerechtigkeit nach einem Normbruch ansprechen. Menschen mit Angst vor Verbrechen suchen, so die Interpretation der Autoren, nach Sicherheit, wenn sie Fernsehunterhaltung konsumieren, die Gerechtigkeit und damit auch Sicherheit verspricht (vgl. auch Zillmann/Wakshlag 1985).

Nach Konrad Burdach (1987) ist es zudem fraglich, ob Vielseher tatsächlich mehr vom Fernsehen beeinflußt werden als Wenigseher, da es zu einer durch Gewöhnung bewirkten Abnahme der Wirksamkeit des Fernsehens kommen könne. Auch unterscheiden sich nach Burdach (1987, 363f) Wenig- und Vielseher wahrscheinlich in einer Reihe von Merkmalen, „die möglicherweise eher als Ursache denn als Wirkung der unterschiedlichen Fernsehnutzung anzusehen sind und die in den [...] Befragungen nicht erhoben wurden." Burdach vermutet, daß Wenigseher erfolgreiche und aktive, Vielseher dagegen erfolglose und frustrierte Menschen sind. Hiermit würde die von der Kultivierungshypothese behauptete Kausalität umgekehrt. Womöglich sehen furchtsamere Individuen einfach mehr fern als weniger ängstliche. Fernsehen kann von ängstlichen Personen als Instrument zur Angstreduktion (z.B. Schachter 1959, 26) oder zur Befriedigung ansonsten nicht zu befriedigender Bedürfnisse genutzt werden (z.B. Männer mit niedrigem Selbstvertrauen identifizieren sich mit Fernsehhelden; ängstliche Kinder präferieren Western usw.) (vgl. dazu auch die Debatte um „eskapistischen Mediengebrauch", Kapitel V.6.1.). Auch Zillmann (1982, 63) hält es für wahrscheinlich, daß sich ängstliche Menschen zum Fernsehen hingezogen fühlen, um sich sozusagen ihrer Sorgen und Ängste zu entledigen:

„Such selective exposure could, in fact, be construed as a self-administered behavior modification program."

In Deutschland stellte Schulz (1990a, 115) zwar fest, daß Vielseher pessimistisch, unglücklich, einsam und unzufrieden sind, dies aber nicht monokausal auf das Fernsehen zurückgeführt werden kann: „Argwohn, Angst und Misanthropie lassen sich [...] in Deutschland kaum als direkter Effekt des Vielfernsehens interpretieren. Die beobachteten Zusammenhänge sind Scheinkorrelationen [...]". Schulz schreibt (1986, 770) zu den Vielsehern: „[...] außer zu einer pessimistisch-depressiven Haltung neigen Vielseher zu einer fatalistischen Lebensauffassung: Sie glauben, wenig Einfluß auf ihr eigenes Schicksal zu haben, fühlen sich unkontrollierbaren Zufällen ausgeliefert und verstehen den Gang der Welt nicht mehr." Als nächstliegende Erklärung seiner Befunde bietet sich nach Schulz das „Eskapismus-Konzept" an: „[...] exzessiver Fernsehkonsum als Fluchtverhalten, als Flucht vor Einsamkeit und Leere, vor Frustration und schlechter Stimmung, vor Orientierungslosigkeit und dem Gefühl sozialer Ohnmacht." Von Schulz (1990a, 118f.) wird ein sich selbst verstärkender Prozeß (positive Rückkopplung) in dem Sinne für möglich gehalten, daß Personen, die Fernsehen aus Gründen der Wirklichkeitsflucht (z.B. wegen ihrer Depressivität) nutzen, dadurch noch depressiver werden. Einen vergleichbaren, sich selbst verstärkenden Prozeß konstatierte Gunter (1987, 88) für Großbritannien: „Greater fear of potential danger in the social environment may encourage people to stay indoors, where they watch more television, and are exposed to programmes which tell them things which in turn reinforce their anxieties."

Auch die Resultate einer deutschen Langzeitstudie, in deren Verlauf 11- bis 15jährige Schüler bis zu dreimal in einjährigem Abstand befragt wurden, sind im vorliegenden Kontext relevant (Krebs 1981; Groebel 1982; 1984). Die Frage, ob das Fernsehen die Umwelt bedrohlich mache, wird für Kinder und Jugendliche mit Einschränkungen bejaht. Neben Persönlichkeitsmerkmalen und konkreten Vorerfahrungen wird auch dem Fernsehen ein Einflußpotential auf die Angst zugebilligt, wobei insbesondere die strukturelle Ähnlichkeit zwischen im Fernsehen dargestellten Ereignissen und Situationen in der konkreten Umwelt betont wird. Jo Groebel (1981, 130) schreibt: „Persönlichkeitsmerkmale und situationale Faktoren haben zwar einen größeren Einfluß auf die Angst als der Fernsehkonsum; für die Verarbeitung und Verstärkung der Angst aber spielt die Menge der fernsehvermittelten Informationen eine zentrale Rolle." Groebel (1984, 117f) betrachtet folgende Hypothese als plausibel: „Personen, die viel Zeit vor dem Bildschirm verbringen und die dadurch ihre Umwelt für wenig beeinflußbar halten, werden zunächst resignierter und unsicherer. Aufgrund dieser Unsicherheit können dann auch Ärger und Aggression entstehen." Zugleich nimmt Groebel aber auch an, daß Angst Vielsehen fördert.

Auch die Untersuchung von Hale, Lemieux und Mongeau (1995; vgl. Kapitel V.4.3.) deutet darauf hin, daß es zu einer wechselseitigen Verstärkung von Ängstlichkeit und Fernsehkonsum kommen kann. Die Ergebnisse der Studie lassen sich dahingehend interpretieren, daß ein Kultivierungseffekt v.a. bei den ohnehin ängstlichen Rezipienten auftritt, da diese furchterregende Botschaften eher heuristisch bzw. peripher verarbeiten, d.h. sie nur sehr oberflächlich wahrnehmen und sich mit den Inhalten nicht näher auseinandersetzen. Auf diese Weise nehmen sie auch potentiell angstabbauende Hintergründe, Wahrscheinlichkeiten und Lösungsmöglichkeiten der angesprochenen Probleme nicht zur Kenntnis.

Die Möglichkeit einer der Kultivierungshypothese von Gerbner entgegengesetzten Kausalbeziehung gilt nicht nur für den Zusammenhang von Ängstlichkeit und Fernsehkonsum, sondern für die unterschiedlichsten Einstellungen. So läßt sich z.B. der Befund von Marybeth Oliver und G. Blake Armstrong (1995), daß Menschen, die meinen, Verbrechen müßten hart bestraft werden, die Vorurteile gegenüber Minderheiten hegen und die einen ausgeprägten Autoritätsglauben besitzen, gerne sogenannte „Crime Shows" (d.h. kriminalitätsorientierte „Reality-TV"-Sendungen) sehen, sowohl im Sinne Gerbners (Inhalte bestimmen die Einstellungen) als auch umgekehrt (vorhandene Einstellungen prägen das Auswahlverhalten) interpretieren.

In diesem Zusammenhang sind auch die Ergebnisse einer Untersuchung von Heinz Bonfadelli (1983) bei knapp 350 fünfzehnjährigen Jugendlichen aus der Schweiz von Bedeutung, die zeigen, daß die *Motivation* der Fernsehnutzung für den Kultivierungsprozeß eine bedeutende Rolle spielt. Es stellte sich heraus, daß sich ein hoher Fernsehkonsum nicht in Kultivierungseffekte umsetzte, sofern keine eskapistische Nutzungsmotivation vorhanden war. Umgekehrt war eine Kultivierung schon bei geringem Fernsehkonsum festzustellen, wenn Fernsehen informationsorientiert erfolgte oder das Geschehen auf die eigene Situation bezogen bzw. als „stellvertretende Erfahrungsquelle" (Bonfadelli 1983, 427) genutzt wurde. Von den 18% durch die untersuchten Faktoren erklärter Varianz entfielen 60% auf soziale Faktoren wie Bildung, Geschlecht, Schulleistungen und die schulisch-familiäre Situation, 30% auf die Nutzungsfunktionen beim Fernsehen und nur 10% auf die reine Nutzungshöhe.

Dieser Befund geht in eine ähnliche Richtung wie die Ergebnisse anderer Studien, die zumeist nur eine geringe Korrelation zwischen Kultivierung und Höhe des Fernsehkonsums feststellen (Potter 1993, 581). Auch eine in jüngerer Zeit durchgeführte „Meta-Analyse" von 52 Kultivierungsstudien (Morgan/Shanahan 1997) ermittelte das geringe Zusammenhangsmaß von 0,09, was einer erklärten Varianz von 1% entspricht.[149] Diese Resultate deu-

---

[149] Morgan und Shanahan (1997, 34ff.; auch Gerbner u.a. 1994, 26; Gerbner/Morgan/ Signorielli 1999, 351) argumentieren, größere Effekte seien auch unwahrscheinlich,

ten darauf hin, daß die von Gerbner u.a. postulierte Beziehung wesentlich komplexer ist als angenommen. Bonfadelli (1983, 429) schreibt: „Medien und deren Kultivierungseffekte scheinen allenfalls nur ein Element in einem äußerst komplexen wechselseitigen Geschehen zwischen Alltagsrealität, Medienwirklichkeit und sozialer Realität im Kopf jedes einzelnen Menschen zu sein". Die These bedarf der Modifikation bzw. Spezifizierung durch weitere Zusatzannahmen und Randbedingungen, zu denen Eigenschaften des Rezipienten, seiner Umwelt und der Medieninhalte selbst gehören. Zu berücksichtigen ist dabei auch die Bedeutung anderer Medien außer dem Fernsehen sowie interpersonaler Kommunikation (vgl. Kapitel V.5.). Wichtig ist schließlich die Erforschung der individuell verschiedenen kognitiven Informationsverarbeitungsprozesse. Mit den psychologischen Vorgängen, die der Konstruktion von Realität zugrunde liegen, hat sich beispielsweise L. J. Shrum beschäftigt (z.B. Shrum/O' Guinn 1993; Shrum 1995; 1996). Shrum ist der Auffassung, daß Vielseher mehr und aktiviertere „Networks of Ideas" besitzen, die bewirkten, daß mit diesen Konstrukten zusammenhängende Fragen leichter und schneller beantwortet werden könnten. Häufigkeits- und Wahrscheinlichkeitseinschätzungen der Rezipienten hängen nach Shrum (1996) davon ab, wie leicht eine Information im Gedächtnis abgerufen werden kann. Shrum (1996, 499) folgert daraus: „[...] heavy television viewing creates an accessibility bias, and [...] this bias has an effect on real-world frequency estimates of things often seen on television". Der Autor nimmt an, daß die Zugänglichkeit von Informationen im Gedächtnis davon geprägt wird, wie häufig entsprechende Botschaften rezipiert wurden, wie lange die letzte Rezeption zurückliegt und wie lebhaft bzw. auffällig die Präsentation der entsprechenden Inhalte war. Shrum folgert daraus, daß auch bei Wenigsehern ein hoher Kultivierungseffekt nachgewiesen werden könne, wenn die entsprechenden Inhalte lebhaft waren oder erst kürzlich rezipiert wurden.

Insgesamt ist der Einschätzung von Burdach (1987, 360) zuzustimmen, daß die Kritiken an Gerbners Arbeiten mehr zum Fortschritt der Medienwirkungsforschung beigetragen haben als die Forschungsergebnisse selbst. Allerdings erlauben auch die aus der Forschungsdiskussion hervorgegangenen Studien noch keine systematischen und eindeutigen Aussagen über die dem Kultivierungsprozeß zugrunde liegenden Prozesse und die darauf einwirkenden Faktoren.[150]

---

weil es keine wirklich großen Unterschiede im Sehverhalten von Viel- und Wenigsehern gebe, d.h. auch die Wenigseher bekämen relativ viel von den gleichen Fernsehinhalten mit. Außerdem meinen sie, daß die Auswirkungen auch so geringer Effekte in der Realität schwerwiegende gesellschaftliche Folgen haben können.

[150] Obwohl der monokausal durch das Fernsehen verursachte Aufbau negativer Weltbilder empirisch nicht nachgewiesen ist, gibt es immer wieder Autoren, die dies un-

11. Die Wirkung von Gewaltdarstellungen

11.1. Zum Forschungsstand

Abschließend soll mit der Medien-und-Gewalt-Forschung ein Spezialgebiet der Wirkungsforschung betrachtet werden, das schon seit Jahrhunderten in der Diskussion steht (Kunczik 1993), und noch immer von großer Aktualität ist. Obwohl es keinen Bereich der Wirkungsforschung gibt, zu dem mehr Studien vorliegen, ist die Publikationsflut ungebrochen. Schätzungen gehen von inzwischen über 5.000 Studien zur Gewaltthematik aus, wobei die Quantität der Veröffentlichungen allerdings wenig über die Qualität der Forschungsergebnisse aussagt. Es überwiegen Untersuchungen zur Wirkung fiktiver Gewalt gegenüber Studien zu den Auswirkungen von Berichten über reale Gewalt (für einen Überblick zum Thema Kunczik 1998).[151]

In der Forschung besteht weitgehend Konsens, daß, zumindest was bestimmte Individuen (z.b. durch hohe Aggressivität und soziale Isolation charakterisierte männliche Jugendliche) und Problemgruppen (z.b. aus einer violenten Subkultur stammende Jugendliche) angeht, eine negative Wirkung von Gewaltdarstellungen (Nachahmungstaten, Aufbau violenter Persönlichkeiten) anzunehmen ist. Die hier vertretene These, daß beim Vorliegen entsprechender Randbedingungen Mediengewalt einen Beitrag zur Herausbildung violenter Persönlichkeiten liefern kann, ist allerdings methodologisch nicht einwandfrei begründet, denn sie basiert auf der Annahme, daß die vielen im Feld erhaltenen sehr schwachen Beziehungen (Korrelationen), die üblicherweise als Indikatoren für das Fehlen eines Zusammenhanges interpretiert werden, in ihrer Gesamtheit doch auf das Vorhandensein eines Zusammenhanges hindeuten (Kunczik 1998, 168). Eine im Schnitt eher schwache Beziehung für alle Probanden eines Samples kann für einige Probanden bzw. bestimmte Subpopulationen eine durchaus starke Beziehung bedeuten.

---

kritisch als bereits unzweifelhaft belegt ansehen. So behauptete Cees Hamelink noch 1997 die These sei nachgewiesen und schildert unter Bezugnahme auf die gezeigte Gewalt in unhaltbarer Weise deren dramatische Konsequenzen (Hamelink 1997, 114): „This disempowers people since it creates deep feelings of dependence, particularly on those most likely to be portrayed as the victims: women and minorities. Television violence facilitates feelings of dependency as the resulting insecurity tends to lead to requests for the mechanisms whereby the powerholders control their environment: more prisons, more police, more repression."

[151] Im folgenden wird unter „personaler Gewalt" (Aggression) die beabsichtigte physische und/oder psychische Schädigung einer Person, von Lebewesen und Sachen durch eine andere Person verstanden.

11.2. Wirkungsthesen

Im folgenden soll ein kurzer Überblick über einige zentrale Thesen der Medien-und-Gewalt-Forschung gegeben werden (dazu ausführlich Kunczik 1998; vgl. auch Kapitel V.10.):

Die Anhänger der *Katharsisthese* gehen von der Existenz eines angeborenen Aggressionstriebes aus (für einem Überblick zu Katharsisbegriff und -these Freitag/Zeitter 1999). Sie behaupten, daß bei Rezipienten, die Gewaltakte an fiktiven Modellen beobachten und sie in der Phantasie intensiv mitvollziehen, die Bereitschaft zu eigenem Aggressionsverhalten abnehme. Phantasieaggression wird als funktionales Äquivalent zu realem aggressivem Verhalten verstanden.[152] Von der Katharsisthese gibt es mehrere Varianten: Zuerst wurde behauptet, jede Form der Phantasieaggression habe kathartische Effekte. Dann wurde argumentiert, ein in der Phantasie erfolgendes Mitvollziehen aggressiver Akte reduziere nur dann Aggression, wenn der Rezipient emotional erregt oder selbst zur Aggression geneigt sei. Eine dritte Version legt das Schwergewicht auf inhaltliche Aspekte und postuliert das Auftreten kathartischer Effekte, wenn Schmerzen und Verletzungen des oder der Aggressionsopfer(s) in aller Ausführlichkeit gezeigt würden. Alle drei Formen der Katharsisthese können als empirisch widerlegt betrachtet werden. Eine durch das Ansehen violenter Medieninhalte bewirkte Aggressivitätsminderung aufgrund des Abfließens des Aggressionstriebs erfolgt nicht. Inzwischen ist auch Seymour Feshbach (1989, 71), der die Katharsisthese lange Zeit vertreten hat, von seiner Position abgewichen und wertet die Befunde neu: „Die Ergebnisse zeigen mir, daß die Bedingungen, unter denen eine Katharsis auftreten kann, nicht alltäglich sind, während die aggressionsfördernden Bedingungen sehr viel häufiger vorkommen." Allerdings stellte Jürgen Grimm (1999) fest, daß der Konsum von Spielfilmgewalt (untersucht am Beispiel von „Rambo" und „Savage Street") zumindest kurzfristig eine Aggressionsminderung bewirken kann. Die reaktive Aggressivität der Probanden, d.h. die Neigung, in verschiedenen sozialen Situationen selbst mit Gewalt zu reagieren, war nach dem Filmerlebnis vermindert.[153] Dieser Befund steht jedoch relativ isoliert da.

---

[152] Diese These läßt sich bis auf Aristoteles zurückführen, der unter Katharsis „die homöopathische Reinigung der Affekte" (Aristoteles 1948, 1341b) verstand. Seiner Vorstellung nach wird in der antiken Tragödie „durch die Erregung von Mitleid und Furcht" (Aristoteles 1921, 1449b) eine wohltuende Reinigung von derartigen Gemütsstimmungen bewirkt, die zugleich eine unschädliche Freude bereite. Ihre zweite Quelle hat die Katharsisthese in der von Josef Breuer und Sigmund Freud entwickelten „expressiven Psychotherapie" oder „Katharsistherapie" (vgl. Leuzinger 1997), in der die Hypnose dazu verwendet wird, den Widerstand gegen das Auftreten des Verdrängten zu überwinden und das Abreagieren unterdrückter Affekte zu ermöglichen.

[153] Zu früheren Befunden Grimms zur Katharsisthese vgl. Grimm (1996; 1997).

Kurzfristige Aggressionsminderungen können häufig auch mit Hilfe von Furcht/Angst im Sinne der sog. *Inhibitionsthese* (Hemmungsthese) erklärt werden. Der Inhibitionsthese zufolge wird beim Rezipienten durch die Beobachtung gewalttätiger Verhaltensweisen Aggressionsangst ausgelöst und damit die Bereitschaft zu eigenem aggressiven Handeln vermindert.

Nach der *Habitualisierungsthese* nimmt durch den ständigen Konsum von Fernsehgewalt die Sensibilität gegenüber Gewalt ab, die schließlich als normales Alltagsverhalten betrachtet wird. William A. Belson (1978) konnte in einer Langzeitstudie keine Belege dafür finden, daß mit dem Ausmaß des Konsums violenter Sendungen eine Abstumpfung gegenüber Gewalt einhergeht, Gewalt als geeignetes Konfliktlösungsinstrument angesehen wird und die Vorstellung entsteht, Gewalt sei unvermeidlich. Insgesamt liegen keine Daten vor, die diese These stützen und eine Veränderung der Persönlichkeitsstrukturen der Rezipienten dahingehend belegen, daß sich Gleichgültigkeit gegenüber realer Gewalt entwickelt. Im Rahmen einer Meta-Analyse der zur Habitualisierungsthese vorliegenden Forschungsbefunde (Fröhlich/Kunczik u.a. 1993) wurden insgesamt 30 Studien zu dieser Thematik für den Zeitraum 1983 bis 1992 identifiziert. Dabei zeigte sich allerdings, daß die wiederholte Betrachtung von Fernsehgewalt sehr unterschiedlich operationalisiert wurde und die Ergebnisse zu dieser Wirkungsthese als bruchstückhaft, zusammenhanglos und widersprüchlich betrachtet werden müssen. Die Habitualisierungsthese bedarf, und dies ist angesichts der Quantität der Studien zur Fernsehgewalt überraschend, noch der empirischen Untersuchung. Dessen ungeachtet betrachten diverse Autoren, ohne empirische Belege anzuführen, eine Habitualisierung als bereits nachgewiesen. Grimm (1996, 142) vertritt die These, der ungehemmte und inflationäre Einsatz von Gewaltbildern in den Nachrichten gewöhne die Zuschauer im Sinne einer Habitualisierung an Gewalt. Allerdings sei man derzeit von einer solchen Desensibilisierung noch weit entfernt: „Die von uns untersuchten Nachrichtenseher zeigten bei Gewaltdarstellungen so starke körperliche Erregungszustände, daß sozioemotionaler Schaden eher in bezug auf emotionale Überforderung als in Richtung auf Abstumpfung zu erwarten ist."

Die eher simple These, die besagt, daß die Beobachtung von Mediengewalt geradezu zwangsläufig zu einer direkt anschließenden Nachahmungstat führe, wird in der wissenschaftlichen Literatur nicht mehr vertreten. In den USA sind aber im Kontext der *Suggestionsthese* eine Reihe von Studien veröffentlicht worden, deren Resultate die These stützen, daß für bestimmte erwachsene Rezipienten das Konzept der Suggestion unter bestimmten Bedingungen geeignet ist, Effekte des Konsums von Mediengewalt zu erklären. So konnte David P. Phillips (1974) aufzeigen, daß die Selbstmordziffer nach der Veröffentlichung von Berichten über

Selbstmorde (z.B. Marilyn Monroe) sowohl in den USA als auch in Großbritannien anstieg („Werther-Effekt")[154]. Phillips (1982) behauptete auch,
die Nachahmung fiktiver Selbstmorde im Rahmen von „Soap Operas"
nachgewiesen zu haben. Im Jahre 1977 stieg demnach in den USA die Zahl
der Suizide unmittelbar nach der Sendung von fiktiven Selbstmorden in
„Soap Operas" statistisch signifikant an. Der Autor führte diesen Zusammenhang kausal auf die massenmedialen Inhalte zurück, die imitative
Selbstmorde auslösen könnten. In einer Reanalyse der Daten stellten
Ronald C. Kessler und Horst H. Stipp (1984) allerdings fest, daß in acht der
dreizehn von Phillips angeführten Fälle eine Fehldatierung vorlag, d.h. der
Anstieg der Selbstmordrate erfolgte, bevor die jeweilige Sendung, die kausal
verantwortlich sein sollte, im Fernsehen gezeigt worden war. Als nachgewiesen kann allerdings betrachtet werden, daß der 1981 und 1982 vom
ZDF ausgestrahlte sechsteilige Fernsehfilm „Tod eines Schülers", in dem
ein 19jähriger Schüler von einem Zug überrollt wird, Selbstmorde stimuliert
hat (Schmidke/Häfner 1986). Zu Imitationen des Selbstmordes kam es v.a.
bei Personen, die dem Modell ähnelten – in diesem Fall 15- bis 19jährige
männliche Jugendliche, für die eine Zunahme der Selbstmorde auf die im
Fernsehen gezeigte Weise um 175% (von einem Durchschnittswert der
Eisenbahnselbstmorde von 7,63 auf 21 Fällen im Beobachtungszeitraum
von 70 Tagen nach der jeweils ersten Ausstrahlung 1981) festzustellen war
(für Frauen in der gleichen Altersgruppe wurde ein Anstieg von 167%, d.h.
von 2,25 auf 6 Fälle verzeichnet).

Die Vertreter der *„Excitation-Transfer"-These* (v.a. Percy H. Tannenbaum 1972 und Dolf Zillmann 1979) gehen davon aus, daß Medieninhalte
(Gewalt, aber auch Erotik, Humor usw.) in der Lage sind, unspezifische
emotionale Erregungszustände beim Rezipienten auszulösen, die ein
„Triebpotential" darstellen. Welches Verhalten daraus resultiert, hängt von
Situationsfaktoren ab und steht mit der Qualität des gesehenen Inhalts in
keinerlei Zusammenhang. Die These besagt lediglich, daß residuale, d.h.
noch nicht abgebaute Erregung in Situationen, die mit der die Erregung
bewirkenden Situation keinerlei Beziehung aufweisen müssen, zu intensive-
rem Verhalten führt („Transfer of Excitation"). Bei einer entsprechenden
situationsbedingten Motivation könnten erotische Medieninhalte ebenso
gewalttätiges Verhalten fördern, wie gewalthaltige Inhalte in der Lage wären, prosoziale Handlungen zu unterstützen.

Der Erregungszustand des Individuums und Situationsfaktoren spielen
auch bei der *Stimulationsthese* eine Rolle. Dieser Ansatz ist insbesondere

---

[154] So benannt nach Goethes „Die Leiden des jungen Werther", in dem der unglücklich
verliebte Protagonist Selbstmord begeht. Das Buch löste eine Selbstmordwelle aus
und wurde in einigen Ländern wegen befürchteter Nachahmungstaten verboten
(Kunczik 1998, 22f.).

mit dem Namen Leonard Berkowitz (1969) verbunden, der aus seinen Experimenten den Schluß zieht, das Ansehen bestimmter (z.b. als gerechtfertigt gezeigter) Gewalt führe unter bestimmten persönlichkeitsspezifischen (z.b. emotionale Erregung, v.a. durch Frustration) und situativen Bedingungen (z.b. aggressionsauslösende Hinweisreize, die entweder mit gegenwärtigen Ärgernissen oder vergangenen Erlebnissen assoziiert sind oder grundsätzlich aggressionsauslösend wirkten, wie z.b. Waffen) zu einer Zunahme aggressiven Verhaltens. Durch personenbezogene Bedingungen, wie z.b. Frustration, entstehe ein Handlungspotential, bei dem die Gewaltdarstellung, insbesondere wenn sie Ähnlichkeiten zur realen Situation der Person aufweise, als Auslöser aggressiven Verhaltens wirke. Abgesehen davon, daß sich die Aussagen von Berkowitz nur auf sehr kurzfristige Medienwirkungen beziehen, können seine Experimente aufgrund diverser methodischer Mängel nicht als Beweis für einen Stimulationsmechanismus gewertet werden (zu einer ausführlichen Kritik Kunczik 1998, 86f.). Auch andere Studien konnten die Stimulationsthese nicht eindeutig nachweisen.

Die Behauptung, gewalttätige Medieninhalte bewirkten nicht nur in Einzelfällen, was unumstritten ist, sondern regelmäßig monokausal und direkt violentes Verhalten, wird noch immer von den Massenmedien, insbesondere von der Boulevardpresse, sowie von anderen nicht wissenschaftlich geschulten Beobachtern propagiert. Es ist anzunehmen, daß derartige Berichte Tätern nicht selten als Informationsquelle für die Rationalisierung bzw. Rechtfertigung (ex ante und ex post facto) ihres Verbrechens dienen. Zwei Studien, in denen mit verhaltensauffälligen Kindern befaßte Psychologen und Psychiater bzw. im Jugendstrafrecht tätige Richter und Staatsanwälte befragt wurden, haben ergeben, daß derartige Rationalisierungen in Deutschland inzwischen häufig vorkommen (Kunczik 1998, 172–182; Kunczik/Bleh/Maritzen 1993; Kunczik/Bleh/Zipfel 1995). Hier liegt eine Gefahr massenmedialer Gewaltdarstellung (besser: der öffentlichen Diskussion über deren Wirkungen), die bislang übersehen worden ist: das Wissen des potentiell delinquenten bzw. violenten Individuums, durch den Verweis auf die Massenmedien die Verantwortung für das eigene Verhalten ex post facto als minimal hinstellen oder gar ganz abwälzen zu können. Die Vertreter der *Rationalisierungsthese* argumentieren, aggressive Individuen würden deshalb violente Programme konsumieren, weil sie ihr eigenes Verhalten dann als normal einstufen (Kaplan/Singer 1976) oder sich die Illusion aufbauen könnten, sie agierten wie ein populärer Fernsehheld. Das Erlernen kriminellen bzw. violenten Verhaltens schließt das Erlernen von Rationalisierungstechniken ein, die es einem Individuum erlauben, ein günstiges Selbstbild zu bewahren, wenn zugleich ein damit unvereinbares Verhalten gezeigt wird. Rechtfertigungen (Rationalisierungen) schützen vor Selbstvorwürfen nach dem Begehen einer Tat. Es besteht auch die Möglichkeit,

daß sie einer Tat (z.B. einer Vergewaltigung) vorausgehen und das kriminelle Verhalten erst ermöglichen. Beispiele für solche Rechtfertigungen
wären eine Verneinung des Unrechts oder das Argument, das Opfer be-
komme, was es verdiene. Die Bereitschaft, externe Kräfte für das eigene
delinquente Verhalten verantwortlich zu machen, ist offenbar um so größer,
je ausgeprägter ein Individuum sich als machtlos wahrnimmt.

Zur Einordnung der mittel- und langfristigen Wirkungsbefunde der
Medien-und-Gewalt-Forschung erscheinen *lerntheoretische* Überlegungen
als am besten geeignet.[155] Vertreter der Lerntheorie sind davon überzeugt,
daß sich Verhalten aus einer ständigen Wechselwirkung von Persönlich-
keits- und Umweltfaktoren ergibt. Keiner der beiden Bereiche kann isoliert
betrachtet werden. Dieser „reziproke Determinismus" besagt, daß Erwartungen Menschen in ihrem Verhalten beeinflussen, und daß die Folgen dieses Verhaltens wiederum ihre Erwartungen verändern. Albert Bandura
(1979a; 1979b) geht in seiner Theorie des Beobachtungslernens (Abb. 18)
davon aus, daß sich Menschen, indem sie das Verhalten anderer Personen
verfolgen (in der Realität oder in den Medien) und daraus Regeln abstrahieren, Handlungsmuster aneignen („Lernen am Modell"). Ein zentraler
Aspekt der Lerntheorie besteht in der Annahme, daß der reine Tatbestand
des Erlernens von Verhaltensweisen noch nichts über deren tatsächliche
Ausführung sagt. Ob aus den latenten Handlungsmodellen manifestes Verhalten resultiert, hängt von verschiedenen Faktoren ab. Hierzu gehören
neben der Ähnlichkeit der Situation und dem Vorhandensein der entsprechenden Mittel für eine Imitation (z.B. Besitz von Waffen) in erster Linie
die Konsequenzen eines solchen Verhaltens (Erfolg bzw. Mißerfolg,
Belohnung bzw. Bestrafung usw.) sowohl für das Modell als auch für den
Beobachter. Erfolg des Modellverhaltens ist als stellvertretende Bekräftigung des Beobachters zu verstehen. Die Lerntheorie nimmt an, daß die
meisten Handlungen weitgehend antizipatorischer Kontrolle unterworfen
sind, d.h. daß der Mensch in der Lage ist, die Ausübung einer Handlung
von deren vermutlichen Konsequenzen abhängig zu machen. Gewalttätiges
Verhaltenspotential unterliegt normalerweise Hemmungen, d.h. solchen
regulativen Mechanismen wie sozialen Normen, Furcht vor Bestrafung und
Vergeltung, Schuldgefühlen und Angst, die verhindern, daß Aggression
manifest wird. Ferner ist Verhalten nicht situationsübergreifend konsistent,
d.h. Jugendliche verhalten sich in der Regel unterschiedlich aggressiv
gegenüber Eltern, Lehrern, Gleichaltrigen usw.

Die Lerntheorie geht davon aus, daß der Prozeß des Beobachtungslernens auf zwei Repräsentationssystemen beruht: Auf der *Vorstellung*

---

[155] Allerdings kann auch die Lerntheorie nicht alle Aspekte berücksichtigen, wie etwa
auf der Ebene von Individuen die Angstproblematik oder auf der gesamtgesellschaftlichen Ebene die Frage der Schaffung anomischer Situationen.

(imaginatives System) und der *Sprache* (verbales System), durch die am Modell verfolgte Handlungsmuster im Gedächtnis behalten werden. Hieraus wird der medienpädagogische Rat abgeleitet, mit Kindern über violente Fernsehinhalte zu sprechen, um so die verbale Komponente des kognitiven Systems zu beeinflussen und eine Stabilisierung aggressiver Verhaltensmodelle zu verhindern, bzw. um durch Hinweise auf negative Konsequenzen solcher Handlungen die Motivation für eine Umsetzung in die Realität zu mindern. Dies ist um so wichtiger, als Fernsehgewalt diverse Eigenschaften aufweist, die ein Erlernen solcher Handlungsmuster und auch ihre Umsetzung fördern kann: Gewalthandlungen im Fernsehen sind meistens spannend, was ihnen die für das Erlernen notwendige Aufmerksamkeit sichert. Zudem sind sie oft relativ simpel, d.h. leicht zu lernen und leicht zu imitieren. Auch die „guten" Helden bedienen sich der Gewalt zur Erreichung „gerechter" Ziele, wodurch sie sich als Identifikationsobjekte anbieten. Schließlich sind die gewalttätigen Protagonisten im Film bei der Durchsetzung ihrer Ziele üblicherweise zumindest kurzfristig erfolgreich.

Neben der *Qualität der Inhalte* und den *situativen Bedingungen* sind die mit der *Person des Beobachtenden* verbundenen Faktoren von entscheidender Bedeutung. Hierbei handelt es sich nicht nur um Aspekte wie die Aufmerksamkeit, das Erregungsniveau und die Wahrnehmungskapazitäten, die den Lernvorgang beeinflussen, sondern auch um frühere Erfahrungen, wie die Bekräftigung erworbener Verhaltensmuster. Wichtig ist v.a. das soziale Umfeld, das weitgehend bestimmt, welche Verhaltensweisen regelmäßig beobachtet werden. Im Kontext der Lerntheorie wird berücksichtigt, daß Handeln durch Denken kontrolliert wird, daß verschiedene Beobachter verschiedene Merkmalskombinationen von identischen Modellen übernehmen und auch zu neuen Verhaltensweisen kombinieren können.

Daß verschiedene Rezipienten identische Inhalte unterschiedlich wahrnehmen, ist ein wichtiger Aspekt bei der Forschung zur Wirkung von Mediengewalt. Resultate der Beobachtung violenter Inhalte können z.B. die Imitation eines Verhaltens, die Generalisierung von Aggressivität, die Zustimmung zu Gewalt oder aber auch die Ablehnung von Gewalt sein. Dabei unterscheidet Bandura *Modelleffekte* (Erlernen neuer Verhaltensweisen), *hemmende* bzw. *enthemmende Effekte* (beobachtetes Modellverhalten und dessen positive oder negative Konsequenzen lösen ein Verhalten aus oder führen zu dessen Unterdrückung) und *stimulierende Effekte* (das Modell dient als differenzierender Reiz, der die Wahrscheinlichkeit des Auftretens vorher erlernter und nicht unterdrückter Reaktionen erhöht).

Abbildung 18: Modell des Beobachtungslernens

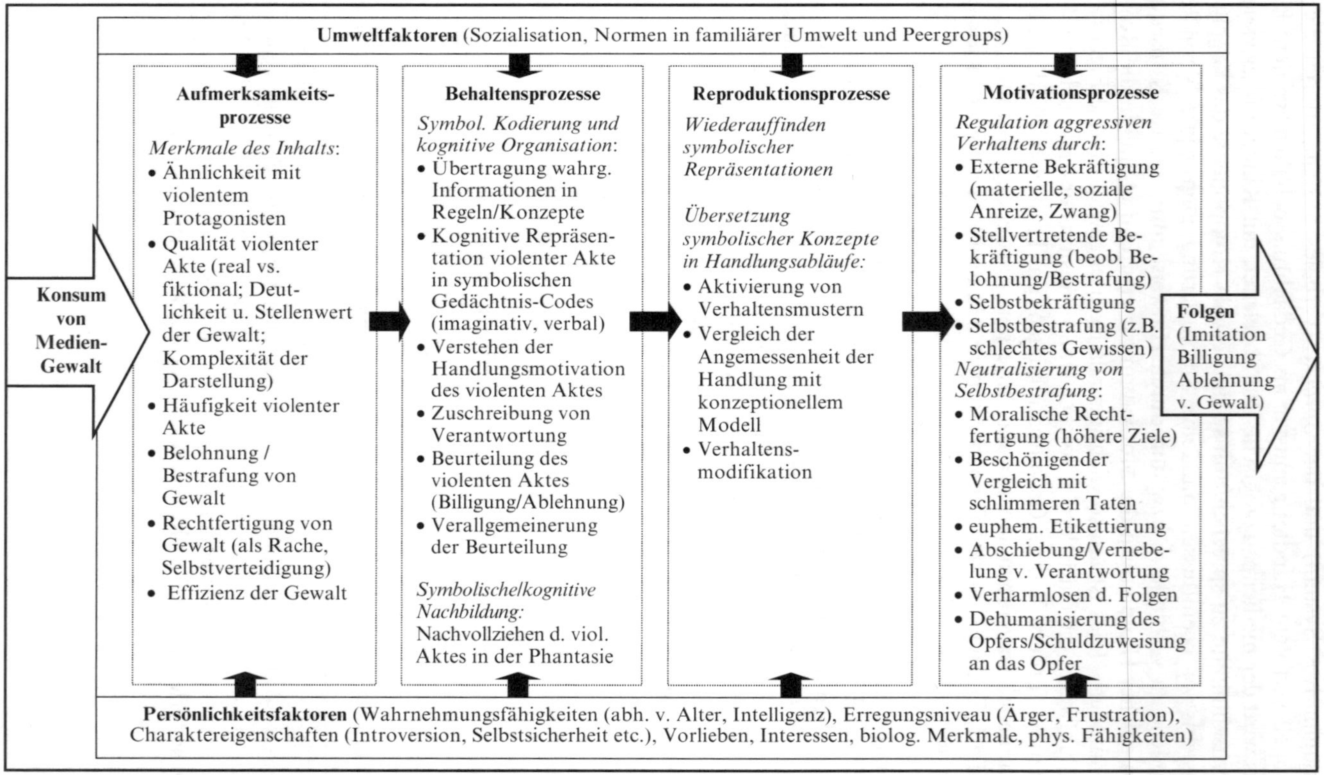

Umweltfaktoren (Sozialisation, Normen in familiärer Umwelt und Peergroups)

Konsum von Medien-Gewalt

Aufmerksamkeits-prozesse

Merkmale des Inhalts:
- Ähnlichkeit mit violentem Protagonisten
- Qualität violenter Akte (real vs. fiktional; Deutlichkeit u. Stellenwert der Gewalt; Komplexität der Darstellung)
- Häufigkeit violenter Akte
- Belohnung / Bestrafung von Gewalt
- Rechtfertigung von Gewalt (als Rache, Selbstverteidigung)
- Effizienz der Gewalt

Behaltensprozesse

Symbol. Kodierung und kognitive Organisation:
- Übertragung wahrg. Informationen in Regeln/Konzepte
- Kognitive Repräsentation violenter Akte in symbolischen Gedächtnis-Codes (imaginativ, verbal)
- Verstehen der Handlungsmotivation des violenten Aktes
- Zuschreibung von Verantwortung
- Beurteilung des violenten Aktes (Billigung/Ablehnung)
- Verallgemeinerung der Beurteilung

Symbolischelkognitive Nachbildung:
- Nachvollziehen d. viol. Aktes in der Phantasie

Reproduktionsprozesse

Wiederauffinden symbolischer Repräsentationen

Übersetzung symbolischer Konzepte in Handlungsabläufe:
- Aktivierung von Verhaltensmustern
- Vergleich der Angemessenheit der Handlung mit konzeptionellem Modell
- Verhaltensmodifikation

Motivationsprozesse

Regulation aggressiven Verhaltens durch:
- Externe Bekräftigung (materielle, soziale Anreize, Zwang)
- Stellvertretende Bekräftigung (beob. Belohnung/Bestrafung)
- Selbstbekräftigung
- Selbstbestrafung (z.B. schlechtes Gewissen)

Neutralisierung von Selbstbestrafung:
- Moralische Rechtfertigung (höhere Ziele)
- Beschönigender Vergleich mit schlimmeren Taten
- euphem. Etikettierung
- Abschiebung/Vernebelung v. Verantwortung
- Verharmlosen d. Folgen
- Dehumanisierung des Opfers/Schuldzuweisung an das Opfer

Folgen (Imitation Billigung Ablehnung v. Gewalt)

Persönlichkeitsfaktoren (Wahrnehmungsfähigkeiten (abh. v. Alter, Intelligenz), Erregungsniveau (Ärger, Frustration), Charaktereigenschaften (Introversion, Selbstsicherheit etc.), Vorlieben, Interessen, biolog. Merkmale, phys. Fähigkeiten)

Quelle: Eigene Erstellung auf Basis von Bandura 1979a; 1979b; 1989 sowie Tan 1986

Angesichts des Tatbestandes, daß das Fernsehen nur einer von vielen die Persönlichkeitsentwicklung beeinflussenden Faktoren ist, wäre in Feldstudien ein Muster von relativ schwachen positiven Korrelationskoeffizienten zwischen dem Konsum von Fernsehgewalt und der späteren Aggressivität zu erwarten. Betrachtet man die in den verschiedenen Ländern durchgeführten Untersuchungen, dann ergibt sich genau dieses Muster, obwohl die auch qualitativ sehr unterschiedlichen Studien in sehr verschiedenen Umwelten durchgeführt worden sind. Neben dem Problem der interkulturellen Vergleichbarkeit gibt es noch weitere methodische Probleme, die bei diesem Verfahren des Vergleichs von Studien oft nicht beachtet werden. So ist neben der Messung der Aggression auch die Operationalisierung des Konsums von Mediengewalt (z.B. durch die Erfassung der Programmpräferenzen) sehr problematisch. Während die einzelnen Korrelationskoeffizienten jeweils für sich nicht kausal interpretierbar sind, deutet das Gesamtmuster der Befunde auf einen Einfluß des Fernsehens auf spätere Aggressivität hin. Die in den Feldstudien erhaltenen Resultate entsprechen auch von der Stärke her den Erwartungen, die aufgrund lerntheoretischer Überlegungen gehegt werden. Die Koeffizienten variieren ungefähr zwischen 0,1 und 0,2, d.h. etwa zwischen 1% und 4% des späteren aggressiven Verhaltens wird in den Feldstudien durch den vorherigen Konsum von Fernsehgewalt erklärt. Allerdings hat sich die Konvention durchgesetzt, Korrelationskoeffizienten, deren Stärke geringer als 0,2 ist, als unbedeutend und uninterpretierbar nicht weiter zu beachten. Der Einwand, daß die erhaltenen Koeffizienten zu schwach sind, berücksichtigt jedoch nicht, daß eine im Schnitt recht schwache Beziehung für alle Probanden eines Samples für einige Probanden bzw. Subpopulationen eine durchaus starke Beziehung bedeuten kann. So scheint bei bestimmten Personen ein sich selbst verstärkender Prozeß in dem Sinne vorzuliegen, daß der Konsum violenter Medieninhalte die Wahrscheinlichkeit des Auftretens aggressiven Verhaltens, (aggressiver) Einstellungen und/oder (aggressiver) Phantasien erhöht. Dadurch steigt die Wahrscheinlichkeit, daß violente Medieninhalte als attraktiv angesehen werden, was wiederum die Zuwendung zu aggressiven Medieninhalten fördert. Zu den Faktoren, die einen derartigen Prozeß begünstigen, können u.a. niedriges Selbstbewußtsein und soziale Isolation, die mit erhöhtem Fernsehkonsum verbunden ist, gehören. Von entscheidender Bedeutung hinsichtlich möglicher negativer Effekte von Mediengewalt auf Kinder und Jugendliche ist aber die familiäre Situation: Kinder aus intakten Familien sind sehr viel weniger gefährdet, weil kompensierende Einflüsse vorhanden sind.

Auch für das Erlernen von Aggression gilt, daß zunächst 1. die unmittelbare familiäre Umwelt sowie 2. die Subkultur bzw. die Gesellschaft, in der man lebt, die Quellen sind, aus denen aggressives Verhalten erlernt wird.

Erst an dritter Stelle treten dann die massenmedial angebotenen symbolischen aggressiven Modelle hinzu. Es scheint so zu sein, daß Gewaltdarstellungen auf die Mehrheit der Betrachter keine oder nur schwache
Effekte haben, aber bei bestimmten Problemgruppen womöglich starke
Wirkungen zeigen. Die Schwierigkeit für die Forschung liegt darin, herauszufinden, wie man solche Problemgruppen erreicht. Einen ersten Schritt in
diese Richtung stellt eine Befragung von klinischen Psychologen und
Psychiatern sowie von Richtern und Staatsanwälten dar (Kunczik/Bleh/
Maritzen 1993; Kunczik 1998, 172–182).[156]

Wie wenig geeignet das Denken in simplen Ursache-Wirkungs-Schemata
zur Erklärung der Wirkung von Mediengewalt ist, zeigen die Ergebnisse
Grimms (1999). Der wichtigste Befund seiner Studie besteht darin, daß sich
hinsichtlich der Spielfilmgewalt-Rezeption das Ergebnis der Experimente
(Grimm 1999, 706) „nicht auf die griffige Kurzformel einer durch Medien
verrohten Gesellschaft bringen läßt." Vielmehr reicht die aufgefundene
Wirkungsbandbreite „von Gewaltrechtfertigung bis zur Gewaltablehnung,
von der Angst bis zur unterhaltsamen Spannung, von politischer Entfremdung bis zu gesteigertem Selbstbewußtsein." Dabei folgen die Mehrzahl der
festgestellten Wirkungen von Spielfilmgewalt der Logik negativen Lernens,
d.h. die rezipierten Gewaltmodelle werden zum Gegenstand kritischer
Reflexionen und dabei wird die Violenz eher untergraben denn gestärkt.
Eine deutliche Ausnahme stellt allerdings der von Grimm (1998; 1999) mit
„Robespierre-Affekt" benannte Wirkungsaspekt dar. Dabei wandelt sich
ein zunächst gewaltkritischer Impuls in Aggression gegen Täter. Den Grund
sieht Grimm darin, daß sich aus der Identifikation mit den Schwachen und
Drangsalierten die Legitimation ableiten läßt, gegen „mächtige Schurken"
jedes Mittel einzusetzen. Diese Form der Violenz ist nicht imitativ, sondern
opferzentriert und täterkritisch ausgerichtet. Sie ist insbesondere bei der
Beobachtung illegitimer Gewalt gegenüber einem sympathischen Opfer zu
erwarten. Grimm resümiert (1999, 707): „Spielfilmgewalt ist [...] keine
Schule des Mitleids, wohl aber eine Vorschule der Antiviolenz, sofern die
Opferdarstellungen Einhakpunkte der Gewaltkritik bieten."

11.3. Der Violence Chip

Nicht nur die Wissenschaft, auch die Politik befaßt sich immer wieder mit
dem Problem der Mediengewalt. So unterzeichnete Präsident Bill Clinton
im Februar 1996 ein neues Mediengesetz („Telecommunications Reform
Act"), wonach ab 1998 jedes neue Fernsehgerät mit mehr als 33 cm Bild-
schirmdiagonale mit einem sogenannte „V-Chip" („Violence Chip") ausge-

---

[156] Auch die Studie von Döbler/Stark/Schenk (1999) z.B. arbeitet mit Problemgruppen.

stattet werden muß. Mit Hilfe dieses V-Chips sollen Kinder vor dem Konsum von Gewalt, Sex und vulgärer Sprache geschützt werden. Angesichts der Alternative, daß die Regierung ein Bewertungssystem entwickelt, entschied sich die Fernsehindustrie dafür, selbst ein Klassifikationsschema für ihre Programme zu erarbeiten.[157] Was die Effektivität des V-Chip betrifft,[158] ist zu befürchten, daß Kinder vermutlich schnell lernen werden, die entsprechende Sperreinrichtung außer Kraft zu setzen. Möglicherweise wird der Reiz gewalthaltiger Sendungen durch Maßnahmen wie den V-Chip sogar noch erhöht. Weiterhin wird argumentiert, ein solcher Mechanismus könne dazu führen, daß Eltern ihre Verantwortung für den Fernsehkonsum ihrer Kinder allein der Technik übertragen. Es besteht die Gefahr, daß der V-Chip nur von Eltern genutzt wird, die ohnehin darauf achten, welche Programme ihr Kind konsumiert. Befürchtet wird auch, daß Kinder durch die Ausblendung gewalttätiger Inhalte in einer unrealistischen Scheinwelt aufwachsen könnten. Schließlich besteht die Befürchtung, die Programmanbieter könnten den V-Chip als Freibrief für gewalthaltige Sendungen betrachten, da ja eine Schutzeinrichtung für Kinder bestehe. Entgegenzuhalten ist diesen Argumenten, daß der V-Chip nur eine zusätzliche Möglichkeit des Schutzes vor Gewaltinhalten darstellt, dessen Verwendung in die Verantwortung des einzelnen gestellt ist, dessen Einführung jedoch zumindest das öffentliche Bewußtsein sowohl der Fernsehindustrie als auch der Eltern für die Problematik der Gewalt in den Medien schärfen dürfte (zur Diskussion z.B. Kepplinger 1997; Kunczik 1998, 270f.; Ridder 2000).

Die Einführung des V-Chip in den USA hat sich auch auf die Jugendschutzdiskussion in Europa ausgewirkt (Bundschuh 1998/99; 2000; Berger 2000; Ridder 2000). Zwar fand der V-Chip trotz intensiver Diskussion im Europaparlament keinen Eingang in die Neufassung der 1997 geänderten EU-Fernsehrichtlinie,[159] in Art. 22 wurde jedoch festgelegt, daß die Ausstrahlung unverschlüsselter Sendungen, „die die körperliche, geistige und sittliche Entwicklung von Minderjährigen beeinträchtigen können", „durch akustische Zeichen angekündigt oder durch optische Mittel während der gesamten Sendung kenntlich gemacht" werden muß. Die in Absatz 22b der

---

[157] Zum „V-Chip" und zur Diskussion um seine Einführung vgl. z.B. Lueken (1996); Price (1998); zur Gestalt des Klassifikationsschemas z.B. Hasebrink (1998, 455f.)

[158] Erste Erfahrungen mit Bewertungsschema und Bedienung des V-Chip geben in den USA bislang keinen Anlaß zum Optimismus (text intern, 7.7.1999; dpa-Informationen, 8.7.1999; Ridder 2000, 218). Zu ähnlich negativen Erfahrungen mit der Kindersperre der „D-Box" in Deutschland vgl. Theunert/Schorb (1998) und Ridder (2000, 220). Zu internationalen Ergebnissen zur Nutzung des V-Chip vgl. Hasebrink 1998.

[159] Die Richtlinie „Fernsehen ohne Grenzen" (Fernsehrichtlinie) vom 3.10.1989 (89/552/EWG) wurde durch eine Richtlinie des Europäischen Parlaments und des Rates am 30.6.1997 (97/36/EG) geändert und ergänzt.

EU-Fernsehrichtlinie zur Untersuchung konkreter Maßnahmen vorgesehene und im März 1999 veröffentlichte Studie „Parental Control of Television Broadcasting" ist zu dem Ergebnis gekommen, daß technische Mittel
wie der V-Chip für europäische Verhältnisse nicht sinnvoll sind.[160] In
Deutschland wurden die Vorgaben der geänderten EU-Fernsehrichtlinie im
4. Rundfunkänderungsstaatsvertrag vom 1.4.2000 umgesetzt. Darin ist festgelegt, daß jugendschutzrelevante Sendungen nicht nur wie bisher erst nach
22.00 Uhr (bei Freigabe durch die Freiwillige Selbstkontrolle der Filmwirtschaft (FSK) ab 16 Jahre) bzw. nach 23.00 Uhr (FSK-Freigabe ab 18 Jahre)
ausgestrahlt werden dürfen, sondern nach § 3 Abs. 4 durch akustische
Zeichen angekündigt oder optische Mittel während der gesamten Sendung
kenntlich gemacht werden müssen. Die Ausstrahlung indizierter Filme ist
nach § 3 Abs. 3 verboten und nur mit einer Ausnahmegenehmigung des
Rundfunkrats bzw. der Landesmedienanstalten zwischen 23.00 und 6.00
Uhr erlaubt, sofern der Film nicht schwer jugendgefährdend ist. Für bestimmte Sendeformate (z.B. Nachmittagstalkshows) können zeitliche Beschränkungen angeordnet werden, wenn Thematik, Gestaltung oder Präsentation es erfordern (§ 3 Abs. 7). Im privaten digitalen Fernsehen müssen
Sendungen, die außerhalb der bestehenden Sendezeitbeschränkungen ausgestrahlt werden, einzeln eine Verschlüsselung oder Vorsperrung erhalten.
Eine Freischaltung darf nur für die einzelne Sendung möglich sein – eine
allgemeine Verschlüsselung oder Sperrung des Gesamtprogramms ist nicht
ausreichend (§ 3 Abs. 5). Für diese Vorschrift gilt eine zweijährige Erpro-
bungsphase. Zudem müssen die Landesmedienanstalten alle zwei Jahre
(erstmals zum 31.12.2001) einen Bericht erstellen, der über die Durchführung der Jugendschutzbestimmungen und v.a. die Entwicklung der Verschlüsselung und Vorsperrung durch die Sender, die Akzeptanz in den
Haushalten und die Erforderlichkeit von Sendezeitbeschränkungen Auskunft gibt und eine vergleichende Analyse zu internationalen Entwicklungen enthält (§ 3 Abs. 9).[161]

---

[160] Diese von einem Forscherteam an der Universität Oxford durchgeführte Studie ist
abrufbar unter http://europa.eu.int/comm/dg10/avpolicy/key_doc/parental_control/
index.html (31.1.2001).

[161] Zur Tendenz, im digitalen Privatfernsehen zugunsten senderseitiger Vorsperren auf
Sendezeitbegrenzungen zu verzichten, vgl. Ridder (2000).

Teil VI – Internationale Kommunikation

1. Die Kulturimperialismus- und Globalisierungsdiskussion

Unter *„Kultur"* wird das gesamte soziale Erbe einer Gesellschaft verstanden – also alle Vorstellungen, Auffassungen, Werte und Normen, die von den Mitgliedern einer Gesellschaft geteilt werden. Edward B. Tylor (1963, 33) definierte 1873: „Cultur oder Civilisation im weitesten ethnographischen Sinne ist jener Inbegriff von Wissen, Glauben, Kunst, Moral, Gesetz, Sitte und allen übrigen Fähigkeiten und Gewohnheiten, welche der Mensch als Glied der Gesellschaft sich angeeignet hat."

Mit *„Kultur"*- bzw. *„Medienimperialismus"* wird eine Situation bezeichnet, in der die Medien eines Landes – z.B. das Eigentum an Medien, die verbreiteten Inhalte oder auch die Distributionsstrukturen für bestimmte Inhalte (z.B. von Filmen, Videos oder Satelliten- und Kabelfernsehen) – durch ein anderes Land beherrscht werden, ohne daß umgekehrt das betroffene Land einen vergleichbaren Einfluß ausübt (Boyd-Barrett 1977, 17). Medienimperialismus wird also als Strukturmerkmal verstanden. Die Diskussion um den Kulturimperialismus[1] wurde seit den 50er Jahren besonders in Lateinamerika mit dem Ziel geführt, den Einfluß der nordamerikanischen Kultur abzuwehren. Neo-marxistische Autoren (z.B. Schiller 1969; 1976; Mattelart 1979) unterstellten eine gezielte und koordinierte Aktion des „US-amerikanischen militärisch-industriellen Komplexes". Den Massenmedien wurde unterstellt, den peripheren Gesellschaften Werte, Verhaltensweisen (vor allem Konsum-Muster) überzustülpen, welche die Kapitalverwertung multinationaler Konzerne verbessern würden. Die Kulturimperialismusdiskussion trug bzw. trägt nahezu immer nationalistische (bzw. antikolonialistische) Züge. Ausgangspunkt der Diskussion ist das Fremde, dessen angeblich schädlicher Einfluß abgewehrt werden muß, damit die Identität der eigenen Nation gewahrt werden kann. Die Kulturimperialismus-Diskussion wird gegenwärtig z.B. in der englischsprachigen Karibik sehr intensiv fortgeführt (vgl. z.B. Dunn 1995).

„Globalisierung" ist ein z.T. an die Stelle des Kulturimperialismusbegriffs getretenes Schlagwort, das seit einiger Zeit die kulturkritische Diskussion beherrscht, wenn es um weltwirtschaftliche Prozesse, kulturelle Überlagerungen usw. geht. Die OECD versteht Globalisierung als Prozeß, durch den Märkte und Produktion in verschiedenen Ländern immer mehr voneinan-

---

[1]   Die Frage der Überlagerung einer Kultur durch eine andere läßt sich in ihren beiden Wurzeln, einer sprachphilosophischen und einer ökonomischen, bis ins 18. und 19. Jahrhundert zurückverfolgen (dazu ausführlicher Kunczik 1985, 129ff.).

der abhängig werden – durch die Dynamik des Handels mit Gütern und Dienstleistungen und durch die Bewegungen von Kapital und Technologie. Die im Vergleich zum 19. Jahrhundert neue Form der wirtschaftlichen Globalisierung besteht darin, daß nicht nur der Handel, sondern die Unternehmen selbst die Grenzen überschreiten. Nationalstaaten werden zu „Wirten" (Kieler Institut für Weltwirtschaft), die das mobile Kapital anlocken müssen.

Globalisierung ist kein eindimensionaler Prozeß, sondern kann asymmetrisch und widersprüchlich erfolgen (z.b. in einigen Bereichen zu einer Verstärkung nationaler bzw. regionaler Kulturen, also zur „Provinzialisierung", führen). Globalisierung umfaßt die Mobilität von Personen (Auswanderung, Tourismus, Gastarbeiter usw.), die rasche weltweite Verbreitung neuer Technologien, den weltumfassenden Finanzmarkt und den weltweiten Fluß von Informationen und Unterhaltung. In einigen kulturellen Bereichen (Jugendkultur; insbesondere Pop-Kultur) kann durchaus von einer internationalen Standardisierung gesprochen werden. Tatbestand ist, daß Teile der westlichen Kultur (z.B. Fast-Food, Zigaretten, Cola, Jeans, Kosmetik usw.) inzwischen weltweit verbreitet sind. Dies gilt auch für den Kommunikationssektor und bestimmte Formen der Unterhaltung (z.B. amerikanische Filme und Fernsehserien, aber auch lateinamerikanische Telenovelas). Der Weltmarkt wird in dieser Hinsicht von einigen wenigen Anbietern beherrscht, wie z.B. „Time-Warner-CNN", „Walt Disney-ABC-Cap. Cities", „Bertelsmann", „News Corp.", „Viacom", „Televisa", „Globo" usw. (Kunczik 1997c).

Nach dem Zusammenbruch der Sowjetunion verbreitete Francis Fukuyama (1989; 1989/90) die These über das angebliche „Ende der Geschichte". Danach hat sich die Weltgeschichte fundamental verändert. Es sei zu einem Triumph des Westens und der westlichen Werte gekommen. Samuel P. Huntington (1993a; 1993b) dagegen argumentierte in „Clash of Civilizations", es gebe keine Weltkultur. Nach Huntington können die Medien die zentralen Werte unterschiedlicher Kulturen nicht verändern. Huntington (1993a, 25) behauptet: „Civilization identity will be increasingly important in the future [...]". Das Erwachen der „civilization consciousness" werde durch den Westen begünstigt, der auf dem Höhepunkt seiner Macht angelangt sei. In den nicht-westlichen Zivilisationen erfolge ein „return to the roots phenomenon". Zwar seien die Eliten dieser Zivilisationen bisher dem Westen verbunden gewesen, aber die breite Masse der Bevölkerung sei ihren traditionellen Kulturen verhaftet geblieben. Auch bestehe der Wille, die Welt in einer nicht-westlichen Weise zu formen, und die entsprechenden Ressourcen seien vorhanden. Die Welt lasse sich von den technologischen Voraussetzungen (Kommunikation und Transport) her zwar in ein „Global Village" (McLuhan, vgl. Kapitel II.4.1.) umwandeln, drifte aber kulturell auseinander. Es komme gleichzeitig zu struktureller Globalisierung und kultureller Fragmentierung (Provinzialisierung). Einige Autoren gehen, ohne sich um empirische Befunde zu kümmern, davon aus, daß Massenmedien zum Verschwinden kultureller Unterschiede führen würden. So behaupten Harry C. Triandis u.a. (1990, 1008): „Exposure to the modern mass media [...] increases the shift from collectivism to individualism, because most television programs are produced in the individualistic cultures."[2] Damit wird unzulässig direkt vom Inhalt auf eine homogenisierende Wirkung geschlossen.

Westliche Informations- und Unterhaltungsangebote scheinen in Ländern der Dritten Welt insgesamt gesehen eher polarisierend zu wirken, als Weltsichten zu vereinheitlichen. Forschungsbefunde deuten darauf hin, daß traditionelle und moderne Sichtweisen unter dem Einfluß westlicher Medieninhalte auseinander driften können. Die Ergebnisse einer in Tunesien durchgeführten Langzeitstudie (Donsbach u.a. 1985; Kepplinger u.a. 1986) zeigten, daß die Einführung des Fernsehens die Kluft vergrößerte, die zwischen Fernsehnutzern und anderen Personen bereits bestand. Aus der materiellen wurde zusätzlich eine geistige und soziale Kluft. Diejenigen, die regelmäßig fernsahen, entwickelten sich zu Meinungsführern, die in einigen Bereichen bessere Informationen besaßen. Im Vergleich zu Menschen, die nicht fernsahen, waren die Fernsehkonsumenten „fortschrittlicher" (z.B. hinsichtlich der Einstellungen zur Berufstätigkeit von Frauen, Familienplanung usw.). Insgesamt gesehen erhöhte das Fernsehen zwar das Anspruchsniveau der Zuschauer nicht, aber es machte sie unzufriedener. Die politische Sachkenntnis wurde durch das Fernsehen nur minimal verbessert. Religiöse und soziale Normen blieben (zumindest während des Untersuchungszeitraumes) unbeeinflußt.

Für Korea wurde festgestellt, daß ein hoher Konsum amerikanischer Fernsehprogramme bei weiblichen Personen mit einer größeren „Liberalität" verbunden war, wohingegen für männliche Studenten die Meinung, die koreanische Kultur sei schützenswert, sowie traditionelle familiäre Werte verstärkt wurden. Allerdings war der Konsum amerikanischen Fernsehens mit einem geringeren Respekt gegenüber den Eltern verbunden, was auf eine Erosion traditioneller Werte hindeutete (Kang/Morgan 1987). In diese Richtung weisen auch die von Tan u.a. (1987) auf den Philippinen erhaltene Befunde. Der häufige Konsum amerikanischer Programme ging dort mit

---

[2] Derartige Spekulationen über Medienwirkungen sind oft aufzufinden. Es sei nur auf das Lern- und Arbeitsbuch „Entwicklungspolitik" von Franz Nuscheler (1995, 184) verwiesen, in dessen vierter Auflage behauptet wird: „Wer Fernsehen in der Dritten Welt erlebt hat, wundert sich nicht mehr über die ‚steigenden Erwartungen' infolge einer ständigen und aggressiven Bedürfnismanipulation."

einer Betonung nicht-traditioneller Werte (Vergnügen) und einer Abwertung traditioneller Werte (Weisheit, Vergeben, Seelenheil) einher.

Relativiert werden diese Befunde durch eine „Meta-Analyse" von 17 in elf verschiedenen Ländern durchgeführten quantitativen Studien zum Einfluß US-amerikanischer Fernsehprogramme auf die Einstellungen der Zuschauer in anderen Ländern (Ware/Dupagne 1994). Die Verfasser stellten insgesamt nur kleine Effekte fest. Unterschiede bezüglich des Entwicklungsstandes der untersuchten Länder oder des Alters der Befragten zeigten sich nicht. Das häufigere Sehen von US-Unterhaltungsprogrammen wirkte sich insgesamt positiv auf die Präferenz von amerikanischen Produkten aus und beeinflußte auch die Haltung gegenüber Amerika. Die Einstellung gegenüber der eigenen Kultur und dem eigenen Lebensstil wurde im Vergleich dazu in geringerem Maße verändert; die Wirkung auf die Wahrnehmung des eigenen Landes fiel noch kleiner aus.

Angesichts der quantitativen Überlegenheit US-amerikanischer audiovisueller Produktionen[3] besteht durchaus die Möglichkeit einer weltweiten Gewöhnung an amerikanische Formate, Erzählstile, Aufnahmetechniken etc.[4] Auch gibt es komparative Kostenvorteile amerikanischer Film- und Fernsehproduktionen gegenüber Eigenproduktionen (*„ Cultural Discount"*).[5] Die strukturellen Voraussetzungen für eine Globalisierung der

---

[3] So gesehen, liegt etwa in bezug auf den Film- und Fernsehsektor im Verhältnis Europa vs. USA eine Situation des „Kulturimperialismus" vor: Zwar können in Europa national produzierte Serien einige Erfolge verbuchen, insbesondere auf dem Filmsektor können europäische Produktionen jedoch kaum mit US-amerikanischen konkurrieren (z.B. Television '98, 34–36). Die USA dominieren den europäischen Filmmarkt, ohne selbst in nennenswertem Ausmaß zu importieren. Der Marktanteil europäischer Filmproduktionen in den USA lag 1999 mit 5,6% schon ungewöhnlich hoch. Der Anteil amerikanischer Filmproduktionen auf dem europäischen Markt machte dagegen ca. 71% (der Kassenverkäufe) aus (Europäische Audiovisuelle Informationsstelle 2000, 92f.).

[4] Allerdings ist zu berücksichtigen, daß z.T. auch in anderen Ländern produzierte Formate eine große globale Verbreitung erreichen. Dies gilt insbesondere für brasilianische und mexikanische Telenovelas, die nicht nur in Lateinamerika z.T. US-amerikanische Importe ersetzt haben, sondern auch (z.T. synchronisiert) in zahlreiche Länder außerhalb des Kontinents exportiert werden (Kunczik/Zipfel 1996). In Portugal hat die Beliebtheit brasilianischer Telenovelas z.B. bereits dazu geführt, daß sich Politiker über den Kulturimperialismus ihrer ehemaligen Kolonie beklagten, da sich „Brasilianismen" im täglichen Sprachgebrauch durchzusetzen begannen (Glüsing 1995, 120).

[5] Mit „Cultural Discount" läßt sich die Dominanz der amerikanischen audiovisuellen Produkte auf dem Weltmarkt erklären (Hoskins/Mirus, 1988). Ein bestimmtes Programm, das in der Kultur, in der es produziert wurde, attraktiv ist, verliert in einem anderen kulturellem Umfeld an Attraktivität. Am Beispiel eines Zwei-Länder-Modells läßt sich aufzeigen, daß ein Film mit gleichen Produktionskosten, gleicher Qualität und gleichem „Cultural Discount" (40%), wenn er in den USA produziert

Medienkultur sind gegeben. Die Frage ist jedoch, welche Reaktionen aus der Politik kommen, um die nationalen kulturellen Identitäten bzw. „Provinzen" zu erhalten, und ob Gegenströmungen durch die Rückbesinnung auf nationale Identitäten einsetzen.

2. Die Diskussion um eine Neue Weltinformationsordnung

Die 1945 gegründete UNESCO ist das wichtigste Forum zur Diskussion der internationalen Kommunikationspolitik.[6] Zunächst bestand dahingehend Konsens, daß ein freier Informationsfluß zu unterstützen sei. Dies änderte sich 1954 mit dem Beitritt der Sowjetunion. Es begann die Diskussion um die Konstruktion einer *„Neuen Weltinformationsordnung"*. Dabei haben insbesondere die Probleme im Vordergrund gestanden, die aus der Sammlung und Distribution von Nachrichten durch die großen transnationalen Nachrichtenagenturen resultieren. Die Struktur des Weltnachrichtensystems, die von den Agenturen entscheidend geprägt wird, ist insbesondere seit der Konferenz der blockfreien Staaten in Colombo 1976 in den Vordergrund der politischen Diskussion gerückt. Die Bemühungen der Länder der Dritten Welt bzw. der blockfreien Staaten, die von ihnen wahrgenommene Benachteiligung im internationalen Kommunikationsfluß zu beheben, haben zu einer Vielzahl von Initiativen und Entschließungen geführt. Dabei standen sich – vereinfacht ausgedrückt – drei Konzeptionen gegenüber:

1. Die westliche Position, die für einen „Free Flow of Information" und Pressefreiheit plädierte;
2. die östliche kommunistische Konzeption, die ein staats- bzw. parteikontrolliertes Mediensystem forderte;
3. die Position der blockfreien Staaten. bzw. der Länder der Dritten Welt, die für eine neue, ihre Interessen stärker berücksichtigende Weltinformationsordnung plädierten.

Im Rahmen der Diskussion um die Informationsordnung beauftragte die UNESCO-Generalkonferenz 1976 eine Untersuchung aller gesellschaftlichen Kommunikationsprobleme, wobei auch die internationalen Beziehun-

---

wird, beim Export aufgrund der Marktgröße in den USA einen viel größeren Erlös erzielen kann, als wenn er in einem anderen, kleineren Land produziert und dann in die USA exportiert wird. Obwohl der „Cultural Discount" den Profit in beiden Ländern schmälert, kann der amerikanische Film noch einen Gewinn erzielen, während der Film aus dem kleineren Land einen Verlust hinnehmen muß.

6   Zur UNESCO-Diskussion um die „Neue Weltinformationsordnung" vgl. ausführlich z.B. Breunig (1987; 1996); Giffard (1989); Alscheid-Schmidt (1991).

gen berücksichtigt werden sollten. Vorsitzender der Expertenkommission
war der irische Politiker, Friedensnobelpreisträger (1974) und Mitbegründer
von „Amnesty International" Sean MacBride. 1980 wurde der Schlußbericht („MacBride-Bericht"; MacBride 1980) vorgelegt. Darin wurde u.a.
vor den negativen Folgen der Kommerzialisierung im Medienbereich gewarnt. Die Medien sollten Nachrichten aus Entwicklungsländern mehr beachten. Ferner sollte durch internationale Zusammenarbeit das Nord-Süd-
Gefälle abgebaut werden. Schließlich wurde die Errichtung nationaler
Nachrichtenagenturen besonders in Entwicklungsländern gefordert.[7]

Als Grundlage der Neuen Weltinformationsordnung sollte die Resolution DR 8 dienen, die am 24. Oktober 1980 von den Delegierten der
UNESCO-Generalkonferenz in Belgrad angenommen wurde. Darin waren
elf Postulate enthalten:

1. Beseitigung der Ungleichheit (zwischen Entwicklungsländern und Industrienationen);
2. Ausschaltung einer negativen Wirkung von Monopolen (öffentlich oder
   privat) und übermäßiger Konzentration;
3. Beseitigung von inneren und äußeren Hindernissen eines freien Flusses
   von Nachrichten; eine bessere Balance bei der Verbreitung von Informationen und Ideen;
4. mehr Quellen und Kanäle zur Verbreitung von Informationen;
5. Freiheit von Presse und Informationen;
6. Freiheit der Journalisten und allen in Kommunikationsmedien Tätigen;
   die Freiheit ist von der Verantwortlichkeit nicht zu trennen;
7. eine Verbesserung der Kapazität in den Entwicklungsländern; dieses bedeutet Hilfen für Ausstattung, Ausbildung, Infrastruktur und andere
   technische Kommunikationsmittel;
8. der aufrichtige Wille der entwickelten Länder, den Entwicklungsländern
   zu helfen;
9. Respekt vor der kulturellen Identität und das Recht jeder Nation, die
   Weltöffentlichkeit über ihre Interessen, ihr Streben sowie ihre sozialen
   und kulturellen Werte zu informieren;
10. die Achtung vor dem Recht aller Völker, am internationalen Informati-
    onsaustausch auf der Basis von Gleichheit, Gerechtigkeit und gegensei-
    tigem Nutzen teilzunehmen;

---

[7] Die Herausgeber des 1999 veröffentlichten „MacBride Update", Richard C. Vincent,
     Kaarle Nordenstreng und Michael Traber, konstatieren (VIII), daß durch die Satelli-
     tenkommunikation ein neuer Lebensstil im Norden und bei den Eliten des Südens
     entstanden sei: „In general, however, technological resources are now so unevenly
     distributed that the gap between North and South seems almost unbridgeable [...]".
     Es gebe eine „New World Disorder".

11. Respekt vor dem Recht der Öffentlichkeit, den sozialen Gruppen und Einzelpersonen Zugang zu Informationsquellen zu geben und aktiv am Kommunikationsprozeß teilzunehmen.

Punkt 3 dieser rein politischen Deklaration enthält die berühmt gewordene Kompromißformel des „Free and Balanced Flow of Information". Auch Punkt 6, in welchem individuelle Freiheit westlich-demokratischer Prägung sozusagen definitionsgemäß mit der kommunistischen Vorstellung der Verantwortlichkeit gegenüber dem Staat kompatibel gemacht werden soll, enthielt erhebliches Konfliktpotential. Der freie Informationsfluß wurde u.a. auch mit Artikel 19 der Menschenrechtsdeklaration begründet, der lautet: „Everyone has a right to freedom of opinion and expression; this right includes freedom to hold opinions [...] and to seek, receive and impart information and ideas through any media and regardless of frontiers."

Zum Jahresende 1984 traten die USA wegen der Forderung nach einer Neuen Weltinformationsordnung aus der UNESCO aus. 1986 folgte Großbritannien.[8] Der Konflikt zwischen den USA und der UNESCO entzündete sich insbesondere an der Person des Generalsekretärs Amadou Mahtar M'Bow aus dem Senegal, der von Mitte der 70er bis Mitte der 80er Jahre Generalsekretär der UNESCO war. 1987 wurde auf der Generalversammlung in Paris Frederico Mayor de Zaragossa[9] aus Spanien zum „Director General" gewählt, der eine westliche Position vertrat. In einer Rede vor der „General Assembly of the International Press Institute" am 11. Mai 1988 in Istanbul mit dem Titel „Communications between UNESCO and the International Community" führte Mayor aus: „Unesco's mandate in communications [...] is to contribute to the free flow of information throughout the world [...] the imbalances that exist must be reduced by improving the capacity of all countries to communicate [...] not by limiting or filtering the production of some" (Roach 1990, 288).

Inzwischen ist die Diskussion um eine Neue Weltinformationsordnung im wesentlichen beendet, wozu entscheidend der Zusammenbruch des Ostblocks beigetragen hat. Seit 1989 wird der Begriff „Neue Weltinformations- und Kommunikationsordnung" in den Dokumenten der UNESCO nicht mehr benutzt. Christian Breunig (1996, 80) sieht die gegenwärtige Strategie der UNESCO darin, „durch mehrere regionale Initiativen zu einem schließlich weltweiten Konzept der Kommunikationspolitik zu gelangen." Dabei stehen der freie Informationsfluß, Pressefreiheit sowie unabhängige und

---

[8]   Seit Mitte der 90er Jahre ist Großbritannien wieder Mitglied.

[9]   Mayor wurde 1993 für weitere sechs Jahre im Amt bestätigt. 1999 wurde Mayor nicht wiedergewählt, weil Kritik an der Amtsführung laut wurde. Nachfolger wurde der japanische Jurist und Wirtschaftswissenschaftler Matsuura, der als erstes versuchte, eine Personalstrukturreform durchzuführen.

pluralistische Medien als Ziele im Vordergrund, um damit eine gleichmäßigere Verbreitung von Informationen zu fördern, die dann in allen Regionen der Welt zu einer Demokratisierung beitragen soll.

3. Empirische Studien zum internationalen Nachrichtenfluß

Entscheidenden Einfluß auf die Diskussion um die Neue Weltinformationsordnung hatte die von der UNESCO in Auftrag gegebene *„Foreign Images Study"* (Sreberny-Mohammadi 1980; 1984). Diese Studie, die 29 Staaten berücksichtigte, wurde 1979 durchgeführt. Sie kam zu dem Ergebnis, daß die Auswahl von internationalen Nachrichten anhand universell gültiger Kriterien erfolgte, wobei das Ungewöhnliche (Katastrophen, Unruhen, Staatsstreich usw.) besonders beachtet wurde; d.h. es dominierte eine Krisenberichterstattung. Auffällig war auch ein in allen Mediensystemen der Welt vorzufindender Regionalismus. Die jeweils eigene Region wurde am stärksten beachtet. Von einer eindeutigen Dominanz der Weltzentren gegenüber der Peripherie konnte nicht die Rede sein.

Im Rahmen der „Foreign Images Study" wurde ferner festgestellt, daß die jeweils eigene nationale Nachrichtenagentur die wichtigste Quelle darstellte, gefolgt von den vier[10] großen westlichen Agenturen, also Reuters, UPI[11], Associated Press und Agence France Presse. TASS spielte eine weniger wichtige Rolle. Es zeigte sich, daß nach der eigenen Region Nordamerika, gefolgt von Westeuropa und dann Asien und dem Nahen Osten in allen Mediensystemen am meisten Aufmerksamkeit auf sich zog. Lateinamerika und Osteuropa wurden dagegen 1979 am wenigsten beachtet. Während zwischen Westeuropa und Nordamerika eine *„Reziprozität der Beachtung"* („Reciprocity of Concern") bestand, stellte man eine *„Reziprozität der Indifferenz"* („Reciprocity of Indifference") zwischen Lateinamerika und Afrika fest (Sreberny-Mohammadi 1984). Beide Mediensysteme beachteten sich gegenseitig nicht. Eines der wichtigsten Ergebnisse der „Foreign Images Study" bestand jedoch darin, daß sich der Vorwurf, westliche Agenturen würden in ihren regionalen Diensten die Dritte Welt

---

[10]   Boyd-Barrett (1998, 15) spricht inzwischen von den „Big Three" (Reuters, AFP, AP). Als weitere Agentur verdient zudem Inter Press Service (IPS) Erwähnung. IPS versucht seit 1964, als „alternative" Agentur die Sicht der Entwicklungsländer zu verbreiten.

[11]   United Press International hat eine sehr wechselvolle Geschichte durchlebt. 1982 wurde UPI von der Zeitungsgruppe Scripps Howard verkauft. 1992 erwarben saudiarabische Investoren UPI. Im Mai 2000 wurde UPI an die News World Communications Inc. verkauft, die mit der Vereinigungskirche des Koreaners Sun Myung Moon („Moon-Sekte") verbunden ist.

nicht beachten, als unbegründet herausstellte; allerdings war die Berichterstattung über Entwicklungsländer durch eine urbane und elitistische Verzerrung gekennzeichnet. Die Berichterstattung aus dem ländlichen Bereich
stellte sich als quantitativ bedeutungslos heraus.

Nach der 1995 durchgeführten, noch nicht vollständig publizierten
Replikation der „Foreign Images Study"[12] ist der Machtstatus eines Landes, also die Fähigkeit auf ein beliebiges anderes Land einzuwirken, ein besonders starker Nachrichtenfaktor. Daneben spielt v.a. die Intensität der
ökonomischen Beziehungen eine Rolle.[13] In einigen Ländern verdrängt
nach Lutz M. Hagen u.a. (1998, 78f.) der Effekt sprachlicher Nähe den
Effekt der ökonomischen Nähe, wobei die USA als „Nachrichten-Super-
macht" die Auslandsberichterstattung weltweit dominieren. In bezug auf
die Berichterstattung über Deutschland erwiesen sich „Nähe" und „Ähnlichkeit" (zwischen Deutschland und den Staaten, deren Berichterstattung
untersucht wurde) und dabei insbesondere das relative Handelsvolumen
(Anteil Deutschlands am Im- und Export eines Landes) als wichtige Nachrichtenfaktoren (Hagen 1998a).[14]

Wilke (1998b, 47) betont in seiner Analyse der „Konstanten und Veränderungen der Auslandsberichterstattung", daß auf die Frage, ob die politischen Umbrüche (Demokratisierung vieler Staaten, Ende der Bipolarität)
seit Ende der 80er Jahre zu einer Änderung der Auslandsberichterstattung
im Sinne einer Pluralisierung geführt haben, noch keine Antwort gegeben
werden könne. Allerdings sei der Apparat der internationalen Nachrichtenbeschaffung im großen und ganzen ziemlich stabil geblieben: „Er hat gewissermaßen ein Eigengewicht, das politischen Systemwandel überdauert und
dessen Folgen für den internationalen Nachrichtenfluß abschwächt." Wilke
(1998b, 53) vergleicht die Befunde der „Foreign Images Study" mit den
1995 erhaltenen Daten: „Als Konstante der Auslandsberichterstattung erweist sich auch 1995 der Regionalismus, d.h. daß die meisten Aus-

---

[12] Auf Initiative von Robert Stevenson und Annabelle Sreberny-Mohammadi untersuchten Wissenschaftler aus rund 40 Staaten die Auslandsberichterstattung von
Tageszeitungen, Fernseh- und/oder Radionachrichtensendungen. Der Untersu-
chungszeitraum umfaßte zwei Wochen (3.–9. September 1995 sowie 17.–23. September 1995). In Deutschland wurde das entsprechende Projekt von Winfried Schulz,
Jürgen Wilke und Lutz M. Hagen durchgeführt. Hagen u.a. (1998) legen Daten für
die wechselseitige Berichterstattung in 69 Medien aus 28 Ländern vor.

[13] Das Handelsvolumen, die Summe von Importen und Exporten, wurde als Indikator
für die Beziehungsintensität benutzt; vgl. Hagen u.a. (1998, 65).

[14] Zu der Tatsache, daß ranghöhere (d.h. Großmächte) und geographisch und/oder kulturell nähere Staaten größere Chancen besitzen, zum Gegenstand der Berichterstattung zu werden und daß wirtschaftliche, bündnispolitische sowie ideologische Beziehungen ebenfalls zu einer intensiven Berichterstattung über ein anderes Land führen, vgl. auch Schenk (1987) und Stevenson (1988).

landsnachrichten aus der Region der Welt stammen, in der das jeweilige Land selbst liegt." In einigen Ländern wie Finnland, Deutschland, Argentinien und Australien wird sogar eine Verstärkung des Regionalismus festgestellt. Wilke (1998b, 54f.) bezeichnet den Regionalismus als „Hauptkonstante" und schreibt: „Konstanten gibt es auch in der Rangfolge der Ereignisregionen der Nachrichtengeographie. An der nachrangigen Stellung von Lateinamerika und Afrika hat sich wenig geändert (allenfalls noch zum Schlechteren)." Als weitere Konstante erwies sich die Bevorzugung von Elite-Nationen.

Wilke und Schenk (1987, 30f.) erklären die Tatsache daß Lateinamerika in den deutschen Nachrichtenmedien so geringe Beachtung findet und bevorzugt negative Nachrichten aus Lateinamerika kommen, damit, daß Lateinamerika für Deutschland nicht unter den Faktor „Regionalismus" fällt und die Faktoren „politische Nähe" sowie „wirtschaftliche Nähe" aus deutscher Sicht ebenfalls nicht zuträfen. Als einziger wichtiger Nachrichtenfaktor bleibe „Negativismus" (Bürgerkriege, Naturkatastrophen, Schuldenkrise, Menschenrechtsverletzungen, Wahlmanipulationen usw.). Es ist zu vermuten, daß heute bestimmte europäische Länder in ähnlicher Weise ignoriert werden, wie z.b. die Balkanstaaten, die Länder des Baltikums, die Ukraine, Weißrußland, Moldawien, die Slowakei oder Slowenien.

Haoming Denis Wu (1998) untersuchte in einer „Meta-Analyse" die Determinanten des internationalen Nachrichtenflusses. Wu unterscheidet dabei die „Gatekeeper-Perspektive", die sich auf sozialpsychologische Aspekte konzentriert, und die „logistische Perspektive", bei der v.a. Strukturmerkmale im Mittelpunkt stehen.[15] Wu (1998, 507) resümierte, „that the everyday representation of the world via news media is far from a direct reflection of global realities." Der internationale Nachrichtenfluß werde aus der Gatekeeper-Perspektive v.a. vom Nachrichtenwert, soziokulturellen Strukturen, organisatorischen Zwängen der Journalisten und der Agenda-Setting-Wirkung (vgl. Kapitel V.7.) der internationalen Nachrichtenagenturen bestimmt. Faktoren, die aus logistischer Perspektive die internationale Berichterstattung determinierten, seien das Bruttosozialprodukt eines Landes, das Handelsvolumen, Regionalismus, Bevölkerung, geographische Größe, geographische Nähe, politisches/ökonomisches Interesse des eigenen Landes an dem entsprechenden Staat, Elite-Status, Kommunikationsressourcen und Kommunikationsinfrastruktur sowie kulturelle Nähe.

---

[15]   Ein Beispiel für den sozialpsychologischen Ansatz ist eine Studie von Tsan-Kuo Chang und Jae-Won Lee (1992), die 279 US-amerikanische „Newspaper Editors" befragten und zur Auslandsberichterstattung herausfanden, daß „Bedrohung der USA und des Weltfriedens", „angenommenes Leserinteresse", „Aktualität" und „Beteiligung der USA an einem Ereignis" wichtige Selektionskriterien waren.

Tsan-Kuo Chang (1998) analysierte die Berichterstattung von Reuters anläßlich der WTO-Konferenz in Singapur im Dezember 1996, an der 162 Länder teilnahmen. Von 116 Nachrichten betrafen fast 90% aller Nachrichten sog. „Zentrumsnationen"; semi-periphere Nationen waren in ca. 45% und periphere Staaten nur in ca. 9% der Nachrichten erwähnt. Chang (1998, 558) sieht darin eine Bestätigung der These, daß „international communication is a manifestation of the world system arrangement."

Ein neuer Ansatz zur Analyse internationaler Kommunikation stammt von Kyungmo Kim und George A. Barnett (1996), die internationalen Nachrichtenfluß als Anzahl der „newspapers and periodicals traded among the nations of the world" operationalisierten (Kim/Barnett 1996, 329). Eine zentrale Position im Nachrichtenfluß besaßen demnach 1990 v.a. Großbritannien, (West-) Deutschland, Frankreich und die USA; hinzu kamen noch Italien, Schweiz, die Niederlande und Spanien als zentrale Nationen. Die meisten afrikanischen, lateinamerikanischen, asiatischen und ozeanischen Länder wurden als peripher eingestuft. Die Autoren konstatierten einen ungleichgewichtigen vertikalen Nachrichtenaustausch zwischen Peripherie und Zentrum.

Auch die Fernsehberichterstattung weist vergleichbare Merkmale auf. Der Weltmarkt für audiovisuelle Agenturen wird von APTV („Associated Press TV", „Reuters Television und WTN („World Television News") beherrscht (Boyd-Barrett 1998, 19; Stirnberg 1998). Klaus Kamps (1998; 1999) untersuchte die Struktur, Thematisierung und Präsentation internationaler Ereignisse in den abendlichen Hauptnachrichtensendungen in Deutschland (ARD, ZDF, RTL, NTV), Großbritannien (ITN), USA (NBC) sowie zwei Formaten von CNN im Januar 1994 und November 1995. Dabei zeigte sich, daß es *Nachrichtenzentren* mit Ländern, über die konstant berichtet wird (USA, Deutschland, Frankreich, Großbritannien, Rußland), und eine *Nachrichtenperipherie*, d.h. Länder über die nur punktuell und eher zufällig berichtet wird, gibt.[16] Kamps (1998, 293) resümierte: „Während von und aus wenigen Ländern mit Permanenz berichtet wird, gerät ein Großteil der Welt erst durch Krisen, dramatische Ereignisse (oder Sport) in den medialen Fokus." Peter Ludes (1999) analysierte Fernsehnachrichten („CBS Evening News", „Tagesschau" und „Aktuelle Kamera") im Zeitverlauf (Zeitspanne ab 1949 bis 1995; keine systematische Auswahl). Es zeigte sich, daß Fernsehnachrichten an den jeweils eigenen Gesellschaften orientiert waren und als Thema die nationale Politik dominierte. Zugleich hat Ludes versucht, die nicht beachteten Themen zu identifizieren. So wurden z.B.

---

16   Daneben unterschied Kamps (1998, 292) noch *„Nachrichtennachbarn"*, d.h. Länder über die relativ kontinuierlich berichtet wird, und *„thematische Nachrichtennachbarn"*, über die relativ häufig, aber vor allem im Hinblick auf besondere Themen und Ereignisse berichtet wird.

Afrika, Lateinamerika und Asien in der Berichterstattung vernachlässigt. In einer weiteren Studie untersuchten Peter Ludes, Joachim Friedrich Staab und Georg Schütte (1997) die Hauptnachrichtensendungen von ARD und CBS zwischen 1976 und 1995. Sowohl in den USA als auch in der BRD dominierte das eigene Land. Diese Tatsache war bei CBS mit einem Anteil der nationalen Berichterstattung an der Sendezeit der Fernsehnachrichten von zwei Dritteln noch ausgeprägter als bei der ARD mit 55%. Bei CBS fanden noch Ereignisse aus dem Nahen Osten sowie West- und Osteuropa eine gewisse Beachtung; bei der ARD noch West- und Osteuropa sowie bis 1990 die DDR. „Alle anderen Ereignisregionen sind dagegen langfristig betrachtet praktisch bedeutungslos." (Ludes/Staab/Schütte 1997, 145). Von einer Internationalisierung der Nachrichtengebung könne nicht gesprochen werden. Bei den Sachgebieten, über die berichtet werde, dominierten bei CBS Politik, Gesellschaftliches und Wirtschaft; bei ARD Politik, Wirtschaft und Sensationen/Katastrophen (Ludes/Staab/Schütte 1997, 147). Auch der internationale Austausch von Fernsehnachrichten durch Organisationen wie „Eurovision", „Arabvision" usw. scheint nicht zu einer Internationalisierung der Nachrichten beigetragen zu haben (Hjarvard 1998).

Miriam Meckel (1998, 258) gelangte in einer Literaturdurchsicht zu den Strukturen der Auslandsberichterstattung im Fernsehen zu dem Schluß, daß Konflikte, Kriege und Katastrophen den Schwerpunkt der Auslandsberichterstattung bilden. Gerade in den USA (NBC, CBS und ABC) war dabei in den Abendnachrichten zwischen 1989 und 1996 ein dramatischer Rückgang der Auslandsberichterstattung um die Hälfte bis zu zwei Dritteln zu konstatieren (bei ABC von 3.733 Minuten auf 1.838 Minuten und bei NBC von 3.351 auf 1.175 Minuten). Die Gründe dafür wurden im hohen Konkurrenz- und Kostendruck gesehen, die rentable Auslandsberichterstattung kaum ermöglichten. Für das deutsche Fernsehen wurde aufgezeigt, daß die privaten Sender kaum über Auslandskorrespondenten verfügen. Allerdings ist auch die Situation bei den öffentlich-rechtlichen Anstalten alles andere als ideal.[17] Meckel resümierte, daß in einem kommerzialisierten Fernsehmarkt der Anteil eigenproduzierter Auslands-Informationen geringer werde. Zugleich konstatierte sie ein abnehmendes Zuschauerinteresse an Auslandssendungen. Meckel (1998, 374) sah die größte Chance zur Realisierung von Auslandsthemen in den Fernsehnachrichten, wo allerdings „oberflächliche Selektionskriterien wie Überraschung, Krise, nationaler Bezug etc." vorherrschten und damit kaum komplexe Sachverhalte durchleuchtet und vermittelt würden.

---

[17] So ist z.B. der Asienkorrespondent des ZDF in Singapur angesiedelt und soll über folgende Länder berichten: Singapur, Malaysia, Indonesien, Brunei, Papua-Neuguinea, Thailand, Kambodscha, Vietnam, Laos, Myanmar, Indien, Bangladesch, Nepal, Bhutan, Pakistan, Afghanistan, Australien und Neuseeland.

Angesichts der geschilderten strukturellen Bedingungen des Nachrichtenflusses bleibt Staaten, die wegen der routinisierten Vorgänge der Informationssammlung benachteiligt und an einem positiven Image in einem anderen
Land bzw. in einer Region interessiert sind (z.b. aus wirtschaftlichen
und/oder politischen Gründen), nur die Möglichkeit, Public Relations zur
Imagepflege zu betreiben (Kunczik 1990; 1997b). PR für Staaten ist zwar
immer interessengebundene Kommunikation, kann aber strukturbedingte
Kommunikationsdefizite ausgleichen.

Insgesamt wird die internationale Öffentlichkeit ein immer bedeutsame-
rer Faktor in der internationalen Politik, wobei für die Entwicklung einer
Weltöffentlichkeit als politischer Faktor drei Voraussetzungen erfüllt sein
müssen (Davison 1973, 874): „People in several countries must give their
attention to a given issue; they must have sufficient means of interacting so
that common and mutually reinforcing attitudes can form; and there must
be some mechanism through which shared attitudes can be transmitted into
action." Diese Voraussetzungen sind inzwischen erfüllt. Dabei kommt bestimmten privaten (z.B. „Amnesty International"; „Greenpeace"; WWF;
„Transparency International") und internationalen Organisationen (z.B.
UNO und deren Suborganisationen) besondere Bedeutung zu. Es gibt eine
Vielzahl von Versuchen, durch die Schaffung einer internationalen Öffentlichkeit (insbesondere durch den Einsatz von Massenmedien, die Gründung
von Komitees usw.) politisch eng umgrenzte Ziele (z.B. Freilassung politischer Gefangener, Verbot von Robbentötung, Kampf gegen den Walfang
usw.) durch den damit bewirkten Druck auf Regierungen zu erreichen. Die
1961 gegründete Organisation „Amnesty International" stellt Regierungen,
die Menschenrechtsverletzungen betreiben bzw. nicht verhindern, an den
Pranger der Weltöffentlichkeit, um moralische Empörung zu bewirken. Die
1993 von Peter Eigen (früher Weltbank-Direktor für Ost-Afrika) gegründete und in über 70 Ländern tätige Organisation „Transparency International" macht sich ebenfalls das „Instrument" der Weltöffentlichkeit bei
ihrem internationalen Kampf gegen die Korruption zunutze (O'Hara-
Forster 1998; Mohn 1999, 13). Durchaus als Konsequenz der Globalisierung kann der mit Hilfe des Internets organisierte Protest gegen die WTO
(World Trade Organization) in Seattle 1999 und gegen den IMF
(International Monetary Fund) in Washington 2000 angesehen werden
(Hornblower 1999; Behrens 2000). Unter dem Einfluß der Entwicklung des
Internets ist es dazu gekommen, daß zuvor eher isolierte, kleine Gruppen
nunmehr koordiniert global agieren. Eine der ersten revolutionären Bewe-
gungen, die das Internet systematisch nutzte, um die Aufmerksamkeit der
Weltöffentlichkeit zu gewinnen, waren die Zapatistas aus Chiapas (z.B.
Ronfeldt 1998; Huffschmid 2000).

4. Internationale Medienkonzerne

4.1. Die Entstehung von Mediengiganten

Medienkonzerne sind Unternehmen, die überwiegend im Mediensektor tätig sind bzw. auf einem relevanten Medienmarkt[18] eine dominierende Stellung einnehmen und aufgrund verschiedener Verflechtungen eine hohe wirtschaftliche Macht besitzen. Folgende Formen der Unternehmens- und somit auch der Medienkonzentration werden unterscheiden:

- *horizontale Konzentration*, bei der die beteiligten Medienunternehmen auf dem gleichen relevanten Markt tätig sind (z.B. Zusammenschluß zweier Zeitungsverlage);
- *vertikale Konzentration*, bei der die Unternehmen auf vor- und/oder nachgelagerten Produktionsstufen tätig sind, d.h. die in einer Käufer-Verkäufer-Beziehung stehen (z.B. Zusammenschluß von Filmproduzenten und Fernsehsendern);
- *diagonale (konglomerate) Konzentration*, bei der die beteiligten Unternehmen auf unterschiedlichen relevanten Märkten tätig sind (z.B. Zusammenschluß eines Filmstudios wie „Universal Studios" mit einem Getränkekonzern wie „Seagram").

Im Mediensektor können in Anlehnung an Jürgen Heinrich (1994, 122) idealtypisch sieben verschiedene Produktions- und Handelsstufen unterschieden werden:

- Erstellung von Produktionsanlagen (Hardware), z.B. Druckereien, Studio-Einrichtungen, Übertragungswagen usw. (Stufe 1);
- Produktion von Medieninhalten (Software), d.h. z.B. Filme, Bilder, Reportagen, Artikel (Stufe 2);
- Zusammenstellung des Sortiments von Medieninhalten in Massenmedien, also Produktion der Zeitung, der Zeitschrift oder des Hörfunk- oder Fernsehprogramms (Stufe 3);
- Vertrieb der Massenmedien (Stufe 4);
- Verbreitung von Software durch nichtmassenmediale Vertriebswege, z.B. durch Kinos, Videomärkte und Archive (Stufe 5);
- Verkauf von Werbung durch Media-Agenturen (Stufe 6) und
- Betreiben reiner Vertriebskanäle wie Kabelnetz und Satellit (Stufe 7).

---

[18] Die Festlegung der „relevanten Marktes" und damit des Konzentrationsgrades ist ausgesprochen schwierig. Kriterien sind z.B. Typus (z.B. ein Medium oder mehrere Medien), Raum (lokal, regional, national, international) und Zeit (Zeitraum, in dem eine marktbeherrschende Stellung besteht).

Vertikale Konzentration ist besonders vorteilhaft, wenn es um die Sicherung eines angemessenen Inputs an Mediensoftware in die Massenmedien geht, d.h. von Stufe 2 zu den Stufen 3, 4 und 5 erfolgt.

Ein wichtiger Grund für Konzentrationstendenzen im Medienbereich liegt in einer Besonderheit der Ware „Medieninhalt" (Informationen, Filme, Shows etc.). Bei diesem Gut herrscht *„Nicht-Rivalität im Konsum"*, d.h. im Prinzip können beliebig viele Personen dieses Gut gleichzeitig oder nacheinander konsumieren, ohne daß es verbraucht wird. Dieser Tatbestand führt dazu, daß es für das Unternehmen profitabel ist, das Gut „Medieninhalt" möglichst häufig zu reproduzieren. Es wird als Prototyp nur einmal hergestellt und dann vervielfältigt und verteilt („Blaupausen-Industrie"). Die Produktionskosten sind unabhängig von der Zahl der Rezipienten, d.h. es kommt zur kontinuierlichen *„Fixkostendegression"* (die Stückkosten sinken mit steigender Zahl der Nutzer).

Eine weitere wichtige Besonderheit der Medienproduktion liegt im *Verbund von Rezipienten- und Werbemarkt*. Medien produzieren für zwei Märkte, nämlich für Rezipienten und Werbetreibende. Der Marktwert der Werbung ist dabei von der Nachfrage der Rezipienten abhängig (Reichweite des Mediums). Es liegt eine direkte Abhängigkeit des Gewinns von der Reichweite des Mediums vor: Steigende Reichweite bedeutet ceteris paribus steigenden Gewinn.

Durch Medienkonzentration kann es zu einer Bedrohung der Meinungsvielfalt kommen. Im Fall der horizontalen Medienkonzentration ist zu erwarten, daß mit der Zahl der Unternehmen auch die Zahl der Medienangebote sinkt. Vertikale Zusammenschlüsse können dagegen den Marktmechanismus außer Kraft setzen. Das Zusammenspiel von Angebot und Nachfrage funktioniert nicht mehr, da ein Unternehmen, das auf verschiedenen Produktionsstufen tätig ist, auch alle diese Stufen beeinflussen kann. Die Auswirkungen der horizontalen und vertikalen Konzentration können sein (z.B. Heinrich 1994, 124–135):

- Die Möglichkeit der Einflußnahme des Medieneigentümers auf Medieninhalte wird ausgeweitet;
- die Möglichkeit, den redaktionellen Teil für Werbung zu mißbrauchen, steigt;
- Mehrfachverwertungen nehmen zu;
- die Kontrolle durch den Markt nimmt ab;
- Der intermediale Wettbewerb wird verschlechtert;
- Marktzutrittschancen sinken.[19]

---

[19]   Es ist allerdings auch möglich, daß die Kostenersparnis der Qualität des Produkts zugute kommt. Auch muß die Meinungsvielfalt nicht unbedingt sinken, da es für

Ab Mitte der 80er Jahre gab es vor allem in den USA eine Vielzahl von großen Zusammenschlüssen, bei denen Milliarden von US-Dollar bewegt
wurden (Tab. 1):

Tabelle 1: Zusammenschlüsse großer Medienunternehmen

Fusionspartner bzw. Käufer und gekauftes Unternehmen		Jahr
Capital Cities	ABC	1986
National Amusements	Viacom	1987
Sony	CBS Records	1987
News Corp.	Triangle Publications	1988
Sony	Columbia Pictures	1989
Time	Warner Communications	1990
Matsushita El.	MCA/Universal	1991
Viacom	Blockbuster	1994
Viacom	Paramount Communications	1994
Walt Disney	Capital Cities/ABC	1995
Westinghouse	CBS	1995
Seagram	MCA/Universal	1995
Time Warner	Turner	1995
Bertelsmann	Cie. Luxembourgeoise de Television (CLT)	1996
Viacom	CBS	Im April 2000 genehmigt
Time Warner	AOL	Im Januar 2001 genehmigt
Vivendi	Seagram	Im Oktober 2000 genehmigt

Die großen Zusammenschlüsse von Medienunternehmen begannen 1989/90
als die „Time"-Verlagsgesellschaft, der u.a. Kabelfernsehnetze gehörten, mit
„Warner" (Film- und Musikproduzent) fusionierte und die japanische
Hardware-Firma „Sony Columbia Pictures Entertainment" kaufte. 1995

---

einen Konzern auch aus ökonomischen Erwägungen sinnvoll ist, mit einer breiten
Produktvielfalt verschiedene Kunden anzusprechen.

war das Jahr mit den größten Bewegungen. Im Juni 1995 erwarb „Seagram" 80% des Hollywood-Studios „MCA/Universal". Ende Juli gab „Disney" den Kauf von „ABC/Capital Cities" bekannt. Einen Tag später, am 30. Juli, teilte „Westinghouse" den Kauf von CBS mit. Es folgte ebenfalls noch 1995 „Time Warner" mit der Übernahme von „Turner Broadcasting" (v.a. CNN). Damit sind Unternehmen von bis dahin unbekannter Größenordnung entstanden, die die Struktur der internationalen Kommunikation vollkommen verändert haben und noch verändern werden. Die neu gebildeten Unternehmen bedeuten eine weitere Festigung der Dominanz amerikanischer Medienunternehmen im globalen Rahmen.

Die Hauptgründe für die Fusionswelle in den USA sind in Veränderungen der US-amerikanischen Mediengesetzgebung Mitte der 90er Jahre zu sehen (z.B. Kleinsteuber 1996b). Am 28. Juli 1995 setzte die „Federal Communications Commission" (FCC), die entscheidende Regulierungsinstanz für den Medienbereich, eine seit 25 Jahren gültige Regelung, die sogenannte *„Prime Time Access Rule"*, mit Wirkung zum 30.8.1996 außer Kraft. Ein Ziel dieser Vorschrift war die Begrenzung der Marktmacht der Networks. Weiterhin wollte man erreichen, daß eine umfangreichere Lokalberichterstattung erfolgt. Dies war allerdings nicht der Fall. Mit der Aufhebung der Regelung haben nunmehr alle TV-Stationen die Möglichkeit, Programme die von den Networks oder „independent companies" „syndicated" (also gleichzeitig in verschiedenen Medienorganisationen veröffentlicht) werden, in der Stunde vor Beginn der Prime-Time zu senden. Gegen den Widerstand von Hollywood hat die FCC zum 10.11.1995 auch die *„Fin-Syn Rules"* („Financial-Interest-and-Syndication-Rules") aufgehoben und damit den „syndication market" für die Networks geöffnet. Die Fin-Syn-Regelung hatte es den Networks untersagt, sich finanziell an den Produktionsfirmen zu beteiligen, deren Programme sie ausstrahlten. Ferner war nicht erlaubt, Rechte der Wiederholungssendungen zu kaufen und eigene Filmproduktionen für die Prime-Time durchzuführen. Der Hintergrund dieser Regelungen lag darin, daß den Networks Mißbrauch ihrer Nachfragemacht auf den Programmärkten vorgeworfen worden war. Durch die Aufhebung dieser Vorschriften[20] wurde die Konzentration US-amerikanischer Medienkonzerne und insbesondere eine vertikale Integration erleichtert. Es kam zu einer Welle von Fusionen, durch die weltweit agierende Medienunternehmen von bis dahin unbekannter Größe entstanden. Die Medienindustrie wurde von einem regelrechten Übernahmefieber befallen. Es dominierte die Meinung, ein Medienunternehmen müsse möglichst groß und vertikal integriert sein, um Geld zu verdienen, d.h. man müsse Fernsehprogramme selbst produzieren und über eigene Anstalten

---

[20] Außerdem unterzeichnete Präsident Clinton am 8.2.1996 den *„Telecommunications Reform Act"*, der u.a. bestimmte Marktanteilsbegrenzungen aufhob.

(Fernsehkanäle) verbreiten können. Als beispielhaft für ein derartiges Vorgehen gilt Rupert Murdochs „News Corp." (vgl. Kapitel VI.4.2.).

Inzwischen sind die Konzentrations- bzw. Übernahmeprozesse weiter vorangeschritten. 1999 wurde die Fusion von „Viacom" und CBS bekannt gegeben und im April 2000 genehmigt. Das Ziel der Fusion besteht darin, durch vertikale Integration eine globale Medien- und Unterhaltungsgruppe zu schaffen. CBS, eines der größten nationalen Fernseh- und Radiounternehmen der USA, das erst wenige Jahre zuvor von „Westinghouse" gekauft worden war, bekommt durch die Fusion Zugang zu Inhalten (Fernseh- und Filmstudios). „Viacom" verfügt dann über Werbe- und Vertriebskanälen für die Filme und Shows die im eigenen Konzern produziert werden.

Anfang 2001 genehmigt wurde die Fusion von „Time Warner" mit dem weltgrößten Online-Dienst AOL. Für AOL ergibt sich daraus die Möglichkeit, das gut ausgebaute Kabelnetz von „Time Warner" zu nutzen und Zugriff auf Inhalte von Time Warner zu bekommen. „Time Warner" kann das Internet- und E-Commerce-Angebot ausweiten und Werbung, Marketing und Verkauf im globalen Rahmen verbessern. Die Aktivitäten der beiden Ursprungskonzerne sind komplementärer Natur, d.h. das neue Unternehmen deckt fast alle Stufen der digitalen Wertschöpfungskette ab.

Im Juni 2000 schließlich trat ein neuer globaler Player auf den Medienmarkt. Der französische Mischkonzern „Vivendi" (u.a. im Wassergeschäft tätig) und seine Fernsehtochter „Canal Plus" fusionieren mit dem Medien- und Getränkekonzern „Seagram" zum neuen Konzern „Vivendi Universal", der sich auf die Bereiche Telekommunikation, Medien Unterhaltung und neue Technologien (Internet) konzentrieren will.

4.2. Das Beispiel Rupert Murdoch und die News Corp.

Rupert Murdoch hat mit seiner „News Corp." einen der größten Medienkonzerne der Welt aufgebaut, der weltweit ca. 800 Unternehmen in über 50 Ländern sowie rund 36.000 Mitarbeiter umfaßt und dessen Jahresumsatz ca. $ 14 Mrd. beträgt (2000). Der Tätigkeitsbereich der „News Corp." reicht von der Produktion von Kino- und Fernsehfilmen über das Betreiben von Fernsehstationen, Satelliten- und Kabelfernsehübertragungen, die Herausgabe von Zeitungen, Magazinen und Büchern bis hin zur Produktion und dem Vertrieb von Werbeartikeln und -dienstleistungen. Über Tochterfirmen ist das Unternehmen auch in der Entwicklung von digitalen Übertragungswegen, Abonnement-Verwaltungssystemen und Computer-Informationsdiensten tätig (Medienspiegel 2000). Im folgenden sollen die wichtigsten Charakteristika der Konzernstrategie ausführlicher dargestellt werden.

4.2.1. Globalisierung

Murdochs Unternehmensstrategie ist durch ein Streben nach Globalisierung und einer Abdeckung aller gewinnversprechenden Märkte gekennzeichnet. Diesen Anspruch brachte Murdoch mit den Worten auf den Punkt: „We want to put our programming everywhere and distribute everybody's product around the world." (New York Times, 29.7.1996, D8). Ausgangspunkt der globalen Expansion des Unternehmens war Australien, wo Murdoch 1952 von seinem Vater zwei Zeitungen erbte, schon bald weitere Blätter aufkaufte und 1958 ins Fernsehgeschäft einstieg. Anfang der 60er Jahre ging Murdoch nach Hongkong und Neuseeland. Ende der 60er Jahre begannen die Investitionen in Großbritannien. In den frühen 70er Jahren kaufte Murdoch die ersten US-amerikanischen Blätter. 1985 wurde er amerikanischer Staatsbürger, eine Voraussetzung für seinen Einstieg in den US-amerikanischen Fernsehmarkt. Zu Beginn der 90er Jahre erfolgte eine Ausdehnung der asiatischen Aktivitäten, und Lateinamerika und Kontinentaleuropa wurden als weitere Märkte entdeckt. Die wichtigsten Tätigkeitsbereiche der „News Corp." stellen sich heute wie folgt dar (Medienspiegel 2000; News Corp. 2000):

In den USA, wo die „News Corp." über 70% des Konzernumsatzes erzielt, hat Murdoch 1985 mit dem Kauf der Fernsehkette „Metromedia" den Grundstein für den Aufbau seines Networks „Fox" gelegt.[21] Ganz oder teilweise zur „News Corp." gehören zudem u.a. folgende Networks bzw. Kanäle: „Fox Sports Net", „Fox Kids Network", „Fox Family Channel", „Fox News Channel", die Unterhaltungsnetworks FX (Serien und populäre Filme) und fxM (Kinofilme). Auch in der Produktion von Kino- und Fernsehfilmen ist Murdoch in den USA aktiv (z.B. „20th Century Fox" und andere Studios, darunter auch Firmen für Animation und Spezialeffekte). Ebenfalls abgedeckt wird der Markt für Videos und für die Entwicklung interaktiver Unterhaltungsprodukte (z.B. Spiele). Hinzu kommen Gesellschaften oder Abteilungen für Marketing, Verleih und Verkauf von Videos und interaktiven Angeboten sowie für Lizenzierung und Merchandising firmeneigener Produkte, die z.T. aber auch für andere Anbieter (z.B. „CBS Video", „BBC Video") tätig sind. Auch im Internetbereich und in der Entwicklung digitaler Produkte und Dienstleistungen („News Digital Media") sowie von Internet-Spielen („Kesmai Corp.") ist die „News Corp." aktiv. Ebenfalls zur „News Corp." gehört der internationale Verlag „Harper Collins Publishers" sowie die Zeitung „New York Post".

---

21   Nach dem Aufkauf der Fernsehgesellschaft „Chris-Craft" (2000) besitzt „Fox" mehr eigene TV-Stationen als die beiden Konkurrenten ABC und NBC.

In Asien ist u.a. „Star TV" zu nennen, der führende Satellitenfernsehsender mit über 300 Millionen Zuschauern, dessen größte Märkte Indien, China und Taiwan sind, der aber auch im Mittleren Osten empfangen werden kann. Beteiligt ist die „News Corp." außerdem an Joint-ventures wie dem Musikkanal „Channel V" (zusammen mit der „Bertelsmann Music Group", „EMI Music", „Warner Music Group" und „Sony Pictures Entertainment") oder Asiens größtem Sportsender „ESPN STAR Sports" (Joint-venture mit „ESPN Asia").

In Lateinamerika ist Murdoch u.a. im Rahmen der strategischen Allianz „Sky Latin America" mit dem brasilianischen Medienkonzern „Globo" und dem mexikanischen Medienkonzern „Televisa" sowie mit dem Kabelnetzbetreiber TCI aktiv, die einen digitalen „Direct-to-Home"-Fernseh-Service für Lateinamerika und die Karibik anbietet.

In Australien sind der Pay-TV-Service „Foxtel", die „Fox Studios" und die Zeitungsgruppe „News Limited" zu nennen, zu der ca. 120 Blätter, darunter die nationale Tageszeitung „The Australian" gehören, die aber auch an der Fluggesellschaft „Ansett Australia" beteiligt ist.

In Großbritannien gehört der weltweit erfolgreichste Pay-TV-Anbieter „British Sky Broadcasting" (BSkyB) ebenso zur „News Corp." wie die „News International plc", die u.a. „The Times", „The Sunday Times" und die Boulevardblätter „The Sun" und „News of the World" herausgibt. Damit kontrolliert der Konzern rund 40% des britischen überregionalen Zeitungsmarktes. Zur Erlangung dieser starken Position trug auch eine ausgesprochen aggressive Marketingstrategie bei, die in der kostenlosen Verteilung von Zeitungen, attraktiven Gewinnspielen und in deutlichen Preissenkungen bestand (Rink 1996, 15, 18). Wie „Kampfpreise" z.B. bei der „Times" und Sonderkonditionen für Abonnenten von BSkyB zeigen, sind diese Methoden auch heute noch üblich (FAZ, 12.2.1998; epd medien, 7.7.1999, 22).

In Kontinentaleuropa ist die „News Corp." derzeit v.a. in Italien und Deutschland aktiv. Erstes Interesse zeigt der Konzern aber auch am osteuropäischen Markt (so z.B. im bulgarischen Fernsehmarkt). In der Bundesrepublik[22] beteiligte sich Murdoch 1994 mit 49,9% an dem Sender VOX, verkaufte diese Anteile jedoch Ende 1999 an RTL bzw. deren Muttergesellschaft, die Bertelsmann Tochtergesellschaft „CLT-Ufa", die zuvor 24,9%

---

[22] Daneben gab es diverse erfolglose Versuche eines Engagements in Deutschland (z.B. Verhandlungen mit Springer über den Aufkauf seines Verlags Ende der sechziger und Anfang der achtziger Jahre, Herausgabe des ostdeutschen Boulevardblatts „Super" 1991/92, die 1993 gegründete Vermarktungsfirma „Selco" zusammen mit PRO7, Pläne zur Zusammenarbeit mit „Bertelsmann" beim digitalen Pay-TV 1996, Verhandlungen mit Kirch über den Einstieg bei DF1; vgl. dazu z.B. Schuler 1999).

von VOX hielt.[23] 1998 erwarb Murdoch 66% der Anteile von TM3, im April 2000 die restlichen 34%; 1999 folgte eine 24%ige Beteiligung an Kirchs Pay-TV-Holding „KirchPayTV" („Premiere World") durch Murdochs britischen Sender BSkyB, an dem sich wiederum Kirch mit 4,3% beteiligte.

Bei allen Vorteilen einer globalen Mehrfachverwertung von Programminhalten hat die „News Corp." die Notwendigkeit erkannt, die speziellen Interessen des jeweiligen Marktes zu berücksichtigen. Im Geschäftsbericht 1997 (News Corp. 1997) schrieb Murdoch zu diesem Thema: „The right mix is to take the best of our international programming but add a substantial amount of locally-produced content. At News Corporation, localization is playing an increasingly crucial role in the success of our television operations in Asia, and Latin America. Hence the Company's readiness to welcome local partners as we've done with JSkyB in Japan, Sky Latin America and parts of Star TV in Asia where our investments are all significant." In Großbritannien reagierte Murdoch auf die zunehmenden Klagen über die fast ausschließliche Verbreitung amerikanischer Programme mit der Zusage, den Anteil britischer Produktionen am Programm erheblich zu steigern (epd medien, 25.1.1997, 20f.). In bezug auf ein mögliches verstärktes Engagement auf dem deutschen Markt versicherte Murdoch 1998 ebenfalls, nicht nur amerikanische Programme verbreiten zu wollen: „Denn wo immer ich Fernsehen veranstalte in der Welt, mache ich die gleiche Erfahrung: Das lokale Programm, der lokale Inhalt gewinnt." (Der Spiegel, 15.6.1998, 123).

4.2.2. Inhalte

Hinsichtlich des Inhalts ist Murdoch ohne Zweifel rein am Kommerziellen interessiert. Das bedeutet auch, daß die von der „News Corp." angebotenen Medieninhalte häufig keinerlei kulturellen Anspruch haben. Dies spiegelt sich im Boulevardcharakter der meisten Zeitungen wider. Bereits in seiner Anfangszeit in Australien verfolgte Murdoch die Strategie, defizitäre Zeitungen in gewinnbringende Boulevardblätter mit dem Themenschwerpunkt „Sex, Crime and Human Interest" umzuwandeln. Auf Klagen über die mangelnde Qualität solcher Produkte antwortet er: „I answer to no one but the public. They tell me what they want, and I give it to them. If the public didn't want nudes, I wouldn't go on publishing them. Go complain to the public, not to me."(zit. in Kiernan 1986, 126). Auch bei „Fox" in den USA setzte Murdoch von Anfang an auf ein Programm, das den kommerziellen

---

23   Damit fand das eigentlich vorgesehene „Shoot Out" nicht statt, bei dem Murdoch ein Angebot für den Anteil (24,9%) hätte abgeben können, den die „Bertelsmann"-Tochter „CLT-Ufa" an VOX hielt. Bertelsmann hätte dieses Angebot annehmen oder die Anteile von Murdoch zum entsprechenden Preis übernehmen müssen.

Erfolg (vor allem bei jungen Zuschauern) durch unkonventionelle Formate vor Qualitätsstandards stellte.[24]

Ein weiterer inhaltlicher Schwerpunkt von Murdochs Medienprodukten, insbesondere seiner TV-Programme, ist weltweit der Sport. Wie Murdoch auf der Jahreshauptversammlung in Adelaide 1996 formulierte, betrachtet er Sport als „Mauerbrecher" und als geeignetsten Inhalt, um die Marktchancen für seine Pay-TV-Dienste weiter zu vergrößern (epd medien, 19.10.1996, 22). Die „News Corp." sichert sich dafür weltweit die Übertragungsrechte für attraktive Sportarten (Fußball, Football, Hockey, Baseball, Rugby, Kricket usw.). In diese Strategie paßt auch der Kauf der Fernsehübertragungsrechte für die „Champions League" durch den deutschen Sender TM3, an dem Murdoch kurz zuvor eine Mehrheitsbeteiligung erworben hatte.[25] Davon abgesehen, greift Murdoch auch direkt ins Sportgeschehen ein. So enthielt der Vertrag mit der englischen Rugby-Liga die Bedingung, daß die Saison vom Winter in den für das Fernsehen attraktiveren Sommer verlegt wird, und eine besondere Klausel sprach der „News Corp." das letzte Wort bei Spielertransfers in der Superliga zu (Funkkorrespondenz, 26.1.1996, 12). In Australien ist die Spitzenliga beim Rugby erst auf Initiative der „News Corp." hin zustande gekommen und gehört ihr zu 50% (News Corp. 1995; 2000). In den USA besitzt Murdoch mittlerweile mit der Baseball-Mannschaft „Dodgers" wie Ted Turner oder die „Disney Company" sein eigenes Sport-Team. In Großbritannien scheiterte der Kauf von „Manchester United" an wettbewerbsrechtlichen Bedenken der Regierung.

4.2.3. Vertikale Unternehmensstrategie

Das Vorgehen im Sportbereich ist für die „News Corp." eine Möglichkeit, quasi selbst Software für ihre eigenen Fernsehkanäle zu „produzieren". Diese Methode steht in Einklang mit einer vertikalen Strategie, d.h. dem Bestreben, vor- und nachgelagerte Produktionsstufen in das eigene Unternehmen zu integrieren. Bereits in Australien kontrollierte Murdoch nicht nur die Tagespresse, sondern besaß gleichzeitig eine marktbeherrschende Position bei der Herstellung von Zeitungspapier, im Druckgewerbe, in Buchverlagen und in Buchladenketten. Heute kann ein und derselbe Medieninhalt dank der vertikalen Integration der „News Corp." innerhalb

---

[24] Dazu gehörten Reality-TV-Sendungen (z.B. Begleitung der Polizei bei der Verbrecherjagd wie bei „Cops" oder Verbrecherjagd durch das Publikum wie bei „America's Most Wanted"). 1999 startete die Show „Action", die aufgrund von Obszönitäten heftige Diskussionen auslöste.

[25] Mittlerweile wurden die Rechte jedoch an RTL und „Premiere World" verkauft.

von Murdochs eigenem Konzern diverse verschiedene Verwertungsstufen durchlaufen. So steht beispielsweise ein von „20th Century Fox" produzierter Film nicht nur Murdochs Fernsehsendern (z.B. dem „Fox-Network") zur Ausstrahlung oder zur Weiterverwertung als Fernsehserie zur Verfügung, sondern wird durch „20th Century Fox Home Entertainment" auch als Video herausgegeben und von „Fox Interactive" zur Entwicklung von Videospielen verwendet (so z.B. bei „Independence Day"). Konzerneigene Abteilungen bzw. Firmen kümmern sich um die weltweite Lizenzierung und Vermarktung (z.B. Merchandising) der Produkte. Die vertikale Strategie erlaubt es Murdoch auch, im Fernsehen seine Kinofilme zu promoten (so z.B. bei dem Kino-Zeichentrickfilm „Anastasia" im „Fox"-Kinderprogramm). In ähnlicher Weise ermöglichte es die erfolgreiche Programmzeitschrift „TV-Guide", Murdochs Fernsehprogramme anzupreisen.[26] Auch Internet-Angebote wurden mittlerweile in die Verwertungskette integriert, so z.B. in Gestalt von Sport-Web-Seiten in Großbritannien. Das Streben nach vertikaler Integration erstreckt sich darüber hinaus auch auf die Distributionskanäle der Medieninhalte. Ziel der „News Corp." ist es, Video-, Audio-, und Daten-Services über eigene Technologie und Verteilungsplattformen zu transportieren. Die Realisierung dieses Anspruchs erfordert auch die Umsetzung eines weiteren Unternehmensprinzips, nämlich der frühzeitigen und z.T. risikofreudigen Investition in neue Technologien. Dies geschieht bei der „News Corp." beispielsweise im Bereich der Internet-Dienste, des digitalen Fernsehens und des Pay-TV bzw. der Decoder-Technik.

4.2.4. Nähe zur Politik

Murdoch versteht es, überall auf der Welt enge Kontakte zu maßgeblichen Politikern zu unterhalten, um so im Gegenzug für Unterstützungsleistungen seiner Medien politische Hilfe bei der Ausdehnung seines Medienimperiums zu erlangen. Dabei reagiert er hinsichtlich dafür z.T. erforderlicher politischer Kehrtwendungen ausgesprochen flexibel. In Australien bezogen seine Zeitungen zunächst 1972 Position für Gough Whitlam, um 1975 dessen Opponenten, den schließlich siegreichen Malcom Fraser zu unterstützen, dessen Regierung Murdoch dann die Übernahme einer Fernsehstation ermöglichte. Auch in späteren Jahren wurde Murdochs journalistische Hilfe für die Regierung durch eine bevorzugte Behandlung honoriert (Rink 1996, 46f.).

---

26 Inzwischen ist Murdoch am „TV-Guide", der mittlerweile u.a. auch über Kabelkanäle und online verbreitet wird, nur noch mit ca. 20% beteiligt.

In den USA unterstützte Murdoch die New Yorker Bürgermeister Ed Koch[27] und später Rudolph Giuliani. Letzterer setzte sich für Murdoch ein, als sich „Time Warner" als Besitzer von New Yorks größtem Kabelnetz weigerte, Murdochs „Fox News" dort einzuspeisen. Giuliani erklärte kurzerhand zwei der fünf Offenen Kanäle in New York für kommerziell und bot einen davon „Fox" an (epd medien, 19.10.1996, 21; 26.7.1997, 18f.). Auch zum damaligen Sprecher des Repräsentantenhauses Newt Gingrich, unterhielt Murdoch Kontakte. Er schloß mit ihm einen Vertrag, der ein nicht geringes Honorar für Gingrichs Autobiographie vorsah. Im Dezember 1995 entschied die Ethik-Kommission des Repräsentantenhauses, daß der Vorschuß von $ 4,5 Mio., den Gingrich von dem zur „News Corp." gehörenden Verlagsunternehmen „HarperCollins" erst angenommen und dann abgelehnt hatte, „unschicklich", aber innerhalb der Vorschriften gewesen sei (Time, 18.12.1995, S. 35).

In Großbritannien pflegte Murdoch besonders enge Kontakte zu Margaret Thatcher,[28] die seine Boulevardblätter bereits im Wahlkampf 1979 unterstützten. Thatcher ermöglichte Murdoch im Gegenzug 1981 die aufgrund der Monopolgesetze schwierige Übernahme der „Times". Thatcher und Murdoch arbeiteten zudem bei der Eindämmung der Macht der Gewerkschaften zusammen. Die Murdoch-Presse war es, die während der Bergarbeiter-Streiks die Gewerkschaften als „rote Gefahr" aufbaute. Thatcher unterstützte Murdoch, als er 1986 die Drucker- und Setzergewerkschaften aus seinem Zeitungsunternehmen verdrängte. Murdoch hatte in Wapping, im Osten von London, ein neues Druckunternehmen errichtet, in dem er keine gewerkschaftlich organisierten Mitarbeiter mehr beschäftigte. Die Entlassung von ca. 5000 Belegschaftsangehörigen führte damals zum heftigsten Arbeitskampf in der britischen Nachkriegsgeschichte. Die enge Verknüpfung zwischen Murdoch und den Konservativen hat sich ein Jahr nach Wapping auch darin ausgewirkt, daß der Handelsminister den Verkauf des Massenblattes „Today" an Murdoch binnen 24 Stunden ohne Prüfung durch die Kartellkommission erlaubte. Thatchers Unterstützung war ferner entscheidend dafür, daß Murdoch 1983 mit „Sky TV" ins britische Fernsehgeschäft einsteigen konnte. Laut Gesetz durften nationale Zeitungsverleger nicht mehr als 20% an britischen Fernsehsendern besitzen. Für die „News Corp." wurde jedoch eine Ausnahmeregel geschaffen. 1990 kam „Sky TV" eine Gesetzeslücke zugute. Dadurch, daß der Sender von Luxemburg aus operierte, fiel er nicht unter den neuen

---

27　Koch, der nach eigener Einschätzung ohne Murdoch nicht gewählt worden wäre, wurde auch Moderator von Talkshows auf „Fox TV" (Josephi 1995).
28　Das Verhältnis von Murdoch zu Thatcher ist, untermauert durch Zeitzeugengespräche, ausführlich dokumentiert in der unveröffentlichten Magisterarbeit von Angela Schöner (1996).

„Broadcasting Act". Auch die im selben Jahr durchgeführte Fusion von „Sky TV" und seinem Konkurrenten BSB zu BSkyB war, wie Innenminister Peter Lloyd eingestand, strenggenommen nicht ganz legal. Murdoch hatte sich vor dem Zusammenschluß der Unterstützung Thatchers versichert. Enge Kontakte mit der britischen Regierung pflegt Murdoch auch unter Tony Blair (z.B. Krönig 1998b; Nonnenmacher 1998). In einer von Murdoch verordneten politischen Kehrtwendung unterstützte die „Sun" Blair massiv im Wahlkampf, und Blair nutzte die Möglichkeit, sich durch Beiträge in der „Sun" direkt an die Bevölkerung zu wenden. Eine vom britischen Oberhaus beschlossene Ergänzung des neuen Wettbewerbsgesetzes, die Murdochs Dumpingpreisen auf dem Zeitungsmarkt ein Ende setzen sollte, ist von Blairs Regierung verhindert worden. Blair war es auch, der durch einen Anruf beim italienischen Ministerpräsidenten Prodi Murdochs beabsichtigter und inzwischen gescheiterter Beteiligung an Berlusconis Fernsehgesellschaft „Mediaset" den Weg zu ebnen versuchte. Allerdings sucht die Regierung Blair nicht um jeden Preis die Nähe zu Murdoch. So wurde dem Medientycoon als Anbieter von digitalem Satellitenfernsehen durch die „Independent Television Commission" der Einstieg ins terrestrische Digitalfernsehen verwehrt. Auch der Kauf des Fußballvereins „Manchester United" wurde aufgrund wettbewerbsrechtlicher Bedenken nicht genehmigt (Handelsblatt, 12.4.1999, 69; Krönig 1999).

Auch in Asien setzt Murdoch auf ein gutes Verhältnis zu den jeweiligen Machthabern. Das Programm von „Star TV" wurde so gestaltet, daß es möglichst keine für die entsprechenden Regierungen anstößigen Inhalte enthielt. Ein Beispiel für diese Strategie war die Entscheidung, das Video „Erotica" von Madonna nicht auf MTV zu senden (als dieses noch via „Star TV" ausgestrahlt wurde) (Chan 1994, 122). Noch 1993 hatte Murdoch erklärt, daß das Satellitenfernsehen der Feind des Totalitarismus sei und es ermögliche, staatlich kontrolliertes Fernsehen zu umgehen. Bereits ein Jahr später jedoch gab Murdoch dem chinesischen Druck nach und entfernte „BBC's World Service Television" aus dem Programm für China, weil die BBC kritisch über das Regime berichtet hatte (Newsweek, 12.2.1996). Der chinesischen Regierung guten Willen zu demonstrieren, war offensichtlich auch die Absicht hinter dem Verkauf der in Hongkong erscheinenden, pro-britischen „South China Morning Post" im Jahr 1993.[29] Weniger Distanz dagegen hielt er zur Zeitung „People's Daily", dem Propaganda-Arm des chinesischen Regimes, der er mit einer Investition von $ 4 Mio. half, eine Online-Version zu lancieren (Shawcross 1997, 404f.). Wie

---

[29] Offiziell wurde die Entscheidung mit zu geringem Wachstumspotential des Zeitungsmarktes begründet. Heute sagt Murdoch zum Verkauf des Blattes: „Ich wollte mich nicht angreifbar machen, weder von rechts noch von links. Ich hielt es für besser, mich da rauszuhalten." (Interview mit Murdoch im Spiegel, 15.6.1998, 125).

Murdoch zugibt, ist auch die Entscheidung, das chinakritische Buch „East and West" des letzten britischen Gouverneurs in Hongkong, Chris Patten, nicht in seinem Verlag „HarperCollins" erscheinen zu lassen, aus strategischem Kalkül heraus erfolgt. Murdoch (Interview im Spiegel, 15.6.1998, 125) antwortete auf die Frage, ob er das Buch geopfert habe, um es sich mit den Chinesen aus geschäftlichen Gründen nicht zu verscherzen: „Ich sah keinen Sinn darin, die Chinesen unnötigerweise mit einem Projekt zu kränken, hinter dem ich selbst überhaupt nicht stand. Denn wir wollten in der Tat nach China expandieren, in diesen gigantischen Markt, und haben da viel Energie reingesteckt. Heute betreiben wir ein Joint-venture und senden ein paar Programme per Satellit ins ganze Land. Deshalb habe ich auch die ‚South China Morning Post' verkauft." Mit Hilfe derartiger Maßnahmen ist es Murdoch offensichtlich gelungen, im Verhältnis zu China eine Annäherung herbeizuführen. Ein Anzeichen hierfür war beispielsweise die Tatsache, daß Murdoch 1995 die Biographie von Deng veröffentlichte. Außerdem kam es zu einer Zusammenarbeit von Murdochs chinesischem Unterhaltungskanal „Phoenix" und Chinas nationalem Sendeveranstalter „China Central Television" (CCTV), und „Star TV" erhielt die Sendelizenz für die reiche südchinesische Provinz Guangdong. Dort wird „Phoenix" nun in die Kabelnetze eingespeist (Krönig 1998a, 4). In Hongkong sind zudem inzwischen medienrechtliche Erleichterungen für Sendeveranstalter beschlossen worden. Die Bestimmung, daß ein ausländisches Unternehmen höchstens 49% einer Satelliten-TV-Lizenz besitzen darf, wurde aufgehoben. Auch muß nun nicht mehr die Mehrheit der Direktoren eines Satellitenunternehmens ständig in Hongkong wohnhaft sein (Star TV Report 1, 1998).

Auch in Deutschland suchte Murdoch z.B. durch einen Besuch beim nordrhein-westfälischen Ministerpräsidenten Wolfgang Clement 1998 die Nähe zur Politik, um „Bertelsmann" zu einem Verkauf seiner VOX-Anteile zu bewegen (Schuler 1999, 15).

Zusammenfassend ist festzuhalten, daß es Murdoch durch weltweite Investitionen in Inhalte (z.B. Filme, TV-Programme, Sportrechte, Bücher, Zeitungen, digitale Angebote) sowie in Distributionswege (z.B. Verlage, Sender, Kabelsysteme, Satelliten, Internet) als erstem gelungen ist, einen global agierenden, vertikal integrierten Medienkonzern zu schaffen. Der Expansionsdrang des Unternehmens scheint ungebrochen.

5. Internationale Agentur-Netzwerke im Werbe-, Public Relations- und Marketingbereich

5.1. Entstehung und Bedeutung

Der Globalisierungsprozeß hat inzwischen auch die im Werbe-, PR- und Marketingsektor tätigen Unternehmen erfaßt, die sich an die Bedingungen weltweiter Vernetzung und zunehmender Internationalisierung ihrer Kunden anpassen müssen. Wilke (1999a, 135) charakterisiert die international tätigen Agenturen als „Scharnierstelle" von zwei Globalisierungsprozessen, dem der Wirtschaftsunternehmen und dem der Massenmedien. Eine wichtige Anpassungsstrategie der Anbieter von Kommunikationsdienstleistungen an diese Entwicklung besteht im Aufbau internationaler Agentur-Netzwerke.[30] Ein Netzwerk kann verschiedene Organisationsstrukturen aufweisen. Dazu gehören Joint-ventures, strategische Allianzen oder auch Franchise-Systeme. Hier wird nur auf die im Bereich der internationalen Werbe-, Media- und PR-Agenturen dominierende Form der (Finanz-) Holding eingegangen. Dabei lassen sich vier Formen der Internationalisierung unterscheiden, die auch als Entwicklungsstufen verstanden werden können (Dieter 1997, 106):

1. Eine Agentur eröffnet eine Niederlassung in einem anderen Land. Dies kann auch über die Gründung eines Tochterunternehmens geschehen.
2. Eine Agentur kauft in einem anderen Land ein entsprechendes Unternehmen auf und macht daraus ein Tochterunternehmen.
3. Eine Agentur geht Joint-ventures mit entsprechenden ausländischen Unternehmen ein, was in einer Übernahme münden kann.
4. Agenturen schließen sich zu mehr oder weniger festen Kooperationen zusammen.

Eine Internationalisierung in größerem Maßstab begann bei einigen, insbesondere amerikanischen Agenturen, bereits in den 50er Jahren, aber die großen Holdinggesellschaften entstanden erst in den 80er Jahren. Die Werbe-, PR- und Marketing-Dienstleister wollten angesichts der Globalisierung der Wirtschaft an den steigenden internationalen Etats ihrer Kunden partizipieren und sie nicht an ausländische Agenturen verlieren. Zu-

---

[30] Unter einem Unternehmensnetzwerk versteht Wolfgang H. Staehle (1999, 745) „eine intermediäre Organisationsform ökonomischer Aktivitäten zwischen Markt und Hierarchie [...], die sich durch komplex-reziproke, eher kooperative denn kompetitive und relativ stabile Beziehungen zwischen rechtlich selbständigen, wirtschaftlich jedoch zumeist abhängigen Unternehmungen auszeichnet."

gleich sollten die Kosten gesenkt und die Effizienz gesteigert werden. Es erfolgte eine Arbeitsteilung zwischen Verwaltung und Rechnungswesen auf der einen sowie den kreativen Abteilungen auf der anderen Seite. Die strategische Zusammenfassung der großen horizontal und vertikal integrierten Agentur-Netzwerke zu Gruppenunternehmen unter einer Finanzverwaltung in Form einer Holding führte zu einer Neustrukturierung der ganzen Branche. Gemessen am Umsatz ist heute WPP (nach der Fusion mit „Young & Rubicam") das größte Agentur-Netzwerk. Es folgen die „Omnicom Group Inc.", die „Interpublic Group of Companies" (IPG), „Havas Advertising" und die zum japanischen Konzern „Dentsu" gehörende Holding „Bcom3" (Reischauer 2000, 65).

Die Organisationsform der Holding bringt verschiedene Vor- und Nachteile mit sich:[31] Zu den *Vorzügen* gehören Größenvorteile (*„Economies of Scale"*), d.h. durch die Kapitalstärke einer Holding wird das Risiko einer einzelnen Agentur besser abgesichert. Kostenintensive Expansions- und Akquisitionsvorhaben werden erleichtert. Ferner steigt die Verhandlungsmacht. Zu den Verbundvorteilen (*„Economies of Scope"*) zählt die Möglichkeit der Arbeitsteilung zwischen „den Einzelunternehmen unter einer gemeinsamen Verwaltung. Durch den Zusammenschluß von Spezialagenturen ist eine auf jedem einzelnen Sektor von Experten durchgeführte Allround-Betreuung gewährleistet, ohne daß der Kunde selbst die aufwendige Suche nach den geeigneten Spezialisten in die Hand nehmen muß; d.h. Leistungsvielfalt bei gleichzeitiger Spezialisierung ist möglich. Für die Marketing-Konzerne ist es außerdem vorteilhaft, daß Aufträge konkurrierender Kunden an unabhängig voneinander arbeitende Schwester-Agenturen vergeben werden und somit dem Gesamtunternehmen erhalten bleiben können. Als *„Synergie-Effekte"* werden u.a. angeführt: die Möglichkeit, Kunden innerhalb der Holding weiterzuvermitteln, die Zentralisierung von Verwaltungsaufgaben, Personalbeschaffung und Weiterbildung sowie die Existenz eines großen und komplexen Pools von Know-how, Erfahrungen und holdinginternen Forschungsergebnissen, die untereinander ausgetauscht werden können. Zu den Vorteilen der *Internationalisierung* eines Agentur-Netzwerks gehört auch die Ausnutzung von Standortvorteilen (z.B. Wegfall von Transaktions- und Transportkosten, Nutzung von Investitionsanreizen, Rekrutierung von Personal). Auch bleiben Kunden, die im „Heimatland" mit einer Agentur erfolgreich zusammengearbeitet haben, oft auch im Ausland als Kunden erhalten.

Als mögliche *Nachteile* der großen Holdings ist eine durch Bürokratisierung bewirkte abnehmende Produktivität (*„Diseconomies of Scale"*) zu nen-

---

[31] Zu den Vor- und Nachteilen vgl. z.B. West (1996); Dieter (1997); Poldony/Page (1998); Wilke (1999a). Zu den medienökonomischen Begriffen vgl. Kapitel VI.4.1.

nen. Zudem können Nachteile der Größe („*Diseconomies of Scope*") auftreten, d.h. es kann zu Schwierigkeiten bei der Integration der Mitgliedsunternehmen kommen, die sich beispielsweise in Kommunikationsproblemen sowie in Macht- und Kompetenzauseinandersetzungen äußern. Auch die sogenannten „*Synergie-Effekte*" treten nicht immer ein. Abgesehen davon, daß der Begriff oft nebulös bleibt, scheitert die Umsetzung der theoretisch sinnvoll klingenden Vorzüge in der Praxis oft nicht zu letzt an Interessenkonflikten oder der Verteidigung von Pfründen und Marktvorteilen einzelner Unternehmen. Dies ist insbesondere dann der Fall, wenn innerhalb der Holding viel Wert auf das Wettbewerbsprinzip gelegt wird. Ferner besteht beim Einsatz von Personal aus dem „Heimatland" der Agentur die Gefahr, daß den Mitarbeitern der nationale Bezug fehlt. Eng damit verbunden ist der Vorwurf, bei den großen internationalen Agentur-Netzwerken nehme die „*Responsiveness*" der Mitarbeiter ab, d.h. die Bereitschaft, sich auf die Ansprüche der Kunden im jeweiligen Land einzustellen. Werbung und PR im Ausland ist eine Gratwanderung zwischen größtmöglicher Globalisierung und größtnötiger Segmentierung bzw. nationaler Anpassung bei der Entwicklung von Kommunikationskonzepten. Eine für ein Land entwickelte Kampagne ist nicht ohne weiteres auf ein anderes Land übertragbar. Zwar gibt es immer wieder Beispiele für globale Werbung, wie z.B. ein gleichzeitig in ganz Europa ausgestrahlten Einführungsspot für den „Ford Mondeo" Ende letzten Jahres. Der Trend bewegt sich jedoch in eine andere Richtung. Selbst bei „Coca-Cola", dem Konzern, der stets als Standardbeispiel für globale Kommunikationskonzepte galt, hat sich ein Strategiewandel vollzogen (Telgheder 2000b). Es wird nunmehr auf lokale Kampagnen gesetzt. Im Sommer 2000 beispielsweise gab es in Deutschland erstmals eine rein nationale „Coca-Cola"-Werbekampagne. Stephen Jones, Marketing-Chef der „Coca-Cola-Company" in Atlanta, sagte dazu (zit. nach Handelsblatt, 25.10.2000, 27): „Natürlich hat Coca-Cola bestimmte Werte wie Qualität und Genuss, die überall auf der Welt gelten sollten. Aber wie diese Botschaft in den einzelnen lokalen Märkten transportiert wird, entscheiden nun die lokalen Dependancen." Im Gegensatz zur Globalisierung der Inhalte ist allerdings bei den Unternehmen durchaus ein steigendes Interesse an der globalen Abwicklung ihrer Kampagnen (z.B. bei der Buchung von Werbezeiten) zu verzeichnen (Campillo-Lundbeck 2000).

Die genannten Vor- und Nachteile sind unterschiedlich ausgeprägt, je nachdem ob eine Holding auf eine enge Integration und wechselseitige Ergänzung (wie z.B. „Omnicom") oder stärker auf weitgehende Selbständigkeit und Wettbewerb unter den Mitgliedsunternehmen setzt (wie z.B. WPP oder IPG). Im folgenden sollen die Entwicklung, die Struktur und die Strategien dieser Holdings am Beispiel von WPP dargestellt werden.

5.2. Das Beispiel WPP (Wire and Plastic Products)

Die Geschichte von WPP ist eng mit der Person des heutigen Vorstands-
vorsitzenden Martin Sorrell verknüpft,[32] der zuvor die Leitung der Finanz-
abteilung bei der Werbefirma „Saatchi & Saatchi" innehatte und durch
seine Kostendämpfungspolitik dazu beitrug, daß sich die Agentur während
seiner Tätigkeit zwischen 1977 und 1986 zu einem multinationalen Unternehmen von Weltrang entwickelte. 1985 bereitete Sorrell seinen Schritt in
die unternehmerische Unabhängigkeit vor, indem er mit einem Partner 27 %
der Aktien von „Wire and Plastic Products Ltd." aufkaufte, einer Firma,
die u.a. Einkaufskörbe herstellte. Damit erwarb Sorrell mit relativ geringem
Kapitaleinsatz (Sorrells 13,5-Prozent-Anteil kostete $ 338.000) eine einge-
tragene Aktiengesellschaft mit Börsenzulassung, die spätere Akquisitionen
im Marketingbereich ermöglichte. 1986 wurde Sorrell Vorstandsvorsitzen-
der bei WPP und leitete eine Phase aggressiver Expansion ein, um das Unternehmen auf dem Sektor der Kommunikationsdienstleistungen zu eta-
blieren. 1987 landete Sorrell mit dem amerikanischen Werbekonzern
„J. Walter Thompson" (JWT) seinen ersten großen Übernahmecoup. JWT
unterhielt bedeutende Vertretungen in Japan; die Marktforschungsgruppe
„MRB, Brouillard Communications" gehörte ebenso dazu wie „JWT
Direct", die führend in der Direktwerbung war, und „JWT Specialised", die
sich auf den Feldern Personalrekrutierung, Gesundheitswesen, Finanz-
dienstleistungen und Hochtechnologie-Marketing betätigte. Außerdem
besaß JWT das PR-Netzwerk „Hill & Knowlton".[33] 1989 wurde die auf

---

[32]   Zu Sorrells Biographie und dem Aufbau von WPP vgl. z.B. Rice (1988); Kirkland
       (1989); Rudolph (1989); Davidson (1996); Temple (1998).
[33]   Zur Geschichte und den (ethisch z.t. sehr problematischen) Kampagnen von „Hill &
       Knowlton" (z.B. für die amerikanische Tabakindustrie, „Scientoloy", eine Anti-
       Abtreibungskampagne des „Pro-Life-Committee" der katholischen US-Bischöfe, die
       „Bank of Credit and Commerce International", die in die Iran-Contra-Affäre ver-
       wickelt war) vgl. Kunczik/Zipfel/Biesinger (2000). In die Schlagzeilen geraten ist
       „Hill & Knowlton" v.a. durch das Engagement im Golfkrieg. „Hill & Knowlton"
       sollte für Kuwait in den USA öffentliche Unterstützung für eine militärische Inter-
       vention in den Konflikt organisieren. Hierzu wurde u.a. Greuelpropaganda betrie-
       ben, indem z.B. Briefe und Videoaufnahmen von Geiseln der Iraker in die Medien
       lanciert wurden. „Hill & Knowlton" bereitete auch Beweismaterial für den UNO-
       Sicherheitsrat, den Außenpolitischen Ausschuß und den Arbeitskreis für Menschen-
       rechte des Kongresses vor und instruierte die als Augenzeugen aussagenden kuwaiti-
       schen Flüchtlinge. Bekannt geworden ist v.a. der Bericht der 15jährigen Nayirah as-
       Sabah, nach dem irakische Soldaten kuwaitische Babys aus Brutkästen gerissen und
       auf den Boden geworfen haben sollten. Wie John MacArthur in der „New York
       Times" aufdeckte, handelte es sich bei Nayirah um die Tochter des kuwaitischen
       Botschafters in den USA, und es war fraglich, ob sie sich damals überhaupt in Ku-
       wait aufgehalten hatte. Eine andere Zeugin stellte sich als Tochter eines kuwaitischen

Europa spezialisierte „Ogilvy Gruppe" für $ 862 Mio. erworben. Dazu kamen noch ca. 30 kleine Direkt-Marketing, Verkaufsförderungs-, Special-Marketing-, Marktforschungs-, Werbe-, PR- und Public Affairs-Unternehmen für ungefähr $ 700 Mio. (Rothenberg 1989). WPP war zu einer Finanzholding geworden.

1990 stellte WPP die weltgrößte Dienstleistungsgruppe im Werbe-, PR-und Marketingbereich dar. Schwierigkeiten mit der Finanzierung und der Integration der umfangreichen Akquisitionen führten allerdings zusammen mit der Rezession 1991 zu einer Krise des Unternehmens, die es nahe an den Bankrott brachte (1991 waren die Werbeausgaben in den USA erstmals seit 30 Jahren rückläufig). Mit dem Wiederanziehen der Weltwirtschaft erholte sich auch WPP und setzte für die nächsten Jahre auf ein kontrolliertes Wachstum bzw. eine Konsolidierung bestehender Geschäftsfelder (Economist, 19.10.1991, 80; 20.6.1992, 67f.; Wentz 1993). Ein Ausbau des Konzerns in Form von Übernahmen, Beteiligungen und Neugründungen erfolgt insbesondere in Marketing-Spezialbereichen (z.B. Jugend, Frauen, Technologie, Gesundheit, Lebensmittel) sowie beim Direktmarketing und beim Marketing über das Internet.

WPP hat begonnen, sich verstärkt auf dem asiatisch-pazifischen und dem lateinamerikanischen Markt zu engagieren. 43% bzw. 40% der Einnahmen wurden 1999 in Nordamerika bzw. in Europa erzielt (Großbritannien und Kontinentaleuropa jeweils 20%), der Anteil des asiatisch-pazifischen Raumes, Lateinamerikas, Afrikas und des Mittleren Ostens beträgt zusammen 17%. Hohe Zuwachsraten werden in Zukunft v.a. im asiatisch-pazifischen Bereich, in Lateinamerika und auch in Osteuropa erwartet, während die Zuwachsraten in Nordamerika rückläufig sind (WPP 2000). Rechnet man die ca. 75 zu WPP gehörigen Firmen mit ein, so beschäftigt der Konzern 33.000 Mitarbeiter in 950 Büros in 92 Ländern (WPP 2000). Der Hauptsitz des Unternehmens befindet sich in London. Die später hinzugekommenen Regionalniederlassungen in New York („WPP USA, Inc."), Hongkong („WPP Asia Pacific") und Sao Paulo („WPP Latin America") fungieren zwar als selbständige Zentren für die jeweilige Region, unterstehen aber Rahmendirektiven der Londoner Zentrale. Von den vier Regionalzentren aus werden die der Gruppe angehörenden Unternehmen kontrolliert und koordiniert. Die größeren unter ihnen haben ihrerseits zahlreiche Niederlassungen. Viele sind darüber hinaus mit anderen Spezialanbietern verflochten, so daß die WPP-Gruppe nicht nur einen hierar-

---

Ministers heraus (MacArthur 1993; Cutlip 1994; Pratt 1994; Roschwalb 1994; Keeble 1997; Kunczik 1997b). In jüngerer Zeit ist „Hill & Knowlton" durch die Tätigkeit für das „Internationalen Olympischen Komitee" im Zusammenhang mit dem Korruptionsskandal bei der Vergabe der Olympischen Spiele 2002 an Salt Lake City wieder in die Schlagzeilen geraten (Kunczik/Zipfel/Biesinger 2000).

chisch strukturierten Dachverband repräsentiert, der eigenständige Marken unter sich versammelt. Sie bildet vielmehr ein horizontal und vertikal verflochtenes globales Netzwerk aus verwandten, miteinander verzahnten, einander zuarbeitenden und voneinander abhängigen Dienstleistern. Dabei herrscht Konkurrenz zwischen den einzelnen Unternehmen des Konzerns.

Am 12. Mai 2000 wurde die Übernahme von „Young & Rubicam" durch WPP für $ 4,7 Mrd. bekanntgegeben. „Young & Rubicam" hatte 1999 11.700 Mitarbeiter in 73 Ländern. Zudem verfügte „Young & Rubicam" über das weltgrößte PR-Netzwerk „Burson-Marsteller". Neben dem PR-Bereich, in den „Young & Rubicam" außerdem die Agentur „Cohn & Wolfe" einbringt, ergänzt die Neuerwerbung WPP auch in den Tätigkeitsfeldern Werbung, Media-Planung und -Einkauf und bei den Spezialagenturen. Der zu den Wachstumsmärkten zählende Bereich „Direktmarketing" wird durch das „Young & Rubicam"-Netzwerk „Impiric" ergänzt. Die zu erwartenden Synergie-Effekte der Übernahme werden bei WPP mit $ 30 Mio. jährlich beziffert. Hierzu zählen auch Größenvorteile, die man sich im Bereich Media-Planung und -Einkauf (durch die Unternehmen „Mindshare" von WPP und „The Media Edge" von „Young & Rubicam") verspricht. WPP wird durch die Übernahme von „Young & Rubicam" zum international größten Anbieter von Werbe- und Kommunikationsdienstleistungen und verdrängt mit einem Bruttoumsatz (incl. Beteiligungen) von $ 6,7 Mrd. (WPP und „Young & Rubicam" gemeinsam, Basis 1999) den bisherigen Branchenführer „Omnicom" ($ 5,7 Mrd.) auf Rang zwei und IPG ($ 5 Mrd.) auf Rang drei (Handelsblatt, 15.5.2000, 28; Telgheder 2000a, 2). Die Holding wird, wenn keine Rationalisierungsmaßnahmen erfolgen sollten, 1.300 Agenturen in 92 Ländern besitzen. Wie sich die Organisationsstruktur von WPP sowie „Young & Rubicam" nach der Fusion verändern wird, kann jedoch noch nicht prognostiziert werden.

Literatur

ABU-LUGHOD, LILA (1993): Finding a Place for Islam: Egyptian Television Serials and the National Interest. In: Public Culture 5, S. 493–513.

ACTA '99 (Allensbacher Computer- und Telekommunikations-Analyse) (1999). Allensbach.

ADORNO, THEODOR W. (1967): Ohne Leitbild. Frankfurt a.M.

AIGNER, GOTTFRIED (1992): Neue Verantwortung im Reisejournalismus. München (= Reihe praktischer Journalismus, Bd. 17).

ALBERT, HANS (1973): Probleme der Wissenschaftslehre in der Sozialforschung. In: König, René (Hrsg.): Handbuch der empirischen Sozialforschung. Bd. 1: Geschichte und Grundprobleme. Stuttgart 1973, S. 52–102.

ALLEN, MIKE (1998): Comparing the Persuasive Effectiveness of One- and Two-Sided Message. In: Allen, Mike/Preiss, Raymond W. (Hrsg.): Persuasion. Advances through Meta-Analysis. Cresskill, N.J., S. 87–98.

ALLEN, MIKE/STIFF, JAMES B. (1998): An Analysis of the Sleeper Effect. In: Allen, Mike/Preiss, Raymond W. (Hrsg.): Persuasion. Advances through Meta-Analysis. Cresskill, N.J., S. 175–188.

ALSCHEID-SCHMIDT, PETRA (1991): Die Kritik am internationalen Informationsfluß: Beurteilung der politischen Diskussion anhand wissenschaftlicher Untersuchungsergebnisse. Frankfurt am Main (u.a.) (= Europäische Hochschulschriften: Reihe 40, Bd. 26; zugl. Diss. Mainz 1990).

ALT, FRANZ (1982): Es gibt keine Objektivität oder: Nur Gott ist objektiv. In: Bentele, Günter/Ruoff, Robert (Hrsg.): Wie objektiv sind unsere Medien? Frankfurt a.M., S. 205–210.

ALTENLOH, EMILIE (1914): Zur Soziologie des Kino. Die Kino-Unternehmung und die sozialen Schichten ihrer Besucher. Jena.

ALTMEPPEN, KLAUS-DIETER (1996): Publizistische und ökonomische Aspekte von Medienmärkten und Markthandeln. In: Altmeppen, Klaus-Dieter (Hrsg.): Ökonomie der Medien und des Mediensystems. Grundlagen, Ergebnisse und Perspektiven medienökonomischer Forschung. Opladen, S. 251–272.

ALTMEPPEN, KLAUS-DIETER (1998): Ein neuer Journalismus? Arbeitsmarkt, Tätigkeitsfelder und Qualifikationsbedarf. In: Neverla, Irene (Hrsg.): Das Netz-Medium. Kommunikationswissenschaftliche Aspekte eines Mediums in Entwicklung. Opladen/Wiesbaden, S. 197–218.

ALTMEPPEN, KLAUS-DIETER (1999): Arbeitsmarktentwicklung in Kommunikationsberufen. Zur Klassifikation journalistischer und journalismusnaher Arbeitsmärkte. In: Knoche, Manfred/Siegert, Gabriele (Hrsg.): Strukturwandel der Medienwirtschaft im Zeitalter digitaler Kommunikation. München, S. 69–87.

ALTMEPPEN, KLAUS-DIETER/LÖFFELHOLZ, MARTIN (1998a): Journalismus. In: Jarren, Otfried/Sarcinelli, Ulrich/Saxer, Ulrich (Hrsg.): Politische Kommunikation in der demokratischen Gesellschaft. Ein Handbuch mit Lexikonteil. Opladen/Wiesbaden, S. 414–421.

ALTMEPPEN, KLAUS-DIETER/LÖFFELHOLZ, MARTIN (1998b): Zwischen Verlaut-
barungsorgan und „vierter Gewalt". Strukturen, Abhängigkeiten und Perspektiven des politischen Journalismus. In: Sarcinelli, Ulrich (Hrsg.): Politikvermittlung und Demokratie in der Mediengesellschaft. Bonn, S. 97–123.

ARENDT, HANNAH (1972): Wahrheit und Lüge in der Politik. Zwei Essays.
München.

ARISTOTELES (1921): Über die Dichtkunst. Übers. von Alfred Gudemann. Leipzig
(= Philosophische Bibliothek, Bd. 1).

ARISTOTELES (1948): Politik. Übers. von Eugen Rolfes. 3. Auflage. Leipzig (= Philosophische Bibliothek, Bd. 7).

ARISTOTELES (1999) Rhetorik. Übers. u. hrsg. v. Gernot Krapinger. Stuttgart.

ARNDT, JOHAN (1968): A Test of the Two-Step-Flow in Diffusion of a New
Product. In: Journalism Quaterly 45, S. 457–465.

ASCH, SOLOMON E. (1951): Effects of Group Pressure upon the Modification and
Distortion of Judgements. In: Guetzkow, Harold (Hrsg.): Groups, Leadership,
and Men. Pittsburg, S. 177–190.

ATKIN, CHARLES (1973): Instrumental Utilities and Information Seeking. In:
Clarke, Peter (Hrsg.): New Models for Mass Communication Research. Beverly
Hills, Ca./London, S. 205–242.

ATKIN, DAVID J./JEFFRES, LEO W./NEUENDORF, KIMBERLY A. (1998): Understanding Internet Adoption as Telecommunications Behavior. In: Journal of
Broadcasting and Electronic Media 42, S. 475–490.

AUFERMANN, JÖRG/ELITZ, ERNST (Hrsg.) (1975): Ausbildungswege zum Journalismus. Bestandsaufnahme, Kritik, Alternativen der Journalistenausbildung.
Opladen.

BACHMANN, CORNELIA (1997): Public Relations: Ghostwriting für Medien? Eine
linguistische Analyse der journalistischen Leistung bei der Adaption von Pressemitteilungen. Bern (u.a.) (= Zürcher germanistische Studien, Bd. 49; zugl.
Diss. Zürich 1996/97).

BAERNS, BARBARA (1982): Öffentlichkeitsarbeit und Journalismus. In: Haedrich,
Günther/Bartheneier, Günter/Kleinert, Horst (Hrsg.): Öffentlichkeitsarbeit.
Dialog zwischen Institutionen und Gesellschaft. Berlin/New York, S. 161–173.

BAERNS, BARBARA (1985): Öffentlichkeitsarbeit oder Journalismus? Zum Einfluß
im Mediensystem. Köln (= Bibliothek Wissenschaft und Politik, Bd. 32).

BALÁSZ, BÉLA (1930): Der Geist des Films. Halle.

BANDURA, ALBERT (1979a): Aggression. Eine sozial-lerntheoretische Analyse.
Stuttgart.

BANDURA, ALBERT (1979b): Sozial-kognitive Lerntheorie. Stuttgart (zuerst 1973).

BANDURA, ALBERT (1989): Die sozial-kognitive Theorie der Massenkommunikation. In: Groebel, Jo/Winterhoff-Spurk, Peter (Hrsg.): Empirische Medienpsychologie. München, S. 7–32.

BARNETT, GEORGE A. (U.A.) (1996): An Examination of the International Tele-
communication Network. In: Journal of International Communication 3, S. 19–
43.

BARNETT, GEORGE A. (U.A.) (1999): Globalisation and International Communication. An Examination of Monetary, Telecommunications and Trade Networks.
In: Journal of International Communication 6.

BARTH, HENRIKE/DONSBACH, WOLFGANG (1992): Aktivität und Passivität von Journalisten gegenüber Public Relations. Fallstudie am Beispiel von Pressekonferenzen zu Umweltthemen. In: Publizistik 37, S. 151–165.

BAUER, RAYMOND A. (1973). Das widerspenstige Publikum. Der Einflußprozeß aus der Sicht sozialer Kommunikation. In: Prokop, Dieter (Hrsg.): Massenkommunikationsforschung. Bd. 2: Konsumtion. Frankfurt a.M., S. 152–166 (zuerst 1964).

BAUMERT, DIETER PAUL (1928): Die Entstehung des deutschen Journalismus. Eine sozialgeschichtliche Studie. München/Berlin.

BEBBER, HENDRIK (1997): Der Diana-Effekt. In: Journalist, Heft 10, S. 12–22.

BEHNERT, GABRIELE J. (1992): Anatomie eines Genres. Das Bild des Journalisten im Spielfilm. Hildesheim (u.a.) (= Studien zur Filmgeschichte, Bd. 6).

BEHR, ROY L./IYENGAR, SHANTO (1985): Television News, Real-World Cues, and Changes in the Public Agenda. In: Public Opinion Quaterly 49, S. 38–57.

BEHRENS, GERD (2000): Whose Side are They on? Rich Westerners Make Poor Advocates for Their Friends in the Third World. In: Time, 24.4.2000.

BELSON, WILLIAM A. (1978): Television Violence and the Adolecent Boy. Westmead.

BELZ, CHRISTOPH/HALLE, MICHAEL/SELLHEIM, ARMIN (1999): Berufsbilder im Journalismus. Von den alten zu den neuen Medien. Konstanz (= sage & schreibe, Bd. 2).

BENTELE, GÜNTER (1985): Wissenskluft-Konzeption und Theorie der Massenkommunikation. In: Saxer, Ulrich (Hrsg.): Gleichheit oder Ungleichheit durch Massenmedien? Homogenisierung – Differenzierung der Gesellschaft durch Massenkommunikation. München (= Schriftenreihe der Deutschen Gesellschaft für Publizistik- und Kommunikationswissenschaft, Bd. 10), S. 87–104.

BENTELE, GÜNTER (1988): Der Faktor Glaubwürdigkeit. Forschungsergebnisse und Fragen für die Sozialisationsperspektive. In: Publizistik 33, S. 406–426.

BENTELE, GÜNTER (1999): Parasitentum oder Symbiose? Das Intereffikationsmodell in der Diskussion. In: Rolke, Lothar/Wolff, Volker (Hrsg.): Wie die Medien die Wirklichkeit steuern und selber gesteuert werden. Opladen/Wiesbaden, S. 177–193.

BENTELE, GÜNTER/BECK, KLAUS (1994): Information – Kommunikation – Massenkommunikation: Grundbegriffe und Modelle der Publizistik- und Kommunikationswissenschaft. In: Jarren, Otfried (Hrsg.): Medien und Journalismus. Eine Einführung. Bd. 1. Opladen, S. 16–50.

BENTELE, GÜNTER/LIEBERT, TOBIAS (Hrsg.) (1995): Verständigungsorientierte Öffentlichkeitsarbeit. Darstellung und Diskussion des Ansatzes von Roland Burkart. Leipzig (Institut für Kommunikations- und Medienwissenschaft, Universität Leipzig).

BENTELE, GÜNTER/LIEBERT, TOBIAS/SEELING, STEFAN (1997): Von der Determination zur Intereffikation. Ein integriertes Modell zum Verhältnis von Public Relations und Journalismus. In: Bentele, Günter/Haller, Michael (Hrsg.): Aktuelle Entstehung von Öffentlichkeit. Akteure – Strukturen – Veränderungen. Konstanz (= Schriftenreihe der Deutschen Gesellschaft für Publizistik- und Kommunikationswissenschaft, Bd. 24), S. 225–250.

BENTELE, GÜNTER/STEINMANN, HORST/ZERFAß, ANSGAR (Hrsg.) (1996): Dialog-orientierte Unternehmenskommunikation. Grundlagen – Praxiserfahrungen – Perspektiven. Berlin.

BERELSON, BERNARD R. (1949): What Missing the Newspaper Means. In: Lazars-feld, Paul F./Stanton, Frank N. (Hrsg.): Communication Research 1948–1949. New York, S. 111–129.

BERELSON, BERNARD R./LAZARSFELD, PAUL F./MCPHEE, WILLIAM N. (1954): Voting: A Study of Opinion Formation in a Presidential Campaign. Chicago, Il.

BERELSON, BERNARD R./STEINER, GARY A. (1964): Human Behavior. New York.

BERGER, FRITHJOF (2000): Jugendmedienschutz als Gegenstand europäischer Poli-tik und Rechtsetzung – Voraussetzungen, Chancen und Grenzen. In: Büttner, Christian (u.a.) (Hrsg.): Jugendmedienschutz in Europa. Gießen, S. 221–235.

BERGHAUS, MARGOT (1997): Was macht Multimedia mit Menschen, machen Men-schen mit Multimedia? Sieben Thesen und ein Fazit. In: Ludes, Peter/Werner, Andreas (Hrsg.): Multimedia-Kommunikation. Theorien, Trends und Praxis. Opladen, S. 73–85.

BERKOWITZ, DAN (1993): Work Roles and News Selection in Local TV: Examining the Business-Journalism Dialectic. In: Journal of Broadcasting and Electronic Media 37, S. 67–82.

BERKOWITZ, LEONARD (Hrsg.) (1969): A Re-examination of the Frustration-Aggression Hypothesis. New York.

BERKOWITZ, LEONARD (1984): Some Effects of Thoughts on Anti- and Prosocial Influences of Media Events: A Cognitive-Neoassociation Analysis. In: Psycho-logical Bulletin 95, S. 410–427.

BERKOWITZ, LEONARD/ROGERS, KAREN HEIMER (1986): A Priming Effect Analysis of Media Influences. In: Bryant, Jennings/Zillmann, Dolf (Hrsg.): Perspectives on Media Effects. Hillsdale, N.J., S. 57–82.

BERLO, DAVID K. (1960): The Process of Communication. An Introduction to Theory and Practice. New York.

BERNAYS, EDWARD L. (1926): Crystallizing Public Opinion. New York (zuerst 1923).

BERNSTEIN, CARL/WOODWARD, BOB (1974): All the President's Men. New York.

BERTHELSEN, CHRISTIAN (1998): California Law Will Allow Celebrities to Sue Paparazzi. In: New York Times, 5.10.1998.

BEST, STEFANIE (2000): Der Intra-Extra-Media-Vergleich – ein wenig genutztes Analyseinstrument und seine methodischen Anforderungen. Ein Beitrag zur Nachrichtenwert-Theorie. In: Publizistik 45, S. 51–69.

BEZZENBERGER, HEINRICH ERNST (Hrsg.) (1962): Fridankes Bescheidenheit. Neu-druck der Ausgabe von 1872. Aalen.

BIEBER, CHRISTOPH (1999): Politische Projekte im Internet: Online-Kommunikation und politische Öffentlichkeit. Frankfurt a.M./New York (zugl. Diss. Gießen 1999).

BIEBL, MATTHIAS (1998): Die Internet-Redaktion. In: Meier, Klaus (Hrsg.): Inter-net-Journalismus. Ein Leitfaden für ein neues Medium. Konstanz (= Reihe praktischer Journalismus, Bd. 35), S. 277–290.

BIMBER, BRUCE (1998): The Internet and Politics in the USA. In: Eisel, Stephan/Scholl, Mechthild (Hrsg.): Internet und Politik. St. Augustin (= Konrad-Adenauer-Stiftung: Interne Studien, Nr. 164/1998), S. 17–26.

BIMBER, BRUCE (1999): The Internet and Citizen Communication With Government: Does the Medium Matter? In: Political Communication 16, S. 409–428.

BIRDWHISTELL, RAY L. (1952): Introduction to Kinesics. Louisville, Ky.

BIRDWHISTELL, RAY L. (1968a): Communication. In: Sills, David L. (Hrsg.): International Encyclopedia of the Social Sciences. Bd. 3. New York, S. 24–29.

BIRDWHISTELL, RAY L. (1968b): Kinesics. In: Sills, David L. (Hrsg.): International Encyclopedia of the Social Sciences. Bd. 8. New York, S. 379–385.

BLAU, PETER MICHAEL/SCOTT, WILLIAM RICHARD (1963): Formal Organizations. London.

BLECHSCHMIDT, PETER (2000): Gladbeck vergessen. In: Süddeutsche Zeitung, 13.9.2000, S. 23.

BLEDJIAN, FRANK/STOSBERG, KRISTA (1972): Analyse der Massenkommunikation: Wirkungen. Düsseldorf.

BLITTKOWSKY, RALF (1997): Online-Recherche für Journalisten. Konstanz (= Reihe praktischer Journalismus, Bd. 31).

BLUMLER, JAY G. (1979): The Role of Theory in Uses and Gratifications Studies. In: Communication Research 6, S. 9–36.

BLUMLER, JAY G. (1997): Wandel des Mediensystems und sozialer Wandel: Auf dem Weg zu einem Forschungsprogramm. In: Publizistik 42, S. 16–36.

BLUMLER, JAY G./KATZ, ELIHU (Hrsg.) (1974): The Uses of Mass Communications. Current Perspectives on Gratifications Research. London.

BLYSKAL, JEFF/BLYSKAL, MARIE (1985): PR: How the Public Relations Industry Writes the News. New York.

BOAS, FRANZ (Hrsg.) (1911): Handbook of American Indian Languages. Washington D.C.

BÖCKELMANN, FRANK (1993): Journalismus als Beruf. Bilanz der Kommunikatorforschung im deutschsprachigen Raum von 1945 bis 1990. Konstanz.

BÖCKELMANN, FRANK/MAST, CLAUDIA/SCHNEIDER, BEATE (Hrsg.) (1994): Journalismus in den neuen Ländern. Ein Berufsstand zwischen Aufbruch und Abwicklung. Konstanz (= Medien und Märkte, Bd. 3).

BOECKH, ANDREAS (1992): Entwicklungstheorien: Eine Rückschau. In: Nohlen, Dieter/Nuscheler, Franz (Hrsg.): Handbuch der Dritten Welt. Bd. 1: Grundprobleme, Theorien, Strategien. Bonn, S. 110–130.

BOEYINK, DAVID E. (1994): How Effective are Codes of Ethics? A Look at Three Newsrooms. In: Journalism Quaterly 71, S. 893–904.

BOEYINK, DAVID E. (1998): Codes and Culture at *The Courier-Journal*. Complexity in Ethical Decision Making. In: Journal of Mass Media Ethics 13, S. 165–182.

BOHRMANN, THOMAS (1997): Ethik, Werbung, Mediengewalt. Werbung im Umfeld von Gewalt im Fernsehen. Eine sozialethische Programmatik. München.

BONFADELLI, HEINZ (1983): Der Einfluß des Fernsehens auf die Konstruktion der sozialen Realität: Befunde aus der Schweiz zur Kultivierungshypothese. In: Rundfunk und Fernsehen 31, S. 415–430.

BONFADELLI, HEINZ (1985): Die Wissenskluft-Konzeption: Stand und Perspektiven der Forschung. In: Saxer, Ulrich (Hrsg.): Gleichheit oder Ungleichheit durch Massenmedien? Homogenisierung – Differenzierung der Gesellschaft durch Massenkommunikation. München (= Schriftenreihe der Deutschen Gesellschaft für Publizistik- und Kommunikationswissenschaft, Bd. 10), S. 65–85.

BONFADELLI, HEINZ (1987): Die Wissenskluftforschung. In: Schenk, Michael (Hrsg.): Medienwirkungsforschung. Tübingen, S. 305–323.

BONFADELLI, HEINZ (1994): Die Wissenskluftperspektive. Massenmedien und gesellschaftliche Information. Konstanz (= Forschungsfeld Kommunikation, Bd. 5).

BONFADELLI, HEINZ (1998): Vom medienvermittelten zum multimedialen Lernen. Nicht nur Chancen, sondern auch Ambivalenz und Risiken. In: Pfammatter, René (Hrsg.): Multi Media Mania. Reflexionen zu Aspekten Neuer Medien. Konstanz, S. 125–144.

BONFADELLI, HEINZ (1999): Medienwirkungsforschung I. Grundlagen und theoretische Perspektiven. Konstanz (= Uni-Papers, Bd. 10).

BONFADELLI, HEINZ (2000): Medienwirkungsforschung II. Anwendungen in Politik, Wirtschaft und Kultur. Konstanz (= Reihe Uni-Papers, Bd. 11).

BOORSTIN, DANIEL J. (1961): The Image. A Guide to Pseudo-Events in America. New York.

BOOZ ALLEN & HAMILTON (1995): Zukunft Multimedia. Grundlagen, Märkte und Perspektiven in Deutschland. 2. Auflage. Frankfurt a.M. (= Kommunikation heute und morgen, Bd. 14).

BORCHERS, DETLEF/BENNING, MARIA/KURI, JÜRGEN (1999): „Hätt' ich dich heut' erwartet ...". Das Internet hat Geburstag – oder nicht? In: c't. Magazin für Computer Technik, Heft 21, S. 128–133.

BORN, MICHAEL (1997): Wer einmal fälscht ... . Die Geschichte eines Fernsehjournalisten. Köln.

BOVENTER, HERMANN (1983): Journalistenmoral als „Media Ethics". In: Publizistik 28, S. 19–40.

BOVENTER, HERMANN (1993): Sind Journalisten die Vierte Gewalt? Demokratie und Medien. In: Boventer, Hermann (Hrsg.): Medien und Demokratie. Nähe und Distanz zur Politik. Konstanz, S. 127–143.

BOWEN, LAWRENCE/STAMM, KEITH/CLARK, FIONA (2000): Television Reliance and Political Malaise: A Contingency Analysis. In: Journal of Broadcasting and Electronic Media 44, S. 1–15.

BOYD-BARRETT, OLIVER (1977): Media Imperialism. Towards an International Framework for the Analysis of Media Systems. In: Curran, James (u.a.) (Hrsg.): Mass Communication and Society. London.

BOYD-BARRETT, OLIVER (1998): Global News Agencies. In: Boyd-Barrett, Oliver/Rantanen, Terhi (Hrsg.): The Globalization of News. London/Thousand Oaks, Ca./New Delhi.

BRADDOCK, RICHARD (1958): An Extension of the Lasswell Formula. In: Journal of Communication 8, Nr. 2, S. 88–92.

BRECHT, BERTOLT (1972): Der Rundfunk als Kommunikationsapparat. In: Prokop, Dieter (Hrsg.): Massenkommunikationsforschung. Bd. 1: Produktion. Frankfurt a.M., S. 31–35 (zuerst 1932).

BREED, WARREN (1955): Social Control in the Newsroom: A Functional Analysis. In: Social Forces 33, S. 326–336 (deutsche Übersetzung u.d. Titel: Soziale Kontrolle in der Redaktion. In: Aufermann, Jörg/Bohrmann, Hans/Sülzer, Rolf (Hrsg.) (1973): Gesellschaftliche Kommunikation und Information. Forschungsrichtungen und Problemstellungen. Ein Arbeitsbuch zur Massenkommunikation. Bd. II. Frankfurt a.M., S. 356–378).

BRETTSCHNEIDER, FRANK (1994): Agenda-setting. Forschungsstand und politische Konsequenzen. In: Jäckel, Michael/Winterhoff-Spurk, Peter (Hrsg.): Politik und Medien. Analysen zur Entwicklung der politischen Kommunikation. Berlin, S. 211–229.

BRETTSCHNEIDER, FRANK/VETTER, ANGELIKA (1998): Mediennutzung, politisches Selbstbewußtsein und politische Entfremdung. In: Rundfunk und Fernsehen 46, S. 463–479.

BREUNIG, CHRISTIAN (1987): Kommunikationspolitik der UNESCO. Dokumentation und Analyse der Jahre 1946–1987. Konstanz.

BREUNIG, CHRISTIAN (1996): Internationale Kommunikationspolitik im Wandel. Alte und neue Initiativen der UNESCO. In: Meckel, Marion/Kriener, Markus (Hrsg.): Internationale Kommunikation. Eine Einführung. Opladen, S. 67–84.

BROAD, WILLIAM/WADE, NICHOLAS (1982): Betrayers of Truth. New York.

BROCK, TIMOTHY C./BECKER, LEE ALAN (1965): Ineffectiveness of „Overheard" Counterpropaganda. In: Journal of Personality and Social Psychology 2, S. 654–660.

BROSIUS, HANS-BERND (1991): Schema-Theorie. Ein brauchbarer Ansatz in der Wirkungsforschung? In: Publizistik 36, S. 285–297.

BROSIUS, HANS-BERND (1994a): Agenda-Setting nach einem Vierteljahrhundert Forschung: Methodischer und theoretischer Stillstand? In: Publizistik 39, S. 269–288.

BROSIUS, HANS-BERND (1994b): Integrations- oder Einheitsfach? Die Publikationsaktivitäten von Autoren der Zeitschriften „Publizistik" und „Rundfunk und Fernsehen" 1983–1992. In: Publizistik 39, S. 73–90.

BROSIUS, HANS-BERND (1995): Alltagsrationalität in der Nachrichtenrezeption. Ein Modell zur Wahrnehmung und Verarbeitung von Nachrichteninhalten. Opladen.

BROSIUS, HANS-BERND (1998): Publizistik- und Kommunikationswissenschaft im Profil. Wer publiziert in „Publizistik" und „Rundfunk und Fernsehen"? In: Rundfunk und Fernsehen 46, S. 333–345.

BROSIUS, HANS-BERND/BREINKER, CARSTEN/ESSER, FRANK (1991): Der „Immermehrismus": Journalistisches Stilmittel oder Realitätsverzerrung? In: Publizistik 36, S. 407–427.

BROSIUS, HANS-BERND/ENGEL, DIRK (1997): „Die Medien beeinflussen vielleicht die anderen, aber mich doch nicht": Zu den Ursachen des Third-Person-Effektes. In: Publizistik 42, S. 325–345.

BROSIUS, HANS-BERND/EPS, PETER (1993): Verändern Schlüsselereignisse journalistische Selektionskriterien? Framing am Beispiel der Berichterstattung über Anschläge gegen Ausländer und Asylanten. In: Rundfunk und Fernsehen 41, S. 512–530.

BROSIUS, HANS-BERND/EPS, PETER (1995): Framing auch beim Rezipienten? Der Einfluß der Berichterstattung über fremdenfeindliche Anschläge auf die Vorstellungen der Rezipienten. In: Medienpsychologie 7, S. 169–183.

BROSIUS, HANS-BERND/ESSER, FRANK (1995a): Eskalation durch Berichterstattung? Massenmedien und fremdenfeindliche Gewalt. Opladen.

BROSIUS, HANS-BERND/ESSER, FRANK (1995b): Fernsehen als Brandstifter? Unerwünschte Nebenwirkungen der Berichterstattung über fremdenfeindliche Gewalt. In: Friedrichsen, Mike/Vowe, Gerhard (Hrsg.): Gewaltdarstellungen in den Medien. Theorien, Fakten und Analysen. Opladen, S. 235–257.

BROSIUS, HANS-BERND/ESSER, FRANK (1996): Massenmedien und fremdenfeindliche Gewalt. In: Falter, Jürgen W./Jaschke, Hans-Gerd/Winkler, Jürgen R. (Hrsg.): Rechtsextremismus. Ergebnisse und Perspektiven der Forschung. Opladen (= Politische Vierteljahresschrift, Sonderheft 27), S. 204–218.

BROSIUS, HANS-BERND/ESSER, FRANK (1998): Mythen in der Wirkungsforschung: Auf der Suche nach dem Stimulus-Response-Modell. In: Publizistik 43, S. 341–361.

BROSIUS, HANS-BERND/KEPPLINGER, HANS MATHIAS (1995): Killer and Victim Issues: Issue Competition in the Agenda-Setting Process of German Television. In: International Journal of Public Opinion 7, S. 212–231.

BROSIUS, HANS-BERND/WEIMANN, GABRIEL (1995): Medien oder Bevölkerung: Wer bestimmt die Agenda? In: Rundfunk und Fernsehen 43, S. 313–329.

BROSIUS, HANS-BERND/WEIMANN, GABRIEL (1996): Who Sets the Agenda? Agenda-Setting as a Two-Step-Flow. In: Communication Research 23, S. 561–580.

BROWN, WILLIAM J. (1990): Prosocial Effects of Entertainment Television in India. In: Asian Journal of Communication 1, S. 113–135.

BROWN, WILLIAM J./SINGHAL, ARVIND (1999): Entertainment-Education Media Strategies for Social Change: Promises and Problems. In: Demers, David/Viswanath, K[asisomayajula] (Hrsg.): Mass Media, Social Control, and Social Change. A Macrosociological Perspective. Ames, Ia., S. 263–280.

BRUCH, RÜDIGER VOM/ROEGELE, OTTO B. (Hrsg.) (1986): Von der Zeitungskunde zur Publizistik. Biographisch-institutionelle Stationen der deutschen Zeitungswissenschaft in der ersten Hälfte des 20. Jahrhunderts. Frankfurt a.M.

BRÜNE, STEFAN (1999): Die afrikanische Informationsgesellschaft. Akteure, Abhängigkeiten, Potentiale. In: Donges, Patrick (Hrsg.): Globalisierung der Medien? Medienpolitik in der Informationsgesellschaft. Opladen, S. 211–225.

BRYANT, JENNINGS/ZILLMANN, DOLF (1984): Using Television to Alleviate Boredom and Stress: Selective Exposure as a Function of Induced Excitational States. In: Journal of Broadcasting 28, S. 1–20.

BUCKALEW, JAMES K. (1969/70): News Elements and Selection by Television News Editors. In: Journal of Broadcasting 14, S. 135–137.

BUDZISLAWSKI, HERMANN (1966): Sozialistische Journalistik. Leipzig.

BÜCHER, KARL (1922): Zur Frage der Pressereform. Tübingen.

BÜCHER, KARL (1926): Das Intelligenzwesen. In: Bücher, Karl: Gesammelte Aufsätze zur Zeitungskunde. Tübingen, S. 83–106.

BÜHL, WALTER L. (1987): Grenzen der Autopoiesis. In: Kölner Zeitschrift für Soziologie und Sozialpsychologie 39, S. 225–254.

BÜHLER, KARL (1965): Sprachtheorie. Die Darstellungsfunktion der Sprache. 2. Auflage. Stuttgart (zuerst 1934).

BUNDSCHUH, ANJA (1998/99): Fernsehen und Jugendschutz in Europa. Eine Politikfeldanalyse zum Verhältnis von staatlicher Regulierung und Selbstkontrolle. Baden-Baden (zugl. Diss. Osnabrück 1997).

BUNDSCHUH, ANJA (2000): Europäischer Jugendmedienschutz – sinnvoll, aber wie? In: Büttner, Christian (u.a.) (Hrsg.): Jugendmedienschutz in Europa. Gießen, S. 236–254.

BURDACH, KONRAD (1987): „Violence Profile" und Kultivierungsanalyse: die Vielseherforschung George Gerbners. In: Schenk, Michael: Medienwirkungsforschung. Tübingen, S. 344–365.

BURKART, ROLAND (1998): Kommunikationswissenschaft. Grundlagen und Problemfelder. Umrisse einer interdisziplinären Sozialwissenschaft. 3. Auflage. Wien/Köln/Weimar.

BURKART, ROLAND/HÖMBERG, WALTER (1997): Massenkommunikation und Publizistik. Eine Herausforderung für die kommunikationswissenschaftliche Modellbildung. In: Fünfgeld, Werner/Mast, Claudia (Hrsg.): Massenkommunikation. Ergebnisse und Perspektiven. Gerhard Maletzke zum 75. Geburtstag. Opladen, S. 71–88 (überarbeitete und gekürzte Fassung auch u.d. Titel: Elektronisch mediatisierte Gemeinschaftskommunikation. Eine Herausforderung für die kommunikationswissenschaftliche Modellbildung. In: Pfammatter, René (Hrsg.) (1998): Multi Media Mania. Reflexionen zu Aspekten Neuer Medien. Konstanz, S. 19–36).

BURKE, KENNETH (1935): Permanence and Change. New York.

BURKHARDT, JACOB (1947): Die Kultur der Renaissance in Italien. Stuttgart (zuerst 1860).

BUß, MICHAEL (1985): Die Vielseher. Fernseh-Zuschauerforschung in Deutschland. Theorie, Praxis, Ergebnisse. Frankfurt a.M.

BUßHOFF, HEINRICH (1974): Zur neueren Diskussion des Sinnproblems. Einige politiktheoretische Bemerkungen. In: Kölner Zeitschrift für Soziologie und Sozialpsychologie 26, S. 715–741.

CAMERON, GLEN T./SALLOT, LYNNE M./CURTIN, PATRICIA A. (1997): Public Relations and the Production of News: A Critical Review and Theoretical Framework. In: Burleson, Brant R./Kunkel, Adrianne W. (Hrsg.): Communication Yearbook 20. Thousand Oaks, Ca./London/New Delhi, S. 111–155.

CAMPILLO-LUNDBECK, SANTIAGO (2000): Der große Preis der europäischen Vision. In: Horizont, 14.12.2000, S. 64.

CANTRIL, HADLEY (1940): The Invasion from Mars. Princeton (deutsche Übersetzung u.d. Titel: Die Invasion vom Mars. In: Prokop, Dieter (Hrsg.) (1985): Medienforschung, Bd. 2: Wünsche, Zielgruppen, Wirkungen. Frankfurt a.M., S. 14–28).

CANTRIL, HADLEY/ALLPORT, GORDON W. (1935): The Psychology of Radio. New York/London.

CAPLOVITZ, DAVID/ROGERS, CANDACE (1961): Swastika 1960. The Epidemic of Anti-Semitic Vandalism in America. New York.

CAPON, NOEL/HULBERT, JAMES (1973): The Sleeper Effect – An Awakening. In: Public Opinion Quaterly 37, S. 333–358.

CARPENTER, EDMUND/MCLUHAN, MARSHALL (Hrsg.) (1967): Explorations in Communication: An Anthology. 3. Auflage. Boston (zuerst 1960).

CHAFFEE, STEVEN H./HOCHHEIMER, JOHN L. (1982): The Beginnings of Political Communication Research in the United States: Origins of the „Limited Effects" Model. In: Rogers, Everett M./Balle, Francis (Hrsg.): The Media Revolution in America and in Western Europe. Norwood, N.J., S. 267–296.

CHAIKEN, SHELLY (1980): Heuristic versus Systematic Information Processing and the Use of Source versus Message Cues in Persuasion. In: Journal of Personality and Social Psychology 39, S. 752–756.

CHAIKEN, SHELLY/EAGLY, ALICE H. (1976): Communication Modality as a Determinant of Message Persuasiveness and Message Comprehensibility. In: Journal of Personality and Social Psychology 34, S. 605–614.

CHAIKEN, SHELLY/LIBERMAN, AKIRA/EAGLY, ALICE H. (1989): Heuristic and Systematic Information Processing within and beyond the Persuasion Context. In: Uleman, James S./Bargh, John A. (Hrsg.): Unintended Thought: Limits of Awareness, Intention, and Control. New York/London, S. 212–252.

CHAN, JOSEPH MAN (1994): National Responses and Accessibility to STAR TV in Asia. In: Journal of Communication 44, Nr. 3, S. 112–131.

CHANG, TSAN-KUO (1998): All Countries not Created Equal to be News. World System and International Communication. In: Communication Research 25, S. 528–563.

CHANG, TSAN-KUO/LEE, JAE-WON (1992): Factors Affecting Gatekeepers' Selection of Foreign News: A National Survey of Newspaper Editors. In: Journalism Quaterly 49, S. 554–561.

CHARTERS, WERRETT W./NEWCOMB, THEODORE M. (1958): Some Attitudinal Effects of Experimentally Increased Salience of a Membership Group. In: Maccoby, Eleanor E./Newcomb, Theodore M./Hartley, Eugene L. (Hrsg.): Readings in Social Psychology. 3. Auflage. New York (u.a.), S. 276–281.

CHARTERS, WERRETT W. (1933): Motion Pictures and Youth. A Summary. New York.

CHASE-DUNN, CHRISTOPHER (1975): The Effects of International Economic Dependence on Development and Inequality: A Cross-National Study. In: American Sociological Review 40, S. 720–738.

CHERRY, COLIN (1967): Kommunikationsforschung – eine neue Wissenschaft? 2. Auflage. Frankfurt a.M.

CHRISTIANS, CLIFFORD (1989): Gibt es eine Verantwortung des Publikums? In: Wunden, Wolfgang (Hrsg.): Medien zwischen Markt und Moral. Beiträge zur Medienethik. Stuttgart/Frankfurt a.M., S. 255–266.

CHRISTIANS, CLIFFORD/TRABER, MICHAEL (Hrsg.) (1997): Communication Ethics and Universal Values. Thousand Oaks, Ca./London/New Delhi.

CHU, GODWIN C. (1967): Prior Familiarity, Perceived Bias, and One-Sided versus Two-Sided Communications. In: Journal of Experimental Social Psychology 3, S. 243–255.

CLARKE, PETER/KLINE, F. GERALD (1974): Media Effects Reconsidered. Some New Strategies for Communication Research. In: Communication Research 1, S. 224–240.

CLEMENS, DETLEV (1998): Wahlkampf im Internet. In: Gellner, Winand/Korff, Fritz von (Hrsg.): Demokratie und Internet. Baden-Baden, S. 143–156.

COENENBERG, ADOLF G. (1966): Die Kommunikation in der Unternehmung. Wiesbaden.

COHEN, BERNARD C. (1963): The Press and Foreign Policy. Princeton.

COLEMAN, JAMES S./KATZ, ELIHU/MENZEL, HERBERT (1957): The Diffusion of an Innovation among Physicians. In: Sociometry 20, S. 253–270.

COLEMAN, JAMES S./KATZ, ELIHU/MENZEL, HERBERT (1966): Medical Innovation. A Diffusion Study. New York.

COMMITTEE TO PROTECT JOURNALISTS (CPJ) (2000): Attacks on the Press in 1999. New York (auch unter http://www.cpj.org/attacks99/frameset_att99/frameset_att99.html, 31.1.2001).

COOLEY, CHARLES HORTON (1909): Social Organization. New York.

COOPER, EUNICE/DINERMAN, HELEN (1951): Analysis of the Film „Don't be a Sucker": A Study in Communication. In: Public Opinion Quaterly 15, S. 243–264.

COOPER, THOMAS WILLIAM/CHRISTIANS, CLIFFORD G./WHITE ROBERT A. (Hrsg.) (1989): Communication Ethics and Global Change. White Plains, N.Y.

CRUZ, MICHAEL G. (1998): Explicit and Implicit Conclusions in Persuasive Messages. In: Allen, Mike/Preiss, Raymond W. (Hrsg.): Persuasion. Advances through Meta-Analysis. Cresskill, N.J., S. 217–230.

CUTLIP, SCOTT M. (1994): The Unseen Power. Public Relations. A History. Hillsdale, N.J.

DANIELIAN, LUCIG H./REESE, STEVEN D. (1989): Intermedia Influence and the Drug Issue: Converging on Cocaine. In: Shoemaker, Pamela J. (Hrsg.): Communication Campaigns about Drugs: Government, Media, and the Public. Hillsdale, N.J., S. 47–66.

DASCHMANN, GREGOR (2001): Der Einfluß von Fallbeispielen auf Leserurteile. Experimentelle Untersuchungen zur Medienwirkung. Konstanz (in Vorbereitung; zugl. Diss. Mainz 2000).

DASCHMANN, GREGOR/BROSIUS, HANS-BERND (1997): Ist das Stilmittel die Botschaft? Fallbeispiele in deutschen Fernsehmagazinen. In: Rundfunk und Fernsehen 45, S. 486–504.

DASCHMANN, GREGOR/BROSIUS, HANS-BERND (1999): Can a Single Incident Create an Issue? Exemplars in German Television Magazine Shows. In: Journalism & Mass Communication Quaterly 76, S. 35–51.

DAVIDSON, ANDREW (1996): The Davidson Interview: Martin Sorrell. In: Management Today, June, S. 44f.

DAVIES, JAMES C. (1969): The J-Curve of Rising and Declining Satisfactions as a Cause of Some Great Revolutions and a Contained Rebellion. In: Graham, Hugh Davis/Gurr, Ted Robert (Hrsg.): History of Violence in America. Bd. III. Washington.

DAVISON, W. PHILLIPS (1973): International and World Opinion. In: Pool, Ithiel de Sola (u.a.) (Hrsg.): Handbook of Communication. Chicago, Il., S. 871–886.

DAVISON, W. PHILLIPS (1975): International Political Communication. New York.

DAVISON, W. PHILLIPS (1983): The Third-Person Effect in Communication. In: Public Opinion Quaterly 47, S. 1–15.

DAVISON, W. PHILLIPS (1996): The Third-Person Effect Revisited. In: International Journal of Public Opinion Research 8, S. 113–119.

DDR-HANDBUCH (1975). Hrsg. vom Bundesministerium für innerdeutsche Beziehungen. Wiss. Leitung Peter Christian Ludz. Köln.

DEARING, JAMES W./ROGERS, EVERETT M. (1996): Agenda-Setting. Thousand Oaks, Ca./London/New Delhi (= Communication Concepts, 6).

DE FLEUR, MELVIN L. (1970): Theories of Mass Communication. 2. Auflage. New York (zuerst 1966).

DEISENBERG, ANNA MARIA (1986): Die Schweigespirale – Die Rezeption des Modells im In- und Ausland. München (zugl. Diss. München 1985).

DELACROIX, JACQUES/RAGIN, CHARLES (1978): Modernizing Institutions, Mobilization, and Third-World Development: A Cross-National Study. In: American Journal of Sociology 84, S. 123-150.

DEMERS, DAVID P. (U.A.) (1989): Issue Obtrusiveness and the Agenda-Setting Effects of National Network News. In: Communication Research 16, S. 793–813.

DERNBACH, BEATRICE (1998): Braucht die Multimedia-Gesellschaft Berufskommunikatoren? Aufgaben und Anforderungen im Wandel. In: Dernbach, Beatrice/Rühl, Manfred/Theis-Berglmaier, Anna (Hrsg.): Publizistik im vernetzten Zeitalter. Berufe – Funktionen – Strukturen. Opladen/Wiesbaden, S. 55–67.

DERVIN, BRENDA (1980): Communication Gaps and Inequities: Moving toward a Reconceptualization. In: Dervin, Brenda/Voigt, Melvin J. (Hrsg.): Progress in Communication Sciences. Bd. 2. Norwood, N.J., S. 73–112.

DE WOLFE, ALAN S./GOVERNDALE, CATHERINE (1964): Fear and Attitude Change. In: Journal of Abnormal and Social Psychology 69, S. 119–123.

DGPUK (DEUTSCHE GESELLSCHAFT FÜR PUBLIZISTIK- UND KOMMUNIKATIONSWISSENSCHAFT) (1999): Die Mediengesellschaft und ihre Wissenschaft. Herausforderungen für die Kommunikations- und Medienwissenschaft als akademische Disziplin. Selbstverständnispapier der Deutschen Gesellschaft für Publizistik- und Kommunikationswissenschaft (DGPuK) vom 19. April 1999 (zugänglich unter http://www.dgpuk.de; in Auszügen abgedruckt in Aviso. Informationen aus der Deutschen Gesellschaft für Publizistik- und Kommunikationswissenschaft, Nr. 26, Februar 2000, S. 9).

DEUTSCHMANN, PAUL J./DANIELSON, WAYNE A. (1960): Diffusion of Knowledge of the Major News Story. In: Journalism Quaterly 37, S. 345–355.

DFG (DEUTSCHE FORSCHUNGSGEMEINSCHAFT) (1986): Medienwirkungsforschung in der Bundesrepublik Deutschland. Weinheim.

DIAZ BORDENAVE, JUAN E. (1977): Communication and Rural Development. Paris.

DIEL, HELMUT (1960): „Grenzen der Presselenkung und Pressefreiheit" im Dritten Reich untersucht am Beispiel der Frankfurter Zeitung. Diss. Freiburg i.Brsg.

DIETER, SABINE (1997): Internationale Werbeagenturen – Organisation, Arbeitsweisen und ihre Beteiligung im internationalen Medien- und Werbemarkt. Unv. Magisterarbeit. Mainz.

DJV (DEUTSCHER JOURNALISTEN-VERBAND) (1966): Berufsbild des Journalisten mit Erläuterungen. Beschlossen vom Verbandstag 1966 des Deutschen Journalisten Verbandes e.V. O.O.

DJV (DEUTSCHER JOURNALISTEN-VERBAND) (1978): Berufsbild des Journalisten. Beschlossen auf dem Verbandstag des Deutschen Journalisten-Verbandes am 18. Mai 1978 in Ludwigshafen. Bonn.

DJV (DEUTSCHER JOURNALISTEN-VERBAND) (1996): Berufsbild Journalistin/Journalist. Beschlossen auf dem DJV-Verbandstag 1996. In: DJV [1999]: Journalist/in werden? Ausbildungsgänge und Berufschancen im Journalismus 1999/2000. Bonn, S. 64–69.

DJV (DEUTSCHER JOURNALISTEN-VERBAND) [1999]: Journalist/in werden? Ausbildungsgänge und Berufschancen im Journalismus 1999/2000. Bonn.

DÖBLER, THOMAS/STARK, BIRGIT/SCHENK, MICHAEL (1999): Mediale und reale Gewalt. Eine Untersuchung sozialer Netzwerke von Jugendlichen. München.

DÖNHOFF, MARION GRÄFIN (1994): Journalismus – Beruf ohne Moral? In: Die Zeit, 28.10.1994, S. 60.

DOMATOB, JERRY K./HALL, STEPHEN W. (1983): Development Journalism in Black Africa. In: Gazette 31, S. 9–33.

DONOHEW, LEWIS (1967): Newspaper Gatekeepers and Forces in the News Channel. In: Public Opinion Quarterly 31, S. 61–68.

DONOHEW, LEWIS/TITPON, LEONARD (1973): A Conceptual Model of Information Seeking, Avoiding, and Processing. In: Clarke, Peter (Hrsg.): New Models for Mass Communication Research. Beverly Hills, Ca./London, S. 243–268.

DONOHUE, GEORGE A./TICHENOR, PHILLIP J./OLIEN, CLARICE N. (1972): Mass Media Systems and Information Control. In: Kline, Gerald F./Tichenor, Phillip J. (Hrsg.): Current Perspectives in Mass Communication Research. Beverly Hills, Ca./London, S. 41–69.

DONOHUE, GEORGE A./TICHENOR, PHILLIP J./OLIEN, CLARICE N. (1973): Mass Media Functions, Knowledge and Social Control. In: Journalism Quarterly 50, S. 652–659.

DONOHUE, GEORGE A./TICHENOR, PHILLIP J./OLIEN, CLARICE N. (1975): Mass Media and the Knowledge Gap: A Hypothesis Reconsidered. In: Communication Research 2, S. 3–23.

DONOVAN, ROBERT J. (1982): Tumultuous Years. The Presidency of Harry S. Truman 1949–1953. New York/London.

DONSBACH, WOLFGANG (1982): Legitimationsprobleme des Journalismus: Gesellschaftliche Rolle der Massenmedien und berufliche Einstellung von Journalisten. Freiburg i.Brsg. (= Alber-Broschur Kommunikation, Bd. 11).

DONSBACH, WOLFGANG (1987a): Journalismusforschung in der Bundesrepublik: Offene Fragen trotz „Forschungsboom". In: Wilke, Jürgen (Hrsg.): Zwischenbilanz der Journalistenausbildung. München (= Schriftenreihe der Deutschen Gesellschaft für Publizistik- und Kommunikationswissenschaft, Bd. 14), S. 105–142.

DONSBACH, WOLFGANG (1987b): Die Theorie der Schweigespirale. In: Schenk, Michael: Medienwirkungsforschung. Tübingen, S. 324–343.

DONSBACH, WOLFGANG (1990): Objektivitätsmaße in der Publizistikwissenschaft. In: Publizistik 35, S. 18–29.

DONSBACH, WOLFGANG (1991): Medienwirkung trotz Selektion. Einflußfaktoren auf die Zuwendung zu Zeitungsinhalten. Köln/Weimar/Wien.

DONSBACH, WOLFGANG (1993a): Journalismus versus journalism – ein Vergleich zum Verhältnis von Medien und Politik in Deutschland und in den USA. In: Donsbach, Wolfgang (u.a.): Beziehungsspiele – Medien und Politik in der öffentlichen Diskussion. Fallstudien und Analysen. Gütersloh, S. 283–315.

DONSBACH, WOLFGANG (1993b): Redaktionelle Kontrolle im Journalismus: Ein internationaler Vergleich. In: Mahle, Walter A. (Hrsg.): Journalisten in Deutschland. Nationale und internationale Vergleiche und Perspektiven. München (= Schriftenreihe der Arbeitsgemeinschaft für Kommunikation München (AKM), Bd. 39: Elftes Wissenschaftliches Gespräch am 8. und 9. Juli 1993 in Mayschoß an der Ahr), S. 143–160.

DONSBACH, WOLFGANG (1993c): Das Verhältnis von Journalismus und Politik im internationalen Vergleich. In: Bürger fragen Journalisten (Hrsg.): Medien in Europa. Erlangen, S. 67–82.

DONSBACH, WOLFGANG (1994): Journalist. In: Noelle-Neumann, Elisabeth/Schulz, Winfried/Wilke, Jürgen (Hrsg.): Das Fischer Lexikon Publizistik/Massenkommunikation. Frankfurt a.M., S. 64–91.

DONSBACH, WOLFGANG (1997): Media Thrust in the German Bundestag Election, 1994: News Values and Professional Norms in Political Communication. In: Political Communication 14, S. 149–170.

DONSBACH, WOLFGANG (1999): Journalismus und journalistisches Berufsverständnis. In: Wilke, Jürgen (Hrsg.): Mediengeschichte der Bundesrepublik Deutschland. Köln/Weimar/Wien, S. 489–517.

DONSBACH, WOLFGANG (IN ZUSAMMENARBEIT MIT BETTINA KLETT) (1996): Wie Massenmedien Wahlen beeinflussen – Der Medientenor im Bundestagswahlkampf 1994. In: Oberreuter, Heinrich (Hrsg.): Parteiensystem am Wendepunkt? Wahlen in der Fernsehdemokratie. Landsberg a. Lech, S. 121–136.

DONSBACH, WOLFGANG/GATTWINKEL, DIETMAR (1998): Öl ins Feuer. Die publizistische Inszenierung des Skandals um die Rolle der Ölkonzerne in Nigeria. Dresden.

DONSBACH, WOLFGANG/KLETT, BETTINA (1993): Subjective Objectivity. How Journalists in Four Countries Define a Key Term of Their Profession. In: Gazette 51, S. 53–83.

DONSBACH, WOLFGANG/STEVENSON, ROBERT L. (1986): Herausforderungen, Probleme und empirische Evidenzen der Theorie der Schweigespirale. In: Publizistik 31, S. 7–34.

DONSBACH, WOLFGANG/WOLLING, JENS (1995): Redaktionelle Kontrolle in der regionalen und überregionalen Tagespresse. In: Schneider, Beate/Reumann, Kurt/Schiwy, Peter (Hrsg.): Publizistik. Beiträge zur Medienentwicklung. Festschrift für Walter Schütz. Konstanz, S. 421–437.

DONSBACH, WOLFGANG (U.A.) (1985): Les Effets de la Television dans un Milieu Rural Tunesien. In: Communications 11, S. 75–97.

DOOB, ANTHONY N./MACDONALD, GLENN E. (1979): Television Viewing and Fear of Victimization: Is the Relationship Causal? In: Journal of Personality and Social Psychology 37, S. 170–179.

DORSCH, PETRA E. (1982): Verlautbarungsjournalismus – eine notwendige Medienfunktion. In: Publizistik 27, S. 530–541.

DOS SANTOS, THEOTONIO (1973): Über die Struktur der Abhängigkeit. In: Senghaas, Dieter (Hrsg.): Imperialismus und strukturelle Gewalt. Analysen über abhängige Reproduktion. 2. Auflage. Frankfurt a.M., S. 243–257.

DOVIFAT, EMIL (1927): Der amerikanische Journalismus. Berlin/Leipzig.

DOVIFAT, EMIL (1976): Zeitungslehre. Bd. 1: Theoretische und rechtliche Grundlagen. Nachricht und Meinung. Sprache und Form. 6. Auflage, neu bearb. von Jürgen Wilke. Berlin/New York (zuerst 1931).

DOWNS, ANTHONY (1968): Ökonomische Theorie der Demokratie. Tübingen.

DUNN, HOPETON S. (Hrsg.) (1995): Globalization, Communications and Caribbean Identity. Kingston.

DURANTY, WALTER (1935): I Write as I Please. New York.

EAGLY, ALICE H./WOOD, WENDY/CHAIKEN, SHELLY (1978): Causal Inferences about Communicators and Their Effect on Opinion Change. In: Journal of Personality and Social Psychology 36, S. 424–435.

EDWARDS, GEORGE C./WOODS, B. DAN (1999): Who Influences Whom? The President, Congress and the Media. In: The American Political Science Review 93, S. 327–344.

EHLERS, RENATE (1983): Themenstrukturierung durch Massenmedien. Zum Stand der empirischen Agenda-setting-Forschung. In: Publizistik 28, S. 167–186.

EHMIG, SIMONE CHRISTINE (2000): Generationswechsel im deutschen Journalismus. Zum Einfluß historischer Ereignisse auf das journalistische Selbstverständnis. Freiburg i.Brsg./München (= Alber-Reihe Kommunikation, Bd. 26; zugl. Diss. Mainz 1999).

EHRLICH, DANUTA (U.A.) (1957): Postdecision Exposure to Relevant Information. In: Journal of Abnormal and Social Psychology 54, S. 98–102.

EIBL-EIBESFELDT, [IRENÄUS] (1972): Stammesgeschichtliche Anpassung im Verhalten des Menschen. In: Gadamer, Hans-Georg/Vogler, Paul (Hrsg.): Neue Anthropologie. Bd. 2: Biologische Anthropologie. Zweiter Teil. Stuttgart, S. 3–59.

EICHHORN, WOLFGANG (1996): Agenda-Setting-Prozesse. Eine theoretische Analyse individueller und gesellschaftlicher Themenstrukturierung. München (= Kommunikationswissenschaftliche Studien, Bd. 16; zugl. Diss. Hannover 1995).

EILDERS, CHRISTIANE (1997): Nachrichtenfaktoren und Rezeption. Eine empirische Analyse zur Auswahl und Verarbeitung politischer Information. Opladen (zugl. Diss. München 1996).

EILDERS, CHRISTIANE (1999): Zum Konzept der Selektivität: Auswahlprozesse bei Medien und Publikum. In: Wirth, Werner/Schweiger, Wolfgang (Hrsg.): Selektion im Internet. Opladen/Wiesbaden, S. 13–41.

EILDERS, CHRISTIANE/WIRTH, WERNER (1999): Die Nachrichtenwertforschung auf dem Weg zum Publikum: Eine experimentelle Überprüfung des Einflusses von Nachrichtenfaktoren bei der Rezeption. In: Publizistik 44, S. 35–57.

EIMEREN, BIRGIT VAN/GERHARD, HEINZ (2000): ARD/ZDF-Online-Studie 2000. Gebrauchswert entscheidet über Internetnutzung. In: Media Perspektiven, S. 338–349.

EISEL, STEPHAN (1998): Internet und Politik – Fakten und Hinweise. In: Eisel, Stephan/Scholl, Mechthild (Hrsg.): Internet und Politik. St. Augustin (= Konrad-Adenauer-Stiftung, Interne Studien, Nr. 164/1998), S. 9–16.

EISENSTEIN, CORNELIA (1994): Meinungsbildung in der Mediengesellschaft. Eine theoretische und empirische Analyse zum Multi-Step Flow of Communication. Opladen (= Studien zur Kommunikationswissenschaft, Bd. 1; zugl. Diss. Münster 1993).

EISENSTEIN, ELIZABETH L. (1979): The Printing Press as an Agent of Change. Communications and Cultural Transformations in Early-Modern Europe. Cambridge.

EISERMANN, GOTTFRIED (Hrsg.) (1962): Vilfredo Paretos System der allgemeinen Soziologie. Stuttgart.

EKSTEROWICZ, ANTHONY J./ROBERTS, ROBERT/CLARK, ADRIAN (1998): Public Journalism and Public Knowledge. In: The Harvard International Journal of Press/Politics 3, Nr. 2, S. 74–95.

ELLIOTT, PHILIP (1974): Uses and Gratifications Research: A Critique and a Sociological Alternative. In: Blumler, Jay G./Katz, Elihu (Hrsg.): The Uses of Mass Communications: Current Perspectives on Gratifications Research. Beverly Hills, Ca., S. 249–268.

ENGELS, FRIEDRICH (1960): Herrn Eugen Dührings Umwälzung der Wissenschaft (Anti- Dühring). Berlin (Ost) (zuerst 1878).

ENGELSING, ROLF (1976): Der literarische Arbeiter. Bd. 1. Göttingen.

ESSER, FRANK (1998): Die Kräfte hinter den Schlagzeilen. Englischer und deutscher Journalismus im Vergleich. Freiburg i.Brsg./München (= Alber-Reihe Kommunikation, Bd. 23).

ESSER, FRANK (1999a): „Tabloidization" of News. A Comparative Analysis of Anglo-American and German Press Journalism. In: European Journal of Communication 14, S. 291–324.

ESSER, FRANK (1999b): Ursachen größerer Recherchebereitschaft im britischen Pressejournalismus. Eine Analyse aus vergleichender Perspektive. In: Rundfunk und Fernsehen 47, S. 200–219.

ESSER, FRANK (2000): Die Pressefreiheit als „Restfreiheit". Journalisten arbeiten ohne das Netz verfassungsrechtlicher Garantien. In: Gerhardt, Rudolf/Pfeifer, Hans-Wolfgang (Hrsg.): Wer die Medien bewacht. Medienfreiheit und ihre Grenzen im internationalen Vergleich. Frankfurt a.M. (= Beiträge zur Medienethik, Bd. 5), S. 109–126.

ETTEMA, JAMES S./KLINE, GERALD F. (1977): Deficits, Differences, and Ceilings. Contingent Conditions for Understanding the Knowledge Gap. In: Communication Research 4, S. 179–202.

EUROPÄISCHE AUDIOVISUELLE INFORMATIONSSTELLE (2000): Statistisches Jahrbuch 2000. Filmindustrie, Fernsehen, Video und Neue Medien in Europa. Straßburg.

EVELAND, WILLIAM P./MCLEOD, DOUGLAS M./SIGNORIELLI, NANCY (1995): Actual and Perceived U.S. Public Opinion: The Spiral of Silence during the Persian Gulf War. In: International Journal of Public Opinion Research 7, S. 91–109.

EVERARD, JERRY (2000): Virtual States. The Internet and the Boundaries of the Nation-State. London (u.a.).

FAUCONNIER, GUIDO (1975): Mass Media and Society. An Introduction to the Scientific Study of Mass Communication. Concepts, Intentions, Effects. Leuven.

FERGUSON, DOUGLAS A./PERSE, ELIZABETH M. (2000): The World Wide Web as a Functional Alternative to Television. In: Journal of Broadcasting and Electronic Media 44, S. 155–174.

FESHBACH, SEYMOUR (1989): Fernsehen und antisoziales Verhalten. Perspektiven für Forschung und Gesellschaft. In: Groebel, Jo/Winterhoff-Spurk, Peter (Hrsg.): Empirische Medienpsychologie. München, S. 65–75.

FESTINGER, LEON (1957): A Theory of Cognitive Dissonance. Stanford.

FIELDS, JAMES M./SCHUMAN, HOWARD (1976): Public Beliefs about the Beliefs of the Public. In: Public Opinion Quaterly 40, S. 427–448.

FINETTI, MARCO/HIMMELRATH, ARMIN (1999): Der Sündenfall. Stuttgart.

FINN, SETH (1997): Origins of Media Exposure. Linking Personality Traits to TV, Radio, Print, and Film Use. In: Communication Research 24, S. 507–529.

FISCHER, WOLFRAM (1972): Sozialgeschichte und Wirtschaftsgeschichte. Abgrenzungen und Zusammenhänge. In: Ludz, Peter Christian (Hrsg.): Soziologie und Sozialgeschichte. Aspekte und Probleme. Opladen (= Kölner Zeitschrift für Soziologie und Sozialpsychologie, Sonderheft 16), S. 132–152.

FISHBEIN, MARTIN (1963): An Investigation of the Relationships between Beliefs about an Object and the Attitude toward that Object. In: Human Relations 16, S. 233–240.

FISHBEIN, MARTIN/AJZEN, ICEK (1975): Believe, Attitude, Intention and Behavior: An Introduction to Theory and Research. Reading, Mass.

FISHMAN, MARK (1978): Crime Waves as Ideology. In: Social Problems 25, S. 531–543.

FISKE, SUSAN T./TAYLOR, SHELLEY E. (1991): Social Cognition. New York.

FLEGEL, RUTH C./CHAFFEE, STEVEN H. (1971): Influences of Editors, Readers, and Personal Opinions on Reporters. In: Journalism Quaterly 48, S. 645–651.

FRAKE, CHARLES O. (1964): How to Ask for a Drink in Subanum. In: American Anthropologist 66, S. 127–132.

FREEDMAN, JONATHAN L./SEARS, DAVID O. (1965): Selective Exposure. In: Berkowitz, Leonard (Hrsg.): Advances in Experimental Social Psychology 2, S. 58–98.

FREEDOM HOUSE (1999): Media Reponses to Corruption in the Emerging Democracies: Bulgaria, Hungary, Romania, and Ukraine. New York (auch unter: http://freedomhouse.org/reports/mediatxt.html, 31.1.2001).

FREEDOM HOUSE (2000): Press Freedom Survey 2000. New York (auch unter http://freedomhouse.org/pfs2000/, 31.1.2001).

FREIDSON, ELIOT (1984): The Changing Nature of Professional Control. In: Annual Review of Sociology 10, S. 1–20.

FREITAG, BURKHARD/ZEITTER, ERNST (1999): Katharsis. In: tvdiskurs, Juli, S. 18–27.

FREY, FREDERICK W. (1973): Communication and Development. In: Pool, Ithiel de Sola (u.a.) (Hrsg.): Handbook of Communication. Chicago, Il., S. 337–432.

FREY, SIEGFRIED (1984): Die nonverbale Kommunikation. Stuttgart (= SEL-Stiftung für technische und wirtschaftliche Kommunikationsforschung im Stifterverband der Deutschen Wissenschaft, Schriftenreihe, Bd. 1).

FREY, SIEGFRIED (1999): Die Macht des Bildes. Der Einfluß der nonverbalen Kommunikation auf Kultur und Politik. Bern (u.a.).

FRIEDRICH, CARL J. (1972): The Pathology of Politics. New York.

FRIEDRICHSEN, MIKE (1996): Politik- und Parteiverdruß durch Skandalbericht-erstattung? In: Jarren, Otfried (Hrsg.): Medien und politischer Prozeß. Politische Öffentlichkeit und massenmediale Politikvermittlung im Wandel. Opladen, S. 73–93.

FRÖHLICH, ROMY (1992): Qualitativer Einfluß von Pressearbeit auf die Bericht-erstattung: Die „geheime Verführung" der Presse? In: Publizistik 37, S. 37–49.

FRÖHLICH, ROMY/HOLTZ-BACHA, CHRISTINA (1997): Journalistenausbildung in Europa. In: Kopper, Gerd (Hrsg.): Europäische Öffentlichkeit: Entwicklungen von Strukturen und Theorien. Berlin, S. 149–182.

FRÖHLICH, WERNER D./KUNCZIK, MICHAEL (U.A.) (1993): Habituation an Medi-engewalt – Eine Metaanalyse. Unv. Forschungsbericht. Mainz.

FRÜH, WERNER (1991): Medienwirkungen: Das dynamisch-transaktionale Modell. Theorie und empirische Forschung. Opladen.

FRÜH, WERNER/SCHÖNBACH, KLAUS (1982): Der dynamisch-transaktionale An-satz. Ein neues Paradigma der Medienwirkungen. In: Publizistik 27, S. 74–88.

FUCHS, DIETER/GERHARDS, JÜRGEN/NEIDHARDT, FRIEDHELM (1991): Öffentliche Kommunikationsbereitschaft. Ein Test zentraler Bestandteile der Theorie der Schweigespirale. Berlin (= Veröffentlichungsreihe der Abteilung Öffentlichkeit und soziale Bewegungen des Forschungsschwerpunkts Sozialer Wandel, Institu-tionen und Vermittlungsprozesse des Wissenschaftszentrums Berlin für Sozial-forschung, FS III 91–105).

FUCHS, DIETER/GERHARDS, JÜRGEN/NEIDHARDT, FRIEDHELM (1992a): Öffentli-che Kommunikationsbereitschaft. Ein Test zentraler Bestandteile der Theorie der Schweigespirale. In: Zeitschrift für Soziologie 21, S. 284–295.

FUCHS, DIETER/GERHARDS, JÜRGEN/NEIDHARDT, FRIEDHELM (1992b): Empiri-sche Probleme mit einer interessanten Theorie. Antwort auf Elisabeth Noelle-Neumanns Replik. In: Zeitschrift für Soziologie 21, S. 472f.

FUKUYAMA, FRANCIS (1989): The End of History? In: National Interest, Summer.

FUKUYAMA, FRANCIS (1989/90): The „End of History?" Debate. In: National Interest, Winter.

FUNKHOUSER, G. RAY (1973): The Issues of the Sixties: An Exploratory Study in the Dynamics of Public Opinion. In: Public Opinion Quaterly 37, S. 62–75.

GALBRAITH, JOHN KENNETH (1970): Die moderne Industriegesellschaft. München/ Zürich (zuerst 1967).

GALTUNG, JOHAN (1971): A Structural Theory of Imperialism. In: Journal of Peace Research 8, S. 81–118 (deutsche Übersetzung u.d. Titel: Eine Strukturelle Theorie des Imperialismus. In: Senghaas, Dieter (Hrsg.) (1973): Imperialismus und strukturelle Gewalt. Analysen über abhängige Reproduktion. 2. Auflage. Frankfurt a.M., S. 29–104).

GALTUNG, JOHAN/RUGE, MARIE HOLMBOE (1965): The Structure of Foreign News. The Presentation of the Congo, Cuba and Cyprus Crises in Four Norwegian Newspapers. In: Journal of Peace Research 2, S. 64–91 (wieder veröffentlicht in: Tunstall, Jeremy (Hrsg.) (1970): Media Sociology. A Reader. London, S. 259–298).

GAMSON, WILLIAM A. (1989): Reflections on the Strategy of Social Protest. In: Sociological Forum 4, S. 455–467.

GAMSON, WILLIAM A./WOLFSFELD, GADI (1993): Movements and Media as Interacting Systems. In: The Annals of the American Academy of Political and Social Science 528, S. 114–125.

GAZIANO, CECILIE (1983): Knowledge Gap: An Analytical Review of Media Effects. In: Communication Research 10, S. 447–486.

GAZIANO, CECILIE (1997): Forecast 2000: Widening Knowledge Gaps: In: Journalism & Mass Communication Quaterly 74, S. 237–264.

GAZIANO, CECILIE/GAZIANO EMANUEL (1996): Theories and Methods in Knowledge Gap Research since 1970. In: Salwen, Michael B./Stacks, Don W. (Hrsg.): An Integrated Approach to Communication Theory and Research. Mahwah, N.J., S. 127–143.

GAZIANO, EMANUEL/GAZIANO, CECILIE (1999): Social Control, Social Change and the Knowledge Gap Hypothesis. In: Demers, David/Viswanath, K[asisomayajula] (Hrsg.): Mass Media, Social Control, and Social Change. A Macrosociological Perspective. Ames, Ia., S. 117–136.

GAZLIG, THOMAS (1999): Erfolgreiche Pressemitteilungen. Über den Einfluß von Nachrichtenfaktoren auf die Publikationschancen. In: Publizistik 44, S. 185–199.

GEHLEN, ARNOLD (1957): Die Seele im technischen Zeitalter – Sozialpsychologische Probleme der industriellen Gesellschaft. Reinbek.

GEHLEN, ARNOLD (1969): Moral und Hypermoral. Eine pluralistische Ethik. Frankfurt a.M./Bonn.

GEIßLER, RAINER (1973): Massenmedien, Basiskommunikation und Demokratie. Tübingen.

GEIßLER, RAINER (1979): Partizipatorisch-pluralistische Demokratie und Medieninhalte. Ein Bezugsrahmen zur Analyse politischer Massenkommunikationsaussagen. In: Publizistik 24, S. 171–187.

GELLNER, WINAND (1998): Das Ende der Öffentlichkeit? In: Gellner, Winand/Korff, Fritz von (Hrsg.): Demokratie und Internet. Baden-Baden, S. 11–24.

GENOVA, BISTRAVAPKA K. L./GREENBERG, BRADLEY S. (1979): Interests in News and the Knowledge Gap. In: Public Opinion Quaterly 43, S. 79–91.

GERBNER, GEORGE (1969): Toward „Cultural Indicators": The Analysis of Mass Mediated Message Systems. In: AV Communication Review 17, S. 137–148.

GERBNER, GEORGE/GROSS, LARRY (1976): Living with Television: The Violence Profile. In: Journal of Communication 26, Nr. 2, S. 173–199.

GERBNER, GEORGE/GROSS, LARRY (1979): Editorial Response: A Reply to Newcomb's Humanistic Critique. In: Communication Research 6, S. 223–230.

GERBNER, GEORGE/MORGAN, MICHAEL/SIGNORIELLI, NANCY (1999): Profiling Television Violence. In: Nordenstreng, Kaarle (Hrsg.): International Media Monitoring. Cresskill, N.J., S. 335–365.

GERBNER, GEORGE/SIGNORIELLI, NANCY (1990): Violence Profile 1967 through 1988–89: Enduring Patterns. Philadelphia.

GERBNER, GEORGE (U.A.) (1977): TV Violence Profile No. 8: The Highlights. In: Journal of Communication 27, Nr. 2, S. 171–230.

GERBNER, GEORGE (U.A.) (1978): Cultural Indicators: Violence Profile No. 9. In: Journal of Communication 28, Nr. 3, S. 176–207.

GERBNER, GEORGE (U.A.) (1979): The Demonstration of Power: Violence Profile No. 10. In: Journal of Communication 29, Nr. 3, S. 177–196.

GERBNER, GEORGE (U.A.) (1980): The „Mainstreaming" of America: Violence Profile No. 11. In: Journal of Communication 30, Nr. 3, S. 10–29.

GERBNER, GEORGE (U.A.): (1981): A Curious Journey into the Scary World of Paul Hirsch. In: Communication Research 8, S. 39–72.

GERBNER, GEORGE (U.A.) (1982): Charting the Mainstream: Television's Contribution to Political Orientations. In: Journal of Communication 32, Nr. 2, S. 100–127.

GERBNER, GEORGE (U.A.) (1984): Political Correlates of Television Viewing. In: Public Opinion Quaterly 48, S. 283–300.

GERBNER, GEORGE (U.A.) (1986): Living with Television: The Dynamics of the Cultivation Process. In: Bryant, Jennings/Zillmann, Dolf (Hrsg.): Perspectives on Media Effects. Hillsdale, N.J., S. 17–40.

GERBNER, GEORGE (U.A.) (1994): Growing up with Television: The Cultivation Perspective. In: Bryant, Jennings/Zillmann, Dolf (Hrsg.): Media Effects: Advances in Theory and Research. Hillsdale, N.J., S. 17–41.

GERHARDS, JÜRGEN (1996): Reder, Schweiger, Anpasser und Missionare: Eine Typologie öffentlicher Kommunikationsbereitschaft und ein Beitrag zur Theorie der Schweigespirale. In: Publizistik 41, S. 1–14.

GIBSON, RACHEL K./WARD, STEPHEN J. (1998): U.K. Political Parties and the Internet. „Politics as Usual" in the New Media? In: The Harvard International Journal of Press/Politics 3, Nr. 3, S. 14–38.

GIEBER, WALTER (1956): Across the Desk: A Study of 16 Telegraph Editors. In: Journalism Quaterly 33, S. 423–432.

GIEBER, WALTER (1972): Eine Nachricht ist das, was Zeitungsleute aus ihr machen. In: Prokop, Dieter (Hrsg.): Massenkommunikationsforschung, Bd. 1: Produktion. Frankfurt a.M., S. 221–228 (zuerst 1964).

GIEBER, WALTER/JOHNSON, WALTER (1961): The City Hall „Beat": A Study of Reporter and Source Roles. In: Journalism Quaterly 38, S. 289–297.

GIFFARD, ANTHONY C. (1989): UNESCO and the Media. New York.

GILLESSEN, GÜNTHER (1986): Auf verlorenem Posten. Die Frankfurter Zeitung im Dritten Reich. Berlin.

GILLIG, PAULETTE M./GREENWALD, ANTHONY G. (1974): Is it Time to Lay the Seeper Effect to Rest? In: Journal of Personality and Social Psychology 29, S. 132–139.

GINER-SOROLLA, ROGER/CHAIKEN, SHELLY (1994): The Causes of Hostile Media Judgements. In: Journal of Experimental Social Psychology 30, S. 165–180.

GITLIN, TODD (1980): The Whole World is Watching. Mass Media in the Making and Unmaking of the New Left. Berkeley, Ca.

GITT, WERNER (1989): Information – die dritte Grundgröße neben Materie und Energie. In: Siemens-Zeitschrift 4.

GLASSER, THEODORE LEWIS (Hrsg.) (1999): The Idea of Public Journalism. New York.

GLEICH, ULI (1996): Kultivierung durch Fernsehen? Wirklichkeitsdarstellung und ihr Einfluß auf die Zuschauer. In: Media Perspektiven, S. 224–228.

GLEICH, ULI (1997): Parasoziale Interaktionen und Beziehungen von Fernsehzuschauern mit Personen auf dem Bildschirm: Ein theoretischer und empirischer Beitrag zum Konzept des Aktiven Rezipienten. Landau.

GLOTZ, PETER/LANGENBUCHER, WOLFGANG (1969): Der mißachtete Leser. Zur Kritik der deutschen Presse. Köln/Berlin.

GLÜSING, JENS (1995): Codename Gott – Der Medienzar Roberto Marinho beherrscht das brasilianische Fernsehen. In: Spiegel special: TV total – Macht und Magie des Fernsehens, Nr. 8, S. 120–122.

GLYNN, CARROLL J. (1997): Public Opinion as a Normative Opinion Process. In: Burleson, Brant R./Kunkel, Adrianne W. (Hrsg.): Communication Yearbook 20. Thousand Oaks, Ca./London/New Delhi, S. 157–183.

GLYNN, CARROLL J./HAYES, ANDREW F./SHANAHAN, JAMES (1997): Perceived Support for One's Opinion and Willingness to Speak Out. A Meta-Analysis of Survey Studies on the „Spiral of Silence". In: Public Opinion Quaterly 61, S. 452–463.

GLYNN, CARROLL J./PARK, EUNKYUNG (1997): Reference Groups, Opinion Intensity, and Public Opinion Expression. In: International Journal of Public Opinion Research 9, S. 213–232.

GOFFMAN, ERVING (1959): The Presentation of Self in Everyday Life. Garden City, N.Y.

GOFFMAN, ERVING (1974): Frame Analysis. An Essay on the Organization of Experience. New York.

GOLDSTEIN, MICHAEL J. (1959): The Relationship between Coping and Avoiding Behavior in Response to Fear-Arousing Propaganda. In: Journal of Abnormal and Social Psychology 58, S. 247–252.

GONZENBACH, WILLIAM J./STEVENSON, ROBERT L. (1994): Children with AIDS Attending Public School: An Analysis of the Spiral of Silence. In: Political Communication 11, S. 3–18.

GRABE, ELIZABETH (U.A.) (2000): Cognitive Access to Negatively Arousing News. An Experimental Investigation of the Knowledge Gap. In: Communication Research 27, S. 9–26.

GRABER, DORIS (1984): Processing the News. How People Tame the Information Tide. New York.

GRANOVETTER, MARK S. (1973): The Strength of Weak Ties. In: American Journal of Sociology 78, S. 1360–1380.

GRAUMANN, CARL F. (1972): Interaktion und Kommunikation. In: Graumann, Carl F. (Hrsg.): Handbuch der Psychologie. Bd. 7: Sozialpsychologie. 2. Halbband. Göttingen, S. 1109–1262.

GREENBERG, BRADLEY S. (1964): Person-to-Person Communication in the Diffusion of New Events. In: Journalism Quaterly 41, S. 489–494.

GREENBERG, BRADLEY S./TANNENBAUM, PERCY (1961): The Effects of Bylines on Attitude Change. In: Journalism Quaterly 38, S. 535–537.

GREFE, ROLF/MÜLLER, SIEGFRIED (1976): Die Entwicklung des „Opinion-Leader"-Konzeptes und der Hypothese vom zweistufigen Kommunikationsprozeß. In: Zeitschrift für Markt-, Meinungs- und Zukunftsforschung 19, S. 4001–4034.

GRIFFITH, WILLIAM E. (1973): Communist Esoteric Communication: Explication de Texte. In: Pool, Ithiel de Sola (u.a.) (Hrsg.): Handbook of Communication. Chicago, Il., S. 512–520.

GRIMM, JÜRGEN (1996): Das Verhältnis von Medien und Gewalt – oder welchen Einfluß hat das Fernsehen auf Jugendliche und Erwachsene? In: Der Bundesminister des Innern (Hrsg.): Medien und Gewalt. Bonn, S. 39–150.

GRIMM, JÜRGEN (1997): Physiologische und psychosoziale Aspekte der Fernsehgewalt-Rezeption. TV-Gefühlsmanagement zwischen Angst und Aggression. In: Medienpsychologie 9, S. 127–166.

GRIMM, JÜRGEN (1998): Der Robespierre-Affekt. Nichtimitative Wege filmischer Aggressionsvermittlung. In: tvdiskurs, Juli, S. 18–29.

GRIMM, JÜRGEN (1999): Fernsehgewalt. Zuwendungsattraktivität, Erregungsverläufe, Sozialer Effekt. Zur Begründung und praktischen Anwendung eines kognitiv-physiologischen Ansatzes zur Medienwirkung am Beispiel von Gewaltdarstellungen. Opladen/Wiesbaden.

GROEBEL, JO (1981): Vielseher und Angst. In: Fernsehen und Bildung 15, S. 114–136.

GROEBEL, JO (1982): Macht das Fernsehen die Umwelt bedrohlich? In: Publizistik 27, S. 152–165.

GROEBEL, JO (1984): Mediengewalt: Sich ändernde Perspektiven, neue Fragestellungen. In: Schorb, Bernd (Hrsg.): Gewalt im Fernsehen – Gewalt des Fernsehens? Über die Wirkung und den Umgang mit Gewalt in den alten und neuen Medien. Sindelfingen (Medien + Bildung, Bd. 7), S. 109–120.

GROSSENBACHER, RENÉ (1986): Hat die „Vierte Gewalt" ausgedient? Zur Beziehung zwischen Public Relations und Medien. In: Media Perspektiven, S. 725–731.

GROSSENBACHER, RENÉ (1989): Die Medienmacher. Eine empirische Untersuchung zur Beziehung zwischen Public Relations und Medien in der Schweiz. Solothurn.

GROTE, ANDREAS (2000): Globalisierungsgefälle. Was bringt das Internet der Dritten Welt. In: c't. Magazin für Computer Technik, Heft 10, S. 98–102.

GUILINO, HEIDIE (1996): Reisejournalismus. Träume im Test. In: Journalist, Heft 6, S. 10–18.

GUNARATNE, SHELTON A. (1998): Old Wine in a New Bottle. Public Journalism, Development Journalism, and Social Responsibility. In: Roloff, Michael E./Paulson, Gaylen D. (Hrsg.): Communication Yearbook 21. Thousand Oaks, Ca./London/New Delhi, S. 277–321.

GUNTER, BARRIE (1987): Television and the Fear of Crime. London.

GUNTER, BARRIE/WOBER, MALLORY (1983): Television Viewing and Public Trust. In: British Journal of Social Psychology 22, S. 174–176.

HAACKE, WILMONT (1970): Publizistik und Gesellschaft. Stuttgart.

HAAS, HANNES/PÜRER, HEINZ (1991): Berufsauffassungen im Journalismus. In: Stuiber, Heinz-Werner/Pürer, Heinz (Hrsg.): Journalismus. Anforderungen. Berufsauffassungen. Verantwortung. Eine Aufsatzsammlung zu aktuellen Fragen des Journalismus. Nürnberg (= Kommunikationswissenschaftliche Studien, Bd. 11), S. 71–83.

HAAS, HANNES/WALLISCH, GIAN-LUCA (1991): Literarischer Journalismus oder journalistische Literatur. Ein Beitrag zu Konzept, Vertretern und Philosophie des „New Journalism". In: Publizistik 36, S. 298–314.

HABERMAS, JÜRGEN (1968): Strukturwandel der Öffentlichkeit. 3. Auflage. Neuwied (zuerst 1962).

HAGEDORN ROBERT/LABOVITZ, SANFORD (1973): An Introduction into Sociological Orientations. New York.

HAGEN, LUTZ M. (1998a): Die Beachtung Deutschlands in ausländischen Medien. Eine Analyse von Zeitungs- und Fernsehnachrichten. In: Publizistik 43, S. 143–157.

HAGEN, LUTZ (1998b): Online-Nutzung und Nutzung von Massenmedien. Eine Analyse von Substitutions- und Komplementärbeziehungen. In: Rössler, Patrick (Hrsg.): Online-Kommunikation. Beiträge zur Nutzung und Wirkung. Opladen, S. 105–122.

HAGEN, LUTZ M. (1992): Die opportunen Zeugen. Konstruktionsmechanismen von Bias in der Zeitungsberichterstattung über die Volkszählungsdiskussion. In: Publizistik 37, S. 444–460.

HAGEN, LUTZ M. (1995): Informationsqualität von Nachrichten. Meßmethoden und ihre Anwendung auf die Dienste von Nachrichtenagenturen. Opladen (= Studien zur Kommunikationswissenschaft, Bd. 6).

HAGEN, LUTZ M. (1999): Online-Medien: Substitut oder Komplement? Zusammenhänge mit Nutzungsintensitäten und Reichweiten von Massenmedien. In: Knoche, Manfred/Siegert, Gabriele (Hrsg.): Strukturwandel der Medienwirtschaft im Zeitalter digitaler Kommunikation. München, S. 125–146.

HAGEN, LUTZ M./MAYER, MARKUS (1998): Der direkte Draht zur Politik? Formen und Inhalte der Online-Nutzung im Hinblick auf die Entstehung politischer Öffentlichkeit. In: HAGEN, LUTZ M. (Hrsg.): Online-Medien als Quellen politischer Information. Empirische Untersuchungen zur Nutzung von Internet und Online-Diensten. Opladen/Wiesbaden, S. 94–129.

HAGEN, LUTZ M. (U.A.) (1998): Ländermerkmale als Nachrichtenfaktoren: Der Nachrichtenwert von Ländern und seine Determinanten in den Auslandsnachrichten von Zeitungen und Fernsehen aus 28 Ländern. In: Holtz-Bacha, Christina/Scherer, Helmut/Waldmann, Norbert (Hrsg.): Wie die Medien die Welt erschaffen und wie die Menschen darin leben. Opladen/Wiesbaden, S. 59–82.

HAGEN, LUTZ M./ZEH, REIMAR/BERENS, HARALD (1998): Kanzler und Kontrahent. Berichterstattung über Spitzenkandidaten im Bundestagswahlkampf 1994. In: Kamps, Klaus/Meckel, Miriam (Hrsg.): Fernsehnachrichten. Prozesse, Strukturen, Funktionen. Opladen/Wiesbaden, S. 225–237.

HALE, JEROLD L./LEMIEUX, ROBERT/MONGEAU, PAUL A. (1995): Cognitive Processing of Fear-Arousing Message Content. In: Communication Research 22, S. 459–474.

HALL, EDWARD T. (1963): Proxemics: The Study of Man's Spatial Relations and Boundaries. In: Galdston, Iago (Hrsg.): Man's Image in Medicine and Anthropology. New York.

HALLEMANN, MICHAEL (1989): Peinlichkeit. Ein Ansatz zur Operationalisierung von Isolationsfurcht im sozialpsychologischen Konzept öffentlicher Meinung. Diss. phil. Mainz.

HALLER, MICHAEL/DAVATZ, FELIX/PETERS, MATTHIAS (1995): Massenmedien. Alltagskultur und Partizipation: Zum Informationsgeschehen in städtischen Gesellschaften. Nationales Forschungsprogramm 21. Kulturelle Vielfalt und nationale Identität. Basel/Frankfurt a.M.

HALLORAN, JAMES D./BROWN, ROGER L./CHANEY, DAVID C. (1972): Fernsehen und Kriminalität. Berlin.

HALLORAN, JAMES D./ELLIOTT, PHILIP/MURDOCK, GRAHAM (1970): Demonstrations and Communication: A Case Study. Harmondsworth.

HAMELINK, CEES J. (1995): World Communication: Disempowerment and Self-Empowerment. London.

HAMELINK, CEES J. (1997): International Communication: Global Market and Morality. In: Mohammadi, Ali (Hrsg.): International Communication and Globalization. A Critical Introduction. London (u.a.), S. 92–118.

HARDMEIER, SIBYLLE (2000): Meinungsumfragen im Journalismus: Nachrichtenwert, Präzision und Publikum. In: Medien & Kommunikationswissenschaft 48, S. 371–395.

HARGRAVE, ANDREA M. (Hrsg.) (1993): Violence in Factual Television. London.

HARRIS, ROBERT (1986): Selling Hitler. New York.

HARTL, BARBARA (1994): Journalisten beobachten Journalisten. In: Die Zeit, 6.5.1994, S. 81.

HASEBRINK, UWE (1998): Jugendmedienschutz im internationalen Vergleich. In: Media Perspektiven, S. 454–462.

HAUS DER GESCHICHTE DER BUNDESREPUBLIK DEUTSCHLAND (Hrsg.) (1998): Bilder, die lügen. Begleitbuch zur Ausstellung im Haus der Geschichte der Bundesrepublik Deutschland, Bonn, 27. November 1998 bis 28. Februar 1999. Bonn.

HAWKINS, ROBERT P./PINGREE, SUZANNE (1981): Uniform Content and Habitual Viewing: Unnecessary Assumptions in Social Reality Effects. In: Human Communication Research 7, S. 291–301.

HAWKINS, ROBERT P./PINGREE, SUZANNE (1982): Television's Influence on Social reality. In: Pearl, David/Bouthilet, Lorraine/Lazar, Joyce (Hrsg.): Television and Behavior. Ten Years of Scientific Progress and Implications for the Eighties. Bd. II: Technical Reviews. Rockville, Mdl., S. 224–247.

HEATH, LINDA (1984): Impact of Newspaper Crime Reports on Fear of Crime. Multimethodological Investigation. In: Journal of Personality and Social Psychology 47, S. 263–277.

HEIDER, FRITZ (1946): Attitudes and Cognitive Organizations. In: Journal of Psychology 21, S. 107–112.

HEINRICH, JÜRGEN (1994): Medienökonomie. Bd. 1: Mediensystem, Zeitung, Zeitschrift, Anzeigenblatt. Opladen.

HEISENBERG, WERNER (1973): Der Teil und das Ganze. Gespräche im Umkreis der Atomphysik. München.

HELLER, GEORG (1999): Dammbruch. In: Journalist, Heft 1, S. 44f.

HENNINGHAM, JOHN/DELANO, ANTHONY (1998): British Journalists. In: Weaver, David H. (Hrsg.): The Global Journalist. News People around the World. Cresskill, N.J., S. 143–160.

HERZOG, HERTA (1944): What do We really Know about Daytime Serial Listeners. In: Lazarsfeld, Paul F./Stanton, Frank N. (Hrsg.): Radio Research 1942–1943. New York, S. 3–33.

HILL, RICHARD J./BONJEAN, CHARLES M. (1964): News Diffusion: A Test of the Regularity Hypothesis. In: Journalism Quarterly 41, S. 336–342.

HINTERMEIER, JOSEF (1982): Public Relations im journalistischen Entscheidungsprozeß dargestellt am Beispiel einer Wirtschaftsredaktion. Düsseldorf.

HIRSCH, PAUL M. (1977): Occupational, Organizational, and Institutional Models in Mass Media Research. In: Hirsch, Paul (u.a.) (Hrsg.): Strategies for Communication Research. Beverly Hills, Ca., S. 13–42.

HIRSCH, PAUL M. (1980): The „Scary World" of the Nonviewer and Other Anomalies. A Reanalysis of Gerbner et al.'s Findings on Cultivation Analysis. Part I. In: Communication Research 7, S. 403–456.

HIRSCH, PAUL M. (1981a): Distinguishing Good Speculations from Bad Theory: Rejoinder to Gerbner et al. In: Communication Research 8, S. 73–96.

HIRSCH, PAUL M. (1981b): On not Learning from One's Own Mistakes. A Reanalysis of Gerbner et al.'s Findings on Cultivation Analysis. Part II. In: Communication Research 8, S. 3–37.

HJARVARD, STIG (1998): TV News Exchange. In: Boyd-Barrett, Oliver/Rantanen, Terhi (Hrsg.): The Globalization of News. London/Thousand Oaks, Ca./New Delhi, S. 202–226.

HOCKETT, CHARLES F. (1958): A Course in Modern Linguistics. New York.

HODGES, LOU (1995): The Unabomber. In: Journal of Mass Media Ethics 10, S. 248–256.

HÖBEL, WOLFGANG/SCHNITZLER, MEIKE (2000): Absturz eines Märchenerzählers. In: Der Spiegel, 22.5.2000, S. 108–110.

HÖBERMANN, FRAUKE (1998): Anforderungen an die Ausbildung für den Online-Journalismus. In: Neverla, Irene (Hrsg.): Das Netz-Medium. Kommunikationswissenschaftliche Aspekte eines Mediums in Entwicklung. Opladen/Wiesbaden, S. 299–318.

HÖFLICH, JOACHIM (1994): Der Computer als „interaktives Massenmedium". Zum Beitrag des Uses and Gratifications Approach bei der Untersuchung computervermittelter Kommunikation. In: Publizistik 34, S. 389–408.

HÖMBERG, WALTER (Hrsg.) (1978): Journalistenausbildung. Modelle, Erfahrungen, Analysen. München.

HÖMBERG, WALTER (1987): Von Kärrnern und Königen. Zur Geschichte journalistischer Berufe. In: Bobrowsky, Manfred/Langenbucher Wolfgang (Hrsg.): Wege zur Kommunikationsgeschichte. München, S. 619–629.

HÖMBERG, WALTER (Hrsg.) (1996a): Der Grubenhund – Experimente mit der Wahrheit. München.

HÖMBERG, WALTER (1996b): Lügen wie gedruckt. In: Journalist, Heft 3, S. 38–42.

HOETZEL, HOLGER (2000): „Frei erfunden", „nie geführt". Hollywood-Stars werfen dem „Magazin" der „Süddeutschen Zeitung" vor, Phantom-Interviews gedruckt zu haben. In: Focus, 15.5.2000, S. 220–222.

HOFER, WALTHER (Hrsg.) (1957): Der Nationalsozialismus. Dokumente 1933–1945. Frankfurt a.M.

HOFSTÄTTER, PETER (1957): Gruppendynamik. Kritik der Massenpsychologie. Reinbek.

HOHENFELD, RALF/NEUBERGER, CHRISTOPH (1998): Profil, Grenzen und Standards der Kommunikationswissenschaft. Eine Inhaltsanalyse wissenschaftlicher Fachzeitschriften. In: Rundfunk und Fernsehen 46, S. 313–332.

HOLM, CARSTEN (1995): Ein bißchen viel Paris. In: Spiegel special, Nr. 1: Die Journalisten, S. 111–114.

HOLST, ISABELLA-AFRA (2000): Realitätswahrnehmung in politischen Konflikten. Grundlagen einer Theorie der Wissenskluft. Konstanz (zugl. Diss. Mainz 1998).

HOLTZ-BACHA, CHRISTINA (1989): Verleidet uns das Fernsehen die Politik? Auf den Spuren der „Videomalaise". In: Kaase, Max/Schulz, Winfried (Hrsg.): Massenkommunikation. Theorien, Methoden, Befunde. Opladen (= Kölner Zeitschrift für Soziologie und Sozialpsychologie, Sonderheft 30), S. 239–252.

HOLTZ-BACHA, CHRISTINA (1990a): Ablenkung oder Abkehr von der Politik? Mediennutzung im Geflecht politischer Orientierungen. Opladen (= Studien zur Sozialwissenschaft, Bd. 96).

HOLTZ-BACHA, CHRISTINA (1990b): Videomalaise Revisited: Media Exposure and Political Alienation in West Germany. In: European Journal of Communication 5, S. 73–85.

HOLTZ-BACHA, CHRISTINA (1994a): Entfremdung von der Politik durch „Fernseh-Politik"? – Zur Hypothese von der Videomalaise. In: Jarren, Otfried (Hrsg.): Politische Kommunikation in Hörfunk und Fernsehen. Opladen (= Gegenwartskunde, Sonderheft 8), S. 123–133.

HOLTZ-BACHA, CHRISTINA (1994b): Massenmedien und Politikvermittlung – Ist die Videomalaise-Hypothese ein adäquates Konzept? In: Jäckel, Michael/ Winterhoff-Spurk, Peter (Hrsg.): Politik und Medien. Analysen zur Entwicklung der politischen Kommunikation. Berlin, S. 181–191.

HOLTZ-BACHA, CHRISTINA (1997): Das fragmentierte Medien-Publikum. Folgen für das politische System. In: Aus Politik und Zeitgeschichte, B 42, S. 13–21.

HOLTZ-BACHA, CHRISTINA (1998): Fragmentierung der Gesellschaft durch das Internet? In: Gellner, Winand/Korff, Fritz von (Hrsg.): Demokratie und Internet. Baden-Baden, S. 219–226.

HOLTZ-BACHA, CHRISTINA/PEISER, WOLFRAM (1999): Verlieren die Massenmedien ihre Integrationsfunktion? Eine empirische Analyse zu den Folgen der Fragmentierung des Medienpublikums. In: Hasebrink, Uwe/Rössler, Patrick (Hrsg.): Publikumsbindungen. Medienrezeption zwischen Individualisierung und Integration. München (= Angewandte Medienforschung, Bd. 12), S. 41–53.

HOLZER, HORST (1969): Massenkommunikation und Demokratie in der Bundesrepublik Deutschland. Opladen.

HOLZWEIßIG, GUNTER (1989). Massenmedien in der DDR. 2. Auflage. Berlin.

HOLZWEIßIG, GUNTER (1997): Zensur ohne Zensor. Die SED-Informationsdiktatur. Bonn.

HOLZWEIßIG, GUNTER (1999): Massenmedien in der DDR. In: Wilke, Jürgen (Hrsg.): Mediengeschichte der Bundesrepublik Deutschland. Köln/Weimar/ Wien, S. 573–601.

HONDRICH, KARL OTTO (1972): Systemtheorie als Instrument der Gesellschaftsanalyse. Forschungsbezogene Kritik eines Theorieansatzes. In: Soziale Welt 23, S. 1–16.

HORKHEIMER, MAX/ADORNO, THEODOR W. (1971): Dialektik der Aufklärung. Frankfurt a.M.

HORNBLOWER, MARGOT (1999): The Battle in Seattle. Antiglobalization Forces are Threatening to Turn the WTO's Meeting on Free Trade into a Free-for-All. In: Time, 6.12.1999.

HORNIG, FRANK (1997): Anstößige Artikel. In: Wirtschaftswoche, 22.5.1997, S. 67.

HORSTMANN, REINHOLD (1991): Medieneinflüsse auf politisches Wissen. Zur Tragfähigkeit der Wissenskluft-Hypothese. Wiesbaden (zugl. Diss. München 1989).

HORTON, DONALD/WOHL, RICHARD R. (1956): Mass Communication and Para-Social Interaction: Observations on Intimacy and Distance. In: Psychiatry 19, S. 215–229.

HOSKINS, COLINS/MIRUS, ROLF (1988): Reasons for the US Dominance of the International Trade in Television Programmes. In: Media, Culture and Society 10, S. 499–515.

HOVLAND, CARL I. (1954): Effects of the Mass Media of Communication. In: Lindzey, Gardner (Hrsg.): Handbook of Social Psychology. Bd. II: Special Fields and Applications. Reading, Mass., S. 1062–1103.

HOVLAND, CARL I. (1958): The Role of Primacy and Recency in Persuasive Communication. In: Maccoby, Eleanor E./Newcomb, Theodore M./Hartley, Eugene L. (Hrsg.): Readings in Social Psychology, 3. Auflage. New York, S. 137–149.

HOVLAND, CARL I./HARVEY, O.J./SHERIF, MUZAFER (1957): Assimilation and Contrast Effects in Reactions to Communication and Attitude Change. In: Journal of Abnormal and Social Psychology 55, S. 244–252.

HOVLAND, CARL I./JANIS, IRVING L. (1970): An Overview of Persuability Research. In: Sereno, Kenneth K./Mortensen, C. David (Hrsg.): Foundations of Communication Theory. New York, S. 222–233.

HOVLAND, CARL I./JANIS, IRVING L./KELLEY, HAROLD H. (1953): Communication and Persuasion. Psychological Studies of Opinion Change. New Haven/London.

HOVLAND, CARL I./LUMSDAINE, ARTHUR A./SHEFFIELD, FRED D. (1949): Experiments on Mass Communication. Princeton.

HOVLAND, CARL I./MANDELL, WALLACE (1952): An Experimental Comparison of Conclusion Drawing by he Communicator and by the Audience. In: Journal of Abnormal and Social Psychology 47, S. 581–588.

HOVLAND, CARL. I. (U.A.) (1957): The Order of Presentation in Persuasion. New Haven.

HOVLAND, CARL I./WEISS, WALTER (1951): The Influence of Source Credibility on Communication Effectiveness. In: Public Opinion Quaterly 15, S. 635–650.

HUCKINS, KYLE (1999): Interest-Group Influence on the Media Agenda: A Case Study. In: Journalism and Mass Communication Quaterly 76, S. 76–86.

HUFFSCHMID, ANNE (2000): Homepage statt Kalaschnikow. In: Die Woche, 21.7.2000, S. 21.

HUGHES, MICHAEL (1980): The Fruits of Cultivation Analysis: A Reexamination of Some Effects of Television Watching. In: Public Opinion Quaterly 44, S. 285–302.

HUIZINGA, JOHAN (1924): Herbst des Mittelalters. München.

HUMBOLDT, WILHELM VON (1968a): Über das vergleichende Sprachstudium in Beziehung auf die verschiedenen Epochen der Sprachentwicklung. In: Leitzmann, Albert (Hrsg.): Wilhelm von Humboldts Werke. 4. Bd.: 1820–1822. Berlin (Nachdruck der Ausgabe von 1905) (= Wilhelm von Humboldts Gesammelte

Schriften. Hrsg. v. d. Königlich Preußischen Akademie der Wissenschaften. Bd. IV. Erste Abteilung; zuerst 1820), S. 1–35.

HUMBOLDT, WILHELM VON (1968b): Über die Verschiedenheit des menschlichen Sprachbaues und ihren Einfluss auf die geistige Entwicklung des Menschengeschlechts. In: Leitzmann, Albert (Hrsg.): Wilhelm von Humboldts Werke. Bd. 7/1: Einleitung zum Kawiwerk. Berlin (Nachdruck der Ausgabe von 1907 (= Wilhelm von Humboldts Gesammelte Schriften. Hrsg. von der Königlich Preußischen Akademie der Wissenschaften, Bd. VII. Erste Abteilung; zuerst 1835), S. 1–344.

HUNTINGTON, SAMUEL P. (1993a): The Clash of Civilizations? The Debate. A Foreign Affairs Reader. New York (zuerst in: Foreign Affairs 72, No. 3, 1993).

HUNTINGTON, SAMUEL P. (1993b): If not Civilizations, What? Paradigms of the Post-Cold War World. In: Foreign Affairs 72, Nr. 5, S. 186–194.

INNIS, HAROLD A. (1950): Empire and Communications. Oxford.

INNIS, HAROLD A. (1951): The Bias of Communication. Toronto.

INSTITUT FÜR DEMOSKOPIE ALLENSBACH [1968]: Auswirkungen des Fernsehens in Deutschland. Lebensgewohnheiten, Interessen und Bild der Politik vor und nach der Anschaffung eines Fernsehgeräts [IfD-Bericht 1489] [bearb. von Elisabeth Noelle-Neumann und Gerhard Schmidtchen].

INSKO, CHESTER A./ARKOFF, ABE/INSKO, VERLA M. (1965): Effects of High and Low Fear-Arousing Communications upon Opinions toward Smoking. In: Journal of Experimental Social Psychology 1, S. 256–266.

INSKO, CHESTER H./SCHOPLER, JOHN (1967): Triadic Consistency: A Statement of Affective-Cognitive-Conative Consistency. In: Thomas, Kerry (Hrsg.): Attitudes and Behaviour. Harmondsworth.

INTERNATIONAL PRESS INSTITUTE (IPI) (2000): World Press Freedom Review 1999. New York (auch unter http://freemedia.at/archive97/world.html, 31.1.2001).

IYENGAR, SHANTO/KINDER, DONALD R. (1987): News that Matters. Television and American Opinion. Chicago, Il./London.

IYENGAR, SHANTO/SIMON, ADAM (1993): News Coverage of the Gulf Crisis and Public Opinion. A Study of Agenda-Setting, Priming, and Framing. In: Communication Research 20, S. 365–383.

JACOBSON, THOMAS L./SERVAES, JAN (1999): Theoretical Approaches to Participatory Communication. Cresskill, N.J.

JÄCKEL, MICHAEL (1992): Mediennutzung als Niedrigkostensituation. Anmerkungen zum Nutzen- und Belohnungsansatz. In: Medienpsychologie 4, S. 246–266.

JÄCKEL, MICHAEL (1994): Auf dem Weg in die Informationsgesellschaft? Informationsverhalten und die Folgen der Informationskonkurrenz. In: Jäckel, Michael/Winterhoff-Spurk, Peter (Hrsg.): Politik und Medien. Analysen zur Entwicklung der politischen Kommunikation. Berlin, S. 11–33.

JÄCKEL, MICHAEL (1999): Medienwirkungen. Ein Studienbuch zur Einführung. Opladen/Wiesbaden.

JAKOBS, HANS-JÜRGEN (1995): Der gekaufte Journalist. Korruption im Pressewesen. In: Spiegel special, Nr. 1: Die Journalisten, S. 108–110.

JANIS, IRVING L. (1954): Personality Correlates of Susceptibility to Persuasion. In: Journal of Personality 22, S. 504–518.

JANIS, IRVING L. (Hrsg.) (1959): Personality and Persuasibility. New Haven (u.a.).

JANIS, IRVING L./FESHBACH, SEYMOUR (1953): Effects of Fear-Arousing Communications. In: Journal of Abnormal and Social Psychology 48, S. 78–92.

JANIS, IRVING L./FESHBACH, SEYMOUR (1954): Personality Differences Associated with Responsiveness to Fear-Arousing Communications. In: Journal of Personality 23, S. 154–166.

JANIS, IRVING L./LUMSDAINE, ARTHUR A./GLADSTONE, ARTHUR I. (1951): Effects of Preparatory Communication on Reactions to a Subsequent News Event. In: Pubic Opinion Quaterly 15, S. 487–518.

JANIS, IRVING L./TERWILLIGER, ROBERT F. (1962): An Experimental Study of Psychological Resistances to Fear-Arousing Communications. In: Journal of Abnormal and Social Psychology 65, S. 403–410.

JARREN, OTFRIED (1988): Politik und Medien im Wandel: Autonomie, Interdependenz oder Symbiose? In: Publizistik 33, S. 619–632.

JARREN, OTFRIED (1997): Macht und Ohnmacht der Medienkritik oder: Können Schwache Stärke erlangen? Medienkritik und medienpolitische Kommunikation als Netzwerk. In: Weßler, Hartmut (u.a.) (Hrsg.): Perspektiven der Medienkritik. Die gesellschaftliche Auseinandersetzung mit öffentlicher Kommunikation in der Mediengesellschaft. Dieter Roß zum 60. Geburtstag. Opladen, S. 307–328.

JARREN, OTFRIED (1998): Demokratie durch Internet? In: Eisel, Stephan/Scholl, Mechthild (Hrsg.): Internet und Politik. St. Augustin (= Konrad-Adenauer-Stiftung: Interne Studien, Nr. 164/1998), S. 27–51.

JARREN, OTFRIED/RÖTTGER, ULRIKE (1999): Politiker, politische Öffentlichkeitsarbeiter und Journalisten als Handlungssystem. Ein Ansatz zum Verständnis politischer PR. In: Rolke, Lothar/Wolff, Volker (Hrsg.): Wie die Medien die Wirklichkeit steuern und selber gesteuert werden. Opladen/Wiesbaden, S. 199–221.

JO, EUNKYUNG/BERKOWITZ, LEONARD (1994): A Priming Effect Analysis of Media Influences: An Update. In: Bryant, Jennings/Zillmann, Dolf (Hrsg.): Media Effects: Advances in Theory and Research. Hillsdale, N.J., S. 43–60.

JONSCHER, NORBERT (1999): Notizen aus der Provinz. In: Journalist, Heft 6, S. 13–17.

JOSEPHI, Beate (1995): Rupert Murdoch oder der Aufbau eines globalen Medienimperiums. Vortrag Universität Mainz.

KAASE, MAX (1986): Massenkommunikation und politischer Prozeß. In: Kaase, Max (Hrsg.): Politische Wissenschaft und politische Ordnung. Analysen zu Theorie und Empirie demokratischer Regierungsweise. Festschrift zum 65. Geburtstag von Rudolf Wildenmann. Opladen, S. 357–374.

KAASE, MAX (1998): Demokratisches System und die Mediatisierung von Politik. In: Sarcinelli, Ulrich (Hrsg.): Politikvermittlung und Demokratie in der Mediengesellschaft. Beiträge zur politischen Kommunikationskultur. Bonn, S. 24–51.

KAASE, MAX/SCHULZ, WINFRIED (1989): Perspektiven der Kommunikationsforschung. In: Kaase, Max/Schulz, Winfried (Hrsg.): Massenkommunikation. Theorien, Methoden, Befunde. Opladen (= Kölner Zeitschrift für Soziologie und Sozialpsychologie, Sonderheft 30), S. 9–27.

KÄSLER, DIRK (1984): Soziologie: „Flug über den Wolken". Rezension von Niklas Luhmanns „Soziale Systeme". In: Der Spiegel, 10.12.1984, S. 184–190.

KAISER, ULRIKE (1988): Rügen im Wattepolster. In: Journalist, Heft 1, S. 24.

KAMPS, KLAUS (1998): Nachrichtengeographie. Themen, Strukturen, Darstellung: Ein Vergleich. In: Kamps, Klaus/Meckel, Miriam (Hrsg.): Fernsehnachrichten. Prozesse, Strukturen, Funktionen. Opladen/Wiesbaden, S. 275–294.

KAMPS, KLAUS (1999): Politik in Fernsehnachrichten. Struktur und Präsentation internationaler Ereignisse – Ein Vergleich. Baden-Baden (= Düsseldorfer Kommunikations- und Medienwissenschaftliche Studien, Bd. 3).

KANG, JONG G./MORGAN, MICHAEL (1988): Culture Clash: Impact of U.S. Television in Korea. In: Journalism Quaterly 65, S. 431–438.

KAPLAN, ROBERT M./SINGER, ROBERT D. (1976): Television Violence and Viewer Aggression. A Reexamination of the Evidence. In: Journal of Social Issues 32, S. 35–70.

KARL, PATRICIA M. (1982): Media Diplomacy: In: Benjamin, Gerald (Hrsg.): The Communications Revolution in Politics. New York (= Proceedings of the Academy of Political Science 34, 4), S. 143–152.

KATZ, ELIHU/BLUMLER, JAY G./GUREVITCH, MICHAEL (1974): Utilization of Mass Communication by the Individual. In: Blumler, Jay G./Katz, Elihu (Hrsg.): The Uses of Mass Communications: Current Perspectives on Gratifications Research. Beverly Hills, Ca., S. 19–32.

KATZ, ELIHU/FOULKES, DAVID (1962): On the Use of the Mass Media as „Escape“: Clarification of a Concept. In: Public Opinion Quaterly 26, S. 377–388.

KATZ, ELIHU/LAZARSFELD, PAUL F. (1955): Personal Influence: The Part Played by People in the Flow of Mass Communications. Glencoe, Il.

KATZ, ELIHU/LAZARSFELD, PAUL F. (1962): Persönlicher Einfluß und Meinungsbildung. München (zuerst 1955).

KAZOLEAS, DEAN (1993): The Impact of Argumentativeness on Resistance to Persuasion. In: Human Communication Research 20, S. 118–137.

KEEBLE, RICHARD (1997): Secret State, Silent Press. New Militarism, the Gulf and the Modern Image of Warfare. Luton.

KELLEY, HAROLD H. (1955): Salience of Membership and Resistance to Change of Group-Anchored Attitudes. In: Human Relations 8, S. 275–289.

KELLEY, HAROLD H./VOLKART, EDMUND H. (1952): The Resistance to Change of Group-Anchored Attitudes. In: American Sociological Review 17, S. 453–465.

KELMAN, HERBERT C./HOVLAND, CARL I. (1953): „Reinstatement“ of the Communicator in Delayed Measurement of Opinion Change. In: Journal of Abnormal and Social Psychology 48, S. 327–335.

KEPPLINGER, HANS MATHIAS (1981): Gesellschaftliche Bedingungen kollektiver Gewalt. In: Kölner Zeitschrift für Soziologie und Sozialpsychologie 33, S. 469–504.

KEPPLINGER, HANS MATHIAS (1982): Massenkommunikation. Stuttgart.

KEPPLINGER, HANS MATHIAS (1983a): Funktionswandel der Massenmedien. In: Rühl, Manfred/Stuiber, Heinz-Werner (Hrsg.): Kommunikationspolitik in Forschung und Anwendung. Festschrift für Franz Ronneberger. Düsseldorf (= Journalismus, N.F., Bd. 18), S. 47–64.

KEPPLINGER, HANS MATHIAS (1983b): German Media and Oil Supply in 1978 and 1979. In: Smith, Nelson/Theberge, Leonard J. (Hrsg.): Energy Coverage – Media Panic. An International Perspective. New York/London, S. 22–49.

KEPPLINGER, HANS MATHIAS (1985a): Meinungsverteilung und Medienwirkung. Eine empirische Untersuchung zur Balancetheorie Fritz Heiders. In: Saxer, Ulrich (Hrsg.): Gleichheit oder Ungleichheit durch Massenmedien. München, S. 33–48.

KEPPLINGER, HANS MATHIAS (1985b): Systemtheoretische Aspekte politischer Kommunikation. In: Publizistik 30, S. 247–264.

KEPPLINGER, HANS MATHIAS (1987): Darstellungseffekte. Experimentelle Untersuchungen zur Wirkung von Pressefotos und Fernsehfilmen. Freiburg i.Brsg./ München.

KEPPLINGER, HANS MATHIAS (1988): Die Kernenergie in der Presse. Eine Analyse zum Einfluß subjektiver Faktoren auf die Konstruktion von Realität. In: Kölner Zeitschrift für Soziologie und Sozialpsychologie 40, S. 659–683.

KEPPLINGER, HANS MATHIAS (1989a): Künstliche Horizonte. Folgen, Darstellung und Akzeptanz von Technik in der Bundesrepublik. Frankfurt a.M.

KEPPLINGER, HANS MATHIAS (1989b): Theorien der Nachrichtenauswahl als Theorien der Realität. In: Aus Politik und Zeitgeschichte, B 15, S. 3–16.

KEPPLINGER, HANS MATHIAS (1990): Realität, Realitätsdarstellung und Medienwirkung. In: Wilke, Jürgen (Hrsg.): Fortschritte der Publizistikwissenschaft. Freiburg./München (= Alber-Broschur Kommunikation, Bd. 18), S. 39–55.

KEPPLINGER, HANS MATHIAS (1992): Ereignismanagement. Wirklichkeit und Massenmedien. Zürich/Osnabrück.

KEPPLINGER, HANS MATHIAS (1993): Kritik am Beruf. Zur Rolle der Kollegenkritik im Journalismus. In: Mahle, Walter A. (Hrsg.): Journalisten in Deutschland. Nationale und internationale Vergleiche und Perspektiven. München (= Schriftenreihe der Arbeitsgemeinschaft für Kommunikation München (AKM), Bd. 39: Elftes Wissenschaftliches Gespräch am 8. und 9. Juli 1993 in Mayschoß an der Ahr), S. 161–182.

KEPPLINGER, HANS MATHIAS (1994a): Nonverbale Kommunikation: Darstellungseffekte. In: Noelle-Neumann, Elisabeth/Schulz, Winfried/Wilke, Jürgen (Hrsg.): Das Fischer Lexikon Publizistik/Massenkommunikation. Frankfurt a.M., S. 337–365.

KEPPLINGER, HANS MATHIAS (1994b): Publizistische Konflikte. Begriffe, Ansätze, Ergebnisse. In: Neidhardt, Friedhelm (Hrsg.): Öffentlichkeit, öffentliche Meinung, soziale Bewegungen. Opladen (= Kölner Zeitschrift für Soziologie und Sozialpsychologie, Sonderheft 34), S. 214–233.

KEPPLINGER, HANS MATHIAS (1996): Skandale und Politikverdrossenheit – ein Langzeitvergleich. In: Jarren, Otfried (Hrsg.): Medien und politischer Prozeß. Politische Öffentlichkeit und massenmediale Politikvermittlung im Wandel. Opladen, S. 41–58.

KEPPLINGER, HANS MATHIAS (1997): Programmierte Gegenwehr. In: Rheinischer Merkur, 10.1.1997.

KEPPLINGER, HANS MATHIAS (1998a): Die Demontage der Politik in der Informationsgesellschaft. Freiburg./München (= Alber-Reihe Kommunikation, Bd. 24).

KEPPLINGER, HANS MATHIAS (1998b): Der Nachrichtenwert der Nachrichtenfaktoren. In: Holtz-Bacha, Christina/Scherer, Helmut/Waldmann, Norbert (Hrsg.): Wie die Medien die Welt erschaffen und wie die Menschen darin leben. Opladen/Wiesbaden, S. 19–38.

KEPPLINGER, HANS MATHIAS (in Zusammenarbeit mit Marcus Maurer und Thomas Roessing) (1999a): Deutschland vor der Wahl. Eine Frame-Analyse der Fernsehnachrichten. In: Noelle-Neumann, Elisabeth/Kepplinger, Hans Mathias/Donsbach, Wolfgang: Kampa. Meinungsklima und Medienwirkung im Bundestagswahlkampf 1998 (= Alber-Broschur Kommunikation, Bd. 25), S. 78–107.

KEPPLINGER, HANS MATHIAS (in Zusammenarbeit mit Marcus Maurer und Thomas Roessing) (1999b): Die Kontrahenten in der Fernsehberichterstattung. Analyse einer Legende. In: Noelle-Neumann, Elisabeth/Kepplinger, Hans Mathias/Donsbach, Wolfgang: Kampa. Meinungsklima und Medienwirkung im Bundestagswahlkampf 1998 (= Alber-Broschur Kommunikation, Bd. 25), S. 108–140.

KEPPLINGER, HANS MATHIAS/BASTIAN, ROUWEN (2000): Der prognostische Gehalt der Nachrichtenwert-Theorie. In: Publizistik 45, S. 462–475.

KEPPLINGER, HANS MATHIAS/DAHLEM, STEFAN (1990): Medieninhalte und Gewaltanwendung. In: Schwind, Hans-Dieter (u.a.) (Hrsg.): Ursache, Prävention und Kontrolle von Gewalt. Analysen und Vorschläge der Unabhängigen Regierungskommission zur Verhinderung und Bekämpfung von Gewalt (Gewaltkommission). Bd. III: Sondergutachten (Auslandsgutachten und Inlandsgutachten). Berlin, S. 381–396.

KEPPLINGER, HANS MATHIAS/EHMIG, SIMONE C./AHLHEIM, CHRISTINE (1991): Gentechnik im Widerstreit. Zum Verhältnis von Wissenschaft und Journalismus. Frankfurt a.M./New York.

KEPPLINGER, HANS MATHIAS/GIESSELMANN, THEA (1993): Gewaltdarstellungen in der aktuellen TV-Berichterstattung. In: Medienpsychologie 5, S. 160–190.

KEPPLINGER, HANS MATHIAS/HABERMEIER, JOHANNA (1995): The Impact of Key Events on the Presentation of Reality. In: European Journal of Communication 10, S. 371–390.

KEPPLINGER, HANS MATHIAS/HABERMEIER, JOHANNA (1996): Ereignis-Serien. Was kann man nach spektakulären Vorfällen über die Wirklichkeit wissen? In: Mast, Claudia (Hrsg.): Markt – Macht – Medien. Publizistik im Spannungsfeld zwischen gesellschaftlicher Verantwortung und ökonomischen Zielen. Konstanz (= Schriftenreihe der Deutschen Gesellschaft für Publizistik- und Kommunikationswissenschaft, Bd. 23), S. 261–272.

KEPPLINGER, HANS MATHIAS/HARTUNG, UWE (1995): Störfallfieber. Wie ein Unfall zum Schlüsselereignis einer Unfallserie wird. Freiburg i.Brsg./München.

KEPPLINGER, HANS MATHIAS/KNIRSCH, KERSTIN (2000): Gesinnungs- und Verantwortungsethik im Journalismus. Sind Max Webers theoretische Annahmen empirisch haltbar? In: Rath, Matthias (Hrsg.): Medienethik und Medienwirkungsforschung. Opladen/Wiesbaden, S. 11–44.

KEPPLINGER, HANS MATHIAS/MATHES, RAINER (1988): Künstliche Horizonte. Die Darstellung von Technik in Zeitungen und Zeitschriften der Bundesrepublik Deutschland von 1965 bis 1986. In: Scharioth, Joachim/Uhl, Harald (Hrsg.): Medien und Technikakzeptanz. München, S. 111–152.

KEPPLINGER, HANS MATHIAS/ROTH, HERBERT (1978): Kommunikation in der Ölkrise des Winters 1973/74. In: Publizistik 23, S. 337–356.

KEPPLINGER, HANS MATHIAS (U.A.) (1986): The Impact of Television on Rural Areas of Tunisia. A Panel Field Experiment on Changes in Social Perception, Attitudes, and Roles after the Introduction of Television. In: Revue Tunisienne de Communication 10, S. 107–164.

KEPPLINGER, HANS MATHIAS (U.A.) (1989a): Der Einfluß der Fernsehnachrichten auf die politische Meinungsbildung. Freiburg i.Brsg./München.

KEPPLINGER, HANS MATHIAS (U.A.) (1989b): Instrumentelle Aktualisierung. Grundlagen einer Theorie publizistischer Konflikte. In: Kaase, Max/Schulz, Winfried (Hrsg.): Massenkommunikation. Theorien, Methoden, Befunde. Opladen, S. 199–220 (= Kölner Zeitschrift für Soziologie und Sozialpsychologie, Sonderheft 30).

KEPPLINGER, HANS MATHIAS (U.A.) (1992): Instrumentelle Aktualisierung. Grundlagen einer Theorie kognitiv-affektiver Medienwirkungen. In: Schulz, Winfried (Hrsg.): Medienwirkungen. Einflüsse von Presse, Radio und Fernsehen auf Individuum und Gesellschaft. Untersuchungen im Schwerpunktprogramm „Publizistische Medienwirkungen". Forschungsbericht DFG. Weinheim, S. 161–189.

KEPPLINGER, HANS MATHIAS/VOHL, INGE (1976): Professionalisierung des Journalismus? Theoretische Probleme und empirische Befunde. In: Rundfunk und Fernsehen 24, S. 309–343 (leicht gekürzt auch u.d.Titel: Mit beschränkter Haftung. Zum Verantwortungsbewußtsein von Fernsehredakteuren. In: Kepplinger, Hans Mathias (Hrsg.) (1979): Angepaßte Außenseiter. Was Journalisten denken und wie sie arbeiten. Freiburg i.Brsg. (= Alber-Broschur Kommunikation, Bd. 8), S. 223–261).

KEPPLINGER, HANS MATHIAS/WEIßBECKER, HELGA (1991): Negativität als Nachrichtenideologie. In: Publizistik 36, S. 330–342.

KEPPLINGER, HANS MATHIAS/WEIßBECKER, HELGA (1997): Geborgte Erfahrungen. Der Einfluß enttäuschter Lebensentwürfe auf die Nutzung von Fernsehunterhaltung. In: Medienpsychologie 9, S. 57–74.

KERRICK, JEAN S./ANDERSON, THOMAS E./SWALES, LUITA B. (1964): Balance and the Writer's Attitude in News Stories and Editorials. In: Journalism Quaterly 41, S. 207–215.

KESSLER, RONALD C./STIPP, HORST H. (1984): The Impact of Fictional Television Suicide Stories on U.S. Fatalities: A Replication. In: American Journal of Sociology 90, S. 151–168.

KIERNAN, THOMAS (1986): Citizen Murdoch. New York.

KILZ, HANS WERNER (1996): Verirrter Journalismus. In: Süddeutsche Zeitung, 10.2.1996, S. 4.

KIM, KYUNGMO/BARNETT, GEORGE A. (1996): The Determinants of International News flow: A Network Analysis. In: Communication Research 23, S. 323–353.

KIRKLAND, RICHARD I. (1989): Confessions of an Advertising Man. In: Fortune, 5.6.1989, S. 131f.

KISCH, EGON ERWIN (1953): Der rasende Reporter. Berlin (Ost).

KLAPPER, JOSEPH T. (1960): The Effects of Mass Communication, Glencoe, Il.

KLAPPER, JOSEPH T. (1967): Mass Communication, Attitude Stability, and Change. In: Sherif, Carolyn W./Sherif, Muzafer (Hrsg.): Attitude, Ego-Involvement and Change. New York (u.a.), S. 297–310 (deutsche Übersetzung u.d. Titel: Massenkommunikation – Einstellungskonstanz und Einstellungsänderung. In: Aufermann, Jörg/Bohrmann, Hans/Sülzer, Rolf (Hrsg.) (1973): Gesellschaftliche Kommunikation und Information: Forschungsrichtungen und Problemstellungen. Ein Arbeitsbuch zur Massenkommunikation I. Frankfurt a.M., S. 49–63).

KLEIN, MALCOLM W./MACCOBY, NATHAN (1954): Newspaper Objectivity in the 1952 Campaign. In: Journalism Quaterly 31, S. 285–296.

KLEINSTEUBER, HANS J. (1996a): Horse Race im Cyberspace? Alte und neue Medien im amerikanischen Wahlkampf. In: Internationale Politik 51, S. 39–42.

KLEINSTEUBER, HANS J. (1996b): Die Regulierung des Rundfunks in den USA. Zur Kontrolle wirtschaftlicher Macht am Beispiel der FCC. In: Rundfunk und Fernsehen 44, S. 27–50.

KLEINSTEUBER, HANS J./THOMAß, BARBARA (1998): Politikvermittlung im Zeitalter von Globalisierung und medientechnischer Revolution. Perspektiven und Probleme. In: Sarcinelli, Ulrich (Hrsg.): Politikvermittlung und Demokratie in der Mediengesellschaft. Beiträge zur politischen Kommunikationskultur. Bonn, S. 209–229.

KLEINSTEUBER, HANS J. (1997): Reisejournalismus. Eine Einführung. Opladen.

KLIMENT, TIBOR (1994): Fernsehnutzung in Ostdeutschland und das Bild von der Bundesrepublik. Ein Beitrag zur Kultivierungshypothese. In: Rundfunk und Fernsehen 42, S. 483–509.

KLIMENT, TIBOR (1995): Showdown für die Medien? Zum Wechselverhältnis zwischen Protestgewalt und Medienberichterstattung. In: Friedrichsen, Mike/Vowe, Gerhard (Hrsg.): Gewaltdarstellungen in den Medien. Theorien, Fakten und Analysen. Opladen, S. 258–291.

KLINGER, RUDOLF (1998): Bayern goes online – das Bürgernetz als Weg in die Kommunikationsgesellschaft. In: Eisel, Stephan/Scholl, Mechthild (Hrsg.): Internet und Politik. St. Augustin (= Konrad-Adenauer-Stiftung: Interne Studien, Nr. 164/1998), S. 81–87.

KLUCKHOHN, CLYDE (1961): Notes on Some Anthropological Aspects of Communication. In: American Anthropologist 63, S. 895–910.

KNIRSCH, KERSTIN (1999): Rationalität und Ethik im Journalismus – Ein Fragebogenexperiment zu Max Webers These. Unv. Magisterarbeit. Mainz.

KNOCHE, MANFRED/LINDGENS, MONIKA (1988): Selektion, Konsonanz und Wirkungspotential der deutschen Tagespresse. Politikvermittlung am Beispiel der Agentur- und Presseberichterstattung über die GRÜNEN zur Bundestagswahl 1987. In: Media-Perspektiven, S. 490–510.

KÖCHER, RENATE (1985): Spürhund und Missionar. Eine vergleichende Untersuchung über Berufsethik und Aufgabenverständnis britischer und deutscher Journalisten. Diss. München.

KÖCHER, RENATE (1986): Bloodhounds or Missionaries: Role Definitions of German and British Journalists. In: European Journal of Communication 1, S. 43–64.

KÖNIG, RENÉ (1965): Soziologische Orientierung. Köln.

KOHL, HANS-HELMUT (1988): Katastrophe(n) Journalismus. In: Journalist, Heft 7, S. 8–13.

KOHTES KLEWES BONN GMBH (2000): PR/Journalismus. Ergebnisse einer Befragung von Journalisten und PR-Fachleuten.

KORFF, FRITZ VON (1998): Kommunale Bürgernetze im Internet. In: Gellner, Winand/Korff, Fritz von (Hrsg.): Demokratie und Internet. Baden-Baden, S. 95–107.

KORNELIUS, STEFAN (2000): Bulletins aus dem Geisellager. In: Süddeutsche Zeitung, 6.6.2000, S. 4.

KOSZYK, KURT (1972): Vorläufer der Massenpresse. München.

KOSZYK, KURT/PRUYS, KARL HUGO (1976): Dtv-Wörterbuch zur Publizistik. 4. Auflage. München.

KRACAUER, SIEGFRIED (1958): Von Caligari bis Hitler: Ein Beitrag zur Geschichte des deutschen Films. Hamburg (zuerst 1947).

KRACAUER, SIEGFRIED (1959). Die Angestellten. Allensbach/Bonn (zuerst 1930).

KRACAUER, SIEGFRIED (1963): Das Ornament der Masse. Frankfurt a.M.

KRAMPER, GERNOT (1996): Der Journalist auf der Bühne: Eine Person ohne Moral. In: Journalist, Heft 7, S. 16.

KREBS, DAGMAR (1981): Gewaltdarstellungen im Fernsehen und die Einstellungen zu aggressiven Handlungen bei 12- bis 15jährigen Kindern. Bericht über eine Längsschnittstudie. In: Zeitschrift für Sozialpsychologie 12, S. 281–302.

KREITLING, HOLGER (1997): Das neue Ressort. Medienberichterstattung im bundesdeutschen Vergleich. Ein Überblick. In: Weßler, Hartmut (u.a.) (Hrsg.): Perspektiven der Medienkritik. Die gesellschaftliche Auseinandersetzung mit öffentlicher Kommunikation in der Mediengesellschaft. Dieter Roß zum 60. Geburtstag. Opladen, S. 123–134.

KRETCH, DAVID/CRUTCHFIELD, RICHARD S./BALLACHEY, EGERTON L. (1962): Individual in Society. A Textbook of Social Psychology. New York.

KRÖNIG, JÜRGEN (1997): „Blut an den Händen". Trotz der Jagd auf Lady Diana: Die britische Regierung will keinen Maulkorb für die Presse. In: Die Zeit, 12.9.1997, S. 65.

KRÖNIG, JÜRGEN (1998a): Nicht von Pappe. Rupert Murdochs Kotau vor chinesischen Diktatoren. In: epd medien, 11.3.1998, S. 4.

KRÖNIG, JÜRGEN (1998b): Rebellen im Oberhaus. Die britischen Lords, Rupert Murdoch und Tony Blair. In: epd medien, 14.2.1998, S. 10–12.

KRÖNIG, JÜRGEN (1999): Bitteres Gegentor. Medienzar Rupert Murdoch darf den Fußballclub Manchester nicht kaufen. In: Die Zeit, 15.4.1999, S. 32.

KROTZ, FRIEDRICH (1996): Zur Konzeption einer Stiftung Medientest. In: Rundfunk und Fernsehen 44, S. 214–229.

KROTZ, FRIEDRICH (1997): Verbraucherkompetenz und Medienkompetenz. Die „Stiftung Medientest" als Antwort auf strukturelle Probleme der Medienentwicklung. In: Weßler, Hartmut (u.a.) (Hrsg.): Perspektiven der Medienkritik. Die gesellschaftliche Auseinandersetzung mit öffentlicher Kommunikation in der Mediengesellschaft. Dieter Roß zum 60. Geburtstag. Opladen, S. 251–263.

KRÜGER, UDO MICHAEL/MÜLLER-SACHSE, KARL H. (1999): Medienjournalismus. Strukturen, Themen, Spannungsfelder. Opladen/Wiesbaden.

KRÜGER, UDO MICHAEL/ZAPF-SCHRAMM, THEODOR (1999): Fernsehwahlkampf 1998 in Nachrichten und politischen Informationssendungen. In: Media Perspektiven, S. 222–236.

KÜCHLER, MANFRED (1982): Staats-, Parteien- oder Politikverdrossenheit? In: Raschke, Joachim (Hrsg.): Bürger und Parteien. Ansichten und Analysen einer schwierigen Beziehung. Opladen, S. 39–54.

KUHN, THOMAS S. (1970): The Structure of Scientific Revolutions. 2. Auflage. Chicago, Il.

KUNCZIK, MICHAEL (1977): Massenkommunikation. Eine Einführung. Köln/Wien (= Böhlau-Studien-Bücher).

KUNCZIK, MICHAEL (1984): Kommunikation und Gesellschaft. Theorien zur Massenkommunikation. Köln/Wien.

KUNCZIK, MICHAEL (1985): Massenmedien und Entwicklungsländer. Köln/Wien.

KUNCZIK, MICHAEL (1986): „Development Journalism" – ein neuer Journalismustyp? In: Publizistik 31, S. 262–277.

KUNCZIK, MICHAEL (1988a): Concepts of Journalism. North and South. Bonn (Friedrich-Ebert-Stiftung).

KUNCZIK, MICHAEL (1988b): Journalismus als Beruf. Köln/Wien.

KUNCZIK, MICHAEL (1990): Die manipulierte Meinung. Nationale Image-Politik und internationale Public Relations. Köln/Wien.

KUNCZIK, MICHAEL (1991): Communication and Social Change. 2. Auflage. Bonn.

KUNCZIK, MICHAEL (1993): Zur historischen Dimension der Wirkungen von Gewaltdarstellungen. In: Media Perspektiven, S. 108–113.

KUNCZIK, MICHAEL (1994): Public Relations: Angewandte Kommunikationswissenschaft oder Ideologie? Ein Beitrag zur Ethik der Öffentlichkeitsarbeit. In: Armbrecht, Wolfgang/Zabel, Ulf (Hrsg.): Normative Aspekte der Public Relations. Opladen, S. 225–264.

KUNCZIK, MICHAEL (1996): Public Relations. Konzepte und Theorien. 3. Auflage. Köln/Weimar/Wien (= Public Relations, Bd. 1).

KUNCZIK, MICHAEL (1997a): Geschichte der Öffentlichkeitsarbeit in Deutschland. Köln/Weimar/Wien (= Public Relations, Bd. 4).

KUNCZIK, MICHAEL (1997b): Images of Nations and International Public Relations. Mahwah, N.J.

KUNCZIK, MICHAEL (1997c): Media Giants. Ownership Concentration and Globalisation. Bonn (Friedrich-Ebert-Stiftung).

KUNCZIK, MICHAEL (1998): Gewalt und Medien. Köln/Weimar/Wien. 4. Auflage.

KUNCZIK, MICHAEL (Hrsg.) (1999): Ethics in Journalism. A Reader on Their Perception in the Third World. Bonn (Friedrich-Ebert-Stiftung).

KUNCZIK, MICHAEL/BLEH, WOLFGANG (1995): Kriminalitätsopfer in der Zeitungsberichterstattung. Folgen der Berichterstattung aus der Perspektive der Opfer. Mainz.

KUNCZIK, MICHAEL/BLEH, WOLFGANG/MARITZEN, SABINE (1993): Audiovisuelle Gewalt und ihre Auswirkungen auf Kinder und Jugendliche. Eine schriftliche Befragung klinischer Psychologen und Psychiater. In: Medienpsychologie 5, S. 3–20.

KUNCZIK, MICHAEL/BLEH, WOLFGANG/ZIPFEL, ASTRID (1995): Gewalt und Medien. Eine Expertenbefragung bei Richtern und Staatsanwälten. Unv. Forschungsbericht. Mainz.

KUNCZIK, MICHAEL/HEINTZEL, ALEXANDER/ZIPFEL, ASTRID (1995): Krisen-PR. Unternehmensstrategien im umweltsensiblen Bereich. Köln/Weimar/Wien.

KUNCZIK, MICHAEL/SCHÜFER, SIMONE (1993): PR für die Soziale Marktwirtschaft. Die Waage. Eine vergessene Wurzel der Public Relations. In: prmagazin, Heft 2, S. 35–40.

KUNCZIK, MICHAEL/ZIPFEL, ASTRID (1996): Mediengiganten in Lateinamerika: Globo und Televisa. In: Nord-Süd aktuell 10, S. 712–726.

KUNCZIK, MICHAEL/ZIPFEL, ASTRID/BIESINGER, BEATE (2000): Internationale Werbe- und Public Relations-Netzwerke. WPP, Hill & Knowlton und die Wexler Group. In: Brüne, Stefan (Hrsg.): Neue Medien und Öffentlichkeiten. Politik und Tele-Kommunikation in Afrika, Asien und Lateinamerika. Bd. 2. Hamburg (= Schriften des Deutschen Übersee-Instituts Hamburg, Bd. 47), S. 316–364.

KUNERT, GÜNTER (1997): Erwachsenenspiele. Erinnerungen. München/Wien.

KUTSCH, ARNULF (1988): Max Webers Anregung zur empirischen Journalismus-forschung. Die „Zeitungs-Enquête" und eine Redakteurs-Umfrage. In: Publizistik 33, S. 5–32.

KWAK, NOJIN (1999): Revisiting the Knowledge Gap Hypothesis. Education, Motivation, and Media Use. In: Communication Research 26, S. 385–413.

LA BARRE, WESTON (1966): Die kulturellen Grundlagen von Emotionen und Gesten. In: Mühlmann, Wilhelm Emil/Müller, Ernst W. (Hrsg.): Kulturanthro-pologie. Köln, S. 264–281 (zuerst 1947).

LA ROCHE, WALTHER (1995): Einführung in den praktischen Journalismus. 14. Auflage. München.

LAITILA, TIINA (1995): Journalistic Codes of Ethics in Europe. In: European Jour-nal of Communication 10, S. 527–544.

LAMP, ERICH (1999): Massenpsychologie und öffentliche Meinung. Die soziale Natur des Menschen im Kontext von Masse und Öffentlichkeit. Noch unv. Habilitationsschrift. Mainz (erscheint 2001).

LANG, GLADYS ENGEL/LANG, KURT (1981a): Mass Communication and Public Opinion: Strategies for Research. In: Rosenberg, Morris/Turner, Ralph H. (Hrsg.): Social Psychology: Social Perspectives. New York, S. 653–682.

LANG, GLADYS ENGEL/LANG, KURT (1981b): Watergate: An Exploration of the Agenda-Building Process. In: Wilhoit, G. Cleveland/De Bock, Harold (Hrsg.): Mass Communication Review Yearbook, Bd. 2. Beverly Hills, Ca., S. 447–468.

LANG, HANS-JOACHIM (1980): Parteipressemitteilungen im Kommunikationsfluß politischer Nachrichten. Frankfurt a.M.

LANG, KURT/LANG, GLADYS ENGEL (1963): The Unique Perspective of Television and its Effect: A Pilot Study. In: Schramm, Wilbur (Hrsg.): Mass Communica-tions. 2. Auflage. Urbana, Il., S. 544–560 (zuerst in: American Sociological Review 18, S. 3–12).

LANGENBUCHER, WOLFGANG (1974): Einleitung. In: Langenbucher, Wolfgang (Hrsg.): Zur Theorie der politischen Kommunikation. München, S. 7–24.

LANGENBUCHER, WOLFGANG (1983): Gegenwärtige Trends der politischen Kom-munikation. In: Saxer, Ulrich (Hrsg.): Politik und Kommunikation. Neue For-schungsansätze. München (= Schriftenreihe der Deutschen Gesellschaft für Publizistik- und Kommunikationswissenschaft, Bd. 12), S. 38–42.

LANGENBUCHER, WOLFGANG/MAHLE, WALTER A. (1974): Unterhaltung als Beruf. Herkunft, Vorbildung, Berufsweg und Selbstverständnis einer Berufsgruppe. München (= AfK-Studien, Bd. 1).

LANGENBUCHER, WOLFGANG/ROEGELE, OTTO B. (1978): Repräsentative Journalistenenquete. In: Presse- und Informationsamt der Bundesregierung (Hrsg.): Kommunikationspolitische und kommunikationswissenschaftliche Forschungsprojekte der Bundesregierung (1974–1978). Bonn, S. 27–42.

LARSEN, OTTO N. (1964): Social Effects of Mass Communication. In: Faris, Robert E. L. (Hrsg.): Handbook of Modern Sociology. Chicago, Il., S. 349–381.

LASORA, DOMINIC (1991): Political Outspokenness: Factors Working against the Spiral of Silence. In: Journalism Quarterly 68, S. 131–140.

LASSALLE, FERDINAND (1919): Die Feste, die Presse und der Frankfurter Abgeordnetentag. Drei Symptome des öffentlichen Geistes. In: Lassalle, Ferdinand: Gesammelte Reden und Schriften. Hrsg. von Eduard Bernstein. Bd. 3: Die Agitation für den Allgemeinen Deutschen Arbeiterverein. Das Jahr 1863. Polemik. Berlin.

LASSWELL, HAROLD D. (1948): The Structure and Function of Communication in Society. In: Bryson, Lyman (Hrsg.): The Communication of Ideas. A Series of Addresses. New York, S. 32–51.

LAZARSFELD, PAUL F. (1968): Am Puls der Gesellschaft. Zur Methodik der empirischen Soziologie. Wien.

LAZARSFELD, PAUL F. (1973): Soziologie. Hauptströme der sozialwissenschaftlichen Forschung. Frankfurt a.M.

LAZARSFELD, PAUL F. (Hrsg.) (1942): Radio Research. New York.

LAZARSFELD, PAUL F./BERELSON, BERNARD R./GAUDET, HAZEL (1944): The People's Choice. How the Voter Makes up his Mind in a Presidential Campaign. New York (deutsche Übersetzung u.d. Titel: Wahlen und Wähler. Soziologie des Wahlverhaltens. Neuwied/Berlin 1969).

LAZARSFELD, PAUL F./MERTON, ROBERT K. (1948): Mass Communication, Popular Taste and Organized Social Action. In: Bryant, Lyman (Hrsg.): The Communication of Ideas. A Series of Addresses. New York, S. 95–118 (deutsche Übersetzung u.d. Titel: Massenkommunikation, Publikumsgeschmack und organisiertes Sozialverhalten. In: Aufermann, J./Bohrmann, H./Sülzer, R. (Hrsg.) (1973): Gesellschaftliche Kommunikation und Information. Ein Arbeitsbuch zur Massenkommunikation. Bd. II. Frankfurt a.M., S. 447–470).

LAZARSFELD, PAUL F./STANTON, FRANK N. (Hrsg.) (1944): Radio Research 1942–1943. New York.

LAZARSFELD, PAUL F./STANTON, FRANK N. (Hrsg.) (1949): Radio Research 1948–1949. New York.

LE BON, GUSTAVE (1964): Die Psychologie der Massen. Stuttgart (zuerst 1895).

LEGGEWIE, CLAUS (1998): Demokratie auf der Datenautobahn oder: Wie weit geht die Zivilisierung des Cyberspace. In: Leggewie, Claus/Maar, Christa (Hrsg.): Internet & Politik. Von der Zuschauer- zur Beteiligungsdemokratie? Köln, S. 15–51.

LEIB, VOLKER (1998): Wissenschaftsnetze und Bürgernetze. Vom selbstgesteuerten Internet zur elektronischen Demokratie? In: Gellner, Winand/Korff, Fritz von (Hrsg.): Demokratie und Internet. Baden-Baden, S. 81–94.

LENIN, VLADIMIR I. (1958): Womit beginnen? In: W.I. Lenin. Werke. Hrsg. vom Institut für Marxismus-Leninismus beim ZK der KPdSU. Bd. 5: Mai 1901–Februar 1902. Berlin (Ost), S. 1–13 (zuerst 1901).

LENIN, VLADIMIR I. (1960): Über Kultur und Kunst. Eine Sammlung ausgewählter Aufsätze und Reden. Berlin (Ost).

LEPSIUS, M. RAINER (1964): Kritik als Beruf. Zur Soziologie der Intellektuellen. In: Kölner Zeitschrift für Soziologie und Sozialpsychologie 16, S. 75–91.

LERNER, DANIEL (1957): Communication System and Social System. A Statistical Exploration in History and Policy. In: Behavioral Science 2, S. 266–275.

LERNER, DANIEL (1958): The Passing of Traditional Society. Modernizing the Middle East. New York/London.

LERNER, DANIEL (1968): Modernization: I. Social Aspects. In: Sills, David L. (Hrsg.): International Encyclopedia of the Social Sciences. Bd. 10. New York, S. 386–395.

LERNER, DANIEL (1974): Mass Communication and the Nation State. In: Davison, Walter Phillips (Hrsg.): Mass Communication and Conflict Resolution. The Role of the Information Media in the Advancement of International Understanding. New York.

LERNER, DANIEL (1976): Technology, Communication, and Change. In: Schramm, Wilbur/Lerner, Daniel (Hrsg.): Communication and Change. The Last Ten Years – and the Next. Honolulu, Hi., S. 287–301.

LEUZINGER, PAUL (1997): Katharsis. Zur Vorgeschichte eines therapeutischen Mechanismus und seiner Weiterentwicklung bei J. Breuer und in S. Freuds Psychoanalyse. Opladen (= Beiträge zur psychologischen Forschung, Bd. 36; zugl. Diss. Zürich 1996).

LEVINE, TIMOTHY R./BADGER, E. E. (1993): Argumentativeness and Resistance to Persuasion. In: Communication Reports 6, S. 71–78.

LEVI-STRAUSS, CLAUDE (1983): Keine Kultur kann in längerer Isolierung leben. In: UNESCO-Dienst, 1/2, S. 14–17.

LEWIN, KURT (1943): Forces behind Food Habits and Methods of Change. In: Bulletin of National Research Council 108, S. 35–65.

LEWIN, KURT (1947): Channels of Group Life, Social Planning and Action Research. In: Human Relations 1, S. 143–153.

LEWIN, KURT (1951): Field Theory in Social Science. New York.

LEWIN, KURT (1958): Group Decisions and Social Change. In: Maccoby, Eleanor E./Newcomb, Theodore M./Hartley, Eugene L. (Hrsg.): Readings in Social Psychology. 3. Auflage. New York, S. 197–211.

LICHTENBERG, GEORG CHRISTOPH (1844): Georg Christoph Lichtenberg's Vermischte Schriften. Neue vermehrte, von dessen Söhnen veranstaltete Originalausgabe. Bd. 2. Göttingen.

LIPPMANN, WALTER (1922): Public Opinion. New York.

LÖFFELHOLZ, MARTIN (1997): Dimensionen struktureller Kopplung von Öffentlichkeitsarbeit und Journalismus. Überlegungen zur Theorie selbstreferentieller Systeme und Ergebnisse einer repräsentativen Studie. In: Bentele, Günter/Haller, Michael (Hrsg.): Aktuelle Entstehung von Öffentlichkeit. Akteure – Strukturen – Veränderungen. Konstanz (= Schriftenreihe der Deutschen Gesellschaft für Publizistik- und Kommunikationswissenschaft, Bd. 24), S. 187–224.

LÖFFLER, MARTIN (1961): Die Ausbildung des publizistischen Nachwuchses bei Presse, Rundfunk, Fernsehen, Film, Schallplatte, Meinungsforschung und Werbung. München/Berlin.

LÖFFLER, MARTIN/RICKER, REINHART (2000): Handbuch des Presserechts. 4. Auflage. München.

LUDES, PETER (1999): Kollektives Gedächtnis und kollektive Vernachlässigung. In: Ludes, Peter/Schanze, Helmut (Hrsg.): Medienwissenschaften und Medienwertung. Opladen/Wiesbaden, S. 171–196.

LUDES, PETER/STAAB, JOACHIM FRIEDRICH/SCHÜTTE, GEORG (1997): Nachrichtenausblendung und Nachrichtenaufklärung. In: Schatz, Heribert/Jarren, Otfried/Knaup, Bettina (Hrsg.): Machtkonzentration in der Multimediagesellschaft? Beiträge zu einer Neubestimmung von politischer und medialer Macht. Opladen, S. 139–156.

LUEKEN, VERENA (1996): Der kleine Schutzengel. Ein Mikrochip soll Amerikas Kinder vor Fernsehgewalt schützen. In: Frankfurter Allgemeine Zeitung, 1.4.1996, S. 33.

LUHMANN, NIKLAS (1970): Soziologische Aufklärung. Bd. 1. Köln/Opladen.

LUHMANN, NIKLAS (1971a): Moderne Systemtheorien als Form gesamtgesellschaftlicher Analyse. In: Habermas, Jürgen/Luhmann, Niklas: Theorie der Gesellschaft oder Sozialtechnologie. Was leistet die Systemforschung? Frankfurt a.M., S. 7–24.

LUHMANN, NIKLAS (1971b): Sinn als Grundbegriff der Soziologie. In: Habermas, Jürgen/Luhmann, Niklas: Theorie der Gesellschaft oder Sozialtechnologie. Was leistet die Systemforschung? Frankfurt a.M., S. 25–100.

LUHMANN, NIKLAS (1972): Funktionen und Folgen formaler Organisation. 2. Auflage. Berlin (zuerst 1964).

LUHMANN, NIKLAS (1975a): Macht. Stuttgart.

LUHMANN, NIKLAS (1975b): Veränderungen im System gesellschaftlicher Kommunikation und die Massenmedien. In: Schatz, Oskar (Hrsg.): Die elektronische Revolution. Wie gefährlich sind die Massenmedien? Graz/Köln (= 7. Salzburger Humanismusgespräch), S. 13–30.

LUHMANN, NIKLAS (1984): Soziale Systeme. Grundriß einer allgemeinen Theorie. Frankfurt a.M.

LUMSDAINE, ARTHUR A./JANIS, IRVING L. (1953): Resistance to „Counterpropaganda" Produced by One-Sided and Two-Sided „Propaganda" Presentation. In: Public Opinion Quaterly 17, S. 311–318.

LUNGMUS, MONIKA (1997): Nichts als Schwindel. In: Journalist, Heft 1, S. 28–32.

LYND, ROBERT S. (1939): The Knowledge for What? Princeton, N.J.

MACARTHUR, JOHN R. (1993): Die Schlacht der Lügen. Wie die USA den Golfkrieg verkauften. München.

MACBRIDE, SEAN (1980): Many Voices, One World. Communication and Society Today and Tomorrow. Towards a New More Just and More Efficient World Information and Communication Order. Report by the International Commission for the Study of Communication Problems. London/New York/Paris.

MACCOBY, ELEANOR E. (1964): Effects of the Mass Media. In: Hoffman, Martin L./Hoffman, Lois Wladis (Hrsg.): Review of Child Development Research. Bd. I. New York, S. 323–348.

MACHIAVELLI, NICCOLO (1955): Der Fürst. Übers. u. hrsg. v. Rudolf Zorn. Stuttgart (zuerst 1953).

MADDUX, JAMES E./ROGERS, RONALD W. (1983): Protection Motivation and Self-Efficacy: A Revised Theory of Fear Appeals and Attitude Change. In: Journal of Experimental Social Psychology 19, S. 469–479.

MALETZKE, GERHARD (1963): Psychologie der Massenkommunikation. Hamburg.

MALETZKE, GERHARD (1980): Kommunikationsforschung als empirische Sozialwissenschaft. Anmerkungen zu Situation und Problematik. Berlin (= AfK-Studien, Bd. 10).

MALETZKE, GERHARD (1988): Massenkommunikationstheorien. Tübingen.

MALETZKE, GERHARD (1998): Kommunikationswissenschaft im Überblick. Grundlagen, Probleme, Perspektiven. Opladen/Wiesbaden.

MANSKE, MICHAEL (2000): Kodex für Online-Medien. USA: Die Maschen enger machen. In: message, Heft 2, S. 52–55.

MARCUS, ALAN S./BAUER, RAYMOND A. (1964): Yes: There are Generalized Opinion-Leaders. In: Public Opinion Quaterly 33, S. 628–632.

MARCUSE, HERBERT (1969): Versuch über die Befreiung. Frankfurt a.M.

MARCUSE, HERBERT (1970): Der eindimensionale Mensch. Neuwied.

MARGOLIS, MICHAEL/RESNICK, DAVID/WOLFE, JOEL D. (1999): Party Competition on the Internet in the United States and Britain. In: The Harvard International Journal of Press/Politics 4, Nr. 4, S. 24–47.

MARSCHALL, STEFAN (1997): Politik „online" – Demokratische Öffentlichkeit dank Internet? In: Publizistik 42, S. 304–324.

MARX, KARL/ENGELS, FRIEDRICH (1959ff.): Werke. Berlin (Ost).

MAST, CLAUDIA (1999): Berufsziel Journalismus. Aufgaben, Anforderungen und Ansprechpartner. Opladen/Wiesbaden.

MAST, CLAUDIA/HAASIS, KLAUS/WEIGERT, MATTHIAS (1994): Medien und Journalismus im Umbruch. Konzepte und Erfahrungen von Medienunternehmen, Verbänden und Redakteuren in den neuen Bundesländern. In: Böckelmann, Frank/Mast, Claudia/Schneider, Beate (Hrsg.): Journalismus in den neuen Ländern. Ein Berufsstand zwischen Aufbruch und Abwicklung. Konstanz (= Medien und Märkte, Bd. 3), S. 234–450.

MAST, CLAUDIA/POPP, MANUELA/THEILMANN, RÜDIGER (1997): Journalisten auf der Datenautobahn. Qualifikationsprofile im Multimedia-Zeitalter. Konstanz (= Medien und Märkte, Bd. 7).

MATHES, RAINER/CZAPLICKI, ANDREAS (1993): Meinungsführer im Mediensystem: „Top-down"- und „Bottom-up"-Prozesse. In: Publizistik 38, S. 153–166.

MATHES, RAINER/GÄRTNER, HANS-DIETER/CZAPLICKI, ANDREAS (1992): Kommunikation in der Krise. Autopsie eines Medienereignisses. Das Grubenunglück in Borken. Frankfurt a.M. (= Kommunikation heute und morgen, Bd. 4).

MATTELART, ARMAND (1979): Multinational Corporations and the Control of Culture. Brighton.

MAURER, MARCUS (1997): Politikverdrossenheit – Modell für eine Kausalanalyse. Unv. Magisterarbeit. Mainz.

MAYNTZ, RENATE (1967): Formalisierte Modelle in der Soziologie. Neuwied/Berlin.

MAYNTZ, RENATE/HOLM, KURT/HÜBNER, PETER (1978): Einführung in die Methoden der empirischen Soziologie. 5. Auflage. Opladen.

McClelland, David (1961): The Achieving Society. Princeton, N.J. (u.a.).

McCombs, Maxwell E. (1977): Newspaper versus Television: Mass Communication Effects across Time. In: Shaw, Donald L./McCombs, Maxwell E. (Hrsg.): The Emergence of American Political Issues: The Agenda-Setting Function of the Press. St. Paul (u.a.), S. 89–105.

McCombs, Maxwell E. (1992): Explorers and Surveyors: Expanding Strategies for Agenda-Setting Research. In: Journalism Quaterly 69, S. 813–824.

McCombs, Maxwell E./Becker, Lee B. (1979): Using Mass Communication Theory. Englewood Cliffs, N.J.

McCombs, Maxwell E./Bell, Tamara (1996): The Agenda-Setting Role of Mass Communication. In: Salwen, Michael B./Stacks, Don W. (Hrsg.): An Integrated Approach to Communication Theory and Research. Mahwah, N.J., S. 93–110.

McCombs, Maxwell E./Shaw, Donald L. (1972): The Agenda-Setting Function of Mass Media. In: Public Opinion Quaterly 36, S. 176–187.

McCombs, Maxwell E./Shaw, Donald L./Weaver, David (Hrsg.) (1997): Communication and Democracy: Exploring the Intellectual Frontiers in Agenda-Setting Theory. Mahwah, N.J.

McCombs, Maxwell E. (u.a.) (1981): Precision Journalism: An Emerging Theory and Technique of News Reporting. In: Gazette 27, S. 21–34.

McGuire, William J. (1964): Inducing Resistance to Persuasion. In: Berkowitz, Leonard (Hrsg.): Advances in Experimental and Social Psychology 1, S. 191–229.

McGuire, William J. (1969): The Nature of Attitudes and Attitude Change. In: Lindzey, Gardner/Aronson, Elliot (Hrsg.): The Handbook of Social Psychology. Bd. III: The Individual in a Social Context. 2. Auflage. Reading, Mass., S. 136–314.

McGuire, William J. (1973): Persuasion, Resistance, and Attitude Change. In: Pool, Ithiel de Sola (u.a.) (Hrsg.): Handbook of Communication. Chicago, Il., S. 216–252.

McLeod, Douglas M./Hertog, James K. (1999): Social Control, Social Change and the Mass Media's Role in the Regulation of Protest Groups. In: Demers, David/Viswanath, K[asisomayajula] (Hrsg.): Mass Media, Social Control, and Social Change. A Macrosocial Perspective. Ames, Ia., S. 305–330.

McLeod, Jack M./Becker, Lee B./Byrnes, James E. (1974): Another Look at the Agenda-Setting Function of the Press. In: Communication Research 1, S. 131–165.

McLeod, Jack M./Kosicki, Gerald M./Pan, Zhongdang (1991): On Understanding and Misunderstanding Media Effects. In: Curran, James/Gurevitch, Michael (Hrsg.): Mass Media and Society. London, S. 235–266.

McLuhan, Marshall (1968a): Die Gutenberg-Galaxis. Das Ende des Buchzeitalters. Düsseldorf/Wien (Original u.d. Titel: The Gutenberg Galaxy. The Making of Typographic Man. Toronto 1962).

McLuhan, Marshall (1968b): Die magischen Kanäle. Düsseldorf/Wien (Original u.d. Titel: Understanding Media. The Extensions of Man. New York 1964).

McLuhan, Marshall/Fiore, Quentin (1969): Das Medium ist Massage. Berlin (Original u.d.Titel: The Medium is the Message. An Inventory of Effects. New York (u.a.) 1967).

McMANE, ARALYNN ABARE (1998): The French Journalist. In: Weaver, David H. (Hrsg.). The Global Journalist. News People around the World. Cresskill, N.J., S. 191–212.

McQUAIL, DENIS (1983): Mass Communication Theory. An Introduction. London/ Beverly Hills, Ca./New Delhi.

McQUAIL, DENIS (1987): Mass Communication Theory. An Introduction. 2. Auflage. London (u.a.).

McQUAIL, DENIS (1994): Mass Communication Theory. An Introduction. 3. Auflage. London (u.a.).

McQUAIL, DENIS (2000): McQuail's Mass Communication Theory. 4. Auflage. London/Thousand Oaks, Ca./New Delhi.

MEAD, GEORGE HERBERT (1975): Geist, Identität und Gesellschaft. Frankfurt a.M. (zuerst 1934).

MECKEL, MIRIAM (1998): Internationales als Restgröße? Strukturen der Auslandsberichterstattung im Fernsehen. In: Kamps, Klaus/Meckel, Miriam (Hrsg.): Fernsehnachrichten. Prozesse, Strukturen, Funktionen. Opladen/Wiesbaden, S. 257–274.

MEDIENSPIEGEL (2000): Firmen- und Firmenanteile der News Corporation (Rupert Murdoch). Beilage zum Medienspiegel, 24, Nr. 1.

MEHLEN, MATTHIAS (1999): Die Online-Redaktionen deutscher Tageszeitungen. Ergebnisse einer Befragung von Projektleitern. In: Neuberger, Christoph/ Tonnemacher, Jan (Hrsg.): Online – Die Zukunft der Zeitung? Das Engagement deutscher Tageszeitungen im Internet. Opladen/Wiesbaden, S. 88–123.

MEINEFELD, WERNER (1985): Die Rezeption empirischer Forschungsergebnisse – eine Frage von Treu und Glaube? Resultate einer Analyse von Zeitschriftenartikeln. In: Zeitschrift für Soziologie 14, S. 297–314.

MENZEL, HERBERT/KATZ, ELIHU (1955): Social Relations and Innovation in the Medical Profession: The Epidemiology of a New Drug. In: Public Opinion Quaterly 19, S. 337–352.

MERTEN, KLAUS (1974): Vom Nutzen der Lasswell-Formel. In: Rundfunk und Fernsehen 22, S. 143–165.

MERTEN, KLAUS (1977): Kommunikation. Eine Begriffs- und Prozeßanalyse. Opladen.

MERTEN, KLAUS (1988): Aufstieg und Fall des „Two-Step-Flow of Communication". Kritik einer sozialwissenschaftlichen Hypothese. In: Politische Vierteljahresschrift 29, S. 610–635.

MERTEN, KLAUS (1994): Wirkungen von Kommunikation. In: Merten, Klaus/Schmidt, Siegfried J./Weischenberg, Siegfried (Hrsg.): Die Wirklichkeit der Medien. Eine Einführung in die Kommunikationswissenschaft. Opladen, S. 291–328.

MERTEN, KLAUS (2000): Die Lüge vom Dialog. Ein verständigungsorientierter Versuch über semantische Hazards. In: Public Relations Forum für Wissenschaft und Praxis, Heft 1, S. 6–9.

MERTES, MICHAEL (1998): Internet und politische Kultur. In: Eisel, Stephan/Scholl, Mechthild (Hrsg.): Internet und Politik. St. Augustin (= Konrad-Adenauer-Stiftung: Interne Studien, Nr. 164/1998), S. 52–69.

MERTON, ROBERT K. (1949): Patterns of Influence. A Study of Interpersonal Influence and of Communication Behavior in Local Community. In: Lazarsfeld, Paul F./Stanton, Frank (Hrsg.): Communication Research. New York, S. 180–219.

MERTON, ROBERT K. (1957): Social Theory and Social Structure, Glencoe, Il.

MERTON, ROBERT K. (1973): The Sociology of Science. Chicago, Il.

MERZ, CHARLES (1925): What Makes a First-Page Story? A Theory Based on the Ten Big News Stories of 1925. In: New Republic, 30.12.1925, S. 156–158.

MEYER, PHILIP (1973): Precision Journalism. Bloomington, In.

MEYER, PHILIP (1991): The New Precision Journalism. Bloomington, In.

MEYN, HERMANN (1987): Medien in der DDR. Erb(bal)last. In: Journalist, Heft 5, S. 8–10.

MEYN, HERMANN (1999): Massenmedien in Deutschland. Konstanz.

MILGRAM, STANLEY (1961): Nationality and Conformity. In: Scientific American 205, S. 45–51.

MILLER, KAREN S. (1999): The Voice of Business. Hill & Knowlton and Postwar Public Relations. Chapel Hill/London.

MILLER, MICHAEL D./LEVINE, TIMOTHY R. (1996): Persuasion. In: Salwen, Michael/Stacks, Don (Hrsg.): An Integrated Approach to Communication Theory and Research. Mahwah, N.J., S. 261–276.

MILLER, NORMAN E./CAMPBELL, DONALD T. (1959): Recency and Primacy in Persuasion as a Function of the Timing of Speeches and Measurements. In: Journal of Abnormal and Social Psychology 59, S. 1–9.

MILLS, CHARLES WRIGHT (1956): The Power Elite. New York.

MÖLLER, UWE (2000): Gewinn garantiert. In: Journalist, Heft 6, S. 24–26.

MOHN, CAREL (1999): Schmierige Geschäfte. In: Journalist, Heft 12, S. 10–14.

MOLOTCH, HARVEY (1979): Media and Movements. In: Zald, Mayer N./McCarthy, John D. (Hrsg.): The Dynamics of Social Movements. Resource Mobilization, Social Control and Tactics. Cambridge, S. 71–93.

MONGEAU, PAUL A. (1998): Another Look at Fear-Arousing Persuasive Appeals. In: Explicit and Implicit Conclusions in Persuasive Messages. In: Allen, Mike/Preiss, Raymond W. (Hrsg.): Persuasion. Advances through Meta-Analysis. Cresskill, N.J., S. 53–68.

MOORE, WILBERT E. (1968): Social Change. In: Sills, David (Hrsg.): International Encyclopedia of the Social Sciences. Bd. 14. New York, S. 365–375.

MORGAN, MICHAEL (1982): Television and Adolescents' Sex Role Stereotypes. A Longitudinal Study. In: Journal of Personality and Social Psychology 43, S. 947–955.

MORGAN, MICHAEL/SHANAHAN, JAMES (1991): Do VCRs Change the TV Picture? VCRs and the Cultivation Process. In: American Behavioral Scientist 35, S. 122–135.

MORGAN, MICHAEL/SHANAHAN, JAMES (1997): Two Decades of Cultivation Research: An Appraisal and Meta-Analysis. In: Burleson, Brant R./Kunkel, Adrianne W. (Hrsg.): Communication Yearbook 20. Thousand Oaks, Ca./London/New Delhi, S. 1–45.

MORIN, RICHARD (1986/87): Newsroom Ethics: How Tough is Enforcement? In: Journal of Mass Media Ethics 2, S. 7–16.

MORRIS, CHARLES (1955): Signs, Language and Behavior. New York (zuerst 1946).

MOSCA, GAETANO (1950): Die herrschende Klasse. Bern.

MOTT, FRANK L. (1962): American Journalism. A History: 1690–1960. 3. Auflage. New York.

MÜHLBERGER, HOLGER (1979): Stille Teilhaber. Zur gesellschaftlichen Integration von Lokaljournalisten. In: Kepplinger, Hans Mathias (Hrsg.): Angepaßte Außenseiter. Was Journalisten denken und wie sie arbeiten. Freiburg i.Brsg. (= Alber-Broschur Kommunikation, Bd. 8), S. 97–114.

MÜHLMANN, WILHELM EMIL (1964): Rassen, Ethnien, Kulturen. Neuwied.

MÜLLER, CHRISTIAN (1998): Parteien im Internet. In: Gellner, Winand/Korff, Fritz von (Hrsg.): Demokratie und Internet. Baden-Baden, S. 157–169.

MÜLLER, PETER (1970): Die soziale Gruppe im Prozeß der Massenkommunikation. Stuttgart.

MÜLLER-ULLRICH, BURKHARD (1996): Medienmärchen. Gesinnungstäter im Journalismus. München.

MÜNCH, RICHARD (1991): Dialektik der Kommunikationsgesellschaft. Frankfurt a.M.

MÜNCH, RICHARD (1992): Kommunikationsprobleme in der modernen Kommunikationsgesellschaft. In: prmagazin, Heft 3, S. 37–48.

MUTZ, DIANA C. (1989): The Influence of Perceptions of Media Influence: Third Person Effects and the Public Expression of Opinions. In: International Journal of Public Opinion Research 1, S. 3–23.

MYRDAL, GUNNAR (1971): Objektivität in der Sozialforschung. Frankfurt a.M.

NATIONAL TELECOMMUNICATIONS AND INFORMATION ADMINISTRATION: Falling Through the Net II: New Data on the Digital Divide In: http://www.ntia.doc.gov/ntiahome/net2/falling.html, 24.2.2000.

NAWRATIL, UTE (1997): Glaubwürdigkeit in der sozialen Kommunikation. Opladen (= Studien zur Kommunikationswissenschaft, Bd. 29; zugl. Diss. München 1996).

NEIDHARDT, FRIEDHELM (1994): Öffentlichkeit, öffentliche Meinung, soziale Bewegungen. In: Neidhardt, Friedhelm (Hrsg.): Öffentlichkeit, öffentliche Meinung, soziale Bewegungen. Opladen (= Kölner Zeitschrift für Soziologie und Sozialpsychologie, Sonderheft 34), S. 7–41.

NERONE, JOHN C. (Hrsg.) (1995): Last Rights. Revisiting *Four Theories of the Press*. Urbana, Il./Chicago, Il.

NESS, RICHARD (1997): From Headline Hunter to Superman. A Journalism Filmography. Lanham, Md.

NEUBERGER, CHRISToph (1996): Journalismus als Problembearbeitung. Objektivität und Relevanz in der öffentlichen Kommunikation. Konstanz (= Forschungsfeld Kommunikation, Bd. 7; zugl. Diss. Eichstätt 1996).

NEUBERGER, CHRISTOPH (1999): Nachrichten-Recycling oder Online-Journalismus? Print- und Onlineversionen von Tageszeitungen im Vergleich. In: Neuberger, Christoph/Tonnemacher, Jan (Hrsg.): Online – Die Zukunft der Zeitung? Das Engagement deutscher Tageszeitungen im Internet. Opladen/ Wiesbaden, S. 242–264.

NEUBERGER, CHRISTOPH (2000): Massenmedien im Internet 1999. In: Media Perspektiven, S. 102–109.

NEWCOMB, HORACE (1978): Assessing the Violence Profile of Gerbner and Gross: A Humanistic Critique and Suggestions. In: Communication Research 5, S. 264–282.

NEWS CORP. (1995): Annual Report 1995.

NEWS CORP. (1997): Annual Report 1997.

NEWS CORP. (2000): Annual Report 2000.

NISSEN, PETER/MENNINGEN, WALTER (1977): Der Einfluß der Gatekeeper auf die Themenstruktur der Öffentlichkeit. In: Publizistik 22, S. 159–180.

NOELLE-NEUMANN, ELISABETH (1970): Kann das Fernsehen als Stachel der Gesellschaft wirken? Ergebnisse der Kommunikationsforschung. In: Stolte, Dieter (Hrsg.): Die gesellschaftskritische Funktion des Fernsehens. Mainz, S. 79–90 (auch u.d. Titel: Der getarnte Elefant. Über die Wirkung des Fernsehens. In: Noelle-Neumann, Elisabeth (1977): Öffentlichkeit als Bedrohung. Beiträge zur empirischen Kommunikationsforschung. Hrsg. von Jürgen Wilke. Elisabeth Noelle-Neumann zum 60. Geburtstag am 19. Dezember 1976. Freiburg i.Brsg./ München (= Alber-Broschur Kommunikation, Bd. 6), S. 115–126).

NOELLE-NEUMANN, ELISABETH (1973a): Kumulation, Konsonanz und Öffentlichkeitseffekt. Ein neuer Ansatz zur Analyse der Wirkung der Massenmedien. In: Publizistik 18, S. 26–55 (wiederabgedruckt in: Noelle-Neumann, Elisabeth (1977): Öffentlichkeit als Bedrohung. Beiträge zur empirischen Kommunikationsforschung. Hrsg. von Jürgen Wilke. Elisabeth Noelle-Neumann zum 60. Geburtstag am 19. Dezember 1976. Freiburg i.Brsg./München (= Alber-Broschur Kommunikation, Bd. 6), S. 155–181).

NOELLE-NEUMANN, ELISABETH (1973b): Return to the Concept of Powerful Mass Media. In: Studies of Broadcasting 9, S. 66–112.

NOELLE-NEUMANN, ELISABETH (1974): Die Schweigespirale. Über die Entstehung der öffentlichen Meinung. In: Forsthoff, Ernst/Höstel, Reinhard (Hrsg.): Standorte im Zeitstrom. Festschrift für Arnold Gehlen zum 70. Geburtstag am 29. Januar 1974. Frankfurt a.M., S. 299–330 (wiederabgedruckt in: Noelle-Neumann, Elisabeth (1977): Öffentlichkeit als Bedrohung. Beiträge zur empirischen Kommunikationsforschung. Hrsg. von Jürgen Wilke. Elisabeth Noelle-Neumann zum 60. Geburtstag am 19. Dezember 1976. Freiburg i.Brsg./ München, S. 169–203).

NOELLE-NEUMANN, ELISABETH (1977): Umfragen zur inneren Pressefreiheit. Das Verhältnis Verlag – Redaktion. Düsseldorf (= Journalismus (N.F.), Bd. 7).

NOELLE-NEUMANN, ELISABETH (1979a): Die Entfremdung. Brief an die Zeitschrift „Journalist". In: Kepplinger, Hans Mathias (Hrsg.): Angepaßte Außenseiter. Was Journalisten denken und wie sie arbeiten. Freiburg i.Brsg./München (= Alber-Broschur Kommunikation, Bd. 8), S. 260–280.

NOELLE-NEUMANN, ELISABETH (1979b): Massenmedien und sozialer Wandel. Methodenkombinationen in der Wirkungsforschung. In: Zeitschrift für Soziologie 8, S. 164–182.

NOELLE-NEUMANN, ELISABETH (1980a): Der demoskopische Korrespondent. Ein neuer Nachrichtenstoff, eine neue Art Journalismus. In: Schreiber, Erhard/ Langenbucher, Wolfgang/Hömberg, Walter (Hrsg.): Kommunikation im Wandel der Gesellschaft. Otto B. Roegele zum 60. Geburtstag. Düsseldorf, S. 165–175.

NOELLE-NEUMANN, ELISABETH (1980b): Die Schweigespirale. Öffentliche Meinung – unsere soziale Haut. München/Zürich.

NOELLE-NEUMANN, ELISABETH (1982): Fernsehen und Lesen. Ein Werkstattbericht. In: Gutenberg-Jahrbuch 1982. Mainz, S. 35–46.

NOELLE-NEUMANN, ELISABETH (1983): Neue Forschungen im Zusammenhang mit der Schweigespiralen-Theorie. In: Saxer, Ulrich (Hrsg.): Politik und Kommunikation. München, S. 133–144.

NOELLE-NEUMANN, ELISABETH (1985): The Spiral of Silence: A Response. In: Sanders, Keith R./Kaid, Lynda Lee/Nimmo, Dan (Hrsg.): Political Communication Yearbook. 1984. Carbondale, Il./Edwardsville, Il., S. 66–94.

NOELLE-NEUMANN, ELISABETH (1986a): Zur Forschungsstrategie der Medienwirkungsforschung. In: DFG (Hrsg.): Medienwirkungsforschung in der Bundesrepublik Deutschland. Enquête der Senatskommission für Medienwirkungsforschung/DFG. Teil I. Weinheim, S. 129–141.

NOELLE-NEUMANN, ELISABETH (1986b): Nachwort. In: Deisenberg, Anna Maria: Die Schweigespirale – Die Rezeption des Modells im In- und Ausland. München (zugl. Diss. München 1985), S. 301–326.

NOELLE-NEUMANN, ELISABETH (1991): The Theory of Public Opinion: The Concept of the Spiral of Silence. In: Anderson, James A. (Hrsg.): Communication Yearbook 14. Newbury Park, Ca./London/New Delhi, S. 256–287.

NOELLE-NEUMANN, ELISABETH (1992): Antwort auf Dieter Fuchs, Jürgen Gerhards und Friedhelm Neidhardt: Öffentliche Kommunikationsbereitschaft. Ein Test zentraler Bestandteile der Schweigespirale. In: Zeitschrift für Soziologie 21, S. 385–388.

NOELLE-NEUMANN, ELISABETH (1994a): Are we Asking the Right Questions? Developing Measurement from Theory: The Influence of the Spiral of Silence on Media Effects Research. In: Hamelink, Cees J./Linné, Olga (Hrsg.): Mass Communication Research: On Problems and Policies. The Art of Asking the Right Questions. In Honor of James D. Halloran. Norwood, N.J., S. 97–120.

NOELLE-NEUMANN, ELISABETH (1994b): Wirkungen der Massenmedien auf die Meinungsbildung. In: Noelle-Neumann, Elisabeth/Schulz, Winfried/Wilke, Jürgen (Hrsg.): Das Fischer Lexikon Publizistik/Massenkommunikation. Frankfurt a.M., S. 518–571.

NOELLE-NEUMANN, ELISABETH (1996): Öffentliche Meinung. Die Entdeckung der Schweigespirale. Erweiterte Ausgabe. Frankfurt a.M./Berlin.

NOELLE-NEUMANN, ELISABETH/SCHULZ, WINFRIED/WILKE, JÜRGEN (1989): Einleitung. In: Noelle-Neumann, Elisabeth/Schulz, Winfried/Wilke, Jürgen (Hrsg.): Das Fischer Lexikon Publizistik/Massenkommunikation. Frankfurt a.M., S. 7–11.

NONNENMACHER, PETER (1998): Wie streichle ich den Medien-Tiger? Tony Blair sucht Rupert Murdoch bei Laune zu halten – Blairs Landsleute sind beunruhigt. In: Tages-Anzeiger, 1.4.1998.

NULENS, GERT/AUDENHOVE, LEO VAN (1999): An Information Society in Africa? An Analysis of the Information Society Policy of the World Bank, ITU and ECA. In: Gazette 51, S. 451–471.

NUSCHELER, FRANZ (1995): Lern- und Arbeitsbuch Entwicklungspolitik. 4. Auflage. Bonn.

O'KEEFE, DANIEL J. (1999): How to Handle Opposing Arguments in Persuasive Messages: A Meta-Analytic Review of the Effects of One-Sided and Two-Sided Messages. In: Roloff, Michael E./Paulson, Gaylen D. (Hrsg.): Communication Yearbook 22. Thousand Oaks, Ca./London/New Delhi, S. 209–249.

O'HARA-FORSTER, BRIGID (1998): A Weapon against Corruption. In: Time, 22.8.1998.

O'TOOLE, GEORGE J. A. (1984): The Spanish War. An American Epic, 1898. New York/London.

OBERREUTER, HEINRICH (1989): Mediatisierte Politik und politischer Wertewandel. In: Böckelmann, Frank E. (Hrsg.): Medienmacht und Politik. Mediatisierte Politik und politischer Wertewandel. Berlin (= Tagungsbericht über das sechste Wissenschaftliche Gespräch am 14. und 15. September 1988 in Mayschoß an der Ahr; AKM-Studien, Bd. 30), S. 31–41.

OEHMICHEN, EKKEHARDT/SCHRÖTER, CHRISTIAN (2000): Fernsehen, Hörfunk, Internet: Konkurrenz, Konvergenz oder Komplement? In: Media Perspektiven, S. 359–368.

ÖSTGAARD, EINAR (1965): Factors Influencing the Flow of News. In: Journal of Peace Research 2, S. 39–63.

OGAN, CHRISTINE L. (1982): Development Journalism/Communication: The Status of the Concept. In: Gazette 29, S. 3–13.

OGBURN, WILLIAM F. (1922): Social Change with Respect to Culture and Original Nature. New York.

OGBURN, WILLIAM F. (1964): Cultural Lag as Theory. In: Ogburn, William F.: On Culture and Social Change. Selected Papers. Hrsg. von Otis Dudley Duncan. Chicago, Il./London, S. 86–95.

OJEMANN, RALPH H. (U.A.) (1948): A Functional Analysis of Child Development Material in Current Newspapers and Magazines. In: Child Development 19, S. 76–92.

OLIEN, CLARICE N./DONOHUE, GEORGE A./TICHENOR, PHILLIP J. (1982): Structure, Communication and Social Power: The Evolution of the Knowledge Gap Hypothesis. In: Wartella, Ellen/Whitney, Charles D./Windahl, Sven (Hrsg.): Mass Communication Review Yearbook. Bd. 4. Beverly Hills, Ca./London/New Delhi, S. 455–461.

OLIVER, MARYBETH/ARMSTRONG, G. BLAKE (1995): Predictors of Viewing and Enjoyment of Reality-Based and Fictional Crime Shows. In: Journalism & Mass Communication Quarterly 72, S. 559–570.

ORTEGA Y GASSET, JOSÉ (1967): Der Aufstand der Massen. Reinbek.

OSGOOD, CHARLES E. (1963): Language Universals and Psycholinguistics. In: Greenberg, Joseph H. (Hrsg): Universals of Language. Cambridge, Mass., S. 236–254.

OSGOOD, CHARLES E./TANNENBAUM, PERCY (1955): The Principle of Congruity in the Prediction of Attitude Change. In: Psychological Review 62, S. 42–55.

OSHAGAN, HAYG (1998): Reference Group Influence on Opinion Expression. In: International Journal of Public Opinion Research 8, S. 335–354.

OTT, KLAUS/RAMELSBERGER, ANNETTE (2000): Ein Mann und sein ganz besonderer Draht. In: Süddeutsche Zeitung, 27.5.2000, S. 21f.

PALMGREEN, PHILIP (1984a): Der „Uses and Gratifications Approach". Theoretische Perspektiven und praktische Relevanz. In: Rundfunk und Fernsehen 32, S. 51–62.

PALMGREEN, PHILIP (1984b): Uses and Gratifications: A Theoretical Perspective. In: Bostrom, Robert N./Westley, Bruce H. (Hrsg.): Communication Yearbook 8. Beverly Hills, Ca./London/New Delhi, S. 20–55.

PALMGREEN, PHILIP/RAYBURN, J.D. (1982): Gratifications Sought and Media Exposure: An Expectancy Value Model. In: Communication Research 9, S. 561–580.

PAPACHARISSI, ZIZI/RUBIN, ALAN M. (2000): Predictors of Internet Use. In: Journal of Broadcasting and Electronic Media 44, S. 175–196.

PARSONS, TALCOTT (1966a): On the Concept of Political Power. In: Bendix, Reinhard/Lipset, Seymour Martin (Hrsg.): Class, Status, and Power. 2. Auflage. New York/London (zuerst 1953).

PARSONS, TALCOTT (1966b): The Social System. 3. Auflage. New York/London (zuerst 1951).

PARSONS, TALCOTT (1975): Gesellschaften. Evolutionäre und komparative Analysen. Frankfurt a.M. (zuerst 1966).

PARSONS, TALCOTT (U.A.) (1961): Some Fundamental Categories of the Theory of Action: A General Statement. In: Parsons, Talcott/Shils, Edward A. (Hrsg.): Toward a General Theory of Action. New York, S. 3–29 (zuerst 1951).

PARSONS, TALCOTT/SHILS, EDWARD. A. (1961): Values, Motives, and Systems of Action. In: Parsons, Talcott/Shils, Edward A. (Hrsg.): Toward a General Theory of Action. New York, S. 47–275 (zuerst 1951).

PASCHKE, MARIAN (2000): Medienrecht. 2. Auflage. Berlin (u.a.).

PATTERSON, THOMAS E. (1993): Out of Order. New York.

PATTERSON, THOMAS E./DONSBACH, WOLFGANG (1996): News Decisions: Journalists as Partisan Actors. In: Political Communication 13, S. 455–468.

PATZELT, WERNER J. (1986): Sozialwissenschaftliche Forschungslogik. Einführung. München/Wien.

PCC (PRESS COMPLAINTS COMMISSION) (1998): Code of Practice. London.

PECHEL, RUDOLF (1947): Deutscher Widerstand. Erlenbach (Zürich).

PERLOFF, RICHARD M. (1989): Ego-Involvement and the Third Person Effect of Televised News Coverage. In: Communication Research 16, S. 236–262.

PERLOFF, RICHARD M. (1993a): The Dynamics of Persuasion. Hillsdale, N.J./Hove/London.

PERLOFF, RICHARD M. (1993b): Third-Person Effect Research 1983–1992. A Review and Synthesis. In: International Journal of Public Opinion Research 5, S. 167–184.

PERLOFF, RICHARD M. (1996): Perceptions and Conceptions of Political Media Impact: The Third-Person Effect and Beyond. In: Crigler, Ann N. (Hrsg.): The Psychology of Political Communication. Ann Arbor, Mi., S. 177–197.

PERLOFF, RICHARD M. (1998): Political Communication. Politics, Press, and Public in America. Mahwah, N.J./London.

PERRY, STEPHEN D./GONZENBACH, WILIAM J. (2000): Inhibiting Speech through Exemplar Distribution. Can We Predict a Spiral of Silence? In: Journal of Broadcasting 44, S. 268–281.

PETTY, RICHARD E./CACIOPPO, JOHN T. (1981): Attitudes and Persuasion: Classic and Contemporary Approaches. Dubuque, Ia.

PETTY, RICHARD E./CACIOPPO, JOHN T. (1986): The Elaboration Likelihood Model of Persuasion. In: Berkowitz, Leonard (Hrsg.): Advances in Experimental Social Psychology. New York, S. 123–205.

PFARR, KRISTINA (1994): Die Neue Zeitung: Empirische Untersuchung eines Informationsmediums der frühen Neuzeit unter besonderer Berücksichtigung von Gewaltdarstellungen. Mainz (zugl. Diss. Mainz 1993).

PHILLIPS, DAVID P. (1976): The Influence of Suggestion on Suicide: Substantive and Theoretical Implications of the Werther Effect. In: American Sociological Review 39, S. 340–354.

PHILLIPS, DAVID P. (1982): The Impact of Fictional Television Stories on U.S. Adult Fatalities: New Evidence on the Effect of the Mass Media on Violence. In: American Journal of Sociology 87, S. 1340–1359.

PIAGET, JEAN (1978): Das Weltbild des Kindes. Stuttgart (zuerst 1926).

PICKEL, GERT/WALZ, DIETER (1997): Politikverdrossenheit in Ost- und Westdeutschland: Dimensionen und Ausprägungen. In: Politische Vierteljahresschrift 38, S. 27–49.

PLANCK, MAX (1967): Wissenschaftliche Selbstbiographie. 4. Auflage. Leipzig (zuerst 1948).

PLASSER, FRITZ (1985): Elektronische Politik und politische Technostruktur reifer Industriegesellschaften. In: Plasser, Fritz/Ulram, Peter A./Welan, Manfried (Hrsg.): Demokratierituale. Zur politischen Kultur der Informationsgesellschaft. Wien/Köln/Graz (= Studien zu Politik und Verwaltung, Bd. 9), S. 9–31.

PÖTTKER, HORST (1991): Dualer Rundfunk und Politikverdrossenheit. Zur fortschreitenden Ausdifferenzierung von Öffentlichkeit in modernen Gesellschaften. In: Müller-Doohm, Stefan/Neumann-Braun, Klaus (Hrsg.): Öffentlichkeit, Kultur, Massenkommunikation. Beiträge zur Medien- und Kommunikationssoziologie. Oldenburg, S. 91–109.

PÖTTKER, HORST (1996): Politikverdrossenheit und Medien. Daten und Reflexionen zu einem virulenten Problem. In: Jarren, Otfried/Schatz, Heribert/Weßler, Hartmut (Hrsg.): Medien und politischer Prozeß. Politische Öffentlichkeit und massenmediale Politikvermittlung im Wandel. Opladen, S. 59–71.

PÖTTKER, HORST (1997): Über das notwendig schlechte Image der Journalisten. In: Machill, Marcel (Hrsg.): Journalistische Kultur. Rahmenbedingungen im internationalen Vergleich. Opladen/Wiesbaden, S. 81–94.

POLDONY, JOEL M./PAGE, KAREN L. (1998): Network Forms of Organziations. In: Annual Review of Sociology 24, S. 57–76.

POPPER, KARL RAIMUND (1935): Logik der Forschung. Zur Erkenntnistheorie der modernen Naturwissenschaft. Wien.

POSTMAN, NEIL (1983): Das Verschwinden der Kindheit. Frankfurt a.M. (Original u.d. Titel: The Disappearance of Childhood. New York 1982).

POSTMAN, NEIL (1985): Wir amüsieren uns zu Tode. Urteilsbildung im Zeitalter der Unterhaltungsindustrie. Frankfurt a.M. (Original u.d. Titel: Amusing Ourselves to Death. Public Discourse in the Age of Show Business. New York 1985).

POTTER, W. JAMES (1993): Cultivation Theory and Research. A Conceptual Critique. In: Human Communication Research 19, S. 564–601.

POTTER, W. JAMES (1994): Cultivation Theory and Research. A Methodological Critique. In: Journalism Monographs 147, S. 1–35.

POWDERMAKER, HORTENSE (1950): Hollywood, the Dream Factory. An Anthropologist Looks at the Movie-Makers. Boston.

PRAKKE, HENDRICUS (1960): Alle Publizistik ist Zwiegespräch. In: Publizistik 5, S. 208–210.

PRAKKE, HENK (1968): Kommunikation der Gesellschaft. Einführung in die funktionale Publizistik. Münster.

PRATT, CORNELIUS B. (1994): Hill & Knowlton's two Ethical Dilemmas. In: Public Relations Review 20, S. 277–294.

PRICE, MONROE E. (Hrsg.) (1998): The V-Chip Debate. Content Filtering from Television to the Internet. Mahwah, N.J.

PRICE, VINCENT/ALLEN, SCOTT (1990): Opinion Spirals, Silent and Otherwise. Applying Small-Group Research to Public Opinion Phenomena. In: Communication Research 17, S. 369–392.

PRITCHARD, DAVID/MORGAN, MADELYN PERONI (1989): Impact of Ethics Codes on Judgements by Journalists: A Natural Experiment. In: Journalism Quaterly 66, S. 934–941.

PROJEKTSEMINAR „INITIATIVE NACHRICHTENAUFKLÄRUNG" (1999): Die Initiative Nachrichtenaufklärung: Ergebnisse 1996/97. In: Ludes, Peter/Schanze, Helmut (Hrsg.): Medienwissenschaft und Medienwertung. Opladen/Wiesbaden, S. 197–220.

PÜRER, HEINZ (1992): Ethik in Journalismus und Massenkommunikation. Versuch einer Theorien-Synopse. In: Publizistik 37, S. 304–321.

PÜRER, HEINZ (1997): Zwischen Tradition und Wandel: Zum Stand der Kommunikatorforschung in Deutschland. In: Fünfgeld, Werner/Mast, Claudia (Hrsg.): Massenkommunikation. Ergebnisse und Perspektiven. Opladen, S. 89–123.

PÜRER, HEINZ (1998): Einführung in die Publizistikwissenschaft. Systematik, Fragestellungen, Theorieansätze, Forschungstechniken. 6. Auflage. München.

PÜRER, HEINZ/RAABE, JOHANNES (1996): Medien in Deutschland. Bd. 1: Presse. 2. Auflage. Konstanz.

PUSKA, PEKKA (U.A.) (1986): Use of Lay Opinion Leaders to Promote Diffusion of Health Innovations in a Community Programme: Lessons from the North Karelia Project. In: Bulletin of the World Health Organization 64, S. 437–446.

PUSKA, PEKKA (U.A.) (1995): The North Karelia Project. 20 Year Results and Experiences. Helsinki.

RADUNSKI, PETER (1980): Wahlkämpfe. Moderne Wahlkampfführung als politische Kommunikation. München/Wien.

RAY, MICHAEL L./WILKIE, WILLIAM L. (1970): Fear: The Potential of an Appeal Neglected by Marketing. In: Journal of Marketing 34, S. 54–62.

RAYBURN, J. D. (1996): Uses and Gratifications. In: Salwen, Michael/Stacks, Don (Hrsg.): An Integrated Approach to Communication Theory and Research. Mahwah, N.J., S. 145–163.

RAYBURN, J.D./PALMGREEN, PHILIP (1984): Merging Uses and Gratifications and Expectancy-Value Theory. In: Communication Research 11, S. 537–562.

REIMANN, BRUNO W. (1994): Äquivalent, funktionales. In: Fuchs-Heinritz, Werner (u.a.) (Hrsg.): Lexikon zur Soziologie. 3. Auflage. Opladen, S. 21.

REIMANN, HORST (1968): Kommunikations-Systeme. Umrisse einer Soziologie der Vermittlungs- und Mitteilungsprozesse. Tübingen.

REISCHAUER, CLAUDIA (2000): Gigantische Verführer. In: Capital, Heft 24, S. 64–71.

RENCKSTORF, KARSTEN (1970): Zur Hypothese des „two-step flow" der Massenkommunikation. In: Rundfunk und Fernsehen 18, S. 314–333.

RENCKSTORF, KARSTEN (1973): Alternative Ansätze der Massenkommunikationsforschung: Wirkungs- vs. Nutzenansatz. In: Rundfunk und Fernsehen 21, S. 183–197.

RENCKSTORF, KARSTEN (1977): Neue Perspektiven in der Massenkommunikationsforschung. Beiträge zur Begründung eines alternativen Forschungsansatzes. Berlin.

RENCKSTORF, KARSTEn (1989): Mediennutzung als soziales Handeln. Zur Entwicklung einer handlungstheoretischen Perspektive der empirischen (Massen-) Kommunikationsforschung. In: Kaase, Max (Hrsg.): Massenkommunikation. Theorien, Methoden, Befunde. Opladen (= Kölner Zeitschrift für Soziologie und Sozialpsychologie, Sonderheft 30), S. 314–336.

REPORTERS SANS FRONTIÈRES (RSF) (2000): Le Rapport Annuel 1999 (auch in englischer und spanischer Sprache) (auch unter http://rsf.fr/home.html, 31.1.2001).

REQUATE, JÖRG (1995): Journalismus als Beruf: Entstehung und Entwicklung des Journalistenberufs im 19. Jahrhundert. Deutschland im internationalen Vergleich. Göttingen (= Kritische Studien zur Geschichtswissenschaft; 109; zugl. Diss. Berlin 1994).

RÉVÉSZ, LÁSZLO (1974): Recht und Willkür in der Sowjetpresse. Eine presserechtliche und pressepolitische Untersuchung. Freiburg (Schweiz).

RHODES, NANCY/WOOD, WENDY (1992): Self-Esteem and Intelligence: Affect Influenceability. The Mediating Role of Message Reception. In: Psychological Bulletin 111, S. 156–171.

RICE, FAYE (1988): Madison Avenue's Bloodiest Brawl. In: Fortune, 26.9.1988, S. 10.

RIDDER, CHRISTA-MARIA (2000): Paradigmenwechsel im Jugendmedienschutz? In: Media Perspektiven, S. 213–224.

RIEHL-HEYSE, HERBERT (1993): Man schlägt den Sack und trifft den Esel. Zehn Anmerkungen zur neuen deutschen Demokratieverdrossenheit. In: Herles, Helmut/Husemann, Friedrich W. (Hrsg.): Politikverdrossenheit. Schlagwort oder Zeichen der Krise? München/Landsberg a.L., S. 37–44.

RILEY, JOHN W./RILEY, MATILDA W. (1959): Mass Communication and the Social System. In: Merton, Robert K./Broom, Leonard/Cottrell, Leonard S. (Hrsg.): Sociology Today. New York, S. 537–578.

RILEY, MATILDA W./RILEY, JOHN W. (1951): A Sociological Approach to Communications Research. In: Public Opinion Quaterly 15, S. 445–460.

RINK, ANDREA (1996): Globalisierung des Medienmarktes diskutiert am Beispiel des Medienkonzerns "News Corporation" unter Rupert Murdoch. Unv. Diplomarbeit, Mainz.

RIVERS, WILLIAM L. (1973): The Press as a Communication System. In: Pool, Ithiel de Sola (u.a.) (Hrsg.): Handbook of Communication. Chicago, Il., S. 521–550.

ROACH, COLLEEN (1990): The Movement for a New World Information and Communication Order: A Second Wave? In: Media, Culture and Society 12, S. 283–308.

ROBINSON, GERTRUDE JOCH (1970): Foreign News Selection is Non-Linear in Yugoslavia's Tanjug Agency. In: Journalism Quaterly 47, S. 340–351.

ROBINSON, GERTRUDE JOCH (1973): Fünfundzwanzig Jahre „Gatekeeper"-Forschung: Eine kritische Rückschau und Bewertung. In: Aufermann, Jörg/ Bohrmann, Hans/Sülzer, Rolf (Hrsg.): Gesellschaftliche Kommunikation und Information. Forschungsrichtungen und Problemstellungen. Ein Arbeitsbuch zur Massenkommunikation. Bd. 1. Frankfurt a.M., S. 344–355.

ROBINSON, JOHN P. (1976): Interpersonal Influence in Election Campaigns. Two-Step-Flow Hypothesis. In: Public Opinion Quaterly 40, S. 304–319.

ROBINSON, MICHAEL J. (1976): Public Affairs Television and the Growth of Political Malaise: The Case of „The Selling of the Pentagon". In: The American Political Science Review 70, S. 409–432.

ROBINSON, MICHAEL J. (1977): Television and American Politics: 1956–1976. In: Public Interest 48, S. 3–39.

ROBINSON, WILLIAM S. (1950): Ecological Correlations and the Behavior of Individuals. In: American Sociological Review 15, S. 351–357.

ROEGELE, OTTO B. (1985): Was weiß man vom Journalisten und vom Verleger? In: Bundeszentrale für politische Bildung (Hrsg.): Die Presse in der deutschen Medienlandschaft. Bonn, S. 67–73.

ROEGELE, OTTO B. (1979): Massenmedien und Regierbarkeit. In: Hennis, Wilhelm/Graf Kielmannsegg, Peter/Matz, Ulrich: Regierbarkeit. Studien zu ihrer Problematisierung, Bd. II. Stuttgart, S. 177–210.

RÖSSLER, PATRICK (1997a): Die Definitionsmacht für Themen des politischen Diskurses in einer veränderten Kommunikationswelt. Agenda-Setting und die Individualisierungstendenzen im Online-Zeitalter – ein Szenario. In: Schatz, Heribert (Hrsg.): Machtkonzentration in der Multimediagesellschaft. Beiträge zu einer Neubestimmung des Verhältnisses von politischer und medialer Macht. Opladen, S. 78–97.

RÖSSLER, PATRICK (1997b): Agenda-Setting. Theoretische Annahmen und empirische Evidenzen einer Medienwirkungshypothese. Opladen (= Studien zur Kommunikationswissenschaft, Bd. 27; zugl. Diss. Hohenheim 1997).

RÖSSLER, PATRICK (1999a): The Individual Agenda-Designing Process: How Interpersonal Communication, Egocentric Networks, and Mass Media Shape the Perception of Political Issues by Individuals. In: Communication Research 26, S. 546–580.

RÖSSLER, PATRICK (1999b): „Wir sehen betroffen: die Netze voll, und alle Schleusen offen ...". NETSELEKT – eine Befragung zur Auswahl von Webinhalten durch Onlinegatekeeper. In: Wirth, Werner/Schweiger, Wolfgang (Hrsg.): Selektion im Internet. Opladen/Wiesbaden, S. 97–123.

RÖSSLER, PATRICK/WIRTH, WERNER (Hrsg.) (1999): Glaubwürdigkeit im Internet. Fragestellungen, Modelle, empirische Befunde. München (= Reihe Medien Skripten, Bd. 32).

RÖTTGER, ULRIKE (2000): Public Relations – Organisation und Profession. Öffentlichkeitsarbeit als Organisationsfunktion. Eine Berufsfeldstudie. Opladen/Wiesbaden (zugl. Diss. Zürich 1999/2000).

ROGERS, EVERETT/SHOEMAKER, FLOYD F. (1971): Communication of Innovations: A Cross-Cultural Approach. 2. Auflage. New York.

ROGERS, EVERETT M. (1962): Diffusion of Innovations. New York/London.

ROGERS, EVERETT M. (1973): Mass Media and Interpersonal Communication. In: Schramm, Wilbur/Pool, Ithiel de Sola (Hrsg.): Handbook of Communications. Chicago, Il., S. 290–310.

ROGERS, EVERETT M. (1976): Communication and Development. The Passing of the Dominant Paradigm. In: Communication Research 3, S. 213–240.

ROGERS, EVERETT M. (1986): Communication Technology: The New Media in Society. New York.

ROGERS, EVERETT M. (1995). Diffusion of Innovations. 4. Auflage. New York.

ROGERS, EVERETT M./ANTOLA, LIVIA (1985): Telenovelas in Latin America: A Success Story. In: Journal of Communication 35, Nr. 4, S. 24–35.

ROGERS, EVERETT M./ASCROFT, J.R./RÖLING, N. (Hrsg.) (1970): Diffusion of Innovations in Brazil, Nigeria, and India. Unpublished Report. Michigan State University, East Lansing, Mi.

ROGERS, EVERETT M./DEARING, JAMES W. (1988): Agenda-Setting Research: Where has it Been, Where is ist Going? In: Anderson, James A. (Hrsg.): Communication Yearbook 11. Newbury Park, Ca., S. 555–594.

ROGERS, EVERETT M./KINCAID, DON L. (1981): Communication Networks: Toward a New Paradigm for Research. New York.

ROGERS, EVERETT M./SINGHAL, ARVIND (1996): Diffusion of Innovations. In: Salwen, Michael/Stacks, Don (Hrsg.): An Integrated Approach to Communication Theory and Research. Mahwah, N.J., S. 409–420.

ROGERS, RONALD W. (1975): A Protection Motivation Theory of Fear Appeals and Attitude Change. In: Journal of Psychology 91, S. 93–114.

ROGERS, RONALD W./MEWBORN, C. RONALD (1976): Fear Appeals and Attitude Change: Effects of a Threat's Noxiousness, Probability of Occurrence, and the Efficacy of Coping Response. In: Journal of Personality and Social Psychology 34, S. 54–61.

RONFELDT, DAVID F. (1998): The Zapatista „Social Netwar" in Mexico. Santa Monica, Ca.

RONNEBERGER, FRANZ (1971a): Konzentration und Kooperation in der deutschen Presse aus kommunikationspolitischer Sicht. In: Publizistik 16, S. 5–38.

RONNEBERGER, FRANZ (1971b): Sozialisation durch Massenkommunikation. In: Ronneberger, Franz (Hrsg.): Sozialisation durch Massenkommunikation. Stuttgart, S. 32–101.

RONNEBERGER, FRANZ (1977): Legitimation durch Information. Düsseldorf/Wien.

RONNEBERGER, FRANZ (1983a): Publizistische und politische Macht. In: Rundfunk und Fernsehen 31, S. 260–270.

RONNEBERGER, FRANZ (1983b): Das Syndrom der Unregierbarkeit und die Macht der Medien. In: Publizistik 28, S. 487–511.

ROSCHWALB, SUSANNE A. (1994): The Hill & Knowlton Cases: A Brief on the Controversy. In: Public Relations Review 20, S. 267–276.

ROSE, ARNOLD M. (1967): Systematische Zusammenfassung der Theorie der symbolischen Interaktion. In: Hartmann, Heinz (Hrsg.): Moderne amerikanische Soziologie. Neuere Beiträge zur soziologischen Theorie. Stuttgart (zuerst 1962), S. 219–231.

ROSENBERGER, BERNHARD (1998): Zeitungen als Kriegstreiber? Die Rolle der Presse im Vorfeld des Ersten Weltkrieges. Köln/Weimar/Wien (= Medien in Geschichte und Gegenwart, Bd. 11; zugl. Diss. Mainz 1997).

ROSENGREN, KARL ERIK (1970): Intra and Extra Media Data. In: Acta Sociologica 13, S. 96–109.

ROSENGREN, KARL ERIK (1981): Mass Media and Social Change: Some Current Approaches. In: Katz, Elihu/Szesckö, Tamás (Hrsg.): Mass Media and Social Change. London/Beverly Hills, Ca. (= Sage Studies in International Sociology, Bd. 22), S. 247–263.

ROSENGREN, KARL ERIK/ARVIDSON, PETER/STURESSON, DAHN (1974): The Barseback „Panic". A Radio Programme as a Negative Summary Event. Lund (Department of Sociology, University of Lund).

ROSENGREN, KARL ERIK/WENNER, LAWRENCE/PALMGREEN, PHILIP (Hrsg.) (1985): Media Gratifications Research. Current Perspectives. Beverly Hills, Ca./ London.

ROSSMANN, TORSTEN (1993): Das Beispiel Greenpeace. Öffentlichkeitsarbeit und ihr Einfluß auf die Medien. In: Media Perspektiven, S. 85–94.

ROTH, PAUL (1980): Sow-Inform: Nachrichtenwesen und Informationspolitik der Sowjetunion. Düsseldorf.

ROTH, PAUL (1982): Die kommandierte öffentliche Meinung. Sowjetische Medienpolitik. Stuttgart.

ROTHENBERG, RANDALL (1989): Brits Buy up the Ad Business. In: The New York Times Magazine, 2.7.1989, S. 14–19, 26, 29, 38.

ROTHFELS, HANS (1958): Die deutsche Opposition gegen Hitler, Frankfurt a.M.

ROTHMAN, STANLEY/LICHTER, ROBERT S. (1982): The Nuclear Energy Debate. In: Public Opinion 5, S. 47–52.

ROTHMAN, STANLEY/SNYDERMAN, MARK (1988): The IQ Controversy, the Media and Public Policy. New Brunswick/Oxford.

RUBIN, ALAN (1994): Media Uses and Effects: A Uses-and-Gratifications Perspective. In: Bryant, Jennings/Zillmann, Dolf (Hrsg.): Media Effects. Hillsdale, N.J., S. 417–436.

RUDOLPH, BARBARA (1989): Machiavelli on Madison Avenue. In: Time, 15.5.1989, S. 58.

RÜHL, MANFRED (1969): Systemdenken und Kommunikationswissenschaft. In: Publizistik 14, S. 185–206.

RÜHL, MANFRED (1985): Kommunikationswissenschaft zwischen Wunsch und Machbarkeit. Einige Betrachtungen zu ihrer Identität heute. In: Publizistik 30, S. 229–246.

RÜHL, MANFRED (1987): Soziale Verantwortung und persönliche Verantwortung im Journalismus. In: Flöhl, Rainer/Fricke, Jürgen (Hrsg.): Moral und Verantwortung in der Wissenschaftsvermittlung. Die Aufgaben von Wissenschaftlern und Journalisten. Mainz, S. 101–118.

RULLMANN, ANJA (1996): Modernisierung und Dependenz. Paradigmen internationaler Kommunikationsforschung. In: Meckel, Miriam/Kriener, Markus (Hrsg.): Internationale Kommunikation. Eine Einführung. Opladen, S. 19–47.

RUOTOLO, A. Carlos (1987): Professional Orientation among Journalists in Three Latin American Countries. In: Gazette 40, S. 131–142.

RUß-MOHL, STEPHAN (1994): Symbiose oder Konflikt: Öffentlichkeitsarbeit und Journalismus. In: Jarren, Otfried (Hrsg.): Medien und Journalismus 1. Eine Einführung. Opladen, S. 313–327.

RUß-MOHL, STEPHAN (1999): Spoonfeeding, Spinning, Whistleblowing. Beispiel USA: Wie sich die Machtbalance zwischen PR und Journalismus verschiebt. In: Rolke, Lothar/Wolff, Volker (Hrsg.): Wie die Medien die Wirklichkeit steuern und selber gesteuert werden. Opladen/Wiesbaden, S. 163–176.

RUß-MOHL, STEPHAN (2000): Ethik im Journalismus und in den Medien. Das Gespräch in der Redaktion ist wichtiger als das geschriebene Dokument. In: Gerhardt, Rudolf/Pfeifer, Hans-Wolfgang (Hrsg.): Wer die Medien bewacht. Medienfreiheit und ihre Grenzen im internationalen Vergleich. Frankfurt a.M. (= Beiträge zur Medienethik, 5), S. 173–186.

RYAN, BRYCE/GROSS, NEAL C. (1943): The Diffusion of Hybrid Seed Corn in Two Iowa Communities. In: Rural Sociology 8, Nr. 1, S. 15–24.

RYCKEGHEM, DOMINIQUE VAN (1995): Information Technology in Kenya: A Dynamic Approach. In: Telematics and Information 12, Nr. 1, S. 57–65.

SAFFARNIA, PETER A. (1993): Determiniert Öffentlichkeitsarbeit tatsächlich den Journalismus? Empirische Belege und theoretische Überlegungen gegen die PR-Determinierungsannahme. In: Publizistik 38, S. 412–425.

SALMON, CHARLES T./GLYNN, CARROLL J. (1996): Spiral of Silence: Communication and Public Opinion as Social Control. In: Salwen, Michael B./Stacks, Don W. (Hrsg.): An Integrated Approach to Communication Theory and Research. Mahwah, N.J., S. 165–180.

SALMON, CHARLES T./KLINE, F. GERALD (1985): The Spiral of Silence Ten Years Later: An Examination and Evaluation. In: Sanders, Keith R./Kaid, Lynda Lee/Nimmo, Dan (Hrsg.): Political Communication Yearbook 1984. Carbondale, Il./Edwardsville, Il., S. 3–30.

SALMON, CHARLES T./NEUWIRTH, KURT (1990): Perceptions of Opinion „Climates" and Willingness to Discuss the Issue of Abortion. In: Journalism Quaterly 67, S. 567–577.

SANDE, ØYSTEIN (1971): The Perception of Foreign News. In: Journal of Peace Research 8, S. 221–237.

SAPIR, EDWARD (1949): Selected Writings in Language, Culture and Personality. Berkeley, Cal.

SAPIR, EDWARD (1966): Die Sprache. In: Mühlmann, Wilhelm Emil/Müller, Ernst W. (Hrsg.): Kulturanthropologie. Köln/Berlin, S. 108–136 (zuerst u.d. Titel: The language. In: Encyclopedia of the Social Sciences. Hrsg. v. Seligmann, Edwin R.A. Bd. 9. New York 1937, S. 155–168).

SARCINELLI, ULRICH (1987): Symbolische Politik. Zur Bedeutung symbolischer Politik in der Wahlkampfkommunikation der Bundesrepublik Deutschland. Opladen (= Studien zur Sozialwissenschaft, Bd. 72).

SARCINELLI, ULRICH (1992): Massenmedien und Politikvermittlung – Eine Problem- und Forschungsskizze. In: Wittkämper, Gerhard W. (Hrsg.): Medien und Politik. Darmstadt, S. 37–62.

SARCINELLI, ULRICH (1994): Mediale Politikdarstellung und politisches Handeln: Analytische Anmerkungen zu einer notwendigerweise spannungsreichen Beziehung. In: Jarren, Otfried (Hrsg.): Politische Kommunikation in Hörfunk und Fernsehen. Opladen (= Gegenwartskunde, Sonderheft 8), S. 35–50.

SARCINELLI, ULRICH/WISSEL, MANFRED (1996): „Internetisierung" und Demokratie? Trends, Chancen und Probleme für Politikvermittlung und politische Bildung im Online-Zeitalter. In: Meyer, Thomas (Hrsg.): Jahrbuch 1996. Medien, Politik und politische Bildung (Friedrich-Ebert-Stiftung, Akademie der politischen Bildung), S. 31–44.

SARCINELLI, ULRICH/WISSEL, MANFRED (1998): Mediale Politikvermittlung, politische Beteiligung und politische Bildung: Medienkompetenz als Basisqualifikation in der demokratischen Bürgergesellschaft. In: Sarcinelli, Ulrich (Hrsg.): Politikvermittlung und Demokratie in der Mediengesellschaft. Beiträge zur politischen Kommunikationskultur. Bonn, S. 408–427.

SARCINELLI, ULRICH (1997): Demokratiewandel im Zeichen medialen Wandels? Politische Beteiligung und politische Kommunikation. In: Klein, Ansgar/ Schmalz-Bruns, Rainer (Hrsg.): Politische Beteiligung und Bürgerengagement in Deutschland: Möglichkeiten und Grenzen. Baden-Baden, S. 314–345.

SAUSSURE, FERDINAND DE (1967): Grundfragen der allgemeinen Sprachwissenschaft. 2. Auflage. Berlin (zuerst 1931).

SAXER, ULRICH (1974a): Funktionen der Massenmedien in der modernen Gesellschaft. In: Kurzrock, Rupert (Hrsg.): Medienforschung. Berlin, S. 22–33.

SAXER, ULRICH (1974b): Die Objektivität publizistischer Information. In: Langenbucher, Wolfgang (Hrsg.): Zur Theorie der politischen Kommunikation. München, S. 206–235.

SAXER, ULRICH (1974/75): Dysfunktionale Folgen unzulänglicher Journalistenaus- und -fortbildung. In: Publizistik 19/20, S. 278–315.

SAXER, ULRICH (1981): Publizistik und Politik als interdependente Systeme. Zur politischen Funktionalität von Publizistik. In: Media Perspektiven, S. 501–514.

SAXER, ULRICH (1984): Journalismus- und Medienethik: Möglichkeiten und Grenzen. In: Media Perspektiven, S. 21–32.

SAXER, ULRICH (1989): Medieninnovation und Medienakzeptanz. In: Mahle, Walter A. (Hrsg.): Medienangebot und Mediennutzung. Berlin, S. 145–174 (= AKM-Studien, Bd. 31).

SAXER, ULRICH (1994): Medien- und Gesellschaftswandel als publizistikwissenschaftlicher Forschungsgegenstand. In: Jarren, Otfried (Hrsg.): Medienwandel – Gesellschaftswandel? 10 Jahre dualer Rundfunk in Deutschland. Eine Bilanz. Berlin, S. 331–354.

SAXER, ULRICH (1995): Von wissenschaftlichen Gegenständen und Disziplinen und den Kardinalsünden der Zeitungs-, Publizistik-, Medien-, Kommunikationswissenschaft. In: Schneider, Beate/Reumann, Kurt/Schiwy, Peter (Hrsg.): Beiträge zur Medienentwicklung. Festschrift für Walter J. Schütz. Konstanz (= Journalismus, N.F., Bd. 37), S. 39–55.

SAXER, ULRICH (1997): Konstituenten einer Medienwissenschaft. In: Schanze, Helmut/Ludes, Peter (Hrsg.): Qualitative Perspektiven des Medienwandels. Positionen der Medienwissenschaft im Kontext „Neuer Medien". Opladen, S. 15–26.

SAXER, ULRICH (1998a): Mediengesellschaft: Verständnisse und Mißverständnisse. In: Sarcinelli, Ulrich (Hrsg.): Politikvermittlung und Demokratie in der Mediengesellschaft. Beiträge zur politischen Kommunikationskultur. Bonn, S. 52–73.

SAXER, ULRICH (1998b): System, Systemwandel und politische Kommunikation. In: Jarren, Otfried/Sarcinelli, Ulrich/Saxer, Ulrich (Hrsg.): Politische Kommunikation in der demokratischen Gesellschaft. Ein Handbuch mit Lexikonteil. Opladen/Wiesbaden, S. 21–64.

SCHANTEL, ALEXANDRA (2000): Determination oder Intereffikation? Eine Metaanalyse der Hypothesen zur PR-Journalismus-Beziehung. In: Publizistik 45, S. 70–88.

SCHATZ, HERIBERT (1978): Zum Stand der politikwissenschaftlich relevanten Massenkommunikationsforschung in der Bundesrepublik Deutschland. In: Bermbach, Udo (Hrsg.): Politische Wissenschaft und politische Praxis. Opladen (= Politische Vierteljahresschrift, Sonderheft 9), S. 434–454.

SCHATZ, HERIBERT (1982): Interessen- und Machtstrukturen im Interaktionsfeld von Massenmedien und Politik. In: Schatz, Heribert/Lange, Klaus (Hrsg.): Massenkommunikation und Politik. Aktuelle Probleme und Entwicklungen im Massenkommunikationssystem der Bundesrepublik Deutschland. Frankfurt a.M., S. 6–20.

SCHATZ, HERIBERT (U.A.) (1981): Fernsehen und Demokratie. Eine Inhaltsanalyse der Fernsehnachrichtensendungen von ARD und ZDF vom Frühjahr 1977. Opladen (= Forschungsberichte des Landes Nordrhein-Westfalen, Nr. 3006/ Fachgruppe Wirtschafts- und Sozialwissenschaften).

SCHAUS, ANABEL (1992): Selbstkritik von Journalisten und Wissenschaftlern. Unv. Magisterarbeit. Mainz.

SCHELSKY, HELMUT (1983): Politik und Publizistik. Stuttgart.

SCHENK, BIRGIT (1987): Die Struktur des internationalen Nachrichtenflusses: Analyse der empirischen Studien. In: Rundfunk und Fernsehen 35, S. 36–54.

SCHENK, MICHAEL (1983): Meinungsführer und Netzwerke persönlicher Kommunikation. In: Rundfunk und Fernsehen 31, S. 326–336.

SCHENK, MICHAEL (1987): Medienwirkungsforschung. Tübingen.

SCHENK, MICHAEL (1994a): Kommunikationstheorien. In: Noelle-Neumann, Elisabeth/Schulz, Winfried/Wilke, Jürgen (Hrsg.): Das Fischer Lexikon Publizistik/ Massenkommunikation. Frankfurt a.M., S. 172–187.

SCHENK, MICHAEL (1994b): Meinungsbildung im Alltag – Zum Einfluß von Meinungsführern und sozialen Netzwerken. In: Jäckel, Michael/Winterhoff-Spurk, Peter (Hrsg.): Politik und Medien. Analysen zur Entwicklung der politischen Kommunikation. Berlin, S. 143–158.

SCHENK, MICHAEL (1995): Soziale Netzwerke und Massenmedien. Tübingen.

SCHENK, MICHAEL (1998): Mediennutzung und Medienwirkung als sozialer Prozeß. In: Sarcinelli, Ulrich (Hrsg.): Politikvermittlung und Demokratie in der Mediengesellschaft. Beiträge zur politischen Kommunikationskultur. Bonn, S. 387–407.

SCHENK, MICHAEL/DAHM, HERMANN/ŠONJE, DEZIDERIO (1997): Die Bedeutung sozialer Netzwerke bei der Diffusion neuer Kommunikationstechniken. In: Kölner Zeitschrift für Soziologie und Sozialpsychologie 49, S. 35–52.

SCHENK, MICHAEL/DONNERSTAG, JOACHIM/HÖFLICH, JOACHIM (1990): Wirkungen der Werbekommunikation. Köln/Wien.

SCHENK, MICHAEL/RÖSSLER, PATRICK (1994): Das unterschätzte Publikum. Wie Themenbewußtsein und politische Meinungsbildung im Alltag von Massenmedien und interpersonaler Kommunikation beeinflußt werden. In: Neidhardt, Friedhelm (Hrsg.): Öffentlichkeit, öffentliche Meinung, soziale Bewegungen. Opladen (= Kölner Zeitschrift für Soziologie und Sozialpsychologie, Sonderband 34), S. 261–295.

SCHENK, MICHAEL/RÖSSLER, PATRICK (1997): The Rediscovery of Opinion Leaders. An Application of the Personality Strength Scale. In: Communications. The European Journal of Communication Research 22, S. 5–30.

SCHERER, HELMUT (1990): Massenmedien, Meinungsklima und Einstellung. Eine Untersuchung zur Theorie der Schweigespirale. Opladen.

SCHERER, HELMUT (1992): Das Verhältnis von Einstellungen und Redebereitschaft in der Theorie der Schweigespirale. In: Wilke, Jürgen (Hrsg.): Öffentliche Meinung. Theorie, Methoden, Befunde. Beiträge zu Ehren von Elisabeth Noelle-Neumann. Freiburg i.Brsg./München, S. 103–121.

SCHERER, HELMUT (1998): Partizipation für alle? Die Veränderung des Politikprozesses durch das Internet. In: Rössler, Patrick (Hrsg.): Online-Kommunikation. Beiträge zu Nutzung und Wirkung. Opladen/Wiesbaden, S. 171–188.

SCHERER, HELMUT/BERENS, HARALD (1998): Kommunikative Innovatoren oder introvertierte Technikfans? Die Nutzer von Online-Medien diffusions- und nutzentheoretisch betrachtet. In: Hagen, Lutz M. (Hrsg.): Online-Medien als Quellen politischer Information. Empirische Untersuchungen zur Nutzung von Internet und Online-Diensten. Opladen/Wiesbaden, S. 54–94.

SCHERER, KLAUS R. (1974): Beobachtungsverfahren zur Mikroanalyse non-verbaler Verhaltensweisen. In: Koolwijk, Jürgen van/Wieken-Mayser, Maria (Hrsg.): Techniken der empirischen Sozialforschung, Bd. 3: Erhebungsmethoden: Beobachtung und Analyse von Kommunikation. München, S. 66–109.

SCHEUCH, ERWIN (1973): Entwickungsrichtungen bei der Analyse sozialwissenschaftlicher Daten. In: König, René (Hrsg.): Handbuch der empirischen Sozialforschung. Bd. 1: Geschichte und Grundprobleme. 3. Auflage. Stuttgart, S. 161–237.

Scheuch, Erwin K. (1967): Methoden. In: König, René (Hrsg.): Soziologie. 2. Auflage. Frankfurt a.M., S. 194–224.

SCHEUFELE, BERTRAM/BROSIUS, HANS-BERND (1999): The Frame Remains the Same? Stabilität und Kontinuität journalistischer Selektionskriterien am Beispiel der Berichterstattung über Anschläge auf Ausländer und Asylbewerber. In: Rundfunk und Fernsehen 47, S. 409–432.

SCHEUFELE, DIETRAM A. (1999): Framing as a Theory of Media Effects. In: Journal of Communication 49, Nr. 1, S. 103–122.

SCHEUFELE, DIETRAM A./MOY, PATRICIA (2000): Twenty-Five Years of the Spiral of Silence: A Conceptual Review and Empirical Outlook. In: International Journal of Public Opinion Research 12, S. 3–28.

SCHILLER, HERBERT I. (1969): Mass Communication and American Empire. New York.

SCHILLER, HERBERT I. (1976): Communication and Cultural Domination. White Plains, N.J.

SCHLEICHER, INGRID M. (1994): Televisa S.A. in Mexiko. Genese und jüngste Entwicklung eines kommerziellen Fernsehunternehmens im Spannungsfeld zwischen Rundfunkpolitik und Konzerninteressen. Münster/Hamburg.

SCHLUßBERICHT der Enquête-Kommission „Zukunft der Medien in Wirtschaft und Gesellschaft – Deutschlands Weg in die Informationsgesellschaft" (1998). Bonn (Bundestagsdrucksache 13/1104, 22.6.1998).

SCHMID, ALEX P./DE GRAAF, JANNY (1982): Violence as Communication. Insurgent Terrorism and the Western News Media. London.

SCHNEIDER, BEATE/SCHÖNBACH, KLAUS (1993): Journalisten in den neuen Bundesländern: Zur Struktur und zur sozialen Lage des Berufsstandes. Ergebnisse der Sozialenquête über die Journalisten in den neuen Ländern der Bundesrepublik Deutschland I. In: Mahle, Walter (Hrsg.): Journalisten in Deutschland. Nationale und internationale Vergleiche und Perspektiven. München (= AKM-Studien, Bd. 39. Tagungsbericht über das Elfte Wissenschaftliche Gespräch am 8. und 9. Juli 1993 in Mayschoß an der Ahr), S. 35–43.

SCHNEIDER, BEATE/SCHÖNBACH, KLAUS/STÜRZEBECHER, DIETER (1993a): Journalisten im vereinigten Deutschland. Strukturen, Arbeitsweisen und Einstellungen im Ost-West-Vergleich. In: Publizistik 38, S. 353–382.

SCHNEIDER, BEATE/SCHÖNBACH, KLAUS/STÜRZEBECHER, DIETER (1993b): Westdeutsche Journalisten im Vergleich: jung, professionell und mit Spaß an der Arbeit. In: Publizistik 38, S. 5–30.

SCHNEIDER, BEATE/SCHÖNBACH, KLAUS/STÜRZEBECHER, DIETER (1994): Ergebnisse einer Repräsentativbefragung zur Struktur, sozialen Lage und zu den Einstellungen von Journalisten in den neuen Bundesländern. In: Böckelmann, Frank/Mast, Claudia/Schneider, Beate (Hrsg.): Journalismus in den neuen Ländern. Ein Berufsstand zwischen Aufbruch und Abwicklung. Konstanz (= Medien und Märkte, Bd. 3), S. 145–230.

SCHNEIDER, FRANZ (1966): Pressefreiheit und politische Öffentlichkeit. Studien zur politischen Geschichte Deutschlands bis 1848. Neuwied/Berlin.

SCHNEIDER, MELANIE/SCHÖNBACH, KLAUS/SEMETKO, HOLLI A. (1999): Kanzlerkandidaten in den Fernsehnachrichten und in der Wählermeinung. In: Media Perspektiven, S. 262–274.

SCHNEIDER, WOLF (U.A.) (1984): Unsere tägliche Desinformation. Wie die Medien uns in die Irre führen. 2. Auflage. Hamburg.

SCHOECK, HELMUT (1969): Kleines soziologisches Wörterbuch. Freiburg i.Brsg.

SCHÖNBACH, KLAUS (1977): Trennung von Nachricht und Meinung. Empirische Untersuchung eines journalistischen Qualitätskriteriums. Freiburg i.Brsg. (= Alber-Broschur Kommunikation, Bd. 5).

SCHÖNBACH, KLAUS (1992): Sozialenquête ostdeutscher Journalisten: Das Design der Journalistenbefragung. In: Mahle, Walter A. (Hrsg.): Pressemarkt Ost. Nationale und internationale Perspektiven. München (= AKM-Studien, Bd. 38. Tagungsbericht über das zehnte wissenschaftliche Gespräch am 11. und 12. Juni 1991 in Mayschoß a.d. Ahr), S. 131–136.

SCHÖNBACH, KLAUS/FRÜH, WERNER (1984): Der dynamisch-transaktionale Ansatz II: Konsequenzen. In: Rundfunk und Fernsehen 32, S. 314–329.

SCHÖNBACH, KLAUS/SEMETKO, HOLLI A. (1994a): Medienberichterstattung und Parteienwerbung im Bundestagswahlkampf 1990: Ergebnisse aus Inhaltsanalysen und Befragungen. In: Media Perspektiven, S. 328–340.

SCHÖNBACH, KLAUS/SEMETKO, HOLLI A. (1994b): Wahlkommunikation, Journalisten und Wähler: Fünf Thesen zum Bundestagswahlkampf 1990 – mit einem internationalen Vergleich und einem ersten Blick auf 1994. In: Oberreuter, Heinrich (Hrsg.): Parteiensystem am Wendepunkt? Wahlen in der Fernsehdemokratie. Landsberg a.L., S. 153–164.

SCHÖNBACH, KLAUS/SEMETKO, HOLLI A. (1995): Journalistische „Professionalität" vs. Chancengleichheit von Regierung und Opposition: ein Dilemma der aktuellen Berichterstattung im Wahlkampf. In: Armingeon, Klaus/Blum, Roger (Hrsg.): Das öffentliche Theater: Politik und Medien in der Demokratie. Bern/Stuttgart/Wien, S. 49–64.

SCHÖNBACH, KLAUS/SEMETKO, HOLLI A. (2000): „Gnadenlos professionell": Journalisten und die aktuelle Medienberichterstattung in Bundestagswahlkämpfen 1976–1998. In: Bohrmann, Hans (u.a.) (Hrsg.): Wahlen und Politikvermittlung durch Massenmedien. Wiesbaden, S. 69–78.

SCHÖNBACH, KLAUS/STÜRZEBECHER, DIETER/SCHNEIDER, BEATE (1994): Oberlehrer oder Missionare? Das Selbstverständnis deutscher Journalisten. In: Neidhardt, Friedhelm (Hrsg.): Öffentlichkeit, öffentliche Meinung, soziale Bewegungen. Opladen (= Kölner Zeitschrift für Soziologie und Sozialpsychologie, Sonderheft 34), S. 139–151.

SCHÖNBACH, KLAUS/STÜRZEBECHER, DIETER/SCHNEIDER, BEATE (1998): German Journalists in the Early 1990s: East and West. In: Weaver, David H. (Hrsg.): The Global Journalist. News People around the World. Cresskill, N.J., S. 213–227.

SCHÖNER, ANGELA (1996): Die Medienpolitik Margaret Thatchers. Unv. Magisterarbeit Mainz.

SCHÖNHAGEN, PHILOMEN (1999): Der Journalist als unbeteiligter Beobachter. In: Publizistik 44, S. 271–287.

SCHÖNHAGEN, PHILOMEN (2000): Unparteilichkeit im Journalismus. Tradition einer Qualitätsnorm. Tübingen.

SCHOLL, ARMIN/WEISCHENBERG, SIEGFRIED (1998): Journalismus in der Gesellschaft, Theorie, Methodologie und Empirie. Opladen/Wiesbaden.

SCHRAMM, WILBUR (1954): How Communication Works. In: Schramm, Wilbur (Hrsg.): The Process and Effects of Mass Communication. Urbana, Il., S. 3–26.

SCHRAMM, WILBUR (Hrsg.) (1963): Mass Communications. 2. Auflage. Urbana, Il.

SCHRAMM, WILBUR (1964): Mass Media and National Development. Stanford, Ca.

SCHRAMM, WILBUR (1973): Men, Messages, and Media. A Look at Human Communication. New York.

SCHRÖTER, DETLEF (1986): Die Qualität der Wirtschaftsberichterstattung. Eine Studie zur Berichterstattung über Großunternehmen in deutschen Tageszeitungen und Wirtschaftsmagazinen. München.

SCHUDSON, MICHAEL (1978): Discovering the News. A Social History of American Newspapers. New York.

SCHUDSON, MICHAEL (1998): The Public Journalism Movement and its Problems. In: Graber, Doris/McQuail, Denis/Norris, Pippa (Hrsg.): The Politics of News; the News of Politics. Washington, S. 132–149.

SCHÜCKING, LEVIN L. (1961): Die Soziologie der literarischen Geschmacksbildung, 3. Auflage. Berlin (zuerst 1923).

SCHULER, THOMAS (1998): Oberlehrer mit Ecken. In: Journalist, Heft 9, S. 86–87.

SCHULER, THOMAS (1999): Was kostet die Bundesliga? In: Adolf Grimme Institut (Hrsg.): Jahrbuch Fernsehen 1998/99, S. 11–27.

SCHULZ, RÜDIGER (1979): Einer gegen alle? Das Entscheidungsverhalten von Verlegern und Chefredakteuren. In: Kepplinger, Hans Mathias (Hrsg.): Angepaßte Außenseiter. Was Journalisten denken und wie sie arbeiten. Freiburg i.Brsg. (= Alber-Broschur Kommunikation, Bd. 8), S. 166–188.

SCHULZ, WINFRIED (1971): Kommunikationsprozeß. In: Noelle-Neumann, Elisabeth/Schulz, Winfried (Hrsg.): Das Fischer Lexikon Publizistik. Frankfurt a.M., S. 89–109.

SCHULZ, WINFRIED (1977): Nachrichtenstruktur und politische Informiertheit. Die Entwicklung politischer Vorstellungen der Bevölkerung unter dem Einfluß des Nachrichtenangebots. Unveröffentlichtes Gutachten im Auftrag des Presse- und Informationsamtes der Bundesregierung. Mainz.

SCHULZ, WINFRIED (1985): Information und politische Kompetenz. Zweifel am Aufklärungsanspruch der Massenmedien. In: Saxer, Ulrich (Hrsg.): Gleichheit oder Ungleichheit durch Massenmedien? Homogenisierung – Differenzierung der Gesellschaft durch Massenkommunikation. München (= Schriftenreihe der Deutschen Gesellschaft für Publizistik- und Kommunikationswissenschaft, Bd. 10), S. 105–118.

SCHULZ, WINFRIED (1986): Das Vielseher-Syndrom. Determinanten der Fernsehnutzung. In: Media Perspektiven, S. 762–776.

SCHULZ, WINFRIED (1987): Politikvermittlung durch Massenmedien. In: Sarcinelli, Ulrich (Hrsg.): Politikvermittlung. Beiträge zur politischen Kommunikationskultur. Stuttgart, S. 129–144.

SCHULZ, WINFRIED (1989): Massenmedien und Realität. Die „ptolemäische" und die „kopernikanische" Auffassung. In: Kaase, Max/Schulz, Winfried (Hrsg.): Massenkommunikation. Theorien, Methoden, Befunde. Opladen (= Kölner Zeitschrift für Soziologie und Sozialpsychologie, Sonderheft 30), S. 135–149.

SCHULZ, WINFRIED (1990a): Fernseh-Paranoia und andere psychische Auffälligkeiten: Langzeitwirkungen des Fernsehens? In: Kunczik, Michael/Weber, Uwe (Hrsg.): Fernsehen. Aspekte eines Mediums. Köln/Wien, S. 112–120.

SCHULZ, WINFRIED (1990b): Die Konstruktion von Realität in den Nachrichtenmedien. Analyse der aktuellen Berichterstattung. 2. Auflage. Freiburg i.Brsg./ München (= Alber-Broschur Kommunikation, Bd. 4) (zuerst 1976).

SCHULZ, WINFRIED (1994): Kommunikationsprozeß. In: Noelle-Neumann, Elisabeth/Schulz, Winfried/Wilke, Jürgen (Hrsg.): Das Fischer Lexikon Publizistik/ Massenkommunikation. Frankfurt a.M., S. 140–171.

SCHULZ, WINFRIED (1996): Resonance Effects in Television News. A Study of the Success of the Chancellor Candidates' Strategies during the 1990 German Bundestag Elections. In: European Journal of Communication 11, S. 33–55.

SCHULZ, WINFRIED (1997): Politische Kommunikation. Theoretische Ansätze und Ergebnisse empirischer Forschung zur Rolle der Massenmedien in der Politik. Opladen/Wiesbaden.

SCHULZ, WINFRIED/LEIDNER, DANIELA (1998): Das Netz als Quelle. Die Nutzung von Internet und Online-Diensten durch Publizistische Medien. In: Hagen, Lutz M. (Hrsg.): Online-Medien als Quellen politischer Information. Empirische Untersuchungen zur Nutzung von Internet und Online-Diensten. Opladen/Wiesbaden, S. 169–199.

SCHULZ, WOLFRAM (1995a): Ellenbogengesellschaft oder Solidargemeinschaft? Das Bild der Bundesrepublik bei ostdeutschen Schülern „ein Jahr danach". In: Medienpsychologie 7, S. 107–121.

SCHULZ, WOLFRAM (1995b): Mediennutzung und Einstellungen zur Politik. In: Klingemann, Hans Dieter/Erbring, Lutz/Diedrich, Nils (Hrsg.): Zwischen Wende und Wiedervereinigung. Analysen zur politischen Kultur in West- und Ost-Berlin 1990. Opladen, S. 304–332.

SCHUMPETER, JOSEPH A. (1950): Kapitalismus, Sozialismus und Demokratie. Bern (zuerst u.d. Titel: Capitalism, Socialism, and Democracy. New York 1942).

SCHWEDA, CLAUDIA/OPHERDEN, RAINER (1995): Journalismus und Public Relations: Grenzbeziehungen im System lokaler politischer Kommunikation. Wiesbaden.

SCHWEIGER, WOLFGANG (2000): Media Credibility – Experience or Image? A Survey on the Credibility of the World Wide Web in Germany in Comparison to Other Media. In: European Journal of Communication 15, S. 37–59.

SCHWIND, HANS-DIETER (U.A.) (Hrsg.) (1990): Gewalt in der Bundesrepublik Deutschland. Endgutachten der Unabhängigen Regierungskommission zu Verhinderung und Bekämpfung von Gewalt (Gewaltkommission). In: Schwind, Hans-Dieter (u.a.) (Hrsg.): Ursachen, Prävention und Kontrolle von Gewalt. Analysen und Vorschläge der Unabhängigen Regierungskommission zur Verhinderung und Bekämpfung von Gewalt (Gewaltkommission). Bd. 1: Endgutachten und Zwischengutachten der Arbeitsgruppen. Berlin, S. 1–285.

SCOTT, C[HARLES] P[RESTWICH] (1946): On Journalism. The *Manchester Guardian's* First Hundred Years (May 5th, 1921). In: C.P. Scott 1846–1932. The Making of the „Manchester Guardian". London, S. 160–168.

SEIDL, CLAUDIUS (1995): Der Sinn für Whiskey und Poesie. In: Spiegel special, Nr. 1: Die Journalisten, S. 142–144.

SEMETKO, HOLLI A./SCHÖNBACH, KLAUS (1994): Germany's „Unity" Election: Voters and the Media in 1990. Cresskill, N.J.

SERVAES, JAN (1999): Communication for Development. One World, Multiple Cultures. Cresskill, N.J.

SERVIER, JEAN (1971): Der Traum von der großen Harmonie. Eine Geschichte der Utopie. München.

SETHE, PAUL (1965): Frei ist, wer reich ist. In: Der Monat XVII, 201, S. 95f.

SHAFER, RICHARD (1990): Greasing the Newsgate. The Journalist on the Take in the Philippines. In: Journal of Mass Media Ethics 5, S. 15–29.

SHAMIR, JACOB (1997): Speaking up and Silencing out in Face of a Changing Climate of Opinion. In: Journalism & Mass Communication Quaterly 74, S. 602–614.

SHANNON, CLAUDE E./WEAVER, WARREN (1949): The Mathematical Theory of Communication. Urbana, Il.

SHAWCROSS, WILLIAM (1997): The Making of a Media Empire. New York.

SHERIF, MUZAFER/SHERIF, CAROLYN W. (1969): Social Psychology. New York (u.a.)

SHOEMAKER, PAMELA J. (1991): Gatekeeping. Newbury Park, Ca.

SHOEMAKER, PAMELA J./CHANG, TSAN-KUO/BRENDLINGER, NANCY (1987): Deviance as a Predictor of Newsworthiness: Coverage of International Events in the U.S. Media. In: McLaughlin, Margaret L. (Hrsg.): Communication Yearbook 10. Newbury Park, Ca. (u.a.), S. 348–365.

SHOEMAKER, PAMELA J./REESE, STEPHEN D. (1991): Mediating the Message: Theories of Influences on Mass Media Content. New York.

SHRUM, L. J. (1995): Assessing the Social Influence of Television: A Social Cognition Perspective on Cultivation Effects. In: Communication Research 22, S. 402–429.

SHRUM, L. J. (1996): Psychological Processes Underlying Cultivation Effects. Further Tests of Construct Accessibility. In: Human Communication Research 22, S. 482–509.

SHRUM, L. J./O'GUINN, THOMAS C. (1993): Processes and Effects in the Construction of Social Reality: Construct Accessibility as an Explanatory Variable. In: Communication Research 20, S. 436–471.

SIEBERT, FREDERICK S./SCHRAMM, WILBUR/PETERSON, THEODORE (1956): Four Theories of the Press. Urbana, Il.

SIEGEL, SIDNEY (1956): Nonparametrical Statistics for the Behavioral Sciences. New York.

SIGHELE, SCIPIO (1897): Psychologie des Auflaufs und der Massenverbrechen. Dresden (zuerst 1891).

SIGNITZER, BENNO (1988): Public Relations-Forschung im Überblick. Systematisierungsversuche auf der Basis neuerer amerikanischer Studien. In: Publizistik 33, S. 92–116.

SIGNORIELLI, NANCY (1990): Television's Mean and Dangerous World: A Continuation of the Cultural Indicators Perspective. In: Signorielli, Nancy/Morgan, Michael (Hrsg.): Cultivation Analysis. New Directions in Media Effects Research. Newbury Park, Ca., S. 85–106.

SIGNORIELLI, NANCY/MORGAN, MICHAEL (1996): Cultivation Analysis: Research and Practice. In: Salwen, Michael B./Stacks, Don W. (Hrsg.): An Integrated Approach to Communication Theory and Research. Mahwah, N.J., S. 111–126.

SILBERMANN, ALPHONS (1959): Musik, Rundfunk und Hörer. Köln/Opladen.

SILBERMANN, ALPHONS (Bearb.) (1982): Handwörterbuch der Massenkommunikation und Medienforschung. Berlin.

SINGHAL, ARVIND/OBREGON, RAFAEL/ROGERS, EVERETT M. (1994): Reconstructing the Story of „Simplemente Maria", the Most Popular Telenovela in Latin America of all Time. In: Gazette 54, S. 1–16.

SINGHAL, ARVIND/ROGERS, EVERETT M. (1988): Television Soap Operas for Development in India. In: Gazette 41, S. 109–126.

SINGHAL, ARVIND/ROGERS, EVERETT M. (1989): Prosocial Television for Development in India. In: Rice, Ronald E./Atkin, Charles K. (Hrsg.): Public Communication Campaigns. 2. Auflage. Newbury Park, Ca./London, S. 331–350.

SINGHAL, ARVIND/ROGERS, EVERETT M. (1999): Entertainment – Education. A Communication Strategy for Social Change. Mahwah, N.J.

SLATON, CHRISTA DARYL (1998): Mündige Bürger durch Televoten. Ein fortlaufendes Experiment zur Transformation der Demokratie. In: Leggewie,Claus/ Maar, Christa (Hrsg.): Internet & Politik. Von der Zuschauer- zur Beteiligungsdemokratie? Köln, S. 321–341.

SMITH, DON D. (1973): Mass Communications and International Image Change: In: Journal of Conflict Resolution 17, S. 115–129.

SMITH, HEDRICK (1988a): Der Machtkampf in Amerika. Reagans Erbe: Washingtons neue Elite. Reinbek.

SMITH, HEDRICK (1988b): The Power Game. How Washington Works. New York.

SNIDER, PAUL B. (1967): „Mr. Gates" Revisited: A 1966 Version of the 1949 Case Study. In: Journalism Quaterly 44, S. 419–427.

SOLOMON, DOUGLAS S. (1982): Health Campaigns on Television. In: Pearl, David/Bouthilet, Lorraine/Lazar, Joyce (Hrsg.): Television and Behavior. Ten Years of Scientific Progress and Implications for the Eighties. Bd. II: Technical Reviews. Rockville, Mdl., S. 308–321.

SOMBART, WERNER (1927): Der moderne Kapitalismus. Historisch-systematische Darstellung des gesamteuropäischen Wirtschaftslebens von seinen Anfängen bis zur Gegenwart. 3. Bd.: Das Wirtschaftsleben im Zeitalter des Hochkapitalismus. 1. Halbband: Die Grundlagen – Der Aufbau. 2. Halbband: Der Hergang der hochkapitalistischen Wirtschaft. Die Gesamtwirtschaft. München/Leipzig.

SONNLEITNER, MARTIN/STADTHAUS, MARCUS/WEICHERT, STEPHAN A. (1998): Online recherchieren: Ergebnisse einer explorativen Befragung von JournalistInnen. In: Neverla, Irene (Hrsg.): Das Netz-Medium. Kommunikationswissenschaftliche Aspekte eines Mediums in Entwicklung. Opladen/Wiesbaden, S. 245–261.

SPAEMANN, ROBERT (1982): Wer hat die Verantwortung? Zum Streit um deontologische und teleologische Ethik. In: Herder-Korrespondenz 36, S. 345–350, 403–408.

SREBERNY-MOHAMMADI, ANNABELLE (1984): Results of International Cooperation. In: Journal of Communication 34, Nr. 1, S. 121–142.

SREBERNY-MOHAMMADI, ANNABELLE (U.A.) (1980): The World of the News – the News of the World. Final Report of the Foreign Images Study Undertaken by the International Association for Mass Communication Research for UNESCO. London.

STAAB, JOACHIM FRIEDRICH (1990): Nachrichtenwert-Theorie. Formale Struktur und empirischer Gehalt. Freiburg i.Brsg./München (= Alber-Broschur Kommunikation, Bd. 17).

STAAB, JOACHIM FRIEDRICH (1998): Faktoren aktueller Berichterstattung. Die Nachrichtenwert-Theorie und ihre Anwendung auf das Fernsehen. In: Kamps, Klaus/Meckel, Miriam (Hrsg.): Fernsehnachrichten. Prozesse, Strukturen, Funktionen. Opladen/Wiesbaden, S. 49–64.

STAEHLE, WOLFGANG H. (1999): Management. Eine verhaltenswissenschaftliche Perspektive. München. 8. Auflage.

STAHLSCHMIDT, GERD (1996): In der Hitze der Nacht. Die Reemtsma-Titelstory bei Spiegel und Focus. In: Journalist, Heft 6, S. 32.

STALMANN, REINHARD (1974): Über die Professionalisierungstendenzen bei den Presseberufen in der Bundesrepublik Deutschland. Diss. Zürich.

STEFFENS, LINCOLN (1985): The Autobiography of Lincoln Steffens. New York (zuerst 1931).

STEMPEL, GUIDO H. (1985): Gatekeeping: The Mix of Topics and the Selection of Stories. In: Journalism Quaterly 62, S. 791–796.

STERNBERGER, DOLF (1987): Figuren der Fabel. In: Frankfurter Zeitung, Weihnachten 1941 (wieder abgedruckt in: Frankfurter Allgemeine Zeitung, 13.6.1987, Nr. 135).

STEVENSON, ROBERT L. (1988): Communication, Development, and the Third World. The Global Politics of Information. White Plains, N.J.

STIELER, KASPAR (1969): Zeitungs Lust und Nutz. Vollständiger Neudruck der Originalausgabe 1695. Hrsg. von Gert Hagelweide. Bremen.

STIPP, HORST (1998): Wird der Computer die traditionellen Medien ersetzen? Wechselwirkungen zwischen Computer- und Fernsehnutzung am Beispiel USA. In: Media Perspektiven, S. 76–82.

STIRNBERG, UWE (1998): Globale Giganten. Die Rolle der Agenturen am Beispiel von Reuters TV und APTV. In: Kamps, Klaus/Meckel, Miriam (Hrsg.): Fernsehnachrichten. Prozesse, Strukturen, Funktionen. Opladen/Wiesbaden, S. 147–166.

STÖBER, RUDOLF (2000): Deutsche Pressegeschichte. Einführung, Systematik, Glossar. Konstanz (= Reihe Uni-Papers, Bd. 8).

STÖCKLER, MARKUS (1992): Politik und Massenmedien in der Informationsgesellschaft. Ist ein Supersystem noch zu verhindern? Ein systemtheoretisch basierter Untersuchungsansatz. Münster (= Studien zur Politikwissenschaft, Abt. B.: Forschungsberichte und Dissertationen, Bd. 69; zugl. Diss. Münster 1991).

STOKLOSSA, PAUL (1911): Der Arbeitsmarkt für Redakteure. Eine statistische Untersuchung. In: Jahrbuch für Gesetzgebung, Verwaltung und Volkswirtschaft im Deutschen Reich 35, S. 293–307.

STOUFFER, SAMUEL A. (U.A.) (1965): The American Soldier. Bd. 1: Adjustment During Army Life. New York (= Studies in Social Psychology in World War II) (zuerst 1949).

STRITTMATTER, KAI (2000): Immer mittendrin, wenn es brennt. In: Süddeutsche Zeitung, 4.7.2000, S. 11.

STUDNITZ, CECILIA VON (1983): Kritik des Journalisten. Ein Berufsbild in Fiktion und Realität. München.

STUIBER, HEINZ-WERNER (1978): Zu den Funktionen der Massenkommunikation: Politische und soziale Orientierung als Grunddimension massenkommunikativer Leistungen. In: Rühl, Manfred/Walchshöfer, Jürgen (Hrsg.): Politik und Kommunikation. Festgabe für Franz Ronneberger zum 65. Geburtstag. Nürnberg (= Nürnberger Forschungsberichte, Sonderband), S. 211–235.

STURM, HERTHA (1990): Die grandiosen Irrtümer des Neil Postman: Fernsehen wirkt anders. In: Kunczik, Michael/Weber, Uwe (Hrsg.): Fernsehen. Aspekte eines Mediums. Köln/Wien, S. 240–262.

STURNY, DIRK (1997): Einfluß von Krisen-Typen auf Publikationsweisen. Eine Input-Output-Analyse anhand von 2 Beispielen. Unv. Magisterarbeit. Mainz.

SUSSMANN, LEONARD R. (1978): Developmental Journalism: The Ideological Factor. In: Horton, Philip C. (Hrsg.): The Third World and Press Freedom. New York, S. 74–92.

Swanberg, William A. (1961): Citizen Hearst. A Biography of William Randolph Hearst. New York.

SWANSON, DAVID L. (1977): The Uses and Misuses of Uses and Gratifications. In: Human Communication Research 3, S. 214–221.

SWANSON, DAVID L. (1979): Political Communication Research and the Uses and Gratifications Model: A Critique. In: Communication Research 6, S. 37–53.

SZYSZKA, PETER (1997): Bedarf oder Bedrohung? Zur Frage der Beziehungen des Journalismus zur Öffentlichkeitsarbeit. In: Bentele, Günter/Haller, Michael (Hrsg.): Aktuelle Entstehung von Öffentlichkeit. Akteure – Strukturen – Veränderungen. Konstanz (= Schriftenreihe der Deutschen Gesellschaft für Publizistik- und Kommunikationswissenschaft, Bd. 24), S. 209–224.

TAMBORINI, RON/ZILLMANN, DOLF/BRYANT, JENNINGS (1984): Fear and Victimization: Exposure to Television and Perceptions of Crime and Fear. In: Bostrom, Robert N./Westley, Bruce H. (Hrsg.): Communication Yearbook 8. Beverly Hills, Ca./London/New Delhi, S. 492–513.

TAN, ALEXIS S. (1986): Social Learning of Aggression from Television. In: Bryant, Jennings/Zillmann, Dolf (Hrsg.): Perspectives on Media Effects. Hillsdale, N.J./London, S. 41–55.

TAN, ALEXIS S./TAN, GERDEAN K./TAN, ALMA S. (1987): American TV in the Philippines: A Test of Cultural Impact. In: Journalism Quarterly 64, S. 65–72.

TANNENBAUM, PERCY H. (1972): Studies in Film- and Television-Mediated Arousal and Aggression: A Progress Report. In: Comstock, George A./Rubinstein, Eli A./Murray, John P. (Hrsg.): Television and Social Behavior. Vol. 5. Rockville, Md., S. 309–350.

TAPPER, JOHN (1995): The Ecology of Cultivation: A Conceptual Model for Cultivation Research. In: Communication Theory 5, S. 36–57.

TAYLOR, D. GARTH (1982): Pluralistic Ignorance and the Spiral of Silence: A Formal Analysis. In: Public Opinion Quaterly 46, S. 311–335.

TEICHERT, WILL (1972): Fernsehen als soziales Handeln. In: Rundfunk und Fernsehen 20, S. 421–439.

TEICHERT, WILL (1973): Fernsehen als soziales Handeln (2). In: Rundfunk und Fernsehen 21, S. 356–382.

TELEVISION '98 (1998): European Key Facts. Hrsg. von der IP Group/CLT-UFA. Kronberg i.Ts.

TELGHEDER, MAIKE (2000a): Größer, weiter, schneller: Werbekonzerne im Übernahmefieber. In: Handelsblatt, 15.5.2000, S. 2.

TELGHEDER, MAIKE (2000b): Kulturrevolution im Hause Coca-Cola. In: Handelsblatt, 25.10.2000, S. 27.

TEMPLE, PETER (1998): Face to Face with Martin Sorrell. In: Analyst Magazine. September.

TEWES, JÜRGEN (1998): Weich gezeichnet. In: Journalist, Heft 2, S. 32–34.

THEUNERT, HELGA/SCHORB, BERND (1998): Jugendmedienschutz im digitalen Fernsehen: Genügen technische Angebote? In: Media Perspektiven, S. 446–453.

THISTLETHWAITE, DONALD L./KAMENETZKY, JOSEPH (1955): Attitude Change through Refutation and Elaboration of Audience Counterarguments. In: Journal of Abnormal and Social Psychology 51, S. 3–12.

THOMAS, KERRY (1971): Attitudes and Behaviour. Harmondsworth.

THOMAS, WILLIAM I./THOMAS, DOROTHY SWAINE (1928): The Child in America. Behavior Problems and Programs. New York.

THOMAß, BARBARA (1997): Diskurse über Ethik. Ein Vergleich zwischen Frankreich, Großbritannien und Deutschland. In: Machill, Marcel (Hrsg.): Journalistische Kultur. Rahmenbedingungen im internationalen Vergleich. Opladen/Wiesbaden, S. 95–109.

THOMAß, BARBARA (1998): Journalistische Ethik. Ein Vergleich der Diskurse in Frankreich, Großbritannien und Deutschland. Opladen/Wiesbaden (zugl. Diss. phil. Hamburg 1998).

THOMAß, BARBARA (1996): Journalistische Ethik: Die französische Diskussion um die déontologie. In: Publizistik 41, S. 172–186.

THUKYDIDES (1981): Geschichte des Peleponnesischen Krieges. Hrsg. v. Georg Peter Landmann. München.

TICHENOR, PHILLIP J./DONOHUE, GEORGE A./OLIEN, CLARICE N. (1970): Mass Media Flow and Differential Growth in Knowledge. In: Public Opinion Quaterly 34, S. 159–170.

TICHENOR, PHILLIP J./DONOHUE, GEORGE A./OLIEN, CLARICE N. (1973b): Mass Communication Research: Evolution of a Structural Model. In: Journalism Quaterly 50, S. 419–425.

TICHENOR, PHILLIP J. (U.A.) (1973a): Community Issues, Conflict, and Public Affairs Knowledge. In: Clarke, Peter (Hrsg.): New Models for Mass Communication Research. Beverly Hills, Ca. (= Sage Annual Reviews of Communication Research. Vol. 2.), S. 45–79.

TILLMANNS, LUTZ (2000): Deutschland: Die Reform reformieren. In: message, Heft 2, S. 56–58.

TILLMANNS, LUTZ/KAISER, ULRIKE (1994): Handreichungen. In: Journalist, Heft 12, S. 12–18.

TONNEMACHER, JAN (1998): Multimedial, online und interaktiv: Die Zukunft des Journalismus? In: Pfammatter, René (Hrsg.): Multi Media Mania. Reflexionen zu Aspekten Neuer Medien. Konstanz, S. 173–180.

TRÄGERVEREIN DES DEUTSCHEN PRESSERATS E.V. [1988]: Deutscher Presserat. Jahrbuch 1987. Bonn.

TRÄGERVEREIN DES DEUTSCHEN PRESSERATS E.V. [1993]: Deutscher Presserat. Jahrbuch 1992. Bonn.

TRÄGERVEREIN DES DEUTSCHEN PRESSERATS E.V. [1998]: Deutscher Presserat. Jahrbuch 1997. Bonn.

TRÄGERVEREIN DES DEUTSCHEN PRESSERATS E.V. (2000): Presserat. Jahrbuch 2000. Mit der Spruchpraxis des Jahres 1999. Konstanz.

TRIANDIS, HARRY C./MCCUSKER, CHRISTOPHER/HUI, C. HARRY (1990): Multimethod Problems of Individualism and Collectivism. In: Journal of Personality and Social Psychology 59, S. 1006–1020.

TROLDAHL, VERLING C. (1966): A Field Test of a Modified „Two-Step Flow of Communication" Model. In: Public Opinion Quaterly 30, S. 609–623.

TROLDAHL, VERLING C./VAN DAM, ROBERT (1965): Face-to-Face Communication about Major Topics in the News. In: Public Opinion Quaterly 29, S. 626–634.

TUCHMAN, GAYE (1972): Objectivity as Strategic Ritual: An Examination of Newsmen's Notion of Objectivity. In: American Journal of Sociology 77, S. 660–679.

TUNSTALL, JEREMY (1971): Journalists at Work. London.

TUNSTALL, JEREMY (1977): The Media are American. London.

TYLOR, EDWARD B. (1963): Die Culturwissenschaft. In: Carl August Schmitz (Hrsg.): Kultur. Frankfurt a.M. (zuerst 1873).

UECKERMANN, HEINZ R./WEISS, HANS-JÜRGEN (1983): Agenda-Setting: Zurück zu einem medienzentrierten Wirkungskonzept? In: Saxer, Ulrich (Hrsg.): Politik und Kommunikation. München, S. 69–79.

ULTEE, WOUTER C. (1980): Fortschritt und Stagnation in der Soziologie. Eine kritische Untersuchung soziologischer Traditionen, Neuwied.

VALENTE, THOMAS W. (1995): Network Models of the Diffusion of Innovations. Cresskill, N.J.

VALENTE, THOMAS W./DAVIS, REBECCA L. (1999): Accelerating the Diffusion of Innovations Using Opinion Leaders. In: Annals of the American Academy of Political and Social Science 566, S. 55–67.

VALENTE, THOMAS W./SABA, WALTER P. (1998): Mass Media and Interpersonal Influence in a Reproductive Health Communication Campaign in Bolivia. In: Communication Research 25, S. 96–124.

VALKENBURG, PATTI M./PATIWAEL, MARQUÉRITE (2000): Does Watching Court TV „Cultivate" People's Perception of Crime? In: Gazette 60, S. 227–238.

VALLONE, ROBERT P./ROSS, LEE/LEPPER, MARK R. (1985): The Hostile Media Phenomenon: Biased Perception and Perception of Media Bias in Coverage of the Beirut Massacre. In: Journal of Personality and Social Psychology 49, S. 577–585.

VIGOTSKY, LEV SEMONOVICH (1939): Thought and Speech. In: Psychiatry 2, S. 29–54.

VINCENT, RICHARD C./NORDENSTRENG, KAARLE/TRABER, MICHAEL (Hrsg.) (1999): Towards Equity in Global Communication. MacBride Update. Cresskill, N.J.

VISWANATH K[ASISOMAYAJULA]/FINNEGAN, JOHN R. (1996): The Knowledge Gap Hypothesis: Twenty-Five Years Later. In: Burleson, Brant R./Kunkel, Adrianne W. (Hrsg.): Communication Yearbook 19. Thousand Oaks, Ca./London/New Delhi, S. 187–227.

VISWANATH, K[ASISOMAYAJULA] (U.A.) (1994): Community Type and the Diffusion of Campaign Information. In: Gazette 54, S. 39–59.

VISWANATH, K[ASISOMAYAJULA] (U.A.) (2000): Local Community Ties, Community-Boundedness, and Local Public Affairs Knowledge Gaps. In: Communication Research 27, S. 27–50.

VORDERER, PETER (Hrsg.) (1996a): Fernsehen als „Beziehungskiste". Parasoziale Beziehungen und Interaktionen mit TV-Personen. Opladen.

VORDERER, PETER (1996b): Rezeptionsmotivation: Warum nutzen Rezipienten mediale Unterhaltungsangebote? In: Publizistik 41, S. 310–326.

WAGNER, FRANK (1998): Sind Printmedien im Internet Online-Medien? In: Pfammatter, René (Hrsg.): Multi Media Mania. Reflexionen zu Aspekten Neuer Medien. Konstanz, S. 191–211.

WAGNER, HANS (1991): Medien-Tabus und Kommunikationsverbote. Die manipulierte Wirklichkeit. München.

WAGNER, HANS (1993): Kommunikationswissenschaft – ein Fach auf dem Weg zur Sozialwissenschaft. Eine wissenschaftsgeschichtliche Besinnungspause. In: Publizistik 38, S. 491–526.

WAKSHLAG, JACOB/VIAL, VIRGINIA/TAMBORINI, RONALD (1983): Selecting Crime Drama and Apprehension about Crime. In: Human Communication Research 10, S. 227–242.

WALLERSTEIN, IMMANUEL (1974): The Modern World-System I. New York.

WALLERSTEIN, IMMANUEL (1980): The Modern World-System II. New York.

WALSTER, ELAINE/ARONSON, ELLIOT/ABRAHAMS, DARCY (1966): On Increasing the Persuasiveness of a Low Prestige Communicator. In: Journal of Experimental Social Psychology 2, S. 325–342.

WALSTER, ELAINE/FESTINGER, LEON (1962): The Effectiveness of „Overheard" Persuasive Communications. In: Journal of Abnormal and Social Psychology 65, S. 395–402.

WANG, MIN/SINGHAL, ARVIND (1992): Ke Wang, a Chinese Television Soap Opera with a Message. In: Gazette 49, S. 177–192.

WANTA, WAYNE/WU, YI-CHEN (1992): Interpersonal Communication and the Agenda-Setting Process. In: Journalism Quaterly 69, S. 847–855.

WAPLES, DOUGLAS (1942): Communications. In: The American Journal of Sociology 47, S. 907.

WAPLES, DOUGLAS/BERELSON, BERNARD R./BRADSHAW, FRANKLYN R. (1940): What Reading Does to People. A Summary of Evidence on the Social Effects of Reading and a Statement of Problems for Research. Chicago, Il.

WARE, WILLIAM/DUPAGNE, MICHAEL (1994): Effects of U.S. Television Programs on Foreign Audiences: A Meta-Analysis. In: Journalism Quarterly 71, S. 947–959.

WAßER, INGRID (1975): Christian Friedrich Voss. In: Fischer, Heinz-Dietrich (Hrsg.): Deutsche Presseverleger des 18. bis 20. Jahrhunderts. Pullach, S. 40–47.

WATZLAWICK, PAUL/BEAVIN, JANET H./JACKSON, DON D. (1974): Menschliche Kommunikation. Bern (zuerst 1967).

WEAVER, DAVID H. (1998): Journalists around the World. Commonalities and Differences. In: Weaver, David H. (Hrsg.): The Global Journalist. News People around the World. Cresskill, N.J., S. 455–480.

WEAVER, DAVID H./MCCOMBS, MAXWELL E./SHAW, DONALD L. (1998): International Trends in Agenda-Setting Research. In: Holtz-Bacha, Christina/Scherer, Helmut/Waldmann, Norbert (Hrsg.): Wie die Medien die Welt erschaffen und wie die Menschen darin leben. Opladen/Wiesbaden, S. 189–203.

WEAVER, DAVID H. (U.A.) (1981): Media Agenda Setting in a Presidential Election. New York.

WEAVER, DAVID H./WILHOIT, G. CLEVELAND (1996): The American Journalist in the 90s. U.S. News People at the End of an Era. Mahwah, N.J.

WEAVER, DAVID H./WILHOIT, G. CLEVELAND (1998): Journalists in the United States. In: Weaver, David H. (Hrsg.): The Global Journalist. News People around the World. Cresskill, N.J., S. 395–414.

WEAVER, DAVID H./ZHU, JIAN-HUA/WILLNAT, LARS (1992): The Bridging Function of Interpersonal Communication in Agenda-Setting. In: Journalism Quaterly 69, S. 856–867.

WEBEL, DIANA VON (1999): Der Wahlkampf der SPD. In: Noelle-Neumann, Elisabeth/Kepplinger, Hans Mathias/Donsbach, Wolfgang: Kampa. Meinungsklima und Medienwirkung im Bundestagswahlkampf 1998. Freiburg i.Brsg./München (= Alber-Reihe Kommunikation, Bd. 25), S. 13–39.

WEBER, MAX (1911): Zu einer Soziologie des Zeitungswesens. In: Verhandlungen des ersten deutschen Soziologentages vom 19.–22. Oktober in Frankfurt/M. (Schriften der Deutschen Gesellschaft für Soziologie. 1. Serie, 1. Band). Tübingen, S. 39–62.

WEBER, MAX (1958): Politik als Beruf. In: Gesammelte politische Schriften. Hrsg. v. Johannes Winckelmann. 2. Auflage. Tübingen, S. 393–548 (zuerst 1919).

WEBER MAX (1972): Wirtschaft und Gesellschaft. Grundriß der verstehenden Soziologie. Hrsg. v. Johannes Winckelmann. 5. Auflage. Tübingen (zuerst 1922).

WEGNER, JOCHEN (1998): Recherche online: Ein Handbuch für Journalisten. Frankfurt a.M. (= Kommunikation heute und morgen, Bd. 29).

WEGNER, JOCHEN (2000): Online-Journalismus und E-Commerce. Die unbeschriebene Regeltafel. In: message, Heft 2, S. 44–47.

WEHNELT, JOACHIM (2000): Schreiben ist Silber, Schachern ist Gold. In: Die Woche, 11.8.2000, S. 37.

WEIMANN, GABRIEL (1982): On the Importance of Marginality: One More Step into the Two-Step Flow of Communication. In: American Sociological Review 47, S. 764–773.

WEIMANN, GABRIEL (1990): „Redefinition of Image": The Impact of Mass-Mediated Terrorism. In: International Journal of Public Opinion Research 2, S. 16–29.

WEIMANN, GABRIEL (1994): The Influentials. People who Influence People. Albany, N.Y. (= Suny Series. Human Comunication Processes).

WEIMANN, GABRIEL/BROSIUS, HANS-BERND (1994): Is there a Two-Step-Flow of Agenda-Setting? In: International Journal of Public Opinion Research 6, S. 323–341.

WEINREICH, FRANK (1998): Nutzen- und Belohungsstrukturen computergestützter Kommunikationsformen. Zur Anwendung des Uses and Gratifications Approach in einem neuen Forschungsfeld. In: Publizistik 43, S. 130–142.

WEISCHENBERG, SIEGFRIED (1988): Distanzverlust. In: Journalist, Heft 10, S. 8–14.

WEISCHENBERG, SIEGFRIED (1990): Das „Paradigma Journalistik". Zur kommunikationswissenschaftlichen Identifizierung einer hochschulgebundenen Journalistenausbildung. In: Publizistik 35, S. 45–61.

WEISCHENBERG, SIEGFRIED (1996): Journalismus in Romanen und Filmen. Die große Fiktion. In: Journalist, Heft 7, S. 11–18.

WEISCHENBERG, SIEGFRIED (1998): Journalistik. Theorie und Praxis aktueller Medienkommunikation. Bd. 1: Mediensysteme, Medienethik, Medieninstitutionen. 2. Auflage. Opladen/Wiesbaden.

WEISCHENBERG, SIEGFRIED/ALTMEPPEN, KLAUS-DIETER/LÖFFELHOLZ, MARTIN (1994): Die Zukunft des Journalismus. Technologische, ökonomische und redaktionelle Trends. Opladen.

WEISCHENBERG, SIEGFRIED/LÖFFELHOLZ, MARTIN/SCHOLL, ARMIN (1993): Design und erste Befunde der Kommunikatorstudie Journalismus in Deutschland. In: Media Perspektiven, S. 21–33.

WEISCHENBERG, SIEGFRIED/LÖFFELHOLZ, MARTIN/SCHOLL, ARMIN (1994): Merkmale und Einstellungen von Journalisten. In: Media Perspektiven, S. 154–167.

WEISCHENBERG, SIEGFRIED/LÖFFELHOLZ, MARTIN/SCHOLL, ARMIN (1998): Journalism in Germany. In: Weaver, David H. (Hrsg.). The Global Journalist. News people around the world. Cresskill, N.J., S. 229–256.

WEISS, WALTER (1957): Opinion Congruence with a Negative Source on One Issue as a Factor Influencing Agreement on Another Issue. In: Journal of Abnormal and Social Psychology 54, S. 180–196.

WEISS, WALTER/FINE, BERNARD J. (1955): Opinion Change as a Function of Some Intrapersonal Attributes of the Communicatees. In: Journal of Abnormal and Social Psychology 51, S. 246–253.

WEISS, WALTER/FINE, BERNARD J. (1958): The Effect of Induced Aggressiveness on Opinion Change. In: Maccoby, Eleanor E./Newcomb, Theodore M./Hartley, Eugene L. (Hrsg.): Readings in Social Psychology. 3. Auflage. New York (u.a.), S. 149–156.

WELLERSHOFF, MARIANNE (2000): Implosion des Realen. Tom Kummer über fingierte Interviews mit Hollywood-Stars und sein Verständnis vom „Borderline-Journalismus". In: Der Spiegel, 22.5.2000, S. 110.

WENTZ, LAUREL (1993): WPP Gains despite Economy. In: Advertsing Age, 5.7.1993, S. 37.

WEST, DOUGLAS C. (1996): The Determinants and Consequences of Multinational Advertising Agencies. In: International Journal of Advertising 15, S. 128–139.

WESTERBARKEY, JOACHIM (1995): Journalismus und Öffentlichkeit. Aspekte publizistischer Interdependenz und Interpenetration. In: Publizistik 40, S. 152–162.

WESTERSTÅHL, JÖRGEN/JOHANSSON, FOLKE (1986): News Ideologies as Moulders of Domestic News. In: European Journal of Communication 1, S. 133–149.

WESTERSTÅHL, JÖRGEN/JOHANSSON, FOLKE (1994): Foreign News: News Values and Ideologies. In: European Journal of Communication 9, S. 71–89.

WHITE, DAVID MANNING (1950): The „Gate Keeper": A Case Study in the Selection of News. In: Journalism Quaterly 27, S. 383–390.

WHORF, BENJAMIN LEE (1963): Sprache – Denken – Wirklichkeit. Reinbek.

WICKER, ALLAN W. (1969): Attitudes versus Action. In: Journal of Social Issues 21, S. 41–78.

WILDENMANN, RUDOLF/KALTEFLEITER, WERNER (1965): Funktionen der Massenmedien. Frankfurt a.M./Bonn (= Demokratische Existenz heute. Schriften des Forschungsinstituts für Politische Wissenschaft der Universität zu Köln, Heft 12).

WILENSKY, HAROLD L. (1964): The Professionalization of Everyone? In: American Journal of Sociology 70, S. 137–158.

WILHELM, HELLMUT (1960): Gesellschaft und Staat in China. Hamburg (zuerst 1944).

WILKE, JÜRGEN (1983): Leitideen in der Begründung der Pressefreiheit. In: Publizistik 28, S. 512–524.

WILKE, JÜRGEN (1984a): Nachrichtenauswahl und Medienrealität in vier Jahrhunderten. Eine Modellstudie zur Verbindung von historischer und empirischer Publizistikwissenschaft. Berlin/New York.

WILKE, JÜRGEN (Hrsg.) (1984b): Pressefreiheit. Darmstadt.

WILKE, JÜRGEN (1984c): Wie das Bild der Welt seinen Zusammenhang verlor. In: Forschung – Mitteilungen der DFG, Heft 1.

WILKE, JÜRGEN (1986): Massenmedien und sozialer Wandel. München (= Eichstätter Hochschulreden, Bd. 55).

WILKE, JÜRGEN (1987): Journalistische Berufsethik in der Journalistenausbildung. In: Wilke, Jürgen (Hrsg.): Zwischenbilanz der Journalistenausbildung. München (Schriftenreihe der Deutschen Gesellschaft für Publizistik- und Kommunikationswissenschaft, Bd. 14), S. 233–252.

WILKE, JÜRGEN (1994): Medien DDR. In: Noelle-Neumann, Elisabeth/Schulz, Winfried/Wilke, Jürgen (Hrsg.): Das Fischer Lexikon Publizistik/Massenkommunikation. Frankfurt a.M., S. 219–244.

WILKE, JÜRGEN (1996): „Daß der Jammer und das Elend mit keiner Feder zu beschreiben sey". Das Erdbeben von Lissabon 1755 als Schlüsselereignis in der Presseberichterstattung. In: Relation 3, S. 59–61.

WILKE, JÜRGEN (1998a): Internet und Journalismus. In: Gellner, Winand/Korff, Trutz von (Hrsg.): Demokratie und Internet. Baden-Baden, S. 179–191.

WILKE, JÜRGEN (1998b): Konstanten und Veränderungen der Auslandsberichterstattung. In: Holtz-Bacha, Christina/Scherer, Helmut/Waldmann, Norbert (Hrsg.): Wie die Medien die Welt erschaffen und wie die Menschen darin leben. Opladen/Wiesbaden, S. 39–57.

WILKE, JÜRGEN (1999a): Internationale Werbe- und Media-Agenturen als Akteure der Globalisierung. In: Donges, Patrick/Jarren, Otfried/Schatz, Heribert (Hrsg.): Globalisierung der Medien? Medienpolitik in der Informationsgesellschaft. Opladen/Wiesbaden, S. 135–149.

WILKE, JÜRGEN (1999b): Leitmedien und Zielgruppenorgane. In: Wilke, Jürgen (Hrsg.): Mediengeschichte der Bundesrepublik Deutschland. Köln/Weimar/Wien, S. 302–329.

WILKE, JÜRGEN (2000): Grundzüge der Medien- und Kommunikationsgeschichte. Von den Anfängen bis ins 20. Jahrhundert. Köln/Weimar/Wien.

WILKE, JÜRGEN/MÜLLER, ULRICH (1979): Im Auftrag. PR-Journalisten zwischen Autonomie und Interessenvertretung. In: Kepplinger, Hans Mathias (Hrsg.): Angepaßte Außenseiter. Was Journalisten denken und wie sie arbeiten. Freiburg i.Brsg. (= Alber-Broschur Kommunikation, Bd. 8), S. 115–144.

WILKE, JÜRGEN/NOELLE-NEUMANN, ELISABETH (1994): Pressegeschichte. In: Noelle-Neumann, Elisabeth/Schulz, Winfried/Wilke, Jürgen (Hrsg.): Das Fischer Lexikon Publizistik/Massenkommunikation. Frankfurt a. M, S. 417–452.

WILKE, JÜRGEN/SCHENK, BIRGIT (1987): Nachrichtenwerte in der Auslands-
berichterstattung: Historische Erfahrungen und analytische Perspektiven. In:
Wilke, Jürgen/Quandt, Siegfried (Hrsg.): Deutschland und Lateinamerika.
Imagebildung und Informationslage. Frankfurt a.M., S. 16–31.

WILLNAT, LARS (1996): Mass Media and Political Outspokenness in Hong Kong:
Linking the Third-Person Effect and the Spiral of Silence. In: International
Journal of Public Opinion Research 8, S. 187–212.

WINDAHL, SVEN (1981): Uses and Gratifications at the Crossroads. In: Wilhoit, G.
Cleveland/de Bock, Harold (Hrsg.): Mass Communication Review Yearbook 2.
Beverly Hills, Ca./London, S. 174–185.

WIRTH, WERNER (1997): Von der Information zum Wissen. Die Rolle der Rezeption für die Entstehung von Wissensunterschieden. Ein Beitrag zur Wissenskluftforschung. Opladen/Wiesbaden (= Studien zur Kommunikationswissenschaft, Bd. 23; zugl. Diss. München 1994).

WIRTH, WERNER (1999): Von der Information zum Wissen. Wieso wir nicht in einer
Wissensgesellschaft leben. In: Bertelsmann Briefe, Heft 142, Winter, S. 9–11.

WITTFOGEL, KARL AUGUST (1962): Die orientalische Despotie. Köln.

WOLFF, KURT H. (1968): Versuch zu einer Wissenssoziologie. Berlin/Neuwied (=
Soziologische Texte, Bd. 53).

WOLLING, JENS (1996): Wunsch versus Wirklichkeit. Normative und realistische
Erwartungen an journalistisches Entscheidungsverhalten. In: Mast, Claudia
(Hrsg.): Markt – Macht – Medien. Publizistik im Spannungsfeld zwischen gesellschaftlicher Verantwortung und ökonomischen Zielen. Konstanz (= Schriftenreihe der Deutschen Gesellschaft für Publizistik- und Kommunikationswissenschaft, Bd. 23), S. 231–247.

WOLLING, JENS (1999): Politikverdrossenheit durch Massenmedien? Der Einfluß
der Medien auf die Einstellungen der Bürger zur Politik. Opladen/Wiesbaden.

WOLLING, JENS/WÜNSCH, CARSTEN/GEHRAU, VOLKER (1998): Was ich nicht weiß,
macht mich nicht heiß? Eine Agenda-Setting-Untersuchung aus schematheoreti-
scher Perspektive. In: Rundfunk und Fernsehen 46, S. 447–462.

WPP GROUP PLC. (2000): Annual report and accounts 1999.

WRIGHT, CHARLES R. (1960): Functional Analysis and Mass Communication. In:
Public Opinion Quarterly 24, S. 605–620.

WRIGHT, CHARLES R./CANTOR, MURIEL (1970): The Opinion Seeker and Avoider:
Steps beyond the Opinion Leader Concept. In: Kollat, David T./Blackwell,
Roger/Engel, James F. (Hrsg.): Research in Consumer Behavior. New York, S.
480–501.

WU, HAOMING DENIS (1998): Investigating the Determinants of International News
Flow. In: Gazette 60, S. 493–512.

YERIC, JERRY L./TODD, JOHN R. (1989): Public Opinion. The Visible Politics. 2.
Auflage. Itasca, Il.

ZAJONC, ROBERT B. (1960): Balance, Congruity and Dissonance. In: Public Opinion
Quaterly 24, S. 290–296.

ZAPF, WOLFGANG (1979): Einleitung. In: Zapf, Wolfgang (Hrsg.): Theorien des
sozialen Wandels. 4. Auflage. Königstein i.Ts. (= Neue wissenschaftliche Bibliothek, Bd. 31: Soziologie), S. 11–32.

ZEH, JÜRGEN (1987): Journalismus als Präzisionsjournalismus. In: Wilke, Jürgen (Hrsg.): Zwischenbilanz der Journalistenausbildung. München (= Schriftenreihe der Deutschen Gesellschaft für Publizistik- und Kommunikationswissenschaft, Bd. 14), S. 145–166.

ZEHNDER, MATTHIAS W. (1998): Die Dekonstruktion der Journalisten. Wie das Internet Arbeit und Rolle der Journalisten verändert. In: Pfammatter, René (Hrsg.): Multi Media Mania. Reflexionen zu Aspekten Neuer Medien. Konstanz, S. 181–190.

ZETTERBERG, HANS L. (1973): Theorie, Forschung und Praxis in der Soziologie. In: König, René (Hrsg.): Handbuch der empirischen Sozialforschung, Bd. 1: Geschichte und Grundprobleme. 3. Auflage. Stuttgart, S. 104–160.

ZHU, JIAN-HUA (1992): Issue Competition and Attention Distraction: A Zero-Sum Theory of Agenda-Setting. In: Journalism Quaterly 69, S. 825–836.

ZILLMANN, DOLF (1979): Hostility and Aggression. Hillsdale, N.J.

ZILLMANN, DOLF (1980): Anatomy of Suspense. In: Tannenbaum, Percy H. (Hrsg.): The Entertainment Functions of Television. Hillsdale, N.J., S. 133–165.

ZILLMANN, DOLF (1982): Television Viewing and Arousal. In: National Institute for Mental Health (Hrsg.): Television and Behavior. Ten Years of Scientific Progress and Implications for the Eighties. Bd. 2: Technical Reviews. Rockville, Md., S. 53–67.

ZILLMANN, DOLF (1988a): Mood Management: Using Entertainment to Full Advantage. In: Donohew, Lewis/Sypher, Howard E./Higgins, E. Tory (Hrsg.): Communication, Social Cognition, and Affect. Hillsdale, N.J., S. 147–171.

ZILLMANN, DOLF (1988b): Mood Management through Communication Choices. In: American Behavioral Scientist 31, S. 327–340.

ZILLMANN, DOLF/BRYANT, JENNINGS (1985): Affect, Mood, and Emotion as Determinants of Selective Exposure. In: Zillmann, Dolf/Bryant, Jennings (Hrsg.): Selective Exposure to Communication. Hillsdale, N.J., S. 157–190.

ZILLMANN, DOLF/WAKSHLAG, JACOB (1985): Fear of Victimization and the Appeal of Crime Drama. In: Zillmann, Dolf/Bryant, J. (Hrsg.): Selective Exposure to Communication. Hillsdale, N.J., S. 141–158.

ZIPFEL, THEODOR (1998): Online-Medien und politische Kommunikation im demokratischen System. In: Hagen, Lutz M. (Hrsg.): Online-Medien als Quellen politischer Information. Empirische Untersuchungen zur Nutzung von Internet und Online-Diensten. Opladen/Wiesbaden, S. 20–54.

ZITTEL, THOMAS (1997): Über die Demokratie in der vernetzten Gesellschaft. Das Internet als Medium politischer Kommunikation. In: Aus Politik und Zeitgeschichte, B 42, S. 23–29.

ZUCKERMAN, MARVIN (1979): Sensation Seeking beyond the Optimal Level of Arousal. Hillsdale, N.J.

ZUSSMAN, ROBERT (1997): Sociological Perspectives on Medical Ethics and Decision-Making. In: Annual Review of Sociology 23, S. 171–189.

Personenindex

Sachindex

Public Relations

Herausgegeben von
Michael Kunczik

Bd. 1: Michael Kunczik

Public Relations

Konzepte und Theorien
2. Aufl. 1994. 303 S. Br.
ISBN 3-412-04893-3

**Bd. 2: Michael Kunczik /
Alexander Heintzel /
Astrid Zipfel**

Krisen-PR

Unternehmensstrategien
im umweltsensiblen
Bereich
1995. XIV, 237 S. Br.
ISBN 3-412-11794-3

Bd. 3: Astrid Zipfel

**Public Relations in
der Elektroindustrie**

Die Firmen Siemens und
AEG 1847 bis 1939
1997. XIII, 335 S. 18 Abb. Br.
ISBN 3-412-11896-6

Bd. 4: Michael Kunczik

**Geschichte der
Öffentlichkeitsarbeit
in Deutschland**

1997. XII, 402 S. Gb. m. SU.
ISBN 3-412-04997-2

Bd. 5: Cornelia Sohn

**»Wir überleben alle
Stürme«**

Die Öffentlichkeitsarbeit
des Bauhauses
1997. 182 S. 48 Abb. Br.
ISBN 3-412-05097-0

KÖLN WEIMAR

URSULAPLATZ 1, D-50668 KÖLN, TELEFON (0 22 1) 91 39 00, FAX 91 39 011